国家社会科学基金项目"晚近词学文献学研究"

(18BZW114)阶段性成果

杨传庆 著

鄭文焯年譜長編

中华书局

图书在版编目(CIP)数据

郑文焯年谱长编/杨传庆著. —北京:中华书局,2023.6
ISBN 978-7-101-16196-0

Ⅰ.郑… Ⅱ.杨… Ⅲ.郑文焯(1856~1918)–年谱
Ⅳ.K825.6

中国国家版本馆 CIP 数据核字(2023)第 066820 号

书　　名	郑文焯年谱长编
著　　者	杨传庆
封面题签	彭玉平
责任编辑	葛洪春
责任印制	陈丽娜
出版发行	中华书局
	(北京市丰台区太平桥西里 38 号　100073)
	http://www.zhbc.com.cn
	E-mail:zhbc@zhbc.com.cn
印　　刷	三河市中晟雅豪印务有限公司
版　　次	2023 年 6 月第 1 版
	2023 年 6 月第 1 次印刷
规　　格	开本/787×1092 毫米　1/16
	印张 24¼　插页 5　字数 400 千字
国际书号	ISBN 978-7-101-16196-0
定　　价	148.00 元

郑文焯遗像(见《文字同盟》十二号《郑文焯》专号)

一萼红

早春残雪西碛看梅有憶　中悍使君五湖舊約

今方市政江左游計未偕歸舟和石帚此曲贈之

野鶴隴數尋花俊侶零落舊雨箸殘酒傷春扁舟送老

年事強半銷沉盪起憶承平故蹟話夢雨枝上有瓊

喬茂草離宮闇藹馳道斜月還臨誰擁素雲黄鶴

袖霞峯瘦令玉縹卿沁連棹湖同裁詩雪浪期共游盍

重尋想東闌橫枝罷誦懶清時佳約誤覓金待潯

諑荮峻西把臂林深　庚子仲春之昔　叔問寫豪

郑文焯词稿

汲古閣秘本書目
有北宋本花閒集
四本世無傳者又
南宋極精鈔二本
未審与此有無
異同惜無它本
校雠也

孫氏祠堂書目
有花閒集十卷
注蜀趙崇祚編仿
宋晁謙之刊本又四
卷明湯顯祖評本
今并無傳

張汲古本復校于京師　戊戌四月

花閒集卷第一

温助教庭筠　五十首

菩薩蠻十四首　更漏子六首　歸國遙二首
酒泉子四首　定西番三首　楊柳枝八首
南歌子七首　河瀆神三首　女冠子二首
玉蝴蝶一首

菩薩蠻　温助教庭筠

小山重疊金明滅鬢雲欲度香顋雪懶起畫
蛾眉弄粧梳洗遲　照花前後鏡花面交相
映新帖繡羅襦雙雙金鷓鴣

郑文焯批校《花间集》书影

捐書畫 賜頒大譔承頒藏之以日
懇脆多羨遠思戴
精于診療竊聞每早後必出門診視
又慮歸途遠值每年思日並用持進文諮詢
此郡乙昨求畫幅幼雲先生勁固□和既承比畫
樂遲望日少□面得其諮□尋取詢次以上
君直道先回去 左右
文焯頓首
十月□

歸鶴圖

余落南三十有二年巳寓鴈城西壶園嘗畜六鹤馴如人語皆就掌飲應騰越舜巳丑秋湘潭王壬秋先生訪余於吴下曰沙西圃言酬彌夕時余又以詩撫潛一滇鶴翅足頓異主翁以為有太白紫大匡黄奇僑之風為題大鶴榻羽居名流各流属以均事令仙骩久巳遭世哀亂無復清致廿年誄非吴以城灌園著書以送餘盍客冬老友逃尹以余有霍瘠又覓營涇上樸水竹之勝罢為致一葦亭畜放之林下属寫是圖并題數詩以報此時

蒿横掩漢之戌中春之首

冷江詞客鄭文焯盦盍畫并題

郑文焯《归鹤图》

北魏塗金最精品殘本海內佛國最工巧也

大鶴山房

郑文焯题北魏周可造佛像拓本

目　录

凡　例

一、本谱正文前列《传略》《谱前》，《传略》概括谱主生平遭际，《谱前》略述家世；正文后附录谱主传记资料，以备观览。

二、谱文中谱主称文焯，其他人物直接称名，若有姓名难考者，暂以字号代替。

三、本谱采用条目体。每一条目由三部分组成：

（一）谱主事行，简叙谱主行迹，兼及家庭成员和亲属的活动。

（二）引证文献，即谱主事行之文献依据，以谱主著述为主，其他文献为辅，引证文献分段排列。

（三）按语独立成段，包括对引证文献的补充和考辨，对相关人物和地理的简介，人所熟知者略言，罕见者则详解。

四、本谱正文纪年采用旧历，注明干支，一九一二年之前标明清朝年号，其后按照民国纪年。月、日用阴历。

五、正文条目按年月日顺序排列，无确考日期，仅知月、季、年者，列于当月、当季、当年之末。

六、征引文献注明出处。为简洁起见，仅列书名、页码，出版信息详见书后所列参考文献。出自拍卖会文献注明拍卖会名称及拍品号。引用文献原文空缺及漫漶难辨者，以□代替。

七、本谱于稿本、钞本、书札、日记、书画题识等稀见史料详加移录，对谱主诗集手稿本中涉及生活、履迹与心态之诗亦多加采择。

八、为省冗繁，部分常用文献采用简称。如戴正诚《郑叔问先生年谱》简称"戴《谱》"，郑复培《先考小坡府君行述》简称"《行述》"。需要特别说明的是，戴正诚《郑叔问先生年谱》曾先后刊于《青鹤》杂志第 1 卷第 5 至 19 期（1933 年 1—8 月发行），《同声月刊》第一卷第十一号至第二卷第四号（1941 年 10 月—1942 年 4 月发行），又于民国三十年（1941）出版铅印本一册，由赵熙题签并前跋，郑文焯女郑茂韶校字。三本时有不同，其中铅印本内容较详，《青鹤》杂志本次之，《同声月刊》本较前二种有删减，故本谱选择的是内容较详的铅印本，若铅印本无，则据另二种补，并注明出处。

传　略

　　郑文焯(1856—1918),字俊臣,号小坡,又号叔问、霞(遐)东客、瘦碧、冷红词客、大鹤山人、鹤道人、樵风墅主、樵风逸民、樵风遗老等,室名紫薇玉尺精舍、石芝西堪、齐玉像盦、半雨楼、瓶知室、瘦碧盦、樵风顾、藕翘小榭、威喜芝宧、冷红阁、琴西老屋、红可籍、大鹤山房、沤园、明玕廊、清瑶溆、竹醉寮、书带草堂等。因生于河南开封,小名豫格。隶内务府正白旗汉军。旗姓文,故又称文叔问、文小坡。奉天(今辽宁)铁岭人,又署山东高密人。其婿戴正诚《郑叔问先生年谱》云:“先生祖籍汉北海郡高密县通德里,为郑康成之裔。”于此龙榆生曾云:“其自称高密郑氏者,文焯自诡托于康成之后也。”(《清季四大词人》,《龙榆生全集》第三卷,第77页)实则言文焯“诡托”,失之武断,远绍“高密郑氏”并非始自文焯,其《得家兄幼兰书却寄》诗云:“通德家风不可忘,敝庐犹是郑公乡”,注云:“昔五世祖抚山东时,祭扫先康成公墓,并绘《郑公乡图》。”(《补梅书屋存稿·扁舟集》)可知其五世祖山东巡抚禅宝即视自己为郑玄之后,以山东高密郑公乡通德里为祖籍。文焯光绪乙亥(1875年)举人。后报请恢复汉姓,称郑文焯。而其兄弟文焕、文炳仍循旗俗。郑文焯为“清季四大词人”之一,有词集《瘦碧词》《冷红词》《比竹余音》《樵风乐府》《苕雅》《苕雅余集》,诗集《补梅书屋存稿》《瘦碧庵诗稿》《大鹤山人诗集》。著有《扬雄说故》《高丽国永乐好太王碑释文纂考》《医故》《古玉图考补正》《金史·补艺文志》《词源斠律》《绝妙好词校释》《梦窗词校议》《大鹤山人词话》等,杂著有《瘦碧庵丛载》《半雨楼杂钞》《石芝西堪札记》《双铁堪杂记》《鹤翁异撰》《樵风杂纂》,批校之古籍有《论语》《谢康乐集》《陶渊明集》《燕翼贻谋录》《花间集》《乐章集》《东坡乐府》《清真集》《白石道人歌曲》《梦窗甲乙丙丁稿》等等,另存留有丰富的书画、篆刻作品。郑文焯虽出身官宦之家,然一生仕途偃蹇,以巡抚幕客终老,晚年又遭辛亥国变,最终在窘困潦倒中离世。下面依据其人生履历及心态变动的轨迹将其一生分为才俊少年、干进举子、江南退士、困顿遗老四个阶段,对其生平略加勾勒。

一

　　文焯出身内务府世家,祖上虽以军功得官,但历数代之后,这个官僚家庭的文化学术氛围已经非常浓厚。特别是其父瑛棨,更是一位文人气十足的地方重臣。《清画家诗史》称瑛棨"有'郑虔三绝'之称"（李濬之编辑《清画家诗史》［壬上］，第 438 页）。戴正诚曾云："郑氏世代簪缨，及兰坡先生，绩学淹雅，金石书画，鉴藏甚富。"（戴《谱》）桥川时雄也说：

> 郑氏世代簪缨，及兰坡公，名尤显著。以从政之暇，治诗书画，神趣天然，颇极笔墨之妙。（神趣二语，俞曲园评语，见曲园题兰坡画文。）又金石书收藏甚富。（桥川时雄《大鹤山人郑文焯传》）

对于家富收藏这一点，郑文焯在《两汉文评跋》中也云："余家旧藏书籍精抄本甚夥。"（《国朝著述未刊书目》）浓郁的家庭文化氛围熏陶以及父亲诗歌、书法、绘画的直接影响，为日后文焯的博学多能奠定了坚实的基础。正如桥川时雄所云："先生学藻，盖渊源有自矣。"（《大鹤山人郑文焯传》）

同治元年（1862），文焯入学读书。次年，父瑛棨为文焯兄弟聘请江宁廪贡顾晓帆设帐课读，文焯子郑复培记云：

> 次年聘顾晓帆先生设帐课读，先府君每授课，文字即能颖悟，且矵学善问，异于诸伯叔，先王父深爱之。十余龄即倜傥见志节，为文奇杰，课余且喜作绘事。（《行述》）

可见，文焯少时即聪慧颖异，勤学善问，深得瑛棨喜爱。十余岁即有潇洒卓荦之风采与高远之志向，并且作文出众，更能继承父亲工于绘事之优长。戴正诚记云：

> 先生六岁时，见壁悬画轴，即知捉笔临摹。十二三岁，辄以指头代笔，凡花鸟山水人物，著手立就。兰坡先生雅善丹青，至是酬应诸作，多命先生代笔。（戴《谱》）

由此可知，文焯少时于绘画一艺着实有天分，其早年于书画、金石等方面的积淀也为其客居苏州时迅速融入吴中文人群体奠定了基础。

光绪元年（1875），文焯二十岁，本年秋天，他参加了顺天乡试恩科，中式第二百六十六名，保和殿覆试，钦定一等第十三名。房考陈宝琛判其文曰："朴实说理，风骨清遒，斯为大家。举止有次，有典有则，不蔓不支，抑扬顿挫，灵气往来，是水到渠成之候。"评其诗曰："芊绵秀丽，雅韵欲流。"（戴《谱》）考官对其诗文的高度评价，让得中举人的文焯"益工学业"（《行述》），他对未来的科举仕途也充满信心。不过他怎么也不会想到，接下来的二十余年里等待他的只有落第的悲苦。

二

光绪三年（1877），文焯参加了在京举行的会试，遗憾的是他落榜了。本年冬，文焯在京师娶热河正总管毓泰之长女张宜人为妻。宜人，字眉君，工绘事，善琴操，才茂德懿，与文焯伉俪甚笃。

光绪四年（1878）春，文焯父瑛棨以病告归，行至平定州逝世。文焯闻此噩耗，"哭不成声，咯血升余"（《行述》），大恸之下，扶柩回京。光绪五年（1879）春，葬瑛棨于京西门头沟大裕村。先是同治元年（1862），瑛棨以剿匪不力，被朝廷褫职，前后十余年携眷四方奔走，故家道衰敝，至其病逝，则彻底败落。戴正诚记云：

> 兰坡先生在官三十年，去官十五年，家赤贫，丐贷无路，每事阻及节迫，往往使老妇驵携书画折阅，初未尝计及子姓。（戴《谱》）

因此，瑛棨去世后，文焯兄弟为了生计不得不出京谋食。五年（1879）冬十月，文焯本欲赴上谷（现属张家口怀来县）谋职，卒未成。次年（1880）春，江苏巡抚吴元炳请李鸿藻、毛昶熙介绍，聘请文焯入幕为僚。故文焯携张宜人自京师至苏州，开始了三十余年的幕宾生活。

文焯至苏州后，首先拜谒了居于苏州的俞樾，并请其为父瑛棨所作画题辞。俞樾曾与瑛棨同在开封共事，文焯晋谒俞氏的目的自然也是希望得到其帮助。本年秋，文焯携妻泛舟西湖，俞樾为其导谒彭玉麟，又为其寓所题写"诗窝"横额相赠。初至苏州的文焯，尽情地在秀美的江南山水中徜徉，结交了如傅怀祖、安山眠高上人、瑞莲庵鉴中长老、虎丘云闲禅师、寓苏日本本愿寺僧小雨长老等一干吴中名士。光绪七年（1881）秋，文焯梦游石芝崦作《记梦》诗，诗序云：

> 光绪辛巳秋七月十三日癸酉夜，梦游一山，洞西向，榜曰石芝崦。山虚水深，乱石林立，石上生如紫藤者，异香发越，坚不可采。展步里许，闻水声潺潺出丛竹间，容裔淲漾，一碧溶溶，世罕津逮。时见白鹤横涧东来，迹其所至，有石屋数间，题曰瘦碧。

诗中有句云："欲踏藓石寻幽蹊，元滑出入无町畦；忽从老鹤迹所至，曲房呦呦非尘栖。"此后，文焯即以"瘦碧"名庵名集，其号鹤道人、大鹤山人，皆源于此梦境所见。为记这一奇梦，文焯请名画家顾若波绘制《石芝西梦图》，俞樾、王闿运、沈秉成、吴昌硕等均为其题辞。

光绪九年（1883）春，文焯第二次晋京会试，落第南归。此间，与沈秉成结为忘年好友，流连于沈氏耦园，饮酒唱酬。又与洪钧、彭翰孙、陈寿昌等吴中名流或游山泛水,或园中集会,唱和相乐。光绪十一年(1885)二月,文焯移居庙堂巷汪氏壶园。三月,招潘钟瑞、吴昌硕、金心兰、姚觐元诸人集于壶园饯春。冬大雪中,又招龚易图等于壶园作东坡生日之会。似乎文焯并没有将仕途功名的得失放在心间,实则并非如此,游乐的表象并不能掩盖其积极干进之心。居于壶园之时,文焯致其妻弟叔璩信札有云:

> 北闱有何新闻,偕生之二子,果能假手必捷,亦不须买赋金矣。复丰(新简苏织造)是海李三弟否? 与吾家有无渊源? 乞示及。并乞吾弟速托豫丈,为兄谋一干馆,如世锡之按季致送之例,想弟必能善为说辞也。兄前有需托豫丈及仲华相国,切存旧馆,想当上达,务祈向豫丈切询,并转询荣相师更妙。兄有机械火炉,及精画纨扇物,本托子年由津径送豫丈,聊效一芹之献。于得子年信云,伊须先赴岭南,此二物已托黄公,到京交弟转致,必不致延误。兄随即上书求从者先容,因机器炉甚新,京师尚未有也。(略盦[桥川时雄]抄《郑大鹤手札》)

可见,文焯首先对科考新闻非常关注,并托人送礼请荣禄(仲华相国)等人帮忙为其谋取职位。然而,文焯的愿望并未实现。

光绪十二年(1886),文焯第三次晋京应会试,仍然荐卷不第,南归。十三年(1887)春,蜀中词人张祥龄(子苾)、蒋文鸿(次湘)与湘人易顺鼎(实甫)及其弟易顺豫(叔由)游吴,与文焯相交。此四子与文焯常聚于壶园,酬唱相和,因五人俱嗜白石词,故共结壶园词社,自春迄秋,联句遍和白石词,结成《吴波鸥语》一集。

光绪十五年(1889),文焯第四次入京会试,落第。取道沽上南归,适逢王闿运至津,文焯与于式枚、汤纪尚相约拜访,"相见即置酒论文,扬榷今故,意气相得甚欢,每慨然时事,悲悯之诚,切切满口"(戴《谱》)。这一时期,文焯与王闿运结下深厚友谊。本年秋,王闿运又至苏州,二人共校《墨经》,文酒雅宴、欢言晨夕。

光绪十六年(1890),文焯晋京应恩科会试,仍荐举不第。本年有诏开秘馆,广延通儒,因文焯精于音律,当道欲举文焯以正乐纪,不就。光绪十七年(1891)冬至次年春,况周颐在苏州,期间与文焯及张祥龄、易顺鼎等游览山水,联句唱和。为实现考中进士的梦想,文焯于光绪十八年(1892)第六次进京应会试,仍然落第归来。光绪十九年(1893),纳吴姬张小红(红冰)为姜,别居庙堂巷龚氏修园,以"冷红阁"贮之。文焯以"冷红"命名词集,并在此期创作艳词,都与纳红冰为姜相关。

光绪二十年(1894),文焯第七次会试不第。本年秋天,应两淮盐运使江人镜邀请,他与张祥龄赴扬州修盐志。此时,中日甲午战争爆发,日军猖狂挺进,清军节节败退。文焯与张祥龄在赴扬途中,感慨战事,联句和梦窗词《莺啼序》,表达了对国事的忧虑。

光绪二十一年(1895),年已四十的文焯第八次参加会试,又一次落第。本年七月,文焯与刘炳照、夏孙桐、张上龢等在苏州成立了鸥隐词社,至次年春结束。秋,恰逢文焯四秩正寿,诸人结集为郑氏贺寿。文焯所作《念奴娇》自寿词云"沧海尘飞,故园秋澹。梦断挐云想。江关词赋,倦怀自任疏放。""卧看青门锁旧辙,世外樵风相况。哀乐中年,登临残泪,付与玲珑唱。"可见其此时对四十尚无功名充满了悲哀,并道出了隐于世外的无奈。

光绪二十四年(1898),文焯第九次进京应会试,仍落第。此次入京,尽管未得功名,但于郑氏的而言非常重要,他结识日后对其有重要影响的两位友人王鹏运、朱祖谋。本年王鹏运在京师举咫村词社,邀请文焯入社。咫村词社期间,他多次与王鹏运、张仲炘、夏孙桐、朱祖谋等分题唱和。离京后,文焯在津沽一带游历,孤旅期间,多有感怀,所作词装成《鹤道人沽上词卷》。这些词作包含了落第之痛、飘零之苦以及对朝政腐败的不满。结束津沽之旅后,文焯又返回了京师,在京期间,恰逢戊戌政变,文焯以词笔记录这一政变惨剧,对维新同志被杀,光绪帝被囚禁表达了同情。

光绪二十六年(1900),八国联军攻陷北京,慈禧太后挟持光绪皇帝西逃西安,此即"庚子国变"。国难之际,居于苏州的文焯怅望觚棱,与困于京城的好友王鹏运、朱祖谋心灵相通,以词笔书写悲愤心情,创作了令人泣下的"词史"之作。

三

自光绪三年(1877)至二十六年(1900),文焯共参加了九次会试,均名落孙山。"遂决计弃仕进,仍回吴下卜居孝义坊,以束修之余,筑室以避世。每值春季,必驾扁舟往邓尉观梅,勾留数日始归。"(《行述》)光绪二十九年(1903)朝廷补行辛丑会试,郑文焯因九试不中卒生绝意仕进之心。文焯放弃科考实是无奈之举,屡考不第的打击自会让其灰心失意,清廷的腐败和不可逆挽之颓势也让他感到前景灰暗。在这一时期,归隐山林成了他心中最大的愿望。

光绪三十年(1905)文焯在苏州孝义坊购地五亩,筑造房室,营建新居,并自榜其门曰"通德里",又购置花卉草木,栽入园中。戴正诚记云:

> 先生于孝义坊购地五亩,建筑新居,秋初落成,即迁居其中,张筵庆五秩焉。从邓尉购嘉木名卉,杂莳屋之四周,颇擅林园之美。其东高冈迤逦,

> 即吴小城故址,复作亭于城之高处,榜曰吴东亭,绕以竹篱,凭眺甚佳。城
> 下有一水潆洄,即子城濠,所谓锦帆泾也。先生自谓以五亩之居,刻意林
> 谷,即拥小城,聊当一丘,泾之水又资园挽,可以钓游不出户庭,而山泽之性
> 以适者此也。(戴《谱》)

文焯精心设计园林,经营园中山水,其目的在于幽居其中,不出户庭即可日赏山
水之美,与山水为伴,满足其"山泽"之性。

光绪三十四年(1908),文焯又一次扩建樵风别墅,其自制《樵风补筑上梁
文》云:

> 光绪旃蒙大荒落之年,余既于吴小城粗营五亩之居,灌园著书,寂寞人
> 外。……其词曰:桂丛之幽,聊可佳留。诛茅西隑,善草是谋。巢移一枝,
> 书堆两头。蝉翼自籁,计惟周周。(戴《谱》)

从文焯所记可知其沉浸在山水园林之中,著书度日,不问世间事,过着悠闲自在
的生活。

光绪丙午(1906),朱祖谋以病免礼部右侍郎,卜居吴门。文焯亲为相阴阳,
拣时日,营新居,并作词坚定朱氏隐逸林下的志向,鼓励朱祖谋与自己共同消受
林下真趣。其《惜红衣》词小序云:

> 彊村翁早退遗荣,旧有吴皋卜邻之约,揭来沪江,皇皇未暇,近将移家
> 小市桥吴氏听枫园,先以书来,商略新营,作苍烟寂寞之友,却寄此以坚其
> 志,再和白石。

宣统元年(1909)春,新君登极,起用旧臣,朱祖谋以特征不起。文焯置酒邀之,
赋《木兰花慢》(闭门春不管)词,再次鼓励朱祖谋莫管尘事,不要响应朝廷的征
召。词中"甚长安、花事等闲催""胜看人、调鼎费羹材"二句,也可以看出他对时
局的失望。

光绪庚子(1900)后,保存国粹成为当时的一件大事,自朝廷至民间,都有人
员广泛参与,文焯也不例外。邓实在上海创办了《国粹学报》,欲于新学驰骛之
际,借之保存绝学。文焯作为邓实之友,对其举动自是大力支持,时常将所撰文
章及词作在《国粹学报》上发表。《国粹学报》举行三周年庆祝时,文焯以所藏晋
砖研拓作报端图画,并赋《浣溪沙》词相寄。郑氏还实际参与到保存国粹的运动
中去,光绪三十四年(1908),江苏巡抚陈启泰在苏州创办存古学堂,聘请文焯校
艺。文焯在致夏敬观的信中说:

> 去春长沙抚部广张文襄保存国粹之议,奏设存古学校,以简易矩,则志

在雄成。当时乡绅蒋翰林犹抵书讦诘,目为迂阔。幸赖臞老,毅然任之。
剋期蒇役,群彦观成,蔚为美迹。以下走厕通籍,谬延禄及,忝预总校之
末。……自是流风渐沫,玉振声希,节端固未暇及此,诸生瞻忽,兴感莫
繇。至定章应行学期考试,今岁春余,会臞老病革,遂未举行,不日年例休假,兹
役竟将缺焉。下走向于院校校课总其成,而一枝栖息,窃有未安,推原故府
主提倡之盛心,能无冥冥之负?(《夏剑丞友朋书札》)

在这封信中文焯以存古学堂总校艺的身份对保存国粹取得的成绩感到高兴,但
他也意识到保存国粹走向了衰弱,其为辜负巡抚之聘感到不安。保存国粹是文
焯作为“江南退士”时参与的最重要活动,对他这一时期的金石、书画方面的研
究有着重要影响。

四

宣统三年(1911),武昌起义爆发,天下风靡。文焯兄文炳、妹贞仪、弟少兰
皆集于文焯寓所避难。本年末,宣统退位,共和局定。文焯伤怀鼎革,满腔孤
愤,一于词发之。他以“茗雅”名集,抒发黍离之悲,哀悼清室之亡。

辛亥后,郑氏自称“樵风佚叟”“樵风真逸”“樵风逸民”“樵风遗老”“北海遗
黎樵风叟”,明确点出自己的遗民身份。他又以陶渊明自比,辛勤批校陶集,寻
觅与陶渊明的心灵共通。他说:

辛亥后,绝景穷居,无日不以陶诗自随,遂得其逸趣。偶有感触,辄题
数行于简端,聊以寄慨云尔。八表同昏,人间何世,悲夫!

余居恒慕晋人风致,其高节美行,又独以靖节先生自况,尝论其《读史
感述》之首章曰:“天人革命,绝景穷居。采薇高歌,慨想黄虞。”其时当宋武
改元,永初受禅之年,而先生行年五十有六已。自后有作,但题甲子,不著
元号,旧国之感,异代同悲。患难余生,纪亦合昔以风致自况者,今不幸而
身世更共之,恨无刘遗民辈,相从于苍烟穷漠中,琴酒流连,以送余齿,一醉
不知人间何世。吁,可哀也已。(桥川时雄整理《陶集郑批录》)

郑文焯认为自己与陶渊明一样,都是五十六岁之时身遭亡国之变,虽是“异代”,
但同悲“旧国之感”是一样的。因此他以陶渊明的“高洁美行”自况,同时也以自
己之情感设想陶渊明,为没有志同道合之人而感到遗憾。

袁世凯当政时,开清史馆,曾延请文焯为纂修,但“他对袁印象极坏,坚不应
聘”(高拜石《词人贵公子——大鹤山人郑叔问》,《新编·古春风楼琐记》[七],
第21页)。民国六年(1917),文焯致书友人程洧云:

　　昔潘文勤公尝谓三十年来,真能淡于荣利,著书自娱,终身不士者,惟
南北两举人,盖谓湘绮翁及下走耳。今湘绮既殁,而晚节为世诟病,迄今犹
申申詈之,能无愁然。(程淯辑《鹤语——大鹤山人郑文焯手札》)

信中提及的"湘绮翁"指王闿运。民国三年(1914),王闿运接受袁世凯之聘,入
国史馆任馆长,编修国史。文焯所言"晚节为世诟病"即指此事。在文焯看来,
王闿运担任国史馆馆长,就是丧失气节的行为。

　　民国六年(1917),蔡元培任北大校长,请罗惇曧聘文焯至京,担任金石学科
主任及校医,也被其回绝。其次年一月致罗书云:

　　昨承寄示孑民先生函订大学主任金石学教科兼校医一席,月廪约四百
番钱,礼遇诚优且渥。第念故国野遗,落南垂四十年,倦旅北还,既苦应接,
且闻京师仆赁薪米之费什倍于南,居大不易。蒿目世变,何意皋比,颓放久
甘,敢忝为国学大教授邪?业医卖画,老而食贫,固其素也。辱附契末,聊
贡区区,未尽愿言,但有荒哽。(戴《谱》)

他在致程淯书中也提及拒绝征召之事:

　　辛壬以来,一拒公府之聘,再却史馆之征,匪敢遗世鸣高,诚以穷老气
尽。古之达士,苟全乱世,皆藉一艺以自存,史迁所谓贤者不危身以治生
也。(程淯辑《鹤语——大鹤山人郑文焯手札》)

又致书康有为,告知拒绝北京大学之事。康氏记云:

　　戊午一月,君以书来曰:"大学之聘已却之,昔者清史馆之聘,忍饿而不
就,岂至今而复改节哉?(康有为《清词人郑大鹤先生墓表》,《康有为全集》
第11集,第91页)

可见,文焯甘当"故国野遗",不愿改变自己的"节操"以治生,也正因此,其家境
陷入极度窘困。只能"出其余技,鬻画行医,聊以赡家。时往还淞苏间,劳劳于
渊明所谓倾身营一饱也"(戴《谱》)。最终平生收藏金石、书画名迹,也尽鬻去。

　　民国六年(1917)冬,妻张宜人卒,文焯已落到无法安葬亡妻的地步。"典质
既无长物,鬻书卖画,又非济急之具。"(1917年十一月廿五日致程淯书,《鹤
语——大鹤山人郑文焯手札》)不得已托程淯帮忙,请求在京师的罗惇曧向梁启
超求救。得梁启超等人"颁逮三百金,周急救凶"(戴《谱》),方才完结营奠之事。

　　生活的极度窘迫,加之张宜人的离世,让文焯的生命也走到了尽头。民国
七年(1918)二月二十二日早起,文焯痰涌舌蹇,汗流不止,医治无效,于二十六
日逝世,行年六十三岁。文焯临终前,将身后之事全部委托给康有为。本年十

月,在康有为、朱祖谋等人的帮助下,将文焯与张宜人合葬于邓尉山中。故人朱祖谋、梁启超、夏敬观、吴昌绶、易顺鼎等函请内务总长钱能训,请其致函江苏省长转行吴县知事,将其住宅、坟茔分别立案保护。

谱　前

郑文焯,旗姓文,隶内务府正白旗汉军。

按:对郑文焯旗籍的认识,长期以来存在谬误,如钱仲联选注《清词三百首》,钱仲联主编《金元明清词鉴赏辞典》,黄拔荆《中国词史》,江庆柏编著《清代人物生卒年表》言文焯隶"汉军正黄旗";孙雄《高密郑叔问先生别传》,金天羽《大鹤山人传》,陈乃乾辑《清名家词》,郭延礼《中国近代文学发展史》,马兴荣、吴熊和编《中国词学大辞典》,钱仲联编《中国文学家大辞典》言文焯隶"正黄旗汉军";戴正诚《郑叔问先生年谱》,张鸣珂《寒松阁谈艺琐录》,陈玉堂编著《中国近现代人物名号大辞典》言文焯隶"汉军正白旗";恩华《八旗艺文编目》,龙榆生《清季四大词人》,严迪昌《近代词钞》《清词史》及叶嘉莹《清代名家词选讲》只言其为"汉军"。文焯两位兄长文焕与文炳的"履历单"记录二人的旗籍为:"文焕　系内务府正白旗汉军海丰佐领下人。""文炳　系内务府正白旗汉军海丰佐领下人。"(《清代官员履历档案全编》第3册,第698页;第5册,第637页)可知文焯旗籍应为"内务府正白旗汉军"。

《八旗满洲氏族通谱》(后文引用均简称《通谱》)卷七十七"郑氏"条云:郑朝辅,正白旗包衣人。世居沈阳地方,来归年份无考。其孙郑仁民,原任护军校。曾孙郑连,原任佐领;郑斌,原任库掌;郑达,原任主事;郑文,原任骁骑校。四世孙郑五赛,原任员外郎;郑鼎勋,现任知县;郑君懋、常海,俱现任笔帖式;郑禅宝,原任浙江按察使;郑桑格,现任武英殿理事监造。五世孙海常,现系举人;郑廷仪、永德、成德,俱现任笔帖式;明德,现任主事;郑廷翰,现系生员;郑廷栋,现系监生。(《八旗满洲氏族通谱》,第839页)

《通谱》所记郑氏世系如下:

郑朝辅

子——?

孙——郑仁民

曾孙——郑连(琏)、郑斌、郑达、郑文

四世孙——郑五赛、郑鼎勋、郑君懋、常海、郑禅宝、郑桑格

五世孙——海常、郑廷仪、永德、成德、明德、郑廷翰、郑廷栋

而按照戴正诚《郑叔问先生年谱》所记世系则为：

九世祖——国安

八世祖——思民

七世祖——郑瑝

六世祖——从义

五世祖——禅宝

高祖——成德

仁民、思民当为同辈，同为郑朝辅之孙，则郑朝辅为文焯十世祖。另，文焯子郑复培《先考小坡府君行述》（后文简称《行述》）中也云："十世祖讳国安，为关东海岛镇守协镇，从龙入关。"依此，则郑朝辅即为国安，与戴正诚《郑叔问先生年谱》（后文简称戴《谱》）所记相差一辈。又据戴《谱》所记，禅宝父为从义，而《通谱》则记禅宝父为郑瑝，其中也相差一辈。国安是否即郑朝辅，当依据何者为准，难以断定。现依据戴《谱》所记世系顺序，综合二谱及《行述》，并辅以相关史料，对文焯家世略作考察。

国安（郑朝辅），十世祖，清开国时，为关东海岛镇守协镇，从龙入关，晋赠振威将军。

> 按：国安应为明末驻守在关东海岛的低级军官。明万历四十七年（后金天命四年，1619 年）努尔哈赤攻陷铁岭，国安归降后金当在此之前。降后，编入满洲正白旗包衣。顺治入关定都北京后，据满洲八旗中的上三旗（即镶黄、正黄、正白旗）所属包衣设立了内务府，其最高官员为总管内务府大臣，初为三品，雍正十三年（1735）升为正二品。郑氏由满洲正白旗包衣编入内务府，故后世多担任内务府官职，或由内务府官迁其他官职。

?，九世祖。

思民，八世祖，以佐领兼管銮仪史，诰赠光禄大夫。

郑瑝，七世祖，兵部侍郎，户部尚书，兼总管内务府大臣，诰授光禄大夫。

戴《谱》：康熙二十三年，扈嘉谒东陵，礼成，御书"眉寿堂"匾额以赐。

北京中国第一历史档案馆藏《历朝八旗杂档》第四包第 133 号档案记载：正白旗包衣五甲喇参领常住、佐领尚志舜，（由）盛京进京。原佐领高国元，接续佐领曹尔正、张士鉴、郑瑝、曹寅、祁三路。（此号档案原件上盖有"正白旗内府旗鼓三佐领"红色篆文图记）（转自王钟翰《满族形成中的几个问题》，《清史满族史讲义稿》，第 107 页）

《八旗通志》卷五《旗分志五》"正白旗包衣第五参领所属四佐领一管领"条下：第三旗鼓佐领，亦系国初编立，始以高国元管理。高国元故，以曹尔正管理。

曹尔正缘事革退，以张士鉴管理。张士鉴故，以郑连（琏）管理；郑连（琏）缘事革退，以曹寅管理。曹寅升江宁织造郎中，以齐桑格管理。（《八旗通志》，第90页）

从义，六世祖，员外郎，晋赠荣禄大夫。

禅宝，五世祖，长芦巡盐御史，协理内务府总管，浙江按察使，河南布政使，山东布政使，总管内务府大臣，诰受荣禄大夫。

戴《谱》：时陕甘不靖，曾奉钦差，会同左都御史史贻直、侍郎杭奕禄，率领翰林院庶吉士等斋谕前往二省，开导训谕，觉悟愚蒙。

《重修天津府志》卷十二"职官""长芦巡盐御史"条：郑禅宝，满洲人。五年任，六年留任。

《清史稿·食货志四》"盐法"条：雍正间，用长芦巡盐御史郑禅宝言，将丁银摊入于地征收。（《清史稿》，第3606页）

《八旗满洲氏族通谱》：原任浙江按察使。

《八旗通志》卷五《旗分志五》"正白旗包衣第五参领所属四佐领一管领"条下：第四旗鼓佐领，亦系国初编立，始以郎中费扬武管理。……马维翰故，以郎中协理内务府总管兼监察御史郑禅保（宝）管理。郑禅保（宝）升任山东布政使，以参领赫达色管理。（《八旗通志》，第90页）

《济南府志》卷二十九"秩官"：郑禅宝，满洲正白旗人。雍正十年任山东布政使。

《清代职官年表》：雍正十年（1732）由河南布政使改任山东布政使。（《清代职官年表》，第1821页）

成德，高祖，二品荫生，主事，晋赠荣禄大夫。
鹤年，曾祖，内务府主事。
曾祖母，张氏，晋赠一品夫人。
普安，祖，江南织造处兼管龙江关税务，镶黄旗、正黄旗公中佐领，管理新陈枪营、咸安宫官学、景山官学，总理工程处武英殿御书处事务，晋赠荣禄大夫。
祖母，丁氏，晋赠一品夫人。
普明，本生祖，江南织造笔帖式，晋赠荣禄大夫。
本生祖母张氏，晋赠一品夫人。
瑛棨（？—1878），父，字兰坡，号兰坡居士。由内务府笔帖式累擢河南卫辉府、南阳府、开封府知府，长芦盐运使，后历官河南布政使、河南巡抚、陕西巡抚等。因镇压捻军不力，同治二年（1863）被革职，后起用为科布多参赞大臣、山西按察使等。诰授荣禄大夫，振威将军。

据《清史稿》"疆臣年表"等,列其履历如下:

内务府候补笔帖式　道光？年—道光九年

笔帖式　道光九年—道光二十二年

堂委署主事　道光二十二年—道光二十八年

河南卫辉府知府(堂委署主事署)　道光二十六年

河南南阳府知府(堂委署主事署)　道光二十七年

河南彰德府知府　道光二十八年—咸丰一年

河南开封府知府(河南彰德府知府署)　道光三十年

河南开封府知府　咸丰一年—咸丰四年

开归陈许道(河南开封府知府护理)　咸丰一年

河南粮储盐法道　咸丰四年

长芦盐运使　咸丰四年—咸丰五年

河南布政使　咸丰五年—咸丰九年

河南巡抚、河东河道总督(河南巡抚兼署)　咸丰九年—咸丰十年

陕西按察使　咸丰十年

陕西布政使(陕西按察使署)　咸丰十年

陕西布政使　咸丰十年—咸丰十一年

陕西巡抚(陕西布政使署)　咸丰十一年

陕西巡抚　咸丰十一年—同治二年

内务府员外郎　同治八年

头等侍卫　同治九年

科布多参赞大臣　同治九年—同治十年

山西布政使(山西按察使署)　光绪二年

山西按察使　光绪二年—光绪四年

《清史稿·文宗本纪》:(咸丰九年)以恒福为直隶总督,瑛棨为河南巡抚。○(咸丰十年)丁丑,瑛棨以迟解京饷降官,以庆廉为河南巡抚。○(咸丰十一年)以瑛棨为陕西巡抚。(《清史稿》,分见第752、758、766页)

《清史稿·穆宗本纪》:(同治元年)谕穆腾阿、瑛棨办理西安防剿,多隆阿兼顾省防。○(同治二年)陕西回匪窜鄠县,从瑛棨请,留马德昭办省防。○甲戌,以凤翔困守半年,诏责瑛棨贻误,趣雷正绾驰救解围。○瑛棨有罪,褫职。命刘蓉为陕西巡抚,张集馨署之。(《清史稿》,分见第788、793页)

《清代职官年表》:咸丰五年由长芦盐运使迁河南布政使;咸丰九年迁河南巡抚;咸丰十年由陕西按察使迁陕西布政使,咸丰十一年迁陕西巡抚。(《清代

职官年表》,分见第 1921、1925、1703、1927 页)

《光绪山西通志》卷十三"职官谱"五之四"按察使":瑛棨,内务府汉军正白旗人。二年任。(《光绪山西通志》,第 1436 页)

《八旗文经》:瑛棨,字兰坡。郑氏,内务府正白旗汉军,官至陕西巡抚。(《八旗文经》,第 476 页)

《中国人名大辞典》:瑛棨……道光、咸丰间,由内务府笔帖式累擢河南布政使……官至陕西巡抚,以事革职,寻补山西按察使卒。(《中国人名大辞典》,第 1294 页)

母氏李,继母氏周,均诰封一品夫人。庶母氏陈,貤赠一品夫人。

> 按:李佳继昌在《左庵词话》卷下曾说:"郑叔问孝廉,与予为中表谊。"(《词话丛编》,第 3145 页)可知,瑛棨之原配李氏为继昌之姑母。继昌与文焯为中表兄弟。

文焕,兄,字幼兰,道光二十八年(1848)生。捐官出仕,署河南开封府。

《清代官员履历档案全编》文焕"履历单":文焕,由监生遵例报捐郎中,指分内务府补用。光绪四年改捐知府,指分河南试用。投效甘省军营,因新疆南北两路肃清,在事出力,经大学士、前陕甘总督左宗棠保奏请归候补班前补用。(《清代官员履历档案全编》第 3 册,第 698 页)

> 按:光绪六年"履历单"记其时文焕三十三岁,可知其生于 1848 年。张尔田《近代词人逸事》:"文小坡(焯)为瑛兰坡中丞子。一门鼎盛,兄弟十八。"(《词话丛编》,第 4376 页)张氏可能据文焯口述所记,兄弟十八,并非指同胞兄弟,当是郑氏一门包括从兄弟之数。文焯《梦余集》有《出门行·别家兄幼兰》一诗,诗中有句云:"同胞兄弟五人耳,两人已为饥驱走。"可见文焯同胞兄弟为五人,分别为文焕、文炳、文焯、文燮、文炘。

文炳,兄,字卓峰,咸丰二年(1851)生。捐官出仕,曾任广东运同、江西南安府知府、江西九江道台、江西提法使。

《清代官员履历档案全编》文炳"履历单"及"履历折":文炳,由监生报捐七品笔帖式。咸丰七年,因父瑛棨前在河南布政使任内捐米一千石,移奖以主事候补。同治九年十一月补授主事。同治十一年十月,因襄办大婚庆典,经总管内务府大臣保奏开缺,以员外郎补用。光绪四年九月报捐运同,不论双单月选用。光绪十二年十月选授广东运同。光绪十三年闰四月到广东省,五月署理广州府佛山同知。光绪十五年十月赴运同本任。光绪十六年十一月报捐知府,不论双单月在任候选,并捐道员外衔。光绪十八年四月加捐分缺,先仍在任候选,九月经吏部拟选江西南安府知府，调取引见。光绪十九年二月，交卸运同纂务，五月初二日，吏部带领引见，奉旨补授江西南安府知府员缺。

> 按：光绪十二年十月二十八日呈送皇帝御览的"履历折"称其时三十五岁，知文炳生于1851年。光绪十二年十月二十八日呈送皇帝御览的"履历折"："奴才文炳……由捐纳双单选用盐运司运同。于光绪十年八月分出有天津长芦分司一缺，轮选到班，系汉军人回避，直隶照章归于双月回避。即用今签掣两广盐运司运同缺。"（《清代官员履历档案全编》第27册，第637页、第656页）

文爕，弟，字小舫，咸丰十一年（1861）生。

戴《谱》：咸丰十一年，庶母弟小舫文爕先生生。

文炘，弟，字少兰，同治三年（1864）生。曾任山西绛县知县。

戴《谱》：同治三年，庶母弟少兰文炘先生生。

文烺，从兄，字（号）念慈，人称嚼梅先生。

> 按：郑文烺《瘦碧词序》云："嗟嗟！吾两人尚志嗜古，甘自沦薄，十年为学，而相望于穷。今子所造已若此，予衰且病，粗有吟啸，行将从子聊浪乎大鹤之天，放歌以老。"可见，文烺亦是奔波四方，偃蹇穷困者。郑文焯致朱祖谋书记文烺云："吾兄器干雄恢，一生兀峍不宜官。工书，行草体势得鲁公争坐位帖神妙。"（《大鹤先生手札汇钞·致彊村》，《词话丛编》，第4359页）戴《谱》云："嚼梅先生工诗古文辞，善书。"杨钟羲《雪桥诗话余集》卷八云："其从兄念慈大令文烺书翰道美，亦能诗。"（《雪桥诗话余集》卷第八，第568页）文烺曾写郭麐《词品》赠文焯。朱祖谋题文烺所写《词品》有云："此笺写频伽《词品》及吾郡董若雨香方，盖己丑岁自山左写寄叔问者。时叔问方究声律之学，故录频伽相饷。"（戴《谱》引）

贞仪，妹，咸丰七年（1857）生。

戴《谱》：咸丰七年，贞仪夫人生。

毓秀，妹丈，称钟山先生。德椿之长子。曾任安庐滁和道。

张宜人，妻，字眉君。热河正总管毓泰长女。工绘事，善鼓琴。

方恭人，妾。光绪丙戌年（1886）纳，生复培、茂韶。

张小红（红冰），侍妾，文焯为其取字南柔，又曰可可。

张尔田《近代词人逸事》：小坡方有比红之赋，即所谓侍儿红冰是也。后遂归于小坡。乃于剪金桥卜西楼以贮之。《冷红词》一卷，大半咏此。（《词话丛编》，第4368页）

《近代词人逸事·词林新语》：叔问有姬字南柔，后叔问十五年卒，无以为葬。彊村、蕙风约客醵资葬之虎丘，题"冷红阁故姬南柔之墓"，过者每为掩泣。（《词话丛编》，第 4372 页）

戴《谱》：新纳吴趋歌儿张小红，别居庙堂巷龚氏修园，为赋《折红梅》词。……又倩顾若波君为绘《冷红簃填词图》，其以"冷红"名集者以此。

按：此妾颇得文焯宠爱，可谓知音。文焯词集常钤"侍儿南柔同赏"之印。

郑茂韶，女，光绪十四年（1888）生。适戴正诚。

《行述》：戊子生茂韶家姊。

高拜石《词人贵公子——大鹤山人郑叔问》云茂韶"能书画，酷似其父母"。（《新编古春风楼琐记》七，第 23 页）

戴正诚，女婿。

戴正诚（1883—1975），字亮吉。重庆江北县洛碛镇人。光绪三十一年（1905）至日本留学，毕业于山口高等商业学校。后长期在国民政府财政部任职，曾担任科长之职，财政经济论著颇富。又能诗文，著有《黄山游草》《峨眉游草》《碛乡杂咏》等。所撰《郑叔问先生年谱》，是保存文焯史料最丰富的著作。（杨德安《戴正诚先生简介》，《江北县文史资料》第二辑，第 158—160 页）

戴乾符，外孙女。

戴乾符（1921—?），1939—1941 年先后就读于金陵女子文理学院、重庆大学，主修化学，新中国成立后长期担任北京市东城区职工业余学校、北京市第73 中学化学教师，为北京市中学高级教师。晚年居北京。（《金女大校友口述史》，第 302—307 页）

戴乾定，外孙。

戴乾定（1926—?），毕业于中央大学经济系，后赴美国密歇根大学深造。1950 年回国，在中国人民银行总行任职。1979 年，任联合国货币基金组织中方代表。1984 年，于英国伦敦任中国银行经理。晚年居北京。（杨德安《戴正诚先生简介》，《江北县文史资料》第二辑，第 158—160 页）

戴乾和，外孙女。

郑复培，子，字君来。光绪十六年（1890）生。娶徐氏。

《行述》：再阅二年庚寅生不孝。

郑汝铭，孙。

郑汝鉴，孙。

卷一 咸同时期

清文宗咸丰六年丙辰(一八五六) 一岁

七月二十八日,文焯生于开封。父瑛棨时任河南布政使。

《七月廿八日种竹得雨志喜》句云:"移植纵过君醉日,世传竹醉日种竹易活。平安好及我生辰。"(《扁舟集》)

戴《谱》:七月二十八日,先生生于大梁节署,因名豫格。时先生父兰坡先生官河南巡抚。

> 按:郑复培《行述》:"咸丰七年,先王父兰坡公抚豫,生先府君于大梁节署。"《行述》所记有误,文焯为咸丰六年生,据《清史稿》《清实录》及《清国史》等,本年至咸丰九年(1856—1859)瑛棨任河南布政使,非河南巡抚。

咸丰七年丁巳(一八五七) 二岁

是年,居开封。父瑛棨任河南布政使,查办河南学政俞樾"出题割裂"一案。

《文宗显皇帝实录》卷二三一:谕内阁,御史曹登庸奏学政轻浮乖谬,请饬查办,并将所出试题开单呈览一折。河南学政俞樾,出题割裂,致令文义难通。据该御史开列二十题,俱系不成句读,荒谬已极。……按试河南府时,坐索棚规,逗遛三日,均属有玷官箴。俞樾着即革职,交英桂督同藩司瑛棨,将所参各款,秉公查办,据实具奏,毋稍徇隐。(《清实录》第43册,第597—598页)

妹贞仪生。

戴《谱》:妹贞仪夫人生。

咸丰八年戊午(一八五八) 三岁

是年,居开封。父瑛棨任河南文乡试监临,武乡试主考,暂署河南巡抚。

戴《谱》:兰坡先生充河南戊午带补乙卯科文乡试监临,武乡试主考。

《文宗显皇帝实录》卷二五〇:河南巡抚英桂,因病请假,以布政使瑛棨,暂署巡抚,并接办防剿事宜。(《清实录》第43册,第867页)

> 按:《行述》云:"次年春,先王父改任陕西,时先府君正在襁褓,随先王

母周太夫人及诸伯姑同之长安。"《行述》所言"次年春"指咸丰八年春,所记
有误。

咸丰九年己未(一八五九)　四岁

是年,居开封。瑛棨充河南文乡试监临,武乡试主考,接任河南巡抚,又暂署河东河道总督,

戴《谱》:兰坡先生充河南己未恩科文乡试监临,武乡试主考。

《清史稿·文宗本纪》:(咸丰九年)以恒福为直隶总督,瑛棨为河南巡抚。
(《清史稿》,第 752 页)

《文宗显皇帝实录》卷二七七:以河南巡抚恒福为直隶总督,河南布政使瑛
棨为巡抚。(《清实录》第 44 册,第 62—63 页)

《文宗显皇帝实录》卷二七九:以河南巡抚瑛棨暂署河东河道总督。(《清实
录》第 44 册,第 93 页)

咸丰十年庚申(一八六○)　五岁

是年,居开封。父瑛棨在河南巡抚任,镇压捻军。

《文宗显皇帝实录》卷二九六:本日据瑛棨奏,逆捻窜扰商永及睢州一带,派
兵分投截堵各等语。逆捻孙葵心等分股窜扰商丘、柘城,围扑睢州,约二万余
人。……瑛棨有地方之责,并着严饬文武,集团守御,以期逼贼回巢,再行协力
剿洗,毋稍延误。

《文宗显皇帝实录》卷二九八:谕内阁瑛棨、关保奏追剿南路捻匪,叠获胜
仗,余匪溃遁回巢一折。……着瑛棨、关保仍督各路官军,务将窜匪尽力搜捕,
以靖疆圉。(《清实录》第 44 册,第 325、358 页)

是年,瑛棨因欠解京饷降任陕西按察使,署布政使。文焯亦赴西安。

《文宗显皇帝实录》卷三○五:谕内阁吏部奏遵议历任河南巡抚藩司各员处
分一折。河南一省,历年欠解京饷,为数甚钜。节经户部奏咨飞催,置若罔闻,
实属任意延宕。前任河南布政使今升河南巡抚瑛棨,着降补陕西按察使,仍带
降二级留任处分。……以上各员所得处分,均不准其抵销。(《清实录》第 44
册,第 463 页)

《文宗显皇帝实录》卷三○七:陕西按察使瑛棨奏谢降补恩。得旨,汝之才
具颇可用,惟在豫年久,不能处处破除情面,致未能大见振作,现虽降补,将来重
领封圻,务须自加勉励,不可自甘废弃。(《清实录》第 44 册,第 490 页)

《文宗显皇帝实录》卷三二○:以陕西按察使瑛棨为布政使。(《清实录》第

（《清实录》第 44 册,第 716 页）

按:戴《谱》记本年"兰坡先生调任陕西巡抚,先生随之长安",有误,瑛棨并非本年任陕西巡抚。

咸丰十一年辛酉（一八六一）　六岁

五月,父瑛棨任陕西巡抚,充本年陕西文乡试监临,武乡试主考。庶母弟文燮生。

《清史稿·文宗本纪》:(咸丰十一年五月)以瑛棨为陕西巡抚。(《清史稿》,第 758 页)

《文宗显皇帝实录》卷三四六:前有旨,令张芾帮办陕西团练,瑛棨现署巡抚,着即会同张芾赶紧激励乡团,务令兵民互相保卫,俾贼匪无隙可乘,方为妥善。(《清实录》第 44 册,第 1112 页)

《文宗显皇帝实录》卷三五一:实授瑛棨陕西巡抚,以按察使吴春焕为布政使,督粮道王承基为按察使。(《清实录》第 44 册,第 1191 页)

戴《谱》:兰坡先生充陕西辛酉科文乡试监临,武乡试主考。庶母弟小舫文燮先生生。

是年,文焯学习绘画。

《瘦碧庵丛载》:余六岁时学捉笔作绘事。

清穆宗同治元年壬戌（一八六二）　七岁

是年,居西安。陕甘回民起事,上谕瑛棨办理西安防剿,因镇压不力,被参劾。

《清史稿·穆宗本纪》:谕穆腾阿、瑛棨办理西安防剿,多隆阿兼顾省防。(《清史稿》,第 788 页)

《穆宗毅皇帝实录》卷十六:谕议政王军机大臣等,有人奏捻匪肆逆,窥伺山陕。山西巡抚英桂、陕西巡抚瑛棨先后曾任河南巡抚,剿办捻匪,毫无成效,深恐威望既损,再三贻误,请另简兼有才望之大员委任等语。……英桂、瑛棨先后曾任河南巡抚,剿办捻匪,迄无成效,转益蔓延。今又调任秦晋各抚,地属膏腴,久为贼所觊觎,而该抚等威望不足以副之。(《清实录》第 45 册,第 438 页)

《穆宗毅皇帝实录》卷三二:又谕,前因贼匪窜入陕境,叠陷商洛、渭南、孝义、镇安等厅县,巡抚瑛棨未能先事筹防,任贼出入。……据称瑛棨徇庇属员,收受古玩,事涉暧昧。……瑛棨身任地方,一筹莫展,任贼蹂躏,已属咎无可辞。……商州知州曹熙声名素劣,当贼踪逼近州境,安坐衙斋,不敢出城。……其馈送瑛棨古玩值数千金,是否实有其事?朱潮参劾瑛棨等款迹有无挟嫌报复,着一并查明据实具奏。(《清实录》第 45 册,第 855—856 页)

《穆宗毅皇帝实录》卷四五:又谕,前据爱仁等奏,访闻陕西巡抚瑛棨徇庇属员,玩视军务。(《清实录》第 45 册,第 1217 页)

《穆宗毅皇帝实录》卷四九:瑛棨于陕回滋事以来,一筹莫展,厥咎甚重。(《清实录》第 45 册,第 1342 页)

是年,文焯入学读书。

戴《谱》:先生入学读书。

同治二年癸亥(一八六三)　八岁

一月,瑛棨被朝廷诘责。

《穆宗毅皇帝实录》卷五六:凤翔为西路要区,该郡被围半年,无兵援救。……瑛棨身任地方,清夜自思,何颜对此士民。……瑛棨贻误地方,久当治罪,宜如何力图晚盖,以赎前愆。若仍毫无振作,惟怯偷安,则军律具在,亦不能屈法以拂舆情也。(《清实录》第 46 册,第 58—59 页)

《清史稿·穆宗本纪》:甲戌,以凤翔困守半年,诏责瑛棨贻误,趣雷正绾驰救解围。(《清史稿》,第 788—799 页)

三月,瑛棨再遭朝廷痛责。

《穆宗毅皇帝实录》卷六一:瑛棨惟知闭关自守,竟不能出一旅之师,扼要驻扎,束手无策,坐以待毙,焉能取胜。(《清实录》第 46 册,第 185 页)

《穆宗毅皇帝实录》卷六二:乃闻逆回游骑竟敢于郭门之外、营垒之旁追杀汉民,焚毁村庄,以致粮路不通,人心疑惧。瑛棨身任疆圻,全无布置,实堪痛恨。(《清实录》第 46 册,第 208 页)

七月,瑛棨因平乱不力被罢官。

《清史稿·穆宗本纪》:(秋七月)瑛棨有罪,褫职。命刘蓉为陕西巡抚,张集馨署之。(《清史稿》,第 793 页)

《穆宗毅皇帝实录》卷七二:(瑛棨)陈奏各情,已多不实,且株守省垣,一筹莫展。已明降谕旨将瑛棨革职,以刘蓉补授陕西巡抚,未到任以前,着张集馨暂行署理矣。(《清实录》第 46 册,第 454 页)

八月,朝廷下诏将瑛棨谪戍新疆。令未行。瑛棨返京,侨寓蒲州。

《清史稿·穆宗本纪》:(八月)丁亥,戍瑛棨新疆。(《清史稿》,第 793 页)

《穆宗毅皇帝实录》卷七六:谕内阁,前因瑛棨巡抚陕西,株守省垣,膜视地方,生灵荼毒,一筹莫展。……瑛棨之存城营勇一千余名,仅四百余名可用,其每月粮饷,各营均按虚数支领,览奏殊堪痛恨。瑛棨以巡抚大员,贻误地方,至于如此,所部勇丁,徒縻饷需,毫无实用。且藉保护省城为名,屡次饰词奏留马德昭。凤翔等城久被贼困,置之不顾,但为马德昭捏报战功。且纵令马德昭虚报勇数至二千名之多,并不认真查点,通同蒙蔽朝廷,实属溺职辜恩,大负委任。前旨仅予革职,尚觉情浮于罪,瑛棨着即行发往新疆充当苦差,以示惩儆。(《清实录》第46册,第539—540页)

戴《谱》:是岁兰坡先生以回匪猖乱,罢官回京,行至山西蒲州府,以道路梗塞,全家即侨寓于此。

　　按:《行述》及戴《谱》均将罢官事系于上年,误。蒲州,今山西省永济市。

瑛棨聘顾晓帆(大昕)为文焯昆季设帐课读。

戴《谱》:先生有兄幼兰文焕、卓峰文炳先生,是岁兰坡先生为其昆季聘请江宁廪贡顾晓帆大昕设帐课读。

　　按:顾大昕,字晓帆。江苏江宁人。著有《然松吟馆诗钞》。

同治三年甲子(一八六四)　九岁

弟文炘生。

戴《谱》:庶母弟少兰文炘先生生。

同治四年乙丑(一八六五)　十岁

同治五年丙寅(一八六六)　十一岁

文焯一家迁居河南彰德府。

戴《谱》:兰坡先生挈眷由蒲州府迁居河南彰德府。

　　按:彰德府,今属河南省安阳市。

是年,陪父游洛阳,观樱桃沟作诗。

文焯致张尔田书有云:余龆龀时,好读唐诗,日课十数首,辄能背诵。年十一,侍先中丞公游洛阳,一日,出城西,观樱桃沟,率成绝句云:"樱桃红涨雨纤纤,京洛风光旧未谙。绝似熟梅好天气,衣篝香里梦江南。"(郑文焯《鹤道人论词书》,《国粹学报》第六卷第四期)

　　按:樱桃沟,位于洛阳市区西北,以樱桃品种繁多著名。清《洛阳县志》:"樱桃沟,一在县东北五里瀍水东,名小沟;一在县西北三十里,名大沟。各出樱桃,老树合抱,大沟尤佳,延十余里。"(《洛阳县志》卷二《山川》,

第 217 页）“瀍壑朱樱”为洛阳名景之一。

同治六年丁卯（一八六七）　十二岁

同治七年戊辰（一八六八）　十三岁

朝廷下诏，父瑛棨由吏部引见。

《穆宗毅皇帝实录》卷二四八：谕内阁，官文奏获咎大员曾膺重寄，谨举所知，可否录用一折。已革陕西巡抚瑛棨、降调湖南巡抚恽世临，均着吏部带领引见。（《清实录》第 50 册，第 451 页）

文焯喜绘画，善画花鸟、山水、人物，为父代笔。

《瘦碧庵丛载》：余六岁时学捉笔作绘事，十二三岁辄以指头代笔，凡花鸟、山水、人物，着手立就。然率尔游戏，终不脱古人窠臼。迨读且道人述画诗云：“吾画以吾手，甲肉掌背俱。手落尚无物，物成手已无。”乃悟一指禅在此不在彼。遂一日手挥数十幅，咸极神趣。

戴《谱》：先生天资卓绝，劬学善问，少时即偗傥见志节。为文奇杰，课余且喜作绘事。见先生《行述》。兰坡先生富收藏，先生六岁时，见壁悬画轴，即知捉笔临摹。十二三岁，辄以指头代笔，凡花鸟山水人物，着手立就。节录《瘦碧庵丛话》。兰坡先生雅善丹青，至是酬应诸作，多命先生代笔。

同治八年己巳（一八六九）　十四岁

是年，瑛棨携家眷由彰德府迁通州。瑛棨任内务府员外郎。

戴《谱》：兰坡先生挈眷由彰德府迁回通州新城北后街本宅，旋引见，赏给头等侍卫，授科布多参赞大臣，以道远不携眷，仅命从侄息斋文燕先生随赴任所。

同治九年庚午（一八七〇）　十五岁

父瑛棨赏头等侍卫，授科布多参赞大臣。

《穆宗毅皇帝实录》卷二九三：赏已革陕西巡抚瑛棨头等侍卫，为科布多参赞大臣。（《清实录》第 50 册，第 1062 页）

　　　　按：科布多参赞大臣，清乾隆二十六年（1761）置，为清代设立的驻蒙古科布多大臣，驻地科布多城（今蒙古国科布多省省会）。

是年，母卒。

《行述》：同治壬申，年十五，遭先王母周太夫人丧，哀毁欲绝，绝食累日。

戴《谱》:生母周恭人卒,先生哀毁逾恒,绝食累日,见先生《行述》。兰坡先生辞官归。

按:《行述》记壬申年文焯年十五,误。

同治十年辛未(一八七一) 十六岁

八月,父瑛棨旧疾复发,请假一月。

《穆宗毅皇帝实录》卷三一七:科布多参赞大臣瑛棨奏旧疾复发,请假调理,得旨。瑛棨着赏假一个月,一俟稍愈,即行迅速赴任。(《清实录》第51册,第189页)

九月,瑛棨以病解职。

《穆宗毅皇帝实录》卷三一九:科布多参赞大臣瑛棨因病解职,以镶黄旗汉军副都统常顺为科布多参赞大臣。(《清实录》第51册,第212页)

按:戴《谱》将瑛棨解职系于上年,误。瑛棨解职当与文焯母亡有关。

同治十一年壬申(一八七二) 十七岁

同治十二年癸酉(一八七三) 十八岁

服阕,妹贞仪适户部员外郎毓秀。

戴《谱》:服阕,妹贞仪夫人适宝录馆副总裁景融德椿先生之长子户部员外郎钟山毓秀先生。

九月始,文焯所作诗收入《补梅书屋诗稿》之《癸丙集》。

文焯自题云:自癸酉九月至丙子三月,丙子年廿一岁,癸酉十八岁,甲戌十九岁,乙亥廿岁。

戴《谱》:《补梅书屋诗稿》,编古今体诗为《癸丙集》,从是年起,讫丙子三月。

按:《癸丙集》第一首诗《古歌》(杨花飞)或作于九月之前,诗有云:"花落日以少,春光日以老。欢乐须及时,相逢苦不早。"第二首为《拟鲍照行路难用原韵》,第三首为《塞下曲》,均见文焯少时抱负与压抑,《塞下曲》云:"明月照楼兰,沙场战骨干。玉关征戍梦,一夜到长安。霜重马毛缩,风高刃斗寒。边儿不知恨,犹唱关山难。"另,据《癸丙集》诗稿,至"丙子三月"亦不确,当至丙子年夏秋之时。

同治十三年甲戌(一八七四) 十九岁

是年,举家迁居北京新置家宅。

戴《谱》：兰坡先生挈眷由通州迁居北京锣鼓巷后圆恩寺新置家宅。

　　按：后圆恩寺，即后圆恩寺胡同，位于北京市东城区，鼓楼东大街南侧，东起交道口南大街，西止南锣鼓巷。因胡同在圆恩寺背后，乾隆时即称后圆恩寺胡同。

卷二 光宣时期

清德宗光绪元年乙亥(一八七五) 二十岁

德林殁于扬州,文焯作诗哭之。

《闻德研香没于维扬以诗哭之二首》其二:烦恼场中噩梦惊,草堂蛮泣月孤明。主人不到已三载,二十四琴肠断声。先生自号二十四琴书屋主人。(《癸丙集》)

> 按:德林(? —1875),姓阎氏,字群直,号砚香、研香,自号二十四琴书屋主人。汉军旗人。清嘉庆二十五年(1820)进士。官河南知府,迁盐运使。书法秦汉篆隶,擅画山水竹石,富收藏,赵之谦尝得其指授,事见《枕经堂集》《绘境轩读画记》。

七月七日,作《秋闺怨》。

《秋闺怨》诗有云:又值双星渡河时,一年一度订佳期。(《癸丙集》)

九月九日,作花卉镜心。

题识:乙亥重阳奉息庵二哥大人教正。小坡弟焯。(中安太平北京国际拍卖有限公司 2007 年秋季艺术品拍卖会书画专场 0569)

秋,东园赏菊,作诗。

《东园赏菊醉作赠园主人张君》诗有云:东园主人招我看花去,出门一笑便欲吟秋风。人生行乐须及早,一年秋色又将老。去年花开客未来,今年客来花正好。……故园零落已三载,金英委地空亭池。(《癸丙集》)

> 按:"故园"句注云:"予有潞园一所,今已荒芜三载。"潞为通州北运河之名,此园当是文焯居于通州时之处所。

秋,参加秋闱,中式。

戴《谱》:秋,应顺天乡试恩科,中式第二百六十六名,保和殿覆试,钦定一等第十三名,座主徐荫轩相国桐、殷谱经尚书寿镛、崇文贞公绮、毛文达公昶熙,房考陈弢庵太傅宝琛。试题"有德者必有言"四句,"陈其宗器"三句,"老吾老"至"天下可运于掌","赋得爽气朝来万里清,得秋字"。房考评其文曰:朴实说理,风骨清遒,斯为大家,举止有次,有典有则,不蔓不支,抑扬顿挫,灵气往来,水到渠成之候。评其诗曰:芊绵秀丽,雅韵欲流。幼兰先生亦本科荐卷。是科同榜者,得三殿撰,一曹鸿勋竹铭、一黄思永慎之、一陈冕灌苏,皆与先生至契。尝见先生家藏三人楷书各数页,先生题曹书曰:乙亥一榜中,得三殿撰,为二百余年未有之盛,竹铭同年实发其端也。此其乙丑岁所书,犹见当时精锐之气,近年竹铭颇习章草,作诗赋亦骎骎入古。题黄书曰:余与慎之同年交最久,其所书得之亦最夥。忆庚辰邂逅淞南酒次,尝与论往事,慎之谓近日索书者坌集,而书法实不如昔,聊徇俗好耳。渠本专临欧书,端严有度,旋见竹铭、可庄诸君所书,遂弃其素学,一意效之,竟得大魁天下。近数科以苦力攫得状元者,慎之一人而已。此己丑夏为余书者,自谓老荒,而笔味清劲,颇无馆阁习气,但无秀洁之致,亦年为之尔。凡学书不可写到十分佳处,既夭目神,且夺锐气,到有用时,反自矜持,易于得过,非若临古人碑帖,老而弥精,足传千古也。题陈书曰:丁丑春,袁小坞侍郎,拟试同人书楷于宣南嵩云草堂,始见灌苏同年书法精妙。追癸未科廷试第一,书名大噪。己丑,余试都堂,僦城东李氏斋为小寓,距灌苏居才咫尺,晨夕过从,与之讨用笔之法,则极言生平书不择笔,京师良笔工所制,亦尝用之,无一得手,或有其不传之秘邪?此书即己丑岁考差前数日作。时余下第,将重游吴中,灌苏所录之文,亦足慰余羁望矣。其他同年如易仲实顺鼎、冯梦华煦、张次珊仲炘、况夔笙周仪、王梦湘以慜、顾渔礀璜诸公,皆生平文字深交。

　　按:戴《谱》记文焯题黄书、题陈书文字俱见《瘦碧庵丛载》。戴《谱》所及人物略作介绍。徐桐(1820—1900),字豫如,号荫轩。汉军正蓝旗人。同治帝之师。曾官礼部尚书、吏部尚书等。晚清保守派重臣,攻击戊戌新党,得慈禧信任。1900年,主张借助义和团排斥西洋,支持慈禧宣战,八国联军入京后,自缢身亡。戴《谱》"殷谱经尚书(寿镛)",当为殷兆镛(1806—1883),字补金,一字序伯,号谱经。江苏吴江人。道光二十年(1840)进士。曾任大理寺少卿及礼、户、吏诸部侍郎。工诗文,著有《松陵诗经》《玉尺堂诗文集》等。崇绮(1829—1900),字文山,阿鲁特氏。同治三年(1864)状元。光绪间任吏部尚书、礼部尚书,与徐桐同为大阿哥溥儁之师。八国联军入京,随荣禄至保定,闻妻、子殉节于京师,自缢死。毛昶熙(1817—1882),字旭初。河南武陟人。道光二十五年(1845)进士。历任兵部尚书、总理各国事务衙门上行走、吏部尚书等职。陈宝琛(1848—1935),字伯潜,号弢庵、陶庵、听水老人。福建闽县人。同治七年(1868)进士。曾任翰林院侍讲、内阁学士兼礼部侍郎。辛亥革命后为溥仪之师。著有《沧趣楼诗集》《沧趣楼文存》等。曹鸿勋(1846—1910),字仲铭,又字竹铭,号兰生。山东潍县人。光绪二年(1876)状元。曾任云南按察使、贵州布政使、湖南布政使、陕西巡抚等。黄思永(1842—1914),字慎之,号亦瓢。江苏江宁人。光绪六年(1880)状元。后历任翰林院修纂、军机处章京、右春坊右中允等职。后从事实业,开办北京工艺商局、投资天津北洋烟草公司等。辛亥后,卒于上海。陈冕(1859—1893),字冠生、灌苏,号梦菜。山东济南人。

光绪九年(1883)状元。曾任湖南乡试主考。工书法。易顺鼎(1858—1920),字实甫、实父、中硕,号忏绮斋、眉伽,晚号哭庵、一广居士等。湖南龙阳(今汉寿)人,易佩绅之子。光绪元年(1875)举人。工诗。著有《琴志楼编年诗集》等。冯煦(1842—1927),字梦华,号蒿庵,晚号蒿叟、蒿隐。江苏金坛人。光绪八年(1882)举人,光绪十二年(1886)进士,授翰林院编修。历官安徽凤阳府知府、四川按察使和安徽巡抚。辛亥革命后,寓居上海。工诗、词、骈文,著有《蒿庵类稿》等。张仲炘(1857—1913),字慕京,号次珊,又号瞻园。湖北江夏(今武汉)人。光绪三年(1877)进士。历任国史馆编修、江南道监察御史、光禄寺少卿等,后为江苏尊经书院山长。工词。著有《瞻园词》。况周颐(1859—1926),字夔笙,一字揆孙,别号玉梅词人、玉梅词隐,晚号蕙风词隐等。广西临桂(今桂林)人。光绪五年(1879)举人。"清季四大词人"之一。著有《蕙风词》《蕙风词话》等。王以敏(1855—1921),名又作以慜,字子捷,号梦湘。湖南武陵(今常德)人。光绪十六年(1890)进士。辛亥革命后,弃官隐居。著有《檗坞诗存》《檗坞词存》等。顾璜(1856—1927),字渔溪(磎),又渔滨、瑜彬。江苏昆山人。光绪二年(1876)进士。历任军机章京、户部主事、内阁侍读学士等。有《顾渔溪先生遗集》。另,戴《谱》此处有误,况周颐乃光绪五年(1879)乡试举人,王以敏乃同治十二年(1873)中举。

秋闱榜发,文焯作诗记之。

《乙亥恩科秋闱榜发幸获漫书数语》:万烛花开选佛场,传来金帖姓名芳。十年窥豹羞才浅,一夜成龙独气扬。自信无凭随命运,敢云有价是文章。少年不识青云路,赢得天台桂子香。(《癸丙集》)

十月初三日,复试,钦取一等。

《十月初三日覆试钦取一等谢恩恭纪》:小技雕虫荷宠嘉,摛词窃幸净无瑕。只惭学力三冬欠,敢谓才名一等加。天子亲评文濯锦,宫人齐夺笔生花。臣家旧物青毡在,长愿舒文广国华。(《癸丙集》)

十月初四日,保和殿御试。

《十月初四日保和殿御试恭纪》:三百同人殿下传,青袍新惹御炉烟。髫龄敢负凌云志,巨手谁裁赋日篇。咫尺天颜瞻帝极,一朝恩榜重元年。只惭未竟诗书业,便许班联近日边。○乾坤清气满蓬壶,喜会群仙返帝枢。金殿传题颁凤诏,彤墀秉笔赞鸿谟。催诗逸趣听宫漏,赐食新恩出御厨。翻念西征诸将苦,毛锥毕竟胜鳌弧。(《癸丙集》)

秋日宴集,作诗赠同年。

《秋日宴集赠诸同年》：一夜天香满帝城，群仙大会上瑶京。筵开明月招蟾饮，人倚秋风听鹿鸣。美酒醉邀珠履客，新诗题遍蕊宫名。桂花盈帽香盈袖，谁侣嫦娥赠我情。（《癸丙集》）

十一月，访盛昱意园。

戴《谱》民国五年（1916）记云：又见先生家藏盛伯希楷书折。题云：乙亥中冬，访盛二兄伯希于意园，见其书折卷不辍，喜无馆阁浓抹气习，笔致疏宕，在王陈之间，遂携归以为楷模。兼爱其所写为宋元名词，视疏论差可读焉。又云：近见厂肆中得韵莳片纸，珍若隋珠，初不措意，因取曩日所得手毕，挹其细致，始悟心画之微妙，有非可以一格论者。所谓胸有逸气，工在寡双，康长素撰《书品》，意在广包慎伯《艺舟双楫》之编，独推盛祭酒书格古秀，可云知书并知人已。

按：盛昱（1850—1899），字伯熙，又作伯希、伯羲、伯兮、伯熙，号韵莳，一号意园。爱新觉罗氏，隶满洲镶白旗，肃武亲王豪格七世孙。光绪二年（1876）进士，授编修、文渊阁校理、国子监祭酒。为官敢言直谏。嗜藏典籍，多精善之本，藏书楼有意园、郁华阁之名，有《意园藏书目》一册。著《八旗文经》《雪屐寻碑录》《郁华阁文集》等。

顾璜联捷入翰林，文焯作诗贺之。

《贺顾渔碛同年联捷入翰林》：君不见龙门仙子字子安，三尺儿童登文坛。又不见终军弱冠夸远行，豪情万里请长缨。一时声价连城重，丈夫有才终能用。况君今年甫及冠，峥嵘气象真神纵。去年与君游蟾宫，良缘不约亦相逢。手把丹桂仰天笑，盈盈上界来香风。今年与君游杏林，只觉花浓无处寻。君到蓬莱我独返，闲来抚我松间琴。临风一书独清畅，心高志大不自量。生平未有落人后，青云咫尺徒相望。羡君直到大罗天，玉堂仙客度翩翩。北阙早朝排玉笋，西清夜返送金莲。少年名誉成何早，成名自是少年好。埋头读我旧时书，若教古田台，□磨笑人老。（《补梅书屋存稿》）

按：此诗见《补梅书屋存稿·春芜集》，但题下注云"此首入癸丙集"，故系于此。

光绪二年丙子（一八七六）　二十一岁

三月，朝廷召瑛棨，以按察使候补，任山西按察使。

《德宗景皇帝实录》卷二七：召见前任科布多参赞大臣瑛棨、已革前任甘肃按察使杨能格、已革前任科布多帮办大臣文硕。得旨，瑛棨以按察使候补，杨能格以道员用，文硕以五品京堂候补。（《清实录》第52册，第408—409页）

《德宗景皇帝实录》卷二八：以山西按察使程豫为四川布政使,候补按察使瑛棨为山西按察使。(《清实录》第52册,第427页)

夏,游什刹海。

《游什刹海口占》：一带藕花津,清凉迥出尘。香余四五里,船载两三人。有酒何妨醉,看花不厌频。斜阳东归去,潇洒苦竹身。(《癸丙集》)

《夏日偕友人什刹海泛舟观荷》：买得轻舟一叶如,年年常伴藕花居。波摇浅渚容浮鸭,雨过前湾听卖鱼。静爱花香清爱酒,坐看山色卧看书。兴来一曲沧浪咏,明月随人返敝庐。(《癸丙集》)

夏,父瑛棨赴任山西按察使,文焯侍奉之任,旅途作诗甚多,取名《并游集》。

戴《谱》：夏,兰坡先生陈皋山右,先生侍奉之任。

《晋阳行》其一：有客有客字小坡,仰天西笑忽狂歌。噫气作云走万里,醉中拔剑斩蛟鼍。一杯一曲乐不尽,但恨酒少离愁多。丈夫踪迹贵豪放,少不努力奈老何？呜呼一歌兮歌始发,昂头惟见前身月。

《北河吊古 地即河阳渡也,河之下流曰白沟,有六郎堤,宋杨延昭守益津时所筑也。》其一：青草萋萋巨马河,沙场满地认干戈。可怜白骨蓬蒿里,多少英雄付逝波。其二：亶古城荒落日依,土花埋没六郎堤。三关威震人何在？只剩饥乌昼夜啼。其三：白沟河畔戍楼空,菰叶萧萧战晚风。古渡荒凉人过少,夕阳蛙鼓歌声中。其四：河阳渡旁青草多,河阳楼上踏行歌。天荒地老无人问,闲煞渔翁一钓蓑。

《北齐白显墓》：荒凉孤冢委尘埃,旧说高王独爱才。欲访残碑空叹息,石羊暮雨挂苍苔。

《鸣谦驿》：何处行歌唱大堤,多情芳草自萋萋。秋风代马路思北,暮雨征鸿独向西。一梦家山愁险阻,重游宦海悔轮蹄。行踪只喜今宵息,遥指并门路不迷。(以上诸诗均见《并游集》)

> 按：文焯此行作诗还有《长新镇早发》《仙峰坡》《过燕太子丹送荆卿处》《刘伶墓》《定州道中》《明月店》《龙兴寺瞻观音神像寺在正定府》《度白石岭》《微水村》《龙窝寺》《故关山》《固关》《侧石驿》《太安驿》《晋祠》等,均见《并游集》。

文焯至太原,喜逢陈介眉。

《晋阳喜会陈介眉赋此以赠》其二：并门本是别离乡,今日重逢又此方。回忆当年送君处,梅花晴雪一山香。其四：君家南国吾家北,相见同为异地人。好在西窗同话雨,一灯分影照儒巾。其六：回首分襟十二年,浮云流水自悠然。而今重问风尘事,醉倒花开只共眠。(《并游集》)

《秋日招陈介眉饮醉后口占》其三：诗有佳篇酒有灵,颠张狂李共忘形。人

生行乐须如此,不许青山笑客醒。其四:高卧吟床脱落身,浇胸垒块已陈陈。何当大笑纵君去,醉倒西湖问美人。(《并游集》)

七月二十八日,作戏咏诗。

《七月念八日戏咏》:明月清风又一年,昨宵梦到大罗天。姮娥赠我松花酒,道是仙家种寿泉。(《并游集》)

八月五日,读文烺诗,步韵以答。

《中秋前十日读念慈家兄寄诗有梦中相见虽然幻犹胜相思不见人之句自见离索之感然醒后仍是他乡此情率不能稍慰因步原韵以答》:安能一梦一相逢,梦里翻愁听晓钟。到底梦归终是幻,秋山况隔路千重。○世味无如客味多,他乡难得笑言亲。梦中果是真相见,愿得长为渴睡人。(《并游集》)

> 按:此诗原诗稿上标"删"。

八月十五日,望月怀家兄。

《中秋望月怀家兄有感》:去年今夜月明中,矮屋高谈话晚风。又到良宵成远客,打窗落叶一灯红。(《并游集》)

九月九日,作诗书怀。

《晋阳重九书怀》:满眼秋光一洒然,萧萧落叶暮风天。子由已是十分瘦,况别东坡又一年。○他乡一醉便为家,客里浑忘换岁华。黄菊满篱秋又暮,误人风雨恼人花。(《并游集》)

闻兄文焕将至,作诗。

《喜闻家兄幼兰将至》:千里关山望眼穿,离思不耐日如年。时当晤近情逾切,盼到相逢喜欲颠。未见笑客先忆旧,偶闻途说辄惊传。闻有贾人自京师归者,云已遇诸获鹿。苍苍山色濛濛林,为问行人何处还。(《并游集》)

秋,游极乐寺。

《重游极乐寺》:三年重到国花堂,风景依然意转伤。雪室莲花新世界,与亭枫叶旧斜阳。钟声满院随烟散,松影半庭过雨凉。闻道老僧已圆寂,空余一瓣佛心香。(《癸丙集》)

秋夜,与同年顾家相别。

《秋夜与顾辅卿同年话别》:后会不知处,兹行可奈何。空山云气重,落叶雨声多。聚散一樽酒,秋风发浩歌。明朝太行岭,珍重故人过。(《并游集》)

> 按:顾辅卿(1853—1917),名家相,浙江山阴人。光绪乙亥、丙子联捷进士。曾任萍乡县令,彰德府知府,有政声。清亡后隐于西湖,参与续修《浙江通志》。著有《续越中金石记》《两浙金石知新录》。

秋,作怀友诗。

《秋日怀友》:别时一挥泪,别后长相思。红叶陇头水,白云壁上诗。故人不可见,何日与之期。愁听江南曲,秋风又起时。(《并游集》)

秋,游晋祠。

《晋祠》其三:破壁秋风挂女萝,唐侯断碣碧苔磨。欲寻遗迹空流水,柏月亭前一笑过。其四:云七萧森悬甕山,钟声只在水声间。游踪好是清凉境,赢得诗心一味闲。(《并游集》)

冬,父瑛棨患中风,文焯精心照料。

戴《谱》:冬,兰坡先生权藩篆,值晋豫饥馑,筹振筹饷,日夜忧劳,致患中风之症。先生侍进汤药,昼夜不懈,稍痊可。见先生《行述》。

除夕,作诗书怀。

《除夕书怀》:前番腊鼓听频挝,客里惊心换岁华。半夜春风催爆竹,一年喜事卜灯花。尽烧榾柮萧斋冷,强饮屠苏醉帽斜。今夕不眠非守岁,更深怕有梦还家。(《并游集》)

> 按:戴《谱》:"《补梅书屋诗稿》,从是年四月起,迄丁丑二月,编古今体诗为《春芜集》。"误,当为《并游集》。《春芜集》为"丁丑二月至戊寅五月"所作,因戴氏未明《补梅书屋存稿》于每集结束标记起讫时间,故误以前集结束时间为后集开始时间。

光绪三年丁丑(一八七七) 二十二岁

春,作《游春》《途中即景》《山行》《为顾二催妆》等诗。

《游春》其一:闲身拟作小游仙,花柳东风二月天。偶遇湖山供一醉,也能消瘦眼前缘。其二:不惜芒鞋踏软尘,风光到处惹游人。谁家丝管城南路,谱出扬州一段春。(《并游集》)

《山行》:曲径通人别有村,绿阴深处隐紫门。时随马迹寻歧路,偶见花枝忆故园。泉响每惊风欲起,洞深浑讶石能言。此中自有逃名客,他日还应访屐痕。(《并游集》)

春,应会试不第。

《丁丑春闱下第》云:文章命运两难知,是科房荐故云。一战东风作败师。痴蝶寻花原是梦,春蚕作茧岂共丝。寻常眼底分轻重,游戏场中任转移。笑问朱衣何处去,来科莫误点郎时。(《春芜集》)

戴《谱》:春应会试,荐卷不第,留京。

> 按:《丁丑春闱下第》诗,原诗稿注"此首删"。

为文笠亭画《溪堂诗思图》。

《为文笠亭画溪堂诗思图》:湖山旧梦十年非,秋水菰蒲舒雁肥。庭院晚凉人不到,满阶梧叶雨声稀。(《春芜集》)

九月初八日夜,贼入补梅书屋,文焯作诗记之。

《丁丑九月初八日夜贼入补梅书屋尽搜箧中书画笔砚而去次早赋此纪事》:众生好古有奇福,我家遇贼亦不伪。东邻积仓箱,西邻宝金玉。舍彼而不取,意将肯大欲。烟为手,压我门,发我箧,搜我文房之宝物,毋乃此贼为文贼。英雄失路毋穷屈,吁嗟呼,英雄之遇穷如此,英雄之节屈乃尔。君果好文慕文士,不妨对坐论文呼知己。秀才人情半张纸,奈何非四非六黑夜作伧鬼,出暗入哑偷为梁上之君子。我有诗百篇,又有酒一斗。金石列几前,图书陈壁右。大开庭门不用守,今夜尚肯重来否?我当与君狂吟痛饮遇重九。(《春芜集》)

九月十二日,同年衡平寄诗。

《重阳后三日得堦生同年寄诗二绝》其一:风雨过重九,黄花开尚迟。萧斋一壶酒,闲诵故人诗。其二:味淡能医俗,心清只自知。君身有仙骨,破我醉中痴。(《春芜集》)

　　按:衡平,字如庵,号堦(阶)生。崇厚子。光绪元年(1875)举人。官礼部员外郎、江南候补道。著有《酒堂遗集》。

秋,作诗怀吴粒生。

《秋日怀吴粒生》其一:并州今夜月,照我北窗眠。却忆并州客,相思应也然。井梧一叶下,随梦落灯前。於奏秋风曲,银筝未上弦。其二:世事竟非昨,昂头天亦低。君家在白下,门外即清溪。秋水波澜起,孤云度岭西。与君十年别,回首感凄异。(《春芜集》)

作诗,寄五家兄。

《寄五家兄》其一:经年不相见,只恨得书难。断梦关山远,他乡风雪寒。穷愁无酒破,热泪被灯弹。为念亲心苦,白头尚一官。其二:一第成何济,人徒为墨磨。影怜明月瘦,愁比万山多。强饭常因病,耽吟岂有魔。风涛犹未息,世事近如何?其三:消息苦难达,中途阻滞频。每因西去信,时问北来人。家事忧何益,浮名误是真。清风空拂袖,谁信在官贫。其四:狂愁不自遣,忽愿作诗鸣。处世今非昔,加餐弟劝兄。秋风今夜思,落叶去年声。怕听孤飞雁,天寒尚远征。(《春芜集》)

冬,与兄文烺谈《红楼梦传奇》,作诗。

《冬日与念慈兄夜话红楼梦传奇谈及林黛玉临终事颇为不平奉成七律一章索和》:芳魂何处吊蕣卿,未了相思怨已成。薄命那堪运薄倚,有情到此似无情。

几多诗句都成谶,已分花月葬不名。姊妹满堂谁一顾,又听唤叫紫鹃声。(《春芜集》)

> 按:此诗原诗稿注"此首删",又云:"此等诗儿女情多,英雄气少,又非若古乐府闺怨等诗足以发沉郁为写幽情,古人未闻有赋是诗者,我何必为之以贻古人笑,故删之。"

冬,娶妻张宜人。

戴《谱》:冬,娶张宜人,宜人字眉君,热河正总管秀峰先生_{毓泰}之长女,才茂德懿,工绘事,善琴操。先生诗云"琴生却喜问妻知",盖实录也。张子苾_{祥龄}太史之配曾季硕_彦赠诗云:"眉君兼文秀,幽芳皎自持。素心不求和,众美自附随。鼓琴说良匹,卷衣承愿思。婉柔循所职,四德亮无亏。"足知其贤矣。与先生伉俪甚笃。

> 按:张祥龄(1853—1903),字子苾,四川汉州(今广汉)人。以拔贡身份选送成都尊经书院。后流寓苏州,与文焯交游密切。曾任陕西怀远知县。著有《子苾词抄》《半箧秋词》等。曾彦(1857—1890),字季硕,四川成都人。曾咏、左锡嘉第五女,适张祥龄,学诗于王闿运,能书画。著有《桐凤集》《虔共室遗集》,诗名为时所称。戴《谱》:"《补梅书屋诗稿》,从是年三月起,迄戊寅五月,编古今体诗为《松楸集》。"误,当为《春芜集》。

光绪四年戊寅(一八七八)　二十三岁

一月二十五日,以诗卷赠示兄文焕,文焕论其诗。

文焕诗有云:兄本不能诗,子诗常示我。读后思子意,论诗以我可。语豪气莫粗,心细胆毋椭。意趣贵高澹,词藻思袅娜。学诗分唐宋,此意已偏颇。世俗好诗名,藏诗盈箱裹。阅其得力处,所求皆么么。子诗颇清新,此事足担荷。风流如春花,劲挺若霜笴。但合古人心,篇章岂在夥。予与小坡幼同师,且最契,深得其切磋之力。戊寅春王正月廿五日,小坡以诗卷见示,因赋一章与论诗。题其卷后。念慈记。(《春芜集》附)

二月,朝廷下诏令瑛棨解职赴京。

《德宗景皇帝实录》卷六八:命直隶布政使孙观、山西按察使瑛棨,解职来京,另候简用。(《清实录》第53册,第58页)

五月,瑛棨赴京途中病逝。

《德宗景皇帝实录》卷七四:又谕,曾国荃奏前山西按察使瑛棨在途病故,请准入城治丧等语。大员病故,准令入城治丧,向系出自特恩,非臣下所能率请。

该抚请准入城治丧之处,殊属非是。曾国荃着传旨申饬。(《清实录》第53册,第138页)

戴《谱》:春,兰坡先生以病告归,行至平定州逝世。先生闻讣,哭不成声,咯血升余。见先生《行述》。时山西巡抚为曾忠襄公国荃,奏陈兰坡先生在位政绩,请许灵柩入京治丧,特旨报可。

　　　按:瑛棨是否被允许入京治丧,《清实录》与戴《谱》所记不同。戴《谱》或误。

杨能格卒于蜀中,文焯作诗悼之。

《余客晋阳闻杨简侯先生没于成都以诗哭之》:归砚斋中宽复宽,图书乱插冷香残。坏琴挂壁天风断,古树横窗梦雨寒。诗画徒增知己感,江湖老博等闲官,此时腹痛重来地,偏听敲门落叶干。(《春芜集》)

　　　按:杨能格(1813—1878),字简侯,号季良,号玉堂,又号种竹生。辽宁铁岭开原人。隶汉军正红旗。道光十六年(1836)进士,官至江宁布政使。工书。著有《归砚斋诗集》。

晋康卒,作诗挽之。

《挽晋少谷先生》:风流十载领文坛,旧雨飘零简帙残。凤负雅称名士债,清声坐隐翰林官。过来人似浮云幻,老去亦如秋水寒。今日酬君无别物,一杯浇地泪汍澜。(《春芜集》)

　　　按:晋少谷,即晋康,戴佳氏,字安舟,号少谷,一号蔗存。隶满洲正黄旗。道光三十年(1850)进士,官左庶子。善书法,书摹《王居士砖塔铭》。

崇恩卒,作挽诗。

《挽崇敬铃先生》:年时雅集聚壶觞,七十颓翁尚酒狂。著述老来忘岁月,诙谐解脱即文章。烟花白首情犹累,风雨黄垆梦亦凉。墨妙长留坡老意,先生书法直夺东坡神髓,晚年名噪京师,足称巨手。碧纱冷照泪万行。(《春芜集》)

　　　按:崇恩(1808—1878),觉罗氏,字仰之,又字禹龄、语龄、雨龄,别号香南居士、敬翁、语铃道人,室名壶青阁、香南精舍、吾亦爱吾庐等。隶满洲正红旗,清皇室。先后任山东巡抚、内阁学士、阿克苏办事大臣等。工书,法苏轼。善画山水,喜收藏历代书画、古籍碑帖,精鉴赏,能诗。与瑛棨、何绍基等友善。著有《香南居士集》《香南精舍金石契》《枕琴轩诗草》《金石玉铭》等。

七月,作《苍林霜影》图。

题识:苍林霜影。江山平远入新秋。戊寅年之秋七月,郑文焯画。(广东中翰清花拍卖有限公司 2012"繁花似金"春季大拍中国书画专场 0005)

九月,作《偶作》诗。

《偶作戊寅九月作》:醋瓶齑甕此身余,病骨秋高卧草庐。黄叶打门风雨乱,苍苔积径友朋疏。十年潦倒愁浇酒,一第淹缠悔读书。欲买扁舟乘兴去,投竿借问武陵渔。(《松楸集》)

除夕,作诗。

《除夕作》:大酒肥羊乐比邻,食鲑谁识庾郎贫。门前客逐黄金尽,甑上尘生白屋春。穷本工诗聊送鬼,饥能吞纸便通神。昔宋詹好学,家贫累日不爨,时吞纸充饥。年年枉自占鸡骨,辜负残更守岁人。(《松楸集》)

瑛棨辞世后,家益贫。

《宦游》:宦游身世太郎当,笑杀人情纸半张。髀里肉消犹触热,口中乳臭早登场。貂蝉恩宠功臣愧,牛马襟裾俗吏忙。名利即今浓似酒,几人醉死几人狂。(《松楸集》)

《感怀》:事变相因至,何须苦认真。自知刚直性,常累怨尤身。世事竟非昨,终年长独贫。美人不可见,花落又残春。(《松楸集》)

> 按:此时文焯还作有《悲歌》《自题写真》等诗,道尽世路艰辛。戴《谱》:"《补梅书屋诗稿》,从是年六月起,迄己卯正月,编古今体诗为《梦余集》。"误,当为《松楸集》。松楸墓地多植,此代坟墓,寄寓文焯丧父之痛。

崇厚出使俄国,作诗相送。

《送崇地山年伯出使外洋》其二:威武曾传海外名,子仪单骑走边程。君身自有封侯骨,百战成功此一行。(《梦余集》)

> 按:此诗编入《梦余集》,为补录,崇厚本年出使。崇厚(1826—1893),完颜氏,字地山,号子谦,别号鹤槎。隶内务府镶黄旗。道光二十九年(1849)举人。历官长芦盐运使、兵部侍郎、户部侍郎、三口通商大臣,署直隶总督、奉天将军。光绪四年(1878)出使俄国,贸然与俄签订《里瓦几亚条约》,被劾入狱,后降职获释。

光绪五年己卯(一八七九)　二十四岁

春,葬父瑛棨于京西门头沟大裕村。家贫,文焯兄弟欲四方谋食。

戴《谱》:春,葬兰坡先生于京西门头沟大裕村。兰坡先生在官三十年,去官十五年,家赤贫,亏贷无路,每事阻及节迫,往往使老妇駆携书画折阅,初未尝计及子姓。见先生家书。殁后,先生昆季皆有谋四方之志。

春,作《小园乍晴》《寒食》《闰三月》《小园暮春即事》《寻花》《水村晚步》诸诗。

《寒食》:一百五日榆烟冷,二十四番花信通。明日不知醉何处,提壶声里酒旗风。(《松楸集》)

《闰三月》:春光已度九分九,天气重逢三月三。日暮踏青人不返,桃花流水梦江南。(《松楸集》)

三月十九日,赏雪。

《三月十九日赏雪》:滟滟波光积翠陂,天风剪碎碧玻璃。湖亭春色无人买,万树桃花雪亦奇。(《松楸集》)

夏,积水潭观荷。

《积水潭观荷口占二绝》其一:荷风香气雨中清,万叶跳珠急点鸣。借得渔船小于叶,花深深处听秋声。其二:城西一角俯平川,柳岸人家抱水圆。若较秦淮风景好,前溪只欠闹灯船。(《梦余集》)

五月九日,雨,作诗。

《五月九日雨中作》:火云当空鸟避飞,朝暾未出林露晞。长安五月旱既甚,自郊徂宫虚祷祈。有蜚多麇屡书异,比年况复闻晋饥。天宫昨占月离毕,晓天如水风满衣。忽闻檐泉激珠玉,悠然凉意生庭池。石兰野薇荐芬馥,竹皮腰绿松花滋。西山爽气在眉宇,虚堂诗思清且奇。作歌一笑天宇豁,亭亭烟影摇花枝。(《梦余集》)

五月十三日,作诗。

《竹醉日复雨》:茅斋新种数竿竹,安居可使食无肉。十日不雨愁竹枯,烟皮剥落藓毛秃。忽闻檐溜如潺泉,凉声戛戛漱碧玉。枝枝叶叶但清奇,居然活色披影绿。解衣坐觉清风生,相伴此君夸不俗。斋前赏竹且赏雨,一尊独泣中山醁。颓然竹醉我亦醉,卧听阶泉落琴筑。(《梦余集》)

> 按:竹醉日,宋范致明《岳阳风土记》:"五月十三日谓之龙生日,可种竹,《齐民要术》所谓竹醉日也。"(《中国方志丛书》华中地方第301号,第46—47页)

新秋,作诗。

《新秋即事》:黄昏蝴蝶扑窗纱,香草芊芊绕径斜。庭院秋风人不到,墙阴开遍玉簪花。(《梦余集》)

秋,作《秋风引》《秋夜不寐》《秋夜怀人》诸诗。

《秋夜不寐》其一:凉夜不成梦,虚堂秋气深。疏灯摇雨暗,落叶杂虫吟。砧杵千家思,关山万里心。怀人人不见,孤雁度荒岑。其二:卧病惊秋早,萧条梦

里身。凉添三日雨,肠断五更人。寒枥听遥度,孤灯渐可亲。沉沉深夜坐,诗思发清新。(《梦余集》)

《秋夜怀人》其一:秋思渺无极,幽林风雨生。空庭人不寐,深坐数寒更。其二:凉夜梦何处,霜阶泣草虫。伊人不可见,落叶又秋风。(《梦余集》)

秋,兄文焕赴吉林,作诗送别。

戴《谱》:秋,幼兰先生赴吉林铭鼎臣将军安文案之聘,先生作诗送之。见《大鹤山人诗集》中。

> 按:铭安(? —1911),字鼎臣,叶赫那拉氏,隶满洲镶黄旗。曾任内阁学士、盛京刑部侍郎。光绪三年(1877),任吉林将军。卒谥文肃。铭安为那桐叔父。

《出门行·别家兄幼兰》:君不须歌远别离,亦不用寄长相思。男儿横行各有志,故乡落魄将何为。忆昔并门一分手,浮云如梦复何有。胡为欢聚甫一年,患难相共不能久。同胞兄弟五人耳,两人已为饥躯走。时余亦将有保阳之行。我歌犹未已,君忽泪如洗。不愿别离生,但愿相聚死。噫吁嚱!悲哉劝君听我歌,我歌君莫哀。天生我辈非凡材,虚生梦死胡为来。爱惜精神报君父,自古英雄出穷苦。(《梦余集》)

《送幼兰兄之辽东》其一:闻道辽东地苦寒,风霜逆旅要加餐。弟兄作客从今始,贫贱依人自古难。十载悲欢都似梦,一家聚散更无端。最怜万里边尘苦,落叶飘萧雁影单。其二:奇愁郁勃障山川,万感盈胸忽怆然。欢乐从前如隔世,团圆此后定何年。君书咄咄穷边远,我恨茫茫大海填。破砚飘零同寄食,稽迟愁乏办装钱。其三:分飞饥雁稻粱谋,此别忽忽不可留。万里梦魂辽海月,三声清唳蓟门秋。宴游纵许依任昉,余时将就食保阳任公幕次。瘦病终难慰子由。从此东西南北去,一家赚得别离愁。其四:家事如毛那可论,离奇变幻总销魂。松楸涕泪悲三载,虮虱功名滞一门。贫贱况兼离别苦,颠危要见弟兄恩。几时同买西山屋,风雨联床大被温。(《梦余集》)

《寄家兄幼兰》:昨夜梦见君,君言离别苦。今日见君书,字字刮肺腑。书中却似梦中语,触我愁思无头绪。万滩岛,三岔河,孤鸿哀咽飞难过。为避故山赠缴多,塞北风霜奈愁何。君既劳劳万里别,我亦一身如败叶。家有破砚不能食,羞读颜公乞米帖。冷斋兀坐常忍饥,湿烟塞灶炊欲绝。君独念我彻骨寒,书来问讯愁心肝。但愿一月书一至,相思不隔关山难。书不尽言苦急就,更赋新诗达左右。东坡近状复何如,为道子由十分瘦。(《梦余集》)

秋,作《西山小隐图》,并题诗。

《俗尘扰杂病骨支离每拟买屋西山种园半亩玩乐苔草抽毫研色以吟春风非

楚狂之避世聊老逋之怡情意有所触因画西山小隐图并拈三题诗以寄兴亦殊有慰于岑寂矣》其一:出山犹未计,便拟入山深。画出白云意,悠然不可寻。其二:竹窗一面听水,茅屋两头堆书。空山俗客不到,清谈时有渔樵。其三:落叶青山太瘦生,人间诗画赚浮名。渔翁痴作神仙梦,不到桃源亦有情。(《梦余集》)

文焯苦肺病,欲断酒,作诗戏答同人。

《年来余苦肺病尝欲断酒而每当风月场中同人颇为余咎戏作此以答之》其一:病骨秋高瘦似豺,年来孤负绮筵开。醉乡日月君休问,曾自糟邱死过来。其三:茅檐落月瓦盆虚,高枕清凉卧病余。最忆蟹肥还菊瘦,秋风渴杀老相如。(《梦余集》)

七月,游都门厂肆,见石涛所作山水图,重价难获,作《题清湘老人山水长卷》。

《题清湘老人山水长卷》序云:光绪己卯秋七月,余游都门厂肆,含英阁主人出示石涛所画山水图,烟云变幻,古意纵恣,脱尽窠臼。余极欢赏,主人重价求沽,竟不可得,遂题长句而去,苦瓜僧当笑我缘浅也。(《梦余集》)

八月,作《打枣》诗。

《打枣》其一:离披丹实满篮盛,巷口谁家闹晚晴。恼我秋心愁欲碎,竿竿偏听打秋声。其二:东家姊妹罢裁量,西家小儿编竹筐。年年扑枣烂盈斗,道是农家八月忙。其三:暮雨树头采羊角,秋风枝上剥鸡心。今年枣熟甜如蜜,谁见农田苦雨淋。俗有旱瓜潦枣之谚。其四:六月七月雨不稀,东邻西邻枣正肥。零落不关秋色老,懊侬莫唱惜红衣。(《梦余集》)

送王兴仁赴京。

《送王伯敦兴仁赴京兆试》其一:槐街又见踏花忙,秋雨秋风旧战场。我是吴刚惯修月,为君先唱桂枝香。其四:努力鹏程万里长,英姿飒爽属王郎。待看直上金鳌顶,好去骑云见玉皇。(《梦余集》)

九月九日,作《己卯重九》诗。

《己卯重九》:十载繁华一梦收,及时行乐且勾留。半瓶白酒消闲恨,满目青山忆旧游。翠袖空沾知己泪,黄花须插少年头。一年一度逢佳节,忍赋新诗断送秋。(《梦余集》)

九月十一日,得兄文焕书。

《九月十一日得家幼兰自孤枝村发来家书感赋四绝》其一:书中处处说平安,前日知君度别山。愁杀白翎弹一曲,计程七日出边关。其四:荒寒万里走黄沙,山海关头雪作花。妙有酒人能作伴,不须马上劝琵琶。

诗中小注云:幼兰偕那琴轩桐同赴吉江,琴轩素豪于酒。(《梦余集》)

　　按:那桐(1856—1925),字琴轩。叶赫那拉氏,隶内务府满洲镶黄旗。

历任户部主事、内阁学士、总理各国事务衙门大臣、理藩院左侍郎、户部尚书、军机大臣等。1911年,奕劻成立皇族内阁,任内阁协理大臣。同年,袁世凯成立内阁,任弼德院顾问大臣。著有《那桐日记》。

秋,作诗。

《秋晚得绝句二首》其一:空濛月气水生烟,寂寞花心雨后天。一片菱芦风又起,鹭鸶飞上采莲船。其二:苍苍水叶冷摇风,香雾凄迷万绿丛。觅着一枝秋未老,苦心为剩可怜红。(《梦余集》)

《秋日苦雨叠前韵》其一:四围薜壁晕寒烟,小屋蒙头住漏天。镇日门前水盈尺,一家浑似坐渔船。其二:吹晴那得借东风,遍地苔毛长碧丛。却忆巡檐看流水,飘来落叶两三红。(《梦余集》)

秋,作诗答友人。

《答友人询近状》:漏尽灯阑旧梦迁,那堪老辈话从前。穷愁未满三千劫,傲骨空支二十年。书画翻为谋食计,米盐都是典衣钱。烧琴煮鹤寻常事,如此风情绝可怜。(《梦余集》)

秋,途经潞河,作诗。

《潞河途中一首》:一笠斜阳犊背童,口吹芦叶弄秋风。莫唱曲中折杨柳,离魂不渡潞河东。(《梦余集》)

秋,同年顾璜遇窃,作诗相赠。

《忆丁丑秋补梅书屋遇贼壁上书画尽为攫去予曾赋诗纪事今玉碛同年亦罹此厄故人同病真堪一笑戏作此诗以赠之》:玉碛先生瘦于竹,终年破砚食不足。生平傲岸眼无人,不识人间金与玉。夜深吟罢伸脚眠,一灯梦冷梅花屋。梁上君子何处来,惊起先生花里宿。先生空洞本无物,衣无裘帛食无肉。俸钱砚税苦碌碌,取之不足供一束。却怪偷儿何其酷,倾筐倒篋肆所欲。旁人莫笑先生贫,更有贫儿传可述。故人空赋压惊诗,有司谁为弭盗术。(《梦余集》)

十月,欲赴上谷,不果。

《将之上谷不果》:十年潦倒悔儒冠,两眼空明未识韩。鸡肋独怜为客早,猪肝终觉累人难。枯琴爨急知音绝,破砚秋荒历岁寒。长铗归来歌一曲,乾坤落落布袍宽。(《梦余集》)

《有会而作》:己卯冬十月,将就食上谷,不果,岁云夕矣,慨然永怀。穷谷日短,孤檐雪深,余书插架,宿酒盈尊,命觞独酌,顾而乐之。醉中狂歌凡一百二十八字。补梅书屋四壁悬,饥无儋食寒无毡。落魄藏名苦萧索,诗魔画癖常纠缠。我诗一日得数篇,搜肠呕血夜不眠。偶得奇句狂欲颠,醉中大呼问青天。我画自成水墨仙,摹神捉影在笔先。有时悟破一指禅,指头乱点生云烟。我行我法本无法,得鱼亦可忘

其筌。眼前万物供游戏,岂必浪博浮名传。画能补窗诗补壁,外人道此不值一文钱。(《梦余集》)

戴《谱》:冬十月,先生将就食上谷,未果,因成《有会而作》诗一首,凡一百二十八字。见《大鹤山人诗集》中。

按:"上谷",战国时燕昭王设上谷郡,在今河北省张家口市宣化区。

冬,哀民生,作《鼠食粮》诗。

《鼠食粮》:光绪元年至四年,山西河东大饥,死亡枕藉,人相与食。今年五六月间,蒲东鼠异,千万成群,穴处食苗。又有物如马,渡河遂化为狼,食民间禾稼无数,民不堪其苦,日日捕捉,愈捕愈甚,盖妖异也。余作此两诗为小民哀之。己卯冬小坡记。鼠食粮,人啮糠,去年前年年奇荒。今年五月麦半黄,东家西家禾登场。硕鼠硕鼠翻为殃,鼠母伏,鼠子强,衔尾接喙齐跟跄。农家迎猫日夜忙,灵猫捕鼠反见伤。安得技勇逢张汤,民间乃庆千斯仓。(《梦余集》)

十二月八日,友人赠腊八粥。

《友人见惠腊八粥以诗答之》其四:腊鼓声催粥鼓忙,粥逢腊八味偏长。临风莫漫参金粟,带雪浑疑啜玉浆。胜煮桃花清有味,小调梅蕊淡生香。一盛好是山家供,半疗诗癯半润肠。(《梦余集》)

十二月二十三日,兄文烺生子,作诗相贺。

《祀灶日家兄念慈生子戏以诗贺之》诗句有云:君忽拍掌喜欲颠,谓家誉儿何便便。倘肯破费青铜钱,明朝拚醉汤饼筵。(《梦余集》)

十二月三十日,除夕,作诗怀兄文焕。

《除夕怀幼兰兄》其一:钱岁家家共举觞,壮游忽忆可怜兄。怕成远道别离梦,坐数深宵长短更。骨病逢春偏与健,愁心压酒转难平。诗成底事连番嚏,知是灯前说瘦生。其二:塞北风沙百病身,嗟吾行役苦飘沦。三千里外无家客,二十年前说梦人。除是酒杯消永夜,应多诗稿寄新春。残更共忆挑灯坐,此夕相思倍觉真。(《梦余集》)

那桐自吉林还,述兄文焕近状,文焯作诗寄怀。

《那大自吉林归述幼兰近状以诗问之》诗句有云:同父弟兄今五人,惟我与君面相似。君既一官不得进,我犹一第苦同病。(《梦余集》)

文焯关心时局,本年作《感事》《即事》《读张又樵佩纶侍讲奏议书后》诸诗。

《感事》:翻覆空扬宦海波,纷纷积弊近如何。是非纵许逃廷议,功罪犹闻播里歌。直道由来知己少,好官不过得钱多。书生谈笑论时事,敢效愚忠上谏坡。(《梦余集》)

光绪六年庚辰（一八八○）　二十五岁

一月，作《新春绝句》《上元观灯》诗。

《新春绝句》其一：西山雪带去年尘，东陌花开十里春。最是春风无着处，江湖满地梦游身。其二：每入春来思远游，酒旗歌板尽风流。何当买断西湖水，明月清风载一舟。其三：颇拟浮家作钓徒，江南江北卧游图。四百八十白云寺，三十六湾红藕湖。（《梦余集》）

《上元观灯》：玉宇琼楼一万层，香烟刷地夜光澄。携将人日春醅酒，来看元宵雪打灯。万眼花光明似昼，六街月色踏如冰。南油西漆君休数，为问钱王买价曾。（《梦余集》）

春，江苏巡抚吴元炳聘文焯入幕。

《行述》：庚寅春，挈先恭人来苏，每遇兴革大政，多所赞画。

戴《谱》：吴子健中丞元炳方抚苏，闻先生名，浼李文正公鸿藻、毛文达公昶熙，聘致幕府。

《行述》：迨吴公交卸抚篆，迄于辛亥改革，苏前后抚军十有余任，相继延聘，司理奏牍及重要文件。

> 按：《行述》记作"庚寅春"，误"庚辰"为"庚寅"。吴元炳（？—1886），字子建，河南固始人。咸丰十年（1860）进士。历官湖南布政使、湖北巡抚、江苏巡抚、安徽巡抚。

春，作《春思》《春残》《春日寄友人二首》《仲春书事》《和念慈感事》诸诗，欲赴江南。

《春思》：十年旧梦堕红埃，三径新痕长绿苔。空有落花流水去，更无明月美人来。吟身似为青山寄，笑口聊因白酒开。一棹江南吾计决，莫教鸥鹭等闲猜。

《春残》：绿树阴凉老屋深，山杯明月劝孤斟。回头昨事都成梦，安得此生长是今。流水无声自浅深，落花有恨与浮沉。相思何用伤知己，一笑江湖放浪吟。

《春日寄友人》：城西青草晚含芬，犹记园阴酒共醺。楸叶秋风君别我，桃花流水我思君。还乡有梦三更月，出岫无心一片云。世事于今大非昨，吾生只合鹭鸥群。

《仲春书事》：客道江南山水幽，竟思载酒作闲游。借将渔父归船尾，寻到诗僧破屋头。佳境苦无一钱买，地仙知是几生修。何时烂醉西湖月，笑倚春风白玉楼。

《和念慈感事》：一寸功名不可求，乾坤浩浩水东流。江山旧识两青眼，风雪穷吟半白头。座上酒杯忘主客，腰间宝剑鲜恩仇。十年万事嚼如蜡，肯把衣冠

作沐猴。(以上诸诗均见《梦余集》)

南行前,登石景山。

《登石景山寻回香殿遗址》:回香殿中烟冥冥,回香殿外山青青。寒松丑石相依傍,天风飒然语塔铃。夕阳瓦砾寻断碣,土花埋没以归趺。搜苔剔藓不可辨,石佛无言卧荒穴。山上但有铜井泉,琅琅碧玉鸣佩环。山下但见浑河水,匹练横缠白龙尾。铜井之泉可洗眼,静观万物自深浅。浑河之水可濯足,踏破青山亦不俗。(《梦余集》)

四月二十二日,由潞河乘舟,取道津门南下。

《潞河舟中作光绪六年四月廿二日》:闻说江南多胜游,无端乘兴浮家去。……离愁别恨何茫茫,回头挂在蓟门树。……夜深风雨打孤篷,七十二沽梦何处。(《扁舟集》)

乘轮船至上海,途中作《轮舶渡黑水洋》《同日舟中作》《申江曲》诗。

《申江曲》诗句有云:我来问渡吴淞口,吴娘笑劝酴醾酒。浅衫轻袖薄罗裙,惯解琵琶怨杨柳。(《扁舟集》)

赴苏州,作《姑苏道中即事》。

《姑苏道中即事》:渔家灯火酒家邻,夹岸青青竹树分。东涧水流西涧去,前溪人语后溪闻。身非楚客愁听雨,梦到吴山欲化云。莫问江湖问行脚,波心鸥鹭即同群。(《扁舟集》)

五月十六日,自苏州往金陵。至镇江,游京口、金山寺。在金陵游莫愁湖、燕子矶、秦淮河。

《五月十六日自姑苏将之金陵》:才泊金阊十日闲,渡江又看秣陵山。一灯风雨扁舟路,指点吴头楚尾间。(《扁舟集》)

《秦淮晚泛》:多情明月可怜宵,罗绮丛中隐画桡。诗酒消磨才子气,烟花摇曳女儿腰。云廊水榭清溪路,翠箔珠灯红板桥。收拾湖山载归去,好将金粉话南朝。(《扁舟集》)

> 按:文焯此行还作有《金山寺绝顶远眺》《京口阻风》《燕子矶》《莫愁湖晚泊》《莫愁曲》等诗,见《扁舟集》。

五月廿七日,由金陵返苏州,遇暴风。

《芦中歌》序云:五月廿七日,余由金陵复之吴门,去瓜州十余里风暴大作,同行之舟罹此厄者十之七八,余舟以系于江滩芦中得免,赋此纪事,因名之曰芦中歌。(《扁舟集》)

返程,登北固山,游惠山寺。

《登北固山》:郁郁北固山,悬崖攒石纽。险如龙脑碉,铁塔压其首。猛如虎牙撑,大江横其口。金焦峙两旁,倚如左右手。此地当孙吴,半壁险能守。谁知俯仰间,陈迹苍黄走。我来贾勇登,绝顶徘徊久。飞阁梯烟云,危亭接星斗。俯瞰万里流,盈盈一尊酒。横槊今谁雄,贤愚同一朽。狠石不能言,松风填壑吼。(《扁舟集》)

> 按:文焯返程作诗还有《重过焦山欲游不果》《游惠山寺》等,见《扁舟集》。

兄文烺寄送别诗,次韵。

《次韵念慈四兄送别诗》,其一有云:君痛苦离别,别离将奈何。无端数行泪,并作四愁歌。一叶扁舟梦,五湖秋水波。故山渺何处,回首暮云多。其三云:转徙数千里,一身行路难。但看诗境阔,不放酒杯干。湖泖花欹桨,山楼月停栏。大江南北地,惜已劫灰残。(《扁舟集》)

六月十三日,卜居潘氏宅。访俞樾。

《六月十三日卜居潘氏宅中》:乞借西园角,幽庭八九间。药栏红亚径,萝壁绿成山。送酒故人至,入门明月间。萧然尘意远,何必问仙寰。(《扁舟集》)

戴《谱》:春,先生偕张宜人赴苏州,卜居乔司空巷潘氏西园。

戴《谱》:时德清俞曲园先生樾居马医科巷春在堂曲园,于先生为父执,先生执礼晋谒,并出兰坡先生所作口袋和尚画帧求题。曲园题云:余前奉使中州,兰坡中丞适为方伯,过从甚密,有异姓昆弟之约。及余罢归,仕隐异途,遂疏音问。计自夷门一别,至今二十余年,余既衰老,而中丞久归道山矣。光绪庚辰岁,哲嗣小坡孝廉,访我于吴下春在堂。见故人之子,如见故人。又得从故人之子,读故人之画,何其幸也。此画神趣天然,颇极笔墨之妙,欢喜赞叹,而作偈语,笔墨游戏,而有禅意,髡头跣足,垂眼临鼻,如闻其声,愿言则嚏,传示子孙,吉利吉利。

> 按:俞樾(1821—1907),字荫甫,自号曲园居士。浙江德清人。道光三十年(1850)进士,任翰林院编修。曾任河南学政,因被御史曹登庸劾奏"试题割裂经义"而罢官,退居苏州。先后主讲苏州紫阳书院、杭州诂经精舍等,治学以经学为主,著述宏富,有《群经平议》《诸子平议》《古书疑义举例》《春在堂随笔》《茶香室丛钞》等,后辑为《春在堂全书》。清咸丰七年(1857),俞樾任河南学政,时瑛棨任河南布政使,俞樾因"出题割裂"被参劾一案正由巡抚英桂和瑛棨负责查办。《清实录》《文宗显皇帝实录》卷二四二记云:"谕内阁,前因河南学政俞樾出题割裂,及坐索棚规各款,叠经降旨,交英桂督同藩司瑛棨,秉公查办,并调查卷册据实具奏。兹据英桂奏称,详访舆论,俞樾考政尚严,惟所出题目,确有数题割裂太甚,不成句读,尚无坐索棚规及轻浮卑鄙各款。业经革职,着毋庸议。"(《清实录》第43册,

第 746 页)可知,俞樾虽被革职,但并未追加惩罚,其中或有瑛棨周旋之力。

七月十四日,十二弟寄诗,作诗答之。

《答十二弟七月十四日见寄》诗句有云:如泣复如诉,远离良可悲。嗟予季行役,念尔独何为。百病苦相逼,一官休恨迟。并州旧游处,霜露有余思。(《扁舟集》)

得兄文焴寄诗。

《得嚼梅兄诗却寄》:短章长句寄缠绵,想见梅兄瘦可怜。底事一官成赘吏,无端十载坐枯禅。秋风秋雨相思梦,江北江南不系船。欲买雪滩作渔隐,欠君相伴结诗缘。(《扁舟集》)

游狮子林。

《狮子林相传倪云林叠石为之》诗句有云:君不见阊闾墓前双石狮,秋风倒卧荒山祠。斯林气象何雄杰,洞中恍惚游波斯。乃知王侯金印大如斗,不如高人畸士石。(《扁舟集》)

作《行乐吟》赠蒋珩卿。

《行乐吟赠蒋珩卿司马》:君家湘南我冀北,相逢同是天涯客。丈夫堕地志四方,何用藏头苦萧索。君为一官不得进,有如蛰龙潜大泽。云霄茫茫九万程,何时得路森头角。我以江湖一叶身,十年苦被诗禅缚。西游秦晋东齐梁,少年心事闲不得。家食苦无二顷田,磨人差有三斗墨。偶然游戏来江南,为爱青山着行脚。青山照人眼亦青,逢君一笑开颜色。斗酒同倾元亮尊,数椽分与郗成宅。桐桥月下消夏吟,梅岭雪中探春约。打门剥啄数数来,说鬼谈禅形脱落。人生千古同一沤,我未三十君半百。寻常富贵何物奇,风波满地那能测。赠君一篇行乐吟,捉笔四顾天地窄。(《扁舟集》)

八月,作《仲秋漫兴绝句七首》,时欲往西湖访俞樾。

《仲秋漫兴绝句七首》其四:放浪扁舟日日闲,独将青眼看青山。妻孥莫笑谋生拙,如此清凉胜一官。其五:天南地北感离居,检点尊前旧雨疏。为访曲园俞太史,白头高卧暑书庐。其六:半偈诗禅未了因,年年云海寄闲身。故人更有西湖约,要与梅花作主人。其七:十年心迹鸿泥雪,一寸功名马耳风。著个江南卧游客,放歌倒载月明中。(《扁舟集》)

秋,游虎丘、留园。

《虎丘山》:莽莽秋风生金阊,绿波渺漫七里塘。虎丘山上半荒草,塔铃语断天风长。故人买舟携斗酒,一笑相逢杯在手。榜歌渔笛愁杀人,寒蒲短笛扶衰柳。吴宫人去罢歌舞,残山剩水茫无主。剑池乱石咽寒流,谁见光芒胜白虎。英雄事业本仓皇,欲呼明月问千古。君不见姑苏台址埋荒丘,即今麋鹿何处游。

又不见真娘墓头花满树,自古诗人题诗处。(《扁舟集》)

《自虎丘放舟留园》:吴下名园到处传,留人最是晚凉天。为探曲水流杯槛,小试秋风弄笛船。绿酒红灯黄浦梦,藏葭翠竹白堤烟。明朝一舸西湖去,便捉蟾蜍伴醉眠。(《扁舟集》)

秋,由嘉兴赴杭州。

《石门道中》其三:深深竹涧两三湾,料得扁舟泊此间。明日钱塘西畔路,六桥烟雨画中山。时在舟中为孙稼生廉访画《溪山烟雨图》。其四:天青水绿极空明,穿在芦花雪里行。打桨夜穿鱼籪过,梦中风雨谈秋声。(《扁舟集》)

　　　按:文焯此行作诗还有《嘉禾之南湖东坡煮茶亭在焉庚辰之秋舟泊其下得二绝句》《南湖采菱田》等,见《扁舟集》。

游西湖,访俞樾。俞樾导谒彭玉麟。友人詹新甫、张峻轩招饮,文焯作诗示客。

《秋日友人詹子新甫张子峻轩招饮西湖席次示客》其一:里湖滨近外湖滨,南岭曾生北岭云。袖底烟霞重拾起,担头风月与平分。夕阳雁度钱王塔,秋水花香苏小坟。笑劝青山一杯酒,十年前是梦游人。其五有句云:为问曲楼老居士,几多心事付渔樵。俞丈荫甫著作等身,名噪当世,晚号曲园老人,筑楼孤山西麓,署曰俞楼,闭门高卧,日以著书自娱。昨偕心甫走访之,先生为余书"诗窝"横额以赠。(《扁舟集》)

戴《谱》:秋,偕张宜人游武林,泛舟西湖。先生有诗云:袖底烟云重拾起,担头风月与平分。适俞曲园先生亦来,寓湖滨俞楼。先生往候之,因导谒彭刚直公玉麟于退省庵。《大鹤山人诗集》中有《赠水军彭帅三十四韵》。又为书"诗窝"横额以赠。先生《诗窝记》云:诗窝者,俞丈巾山为余题吴下寓庐也。夫以余家无半亩之居,萍寄江湖,两钝足迄鲜住著,时放浪空青顽碧间,兴之所至,发为咏歌,是无地无吾诗也,奚以窝名为?老子曰人生天地间寄耳,然则余之诗窝,亦盈天地间寄所寄乎?日月相代,去就矫起,异日买山江南,坐卧万卷,手一编,从蠹鱼以乞残饱,寻旧巢痕,历历如梦中事。则是窝也,谓为吾诗之传舍也可,谓为吾诗之息壤也亦可。

《自题诗窝横额》:邓尉梅,韬光所,山之凹,水之曲,著个诗中安乐窝,瘦行硬座一生足。(《扁舟集》)

《赠水军彭帅玉麟三十四韵》:中兴郁时栋,觥觥天启楚。我公厉威棱,策勋始楼橹。跨江走百战,夺险挺孤旅。首凭湖口捷,横决钟山虏。截波下江汉,力拔大城五。歌诗倚马成,万言疾于弩。奇略超阵图,冥运握沧柱。功成谢肘印,乞作西湖主。休沐事丹青,胸云照梅屿。笑观海上鲭,坐伏山中虎。谓金满乞降事。飞将老能军,图南设重阻。龙雷夜三发,虎门天所拄。壬午岁公督师入粤,独于虎门设险,会夷谍商舰夜入零丁洋,公手燃巨炮三击,法夷闻风股栗而遁。世方狃机事,规此足张武。昔闻先中丞,论兵独公许。下走持瓣香,称姬而蹈舞。曲园老仙伯,为导快瞻眄。当筵讽议高，映坐须眉古。咸登礼士庭，恍傅垂天羽。自惭顽固资，陆落莫遑处。饥驱縻鹤料，涩语羞蛮府。尚志甘隐沦，著书慕高举。每恤嫠妇纬，空刻宋人楮。方今庙算勤，征卫环畿辅。天池鼋负舟，神山夔发鼓。绝域纳琛寶，连城耀簪组。颇牧游禁中，范韩资外抚。三边息征缮，十镇汰行部。独念尊攘计，讵复欢虞补。崔蒲多流亡，江淮未安堵。犬羊待鞭棰，矛盾棘庭户。盛明极忧危，内安无外侮。知公救时策，智珠照寰宇。会当大旆风，尽作洗兵雨。吾侪但杞忧，谫言敢乱缕。（《扁舟集》）

> 按：彭玉麟（1816—1890），字雪琴，号退省庵主人、吟香外史。湖南衡阳人。晚清名将，称雪帅。历官兵部尚书、两江总督兼南洋通商大臣等。卒赐太子太保，谥刚直。能诗画，其诗后由俞樾结集付梓，题名《彭刚直诗集》。

访吴廷康，作《龙眠老人歌》。

《龙眠老人歌老人姓吴，名廷康，字康甫，皖桐江人。》：龙眠老人八十二，老眼灯前书细字。淋漓墨汁三斗倾，肝肺槎枒生芒刺。商周钟鼎文字奇，老人形摹神化之。笔锋下插岩石裂，精气上与烟云驰。纵横百纸一挥尽，得之古人非所私。贱子闻名二十载，梦中恨不见神采。南来一舫西湖秋，相逢斗酒浇磊魂。尊前高歌且行乐，颇笑后生才落落。出示平生得意书，着眼狂喜寻颠末。余亦好古不能名，偶然点画求形声。往往妙义不深解，哦诗弄笔恣论评。吾闻岳家坟前一抔土，祠堂松柏老人补。又闻桃花溪头一枝雪，歌哭文章老人作。老人盛事传杭州，得名岂亚苏与欧。天荆地棘鬼神泣，杖藜足茧荒山陬。山川破碎谁收拾，老人手题碑碣留。吁嗟！扶头尘案一官冷，五十余年耽吏隐。不留醉眼看沧桑，垂白著书心自醒。（《扁舟集》）

戴《谱》：桐城金石家吴廷康大令康甫时居杭，先生夙慕其名，访之，晤谈欢洽，赠《龙眠老人歌》一首。见《大鹤山人诗集》中。

> 按：吴廷康（1799—?），字元生，号康甫，又号赞甫，一作赞府，别号晋斋，晚号茹芝。安徽桐城人。精金石考据，善写梅兰，有砖癖，辑有《慕陶轩古砖录》《问礼庵古今印存》。

秋，与俞樾畅游西湖山水。

文焯《古清凉传跋》：庚辰之秋，余偕俞曲园世丈游钱塘，日夕拥书湖楼，卧揽名胜；或方舟外湖，取畅寥廓；或入山中，如九里松、三天竺、理安、云溪诸佳境，无一不到眼。曲园叟与余倡和于空青顽碧间弥月，不复知世间犹有人民城郭也。一日，吴老人康甫、蒋吏隐敬臣相携见访湖上，剪烛谈艺，乃叹江南士之

隐居下寮者何其多钦？（释慧祥《古清凉传》，郑文焯跋，上海图书馆藏）

> 按：文焯此行作有《登栖霞岭从妙智庵北探紫云洞》《月桂峰》《三天竺》《从稽留峰寻法华寺》《游灵岩山》《飞来峰》《冷泉亭联歌》《留别天竺灵隐》等诗，均见《扁舟集》。蒋清翊，字敬臣，江苏吴县人。曾官浙江武义县令。研求金石之学。著有《王子安集笺注》《纬学源流兴废考》。俞樾《右台仙馆笔记》云："蒋清翊，字敬臣，苏人也，以知县需次浙中。性耽翰墨，注《王子安集》颇详赡，余尝为作序。"（俞樾《右台仙馆笔记》卷九，《春在堂全书》第5册，第859页）

九月十五日，钱塘观潮。

《钱塘观潮行庚辰九月望日》诗句有云：雪山奔裂玉龙吼，六丁怒决天河口。横空匹练截江来，峡倒海倾顽不走。银袍白马灵胥胥，指挥海若驱风霆。鸱夷千载落何处，只今一怒雷山倾。（《扁舟集》）

九月三十日，经嘉兴返苏，晚泊烟雨楼。

《九月晦日路出嘉兴晚泊南湖烟雨楼》其一：一醉西湖小别余，扁舟载酒又南湖。夕阳芳草供诗料，秋水苍葭入画图。四壁琳琅新点缀，壁上诗联图记最夥。一楼烟雨旧模糊。十年胜迹干戈后，夜夜城头叫啼乌。（《扁舟集》）

《乡思》其二：花萼楼头花萼新，相思相见更无因。今宵何处无明月，分照东西南北人。我伯兄客辽东，仲兄居京都，季弟官晋阳，余又落魄江南，迄无定居，弟兄数人不一二年而散处四方，良可慨也。（《扁舟集》）

> 按：文焯此行所作还有《秋日嘉兴道中得家书却寄》《遣闷》等诗，均见《扁舟集》。

秋，于吴肆得古研，并有考。

《鹤翁异撰》：光绪庚辰之秋，余始游吴，阅肆得一古研，背刻有至正三年秋九月钱维善题七言古诗，剧有奇致，字亦俊洁。诗云："作画不烧枯树枝，鼠须蘸墨何所师，妖花暴禽君弗为。隔江晴翠窗案间，故宫纨扇湘竹斑，轻描细染朝南山。至正三年秋九月钱维善记。"盖其题扇之作。研旧为孙雪居藏弄，侧有元执题款一行，池上横刻涤研斋珍藏篆文，未知属谁。雪居固华亭人。案，《钱塘志》：维善，字思复，钱塘人，领至元辛巳乡荐，官至副提举。张士诚据吴，遂退隐吴江之筒川，又移居华亭。明洪武初卒。与杨廉夫、陆宅之居仁同葬，干人目之为三高士墓。是思复之流寓云间既久，雪居后二百年与之同里，以书画名天下，犹得传其文物，摩挲诗刻于几案间，亦足多焉。《明史·文苑》附杨维桢传，谓至正元年省试《罗刹江赋》，时锁院三千人，独维善据枚乘《七发》辨钱塘江为曲江，由是得名,自号曲江居士,官提举。此研题至正三年,正其领乡荐后所作。练川陆氏家藏思复手书,所著《江月松风集》十二卷,后归嘉兴曹倦圃溶。康熙中金侃于溶家钞得,又以甫里徐氏藏本校刊行世。长洲顾嗣立《元诗选》所录即据以采入。今《四库》收者,即金侃所钞曹溶旧藏十二卷。光绪己丑九月,泉塘定是校刊,有补遗一卷,文录、附录各一卷,视练川陆氏得者有足多焉。倦圃谓家藏元人真迹有思复诗,乃知《江月松风集》尚多遗佚,思复以书名卷册流传人间者随见当补入也。然则此研背诗亦出自曲江居士手笔,张翁枨跋,思复手书诗草。所谓先民笔墨,具有别致,不益可珍重庋为补轶之一助欤?

> 按:戴《谱》记得此研为癸卯年(1903):"夏五月,得元季遗老钱曲江居士维善诗研于吴肆,研背刻文曰:'作画不烧枯树枝,鼠须蘸墨何所师,妖花暴禽君弗为。隔江晴翠窗案间,故宫纨扇湘竹斑,轻描细染朝南山。'研为华亭孙雪居克弘旧物,先生尝拓一纸,贴于簏端。题云:笠泽为曲江旧隐之乡,当时唯杨铁崖、陆宅之以倡和为云霞交,世称之为三高。其书迹瘦硬通神,流传绝鲜,此研当与曹倦圃所藏其手写诗卷并珍之。"据文焯自记当为本年。

代立山题张之万山水画册。

《代立豫甫题张子青尚书山水画册》诗句有云:论画自古推南宗,山川发墨开鸿蒙。倪黄以降神妙通,气魄不让荆关雄。国朝巨手王娄东,一洗尘俗无纤秾。南皮尚书今钜公,丹青墨素追前踪。吴越云壑纷填胸,兴酣落笔摇天风。(《扁舟集》)

> 按:立山(? —1900),字豫甫,土默特氏,隶内务府蒙古正黄旗。光绪五年(1879)以员外郎出监苏州织造,累迁总管内务府大臣、正白旗汉军副都统、户部侍郎、户部尚书。曾受慈禧宠信。义和团运动爆发后,八国联军入侵,立山主和,为载漪所恨,被杀,为庚子被祸五大臣之一。张之万(1811—1897),字子青,号銮坡,直隶南皮人。张之洞堂兄。道光二十七年(1847)进士,历官河南巡抚、江苏巡抚、兵部尚书等。长于山水画,与戴熙称"南戴北张"。著有《张文达公遗集》。

兄文烺、七哥来书,作诗相寄。

《嚼梅来书谓近作有江南风韵诗以答之》其一:狂奴故态尽婆娑,无复雄心为墨磨。慷慨未除燕赵气,激昂况是别离歌。一场春梦江湖冷,几处雪泥鸿雁过。独喜俞楼老仙伯,为我行处榜诗窝。(《扁舟集》)

《得七哥书却寄》其一:苦将心迹付飘蓬,憔悴翻成吴下蒙。乡思三秋归塞雁,冷官六月语冰虫。几多诗画逢知己,为爱湖山作寓公。陈事莫须劳虱讼,十年春梦总匆匆。其二有句云:敢信袖中有东海,空劳纸上乞西湖。书来索画西湖胜迹,久未报命。(《扁舟集》)

庐山寺僧修梅长老来访。

《庐山寺僧修梅长老见访为道匡庐山水之胜以诗答之》诗句有云:匡庐瀑布千百重,挂流喷壑清溶溶。洞天可望不可即,石梁悬绝香炉峰。修梅禅师今梅福,几生修到梅花骨。填胸丘壑生烟云,能识庐山真面目。我亦江南行脚僧,十年梦破诗龛灯。诗人例有爱山癖,但逢佳处参三乘。(《扁舟集》)

> 按:《寒松阁谈艺琐录》卷六云:"释修梅,匡庐山僧,善画墨梅。"(《寒松阁谈艺琐录》,第 134 页)

十二月,园中腊梅盛开,邀友共赏,并预定邓尉山寻梅之约。

《余寓居吴下潘氏西园斋门腊梅盛发一枝横入窗来冷香触人不能无诗乃置酒邀友人共赏之并预定邓尉寻梅之约》:雪风一夜寒生榻,三杯软饱送残腊。有酒无花愁杀人,忽见黄香窥笑靥。天公点蜡散作花,蜜蜂采花团作蜡。是花是蜡两清绝,醉闻花香饱一呷。君不见邓尉山中香雪海,春风不用一钱买。明年十日载酒游,大笑狂吟索花解。(《扁舟集》)

是年,文焯绘《寒山接福图》,并题诗。

题诗:登岳采五芝,涉涧将六草。散发荡元缅,终年不华皓。瘦碧庵生文焯指墨。

文焯光绪乙未年(1895)六月六日为此图题记:□□庚辰岁所作,后为江南好事家□去,不知流佚何许。昨星南叟□杭州觅得见寄,少日墨戏,有中年以后为之不能工者。揽仙趣之遗图,志弱弄之微技,爱赋四言以徇自赞之例:璚想仙仙,儿侣寒拾。邀于殊迟,招手蟛螺。韵字沃春,明窗之尘。坐屏妖式,玄素还神。眇眇童戏,丹青老至。芝崦鹤归,诊梦见志。光绪乙未六月六日,叔问题记。

> 按:《寒山接福图》今藏中央美术学院美术馆,有陈锐、朱祖谋、张朝墉、吴昌硕题跋,分别为:"三十年前旧指痕,头陀云月气昏昏。沧桑变后无归地,留与寒山话旧尊。叔问先生指画,今刻入寒山寺壁。原本存竹山君处,酒后展观,奉题一截句。陈锐。""此鹤翁三十年前旧画《寒山接福图》,失之复得,因自题偈语以记其事。今以重装,复为裱工割裂数字,为之惋叹。庚戌冬仲朱祖谋记。""生人多怀愁,神仙皆欢喜。生人易老耄,神仙长不死。试探玄妙机,心中无事耳。寒披白云絮,渴饮天池水。回翔大荒山,千年一弹指。我游寒山寺,苔深没展齿。一天风雨来,借榻山门里。次日乃得归,归路得双

鲤。沽酒烹鲤鱼，醉倒长干里。一日得清闲，傲兀寒山子。我生行我素，此中无尘滓。矫首对仙人，两两相伦比。举世皆昏浊，何人解悟此。先我悟此谁，大鹤山人是。澹堪属题，朝墉稿。""一指蘸墨心玄玄，且园而后大鹤仙。我画偶然拾得耳，对此一尺飘馋涎。大鹤梅花一屋住，有时与鹤梅边遇。梅边遇，兴益赊，毫毛茂茂翻龙蛇。大鹤画纯乎金石气，钩勒坚固，似出汉《西狭颂》之《五瑞图》，展读数遍，眼福不浅。宣统二年，岁庚戌长至后数日题于听枫山馆。吴俊卿昌硕。"另，《文字同盟》第十二号《郑文焯》刊有桥川时雄所得"大鹤遗笔"：郑逸梅《逸梅杂札》云："叔问尝游寒山寺，绘《寒山子像》，题诗云：'登岳采五芝，涉涧将六草。散发荡元缁，终年不华皓。'又跋尾云：'光绪庚辰九月既望，枫桥舟中写。大鹤居士郑文焯指头戏墨。'"（《逸梅杂札》"郑叔问尺牍多隽语"条，第51页）据本年诗稿，可知九月望日文焯在钱塘观潮，晦日方才启程返苏，故此跋尾"光绪庚辰九月既望"或为文焯误记。

光绪七年辛巳（一八八一）　二十六岁

春，兄文焕寄书，有还家之愿。文焯作诗五首回寄。

《得家兄幼兰书却寄》其一：通德家风不可忘，敝庐犹是郑公乡。耕田识字三生分，乞我东莱旧草堂。昔五世祖抚山东时，祭扫先康成公墓，并绘《郑公乡图》，今君书中有作十年官归耕东莱之愿，其有述祖意焉。十载粗官愿易如，出山计为入山图。从知贺老知机早，不待君王赐镜湖。其二：故人京洛老风尘，却信江湖乐是真。春梦婆醒惊失脚，衣冠悔不乞闲身。其四：佳山佳水此生贪，除是吟诗百不堪。赢得风流杜书记，狂名漂泊在江南。（《扁舟集》）

二月，大雪，作《江南雪歌》。

《江南雪歌辛巳春作。》诗句有云：江南二月大雨雪，垂檐冰筋长尺余。铿然落地时一响，琼花玉树生阶除。沿街小儿笑拍手，狂呼惊道天雨珠。江南大雪近稀见，见说今年米烂贱。穷儒裋褐不蔽骸，骨冷手僵食破砚。古琴冻弦声不起，老屋窗枯风打面。走笔书成喜雪诗，月明满地花如霰。（《扁舟集》）

二月，校读陆钟辉刻本《白石道人歌曲》。

记云：光绪辛巳岁中春，郑叔问校读，时客苏州。（郑文焯批校《白石道人歌曲》四卷《别集》一卷）

春，访周峻，与孙氏昆仲论琴，同陈寿昌游沧浪亭，俱有诗。

《访周云峰》：不识高人面，知心诗画间。为寻白云句，来叩碧萝关。梅里烟锄冷，兰街两展闲。莫辞不速客，相对话青山。（《扁舟集》）

《与孙氏兄弟论琴二首》其一：泠泠三尺琴，古以托知心。静者无弦意，悠然

不可寻。清由声入定,虚得趣弥深。一曲水仙引,惭我未解音。(《扁舟集》)

《晚步沧浪亭同陈嵩佺太史作》:沾衣细雨晓廉纤,乳鹊声声晚霁占。浅碧半湾迟鹭浴,落红一片冷鱼衔。柳桥竹港通烟艇,水阁云廊掩画帘。行乐不妨春尽日,看君好句换吴缣。(《扁舟集》)

> 按:周峻,字云峰,一字雪峰、调鹤,号怀玉山人、怀玉山民、冰溪居士。江西玉山人,客寓吴门,善画墨兰竹。据《吴县志》载张之万抚吴时,考试画学,拔为第一。有《兰石图册》。陈寿昌,字嵩佺,直隶宛平人(今北京)。同治七年(1868)进士,官无锡知县。善书法。

为蓝华轩题顾沄画箑,题内子张宜人画白描兰花。

《为蓝华轩题顾若波画箑_{扇为李银峰录事所赠}》其一:齐纨一握属卿卿,笑杀春风脱手轻。输与昆仑老摩勒,无端博得盗绡名。(《扁舟集》)

《题内子画白描兰花》:娟娟湘婉姿,所思非颜色。留赠素心人,空庭明月白。(《扁舟集》)

> 按:顾沄(1835—1896),字若波,号云壶、壶翁。以字行。江苏吴县(今苏州)人。著名山水画家,亦善花卉、人物。有《顾若波山水集册》。

文焯喜山水,春夏之际以诗招周峻、孙毓骥等游吴中名胜,作诗记之。

《以诗招周云峰作邓尉之游兼示孙展云》:一卷琳琅敢拜嘉,几人同癖是烟霞。鹤踪久欲樊笼脱,鸥伴应无罗网加。好把山杯问明月,肯教雨屐负梅花。虎溪东畔横桥路,料理春风买钓槎。(《扁舟集》)

> 按:孙毓骥,字展云,号孟远,直隶盐山(今河北盐山)人。曾官江苏金匮知县、江苏候补知府、嘉定县代理知县。工篆书,能绘画。

《从光福里探梅邓尉香雪海》其二:乱云狂雪糁轻尘,乡市依稀软半春。不道祠山风信过,一枝留迟咏花人。_{时暮春之初,询山僧,知花落五六日矣,犹于溪深处隐约一枝暗香着花,此行不负梅花矣。}(《扁舟集》)

《虎丘》其一:七里山塘罨画开,胜游悔不劫前来。只今金碧荒烟外,落日牛羊下讲台。其二:短簿祠前梦草丛,真娘墓上落花封。残山剩水茫茫眼,都付渔歌牧笛中。(《扁舟集》)

> 按:文焯此游作诗有《荠溪泛舟》《胥口舟中》《穹窿山》《缘西碛铜井问梅花深处》《柏因社》《登弹山万峰台》《蟠螭山望太湖》《玄墓山晚眺》《由邓尉返而登舟次日游龟山煮七宝泉》《舟泊木渎陟灵岩下山憩无隐庵北登天平下支砚南麓》《金阊亭》,均见《扁舟集》。

戴《谱》：先生性好山水，吴中名胜，游踪殆遍。因得与太湖丞傅星槎怀祖、安山眠高上人、瑞莲庵鉴中长老、虎丘云闲禅师及寓苏之日本本愿寺僧小泉蒙长老等订交。

　　　按：傅怀祖(1821—1891)，字嘉言，一字星槎，号樗庵，别号灌园。浙江绍兴人。曾任太湖厅同知，署理江苏海防同知。撰有《灌园未定稿》二卷。"小泉蒙长老"，文焯诗稿中作"小雨长老"，后文均作"小雨长老"。

新秋，雨后游荷花荡。

《新秋雨后夜游荷花荡醉歌》：江南种藕如种田，花开十丈藕花船。六月大云烘半天，香风滟滟波无边。太湖南荡四十里，秋净香澄清见底。雨过扁舟载酒来，野鹭闲鸥扶醉起。竭来夜卧花深丛，饱闻花香吸碧筒。大呼老渔同一醉，脚扣两舷歌秋风。秋风清秋月，白莲花世界。空即色梦随，沤影化行鱼。游戏东西复南北，世间何物非幻泡。如此风光那抛得，坐令诗魂花魄共酒魔，一堆埋向清凉国。(《扁舟集》)

七月十三日，文焯梦游石芝崦，有《记梦》诗。

《记梦》：光绪辛巳秋七月十三日癸酉，夜梦游一山，洞西向，榜曰石芝崦。山虚水深，乱石林立，石上生如紫藤者，异香发越，坚不可采。履步里许，闻水声潺潺出丛竹间，容裔溰漾，一碧溶溶，世罕津逮。时见白鹤横涧东来，迹其所至，有石屋数间，题曰瘦碧。摄衣而入，简帙彪列，多不可识。徘徊久之，壁间题"我欲骑云捉明月，谁能跨海挟神山"十四字。是予去年在西湖梦中所得旧句也。尝欲补，卒未果，今复于梦中见之。其觉所接者妄，梦所者实耶？列御寇曰神凝者想梦自消，吾勿能勿为梦兜也。翌日，瑞其梦而述以诗。西崦石髓生玉芝，状如赤箭盘苍螭。洞天晻霭现灵宇，上有绿云缭绕之。我来非因亦非想，丹林素府崒森爽。天风敲碎青琅玕，琴筑铿然众山响。欲踏藓石寻幽蹊，元滑出入无町畦。忽从老鹤迹所至，曲房眒眒非尘栖。不知何人题壁去，证我西湖梦中句。瑶光可眺不可扪，宛委龙威开奥窗。魂营魄兆神乎形，趾离夜吹优昙馨。古莽早落雨悄悄，坐令合眼游虚庭。世间万物何善幻，苦说海枯与石烂。吾道大适无端崖，负山夜走谁得见。(《扁舟集》)

戴《谱》：秋，梦游石芝崦，有诗纪其事。诗并叙载《大鹤山人诗集》中。其以"瘦碧"名集，自号鹤道人，或大鹤山人，皆因梦境云然。并倩名画家顾若波君沄为绘《石芝西梦图》，遍征诗词，题者有俞曲园先生樾、王壬秋先生闿运、沈中复中丞秉成及其配严永华夫人，夫人诗已载入所刻《鲽砚庐诗钞》。彭翰孙先生南屏及其配吴清蕙夫人，李眉生方伯鸿裔、黄子寿方伯彭年、钱中仙大令葆青、费屺怀太史念慈、吴昌硕大令俊卿诸公。正诚案：壬秋先生题最饶风趣，其词曰：凡梦必由想，有乘车入鼠穴者，亦想所致也。尘人必无仙梦，终身无此想而已。余于功名无所羡，而独慕关差，自知终不能得,尝为诗曰:朝廷恩例出中使,群臣不用夸亲贤。若汉武之求仙,情见乎词。叔问以内府世臣,不乐从仕,问其故,则曰:"酬接实难,性不堪也。"嗟夫,孔子欲为执鞭之士,而又视不义富贵如浮云。内差致富,不至不义,而荣于执鞭。叔问诚能浮沉十年,觊得之矣,乃逡巡不顾者,无尘心也,何必仙梦然后决哉?乃其心仙,则其梦仙,石芝瘦碧,随所寓而皆是。若必其境然,然则海上神山,金宫银阙,近人以为即大西洋岛之精室,乌知其中人皆腥臊而技巧者哉?既览斯图,并和所作,诗曰:"人生安所居,乐游清旷间。山水寄幽深,石竹媚便娟。斯境众所同,殊者俗与仙。自非琴书趣,榛榛失其妍。清鹤偶一声,寥想出云天。即此知子真,何言梦乃然。"其他诗词过长,不及备录。自此诗名"瘦碧庵诗稿",不用"补梅书屋"名矣。

七月二十八日,种竹得雨,作诗二首。

《七月廿八日戏作》:江南寄客无茅覆,秋风萍迹几何又。落叶打头破帽寒,雨声敲梦孤舟漏。画叉难度坡老贫,饭颗长愁杜陵瘦。清诗一卷随人嘲,渴酒三杯聊自寿。(《扁舟集》)

《七月廿八日种竹得雨志喜》:几竿翠竹乞诸邻,四壁青青得雨新。移植纵过君醉日,世传竹醉日种竹易活。平安好及我生辰。未妨清欠三分水,都觉凉消一丈尘。更喜老梅相伴住,诗窝瘦影作三人。(《扁舟集》)

八月二十三日,作《秋夜苦雨》诗。

《秋夜苦雨八月廿三日作》:冷雨作重九,如斯长夜何。催成花事早,滴尽客愁多。归梦孤灯见,诗心破砚磨。迟明苦行乐,邻舍一相过。(《扁舟集》)

八月,读《唐写本说文解字木部》。

记云:光绪辛巳大梁月瘦碧生郑文焯读竟。(中安太平北京国际拍卖有限公司 2007 年中安太平秋季艺术品拍卖会 0750)

> 按:"大梁月","大梁"星次名,在十二支中为"酉","大梁月"当即"酉月",《晋书·乐志上》:"八月之辰,谓为酉。"

八月,文焯致书妻兄少峰,述居苏景况。

致少峰书:少峰四哥姻大人阁下:正深驰仰,忽从豫叔处交到手书,洛诵临风,钦迟镇日,即维兴居佳胜,潭第吉祥,式如臆颂。屡晤豫翁,均悉老兄差事,日臻进境,一等如前,可深欣慰。不审近口有何佳况,便望示知。弟破研为生,日益落寞,卫中丞尚无抵任确耗,计二月杪定可履新矣。吴中天气如常,雨泽衍期,时生燥象。幸弟八月来,凡百俱佳。令妹身体亦适,足慰远念。左相履任后,大为振作,壁墨一新,令人钦佩。春明有何新闻,亦望赐悉,吾哥属绣花边六方,前由潘吟芗处使人寄京,想已查收。匆匆手泐,即请升祺。姻小兄焯顿首。四嫂大人神祉。(《郑大鹤手札》,《文字同盟》第五年[1931]第四、五、六号合刊)

> 按:"豫叔"及后文"豫翁""豫丈"当指立山。"卫中丞"即卫荣光

（1826—1890），字静澜，河南新乡人。历官安徽按察使、浙江布政使、山西巡抚。1881年任江苏巡抚。"左相履任"，指1881年左宗棠任军机大臣兼总理衙门行走。

九月九日，登天平山。

《九日天平山登高》诗句有云：吁嗟我生不自闲，大笑失脚烟尘寰。便须手握粗榔栗，醉哦题遍江南山。茫茫天地一萍寓，不知明年又何处。扁舟载酒归去来，芦荻湾头觅诗路。（《扁舟集》）

秋，作诗多首。

《秋日书怀》：偶拈梵夹习禅谙，瓶钵萧然半偈持。渴梦江湖秋水阔，闲身天地客里遗。冷清心事孤灯见，濩落生涯破研知。自到江南无长物，烂肠三斗只剩诗。（《扁舟集》）

> 按：文焯所作秋日诗还有《闻雁》《和四兄孤雁诗》《秋晚舟中作》《花前》等，均见《扁舟集》。

秋，送客至无锡，游惠山寺。

《送客无锡夜行舟中》：木落荡秋风，扁舟乘月行。飞虫灯影敛，归雁橹声惊。湖泖折流水，山云补远城。荻花夜萧瑟，风急不胜情。（《扁舟集》）

《游惠山寺》：西风吹船着蓉湖，明月倒影悬孤蒲。棹歌中流凫雁起，招提兰若相萦纡。江南游客原萍寄，两年三宿惠山寺。名泉酿酒蚁绿香，云起楼头贪一醉。卧闻笙箫下玉京，琼华洞房夜不扃。虹裳霞帔曜神采，瑶英梦遇芙蓉城。飘然仙风留不住，半山空翠生寒雾。荒鸡号月堕晓舟，灯影花光渺云路。（《扁舟集》）

秋，得兄文烺书，作诗相寄。

《得家念慈书却寄》：一夜离愁落叶深，风前愁思落孤琴。我如木客诗成癖，君是枝官铁作心。伉爽不因贫顿减，功名都与梦俱沉。何时同唱江南乐，买壁西崦种绿阴。（《扁舟集》）

秋，得白石集。

记云：光绪辛巳之秋，予南游江淮，初得白石集，即此本也。此从宋嘉泰壬戌云间钱希武刻本，元陶南村手抄之六卷完帙校定杀青，号称善本，以示洪氏陔华所刊翼夺踳驳，奚啻天壤。惜诗集分体，词集合编，虑失宋版之旧观耳。盖石帚词题并记年月，事迹可寻，编年足据，予尝为之补传，即取证于此。益以宋元人说部，亦足多焉。予初得之本，无是完好。昨年阅肆，再购致之。前后已二十余年，今衰放，无复曩昔精力研究音谱，插架而已，可愧，可愧！（郑文焯批《白石

道人诗集》二卷)

十二月八日，作诗。

《腊日》：老梅迎腊逗晴妍，雪后山窗偃曝便。莫笑年来拙生事，举家食粥倘能仙。(《瘦碧庵诗草》)

立春，作诗。

《立春》：卧病江皋晚，林花忽已春。坐开残腊酒，愁对异乡人。短烛怜宵尽，孤琴伴客心。故山断消息，别恨逐年新。(《瘦碧庵诗草》)

《春盘》：乡俗家家记咬春，堆盘生菜绿轻匀。忽思万里故乡味，格是三年倦客身。多病妻奴犹强饭，恒饥僮仆不辞贫。青春那得同归去，笛里寒山愁向人。(《瘦碧庵诗草》)

除夕，作诗。

《岁除夜有怀》：寒雨客楼寂，老梅三见花。今宵一杯酒，兄弟各天涯。邻烛分书幌，餐钱冷画叉。更阑牢守岁，兼怕梦还家。(《瘦碧庵诗草》)

是年，李少海携《新校经史海篇直音》见示。

记云：尝阅何义门先生《读书记》，经、史、子、集各有创解，至于六书之沿袭，今古同异，传信传疑，未见专书。窃维读书须从识字起，岂有该博如义门而未之讲贯乎？一昨李子少海自江右来，携明初蓝印本《新校经史海篇直音》五具册见示，审同传疑、辨俗正讹，诚读经不可少之书也。洵为可宝，爱书数语告吾后人，世世宝之。光绪辛巳高密郑文焯识于书带草堂。(《新校经史海篇直音》，台北"中央图书馆"藏)

是年，与陈寿昌、傅怀祖、安山泯高上人、瑞莲庵鉴中长老、虎丘云闲禅师、寓苏日本本愿寺僧小雨长老等相交往。

《重游天平山寻云闲山人不遇》：旧径问仙岑，高踪不可寻。山空云补衲，月冷石听琴。荒草三间屋，苍烟万笏林。远公卓锡地，今古白云深。

《泯高上人吴中诗僧也辛巳秋余访之安山知其卧病久矣作此以赠之》：此是青城小洞天，手中椰栗旧因缘。木樨香市惊秋半，古柏苍烟话劫前。野客新知烹水法，高僧为论买山钱。诗窝息壤他年证，重问维摩病里禅。弥勒泉极清冽，居人鲜知此味。泯高卓锡数年始觅得泉处。余评其味不减中泠，拟效东坡作调水符，亦佳话也。

《与陈子嵩伅夜话有感》：秋尽江南暮雨凉，孤灯落叶尚他乡。中年大半伤哀乐，旧恨与君谁短长。莫羡丹砂驻颜色，且凭诗酒放清狂。明朝重九须同醉，篱畔依依野菊黄。

《寄灌园叟傅星槎时官太湖丞。》：灌园先生清且慨，一官乞作五湖长。白鸟窥门水浸阶，青山绕榻云生杖。殷三从事古风流，苏二才名今嗣响。吏隐何曾簪组遗，官贫自合烟云养。数椽老屋久侨吴，三径幽蹊更开蒋。非关暴谑避鄱阳，遮莫清谈逊周党。头方百事甘疏慵，喙硬一生何肮脏。即今案牍纷劳形，差是湖山属关掌。畸士岂甘六蜗名，仙曹自任双凫往。五千蠹简压装豪，七十螺鬟排闼敞。月下渔樵唱到门，风前荷芰香迎桨。瘦句长邀木客吟，闲花恰称枝官赏。我客江干阅数年，旧游屐齿穿几两。雪笠曾寻邓尉春，云帆未渡具沤荡。君今洞庭作主人，我幸石芝非梦想。

《秋夕饮傅氏园中即席有赠》：江南红叶雁来初，乡思萧寥醉梦余。万里秋风残客酒，十年乔木冷官庐。黄华篱下新霜皎，白发尊前旧雨疏。此去不须重惆怅，看君搜士及樵渔。（以上诸诗均见《扁舟集》）

文焯与李复天讨论五音，学琴养性。

《寄李复天廷璧》：明月弄影花澄魄，诗人一庵支瘦碧。西风昨夜下庭梧，因之忽忆洞庭客。洞庭烟水回且深，意君手抚七弦琴。君家汧公传百衲，泠然一曲今古心。我闻五声叩其旨，清风一洗筝琶耳。江南梦雨寒生烟，秋水秋云思渺绵。会看归舟载黄叶，相期醉及重阳前。（《扁舟集》）

《书白香山弹秋思诗后即次其韵》诗序云：余年来索居寡欢，忧积成瘖，尝与李子复天讨论五音，学琴以养性，每当诗酒余闲，辄抚秋思一曲，于此得少佳趣。香山有同好，其诗云：近来渐喜无人听，琴格高低心自知。可谓先得我心矣。（《扁舟集》）

> 按：戴《谱》："鄂人李复天君（廷璧），精于琴律，得浦城祝凤喈秘传，先生从之讨论古音，大悟四上竞气之指，于乐纪多所发明，先生工于词而又深于律自此始。是岁先生有赠李诗云'愁杀浦城过云处，三招幽恨寄冥虹'。"将文焯与李复天交往系于光绪八年（1882）。此据诗稿将其系于本年。

是年，将家藏明人殷无美文稿钞本八册出示俞樾。

俞樾书：承示大著，妄易数语，未知有当否。无美册亦漫书数行，聊以报命。谒客初还，呵冻率布。即颂文绥。世愚弟樾顿首，十九日酉刻。文大老爷。（《俞樾函札辑证》，第 639 页）

> 按：此书末有文焯跋语："殷无美者，明职方郎中，嘉定县人。以文名于世，竹垞《明诗综》仅得其一诗。余家藏无美文手稿八巨册，是足珍啬也。"又《春在堂随笔》卷七有云："明人殷无美文稿钞本八册，故人之子小坡孝廉文焯出以示余。"（《春在堂随笔》卷七，《春在堂全书》第 5 册，第 470 页）张燕婴据《春在堂随笔》可确考之时间下限为光绪七年（1881），将其系于本年，今从之。下文所引俞樾致文焯书札均出自《俞樾函札辑证》，作札时间

亦多参张燕婴之考证,特此说明。

光绪八年壬午(一八八二)　二十七岁

春,应贯澈长老入邓尉山赏梅。

《邓尉贯澈长老报山中梅花已放却寄一首兼简茗笙》:梅信今年早,西崦僧见招。相期一斗酒,日醉虎山桥。孤棹吟情野,五湖春梦遥。无家任萍泊,花事漫萧寥。

《玄墓山中看梅》有句云:年年烂踏江南春,此生只被梅花恼。十日五日香山风,千枝万枝香雪丛。居人种梅老生事,不知谁是花主翁。我生山野耽萧机,但见青山思结屋。山中一夜枕石眠,门外冷香三万斛。

《宿玄墓山万峰禅院》:客枕寒侵曙,僧楼静绝尘。花香五湖雨,云气两山春。苦茗消禅梦,清琴怪世因。扁舟他日约,还我薜萝身。(以上诸诗均见《瘦碧庵诗草》)

春,兄文焕拟从吉林还京,作诗。

《家兄幼兰自吉江计偕还都得书却寄》:闻道征骓近故山,忽教秋思满江关。却怜明月分形照,欲逐孤云寄梦还。酸恨迸将歌扇泪,旅吟愁破醉乡颜。只今阆苑无风露,丹桂双株耐早攀。(《瘦碧庵诗草》)

　　按:戴《谱》云:"春,幼兰先生自吉江计偕还都,先生得书,却寄二首。"将文焕拟还京事系于上一年,据《瘦碧庵诗草》所记,当为本年春。

春,为顾承题寒籁琴。

《为顾乐泉题寒籁琴》句云:老鹤寒啸碧崖裂,惊湍悬雨乱石咽。大块噫气风寥寥,方池夜跃蕤宾铁。泠然众窍虚无垠,天籁人籁呼吸门。归来空山弄明月,试听吾琴之所言。(《瘦碧庵诗草》)

　　按:该诗序云:"此余春间为乐泉题寒籁琴之作也,审稿匣中,累月不省。今乐泉已归道山,偶从蕉窗夜雨中一披讽之,能无人琴杳然之慨?"顾承(1833—1882),字承之,别号骏叔,又号乐泉、乐全。顾文彬第三子,顾麟士父。佐父建成怡园与过云楼。长于书画,尤精鉴藏。编著有《借碧簃集印》《楚游寓目编》《画余庵古泉谱》《过云楼笔记》等。

四月,校《广韵》。

记云:段懋堂先生深通训故,研究许书,当世尊为绝学。此校泽存堂本《广韵》,乃其绪余尔,然点注图乙,具见精博,残膏余馥,沾丐后人多矣。余曩读嘉定吴得青《广韵说》,颇喜其推广发明,能据《说文》《玉篇》正是书之讹夺。第吴先生仅见淮上本,以之考证张刻或嫌重出,今从永兴汤子伯述假度段氏校勘本,乃叹津言之妙,前贤尽之。复节取得青笺释精义依韵附入,为承学课本。謏见所及,间事蕞残,亦不自知其荒冗也。北海瘦碧生郑文焯识。壬午夏四月校竟。(郑文焯批校《广韵》,上海图书馆藏)

七月七日,作诗。

《壬午七夕》:岂是仙家别恨多,迢迢银汉易生波。果然乌鹊怜情种,未分年年一度过。(《瘦碧庵诗草》)

八月十八日,阅读李鸿裔赠《别雅》。

记云:是编旧刻,世士罕觏,此中江李眉生按察所贻。时光绪壬午中秋后三日也。叔问记。(郑文焯批阅《别雅》,上海图书馆藏)

　　按:李鸿裔(1831—1885),字眉生,号香严,又号苏邻,四川中江人。咸丰元年(1851)举人,官至江苏按察使加布政使衔,兵部主事。以耳疾辞官。居于苏州,得瞿氏"网师园",修葺更名为"苏邻小筑",内设有"万卷堂",收藏图书、金石碑板。精书法,工诗古文,与潘祖荫、莫友芝等友善。著《苏邻诗集》。

九月七日,为所作《山水镜心》题识。

题识:树不增多,屋不减少,簇花竹石,疏落自好。泉可酿,山可游,四时幽趣,心与之谋。壬午重阳前二日。郑文焯。(北京传是国际拍卖有限责任公司2003年首场拍卖会中国书画·古籍善本专场0014)

秋夜,饮顾氏园。

《秋夜饮顾氏园有感》:涧松夜弦孤鹤哽,危立空池吊秋影。露花红滴不成泪,九叠石屏绣苔冷。衰兰送客朝暮哀,珠阑玉砌多蒿莱。邻声纵有山阳笛,听到白头能几回。华年乐景残杯促,庭角春烟冷阶玉。暗闻蕉雨滴愁心,屋榜无因题梦绿。(《瘦碧庵诗草》)

秋,江苏布政使许应鑅屡招饮,作诗记之。

《许星台年丈席上见示郎北轩胜饮编漫题》云:十年燕市猎酒群,糟垤一筑高昆仑。填胸磊块浇不得,出门烂醉江南春。丈人好客逾北海,风流尊俎空千载。曲波滟滟招酣胥,诗虎酒龙眼前在。顾我下户编荒伧,安能愁阵生奇兵。胆豵气塞苦追逐,引满大嚛收降旌。见说郎家擅筋政,我读其书思中圣。丈夫生当封醉侯,尺寸功名一破甑。尘海渴梦何荒荒,唾壶缺尽歌转长。黄楼明月龙门雪,会须净濯蓄盐肠。(《瘦碧庵诗草》)

　　按:许应鑅(1820—1891),字昌言,号星台。广州番禺人。咸丰三年

（1853）进士，官至浙江巡抚，光绪四年（1878）至光绪十年（1884）间任江苏按察使、江苏布政使，治苏颇有政声。著有《衍祥堂述闻》等。

十一月十三日，俞樾致书探讨"字"之含义。

俞樾书：承示大作，叙事高古，论断处笔力矫健，允推作家。鄙人无所献替，惟有一字相商。《曲礼》云：女子许嫁，笄而字。"字"乃"名字"之"字"，非以许嫁为字也。《易》云："女子贞，不字。"虞仲翔训"字"为妊娠，此是古义。宋耿南仲作《周易新讲义》乃曰："不字，未许嫁也。"博考经传及唐以前书，无以"字"为许嫁者。鄙人所著《右台仙馆笔记》乃游戏笔墨，然叙此等事皆曰"许嫁"，不曰"字"，诚以其非古义也。大著中"字同邑包氏"句请改作"许嫁同邑包氏"，何如？手此奉商，敬颂文安。曲园俞樾拜上，十一月十有三日。小坡孝廉侍史。（《俞樾函札辑证》，第639—640页）

> 按：书末有文焯跋语："据经商榷，是翁真一字之师也。叔问，时壬午之岁。"知札作于本年十一月十三日。

十二月二日，俞樾致书，谈及《东瀛诗选》编选。

俞樾书：小坡世兄孝廉侍右：昨承手教，谢谢。鄙人真所谓少见而多怪矣，白香山集分讽谕、闲适、感伤，亦是分类也。尊函所论，当节采数语入《东瀛诗选》中。手此申谢，敬颂文安。世愚弟樾顿首，十二月二日。（《俞樾函札辑证》，第640页）

> 按：此书末有文焯跋语："此论唐宋人诗集类编之义例，因丈近获日本诗人所投《杜诗类刻》，索为之叙，故广为征据尔。"俞樾《东瀛诗记序》云："壬午之秋，余养疴吴下，有日本国岸田国华以其国人所著诗集百数十家，请余选定。初，意欲以衰疾辞，既而思之，海内外习俗虽异，文字则同，余谬以虚言，流播海外，遂得假铅椠之事，与东瀛诸君子结交文字因缘，未始非暮年之一乐也。因受而不辞。自秋徂春，凡阅五月，选得诗五千余首，釐为四十卷，又补遗四卷，是为《东瀛诗选》。余每读一集，略记其出处大概，学问源流，附于姓名之下，而凡佳句之未入选者，亦成摘录焉。《东瀛诗选》由彼国自行刊布。……光绪九年夏六月，曲园居士俞樾记。"（俞樾《东瀛诗记》，《春在堂全书》第7册，第569页）可知自光绪壬午（1882）秋至光绪九年（1883）夏，《东瀛诗记》编成刊布，则俞樾作札之"十二月二日"及所称"当节采数语入"此书之事当为本年。

闻兄文烺患病，作诗伤之。

《闻家兄嚼梅病耗》诗句有云：累月无书至，闻君病不瘳。乾愁苦行药，饿喙

欲炊镡。磨蝎全家命,啼鸰万里心。朔风剧骚瑟,四荡旅魂沉。(《瘦碧庵诗草》)

是年,与苏州女画家陈慰之交往,并为沈翙清等友人题诗。

《赠吴门女士陈慰之》其五:青鸟殷勤系梦思,当年红叶悔题诗。一池春水干何事,愁绝江南老画师。其七:诗酒疏狂浪得名,怜才红袖尚多情。坐中惨绿君休问,牢落于今太瘦生。

《为友人题黄菊归期图》其一:一庭秋色晚阑干,寥沈霜风着意酸。独客愁多偏病酒,有人腰细怕凭阑。冰绡寄泪红痕破,绀袂销尘碧唾寒。长使花前重怊怅,冷香可是返魂丹。其二:百日真真唤已迟,归期误尽是花期。泪衔杜宇啼边血,肠断春蚕死后丝。明月愁当分镜夕,秋风忍忆卷帘时。更怜雏凤离丹穴,夜夜悲鸣绕故枝。

《为沈逋梅题梅鹤伴侣图》:我昔舣舟金牛湖,醉把老梅呼老逋。逋仙仙去不可见,空山猿鸟惊相呼。君之风流与古徒,扁舟载酒便妻孥。琴壶篇咏恣嗢噱,烂游长啸忘今吾。偶将仙趣入画图,乱云狂雪纷琼铺。翩翩羽客招不得,佳境幻出琳琅都。咸平处士自千古,月香水影谁传摹。巢居阁中替人出,世间莫道孤山孤。(以上诸诗均见《瘦碧庵诗草》)

> 按:陈慰之,江苏吴县(今苏州)人。殷萃田妻。工写人物仕女。沈翙清(1855—1928?),号逋梅(补梅),别号瓠叟。浙江平湖人。曾为江苏候补知府。工书,擅画梅。

是年,彭翰孙为文焯题《石芝诗梦图》。

《题文小坡焯舍人石芝诗梦图二首》其一:梦境皆诗境,娜嬛别有天。精灵空结撰,文字旧因缘。劚石芝流乳,当门竹漱泉。绝无尘客到,一霎小游仙。其二:鹤来逢旧侣,鹤去渺空山。结契参元妙,行吟独往还。灵威千帙秘,云水一身闲。天姥峰头景,高怀容尔攀。(彭翰孙《师矩斋诗录》,《清代诗文集汇编》第726册,第738页)

> 按:彭翰孙(1834—1886),字南屏。江苏长洲(今苏州)人。曾任惠州知府。著有《师矩斋诗录》三卷。

是年,制"樵风家世"印。

《大鹤山人三绝册》:樵风家世。容与。壬午年制。(申闻《记龙榆生藏〈大鹤山人三绝册〉》,《南方都市报》2018年6月6日)

是年,胡雪岩捐资修复苏州圆妙观弥罗宝阁,请文焯撰碑记。

戴《谱》:苏州圆妙观弥罗宝阁,毁于洪、杨之役,至是年,浙人胡雪岩光墉,为其母祈福,捐赀兴复,请先生为撰碑记,李眉生方伯书丹,俞曲园先生篆额。碑文云:弥罗宝阁者,故明周文襄公筑以登道藏者也。岿然八柧,廓然重梦,千槏万奏,靡不周詹。形家以镇郡中央,有文明利器之说,代不灭焉。逮万历而毁于火,我朝康熙、嘉庆世,再废再起,会咸丰庚申吴会之陷,燔及阁之东北翼,溃风渗雨,日就圮坼,故所为岿然廓然者,垂夷为榛莽荒翳之墟。寇平越十数稔,莫之缮完。岁壬午,泉唐胡观察以母寿,思有所祈报,以答灵贶,翼然复而新之。舍金三万,遂经始,既涂既茨,益以丹腹,不期年而工葳,呜呼伟矣!夫先王之道,明以昭礼乐,幽以治鬼神,使非清净之教,为之辟正觉,揭功德,端贯而旁通,吾甚惧天下人之才力,靡以制之。炽而盈者且侈而溢,孝慈仁义之道,卒弥弥其失,莫由鼓舞而相磝,又况万物之揄弃沦毁者。苟任其磨荡于天地之间,而无人焉起而振之,则万物且一败不复成,安得如老子所谓弊而复新者哉?余初识胡君于浙江,习其人抗爽挺义,乐施尤笃。累年猛志西北赈事,愒朅振业,全活亡算,得毋以寿斯民者寿其母邪?谭子曰:大义无状,大恩无象。大义成,不识者苟之;大恩就,不知者报之。然则斯阁之成,其为祈报以答灵贶者,抑所谓幽治以鬼神,使先王之道游乎清净之教中,而人不识也,吾故伟其义而为之记。

是年,兄文焕任周家口税务总办。

戴《谱》:是岁,幼兰先生榷周家口税务总办。

光绪九年癸未(一八八三)　二十八岁

正月初七,游西崦。

《看花回》(翠禽啼过春半梦)词序云:探梅邓尉,载雪而归,扣舷歌此,有怀癸未人日西崦连棹之游。(《瘦碧词》卷二)

二月,将入京应试,俞樾请文焯寄书及楹联于徐桐。当于此次会试文焯报请恢复汉姓。

俞樾书:再,弟有致徐公荫轩同年书,并对一联,敬求附便饬寄,为感。弟再顿首。(《俞樾函札辑证》,第642页)

张鸣珂《寒松阁谈艺琐录》:郑叔问文焯,……光绪乙亥,以名应乡试,……自言原籍高密郑氏,为康成后裔。癸未会试,呈礼部请加复本姓,报可。(《寒松阁谈艺琐录》,第117页)

　　按:上札末有文焯跋语:"时癸未春仲,余将以计车北上,故丈有书及楹帖寄赠东海相国。"可知为本年二月事。据《俞樾函札辑证》称此札用"光绪甲申之秋既望许祐身绘""曲园图"信笺书写,则是札又当作于光绪甲申(1884)或之后。故"癸未春仲"或为文焯误记。但考察文焯晋京应试时间,本年之外,有1886、1889、1890、1892、1894、1895、1898。1886年,俞樾陪俞陛云入京,无须文焯代寄书札楹联。而后历次又与书札所作大略时段不合,故姑系于本年,以俟再考。跋中"东海相国"应为徐桐。徐桐(1820—

1900），字荫轩。汉军正蓝旗人。尚书泽醇之子。道光三十年（1850）进士，正与俞樾同年。光绪十五年（1889），以吏部尚书协办大学士，晋太子太保，光绪二十二年（1896）拜体仁阁大学士，故称"相国"。另，据茅海建《戊戌变法的另面："张之洞档案"阅读笔记》中所引张之洞驰救杨锐电报有云："急。京。骡马市，恒裕，转乔茂萱：迁。不料峤事如此，千古奇冤，惨痛难言。临难时有何语，到部后复问何事，共问几堂，诸大臣有何语，同乡公呈已递否，东海何以不论救，何以木讷一人主持？均电示。"释文即称"东海"为徐桐，"木讷"为刚毅。（《戊戌变法的另面："张之洞档案"阅读笔记》，第 183 页）关于文焯恢复汉姓事，戴《谱》记云："至先生应会试，请冠本姓入试，遂复姓郑氏。"未明确是哪一次会试。孙雄《高密郑叔问先生别传》记云："至君应光绪丙子会试，请冠本姓，遂姓郑氏。"（《碑传集补》卷五十三，《清碑传合集》）文焯丙子年（1876）未应会试，故此误记。《郑文焯书风》所录文焯致五弟中洪书札有震宇附记云："案张鸣珂《谈艺琐录》：山人本名文焯，字小坡，为兰坡中丞之子，汉军正白旗人。自言原籍高密，为郑康成后裔。癸未会试，呈礼部加复本姓，久经报可。函中添姓一节，正谓此也。震宇附记。"（《郑文焯书风》，第 21 页）可知，恢复汉姓一事自提出至解决，当历时较长。至于其复汉姓的具体时间，实难以遽定何年。时润民据文焯友朋对其称谓的变化，指出其于 1900 年时方才"不顾一切地希望去完成恢复汉族本姓，脱离代表了清朝之统治的满族群体"。（《郑文焯生平心曲发微》，第 16 页）

离苏入京，作诗别吴中诸友。

《将如京师留别吴中诸友》：少年心如不羁马，跞驰烂游半天下。豪风横雨甘陆湛，诗骨棱棱无一把。五湖萍泊忽三载，残客功名误青崦。顽素悄悄匿所伤，今见群公起群雅。文章经世会得时，荃宰无不道在瓦。自惭樗散独见知，清凉坐我广林厦。琴虚篇咏悉呕喻，瘦句诟愁和者寡。欢会未竟行别离，长安款段今又跨。一杯买断江南春，愁海归云我心写。

《吴友饯别舟中夜出娄门有作》：扁舟放醉着葑溪，花外残莺解别啼。夜送觽枝摇梦去，一眉黄月沈楼西。

《春尽日归京师寄苏州李使君》：邻笛风飘花事阑，肯因黅尾放杯干。百年蛮触功名烂，一榻陆沉天地宽。残客狂愁纷落絮，故人骚思托崇兰。五湖春色归何处，夜夜江南梦里看。（以上诸诗均见《瘦碧庵诗草》）

三月十六日，论王学浩山水屏轴。

题识：王椒畦先生残墨，为吴门刘氏园中十二画屏之一角也。笔味逸宕，有大痴荒古气，一鳞片爪，思付沦埋，亟从都肆购置。翌日移家拙政园中，游神昧

暮,一帧窅然,烟云供养,宛坐我空青顽碧间矣。太岁在尚章汁洽,病月哉生魄。瘦碧
閣主郑文焯续。(上海朵云轩 2010 庆世博特别拍卖会 0207)

　　　　按:王学浩(1754—1832),字孟养,号椒畦。江苏昆山人。乾隆五十一
　　年(1786)举人,绝意干禄。精书法绘画。著有《山南论画》。

会试落第,南归。

　　戴《谱》:春,晋京会试,荐卷不第,南归。

六月,作山水扇面。

　　题识:万壑霜飞木叶脱,盈盈流水暮生寒。却疑二月天台里,一路桃花□马
鞍。梦绍尊兄正之,癸未六月下浣,叔问焯。(中国嘉德国际拍卖有限公司 2002 年第
70 期周末拍卖会中国书画专场 1014)

七月,覆勘《广韵》。

　　记云:本朝无正韵书,诗家鲜所折衷依据。审音者仅泽存堂本《广韵》一书,
又皆经宋人增并,屡乱旧次。考古者大抵详于音而略于韵,博而寡要,其用不
宏,为模学者固赖其征引,终于韵学无裨焉。乾嘉已来,老师宿传,始汲汲考订
此编,然未有刊布善本流传者。尝求之当代通人,恒以校注为难,而辨韵次之。
不揆狂简,颇复有所是正,冀得专诣辅以佳证,不胜大愿。叔问记。(郑文焯批
校《广韵》)

　　　　按:此记之后有光绪己丑年(1889)续记云:"光绪癸未之岁秋孟,据段
　　懋堂先生校本覆勘一过。"

初秋,登常熟虞山兴福寺。

　　《齐天乐》(夕阳呼酒登临地)词序云:登虞山兴福寺楼,时癸未始秋。(《瘦
碧词》卷一)

八月二十一日,文焯开始批校陶澍集注《靖节先生集》。

　　记云:故人北平陈翰林嵩佺校书于苏州官书局,从白门旧家藏弄陶文毅集
注《靖节先生集》善本,重雕以传世,其校定诸本异同,折中一是,有裨后学。若
评注之繁,间多词费,读者当知所以裁之。余近获一旧刻大字本四卷,所编惟
诗,而以《桃花源记》《归去来辞》附于卷末,有"白鹿斋"印记,其格似出元明旧
椠,宽绰容与,颇便老眼。诵陶诗宜以神会其高澹处,不烦言而解已。鹤道
人记。

　　又记云:癸未岁大梁月既望五日鹤记。(桥川时雄整理《陶集郑批录》)

八月二十五日,致书妻弟叔瑶,谈及北闱考题,并请其托荣禄等谋出路。

　　致叔瑶书:叔瑶六弟大人阁下:中秋后二日,奉手书,具审一一。北闱题下

《论》上《孟》《中庸》，中果应否？数学毫厘不爽。幼峰前一月尚闻兄言之凿凿，试问研囊，便知我四月初间，已语伊矣，至诚前知，非敢自伐，确有所恃，推之无所不由诚而明也。弟文当得意，二三场能擅胜场否？甚念念。乞将初场三文一诗，速寄一观，必可豫诀，此又论理，不论数已。一笑。北闱有何新闻，偕生二子，果能假手必捷，亦不须买赋金矣。复丰新简苏织造是海李三弟否？与吾家有无渊源？乞示及。并乞吾弟速托豫丈，为兄谋一干馆，如世锡之按季致送之例，想弟必能善为说辞也。兄前有需托豫丈及仲华相国，切荐旧馆，想当上达，务祈向豫丈切询，并转询荣相师更妙。兄有机器火炉，及精画纨扇物，本托子年由津径送豫丈，聊效一芹之献。于得子年信云，伊须先赴岭南，此二物已托黄公，到京交弟转致，必不至延误。兄随即上书求从者先容，因机器炉甚新，京师尚未有也。二研在京作何举止，尚安谧否？近未得其信，故深念之。前兄内邮政局发致舍妹信，究竟几日到，能似吾弟此次之神速乎？钟山虽忙，不至无一字，却无日不盼其来信。如寄物件，可依前信所告，由尹柯亭转寄吴中，极便。或托海李织造亦妥。至弟大人寓苏壶园甚安，起居兴致，较在沪大佳。令姊亦得以晨夕接言，或间日至徐府。打牌则尊阃每赌必胜，居然三龙三凤三伯板，已赢数十番，亦足以豪。前弟云到京即制金簪速寄，此时已银手立断，尽依令姊言，已于秋节前一日释素。因衣服好通融也，而金簪相需甚殷，翠钗不能戴过八月也。南闱因积雨，水漫矮屋，考生寓者甚多。文题甚好，常有佳作。附此以闻。日下新闻，幸随笔挥示，举家鹤望，遄听好音。豫贺豫贺，此颂捷安。月以诸贤侄均此道念，不另。八月廿五日，小兄焯顿首。（《郑大鹤手札》，《文字同盟》第五年［1931］第四、五、六号合刊）

> 按："豫丈"指立山。1883 年立山卸任苏州织造，故札中有"新简苏织造"之语，也正因此，将此札系于本年。"仲华相国""荣相师"即荣禄，荣禄（1836—1903），字仲华，号略园，瓜尔佳氏，满洲正白旗人。官至总管内务府大臣，加太子太保，转文华殿大学士。

九月九日，泛舟枫桥。

《九日泛舟枫桥》：云鳞叠空生曲波，酒中倒卧秋山螺。蛾眉小绿破双尊，醉把茱萸劝残酌。兰风吹寒歌扇薄，水枕梦回怨萍泊。吴歈未终枫叶落，二十五声秋点索。（《瘦碧庵诗草》）

秋，在俞樾寓所见彭刚直。

俞樾书：小坡孝廉世讲足下：雪老在寓小住，概不见客，因足下拳拳之意，请于明日便衣见顾，当可一见也。手此，复颂撰祉。世弟俞樾顿首，二十日。（《俞樾函札辑证》，第 641 页）

按:此书末有文焯跋语:"时彭雪老督长江水师,方以书招降台州盗魁黄金满,率之来苏,寓曲园数日。因黄党寇定海一带廿余年,诏悬重赏巨万生擒之,卒不能获。乃雪老以单航载之渡江,奇其人,故欲见之也。时癸未秋末记于壶园之崔梦庐。"由"癸未秋末"可知此札作于本秋,但文焯甲申(1884)方才移居壶园,故此处地点或误记,姑系于此。另,俞樾《楹联录存》卷五有《台州彭刚直公祠联》序云:"台州民金满,字玉堂,素豪横,有周孝侯风,颇为乡里患。刚直怜其才,招致麾下,授以右职,积功至守备。玉堂感念旧德,即于其乡创建公祠,命子孙世祀之。公之破格怜才,玉堂之感恩报德,皆可传也,故题此联,以落其成。"(《楹联录存》,《春在堂全书》第 5 册,第 690 页)可与文焯跋相参。

十一月,读《续古文苑》。

记云:癸未冬仲,叔问读过。○故人北平陈嵩佺以庶常改授刑曹,复以叙劳乞外就江苏同知,张融所称三吴一丞非其志也。光绪辛巳之春,余游江南,与之同赴固始吴子健抚部之幕,晨夕论议,意气相得甚欢。一日,余阅肆,获孙刻《古文苑》旧本,嵩佺惜其太简,思有以补其佚遗。余因举似续编,重付锓氏。时官书局中同志,惟强君赓廷、汤君伯述及嵩佺三君子,皆一时硕彦云。(《鼎脔》1925 年第 8 期)

按:强汝询(1824—1894),字菉叔,号赓廷。江苏溧阳人。清咸丰九年(1859)举人。精研经史。著有《求益斋全集》《大学衍义续》等。汤纪尚(1850—1900),字伯述、伯硕。浙江萧山人。侨居吴下。入赘为同知,分发江苏。曾为左宗棠、李鸿章幕僚,权大名府知府。著有《槃薖纪事初稿》《槃薖文甲乙集》。

十二月十九日,集沈氏耦园作东坡生日。是年,文焯与沈秉成交往密切。

《光绪癸未十二月十九日集沈氏耦园作东坡生日记之以诗》:玉局仙人五通魄,峨岷灵崖诗星谪。神游笠屐去来今,真见东坡散为百。却忆投老南海滨,胸中阳羡不可耘。盛名宁伤蝇与蚊,磨蝎一官无凡伦。荒荒春梦沧海尘,夷世岂少风波民。髯仙掀髯一笑闻,登楼且醉江南春。八百年前梦幻身,我非与君洞府餐芝人。

《铁琴歌为沈仲复作》:焦桐爨急心不死,世无中郎复谁理。天使老铁鸣不平,更着冷丝假十指。触批凄唳纷淋浪,叩之有声发清征。崩云屑雨秋铮铮,泠然众籁震虚牝。古来善听良独难,铿耾忍媚琵琶耳。明月大海无古今,肠折武夷七弦水。

《题耦园所见巨石》：老狂诗骨秋铮铮，酒浇肝肺芒刺生。醉吸天风吹海立，神器夜堕芙蓉城。俗眼未脱模棱壳，猛看奇崛诧雕斫。空山真宰泣琼瑶，雷雨鞭龙放头角。

《沈仲复招饮耦园即席有作》：丈人相见自青眼，尊俎能容一客豪。大隐由来盛年德，狂愁遮莫反离骚。未妨诗酒酬肝胆，宁拾侯王易骭毛。一笑忘年得真契，青松白云闭门高。

《为沈仲复题鲽砚庐图》：老鲼鸣逐悬黎浮，饵黄孕堕汧阳璆。谁剖得之沈隐侯，天以胖合耦园耦。明福多鱼兆璧友，双游双泳神仙薮。即看池上两凤毛，飞声和应云房璇。慎斯良田传宝爻。仲老有二子皆以研字之。（以上诸诗均见《瘦碧庵诗草》）

戴《谱》：沈仲复中丞，与先生为忘年交，且有金兰之订，曾赠先生齐玉象一尊，因取以名斋曰"齐玉象堪"，为中丞题《鲽砚庐图》，明制时壶，又为作铁琴歌。诗皆见《大鹤山人诗集》中。

戴《谱》：冬十二月十九日，集沈氏耦园，作东坡生日，先生有次韵严少华夫人诗云：越酒吴浆报缩辰，耦园香火去来因。好从定慧参遗像，自注：是日供愉庭老人所抚苏斋旧藏坡公真象，即李兰卿摹勒于吴门定慧寺旧本。自分斜川证后身。自注：叔党亦号小坡，予字偶与之合尔。印迹西楼余墨本，自注：家藏公成都西楼帖，为海内孤本。主盟东浙旧词臣。孤琴抵得神弦曲，自注：耦园旧藏古铁琴二，是日为抚秋思一曲。腰笛青巾有替人。此诗见《瘦碧庵诗稿》中，其自注颇有关先生家世及耦园故实，因录之。

　　按：沈秉成（1823—1895），字仲复，自号耦园主人。浙江归安人。咸丰六年（1856）进士，历任翰林院编修、武英殿总纂、文渊阁校理、苏松太道、河南按察使、四川按察使、广西巡抚、安徽巡抚、两江总督等职，有政声。晚年退隐苏州，购得娄门陆锦所筑"涉园"，修筑成耦园。工诗文、书法，与俞樾、吴云、顾文彬、潘遵祁、李鸿裔等交往，藏书楼名"鲽砚庐"，富藏金石、书画，纂有《鲽砚庐书目》。沈秉成继室严咏华（1836—1890），字少蓝，号不栉书生。浙江桐乡人。晚清才女。能文，善书法，工诗画。二人著有《鲽砚庐诗钞》《鲽砚庐联吟集》《纫兰室诗钞》。

冬夜鼓琴，作诗。

《寒夜鼓琴》：冷丝枯木寂寥心，凄唳声声泛夜湛。月落空山闻鹤叹，风回沧海失龙吟。宁知爨下甘焦尾，毕竟王门绝赏音。曲破危弦感幽素，孤灯秋梦草堂深。（《瘦碧庵诗草》）

岁末，作《饮酒》诗。

《饮酒》：抱影耿幽素，岁晏将如何？山尊劝孤影，醉舞相婆娑。但识饮人趣,一杯清已多。世路涩于棘,林鸟纷择柯。浮生无根著,江湖秋易波。团茅坐萧撼,蛮雨啼寒莎。朱弦答三叹,绎以黄鹄歌。石芝倘可采,归卧西山阿。(《瘦碧庵诗草》)

是年,为许应镕题牡丹、芍药。

《碧牡丹十首为许星台年丈作。》其一:瓯碧曾传第一香,云腴月魄孕奇芳。浓于马乳三重酒,洗出螺鬟半面妆。买艳绿卿新管领,括春青帝老平章。台红楼紫纷纷数,犹是尘蹊桃李场。其二:金烟珠粉总尘空,为殿韶华翠一丛。倾国风流谁眼碧,污人富贵失颜红。宁知真艳丹青误,莫惜芳心剪刻工。怊怅洛阳梦游路,年年烂醉斗花风。其三:少年惨绿感前华,肠断东风况此花。愁种三生根碧海,春心一寸郁青霞。飘飘翠羽裁云薄,瑟瑟珠杯贮月斜。省识玉堂少蜂蝶,未应兼采到仙葩。其四:蜡封香腊思飘零,忽讶光风转绿屏。非雾非烟色相,如仙如梦杳苍冥。销妆残黛痕难洗,染袂余华唾尚馨。竟日倚阑空写照,剧怜衫鬓两青青。其五:襄襄油幕护轻寒,晓艳香笼百宝阑。酒为浇红愁换骨,诗争品绿苦雕肝。嵌空翡翠凝云朵,冪地琉璃缀露团。把似春风应解笑,名花何意更名丹。其六:葱珩兰绶态盈盈,并助花王一笑倾。萼绿华来饶绰约,李青莲去绝清平。坐侵霞采披琼岛,醉掇云英散碧城。何恨芬菲留照晚,仓仓姿格荐飞荣。其七:浓攒细簇晕庭芜,蛱蝶香魂叶底苏。双萼筵前春顷刻,一枝屏外影模糊。瑶台芳色输鹦女,翠幕轻阴养鼠姑。寄语东皇好抬举,须防冷眼看成朱。其八:蔓壑枝峰澹霭迷,含棱一色照檀犀。碧根自请韩郎染,绿字都标谢客题。流水钿车春似梦,寒天翠袖晚仍携。休怜一朵扬州白,斜月玉钩空故蹊。其九:终朝莫误采盈瓶,肯放清妍到鬓簪。艳夺绮霞千蕊腻,梦迷绀雪一春酣。未缘国色施珠粉,尽散天香入蔚蓝。过眼分明被花恼,坐浮春绿醉江南。其十:羽群玖佩蔼神仙,花国相逢卵色天。未分明珠徇金谷,几能连璧种蓝田。题名梦幻纱笼贵,刻翠光分玉照妍。我是石芝旧吟客,只宜瘦碧老诗禅。(《瘦碧庵诗草》)

按:文焯咏芍药诗为《苏州按察使许年丈官舍旧植木芍药忽著瓯碧色古艳奇香蔼映兰薄爰集俊侣命酒征诗嘉藻屡兴几遍吴越既咏七言律十首复为花写照题此以献》(《瘦碧庵诗草》)。戴《谱》云:"苏臬许星台廉访应镕官舍旧植木芍药忽著瓯碧色,古艳奇香,蔼映兰薄,爰集俊侣,几遍吴越,先生咏七言律十首。诗见《大鹤山人诗集》中。"将咏花诗系于上年,误。

是年,屡作诗赠汤纪尚。

《赠汤子伯述》:君才落落不羁马,何意陆沉孤宦行。白眼论文一杯水,青山照图两心盟。西江社冷荒尘梦,北海尊空污客名。漫傍塘垣避肤爪,胸中书传

自香清。(《瘦碧庵诗草》)

《园夜醉歌简汤伯述》:好风吹绿生庭芜,檐花落尽春梦孤。号钟夜悬壁上语,娟娟斜月波商舠。坐忆故人城西隅,乱书横榻讽啸俱。有时狂醒作三日,驱染烟墨倾缥壶。剧谈落笔一万字,心兵险触非鉬鋙。坐羁名筌苦牢刺,裸壤宁识文绣都。圣贤能事天地棘,例以穷饿栖儒臞。我亦献策承明庐,雄光宝矿失礌硞。十丈黄尘没马首,梦回秋驾三踟蹰。眼前虚名等箕斗,十年野鹤疲樊笯。悔不还家读父书,上疏论兵廑远图。丈夫雄飞志万里,要佐明主森威弧。胡为墨墨缚章句,俛事铅椠伤煖姝。一身瓠落君莫惜,行见大尊浮江湖。(《瘦碧庵诗草》)

是年,俞樾病愈,文焯作诗为庆。

《闻俞丈病差以诗为庆》:仲尼学易方假年,季梁废医洵知天。维摩知病本非病,养空随化神形全。先生形魂神自怿,自断春风上生籍。先生尝著废医论,近病增剧,赋十别诗以遗家人,自谓如遇立春日,当在人间游戏数年。今病果差,可谓知生矣。百年游戏著书庐,文字精灵天所秘。窈然荃穸信有真,斯疾宁复由天人。试诵金光问流水,桃花一笑三千春。(《瘦碧庵诗草》)

《次韵俞荫父世丈见题先荣禄公遗箑时丈卧病甫差并以志喜》:朝来书尺杠山空,示病维摩一笑空。为感题诗扶杖起,数行瘦墨洒春风。(《瘦碧庵诗草》)

李鸿裔为题《石芝诗梦图》,作诗酬谢。

《酬香严词丈见题石芝诗梦图》:龙梭织字缀琳琅,生我石芝陈梦香。坐忆南园三日雪,冷春冰玉铸诗肠。(《瘦碧庵诗草》)

是年,制"郑文焯印"。

《大鹤山人三绝册》:郑文焯印。癸未年刻。(申闻《记龙榆生藏〈大鹤山人三绝册〉》,《南方都市报》2018 年 6 月 6 日)

是年,浙江书局重刻《论语古训》,文焯参与校勘,并批校。

文焯批阅《论语》"子路第十三"一章有云:政者,正也。以解字例为达书名,推之礼乐、刑罚,皆政之名,故必正,政字本义。○《周礼·外史》:"掌达书名于四方。"不达则不能正名,何以为政。此可为上章必也正名佳证。○此可为上章其身正四句恭定政之本义。(郑文焯批校《论语古训》,上海图书馆藏。参时润民《郑文焯生平心曲发微》,第 70 页)

光绪十年甲申(一八八四)　二十九岁

一月五日,吴昌硕为刻"郑文焯"白文印。

题识:甲申一月五日,仓石刻赠瘦碧庵主。(《吴昌硕印谱》,第 113 页)

　　按："仓石"即吴昌硕(1844—1927)，原名俊，字昌硕、仓硕，别号缶庐、苦铁、老缶、缶道人等。浙江湖州人。长于绘画、书法、篆刻。作品集有《吴昌硕画集》《吴昌硕作品集》《苦铁碎金》《缶庐近墨》《吴苍石印谱》《缶庐印存》等，诗有《缶庐集》。

春，与行本长老、云闲禅师、复堂长老、小雨长老等多有交往。

　　《游沧浪亭赠行本长老》：道隐年来悟小成，又从白社结新盟。一春诗病因花瘦，永夕琴言得水清。梦鸟梦鱼同委蜕，为牛为马坐逃名。江湖行脚君休问，闭户青山不世情。

　　《沈仲复见招白云寺云闲瑞莲庵复堂两长老晚饮耦园》：石气花光锁洞天，林塘空翠落尊前。诗龛小隐耦园耦，香国大乘莲社莲。身外声闻唯猎酒，梦中文字不离禅。琴心定破尘三昧，漫拟丹砂问偓佺。

　　《病起示云闲禅师》：一梦荒荒悔昨非，十年兀兀世相违。冥搜苦为吟诗瘦，战胜何因得道肥。未碍狂花障天眼，故应神草起风痱。胡床自有安心地，笑见蛛丝锁翠微。

　　《游瑞莲庵怀鉴中长老》：兀然孤塔老禅机，万化涂中一委衣。苦忆白莲池上坐，放风怖鸽满堂飞。

　　《寄赠日本本愿寺立小雨长老》其一：天地声尘一映风，似闻云将语鸿蒙。悬知万物无情死，弱水西流到海东。其二：随身竿木任消摇，俯仰自人非桔槔。乐水不如忘水适，藏山莫笑负山劳。其三：君心忘我复忘年，我法遁人非遁天。失鸟忘鱼竟何有，梦中神遇自天渊。其四：梦时无愿觉无还，宵宵灵台失锁关。一历耳根君听取，疾雷夜破万重山。（以上诸诗均见《瘦碧庵诗草》）

三月三日，耦园禊饮。

　　《耦园禊饮即事》：鸥社频年足晏酣，梨花吹雨又江南。林泉胜引耦园耦，觞咏嘉招三月三。四座岚光横古雪，半瓢诗味泻清潭。未妨扶病营春事，狂点风流一笑堪。（《瘦碧庵诗草》）

春，病，作诗。

　　《病中作》其一：石芝秋老空山梦，卧病江皋恋酒尊。十日闭门饱风雨，池塘花落见诗痕。其二：尘窗枯几闭心难，欲乞仙家小饵丹。天上料多费才事，梦游昨夜赋灵澜。夜梦一羽衣人持丹版索作灵澜宫赋，时甲申三月望日。（《瘦碧庵诗草》）

暮春，与洪钧游天平山。

　　《暮春游天平山同洪君文卿》：野航进晓风，去郭轻千里。晴烟落桃涨，肥鳜上溪市。挥杯劝白云，最上为白云峰。一笑掬在水。鸥凫导清旷，渚尽见山嘴。辍挐升盘纡，入寺诧岖嵬。危亭椅冥构，裂壁窥天罳。森森万笏林，悄悄一筇

倚。古琴谷中语,奇云荡胸起。山空阖晴翠,四闻鸟啼喜。暝写坐苍莽,澄晖霁
心淬。便蹑采真游,芝崦漉石髓。(《瘦碧庵诗草》)

> 按:洪钧(1839—1893),字陶士,号文卿。江苏吴县(今苏州)人。同治
> 七年(1868)状元,任翰林院修撰,后出任湖北学政、内阁学士,官至兵部左
> 侍郎。1889 年至 1892 年任清廷驻俄、德、奥、荷四国大臣。编撰《元史译
> 文证补》三十卷。

四月二十日,吴恒访潘钟瑞,为文焯觅屋壶园。

潘钟瑞《光绪十年甲申日记》:(廿日甲子)仲英来看壶园之屋,云文小坡文
焯欲觅屋移寓。小坡,汉军人,本姓郑,耽风雅,多材能,余亦识之,贵公子举孝
廉而不爱馆者。(《潘钟瑞日记》,第 188 页)

> 按:"仲英"即吴恒(1826—1895),字仲英,号颂音,晚号鹤翁。浙江仁
> 和(今杭州)人。光绪间曾任江苏川沙厅同知,又任松海防同知。工书画。
> 著有《清溪吟草》《梅花老屋诗存》。潘钟瑞(1822—1890),原名振光,字围
> 云,又字麟生,号近僧、瘦羊、香禅,别号香禅居士、瘦羊居士,室名香禅精
> 舍、百不如人室。诸生。长于金石、书法、篆刻,有词名,著有《香禅词》,著
> 作结集为《香禅精舍集》二十九卷。另据国家图书馆藏《瘦碧诗词稿》文焯
> 致潘氏诗词及书札,可知其初学词时与潘钟瑞交往颇密,《瘦碧诗词稿》中
> 《齐天乐》(故人旧是青城侣)题云:"近作小词,每阅录进瘦羊世丈词坛正
> 板。"《齐天乐》(少时奇气掣云狂)题云:"江春客感,芳侣杳然,日与实甫同
> 年以诗属和,为度愁计,感音而作,劳者易歌,不自知其荒冗也。瘦羊世丈
> 今紫霞者,有以教我。"此间词作尚有《满江红》(瘦影连天)、《水调歌头》(一
> 片有情月)、《水调歌头》(秋气飒然至)、《蝶恋花》(花砾瑶光三万顷)、《扫花
> 游》(年涯草草)、《徵招》(古帘波展江南绿)、《齐天乐》(旧时鹃国伤春稿)、
> 《齐天乐》(梅风一信香尘递)、《齐天乐》(冷香嚼曲招花醉)等。

四月二十二日,致札潘钟瑞,潘覆札约面谈。

《光绪十年甲申日记》:(廿二日丙寅)晨至吴仲英寓,因文小坡昨已来看过
房子,往询其意,不值,遂返。午刻,小坡有札来,覆之,约以明日到彼寓面谈。
(《潘钟瑞日记》,第 188 页)

四月二十三日,潘钟瑞来寓谈。

《光绪十年甲申日记》:(廿三日丁卯)至乔司空巷潘家文寓见小坡,谈,雨又
作,辞出,尚连纤未已。(《潘钟瑞日记》,第 188 页)

五月一日,访潘钟瑞,租定壶园。

《光绪十年甲申日记》:(初一日乙亥)是日小坡来,租定壶园。(《潘钟瑞日记》,第190页)

五月二日,又赴潘钟瑞宅。

《光绪十年甲申日记》:(初二日丙子)是日,小坡又来。(《潘钟瑞日记》,第190页)

五月十一日,移家壶园,潘钟瑞来贺。

《光绪十年甲申日记》:(十一日乙酉)文小坡移家来平阳壶园中,余具衣冠贺之,略谈。(《潘钟瑞日记》,第192页)

按:戴《谱》记光绪十一年(1885)"二月,移居庙堂巷汪氏壶园"。误。

五月十四日,招吴恒、潘钟瑞等饮。

《光绪十年甲申日记》:(十四日戊子)夜,小坡招饮,吴仲英、汪少甫、潘吟香、铜士与余五人为客,谈宴良久。席撤,又观其收藏物,留桂轩与闲舫陈设具备。(《潘钟瑞日记》,第193页)

五月十七日,邀潘钟瑞闲谈。

《光绪十年甲申日记》:(十七日辛卯)晚饭后,小坡邀余闲谈,往则周云峰在座,是琴友也。谈移时,月下池心,小坡与云峰各弹一曲而散。(《潘钟瑞日记》,第193页)

五月十八日,吴昌硕、潘钟瑞来闲谈。

《光绪十年甲申日记》:(十八日壬辰)午后,仓石来,赠余印泥一器,余取珠而还其椟。……同伊至文小坡处,闲谈片刻而去。(《潘钟瑞日记》,第193页)

五月十九日,洪钧来访。

《光绪十年甲申日记》:(十九日癸巳)巳刻,洪文卿来,因拜小坡之便,先来余处一谈,索余《歙行日记》一本去。(《潘钟瑞日记》,第194页)

五月二十一日,以《石芝西梦图》索题潘钟瑞。

《光绪十年甲申日记》:(廿一日乙未)小坡以《石芝西梦图》索题,有先题在笺数番,不暇读,且阅卷。(《潘钟瑞日记》,第194页)

闰五月一日,潘钟瑞招文焯叙谈。

《光绪十年甲申日记》:(初一日甲辰)仓石雨中来,招小坡同至画室叙谈。(《潘钟瑞日记》,第195页)

闰五月三日,赠潘钟瑞鲜荔枝。

《光绪十年甲申日记》:(初三日丙午)小坡以鲜荔见饷,尝之。(《潘钟瑞日记》,第196页)

闰五月八日,请潘钟瑞代阅丽川书院课卷。

《光绪十年甲申日记》：(初八日辛亥)昨小坡以丽川书院课卷分六十本属代阅，以帮其忙，余亦不暇也。(《潘钟瑞日记》，第 197 页)

闰五月九日，潘钟瑞、顾文彬为顾词序事来访。

《光绪十年甲申日记》：(初九日壬子)午后，顾子山丈来，出新刻词三卷，属余择其一作短序一篇，其二并属转倩他人。余说起文小坡住此壶园，丈亦识之，遂请相见。小坡出，谈次，即以词序属之，伊认取一卷曰《灵岩樵唱》。傍晚，携顾词两卷复出，寻曹子千，致子山丈之言，伊认取一卷曰《今雨吟》，余剩之一卷曰《蟭巢碎语》。余因到家一转，乃回馆。夜，壶园又有管弦歌唱之声。(《潘钟瑞日记》，第 197—198 页。)

> 按：顾文彬(1811—1889)，字蔚如，号子山，晚号艮庵、过云楼主。江苏元和(今苏州)人。道光二十一年(1841)进士，官浙江宁绍道台。后辞官归里，建怡园，园中过云楼富藏金石书画，名满天下。著有《过云楼书画记》《眉绿楼词》等。

五月，与朱福清、洪钧、彭翰孙访硙泉，命名灵澜精舍，作记，并请俞樾题榜。

俞樾书：小坡仁兄世大人侍史：承属书灵澜额，草草涂奉，未知可用否。修庭观察属弟题一联，记得吾兄亦有是说，率撰一联，即用黄纸写奉，是否可用，亦祈酬之。此颂，吟祺。弟樾顿首，十一日。

> 按：《楹联录存》卷二有《灵澜精舍联序》云："苏州横山智显禅院有硙硙和尚，以锡杖叩石得泉，见《吴郡图经续记》。虎丘山下有泉，曰憨憨，或曰亦硙硙和尚遗迹。横山与虎丘相近，憨与硙音又相同，疑或然也。甲申岁，洪文卿阁学、朱修庭观察访得是泉，筑精舍于其上，郑小坡孝廉命曰'灵澜'，余为题榜，并题是联。其地即在真娘墓畔，故下联及之。一勺试清泉，此邦故老流传，都道是硙师卓锡峰头遗迹；数椽营胜地，我辈闲人游览，勿徒向真娘埋香冢畔题诗。"(《楹联录存》，《春在堂全书》第 5 册，第 635 页)

> 戴《谱》：先生同朱修庭观察福清、洪文卿阁学钧、彭翰孙游虎丘，访梁硙硙尊者所凿硙泉，丘之人无知者，属怡贤亲王祠僧云间大索，获于试剑石右，于是倡议集金，建灵澜精舍于泉上，由先生为之记，陆云孙太史懋宗书勒诸碑。记云：岁在焉逢，仲春之昔，余读书城南，既悟庄子坐忘之旨，莫然而梦。附一沤泛乎冥蒙中，见化域，水虚其中。有老人告余曰：是为灵源，三岁一澜。余瑞其梦，莫审其魂兆。是岁五月既望，虎丘硙泉出。梁天监中，硙硙尊者卓锡于丘，此其遗迹也。秘久而显，丘之人异焉，吴中士夫，作精舍其上。余登降兹境，私异前梦，若为之祓者，因名曰灵澜，将以实吾

梦也。泉泛而冽,白于泔,居人盛传能疗疾,挈瓶至者靡远迩,聚祷于硲师,往往而效。盖一山清栗之气,得水而华。古所谓地浆者,聚天一真气,浮于水面,用以除一切隆闷恶疾,于春夏尤验。以是不知吾梦者,佥曰泉灵,知吾梦者,佥曰梦灵,吴俗之好幻若此。一僧舍然笑于旁曰:泉之灵,其灵于子之梦邪?抑天地元气之所流灌,褚于小而靳于大邪?隔于明而洞于幽邪?夫水之大者莫若海,潭渤横赫,萍国千百,蜃鲵气交,能沼人国,猝失威理,飓怪骇作。尾闾靡以罗其釜,马衔弗能神其鞭。岛啸波叱,百灵陆悬,而兹胡灵于一泉。且海之用,飞艄浮铁,万里火掷,骇浪可唾,崄介可塞。铁毂可使之飞,鼍龙可使之戾,不则天地虚散,俗獠风狙,将纷呀而鱼吾民,混混乎妖波荡垠,畴筏其津,而兹胡灵于一髡。言未阕,余鹤然起曰:子言诚出于涯涘,而未能忘乎水。昔邹衍造大瀛海之谈,或以其恢恑憰怪,故神其说,以号于众。今如衍所谈,吾与子且目击而身历之,悄悄不知其所止,而衍之说,将为天下裂,夫何有于一泉一髡之灵,更以吾之梦而足多哉?余既叙其略授山僧,磬诸精舍之壁,以诏游者。

六月二十一日,与潘钟瑞闲谈。

《光绪十年甲申日记》:(廿一日癸巳)是日,锡侯弟、济之弟、筱涯兄先后来,小坡亦来闲谈。(《潘钟瑞日记》,第207页)

六月二十四日,南荡观荷。此后复至。

《蝶恋花》(花矸瑶光三万顷)词序云:甲申夏荷花生日,南荡舟中遇见太常仙蝶,以酒祝之,环袖三匝而去,歌以志异。(《瘦碧词》卷一)

《满江红》(绀海文漪)词序云:再泛南荡,晚花向残,以南昌宫旧谱歌之。(《瘦碧词》卷一)

六月二十六日晚,赴陈寿昌(松泉)宴会。

日人冈千仞《观光纪游·苏杭日记》:(甲申年六月二十六日)晚与杨君赴陈松泉之邀,会者为陆云孙懋宗、汪少符兆曾、文小坡焯。(《观光纪游·苏杭日记》,第30页)

七月五日,以中法战事电报录示潘钟瑞。

《光绪十年甲申日记》:(初五日丁未)傍晚,小坡以闽电报录示:初次与法人战不利,二次轰沉法兵船二、轮船一。(《潘钟瑞日记》,第209页)

七月二十八日,潘钟瑞来贺三十岁生日。

《光绪十年甲申日记》:(廿八日庚午)文小坡三十生辰。晨,具衣冠往祝之,略与坐谈。(《潘钟瑞日记》,第212页)

八月九日,潘钟瑞与吴昌硕来谈。

《光绪十年甲申日记》:(初九日庚辰)傍晚,仓石来,谈顷将去,又偕至小坡处,快谈移晷,暮乃散。(《潘钟瑞日记》,第 214 页)

八月十一日,请潘钟瑞书挽许佛庚对。

《光绪十年甲申日记》:(十一日壬午)文小坡以挽许佛庚绠对属书。佛庚,今星台廉访之长郎,与小坡乡榜同年。(《潘钟瑞日记》,第 214—215 页)

八月十二日,潘钟瑞为书挽许佛庚对。

《光绪十年甲申日记》:(十二日癸未)为文小坡写挽许对,对长八尺,每联二十二字,作隶书。(《潘钟瑞日记》,第 215 页)

八月二十三日,引琴僧云闲见潘钟瑞。

《光绪十年甲申日记》:(廿三日甲午)小坡引琴僧云闲来见,招与座谈而去。(《潘钟瑞日记》,第 217 页)

八月,为顾文彬词集《灵岩樵唱》作序。

《灵岩樵唱序》:若夫青山一角,明靓自怡;红叶半肩,行歌互答。咳唾珠玉,别示音声;吐纳宫商,聿成馨逸。泛泛乎有松石间音,陶陶然是羲皇上人。士衡有言,每观才士所作,窃有以得其用心。今读《灵岩樵唱》一编,亶其然矣。艮庵先生以倚林丈人,为词坛宗匠。风云发于胸臆,冰雪净夫聪明。想其三典内参,六箴外献。雁衔有耀,骥展多劳。方敷棠舍之阴,遑问梅边之谱。斯即流连觞咏,不废啸歌。云抱特伸,水调间作。答幽怀于坡老,证慧业于吴兴。亦惟玉宇琼楼,驰心高处;霓旌宝扇,翘首仁风已耳。而先生性薄浮荣,宦情水似;梦萦初服,乡思秋深。怀西昌之逸人,念东山之高卧。王筠订集,不假官名;翁子行吟,犹思樵采。古所谓记桃源以见志,指桂树以为期者,殆其人欤?嗟嗟!白石归来,云襟伊郁;玉田老去,霜鬓牢愁。岂乏明时,才人寡遇;从来词客,晚节多艰。先生持节壮龄,收帆暮齿。得天独厚,耳聪目明;与乐为邻,鹊笑鸠舞。小园赋就,开府无此清新;奇石飞来,郁林失其苍翠。鸡碑雀篆,室酿古香;兕觥牺樽,几罗异采。物无奇而不备,人所歉者独丰。然犹抱道能冲,致虚有悟。时念岩居之趣,不忘柯烂之缘。宜其谱出新声,飘飘意远;拮来秀语,落落词高矣。焯登楼撽笛,协律未谐;流水鸣琴,闻声亦乐。忽聆古调,讶白雪之能传;敢献谰言,冀青云之窃附。岁在阏逢涒滩大梁月,铁岭郑文焯叙于瘦碧庵。(《眉绿楼词》)

九月三日,引高莹见潘钟瑞。

《光绪十年甲申日记》:(初三日甲辰)小坡引其徒高悟仙莹来,苏人也。孑然一身,无家可归,借居于山塘怡贤寺中,与云闲僧为伴,谈顷,去。(《潘钟瑞日记》,第 219 页)

九月十日,潘钟瑞、吴昌硕来访。

《光绪十年甲申日记》:(初十日辛亥)至小坡处,盆菊罗列,左右烂然。少顷,仓石来与余谈,亦至小坡处。(《潘钟瑞日记》,第221页)

九月十二日,潘钟瑞为题《武氏石室画像》。

《光绪十年甲申日记》:(十二日癸丑)是日午间为小坡题《武氏石室画像》,即以余旧得一幅题识节录之。(《潘钟瑞日记》,第221页)

九月二十日(立冬),吴昌硕为刻"大壶"印。

题识:甲申立冬日,大壶先生属。仓石。(《吴昌硕篆刻选集》,第6页)

九月二十一日,潘晋先为谋馆事致谢,潘钟瑞赠未装订《滂喜斋丛书》。

《光绪十年甲申日记》:(廿一日壬戌)饭前,锡侯、谔卿先后来。锡侯致谢小坡,为谋馆事。余以未装订《滂喜斋丛书》赠小坡。(《潘钟瑞日记》,第223页)

秋,咏壶园雁来红。

《绛都春》(鹃魂一片)词题云:赋壶园雁来红。(《瘦碧词》卷一)

秋,游天平山。

《侧犯》(乱峰倒立)词题云:天平山题壁。(《瘦碧词》卷一)

秋,与蒋文鸿词作唱酬。

《倦寻芳》(小帘花瘦)词序云:壶园夜雨,用李秋崖韵,同次湘。(《瘦碧词》卷一)

> 按:蒋文鸿(1835?—?),字伯荃,一字次香、次湘,四川华阳人。官江苏同知。与文焯等在苏州共结吴社,联句和白石词。有《水葓国棹歌》一卷附于《鄂湘酬唱集》。

秋,吴昌硕为刻"瘦碧闇所得金石文字印"。

题识:瘦碧庵主索近作重九诗应教。把卷浮生见,灭灯行役林。雨昏眠爱魇,诗瘦坐鸣秋。落木河之涘,重阳楼上头。凉风吹断雁,愁思满苏州。甲申秋吴俊。(《吴昌硕印谱》,第217页)

十月四日,吴昌硕来访。

《光绪十年甲申日记》:(初四日乙亥)是晨心兰来,不值。暮,仓石来,但至小坡处,亦不值。(《潘钟瑞日记》,第225页)

十月五日,吴昌硕为刻"郑文焯"印。

题识:甲申十月五日,仓石刻赠瘦碧庵主。

> 按:文焯于此印旁注云:"仓石甲申岁所作。余为之游扬于世,尚衣得百饼润笔,因刻此以见报。"(见《叔问所藏石文》,附《吴昌硕书画集》,转自

《吴昌硕年谱》,第 25 页)

十一月二日,夜访潘钟瑞。

《光绪十年甲申日记》:(初二日壬寅)夜,小坡来谈。(《潘钟瑞日记》,第 231 页)

十一月四日,吴昌硕、潘钟瑞来访。

《光绪十年甲申日记》:(初四日甲辰)昌石来,谈次,同入小坡书斋,又谈片刻,去。(《潘钟瑞日记》,第 231 页)

十一月二十八日,与吴昌硕访潘钟瑞。

《光绪十年甲申日记》:(廿八日戊辰)仓石、小坡同来。(《潘钟瑞日记》,第 235 页)

十二月九日,吴昌硕访潘钟瑞,有小对赠文焯。

《光绪十年甲申日记》:(初九日己卯)仓石不约而来,有小对两幅赠余与小坡,集钟鼎文字。(《潘钟瑞日记》,第 237 页)

十二月十日,潘钟瑞送《列朝诗传》阅看。

《光绪十年甲申日记》:(初十日庚辰)又取到《列朝诗传》一函,原刻初印,送小坡阅看。(《潘钟瑞日记》,第 237 页)

立春日,忆探梅西崦。

《徵招》(古帘暗雨江南绿)词序云:乙酉立春风雨忆梅西崦,将作讨春小饀。(《瘦碧词》卷一)

十二月十九日,壶园作东坡生日。二十日,应彭翰孙招。

《甲申十二月十九日洪阁学文卿陈同知嵩佺集余寓壶园作东坡生日次日彭君南坪复有茧园之招醉后作此诗示之》:昨日春酒兼寿苏,禅魔醉戏壶公壶。南园彭子园客徒。葛洪《神仙传》:有园客者,济阴人,种蚕得茧,大如瓮,缫讫,客忽仙去。作园如茧网酒逋。清空坐我琳琅都,饮以琼糜腾百觚。我生苦落葡盐臞,有如寒蚕僵在蘧。春梦再熟委蜕余,吐丝自缚肠为枯。玉局香火无乘除,笑酹髯仙一醉俱。此乐八百年来无。石芝梦饱倘可图,安用丹井回颜朱。(《瘦碧庵诗草》)

彭翰孙《寿苏后一日同人小集茧园小坡舍人见示长歌次韵奉酬》诗句云:小坡吾友秀采都,恰与老坡捧寿觚。咳唾泽我枯肠枯,词坛拔帜振臂呼。(《师矩斋诗录》,《清代诗文集汇编》第 726 册,第 739 页)

戴《谱》:冬,洪文卿阁学、陈嵩佺太史寿昌,集先生寓,作东坡生日。次日,彭翰孙先生复有茧园之招,先生有诗纪之。诗见《大鹤山人诗集》中。正诚案:洪、陈二人,皆先生初到苏时密友,尝见先生题所藏洪书楷帖云:"文卿侍郎,与余为忘年交,昔见其书楷,不甚经意,渠亦绝不以科第自鸣,不似暖妹小夫,日抱阔扁,幸拾一第,自谓一生吃著不尽也。一日,余求笔法于文卿,乃出其平日所书见示,清约秀整,一片神行,余于诸书人,最心折之。"题陈书楷帖云:"嵩仝以戊辰翰林,改官主事,旋同知游宦吴门。尝恨散馆时,以一字误笔被黜,且极言生平之学楷,得力小欧。一日出所抚道因碑见示,遒逸之致,粲于行间,少陵所谓瘦硬通神,因论八分书格,近乃持此以议楷,则甚非谓也。考正书昉于晋末,法度多从隶变。洎乎两魏,率尚肥直。逮有隋少开秀派,至唐太宗,购求晋迹,士大夫变古,强名兰亭为羲之遗墨,家置一本,沘笔临池。宋元相承,顿失古法,犹不若今之馆阁折卷,专事结构,墨守官式,差足徼名于世也。"观此可略识先生论书之旨趣焉。

> 按:文焯题所藏洪钧楷帖见所著《瘦碧庵丛载》。

十二月二十三日,寄诗潘钟瑞。

《光绪十年甲申日记》:(廿三日癸巳)小坡以新诗寄示,属和。(《潘钟瑞日记》,第240页)

冬,蒋敬臣游吴,请文焯为新刊《古清凉传》作叙。

《古清凉传叙》:庚辰之秋……越四年,冬,敬臣还吴皋,重访余于壶园,从汤子伯述导以宴游,兼出示新刊是编,属为校定以叙之。时余有秣陵之役,卒卒未有以应。敬臣素嗜竺乾之学,方以雕琢归朴,养空而游,岂复知效一官者流,宜其精神往来于清凉国焉。叔问记。(释慧祥《古清凉传》,上海图书馆藏)

是年,同年许寿民卒,作诗哭之。

《闻许寿民同年没于南昌以诗哭之》:秋病催南菊,羁魂吊北兰。悲风邻笛动,暗雨壁灯寒。素节淹孤愤,黄尘误远官。战声江海急,余恨入哀弹。(《瘦碧庵诗草》)

> 按:许寿民,字幼恭。许应鑅之子,与郑文焯为乡试同年。年四十八卒。

光绪十一年乙酉(一八八五)　三十岁

一月十四日,与顾潞相见。

潘钟瑞《光绪十一年乙酉日记》:(十四日甲寅)将写对,茶村来谈,小坡亦出,携许星台方伯作马烈女诗一稿,与茶村相值,各识面焉。(《潘钟瑞日记》,第245页)

> 按:顾潞(1836—1900后),字子衡,号茶村,别署草木村人。江苏长洲(苏州)人。能诗,工画山水、兰石,与吴大澂、吴昌硕、杨岘等为友。

一月十六日,示潘钟瑞汪柳门自号"郋亭"二字之义。

《光绪十一年乙酉日记》:(十七日丁巳)昨小坡示我复曲园问汪柳门自号"郋亭"二字之义短篇,极精当。余又引伸之,书数行以为答。(《潘钟瑞日记》,

第 246 页）

一月二十一日，与金心兰相识，心兰为作《壶天诗隐图》。

　　《光绪十一年乙酉日记》：(廿一日辛酉)心兰来，与之共见小坡，两人初相识也。心兰为小坡画《壶天诗隐图》，成，面交。叙谈，略座而散。(《潘钟瑞日记》，第 247 页)

　　　　按："心兰"即金彭(1841—1909)，字心兰，号冷香，又号瞎牛，一号瞎牛庵主，自署冷香馆主人。江苏长洲(今苏州)人。工山水、花卉，尤善画梅。著有《金瞎牛诗集》。

早春，乘舟江上，听雪作词。

　　《扫花游》(年涯草草)词序云：江上早春，短篷听雪，悄然感赋。(《瘦碧词》卷一)

二月十三日，潘钟瑞补和文焯立春宴集诗。

　　《光绪十一年乙酉日记》：(十三日癸未)独坐，忽得补和小坡去腊所示坡公生日、立春壶园宴集之诗，同其用鱼虞韵，余更为长歌。(《潘钟瑞日记》，第 252 页)

二月十四日，潘钟瑞录送和诗。

　　《光绪十一年乙酉日记》：(十四日甲申)以昨诗录送小坡处。(《潘钟瑞日记》，第 253 页)

二月十三日，潘钟瑞、吴昌硕、金心兰来访，不值。

　　《光绪十一年乙酉日记》：(十七日丁亥)傍晚又雨，仓石、心兰雨中来，谈顷，寻小坡，不值。(《潘钟瑞日记》，第 253 页)

作《壶园杂咏》六首。

　　《壶园杂咏》其一：填门香雪乱峰迷，纸帐排春索醉题。满地诗痕无着处，舫斋度梦五湖西。其二：祠山才送落梅风，又放春愁到海红。向晚拗花人不见，一痕苔履数弓弓。其三：绿屏残梦澹芳菲，鸥社春闲旧侣稀。零落琴尊收不得，空园一雨长林衣。其四：小鸟紫红语药寮，行鱼吹绿上花桥。闲云触处成孤趣，支枕水风吟一瓢。其五：曲曲清澜抱竹庭，樵风晚径补空青。汉槎苦凿天西空，何似虚舟伴客星。(《瘦碧庵诗草》)

以《壶园春晚杂咏》诗及俞樾《咏日本樱花》诗寄示潘钟瑞索和。

　　《光绪十一年乙酉日记》：(廿九日己亥)前日小坡以《壶园春晚杂咏》诗见示，今日又转以俞曲园《咏日本樱花》诗见示，皆索和也。(《潘钟瑞日记》，第 256 页)

俞樾作诗咏日本樱花，文焯和之。

　　《和俞曲园丈咏日本樱花》：春在先生曲园自号喜见过，新篇盛咏白加婆彼国櫻花别名。笺題卯品花光映，《清异录》：日本纸有女儿青、卯品二种，彼国花亦有名卯花者。香度申江淑气多。东国人之樱花，四月中始放。今移中土，清明时已烂发。中、东之朔本有一月之差也。石绿艳能输紫史，石绿花品最上者紫史，东国美人，诗人尝以之为比。海红胜不数新罗。《焦氏类林》：海红花出新罗国。曲园自有文章树，丛荫孙枝簇锦柯。（《瘦碧庵诗草》）

三月一日，以所和俞樾《咏日本樱花》诗寄示潘钟瑞。

《光绪十一年乙酉日记》：（初一日庚子）小坡以和曲园樱花诗见示。（《潘钟瑞日记》，第 256 页）

三月九日，以《灵澜精舍记》寄示潘钟瑞。

《光绪十一年乙酉日记》：（初九日戊申）小坡以所著《灵澜精舍记》一稿示余。灵澜精舍者，在虎丘憨憨泉上，因泉筑舍，灵澜者，记小坡之梦也。（《潘钟瑞日记》，第 257 页）

三月十七日，邀潘钟瑞、吴昌硕、金心兰壶园饯春，金心兰作《壶园饯春图》，文焯题诗。

《光绪十一年乙酉日记》：（十七日丙辰）晌午，小坡遣人来，邀往便饭，云牡丹正开，仓石在座，同看花也。因进壶园，见之，小坡云已遣人去请心兰矣。少顷，心兰来，四人同坐，小饮快谈。饭罢，复于小亭啜茗而散。（《潘钟瑞日记》，第 259 页）

《题壶园饯春图客为潘瘦羊金冷香吴苦铁与余四人各赋一诗以寄逸兴》：瘦羊矗立诗骨寒，清吟如酒壶天宽。黄发槁暴穷且鳏，一禅枯木无还丹。冷香抱景梅花国，镂冰生事空吃墨。刀圭亦经肱三折，不能自疗盦盐色。冷香工画梅，兼精医学。吴郎一官隐于手，寸铁铸人文字寿。填胸古味烂科斗，芜青梦饱踘破缶。苦铁藏一缶，甚古，醉则叩之以歌，自号曰缶庐道人。其乡有芜青山。偶同一醉论三益用山谷句，遂使狂名落陈迹。他年还我樵风籍，认取芝庵图瘦碧。（《瘦碧庵诗草》）

戴《谱》：三月下浣，邀吴昌硕、金心兰彰、潘麐生钟瑞诸公，在寓所饯春，各赋一诗，以张兹会。先生诗见《大鹤山人集》中。心兰先生作图纪之，先生题其端云：鼓琴方稀，仙仙神移者，北海大鹤生郑文焯也。袖手其侧，若语若默者，安吉缶庐主人吴俊也。面石危立，吟于亭翼者，长洲冷香金彰也。一叟寂然，坐如枯禅者，吴县瘦羊博士潘钟瑞也。图后题跋，有俞曲园先生、陆云孙太史、姚彦侍方伯觐元、易仲实先生、黄子寿方伯彭年、龚蔼仁方伯易图、曾季硕曾诗已载《虔共室遗集》中诸人诗词。

三月，吴昌硕为刻"壶园寓公"印。

题识：乙酉三月。仓石。（《吴昌硕印谱》，第 154 页）

作诗赠潘钟瑞、吴大澂。

《赠潘瘦羊钟瑞》:大云栖山秋无雯,下阴芝术垂古芬。苍然石骨落寒秀,逸风绝与船庵伦。谓功甫文。我伴先生作壶隐,诗盟二瘦天为邻。时有壶隐二瘦之目。山川灵籁发清旷,一室弦诵声相闻。有时得句索冷赏,据地同醉壶天春。信知逸气有真放,心滓四霁生活云。流萍落叶自根著,偶然结迹非浮因。吾道淡泊行大适,鱼波鸟风来悦人。(《瘦碧庵诗草》)

《赠吴都御使大澂》:英雄能事天豪纵,坐扫雾霁郁时栋。中兴名将出词曹,一洗文柔归挏控。吴侯振烈承湘淮,觥觥雄跨江左才。筹边三策动天子,论功欲勒舒图厓。舒图岛在古会宁城。乌喇健儿好身手,威棱拨叱风云走。露桡东度帻沟溇,白战肤功收马首。整暇好古精析疑,穷搴仓雅规鼎彝。三代铭器皆纪武,世间但赏文字奇。使君峻伟球图器,声出金石贯天地。掉囊请试活国方,料简雄骏收边寄。(《瘦碧庵诗草》)

> 按:吴大澂(1835—1902),字止敬,又字清卿,号恒轩,晚号愙斋、白云山樵。江苏吴县(今苏州)人。清同治七年(1868)进士。官至广东巡抚、湖南巡抚,以甲午战争兵败被革职。富金石收藏,精篆书,善画山水、花卉。著有《愙斋诗文集》《说文古籀补》《愙斋集古录》《古玉图考》《恒轩所见所藏吉金录》《十六金符斋印存》等。

四月十日,吴昌硕来壶园闲话。

《光绪十一年乙酉日记》:(初十日戊寅)傍晚仓石来,偕至凤云茶话,伊所藏砖砚亦皆镌铭矣。移时同返,伊寻小坡闲话,去。(《潘钟瑞日记》,第264页)

四月二十一日,俞樾以俞陛云成秀才,致函文焯,并附诗札。

俞樾书:小坡仁兄世大人阁下:弟苕上之行,二十二日而返。小孙幸博一衿,小诗志幸,聊博一笑。此颂台祺,再走诣,不尽。世愚弟俞樾顿首,四月廿一日。

五十年来旧梦存,余于道光丙申入学,今五十年矣。书生且喜又传孙。舟窗灯火儿依母,二儿妇同行。场屋文章弟僭昆。侄孙同恺亦入学第三十名。已夺锦标前一载,陛云于去年四月府考取第一,因学使更易,故至今年四月始行院试。未符佳话小三元。俗以县、府、院试皆第一者为小三元。陛云府、院试第一,县试则第二。老夫更有无穷兴,挈汝秋风到省垣。孙儿陛云入学,口占志喜,录请小坡世兄粲正,曲园。(《俞樾函札辑证》,第642—643页)

> 按:俞陛云本年成秀才,故系于本年四月二十一日。

四月二十五日,访潘钟瑞。

《光绪十一年乙酉日记》:(廿五日癸巳)抵暮,小坡来谈。(《潘钟瑞日记》,第 268 页)

四月三十日,顾文彬来访,赠新刻词。

《光绪十一年乙酉日记》:(三十日戊戌)顾艮庵丈来,并见小坡,携新刻词全集分赠。集凡八种,其两种小坡与余曾为作序也。(《潘钟瑞日记》,第 269 页)

四月,吴昌硕为刻"瑕东客"白文印。

题识:乙酉四月维夏,仓硕。(《吴昌硕印谱》,第 113 页)

五月初六日,寄诗潘钟瑞。

《光绪十一年乙酉日记》:(初六日甲辰)小坡以次和髯叔娑罗花诗见示,余亦补和一首,草草不工。(《潘钟瑞日记》,第 270 页)

五月十二日,潘钟瑞录和日本樱花诗,请文焯转交俞樾。

《光绪十一年乙酉日记》:(十二日庚戌)前日作《点樱桃》两解和《咏日本樱花》录出,托小坡交曲园。(《潘钟瑞日记》,第 271 页)

五月二十日,为潘钟瑞便面作指头画。

《光绪十一年乙酉日记》:(二十日戊午)小坡为余便面上作指头画付来,作山水,极苍逸,并示近作二诗。(《潘钟瑞日记》,第 272 页)

五月二十六日,吴昌硕、潘钟瑞来"瘦碧行窝"叙谈。

《光绪十一年乙酉日记》:(廿六日甲子)傍晚,仓石冒雨来,转求杨庸斋书便面,一日而得。又有仓石自作书画合璧便面,承以见赠。一日而获双美,感谢无穷。庭际竹、蕉、梅、柳万绿齐滴,小池水涨,几将拍桥,又须画《壶园话雨图》矣。散时天暮。(《潘钟瑞日记》,第 274 页)

夏,与彭翰孙等郭外观荷。

彭翰孙《朱修庭福清观察招同姚彦侍觐元方伯年丈龚仲人寿图观察文小坡郭外观荷即事成诗十六韵》:出郭二三里,风荷绕万千。凌波姿绰约,初日影娇妍。鸥浴酣香国,蛙声漱野泉。佳哉晨气爽,到此俗尘捐。拨棹来吟侣,探囊印画禅。花光浮玉轴,秋籁动冰弦。洁供行厨饭,喧投嬉水钱。溯洄歌宛在,舫咏乐陶然。瓜果闲中味,菰蒲物外缘。亭空怀乙未,人望若神仙。极目寰区内,谁援旱潦偏。嗷鸿嗟遍地,涸鲋况炎天。安饱吴侬幸,逍遥我辈便。陂塘凭买夏,交契结忘年。去去寻归路,濛濛入暮烟。心清无一事,梦与水云牵。(《师矩斋诗录》卷三,《清代诗文集汇编》第 726 册,第 739 页)

七月四日夜,文焯外出。

《光绪十一年乙酉日记》:(初四日庚子)棹回宋仙洲巷,舟子阿猫头持灯送余回庙堂巷,馆中早已阒寂无人,惟外户因小坡他出未闭,余颓然就睡。(《潘钟

瑞日记》,第 280 页)

七月十七日,潘钟瑞、姚觐元来"瘦碧行窝"。

《光绪十一年乙酉日记》:(十七日癸丑)伟兄来称谢,少坐,偕至小坡"瘦碧行窝"中,遇姚彦侍方伯,伟兄均与揖谢,并坐叙谈少时。(《潘钟瑞日记》,第 274 页)

> 按:姚觐元(1824—1890),字彦侍,号弓斋。浙江吴兴(今湖州)人。曾任广东布政使。工书法,喜治印,好聚书,藏书楼名"咫进斋"。著有《大叠山房诗集》《弓斋日记》,辑刻《汉印偶存》《咫进斋丛书》等。

七月二十一日,以《经训堂丛书》残种五本出示潘钟瑞。

《光绪十一年乙酉日记》:(廿一日丁巳)小坡以《经训堂丛书》残种五本见示,云有人索售者。(《潘钟瑞日记》,第 283 页)

七月二十六日,潘钟瑞、查子伊同来叙谈。

《光绪十一年乙酉日记》:(廿六日壬戌)查子伊来,与之同见小坡,初次叙谈,少停即去。承赠余高丽纸一幅。(《潘钟瑞日记》,第 284 页)

七月二十八日,潘钟瑞祝三十寿,不出见。

《光绪十一年乙酉日记》:(廿八日甲子)晨具衣冠,祝文小坡三十寿,不出见。适肤雨来谈,断断者久之。(《潘钟瑞日记》,第 285 页)

八月四日,属潘钟瑞为剑铭拓本题跋。

《光绪十一年乙酉日记》:(初五日辛未)昨小坡以剑铭拓本属跋,器为沈仲复耦园中所藏,余审考而跋之,以为周宣王时物。(《潘钟瑞日记》,第 286 页)

八月十日,致札潘钟瑞谈李鸿裔病危事。

《光绪十一年乙酉日记》:(初十日丙子)返馆,小坡札来,知香岩翁病革,伊曾往探视,势难挽回云云。(《潘钟瑞日记》,第 287 页)

八月十一日,潘钟瑞缴来剑铭跋。

《光绪十一年乙酉日记》:(十一日丁丑)散归,督课之暇,以《嘉勋剑跋》七百余字写入幅上,半日方毕,即缴小坡。(《潘钟瑞日记》,第 287 页)

八月十二日,金心兰来壶园。

《光绪十一年乙酉日记》:(十二日戊寅)晨心兰来,手携三件:一缴髯叔,一致小坡,一属余题四字于其新作画幅上,曰"百龄眉寿"。(《潘钟瑞日记》,第 287 页)

八月十四日,为潘钟瑞书便面两叶。

《光绪十一年乙酉日记》:(十四日庚辰)小坡为余书便面两叶:一录《壶园饯春诗》,一专赠余诗,皆七古也。又以《饯春诗》写心兰扇上。(《潘钟瑞日记》,第

288 页）

八月十八日,潘钟瑞与吴昌硕同访"瘦碧行窝"。

《光绪十一年乙酉日记》:(十八日甲申)仓石将启程,又来,有须与小坡一言,因同入"瘦碧行窝",庭前木犀香也。(《潘钟瑞日记》,第 289 页)

九月二日,访潘钟瑞。

《光绪十一年乙酉日记》:(初二日丁酉)查子伊来,赓弟来,小坡亦来,谈匆匆,鲜暇。(《潘钟瑞日记》,第 291 页)

九月十二日,潘钟瑞、吴昌硕来访。

《光绪十一年乙酉日记》:(十二日丁未)心兰有约不至,与仓石同叙。抵暮,同至小坡处,乃散。(《潘钟瑞日记》,第 294 页)

九月二十九日,潘钟瑞、陆琪来访。

《光绪十一年乙酉日记》:(廿九日甲子)傍晚,韵樵来,偕至小坡处谈。(《潘钟瑞日记》,第 297 页)

> 按:陆琪(? —1935 后),字韵樵,一作云樵。浙江萧山人。江苏候补县丞。精绘事,擅山水、人物、花卉。

十月十六日,潘钟瑞请赏鉴书画。

《光绪十一年乙酉日记》:(十六日辛巳)养竹居昨取来杨濠叟书拓本凡十八种,各体俱备,今又送来觅售之册页、轴联十三种,如王弇州尺牍册、静香女史画兰册、梁山舟书联、范引泉山水册,皆真确;文衡山楷书册、顾云臣画列仙册、铁梅庵书轴皆佳,又书二种曰《古泉汇》,曰《书画鉴影》。余致小坡,请其赏鉴而去取之。(《潘钟瑞日记》,第 301 页)

十月十八日,吴昌硕来访,二人同访潘钟瑞叙谈。

《光绪十一年乙酉日记》:(十八日癸未)午后,昌石来,先至小坡处,偕来同叙谈。(《潘钟瑞日记》,第 301 页)

十月二十六日,夜与潘钟瑞谈。

《光绪十一年乙酉日记》:(廿六日辛卯)夜与小坡谈。(《潘钟瑞日记》,第 303 页)

十一月初九日,邀潘钟瑞晚饭。

《光绪十一年乙酉日记》:(初九日癸卯)小坡邀晚饭,立凡为伊画照,在座也。(《潘钟瑞日记》,第 305 页)

十二月初七日,潘钟瑞同黄山寿来访。

《光绪十一年乙酉日记》:(初七日辛未)巳刻,旭初来,云前日曾来一次,不值,而余并未知也。谈次,同至小坡处,看其指头书对,颇佳。(《潘钟瑞日记》,

第 311 页）

　　按：黄山寿（1855—1919），字旭初，号旭道人、旭迟老人，又号丽生。江
　苏武进人。曾官直隶同知。善书画。

十二月十九日，壶园作东坡生日会。

　　《乙酉冬壶园大雪中作东坡生日会者七人饮席赋此示龚易图姚觐元两司
使》：虚庭曲宴鸣神弦，丹荔紫芝祠洞仙。仙乎八百五十年，胡然堕我壶中天。
蓬园耦园旧香火，清兴一逋追不还。天与诗人洗愁魄，散作璚花春火迫。眼前
群雅白战才，抵似聚星堂上客。聚散行作鸿爪泥，酒星炯炯悬虚廓。就中潦倒
两醉翁，坐据骚席哦风松。不愁客俎食无肉，苦思元鼎丹还功。蛮荒今古天所
穷，春梦况被蝇蚊丛。世间阳羡几耕偶，得此已足敖坡叟。万事茫如雪打灯，我
来但醉寿苏酒。海山呼吸灵风长，瘦句无功苦雕朽。（《瘦碧庵诗草》）

　　戴《谱》：冬，大雪中，于壶园作东坡生日，会者七人。饮席先生赋诗示姚彦
侍、龚蔼仁。诗见《大鹤山人诗集》中。

　　按：龚易图（1835—1893），字蔼人，亦作蔼仁，一号含晶，又号含真。福建
　闽县（今福州）人。咸丰九年（1859）进士。历官济南知府、江苏按察使、云南
　布政使、湖南布政使等。精于书画，富藏书。著有《乌石山房诗存》等。

十二月二十六日，以寿坡新诗寄潘钟瑞。

　　《光绪十一年乙酉日记》：（廿六日庚寅）移时，至馆中料理年事，小坡以寿坡
新诗见示。（《潘钟瑞日记》，第 315 页）

是年，作《迟红诗》十二首，记歌姬红儿。

　　《迟红词》其五云：瘦沈风流老趣真，解将丝竹动词人。只今堕雨离云感，零
落衣香隔岁尘。去年余生朝，沈耦园置尊石湖，命红儿典斟为寿。今耦园之官春明，红儿消
息，又累月杳然矣。其六云：斜阳歌棹石湖西，红袖清尊晚尚携。绝爱水窗亲涤砚，
笑拈花叶乞新题。其九云：摊笺醉墨洒纵横，四座风鬟唱好声。花底有人抛扇
避，怕逢酒座说狂名。一日于耦髯席次，酒酣，泼墨作指头画。观者为之叫绝。其十云：
美人心地玉玲珑，能个怜才许未工。好著琴书新伴侣，遮渠林下步清风。红儿尝
欲从内子学琴。其十一云：吴天广辟选花场，狂福能消意可香。卿固卿卿谁负负，
谩凭冶习例萧郎。（《瘦碧庵诗草》）

　　按：龙榆生《冷红词跋》记云："《冷红词》四卷，铁岭郑文焯小坡作也。
　以'冷红'命集者何？余闻之张孟劬先生曰：'光绪甲子，先君子弃官侨吴
　中，与小坡及张子苾诸君，连举词社。小坡方有比红之赋，即所谓侍儿红冰
　是也。后遂归于小坡，乃于剪金桥卜西楼以贮之。《冷红词》一编，大半咏

此.'按:词中涉及此事,而有明文可稽者凡三阕:卷一《暗香》题云:'岁晚江空,微闻红儿消息。感忆白石载雪垂虹故事,和其二曲,寄声湖上。'是红冰未归小坡以前,尝往来于三竺六桥间也。卷三《折红梅》题云:'余新得吴趋歌儿,亦有比红之赋。'又《暗香》题云:'余昔和石帚《暗香》《疏影》二曲,为感西湖之别也。今冷红阁子落成经年,不可无词以报。'是红冰湖上归来,旋即归于小坡。所谓卜西楼以贮之者,即词中所称冷红阁子是也。予近从彊村老人所,得读小坡《瘦碧庵诗》未刊稿,有《迟红诗》十二首,足与《冷红词》相印发。"(《龙榆生全集》第九卷《杂著》,第3页)

是年,倩任预画行看子一幅。

戴《谱》:且倩任立凡预绘行看子一幅,自题云:"山吾心,水吾神,五百年后石芝崦中见此人。"先生殁后,康南海先生来苏,出此图示之,题一绝云:"一代词人比竹清,感深哀艳夕阳明。当年草笠图才子,薇蕨宁知老此生。"

> 按:此事见于《青鹤》杂志所刊《郑叔问先生年谱》,《同声月刊》及铅印本《郑叔问先生年谱》未载。任预(1853—1901),一名豫,字立凡。浙江萧山人。从任薰、任颐学画,擅画山水、人物、花鸟。

是年,汤纪尚落第将往天津任李鸿章幕僚,文焯作诗相送。

《汤纪尚失解后将游天津悲其孤行为歌一解送之》:我昔青洲拾瑶草,尘海只眼蓬山小。十年名券落人后,悲来天地亦为老。吁嗟四海罗江东,壮岁道昌身则穷。古人三走重行意,忍使心骨摧秋风。长安要津盛征辟,鹔鹴意气抟云翼。金台古亦市骏场,居此为谁老羁靮。天寒日暮不可留,南枝坠羽悲其俦。道逢津吏慎语海,波涛咫尺蛟龙愁。(《瘦碧庵诗草》)

是年,李鸿裔逝世,文焯为其校订遗稿。

《园居杂感再叠前韵简易实父同年》:九秋风物冷柴门,南菊重逢有泪痕。酒树摧残吴苑梦,诗星零落蜀江魂。时方校补中江李使君《苏邻遗稿》。时清翻着幽忧病,地僻方知拙养尊。有道由来贵真放,岁寒煮字倘忘飧。(《瘦碧庵诗草》)

当在是年,为金粟庵主人题《秋弦话月图》。

《祝英台近》(淡妆收)词序云:金粟庵主人遇旧欢老伎慧珠,席上鼓琴,索题其《秋弦话月图》。(《瘦碧词》卷一)

光绪十二年丙戌(一八八六) 三十一岁

次韵俞樾岁朝春诗。

《次韵俞曲园世丈丙戌岁朝春之作》:新逢春酒贺正元,纪瑞佳章得绪言。

乐数青阳三协律,又逢白发一簪簥。四朝春老传经席用戴冯故实,百岁天开献寿尊。曲园生于道光元年,是岁即元日立春也。更喜长安看走马,琼林花发到文孙。曲园将送孙应礼部试入都。(《瘦碧庵诗草》)

> 按:本年正月初一立春,为岁朝春。

一月六日,将有秣陵之行,潘钟瑞来访。

潘钟瑞《光绪十二年丙戌日记》:(初六日庚子)小坡字条来,云将有秣陵之行。往瘦碧行窝见之。午间设席,席移时散。(《潘钟瑞日记》,第 318 页)

一月十五日,遇杨寿鸿于金陵。

《上元遇杨寿鸿观察于金陵客舍出示元日诗索和次韵一首》:裁叠彤霞出袖中,天涯诗酒故人同。喜闻甲纪征年瑞,小卜寅津兆物丰。梅柳渡江芳讯远,桑麻话雪野情通。长安一笑看花去,破浪先乘万里风。(《瘦碧庵诗草》)

> 按:杨寿鸿,字楚汀,江苏高邮人。民国《三续高邮州志》云其"善绘事,
> 笔墨秀丽,尤工兰竹"。(《三续高邮州志》,第 430 页)

一月三十日,潘钟瑞致笺文焯。

潘钟瑞《光绪十二年丙戌日记》:(三十日甲子)晨起,写家信,并致小坡一笺、致铜士片纸。(《潘钟瑞日记》,第 324 页)

暮春,为洪钧饯行。

《摸鱼儿》(又江南落花时节)词序:丙戌暮春,洪阁学文卿将如京师,饯以此曲。(《瘦碧词》卷一)

俞樾陪护俞陛云入京应考,作《书京师同文馆中西合历后》诗札赠文焯。

俞樾诗札:书京师同文馆中西合历后。春秋书春王,诸国不一例。晋史用夏正,遂与麟经异。往往春所书,是其冬之事。自汉太初历,始改用夏正。后世遂循之,历唐宋元明。二千余年来,不知子姒嬴。佛说四种月,一日月,二世间月,三月月,四星宿月。颇与中国别。中国与印度,所差有半月。遐荒自成俗,短长谁与絜。赤明及龙汉,道家年号殊。清宁二百年,新宫铭所书。要止广异闻,谁与征居诸。惟闻爪哇国,入贡宣德间。自言千三百,七十有六年。当时究其始,谓由鬼国传。天魔夔罔象,谁复穷其然。我朝大一统,声教及海外。海外大九州,咸来赴王会。诸国用西历,推步自云最。中西各异天,异同无乃太。丁君精西学,丁君字冠西,同文馆总教习也。乃思观其通。中历与西历,合之一编中。丙戌冬至始,丁亥冬至终。不凭月晦朔,而凭日过宫。佛所谓日月,不与月月同。唐有朱希真,感时泪成阵。藤州与梧州,互异大小尽。同此岁三月,如何分域畛。追念升平时,大小有定准。此事与今异,腐儒休妄引。独念我圣清,超轶汉与唐。

巍巍乾隆朝,万里开新疆。每年冬十月,正朔颁明堂。大小两金川,一一载上方。乌什沙雅尔,节候皆能详。明年丁亥春,皇帝始亲政。小臣愚无知,歌咏共田畯。伏念内治修,斯能外侮胜。济教语木孔,省薄策瓜盂。行见光绪年,追复乾隆盛。仁行自无敌,制梃不待刃。彼海外诸国,来享兼来王。岂敢以鳞介,时妨我冠裳。年年贺正月,国国列职方。司天班正朔,普及东西洋。奉到时宪书,一例陈饩羊。小坡孝廉正句。曲园居士初稿。

> 按:札中有"明年丁亥春",故知作于本年。又所作为进京后所见京师
> 同文馆事,故系于此。

应会试前,曾致书潘曾玮,乞赐明墨。

致潘曾玮书:玉泉世伯大人钧阁:窃久闻詹对,驰慕万端,景风时和,伏审动定康颐,道问宣畅,休甚休甚!焯比以计偕期迫,冬课程功,间习临池,剡藤可吊,且制墨之法,入妙良难。前在彭氏茧园席上获聆绪余,少有遵率,惟陈墨苦无觅处,前闻长者道及旧藏明墨暨御制龙宾尚存数笏,许以见贻,感荷无已。不揆冒昧,敢乞嘉赐。诵山谷"麝煤漆泽"之篇,能无深一日三摩之感。兹奉呈京师新寄来小餤四色,吾丈素嗜北味,用效一芹之献,伏冀昭纳是幸。寻驰谒不次,专肃上渎,敬请钧安。世愚侄子文焯谨状。(无锡文苑 2006 年秋季艺术品拍卖会名家翰墨专场 0230)

> 按:潘曾玮(1819—1886),字宝臣,又字玉泉、季玉。江苏吴县(今苏
> 州)人。潘世恩第四子,潘曾沂、潘曾莹之弟。曾官刑部郎中,办理团练抵
> 抗太平军。晚年闲居苏州,以书法、诗文怡情。撰有《自镜斋文钞》《玉泉
> 词》等。

应会试,落第。

戴《谱》:晋京应会试,荐卷不第。

初夏,文焯与俞樾及其孙俞陛云同舟返苏,唱酬三日。俞樾作诗宽慰,文焯寄诗二首。

俞樾诗札:今岁相携入国门,旧游如梦了无痕。黄金台下重来客,绿水洋中未定魂。久病肝脾蔬食惯,偶交冠盖布衣尊。归舟何幸闻高唱,讽咏几忘夕未餐。○回思昔日客夷门,感念存亡有泪痕。吴苑莺花新结习,梁园风雪旧吟魂。喜看继起廿年后,已见题告千佛尊。他日琼林春宴上,草堂傥忆腐儒餐。次韵奉酬小坡世讲孝廉,即希正句。曲园居士。(《俞樾函札辑证》,第 644 页)

> 按:此札末有文焯跋语:"丙戌首夏,余自京师还,旅吴,与先生海上同
> 舟,倡和三日,乐而忘倦,迨番舶抵吴淞口,犹闻高咏也。属笺后多散佚,存

者仅此,卡问记。"故诗札当作于本年初夏。《曲园世丈见和二首却寄》其一:"昔闻仙梦碧霞门,坐辟名山万古痕。高隐文泉余寝迹,崇封书家秘精魂。春秋佳日西湖棹,丈例于春秋返浙,曾于庚辰九月从游湖上。杖鼍清风北海尊。屡侍文宴于曲园。经席十年有私淑,真知俭腹饱丰飧。"其二:"最忆同舟泛海门,夏初偕丈浮海南下,三日波程,联咏不已,舟中见和有'吾曹游戏本浮沤'之句。清诗倡和靖波痕。荒荒春梦浮沤迹,淡淡秋香瘦蝶魂。京洛几人名券老,湖山终古讲楼尊。年来风义夸孤赏,丈每当广坐,游扬贱名。幕府多才抱素飧。"(《瘦碧庵诗草》)

五月十六日,返苏州,致潘钟瑞名片。

《光绪十二年丙戌日记》:(十六日戊申)文小坡自都赴试报罢来苏,先以名片来道喜,文焯之上加一郑字,表其姓也。(《潘钟瑞日记》,第356页)

五月十九日,见潘钟瑞。

《光绪十二年丙戌日记》:(十九日辛亥)小坡始见,谈片刻。(《潘钟瑞日记》,第357页)

五月二十六日,潘钟瑞来叙谈。

《光绪十二年丙戌日记》:(廿六日戊午)午刻,仓石来,趁雨天来与小坡叙谈,特来一坐也。(《潘钟瑞日记》,第358页)

五月三十日,查子伊、潘钟瑞欲来谈,有显客在。

《光绪十二年丙戌日记》:(三十日壬戌)午后,查子伊来,欲见小坡,有显客在,致声而行。(《潘钟瑞日记》,第359页)

六月十一日,潘钟瑞、陆韵樵来,将外出,略谈。

《光绪十二年丙戌日记》:(十一日癸酉)饭时韵樵来,谈顷,见小坡,方将他出,略谈,散。(《潘钟瑞日记》,第361页)

六月十九日,将纳妾,招潘钟瑞来看。

《光绪十二年丙戌日记》:(十九日辛巳)返馆,瘦碧为纳妾事,招余来看,余亦寓目焉,见一蜀中女郎。(《潘钟瑞日记》,第362页)

纳妾方氏。

《行述》:先恭人于苏寓乃访得生母方恭人襄助家政。

戴《谱》:南归,纳方氏字素南为簉室。

六月二十四日,与彭翰孙等荷荡泛舟,并作图纪事。

彭翰孙《题莲塘蝶因图》诗序云:丙戌六月二十四日偕姚彦侍年丈、文小坡舍人、洪文卿阁学钧、吴广庵观察承潞、陆云孙太史懋宗荷荡泛舟,太常仙蝶翩然而来,徘徊尊酒间者久之,小坡作图纪事。(《师矩斋诗录》卷三,《清代诗文集汇

编》第 726 册,第 740 页)

夏,夜泛荷花荡。

《洞仙歌》(银塘雨过)词序云:去葑门不数里有荷花荡,绿云浸空,不类人境。花时游舸盛集,水风自香,西湖未能过也。予独喜夜泛,以小舟薄花间,或鼓琴浩歌,或卧酒和清真、白石数阕。明月不去,水鸟相呼,侵晓取荷露藕浆饮之,其香冷苦,点衣辄碧。予尝谓此间得久住,必破券登仙矣。一日梦中得"浴罢天池,羽衣新换"二语,奇绝,因用坡老韵,以此调卒成之。(《瘦碧词》卷一)

七月四日,与潘钟瑞谈。

《光绪十二年丙戌日记》:(初四日乙未)小坡来谈。(《潘钟瑞日记》,第 364页)

七月十日,常熟知县李福沂来访。

《光绪十二年丙戌日记》:(初十日辛丑)常熟令李孟和福沂来,寓小坡处。(《潘钟瑞日记》,第 366 页)

七月廿六日,吴昌硕来访。

《光绪十二年丙戌日记》:(廿六日丁巳)散时,仓石偕至余馆,伊见小坡去。(《潘钟瑞日记》,第 368 页)

八月三日,汤纪尚致书文焯,述幕僚生活并谈易顺鼎品行等。

汤纪尚书:瘦碧先生吟伯:一懒遂半字不达左右,知深姹其漫也。纂述日富,极所忭慰。兄迩热而心冷,馨逸独造,与天随子酷类。可谓不俗人矣。弟托迹幕僚,混混相浊,孤灯午夜,未敢负初心也。灌老弃我涕唾,固哉! 此翁老于人海而不寤,何耶? 赓老有三代礼业之意,敢不服膺。易实甫浮艳惊世,然脚跟蹈虚,殆染华士恶趣,恐无大成。河事溃沸,人谋不臧。清老权督,能无观河面皱? 先罚后赏,庶有豸乎? 嵩涂作宰,闻除夕已得万金,真足为儒冠吐气。芝生捍拙,惨惨劬劳,声亦味同食苦瓜耳。弟五月五日一震得男,啼声颇雄,渐知娱笑。客中自娱之境,只此差强人意。至文事则如厄闰之黄杨,羞对故人。草草奉布,顺颂道祺。不尽。弟纪尚顿首。八月初三日夜。(《简素文渊:香书轩秘藏名人书札》下册,北京保利十周年 2015 秋季拍卖会 3489)

> 按:光绪十一年(1885)秋汤纪尚赴天津李鸿章幕,本年易顺鼎至苏,与文焯为密友。文焯当为此前去信汤纪尚,询问易顺鼎其人。故系此札于此。

九月八日,潘钟瑞送叶氏所藏轴来看。

《光绪十二年丙戌日记》:(初八日戊戌)遣人向君秀处取叶氏所藏轴十件送小坡看。(《潘钟瑞日记》,第 377 页)

九月十三日,邀潘钟瑞看书画。

《光绪十二年丙戌日记》:(十三日癸卯)傍晚,小坡邀去看书画,有扬州人持以乞售,凡四五十种。(《潘钟瑞日记》,第 379 页)

九月十五日,潘钟瑞索观书画。

《光绪十二年丙戌日记》:(十五日乙巳)移时,与茶磨至东园,招得仓石来同叙,谈至抵暮,知小坡处书画仓石亦见过。夜,向小坡索取再观,付来只五件。(《潘钟瑞日记》,第 379 页)

九月十六日,潘钟瑞送书画碑本来看。

《光绪十二年丙戌日记》:(十六日丙午)茶村、君秀先后来看书画,君秀又携来马江香花卉卷,有王麓台题,与昨恽轴相配,又来《岳麓寺》《褚圣教碑》两本,并送小坡看。(《潘钟瑞日记》,第 379 页)

九月二十二日,与潘钟瑞谈。

《光绪十二年丙戌日记》:(廿二日壬子)雨天无客至,惟小坡出来略谈,以近作画两幅见示,一山水,一江乡秋味,又原板《东林列传》,是书估索售者。(《潘钟瑞日记》,第 380—381 页)

九月二十三日,潘钟瑞还《东林列传》。

《光绪十二年丙戌日记》:(廿三日癸丑)昨见之《东林列传》,今以《东林书院志》校之,虽有异同而可不存,因还小坡。(《潘钟瑞日记》,第 381 页)

九月二十五日,潘钟瑞招看书画。

《光绪十二年丙戌日记》:(廿五日乙卯)招小坡同看书画,检取马湘兰便面、瞿云屏山水轴、闻过庭字轴、朱津里画兰便面、任海泉画横幅、高铁耕刻竹臂搁。(《潘钟瑞日记》,第 381 页)

秋,山塘秋集。

《湘月》(夜铃语断)词题云:山塘秋集分题得坏塔。(《瘦碧词》卷一)

秋,与同人集灵澜精舍。

《同人集虎丘灵澜精舍饮席口占》:水枕看山到寺门,幽蹊黄叶踏秋痕。禅心墨墨泉中味,尘梦劳劳石上魂。平揖诸峰青入座,醉携沧海碧盈尊。熟游便拟高霞侣,竹露松风尽可飧。(《瘦碧庵诗草》)

秋,赋瞿园秋色。

《醉花阴》(织尽吴云愁暗醒)词题云:赋瞿园秋色,分题得剪秋罗。(《瘦碧词》卷一)

秋末,作"杨柳岸晓风残月"扇面。

题识:杨柳岸晓风残月。丙戌秋末,子襄仁兄大人属作。小坡弟文焯,写于吴门。(北京荣宝斋 2007 秋季大型拍卖会补陀洛伽之室藏书画专场 0082)

按："子襄仁兄"或为姚凯之,《广印人传》:"姚凯之,字子襄,浙江归安
(今湖州)人。"(叶铭《广印人传》卷之六,《印人传合集》,第 485 页)知其善
治印。

十月十二日,以壶园赏菊诗寄示潘钟瑞。

《光绪十二年丙戌日记》:(十二日辛未)小坡以壶园赏菊各诗见示。(《潘钟
瑞日记》,第 384 页)

十月十四日,潘钟瑞和文焯中秋玩月词。

《光绪十二年丙戌日记》:(十四日癸酉)昨和小坡赏菊诗,今又和其《中秋玩
月用坡仙水调歌头韵》,录出,并张画合璧册送小坡看。(《潘钟瑞日记》,第 384
页)

十月十七日,潘钟瑞与谈。

《光绪十二年丙戌日记》:(十七日丙子)督课至午后,入留桂轩看菊,与小坡
谈。(《潘钟瑞日记》,第 385 页)

十一月八日,从兄文焜来苏相会。十一月十日拜访潘钟瑞。

《光绪十二年丙戌日记》:(初十日己亥)小坡之嫡堂兄排行第四者前日来
苏,住小坡处,今来谒,名片曰文焜。相见问其号,曰念慈,余闻有号嚼梅者,即
其别号。现自鄂渚来此,将回都中,谈少时。傍晚,余即答之,出门未返,先与小
坡谈,迨念慈返,天暮矣,不多坐而出。念慈于二十余年前曾到苏州,盖其尊翁
本江苏候补同知也。(《潘钟瑞日记》,第 389 页)

戴《谱》:从兄嚼梅先生文焜于役衡州,绕道来苏,欢聚月余。正诚案:嚼梅先生
工诗古文辞,善书,尝见朱古微侍郎题其书笺云:"往年初读《瘦碧词》,有嚼梅居士叙一篇,识为
今之振奇人也。比侨吴门,与叔问先生连巷而居,益知居士一生兀崿不宜官,工书,行草体势得
平原争坐位帖神妙,所为简札,往往为好事者藏弆。此笺写频伽《词品》及吾郡董若雨香方,盖己
丑岁自山左写寄叔问者。时叔问方究倚声之学,故录频伽相饷。词叙所谓'吾两人尚志耆古,行
将聊浪乎大鹤之天,放歌以老'者,岂非高情旷度,不可褰跂,使睹之者相忘于穷达得丧所在
也邪?"

十一月十三日,潘钟瑞来谈。

《光绪十二年丙戌日记》:(十三日壬寅)饭后至壶园中,与念慈、小坡昆季
谈,并致选青托致之言。(《潘钟瑞日记》,第 390 页)

十二月一日,寄示潘钟瑞新诗。

《光绪十二年丙戌日记》:(初一日己未)小坡两日皆来,今日见之,以《十三
夜月中放歌与易实甫唱和》两首见示。(《潘钟瑞日记》,第 393 页)

十二月八日,赠潘钟瑞腊八粥。

《光绪十二年丙戌日记》:(初八日丙寅)返馆,小坡以腊八粥一大瓯见饷,晚

饭温而啜之。(《潘钟瑞日记》,第 394 页)

是年,俞樾致函,谈沪上托名出版之书籍,并附诗札。

俞樾书:沪上盛行《学诗捷径》《虚字注释》《误字辨正》等书,不知谁作,而皆驾名于余,赋此一笑,即录邀小坡孝廉同笑。

虚名我已愧难居,假托微名太觉虚。邵武士为孙奭疏,齐梁儿造李陵书。虎贲人坐非无辨,赝鼎欺人或有余。不解庆虬之作赋,如何总说是相如。曲园居士。(《俞樾函札辑证》,第 643 页)

按:札中诗作收入《春在堂诗编》卷十一,作于本年,故系札于此。

是年,俞樾致函谈词。

俞樾书:伏读来词,豪宕之中兼以细腻,合"大江东去""晓风残月"为一手,非我辈粗人所能及也。《金缕曲》与笏老唱和,叠至十九。鄙人本以文为诗,兹更以文为词,为词家之魔道矣。此上。(《俞樾函札辑证》,第 644—645 页)

按:书后文焯跋语云:"易笏山年丈时藩吴,提倡风雅,发端作《金缕曲》。同时次韵有多至数十解者,亦盛事也。"易佩绅光绪十一年(1885)十二月至光绪十三年(1887)十一月任江苏布政使。又,俞樾有《金缕曲廿四叠韵》一卷,光绪十三年即已刻成,故系此札于本年。

是年,崧骏任江苏巡抚,俞樾致书文焯,言及为其说项事。

俞樾书:小坡世仁兄文席:承绘洋扇,诗书画三绝,感谢无已。广东药铺住址开上,乞转致。附去坠金膏拾纸,敝寓每购以送人,厥效甚著,如有购以施送者,亦好事也。手此,布颂文祺。世愚弟俞樾顿首。前日晤贵居停,弟极力说项,中丞亦十分钦慕也。(《俞樾函札辑证》,第 647—648 页)

按:书后文焯跋语云:"时崧镇青抚部以文币见招,先以询之先生,故书中有说项一语。老辈怜才,致可感佩。"可知札中"贵居停"指新任巡抚崧骏。崧骏(1832—1893),字镇青,一作振青,瓜尔佳氏,隶满洲镶蓝旗。咸丰八年(1858)举人。由兵部笔帖式累迁郎中,后历官广东高州知府、广西按察使、直隶布政使、漕运总督等。崧骏光绪十二年(1886)至十四年(1888)为江苏巡抚,文焯跋所言"文币见招",当指崧骏聘其入幕事,此亦是俞樾说项的背景,故将此札系于本年。

上年十二月,易佩绅调任江苏布政使,是年易顺鼎、易顺豫兄弟亦至苏,文焯与易氏父子、蒋文鸿、张祥龄等诗词唱酬不断。

《易实父同年见过寓园赏菊》:江南秋事足衡门,晚径疏烟破屐痕。送影瘦

来霜作骨,吹香清极水为魂。尽容冷眼窥篱落,且放狂愁入酒尊。岁宴知谁惜芳色,多应楚客荐槃飧。(《瘦碧庵诗草》)

《园居杂感再叠前韵简易实父同年》其一:樵风家世托儒门,一卧烟萝复旧痕。山雨横琴通石气,篱花残酒猎风魂。梦回峡洞仙芝熟,秋老霜庭独树尊。湖海狂名今退士,灌园长拟足蔬飧。其二:九秋风物冷柴门,南菊重逢有泪痕。酒树摧残吴苑梦,年来潘丈玉泉、彭君南坪相继怛化。诗星零落蜀江魂。时方校补中江李使君《苏邻遗稿》。时清翻着幽忧病,地僻方知拙养尊。有道由来贵真放,岁寒煮字倘忘飧。(《瘦碧庵诗草》)

《徵招》(天心独有难平处)词序云:题唐六如画黄茅熨斗枋山水卷子,为易笏山年丈作。(《瘦碧词》卷一)

《木兰花慢》(乱山残雨夜)词序云:蒋子次香,蜀中词人也。揭来吴门,雅弦赓续,极嗢于之乐,今行有日矣。同社既集西楼,连句送之,余意更著此解。(《瘦碧词》卷一)

《满江红·和易叔由同白石韵》:骚佩横秋,蓦欲倒、词海万澜。冷然想、满怀冰玉,镂刻神山。冷咏但呼冲雪舫,远游何羡切云冠。看一笺、吴锦织同心,歌赠环。　　舫弦地,回首看。醉云北,梦烟南。算过江名士,二仲当关。老我壶中闲日月,只宜黄绮姓名瞒。待五湖、风笛唤寻盟,鱼鸟间。(《瘦碧词》卷一)

易顺鼎《故友蒋君词叙》:后四年,吾父藩苏,而君以同知需次江宁,乃得重聚于苏,与汉军郑小坡及君乡人张子馥,以词唱和十余日。(《易顺鼎诗文集》,第1273页)

易顺鼎《赠郑叔问文焯》:吴王昔日三千剑,虎去崖空住僧遍。斜照惟红短簿祠,春波又绿长洲苑。长洲三月始芳菲,空见残英满路飞。统统神祠催社鼓,迟迟客舍换春衣。天津桥上南游客,对此踟蹰忆乡国。十年双鬓一灯青,万里孤帆五湖白。五湖东泛海波长,析木吴淞接两乡。陆弟新篇成洛水,郦生旧侣问高阳。高阳旧侣多台阁,独卧江南几花落。老我扶风梁伯鸾,期君日下荀鸣鹤。衣冠早作上京游,圣主当阳第一秋。倘陪宣曲长杨辇,还念昌门落叶舟。(《琴志楼编年诗集》卷十三,《易顺鼎诗文集》,第318页)

戴《谱》:时易仲实、易叔由昆季,随其父笏山佩绅在苏州藩司任所,与先生及张子芯、蒋次湘文鸿诸公,立吴社联吟,歌弦醉墨,颇极文宴之盛。

按:易佩绅(1826—1906),字笏山,一字子笏。湖南龙阳人。历任贵州按察使、山西布政使等职,光绪十一年(1885)调任江苏布政使。著有《函楼文钞》《函楼诗钞》《函楼词钞》等。易佩绅得文焯词,亦有《徵招》一首,题为"用文小坡韵题唐六如黄茅熨斗柄小景"。易顺豫(1865—?),字由甫,号叔由,又号虑庵。湖南龙阳人。光绪二十三年(1897)举人,二十九年(1903)进士,曾任户部主事、江西临川知县等。有《琴思楼词》。

是年,兄文焕署开封府,弟文炘署文水县。

戴《谱》:是岁,幼兰先生署开封府,少兰先生署文水县。

> 按:戴《谱》光绪七年(1881)云:"旋幼兰先生以知府分发河南,少兰先生亦以知县分发山西。"与本年所记重合,前误,当为本年事。

是年,与姚觐元多有唱酬。

《再答彦老八叠前韵》诗云:秋后吟蛩无限思,酒中仙蝶再来魂。仙蝶煮酒,丙戌夏荷花生日南荡舟中一遇之,是年十月复降君斋。(《瘦碧庵诗草》)

《彦士再见和痕字韵感触旧怀悄然作咏》:别后青山梦蓟门,南枝重觅旧巢痕。刘蕡有策悲乡国,种放无官恋酒尊。《宋史》有《种放传》,自号云溪醉侯。落日沧江余胜钱,晚花荒野澹秋魂。十年倦作诸侯客,鹤料西风尚冷飧。(《瘦碧庵诗草》)

光绪十三年丁亥(一八八七) 三十二岁

一月十一日,潘钟瑞来访。

潘钟瑞《光绪十三年丁亥香禅日记》:(十一日己亥)晤小坡于壶园,谈次,观新得扇面五页,又与易实甫唱和新词。(《潘钟瑞日记》,第401页)

一月二十五日,以近作词录示潘钟瑞。

《光绪十三年丁亥香禅日记》:(廿五日癸丑)小坡以近作词录示,为《扫花游》《徵招》《齐天乐》三调,皆与易实甫唱和作也。(《潘钟瑞日记》,第404页)

一月二十六日,潘钟瑞请鉴定碑拓。

《光绪十三年丁亥香禅日记》:(廿六日甲寅)余以帖店送来《爨宝子》《爨龙颜》两碑及碑阴拓本交小坡鉴定,因以伊藏《宝子碑》裱本一册见示,远不能及,为之书签而还之。(《潘钟瑞日记》,第405页)

一月二十八日,寄示潘钟瑞《齐天乐》词,督促和章。

《光绪十三年丁亥香禅日记》:(廿八日丙辰)两日来小坡屡以《齐天乐》唱和词付示,并督促和章,乃拟倒用其韵,拉杂凑集,勉成三解,录出送去。(《潘钟瑞日记》,第406页)

二月二日,潘钟瑞作《齐天乐》词,三日录送文焯。

《光绪十三年丁亥香禅日记》:(初二日庚申)灯下坐雨,又填《齐天乐》一解。积雨殊寒,想山中梅花消息更迟矣。同小坡韵而避重押字。

(初三日辛酉)晨录昨作词,送小坡阅。(《潘钟瑞日记》,第 406 页)

二月五日,寄示潘钟瑞《齐天乐》词,潘和之。

《光绪十三年丁亥香禅日记》:(初五日癸亥)昨小坡又出示与实甫唱和《齐天乐》,亦同调,异前韵者两阕,余又倒用其韵和之。(《潘钟瑞日记》,第 406 页)

二月七日,寄次韵潘钟瑞《齐天乐》词。

《光绪十三年丁亥香禅日记》:(初七日乙丑)小坡又以次余韵《齐天乐》一解来,并前诸作录出。(《潘钟瑞日记》,第 407 页)

二月十日,寄示潘钟瑞《齐天乐》入声韵词。

《光绪十三年丁亥香禅日记》:(初十日戊辰)是日小坡又以《齐天乐》押入声一词来。(《潘钟瑞日记》,第 408 页)

二月十三日,访潘钟瑞。

《光绪十三年丁亥香禅日记》:(十三日辛未)课暇,埋头阅卷,中间小坡、调伯来谈。(《潘钟瑞日记》,第 408 页)

春,与易顺鼎、易顺豫、张祥龄、费念慈、朱铭盘、江翰等人多有交往。三月三日,易实甫招禊饮,因病未与,补之以诗。

《水调歌头》(秋气飒然至)词题云:和易笏山年丈虎丘玩月。

《齐天乐》(故人旧是青城侣)词题云:和易实父同年。

《齐天乐》(旧时鹃国伤春稿)词题云:再叠前韵和实甫同年。

《齐天乐》(少年奇气掣云想)词序云:江春客感,芳侣杳然,日与实甫同年以诗余属和,为度愁计,感音而作,劳者易歌,不自知其荒冗也。

《齐天乐》(五湖梦熟寻诗路)词序云:实父同年屡有讨春之约,期之不来,复叠前韵调之。

《齐天乐》(梅花一信香尘递)词序云:实甫以病谢春事,思之若醒,曼声度此,聊当皋苏。(以上诸词均见《瘦碧诗词稿》)

《丁亥初巳实父同舍诸君见招禊饮余以事不克俱补之以诗》:良时风月有嘉招,残霸江山得大豪。胜饯迟予诗补禊,古愁欠子酒淋骚。高似孙《山中楚辞》云"酒淋骚兮如海"。眼前春事老宾送,人外天游孤咏摇。莫讶绝情到狂点,独泫犹忆答仙璈。

《易实甫兄弟过饮壶园因为赠答》:闲门寝迹闭年芳,媚尔跫跫逮草堂。偶坐竹阴成六逸,醉携兰气泛三湘。聊拚酒洗宗陶社,漫诧春迟角绮乡。相对岸巾发吴咏,窥池心已五湖忘。

《清明之游余以病不与赋此答实父同年》:泼火余寒放老晴,春人多聚冶坊滨。遨床坐月黄鹂约,歌板回波彩鹢争。鸳社旧邻花待阙,鹤筒近数酒家盟。

八公更有山中约,颇意佳吟起病伧。(以上诸诗均见《瘦碧庵诗草》)

　　江庸《趋庭随笔》:余十岁时,侍父母居苏州藩署,极蒙易顺鼎实甫、顺豫由甫、朱铭盘曼君、费念慈屺怀、张祥龄子馥、文焯小坡诸丈怜爱,每出游,必携余同往。一日宴沧浪亭,家父与诸丈谈艺正酣,余潜出至亭下石桥畔,高唱唐人"水边杨柳石栏桥"一绝,为实甫丈所闻,大为欣赏。儿时光景,历历在目,今诸丈已先后谢世,回首前尘,为之惘惘。(《蜷庐随笔·趋庭随笔》,第170页)

　　戴《谱》:上巳,易仲实先生与同社诸君招禊饮,先生以事不得俱,补之以诗。诗见《瘦碧庵诗稿》中,有"胜饯迟予诗补禊,古愁欠子酒淋骚"之句。

　　　　按:费念慈(1855—1905),字屺怀,一署峐怀,号西蠡,晚号艺风老人。江苏武进人。光绪十五年(1889)进士,授翰林院编修。以事被撤职,归寓吴中。善诗文、书画,多藏书。著有《归牧集》。朱铭盘(1852—1893),字曼君。江苏泰兴人。光绪八年(1882)中举人。曾与张謇同任广东水师提督吴长庆幕僚。长于书法。著有《桂之华轩诗文集》。江瀚(1853—1935),字叔海。福建长汀人。著有《时务三字经》等。

三月六日,以新购汲古阁旧钞《分韵汉隶》示潘钟瑞。

　　《光绪十三年丁亥香禅日记》:(初六日甲午)小坡新购汲古阁毛氏旧钞本书两册,曾为汪氏阆源翁所藏者,谓《分韵汉隶》。余观之,后半即刘球表进之《隶韵》,而稍有参差,前半摘洪氏《隶释》,碑录中亦有增减,且杂取诸家论隶各条于前,疑是欲纂成书者而未完者。惟旧抄本不易得,并可校订近刻《隶释》诸书,可宝也。(《潘钟瑞日记》,第413页)

三月十一日,潘钟瑞引查子伊来访。

　　《光绪十三年丁亥香禅日记》:(十一日己亥)将出,查子伊来,谈顷,引至小坡处。(《潘钟瑞日记》,第415页)

三月十六日,陆韵樵属写扇。

　　《光绪十三年丁亥香禅日记》:(十六日甲辰)陆韵樵来,久不见,自述踪迹,有婚宦逼人之意,以纨扇属余与小坡各书其半,即写之,交小坡去。……小坡已将韵樵扇写好交来。(《潘钟瑞日记》,第416页)

三月十六日,为闪殿魁题姚广孝赠东白诗碑。

　　戴《谱》:暮春,苏抚标中镇闪晋臣于齐门获姚广孝赠东白诗碑,丐先生题识,另镌一石合嵌王府基演武厅厅壁中。姚诗云:"齐女门边古佛祠,小桥流水树参差。偶来看竹逢佳士,指点林园话旧时。"附跋云:"永乐二年六月,余奉命来苏州赈济水灾饥民。七月二十八日之琴川,因过齐门无量寿院,林园如故,亦自可爱。东白先辈留余茶话而退。二十九日,舟中书此二十八字,寄与东白,作山中故事云。"先生题识全文如次:"史称永乐以异人术士成靖难之功,而道衍实为之怅,是碑所纪乃其赈济苏淞时之作,证以年月,当在夏原吉江南治水之时。东白者为苏州永定寺主善启,法号启,以僧官,与修《永乐大典》,著有《江行唱和集》,盖与道衍旧为吟侣也。吾乡晋臣仁兄督师吴会,得是碑于齐门故隍,使四百余年之名迹魁然复睹,吾故伟其意而著其厓略。光绪丁亥暮春既望,铁岭文焯识。"正诚按:"演武厅现改为民众运动场,余曾告苏绅王佩净,碑宜移置江苏图书馆保存,嗣闻为吴县县政府教育科取去,不知安置何所矣。"

> 按:《青鹤》杂志、《同声月刊》戴《谱》均未载此事。闪晋臣(?—1903),名殿魁。顺天昌平(今北京)人。回族。清末将领。以中法战争中军功升江苏抚标参将,后又任甘肃凉州镇总兵、四川建昌镇总兵,官至四川提督。

三月二十六日,潘钟瑞来访,游怡园。

《光绪十三年丁亥香禅日记》:(廿六日甲寅)午后,至小坡处,为子伊致语,适吴子述来,叙谈间,出所著诗词稿属校。去后,雪桴、调伯同来,拖余偕游怡园,至园门前遇伸之弟,遂有四人。进园,见熟人甚多,又与陈啸梧、燕伯乔梓同坐吃茶,少时,笑拈来,仓石亦来,且遇仲英、小坡、洽甫诸君。(《潘钟瑞日记》,第419页)

春,与张祥龄、易顺鼎、易顺豫、蒋文鸿举词社吴社,联句和白石词,集成《吴波鸥语》一卷。

易顺鼎《联句和白石词叙》:余于清真词嗜之不深,嗜白石过清真远甚。然生平所作,多出入于东坡、稼轩、玉田、梦窗诸家,于白石絜净精微之诣,未有合也。今年春,与叔问、子苖、叔由举词社于吴,次湘自金陵至。四子皆嗜白石深于余,探幽洞微,穷极幼眇。藩使署有西楼三楹,城堞缺处,可望灵岩、上方诸山,视城外沙鸟风帆,皆自眉睫间过。叔问所居小园,命之以"壶",才可数弓,然有石,有池,有桥,有篱,有阑,有梅、竹、桃、柳、棕榈、木樨、芙蓉,芳树杂华,有鱼,有鹤。数人者非啸于楼,即歌于园。蝶晚蝉初,花晚叶初,星晚露初,云晚月初,宾主杂坐,竹肉相娱。当是时,辄和白石词以为乐。或棹乌篷六桂,载酒出金阊门,泛山塘,登虎丘,凭吊既倦,相羊于烟水之间,扣舷而歌,歌已,洗盏更酌。吴中伧儿,浮吹鹢首,盛陈水嬉,日竞薰服之乐,以娈童佼女,为采旄桂旗,樗蒲六博,效牧猪奴所为。闻吾歌者,群相指而笑之。当是时,亦和白石词以为乐。不水而尘,则在暝夜,有月无月,爝火一把,或荒窜草间,或槁立枫下,且行且吹笛,至于市犬竞吠,而高吟未罢。当是时,亦和白石词以为乐。城西南有石湖,范顺阳别业在焉,而白石风流赏心之地也。当夫画船尽归,明镜初拭,渔歌互起,沙鸥不惊,山水空冥,而其人已往,诵其词,绎其志,揽其迹,思其人。今日悲南渡,安知后日不悲今日邪?于是遥吟俯唱,发思古之幽情,低回留之而不能去。《暗香》《疏影》之曲,凡再和焉。至今墨痕,依依犹在僧壁也。事起四月,讫八月,而和词竟。其间余有钟、庐两阜之游,次香又听鼓金陵,故所作皆少。至于刊律寻声,晨钞暝写,则叔问之功为多。嗟乎!天下虽大,同志良难,文章之事,尤多异轨。或是丹非素,或论甘忌辛,胜己则相倾,歧己则相伐。上下千古,纵横九州,如吾数人之喝于相应,可多得乎?《诗》曰:"风雨如晦,鸡鸣不已。"斯固鄙怀殷殷,所愿与诸子共勉之者也。光绪十三年丁亥中秋既望五日,常德易顺鼎序。(《词学季刊》第三卷第一期)

> 按:文焯《寄张孟劬函》:"自乙酉丙戌之年,余举词社于吴,即专以连句和姜词为程课,继以宋六十一家,择其菁英,咸为嗣响。"(《国粹学报》第六卷第四期)自乙酉年(1885)起文焯即与易顺鼎等有唱和,但标立吴社,专和姜夔当为本年春夏事,故系于此。

四月三日,寄示潘钟瑞《遣怀》五律。

《光绪十三年丁亥香禅日记》:(初三日庚申)小坡以《遣怀》五律出示,即次其韵应之。(《潘钟瑞日记》,第420页)

四月七日,寄示潘钟瑞乞鹤诗。

《光绪十三年丁亥香禅日记》:(初七日甲子)午后,子伊来,小坡以乞鹤诗见示。(《潘钟瑞日记》,第421页)

四月十一日,兄文炳来苏州。

《光绪十三年丁亥香禅日记》:(十一日戊辰)返馆,小坡之胞弟来苏,夜有宴饮,丝、竹、肉齐声。(《潘钟瑞日记》,第423页)

> 按:此处"胞弟"误,应为胞兄。

四月十六日,潘钟瑞来谈。

《光绪十三年丁亥香禅日记》:(十六日癸酉)前日小坡之胞兄行第七、号卓峰者来谒,今具衣冠答之,略谈,出。(《潘钟瑞日记》,第424页)

四月二十四日,文炳向潘钟瑞辞行,文焯送行沪上。

《光绪十三年丁亥香禅日记》:(廿四日辛巳)卓峰来辞行,云将之官粤东,小坡送之,同往沪上。(《潘钟瑞日记》,第426页)

闰四月十九日,寄潘钟瑞札及新词。

《光绪十三年丁亥香禅日记》:(十九日丙午)小坡亦有札及新词来。(《潘钟瑞日记》,第432页)

闰四月二十一日,访潘钟瑞。

《光绪十三年丁亥香禅日记》:(廿一日戊申)来问视者心兰、小坡、沧书、永之。(《潘钟瑞日记》,第432页)

四月,撰成《国朝著述未刊书目》一卷。

题识:实学在今,号称闳廓,祖构之士,附墨属兴。顾佚稿秘编,类多埋缊,签幐落次,整比益难,爰楬所知,条其名类,或为目辅,缀以小言,且冀好事踵是宏搜,摘之隐括,以徇同志,庶为籍征之英谭,无虑枕秘之沦缺焉。岁在彊梧孟夏之昔,叔问文焯识于吴中大鹤山房。(《国朝著述未刊书目》)

五月四日,金心兰赠纨扇。

《光绪十三年丁亥香禅日记》:(初四日庚申)雨暂止,心兰来,携纨扇两柄。伊画山水,一赠小坡,一以赠余,余惟有感荷而已。(《潘钟瑞日记》,第433页)

五月五日,送潘钟瑞《儒酸福》传奇。

《光绪十三年丁亥香禅日记》:(初五日辛酉)小坡送余杭州魏玉石孝廉熙元新刻《儒酸福》传奇,盖形容教官之酸态,自隐其姓名曰毕朗山,其余茗华、紫君、郑蛰斋、文照藜、殷梦良、周蝶仙、和子鹤诸人,皆教官同寅,而白家驹则文昌帝君坐骑白骡所变化,亦作教官,而家极富,能为诸公吐气,然亦不外乎一酸而已。调侃教官极矣。(《潘钟瑞日记》,第434页)

五月二十五日,文焯豢鹤逸出至潘钟瑞书斋,潘作《鹤逸篇》。

《光绪十三年丁亥香禅日记》:(廿五日辛巳)小坡于壶园养一雏鹤,已数月矣。今忽而逸出,至余书斋,始在庭阶,有人逐之,遂升堂入室盘旋,移时而去。余因戏作《鹤逸篇》,以贻鹤主人索和。(《潘钟瑞日记》,第436页)

六月二十三日,录示潘钟瑞呈彭玉麟诗。

《光绪十三年丁亥香禅日记》:(廿三日己酉)小坡以呈彭雪琴宫保诗三十四韵录副见示,宫保现在苏也。(《潘钟瑞日记》,第442页)

六月二十六日,潘钟瑞来谈。

《光绪十三年丁亥香禅日记》:(廿六日壬子)晌午,至小坡处谈。(《潘钟瑞日记》,第442页)

六月二十七日,沈文卿九岁表妹卖于文焯为婢,潘钟瑞为之传言恳求,文焯允其赎归。

《光绪十三年丁亥香禅日记》:(廿七日癸丑)沈文卿恩琛来。文卿,吴庠生,筮仕为巡检,分发浙江,分府嘉兴。兹为其表妹徐,年才九岁,其父母卖其身于小坡处为婢。文卿重念亲情,悯其没身,特备身价,欲为赎归。坐良久,去。……文卿又来,已邀得徐女之父母来了解此事。遂见小坡,又为之传言恳求。……抵暮返,则徐女已蒙文处发放领出,其父母写一笔据,了却此段公案矣。(《潘钟瑞日记》,第443页)

七月一日,潘钟瑞商借壶园为蒋殿丞钱行。

《光绪十三年丁亥香禅日记》：（初一日丙辰）与翼亭商定明日之叙改于七襄公所，遂起别。……一面遣人致意七襄公所，人回云明日公所同行议事，不能借地。复与君秀商酌，不得已，只有平阳壶园。遂返，与小坡商之，即作札致翼亭，事方妥。（《潘钟瑞日记》，第 444 页）

七月二日，潘钟瑞在壶园公饯蒋殿丞，文焯外出。

《光绪十三年丁亥香禅日记》：（初二日丁巳）移时返馆，借壶园留桂轩为携尊铺席地。……公饯殿丞筮仕浙江也。殿亦至，集于壶园。小坡已他出。（《潘钟瑞日记》，第 444 页）

八月二日，潘钟瑞送《水云楼笛谱》，文焯以新词见示。

《光绪十三年丁亥香禅日记》：（初二日丙戌）昨晚，髯叔送来新刻《水云楼笛谱》十本，今以两本送瘦碧。午后，雨又作，且大。瘦碧旋以新词见示。（《潘钟瑞日记》，第 450 页）

八月八日，潘钟瑞来谈。

《光绪十三年丁亥香禅日记》：（初八日壬辰）午后，至小坡处，略谈。（《潘钟瑞日记》，第 452 页）

八月九日，潘钟瑞来壶园，文焯外出。

《光绪十三年丁亥香禅日记》：（初九日癸巳）傍晚，淇泉来，偕入壶园。瘦碧他出，案头有虢盘铭石印本，取其一纸出。（《潘钟瑞日记》，第 452 页）

八月十六日，寄潘钟瑞新词并转赠易顺鼎诗集。

《光绪十三年丁亥香禅日记》：（十六日庚子）是日，小坡以新词见示：《绛都春》咏雁来红。又转赠易实父诗合集，曰《出都诗录》，曰《吴逢诗录》，曰《樊山沌水诗录》，曰《蜀船诗录》，曰《巴山诗录》。（《潘钟瑞日记》，第 454 页）

八月十八日，石湖赏月。

《虞美人》（歌云软绣吴篷背）词序云：丁亥秋八月十八日，石湖串月，舟中客话小红故事，时同社方和白石《暗香》《疏影》二曲，余情赋此，仍次姜韵梦游之感，同一凄独也。（《瘦碧词》卷一）

八月二十九日，俞樾阅毕易顺鼎《联句和白石词叙》，复札并论词。

俞樾书：小坡孝廉吟席：前日读手书，并实甫世兄序文，甚佳甚佳。读此二序即可想见诸君子之词矣。属撰弁言，率笔成之，著粪佛头，罪过罪过。实甫文亦奉还。偶识数言，未知是否。手此，敬颂文安。世愚弟俞樾顿首，八月二十九日。

余雅不善词，行于世者，有词三卷，于律未谐，不足言词也。然词之门径亦略闻之。词起于唐而盛于宋，美成、伯可，各树坛坫，其后姜白石出，以隽永委婉为工,不以组织涂泽为尚,令人慨然有登高望远之意,感今悼往之思,洵得词中三昧者矣。比年来,吴下名流翕集,接芬错芳,咸同以来,于斯为盛。实甫、由甫今之坡、颍也,郑子小坡,昔之王、谢也,子市、次香,亦一时之潘、陆也。花之晨,月之夕,山之岬,水之滣,兴往情来,行歌在答,乃用韩孟联句、东坡和陶之例,联句和白石道人词,得若干首,都为一集。其于律也无龃龉,其于韵也无强勉,虽五人者为之,而如成于一手,如出于一口。《五侯鲭》欤?《五杂俎》欤?一气之沆瀣也,讽讽乎移我情矣。昌黎云:"唱妍亦酬声,俯仰但称嗟。"诸君子可谓唱妍酬声矣,余惟俯仰称嗟,不知所云。丁亥仲秋,曲园居士书。(《俞樾函札辑证》,第646—647页)

> 按:札末有文焯跋语云:"光绪戊亥之间,余举词社于吴下城西之壶园,作者六七人,文酒雅燕,发藻连情,极同声喁于之乐。中实兄弟同年时主侍其尊甫布政来苏,幕下故多才流,相与追和白石歌曲,仿宋之三英和清真例也。稿今存余斋。"

文焯和白石词时,亦从事《白石道人歌曲》之批校。

《校本宋元人词目》:白石词叙类多自注岁月,事迹易于考见,光绪丙戌、丁亥之年,余举词社于吴,日与易氏兄弟仲实、叔由及张君子馥,蒋君次芗诸同志和白石词。寻声刊律之余,重为编校,依次纪年,详加订正,后之揽者庶有以征据,略见其生平,复以白石高人逸致,深于礼乐,当时贤士大夫恒服其有晋宋间风。(《大鹤山人遗著·词录征存》)

> 按:该批本后有张祥龄跋,记云:"光绪丁亥汉州张祥龄,属猴。"

洪钧出使,赋词送别。九月五日,将所作饯别词录示潘钟瑞。

《台城路》(卧龙腾啸三山走)词序云:"文卿阁学奉使泰西,海上赋别。"(《瘦碧词》卷一)

《光绪十三年丁亥香禅日记》:(初五日己未)小坡录示《洪阁学出使泰西作如此江山》一调。(《潘钟瑞日记》,第459页)

九月九日,登西楼伤怀作词。

《八声甘州》(唤吟边瘦月替珠灯)词题云:西楼九日。(《瘦碧词》卷一)

> 按:闻野鹤《恫籋词话》记此篇为"四西画册"之三,题为"西楼闻雁"。《恫籋词话》记文焯跋语云:"吴城西偏,旧有西楼,古歌舞场也,今为湖南宾燕之所。丁亥秋九日,经此升眺,有伤深情。同社各制新情记事,地书旧名,示存古意也。"(《民国日报》1917年11月13日)另,此词今存文焯手书词稿,文字略有异。

秋,蒋文鸿将赴南京,作词为之饯行。

《垂杨》(霜魂似剪)词序云:风雨吴城,属引凄异,同社方制饯秋词,时次香复有秣陵之役,感音而叹,歌此送之。(《瘦碧词》卷二)

秋,妾素南置鸟笼中,文焯放之。

《寿楼春》(飏花风孤飞)词序云:绿窗秋寂,小鸟窥帘,姬人素南掩之以袖,置笼中,翠羽幽洁可玩。予弗忍听其孤凄也,池南梅树有其故巢,放之使归,因赋兹阕。(《瘦碧词》卷二)

秋,次韵冯煦《寿楼春》词。

《寿楼春》(听吴讴销魂)词题云:秋感,次冯梦华同年韵。(《瘦碧词》卷二)

> 按:文焯所言冯煦词为《寿楼春》:"招梅边秋魂。自素弦折后,雨暝烟昏。剩有羁鸿留印,野鹃啼春。幽径悄,行无人。曳练裙、谁哀王孙。怅题扇桥荒,敲棋墅冷,肠断昔时尘。　青溪曲,空斜曛。记映波蓁笛,款月芳尊。怎又霜凋孤馆,草生重门。还自念,蛮参军。似野萍、飘零无根。甚马策重挝,西周泪痕栖角巾。"(《蒿庵词》,《蒿庵类稿》卷十)

秋,作词赋壶园秋色。

《祝英台近》(古屏寒)词序云:壶园秋事,惟黄华可语,西风老色,数丛向残,以此曲写之。(《瘦碧词》卷二)

秋,壶园所豢华亭鹤化去,瘗之丽娃祠右。

戴《谱》:秋,壶园旧豢华亭鹤忽化去,瘗之丽娃祠右。

陈鲁詹家仆张楷知文焯于苏举词社,投《金缕曲》词,文焯赋词美之。

《念奴娇》(海山仙奴)词序云:湖南陈鲁詹家有苍头张楷,善诗词,自谓烟波钓徒后裔,篇咏中辄及之。闻余举词社于吴,乃以所制《金缕曲》见投,乃赋此以美之。(《瘦碧词》卷一)

十月十日,潘钟瑞来观文焯新词及张楷词。

《光绪十三年丁亥香禅日记》:(初十日癸巳)夜饭后,与小坡闲话,观其新词。又见女郎词六阕,自署熊湘青衣张楷,现在易方伯署中,充女记室,昔年已佐幕有名,年今三十余矣。(《潘钟瑞日记》,第466页)

> 按:"易方伯"指易佩绅。据文焯《念奴娇》(海山仙奴)词序,张楷为陈鲁詹家仆役,而潘钟瑞记为易佩绅幕中记室,或张楷原属陈鲁詹家,今则入易佩绅幕。

十一月二十四日,陆琪来访。

《光绪十三年丁亥香禅日记》:(廿四日丁丑)午间,韵樵来,旋访小坡去。

（《潘钟瑞日记》，第 473 页）

十一月，与龚易图至镇江送沈秉成赴任广西巡抚。

戴《谱》：十一月，与龚蔼仁方伯至京江。送沈仲复中丞赴广西巡抚任，集金山留云亭，酒半，闻水上笛声起于乱烟衰柳间，感音赋《摸鱼儿》词。

彭翰孙请文焯题其先世仁简先生《志矩斋图》，数年未应，彭卒后，其子再请题之。文焯作诗悲之。诗成，以白鹤见报。文焯以诗易鹤，吴士艳称。

《彭南屏以志矩拜书图索题数年未有以应今南屏下世年余其子颉林孝廉责偿逋诺辄题一诗亦以塞吾悲耳》：故人有文物，馨遗二百载。一门流孝政，八世诒寿恺。先德大甄撰，光诵见真宰。唯君饮清芬，藏山万卷在。阅世还祖砚，微暮光暧暧。感讽述祖篇，肃然手承欵。君昔征予言，挂剑竟何待。披图一狂哭，宿笔今每每。家难况蝉连，轸忧祚且殆。幸哉君有子，弱齿盛文采。敬勤护遗泽，继志道无改。发予乔木思，落笔睇云海。（《瘦碧庵诗草》）

《瑞鹤仙》（我诗仙也未）词序云：壶园旧豢华亭鹤丁亥岁感秋而蜕，瘗于丽娃祠右，是冬大雪中，茧园主人乞题其先世仁简先生《志矩斋图》，诗成以白鹤见报，欣然寿之以词。（《瘦碧词》卷二）

《扫花游》（小梅悄绿）词序云：予以诗易鹤，吴士艳称，因复置酒林下，招同社赋之。（《瘦碧词》卷二）

戴《谱》：是冬，彭翰孙先生乞题其先世仁简先生《志矩斋图》，诗成，以白鹤见报，欣然寿之以《瑞鹤仙》词，先生以诗易鹤，吴士艳称。因复至酒林下，招同社赋之，自制《扫花游》一词。

> 按：《恫籥词话》记此词为"四西画册"之四，题为"西园调鹤"。有文焯跋语云："余僦苏州汪氏壶园，居有年矣。以园在城西，故名。园中旧豢华亭鹤，丁亥之岁感秋而蜕，瘗于丽娃祠右。是冬大雪中，彭孝廉颉林乞题其先世仁简先生《志矩斋图》，诗成以白鹤见报。放之林下，水石俱仙。客来则鸣，闻笛则舞。驯知人语，独与余亲。寿以斯词，庶征元素之异。"（《民国日报》1917 年 11 月 15 日）

十二月四日，有人欲售古铜炉于潘钟瑞，潘以之示文焯，以价昂还之。文焯告潘钟瑞得茧园鹤。

《光绪十三年丁亥香禅日记》：（初四日丙戌）有人自江右来，携一古铜炉索售。制极精美，圆径五寸余，盖与座皆铜。……索值银二十两。余以示小坡，亦以价昂不能得，还之。小坡告余近得茧园之鹤，余已闻其鸣矣。（《潘钟瑞日记》，第 475 页）

十二月十四日，潘钟瑞来壶园看鹤，与谈相鹤经。

《光绪十三年丁亥香禅日记》:(十四日丙申)午前,仲英又挈其次郎号仲子来,偕至壶园看鹤。因晤小坡,谈相鹤之经。(《潘钟瑞日记》,第477页)

冬,夜饮南园,归和梦窗词。

《催雪》(败叶荒池)词序云:丁亥冬夜饮南园,归卧小楼,听窗竹淅淅作雪声,既感岁暮,重念昔游,徒增沦薄之恨,因和梦窗韵,寄同社诸子。(《瘦碧词》卷二)

冬,有沪渎之行。

《夜行船》(俊羽凌风飘玉叶)词序云:将发沪渎,月夜舟行淀山湖,使风如马,剪灯嚼墨,剧有奇致也。(《瘦碧词》卷二)

《恋绣衾》(晴江还作梅小春)词序云:沪北舟中,次史梅溪韵。(《瘦碧词》卷二)

《解语花》(垂灯小阁)词序云:饮沪滨钱氏迟红阁,见旧题,因赋,用周清真韵。(《瘦碧词》卷二)

年底,作《大酺》(念五湖游)思友伤怀。

《大酺》(念五湖游)词序云:予与吴社诸子既联句和石帚词八十四阕,吟赏所至,复杂连五十余解,中和片玉词最夥,歌弦醉墨,陵轹一时,其豪逸不逊陈允平、方千里、杨泽民辈也。今中实远官夷门,次香方自秣陵于役京国,叔由又将归楚,期年之间,胜流两绝,独予与子复留滞兹邦。浊酒岁阑,风烟扬薄,缀目新眺,荡魂旧游,以清真韵赋此,他日诸子见之,甚为予凄异也。(《瘦碧词》卷二)

除夕夜大雪,作词。

《浣溪沙》(客里年涯绿鬓期)词序云:丁亥岁除,大雪,灯下呵冻作。(《瘦碧词》卷二)

是年,作诗赠黄彭年。

《赠黄司使》其一:明鋆跃潜璧,崇阿缊良金。蓄宝岂伊閟,协灵惟所钦。虽沦丹丘迹,恒达黄屋心。贞居多忧端,夷世题陆湛。苕苕箕颍驾,濯濯伊吕襟。晚达道犹古,美迁征在今。斗南值云汉,江东盛璆琳。輶旌耀邦桝,川岭陶德音。愿言光泽遗,懿此文物林。其二:昔余道信都,值公讲席退。虚馆延清风,蔼见古裳佩。倾交聆绪余,矫迹殊显晦。良觌忽云遐,笃顾又兹会。猥以疏顽资,上希宏达诲。德辉诚足怀,华志邈难逮。幽忧谢清夷,隐学甘堙暖。永契五湖游,平揖三旌辈。夜弦鸣独谣,晨诵引长喟。素月辉萝巾,高霞绮兰袂。旷度身世遭,岂宜丘壑废。时髦殷济艰,吾侪嗟病喙。申章托赏音,心焉阙瞻对。(《瘦碧庵诗草》)

按:黄彭年(1824—1890),字子寿,号陶楼,晚号更生。贵州贵筑县(今贵阳)人。道光二十五年(1845)进士,授编修。历官湖北布政使、江苏布政使。尝掌教关中书院、莲池书院。著有《陶楼文钞》等。

是年,易顺鼎游庐山归,赠云雾窟苦茗、五老峰芋魁,文焯作词报谢。

《齐天乐》(孤筇倦倚匡庐瀑)词序云:易仲实同年游庐山归,以云雾窟苦茗、五老峰芋魁见饷,赋此报谢。(《瘦碧词》卷一)

易顺豫将归常德,又值岁暮,文焯作词。

《八归》(风灯画梦)词序云:叔由将归常德,壶园清事,荡为荒雪,感触酒悲,曼声度此。(《瘦碧词》卷二)

是年,题严锡康《万里看山图》。

《台城路》(万螺秋压吟鞍重)题云:为严伯雅太守题《万里看山图》。(《瘦碧词》卷二)

> 按:严锡康(约 1819—1880 后),字伯雅,一字伯牙。浙江桐乡人。清咸丰七年(1857)官苏州同知。娴于吟咏。著有《餐花室诗稿》《餐花室词集》等。严永华之兄。(《嘉兴历代人物考略》,第 458 页)

光绪十四年戊子(一八八八) 三十三岁

一月一日,作《喜迁莺慢》(夜瞒人过)词。

《瘦碧词》卷二《喜迁莺慢》(夜瞒人过)词题云:戊子元日。

一月十六日,潘钟瑞来谈,以新词示潘,并将《吴郡井阑记》录示。

潘钟瑞《光绪十四年戊子香禅日记》:(十六日戊辰)饭后,至壶园中与小坡谈。新岁初逢,谈论颇畅。以新词见示,携其稿返。既而小坡以所录《吴郡井阑记》稿来示,适锡侯弟在,未坐即去。以余欲遍拓虎丘石刻,故特以按图索骥为劝也。(《潘钟瑞日记》,第 491 页)

一月二十四日,云闲僧来访。文焯访潘钟瑞。

《光绪十四年戊子香禅日记》:(廿四日丙子)移时云闲僧来谈,先见过小坡。移时,小坡来,出禁止吴郡名山不许妄人镌刻题名甚至剸削旧刻,名迹湮没,意有所指也。余方摘录《虎阜志》"石刻"一门,就其《志》中注存者今又不存者甚多。(《潘钟瑞日记》,第 493 页)

二月五日,与易顺豫、易顺鼎往邓尉。

《光绪十四年戊子香禅日记》:(初五日丁亥)黄昏,小坡偕易由、甫往游邓尉,先宿舟中。(《潘钟瑞日记》,第 495 页)

早春,引鹤赏梅。

《华胥引》(窥池疏影)词序云:早春残雪,忽见横枝,引鹤巡花,萧然成咏。

（《瘦碧词》卷二）

探梅邓尉山。

《看花回》(翠禽啼过春半)词序云：探梅邓尉，载雪而归，叩舷歌此，有怀癸未人日西崦连棹之游。（《瘦碧词》卷二）

> 按：《恓籍词话》以本篇为"四西画册"之二，题为"西崦载雪"。文焯跋语云："此曲为大簇商之大石调。杀声宜用大吕，惟美成歌之无前韵之病。余以戊子始春看梅邓尉，载雪而归，叩弦歌此，其声清异，惜无解音笛师为之定拍也。"（《民国日报》1917 年 11 月 13 日）

二月二十四日，潘钟瑞来壶园闲谈。

《光绪十四年戊子香禅日记》：(廿四日丙午)午后至小坡处闲谈，昨曾招我往也。壶园中花事渐繁而杨柳忽枯。（《潘钟瑞日记》，第 500 页）

二月，于吴肆得虞愿墓砖，题辞。

戴《谱》：春二月，得虞愿墓砖于吴肆，因据史以题。题云："考《齐书》，愿字士恭，会稽余姚人也。宋元嘉末，为国子生，再迁湘东王国常侍。明帝立，以愿儒吏，除太常尚书祠部郎，通直散骑侍郎。帝以故宅起湘宫寺，费极奢侈。新安太守巢向之罢郡，还见帝，自张其功德，愿在侧数谏，忤旨，及出为晋平太守。治郡有廉声，累迁中书郎，领东观祭酒，除骁骑将军，迁廷尉祭酒如故，卒于建元元年。砖志所纪，足为佳证，但志称梁廷尉。案萧衍当齐和帝中兴二年，始封梁公，寻进为王，距太祖建元，实有二十六年。盖其后人入梁，追志其墓，如张景略为魏车骑大将军，志题却称大隋车骑，用易代后结衔例也。志末乃纪墓树石人碑工之名数，古石志恒有之。此砖墨本，自来金石家未之著录。文画瘦古，具体而微，纯是六朝质茂气息。重以叔未押尾小印，益信兹拓之可贵焉。"又注云："书砖之制，始于魏，晋王献之有《保母砖志》，至唐则用以志殇。"

三月七日，潘钟瑞赠送虎丘石刻拓本。

《光绪十四年戊子香禅日记》：(初七日戊午)晨检虎卓各拓，取出五种，以两种呈镇青中丞崧骏，以三种送小坡，并交小坡。（《潘钟瑞日记》，第 502 页）

三月十日，遣人觅往无锡船，不得。

《光绪十四年戊子香禅日记》：(初十日辛酉)闻小坡处遣人往大小仓口遍觅无锡县坐船不得，盖已开去矣。（《潘钟瑞日记》，第 503 页）

三月十日，女茂韶生；十二日，潘钟瑞来贺。

《行述》：戊子生茂韶家姊。

戴《谱》：三月，女茂韶缓生。

潘钟瑞《光绪十四年戊子香禅日记》：(十二日癸亥)移时返，闻小坡于初十日生一女，其篦室所出也，因往贺之。（《潘钟瑞日记》，第 503 页）

三月二十四日，呈字潘钟瑞。

《光绪十四年戊子香禅日记》:(廿四日乙亥)小坡字来,转示曲园叟新刻近作两纸。(《潘钟瑞日记》,第506页)

四月九日,命匠砍伐壶园枯死杨柳;四月十日,女茂韶剃头,潘钟瑞来贺。

《光绪十四年戊子香禅日记》:(初十日辛卯)小坡前月生女,今日剃头。偕铜士入贺之,坐顷,出。……壶园池上杨柳枯了,昨小坡命匠断而去之。去三尺余者凡四段,尚余二尺许,如磴可坐,可置花盆,盖其根在假山石隙,欲掘其根则假山且坏,留根犹可望其重发也。(《潘钟瑞日记》,第510页)

四月二十七日,邮书易顺鼎,与之订昆弟之交。

易顺鼎《绝句五十五首戊子夏日》之十七:迢迢双鲤忽飞来,吴树嵩云倦眼开。重订昔年昆弟约,与君携手上琴台。二十七日,文叔问自吴门邮书,订为昆弟。余兄事子产,而文弟畜季心也。去年在吴门早有此意,今叔问乃先施之。(《易顺鼎诗文集》,第341页)

五月十七日,潘钟瑞来闲谈。

《光绪十四年戊子香禅日记》:(十七日戊辰)过小坡处闲谈,申酉间又出至君秀家,不值。(《潘钟瑞日记》,第521页)

五月二十六日,访潘钟瑞,邀入壶园观画。

《光绪十四年戊子香禅日记》:(廿六日丁丑)小坡来谈,适心兰亦至,邀入壶园观画,叙谈,出。(《潘钟瑞日记》,第522页)

六月二十一日,以池南纳凉词示潘钟瑞。

《光绪十四年戊子香禅日记》:(廿一日辛丑)小坡出示池南纳凉词,用《浣溪沙》调,颇幽隽。(《潘钟瑞日记》,第528页)

夏,南荡观采莲。

《法曲献仙音》(香叠鸳尘)词题云:南荡观采莲作。(《瘦碧词》卷二)

七月三日,潘祖谦来访。

《光绪十四年戊子香禅日记》:(初三日癸丑)午刻,济弟来,伊见小坡去。(《潘钟瑞日记》,第530页)

> 按:"济弟"指潘祖谦(1842—1924),字济之,江苏吴县人。潘世恩之孙,潘曾玮之子。同治十二年(1873)优贡生,十三年任内阁中书。后绝意仕进,从事实业。曾任苏州商团公会会长、江苏省典业公会会长等。

七月二十七日,再买沈文卿表妹为婢,潘钟瑞甚愤恨。

《光绪十四年戊子香禅日记》:(廿七日丁丑)文小坡买来婢,此事甚怪。此婢去年夏间余因沈文卿之言劝小坡听其备价赎身,文卿为此女之表兄,庠生而筮仕佐杂,需次浙江者。女本良家,今其父母向文卿索取,仍向文处卖身,小坡明知其良家而再收为婢,实系有心压良为贱,理所不容。余争之不得,徒为愤恨而已。

(廿八日戊寅)彻夜气闷火升,不寐。蚤起,至清嘉坊,君秀、镜臣昆仲皆劝余息事安神,不须气愤,坐片时,返。(《潘钟瑞日记》,第534页)

初秋,批阅《词源》。

记云:昔白石订大乐,谓宋因唐。度古曲坠逸,今去古益远,并唐宋乐色、管色,鲜有究之者,并文虽存,乖讹日甚,赖有沈存中《梦溪笔谈》及《朱子全书》所载。宋乐工曲谱于是书多所发明,分取诸书勘定讹谬三十余事,而古人词并音吕亦因之有悟焉。戊子孟秋,瘦碧生文焯记于壶园。(参周立波《〈耕尘舍剧话〉作者考》,《中华戏曲》第51辑,第301页)

按:文焯批阅《词源》底本为光绪八年(1882)许增娱园刻本,许刻本底本为元起善斋钞本。

初秋,游城西陂。

《始秋游城西陂一首》:和韶诚易沦,赫炎讵久张。夕飚变金素,哀哇忽宾商。瑟瑟动危弦,契契临急筋。旅禽各倾翰,衰兰再荐芳。暇豫未云丰,揽结胡多伤。幽人贵心赏,企咏高所臧。命棹规意往,弄波美浩洋。复岫倒深景,华月流重光。孰申川上志,永游人外方。繁景阅奔壑,盛年嗟履霜。吾宁为时役,荡志终相羊。(《瘦碧庵诗草》)

八月八日,向潘钟瑞辞行赴上海。

《光绪十四年戊子香禅日记》:(初八日丁亥)小坡来辞行,云暂往上海十余天。(《潘钟瑞日记》,第536页)

八月二十三日,由上海返苏。

《光绪十四年戊子香禅日记》:(初八日丁亥)傍晚,永侄来,小坡自申浦来。(《潘钟瑞日记》,第539页)

九月一日,晤缪荃孙。

《戊子日记》:九月朔己酉,晴。早诣幼丈议沙洲及书院事,晤任小园、盛旭人。……又晤文小坡。(《艺风老人日记》[一],《缪荃孙全集》,第34页)

按:缪荃孙(1844—1919),字炎之,又字筱珊,晚号艺风老人。江苏江阴人。著有《艺风堂藏书记》《艺风堂金石文字目》《艺风堂文集》等。

九月三日,以校订《词源》示潘钟瑞。

《光绪十四年戊子香禅日记》:(初三日辛亥)小坡以校订玉田《词源》见示,朱书细字,竟不能辨。(《潘钟瑞日记》,第541页)

九月六日,潘钟瑞两侄来,饮酒喧闹。

《光绪十四年戊子香禅日记》:(初六日甲寅)返馆,则两侄正在小坡处,夜间饮酒喧闹。(《潘钟瑞日记》,第 542 页)

十月八日,潘钟瑞托文焯转交条屏、扇面于陆荫宇。

《光绪十四年戊子香禅日记》:(初八日丙戌)返,以字条并邀君秀,又作札以屏四、扇一交小坡,托其转交陆荫宇。(《潘钟瑞日记》,第 549 页)

十月,赵烈文为《国朝著述未刊书目》作叙。

《国朝著述未刊书目叙》云:初余知郑君叔问劬学名,今年夏过黄子寿布政斋中,见君手录《未刊书目》一卷,四部凡若干种,已坠之文献略具。……余于君才,观其书而益信,不胜大愿,异日推而广之,远追炎汉举遗之典,近绍朱氏阐微之心,海内承学之士,当骧首以俟之矣。光绪戊子冬孟,阳湖赵烈文叙。(《国朝著述未刊书目》)

按:赵烈文(1832—1894),字惠甫,号能静居士。江苏常州人。曾任曾国藩机要幕僚多年,并由曾保举任易州知州。著有《天放楼集》《能静居日记》等。

十一月二日,以新得砖请潘钟瑞鉴定。

《光绪十四年戊子香禅日记》:(初二日己酉)小坡以新得贾得砖出示,云有人获之黄河工次,属余审考。余谓此砖不甚古,第近百年之物耳。(《潘钟瑞日记》,第 554 页)

十一月廿四日,晤缪荃孙,缪读其《瘦碧词》。

《戊子日记》:(十一月)廿四日辛未,晴。辰刻抵苏州……子馥留晚饭,馔甚佳。晤文小坡焯,并读小坡《瘦碧词》。(《艺风老人日记》[一],《缪荃孙全集》,第 46 页)

十一月廿五日,缪荃孙来访,畅谈。

《戊子日记》:(十一月)廿五日壬申,晴。交宝银四百两于丙生,代存永丰钱庄。发粤东四信。诣丁次郇、文小坡、周小雅,皆畅谈。(《艺风老人日记》[一],《缪荃孙全集》,第 46 页)

十一月,阅《国山碑考》。

记云:并考弹洽,见闻精博确核,突过前人。予所藏国山旧拓,视此所录天一阁本,虽已多阙残,而神来湛然,较近拓悬绝。比年吴工唐仁斋云又从碑下掘得旧没了土中者数字,亦足多言。尝思棹乌篷,泛荆溪,陟善权,探石室,一扪囷碑,本本未逮,大石不移,终必遂此志也。光绪戊子中冬,叔问记。

黄子寿年丈作苏藩,下车之始,首询此碑,所在无一应者,余乃以此书假之,

钞十日见归。又记。（郑文焯藏批《国山碑考》）

十二月十四日，潘钟瑞送来为金心兰代售之画卷画轴。

《光绪十四年戊子香禅日记》：（十四日辛卯）心兰遣人送来觅售之画卷画轴，曰张南华、张寿民、徐浣梧体微道士、金云门女史，为送小坡观之。（《潘钟瑞日记》，第561页）

十二月十九日，于黄彭年咏雪楼作东坡生日。

《戊子冬咏雪楼作东坡生日赋呈黄使君子寿年丈》：龙公行雪迎韶钧，松篁解颜梅弄芬。嘉招补作寿苏饮，清言广坐娱众宾。黄甘丹荔笾实陈，鲥鱼棱笋逾常珍。时羞美报准公嗜，主人不辞官厨贺。几前再礼笠屐真，感时岂公生不辰。文章名厄随党籍，天启新学相磨磷。苦忆投老南海滨，胸中阳羡不可耘。盛名宁伤蝇与蚊，磨蝎一宫无凡伦。荒荒春梦沧海尘，夷世岂鲜风波民。髯仙掀髯一笑闻，楼头且釂江南春。咏雪楼作东坡生日，赋呈子寿年丈中丞大人教句，年家子文焯谨题。（上海国拍2004年春季艺术品拍卖会古籍善本专场0047）

《再赋寿苏诗示同舍》：聚星堂上昔联吟，咏雪楼中此嗣音。北海尊罍清似水，南州冠佩美如林。紫裘腰笛谁侪偶，玉局神弦自古今。惭愧龙门追胜践，诗成漫拟达仙心。文焯又作。（上海国拍2004年春季艺术品拍卖会古籍善本专场0047）

十二月二十日，潘钟瑞问代售之画卷画轴。

《光绪十四年戊子香禅日记》：（二十日丁酉）前日觅售之件，问小坡回信，已消去张南华山水一轴，价洋五元。（《潘钟瑞日记》，第562页）

冬，刻《瘦碧词》，俞樾、张祥龄、易顺鼎、刘子雄、文焜为作叙。

戴《谱》：冬，刻行《瘦碧词》两卷，俞曲园先生、张子苾太史、易仲实先生、刘子雄中书。子雄，四川德阳人，湘绮先生之高第，通群经，著有《古文尚书考》《礼经表》《宫室考补》，已刊者惟《宫室考补》，《大鹤山人诗集》中，有《哭刘中书》七绝五首。嚼梅先生等为之叙。

张祥龄《瘦碧词序》末识云：戊子冬，汉州张祥龄撰。

　　按：刘子雄（？—1889），字孟雄，四川德阳人。尊经书院学子。著作有《群经宫室考补》《古文尚书考》《礼经表》等。

是年，黄彭年为刻《南献遗征》。

戴《谱》：又著《南献遗征》一书，皆记南中著作家未刊之书，并识稿本所在，黄子寿方伯为刻于苏官书局，现板已佚。南京中央图书馆馆员范希曾著有《南献遗征笺》，尚可考见先生原著。

按:《同声月刊》载戴《谱》有戴正诚注云:"此书稿,甲子春,余重过吴门,获于旧书肆。"

是年,兄文炳赴潮州任运同,寄诗。

戴《谱》:是岁,卓峰先生以运同赴任潮州,先生寄诗两首。见《大鹤山人诗集》中。

光绪十五年己丑(一八八九) 三十四岁

一月三十日,将赴都,寄存书籍十数种于潘钟瑞处。

潘钟瑞《光绪十五年己丑香禅日记》:(三十日丙子)返,小坡出见,行将赴都,此间之屋并不退租。以书十数种寄我书斋,有箱者曰《资治通鉴》《续通鉴》,曰《左传》,至《元明纪事本末》,凡三箱。余惟函与板,曰《两汉书》,曰《三国志》,曰《国语》《国策》,曰《仪礼要义》,曰《周易引经通释》,曰《六书分类》,曰《说文通训定声》,曰《吴诗集览》,曰《湖海楼集》,曰《国朝金陵诗征》,曰《汪子文集》,曰《石笥山房文集》,曰《续东华录》,搬运而来,斗室骤富矣。(《潘钟瑞日记》,第573—574 页)

二月一日,再次寄存书籍于潘钟瑞书斋,并赠《国朝著述未刊书目》。

《光绪十五年己丑香禅日记》:(初一日丁丑)小坡又以日本精刻《古逸丛书》一箱、古陶瓶一具寄我书斋,又赠我所辑《国朝著述未刊书目》,此虽搜辑无穷而编其所知,已浩如矣。(《潘钟瑞日记》,第574 页)

二月三日,向潘钟瑞辞行。

《光绪十五年己丑香禅日记》:(初三日己卯)小坡来辞行,云今晚登程,余遂具衣冠,过去送行焉。(《潘钟瑞日记》,第574 页)

三月十日,潘钟瑞得文焯到京信。

《光绪十五年己丑香禅日记》:(初十日乙卯)得小坡到京信。(《潘钟瑞日记》,第584 页)

春,晋京应会试,仍不第。

《行述》:服阕后,以壬辰、癸未、丙戌、己丑屡赴春闱,而数奇屡踬,有劝以大挑分发者,辄曰朝政日非,大僚多属骄纵,悬令为亲民之官,肆应稍有不周,便遭呵斥之辱。

戴《谱》:晋京应会试,与张子苾太史、廖季平先生平偶居东城亮果厂李氏宅,仍荐卷不第。

按:廖平(1852—1932),字季平,晚年号六译。四川井研县人。经学家。著述甚丰,后辑为《六译馆丛书》。

上年末至本年初,与张祥龄同辑白石年谱。

记云:曩于光绪戊子、己丑之间,与同社张君子复同辑白石年谱,专取宋元人说部,及道人词中题叙所记岁月,切于要实,信而可征,意在重刊其词,依编年义例。(郑文焯批校《白石道人歌曲》六卷《歌词别集》一卷)

居京作《京居杂感》《短歌行己丑夏廿五日》《将去京师》。

《京居杂感》诗云:虚堂寂寂草如茵,卧听门前车马频。……闻讯故人多早达,盛世岂独计长贫。

《短歌行》:平居所事百不谐,被酒夜走长安街。长安好春不在眼,狂花落尽喧尘来。道逢骢骑三少年,金羁玉鞚青丝鞯。夹路鼓吹导仙仗,天风齐袂何翩翩。可怜衫身好光艳,邯郸同辈几人见。蓬莱宫阙识神居,坐致青云生顾盼。请君看取马上郎,岂复衣锦同夜行叶杭声。少年贵贱不须臾,寸名已足倾侯王。吁嗟富贵求可得,托躯悔不居京国。

《将去京师》:六载再还乡,亲旧娱过从。岂无长者辙,亦逮蓬门踪。少日习征逐,贵来觉义隆。帝城美甲第,丽日仙居崇。舆骑沓喧尘,簪组摇光风。华旅惜睽携,拙养不见容。故里良可怀,吾宁沦泊终。(以上均见《瘦碧庵诗草》)

在京师见陈灌荪书法。

《瘦碧庵丛载》:丁丑春袁小坞侍郎拟试,同人书楷于宣南嵩云草堂,始见陈灌荪同年书法精妙。迨癸未科廷式第一,书名大噪。己丑余试都堂,僦城东李氏宅为小寓,距灌荪居才咫尺,晨夕过从。与之讨用笔之法,则极言生平书不择笔,京师良笔工所制,亦尝用之,无一得手,或其有不传之秘邪?

取道天津南下,在津期间与王闿运、于式枚、汤纪尚相往还。

戴《谱》:道沽上,待船帆海南下,适闻王壬秋先生至,因约于晦若侍郎式枚、汤伯述观察纪尚,造访之于吴趋公所,相见即置酒论文,扬榷今故,意气相得甚欢,每慨然时事,悲悯之诚,切切满口。时李文忠公鸿章督直隶,驻节天津,为壬秋先生三十年前曾文正公国藩幕中同舍友也。壬秋先生云:此来与李约三章,不修志,不入幕,不主讲,唯欲贷万金,将卜居于海淀,近先帝旧园,受一廛,朝夕歌哭于其间,于愿足已。出示所作《圆明园词》并《叙》,读之,其声挥绰,发言哀断,相与悢悢,辍尊而叹,以为非深于文章,达于政事,通于性情,不能声之,声之或不能感人,不独先朝轶闻往事,有足征也。自是遂无日不见壬秋先生,见辄说诗及近事。尝食,以苦瓜为下酒物。先生凡三登轮船,临河而返,惓惓而不能去也,故壬秋先生贻先生五言三篇,有"潮落知人意"之句,其心契如此。

按:王闿运(1833—1916),字壬秋,又字壬父,号湘绮。咸丰二年(1852)举人,曾入曾国藩幕府。先后主讲成都尊经书院、长沙思贤讲舍、衡州船山书院等。辛亥革命后任清史馆馆长。著有《湘绮楼诗集》《湘绮楼文集》《湘绮楼日记》等。于式枚(1853—1916),字晦若。广西省贺县(今贺州)人。光绪六年(1880)进士,授兵部主事。曾充李鸿章幕僚多年。历任广东提学使、考察宪政大臣、礼部侍郎、学部侍郎、国史馆副总裁等职。维护皇权,反对立宪。清亡后居青岛,谢绝袁世凯之聘,以遗民终老沪上。

六月九日,访王闿运。

《湘绮楼日记》:(九日)汤伯述来,同郑文焯小坡来访,苏抚客也,汉军举人,易郎、张羊友也,开朗有性情,非文、廖之比,留饭而去。(《湘绮楼日记》,第1564页)

> 按:"易郎"即易顺鼎;"张羊"即张祥龄;"文"指文廷式;"廖"指廖平。

六月十一日,汤纪尚宴请,王闿运作陪。

《湘绮楼日记》:(十一日)汤伯述招陪文小坡,又有一主人曰姚岱翁,招两伎侑酒,一南一北,云翘楚也。食蛙鳗新藕,又至南伎家食瓜,异还,夕食未饭,坐小车至春元栈访小坡,留饭久谈,乘月还。(《湘绮楼日记》,第1564页)

六月十三日,王闿运相约,文焯校读《谢康乐集》。

《谢康乐先生集跋》:此萧氏旧藏钞本,亦从《文选》《晋代丛书》及《初学记》《艺文类聚》诸选本类书中裒集而成。刘氏刻之阳夏,以为康乐全集。惜雠校未精,讹脱相仍,虽有笺释,未足多也。研经余日,偶与壬秋先生论列八代诗文,肄业及之,拟有评注,兹录简者,以志素尚。叔问。光绪己丑六月十三日记。(郑文焯批校《谢康乐先生集》)

《湘绮楼日记》:(十三日)又知小坡未行,遣约来谈。倍书,讲《诗》《史》。(《湘绮楼日记》,第1565页)

六月十四日,王闿运相约,讲《诗》《史》。

《湘绮楼日记》:(十四日)遣约小坡晨来,过午乃至,与伯述同来,特担酒待之。酒甚佳,而汤不以为佳,又过于求我也。晦若约来不来,至酉客去。讲《诗》《史》,倍书,钞书一叶。(《湘绮楼日记》,第1565页)

将离津,与王闿运相约秋间吴中再会,作诗别于式枚。

《天津待船帆海南下风雨登望》:献策阻君门,靡靡适长道。旅逸岂予怀,劳歌发燕赵。暑风急晨装,沙流弭夕棹。津埭无久留,曾阴变昏晓。虽云违里闬,暂喜释尘熇。新俗美名邦,宏徽钦时髦。登高瞰大波,穷远缅神岛。殊方迹未并,贞观志无耀。去人今始遥,幽忧坐将老。(《瘦碧庵诗草》)

戴《谱》:旋与之约游吴门,秋以为期,流连浃旬,各以篇咏为例。先生先渡海而南。

　　按:《大鹤山人诗集》刻本诗题作"沽上待帆海南下风雨登望示晦若"。

文焯借钞王闿运所编《唐诗选》,返回苏州,录毕作跋记之。

　　《鹤翁异撰》:《湘绮楼选唐诗七言律》跋　光绪己丑之岁,余以都堂试报罢,道沽上,解遘湘潭王壬秋先生。文酒讽议,相得甚欢,数十年彦咏之诚,为之一释。时将帆海南下,执别依依,裴回岐路,临流三反,复作十日之留。遂得纵谭,执事兼见示《湘绮楼集》,乃叹壬翁诗格,渊源八代。其今体则出入东川、少陵之间,纯以骨力气格制胜,无一语落宋人窠臼。盖百年来,可与言诗者也。因与订游吴之约,秋期果践,流连三月,篇咏酬倡,获益良多。濒行,复借钞其《唐诗选》二卷。皆取名家,格调之清异,气韵之沉雄,凡章法、句法及命题制律,皆若有定体,可为学者理群类,达神怡,是则是效,所谓取法乎上者,得此亦思过半已。近世学诗者,恒墨守渔洋山人删定鄱阳洪氏《唐万首绝句》。谛审其甄采,惟尚声调。又选盛唐诸什为《三昧集》,亦多取风韵谐美,踳驳纷然,未为尽善。且谓唐三百年,以绝句擅场,即唐之乐府。甚非笃论也。湘绮翁尝称七言绝句和乐皆五句,盖昉于《淋池》《招商》,其平反相间,唯亡四句,则始于汤惠休《秋思引》。自是以后,盛于唐代,其调哀激,唯宜筝笛,大雅弗尚也。而工之至难,一字未安,全章皆顿。若七言律则匪独声律之难工,即体格亦未易拟议。温、李以降,几于气骨骴骸,诚以风标既树,文采弥彰,属对蝉联,最难著力。求之高澹,或病在无文;取其典实,又苦于意悴,更无论风骨格韵。非好学深思者,未繇陈其细趣矣。降至两宋,其工者悲壮奥崛,别具一体,以取重于当世,又不免有一时放浪通脱之言。率皆逞其淹博,漫无裁制,间晚唐体格,几至有句无章。其傲而不理,枝而不物,庞杂而不辞,恣纵而不觉,至于山谷、后山辈,可不谓之流荡忘反者哉? 近自曾文正倡继西江一派,世士津逮,每喜艰涩,下字矜慎,殆极炉锤,力矫轻俗,务开新派。斯又安蔽乖方,去古益远已。壬翁兹选,独于唐格中各标古法,简练揣摩,咸于是导其渊原,塞其下流,顿使当世不敢以拟古为病。微是翁,孰可与言诗邪? 鹤道人录讫,并记于威喜芝宧。

六月二十八日,返回壶园。

　　《光绪十五年己丑香禅日记》:(廿九日癸卯)昨睡下闻间壁人声,知小坡挈眷自京都回寓。(《潘钟瑞日记》,第611页)

六月三十日,与潘钟瑞谈都中事,并遣人取回寄存图书。

　　《光绪十五年己丑香禅日记》:(三十日甲辰)小坡来,谈都中事片刻,午后,遣人取寄存各书去。(《潘钟瑞日记》,第612页)

七月六日,潘钟瑞、金心兰来谈。

《光绪十五年己丑香禅日记》:(初六日庚戌)至小坡处,正谈时,心兰来共谈,又至余处略谈,去。(《潘钟瑞日记》,第613页)

七月十日,以《石芝诗梦图册》出示潘钟瑞。

《光绪十五年己丑香禅日记》:(初十日甲寅)小坡以《石芝诗梦图册》出示,因录其题咏。(《潘钟瑞日记》,第614页)

七月二十日,金心兰画成《石芝诗梦图》横幅,请潘钟瑞交文焯。

《光绪十五年己丑香禅日记》:(二十日甲子)既而心兰来,画成《石芝诗梦图》横幅,属交小坡,邀余出吃茶,辞之。(《潘钟瑞日记》,第616页)

秋,易顺鼎卧病无锡,前往探望。

《三姝媚》(夫容湖上道)词序云:秋晚新晴,买舟黄步,时闻易五中实卧病惠山,便一寻问,用梦窗韵赋此。(《冷红词》卷一)

《惜秋华》(软绣山街)词题云:惠山。(《冷红词》卷一)

八月八日,与潘钟瑞闲谈。

《光绪十五年己丑香禅日记》:(初八日辛巳)余与小坡闲谈,返,写便面一页。(《潘钟瑞日记》,第620页)

八月八日,王闿运至苏州,访文焯,不遇。其后与王闿运晨夕相从,诗酒流连,共校《墨子》。

《湘绮楼日记》:(八日)微雨。行廿七里过昆山,六十里至吴门,绕城壕行十余里泊胥门,已夕矣。步至庙堂巷,访文小坡不遇。(《湘绮楼日记》,第1576页)

戴《谱》:迨中秋后七日,壬秋先生果浮家至苏,寓湖南宾馆,距先生壶园,只隔一桥,欢言晨夕,风雨亦相过从。时黄子寿方伯,与壬秋固闻声相慕者,先生为之先容。又壬秋先生老友遵义刘景韩,亦新擢廉使来苏,于是文酒雅宴,殆无虚日。湘绮诗集《秋雨酬叔问》《秋雨叹简黄子寿刘景韩两司使》两诗,即是时作也。而壬秋先生方注《墨子》,日课必手录三篇,始应宾客,尝为先生言,今泰西之学,多原于墨家,盖由南方之墨,流传于西洋,又去其《明鬼》《节用》诸篇,不便于其国者,演为彼教一家之言。试诵《墨经》上下,则西人所神其学于光声诸学者,又明明在也。先生因取毕校道藏本,证以壬秋先生所注,叹其精博,远过孙、毕,遂相从校验。尽取《墨子》十五篇,为之章句,且日订数事以相质。壬秋先生极为赏击,谓假以三月功力,必与子尽得之矣。

按:据《湘绮楼日记》,王闿运来苏时间为中秋前七日。戴《谱》记为"中秋后七日",误。另戴氏记刘景韩为贵州遵义人,亦误。刘树堂(1830—1903),字景韩,云南保山人。捐监生,任李鸿章幕僚十余年,历官河北布政使、河南巡抚、浙江巡抚。1900年，因宁波教案遭撤职。擅书法，工诗，有《双清堂帖》《师竹轩诗集》。（《保山市志》，第764页）

八月九日，邀王闿运饮。

《湘绮楼日记》：（九日）晨复遣问小坡，乃无寓处。……小坡来，要饮酒楼，游顾园，访俞应甫。（《湘绮楼日记》，第1577页）

八月十一日，与张祥龄、王闿运看月。

《湘绮楼日记》：（十一日）将游狮子林，已晚，步至小坡处，同往魏处……小坡与张生夜来，看月，初更步至吴学前，乃别各还。（《湘绮楼日记》，第1577页）

八月十二日，从王闿运处取诗稿。

《湘绮楼日记》：（十二日）小坡夜来，取诗稿去。（《湘绮楼日记》，第1578页）

按：文焯倩王闿运为选诗作，记云："己丑秋，湘绮翁阅过，以大黑圈加于题上即选入集，谓是合格者，不则删之。""壬秋又云，有诗与题不称者，所删各诗不拂作者本意，可编作别集，实则自我看来无多惬意之作者耳。"（《瘦碧庵诗稿》）

八月十三日，与张祥龄、王闿运宴集。

《湘绮楼日记》：（十三日）阴，郭辅卿来。……客皆不至，复招小坡、张生同集。（《湘绮楼日记》，第1578页）

八月十五日，夜访王闿运。

《湘绮楼日记》：（十五日）小坡步月来，谈至丑初乃去，多言韵学及音乐。庭月朗寒，始有秋色。（《湘绮楼日记》，第1578页）

八月十六日，与王闿运同饭。

《湘绮楼日记》：（十六日）出访二朱福清、之榛，一李景卿，昇夫言李居甚远，仅至朱处，旋别至竹石寓，谈湘军旧事。待小坡来同饭，朱饮馔有名，惟抓碟无厨派耳。（《湘绮楼日记》，第1578页）

八月十七日，与王闿运约游虎丘。

《湘绮楼日记》：（十七日）上虎丘寺，与鸿慈凭栏，望吴城平远，繁华犹似旧都。修庭因不能来，小坡寻砖去，久不至。（《湘绮楼日记》，第1579页）

八月十八日，与王闿运游。

《湘绮楼日记》：（十八日）晨钞《墨子》未半叶，饭至，独餐。……槃仲要饮酒楼，吃九百文，亦足以饱。小坡先至已面，余已饭。诸子饭毕下楼，买羊毫三枝。至观游览，则不忆曾至否。沿街看古董。至张生寓晚餐，菜皆家制，极有吾家味。夜风,借衣还。昨至虎丘,失半臂衣,今失烟合,每日必有所丢,无所得也。与魏、赵、郑同出,将至门乃别,各散。(《湘绮楼日记》,第 1579 页)

八月十九日,王闿运于文焯处夜饭,并观扇册。

《湘绮楼日记》:(十九日)夕入城,便过镳局,访陈仲筼祖煊,复至文小坡处夜饭,朱修庭、张生先在,饭后看扇册,及《万松》《兰亭》。小坡、张生送至寓,谈至月午乃去。(《湘绮楼日记》,第 1580 页)

八月二十日,访王闿运。

《湘绮楼日记》:(廿日)小坡来,同过景韩,遂尽一日。夕从城上还。(《湘绮楼日记》,第 1580 页)

八月二十二日,访王闿运。

《湘绮楼日记》:(廿二日)待小坡同往狮子林,亦过午乃至,云可异往,余又不欲。出示李建中墨迹,临颜书,颇逼真,属为题跋。已又要余步至城上,从市中还,已夕。看小坡赠诗。(《湘绮楼日记》,第 1580 页)

八月二十三日,迎新抚。夜访王闿运。

《湘绮楼日记》:(廿三日)张生晨来,云约往天平,不知朱、文以迎接新抚改日也。……小坡夜来,始忆李册未收,寻之不得,余心绪甚恶,无兴酬对。客去,更遍询同舍,竟失之矣。(《湘绮楼日记》,第 1580—1581 页)

八月二十七日,访王闿运。

《湘绮楼日记》:(廿七日)小坡来,朱竹石、曾参将、张副将、高伯足长子穉东名荫都先后来。客散已暮。(《湘绮楼日记》,第 1581 页)

八月二十八日,与王闿运家谈。

《湘绮楼日记》:(廿八日)携子女看秋衣,便过槃仲,云楼居不便延客,因至小坡家谈,顷之雨大至,遂连夜不休,借轿还。(《湘绮楼日记》,第 1582 页)

八月二十九日,邀王闿运饮。

《湘绮楼日记》:(廿九日)小坡来,要往会饮,客为傅星查怀祖、沈知府赓虞及仲复子砚传。夜雨潇潇,异还。(《湘绮楼日记》,第 1582 页)

文焯又买一鹤,八月二十九日,吴恒、潘钟瑞来观鹤。

《光绪十五年己丑香禅日记》:(十八日辛卯)壶园中小坡又觅得一鹤,观其毛色,知其年岁在上一鹤之上,清晨互作长鸣,有在阴相和之意,且与间壁吴仲英处之二鹤亦交相应也。

(廿九日壬寅)仲英至小坡处,余亦随之,观新来大鹤,移时,散。(《潘钟瑞日记》,第 622、625 页)

八月三十日,至刘景韩处。

《湘绮楼日记》:(晦日)赴景韩处,主人迎护抚未还,仍至馆稍愒。待催而去,小坡已至,尚有保山二客,一令一翰林,似是兄弟,而令吴姓,编修自云翁姓,听未审也,景韩意在恤官,亦近于知治者。(《湘绮楼日记》,第1582页)

八月,作《瘦碧词自叙》。

《瘦碧词自叙》:瘦碧何谓也?余尝梦游石芝崦,所见石上有文也。昔姜尧章客武康,居与白石洞天为邻,因以自号,且以名其词。此其义例也。余平生慕尧章之为人,疏古冲澹,有晋宋间风,又能深于礼乐,以敷文博古自娱。当时名公硕儒贤之遇之者,既众且笃矣!而卒无能振之于窭困无聊之地,以养其岩壑之身。《文苑》《隐逸》两传无称,仅于《乐志》存其所议,比于伶伦,使尧章当日弗儞声律,则亦没没而已矣。迄今数百年,仅仅以词显者,孰谓一艺之不当名哉!或曰子诚悲白石之遇,而复志其志,学其学,何邪?且尝见子治经止于汉赋,诗止于魏晋,为古文辞亦耻作六朝以后人语。词虽小道,盖原夫《诗》之比兴、变风之义,骚人之歌。今子托于南宋,其如自画何?曰文小而声哀者易于感人,不足以鸣其盛,盛世作者不过自道其男女哀乐之私。洎乎世变,乃有以忠爱怨诽托微言以喻其志者,观于南渡君臣离合之感,多见于词,道穷而语益工,馨欬之应亦知所征矣。白石一布衣,才不为时求,心不与物竞,独以歌曲声江湖,幸免于庆元讹学之党籍,可不谓之知几者乎?知几故言能见道,吾是以有取焉。或曰谅哉,郑生之善于自诡也,是可以读其词。古之乐章皆歌诗。诗之外,又有和声,所谓曲也。隋唐以来,声诗间为长短句,至唐贞元、元和间,新奏竞作,乃以词填入曲中,不复用和声,是为歌词之始。然唐人制曲,多咏其曲名,故文之哀乐,犹与声相谐会。洎乎宋崇宁立大晟府,美成诸人增演慢曲引近,或移宫换羽,为三犯、四犯之曲,依月律进之,其音遂繁,而古节驳矣。白石以沉忧善歌之士,振响于南渡之际,进议大乐,志在复古,而道不行。顾所谓铙部鼓吹、越九歌,固能缘饰诗乐。其自制词曲,旁缀音谱,杂以乐句,则仍当时乐工之所为。间尝窃取王灼、沈括论乐诸书及玉田《词源》所纪宫谱器色,参互审订,十得八九焉。然则唐宋歌词之法,虽变古律,犹可考见音乐之旧谱耳。古人谓词以可歌者为工,近世善言词者,金昧于律,知律者又不丽于词,而一二悬解之士,如方成培《词麈》、许穆堂《自怡轩词谱》、谢墨卿《碎金词谱》辈,于声歌递变之由,漫无关究,徒沿明人沈伯英九宫十三调之陋说,率以俗工曲谱为谷梁,所谓听远音者,闻其疾不闻其舒,甚可闵笑也。余幼嗜音,尝于琴中得管吕论律本之旨。比年雕琢小词,自喜清异,而苦不能歌。乃大索陈编,按之乐色,穷神研核,始明夫管弦声数之异同,古今条理之纯驳,杂连笔之于书,曰《律吕古义》、曰《燕乐字谱考》附《管色应律图》、曰《五声二变说》、曰《白石歌曲补调》、曰《词源斠正》、曰《词韵订》,曰《曲名考原》。凡兹所得,虽孤学荒冗,未为佳证,庶病于今,弗畸于古焉。
世有解音善歌如尧章者,齐以抗坠,取余词而声之,倪亦乐府之一綖哉？岁在徒
维大梁月,文焯叙于大鹤山房。(《瘦碧词》)

九月一日,与张祥龄宴请缪荃孙于百花巷。

《己丑日记》:九月朔甲辰,晴。出拜俞荫甫樾年丈、张子绂孝廉、恽季文明
经、吴子明焘同年、子蔚炳太史、子□灼大令、朱竹石之榛观察、周小雅荣植表
兄、文小坡焯孝廉、凌镜之焯、吴县钱笆仙同年、沈旭初观察。晚文坡、子绂招饮
百花巷。(《艺风老人日记》[一],《缪荃孙全集》,第 85 页)

九月二日,缪荃孙来访,同游古董铺。

《己丑日记》:九月二日乙巳,晴。子绂招往湖南会馆访王壬秋闿运,不值。
诣小坡谈,小坡出示张叔未藏虞愿砖碣,翻《通鉴》《齐书》考之,然伪作也。小坡
约游乐桥古董铺,见旧岿一、闻人本《旧唐书》一,拟购之,托小坡议价。在子绂
处晚饭。(《艺风老人日记》[一],《缪荃孙全集》,第 85 页)

九月四日,访王闿运。

《湘绮楼日记》:"(四日)大雨竟日。倍书,写册,题册,皆斗方径也。夜讲
《诗》《史》。小坡来。"(《湘绮楼日记》,第 1583 页)

九月五日,赴黄子寿处。

《湘绮楼日记》:(五日)欲往景韩处,小坡拉往子寿处,相见,亦如曲园不多
言,盖包周身之防,以余为凶恶棍徒也,知疑谤重矣。(《湘绮楼日记》,第 1584 页)

九月六日,金心兰欲向潘钟瑞借陈维崧诗集,潘转借于文焯。文焯赴王闿运处,
并与之访朱之榛。

《光绪十五年己丑香禅日记》:(初六日己酉)心兰来,偕至东园茶话,袖出近
作梅花十二纸,因欲借陈其年诗集,余为转乞诸瘦碧。(《潘钟瑞日记》,第 627 页)

《湘绮楼日记》:(六日)张生、景韩、钟巡检引蒋典史朝琛、刘主簿、高郎荫
都、胡虞笙、小坡继至,遂不得入愒,饭于客座。要小坡同过竹石,还欲雨,因分
散。题册,讲《诗》《史》。竹石送□。松泉、小坡夜来,谈至子初,雨不能行,复坐
至子正去,俱有赠诗。(《湘绮楼日记》,第 1584 页)

> 按:朱之榛(1841—1909),字中蕃,号竹石,又号常慊慊斋。浙江平湖
> 人。历官江南淮扬海河务兵备道、江苏按察使。著有《常慊慊斋文集》。

九月八日,朱之榛邀饮。

《湘绮楼日记》:(八日)朱竹石要饮,小坡同集,申散。(《湘绮楼日记》,第
1582 页)

九月初,文廷式礼部试不第,自京南下至苏州,与文焯、王闿运游。并入壶园词

社,参与唱和。九月九日,文焯代文廷式邀王闿运,王辞之。

《湘绮楼日记》:(九日)小坡代文道溪要饭伎家,辞以非舁烛可往。有意联络,近世故也。(《湘绮楼日记》,第 1585 页)

冒广生《小三吾亭词话》:由甫兄弟,尝与文道希、郑叔问、蒋次湘、张子苾结词社于壶园。(《词话丛编》,第 4705 页)

　　　　按:文廷式(1856—1904),字道希、芸阁,号纯常子、罗霄山人等。江西省萍乡人。陈澧入室弟子。光绪十六年(1890)进士,授编修。得光绪帝重用,升翰林院侍读学士,兼日讲起居注。关心时局,意欲有为,敢于直言,与盛昱等列名"清流",为帝党重要人物,后遭参劾,革职驱逐出京。著有《云起轩词抄》《文道希先生遗诗》《云起轩文录》《纯常子枝语》等。

九月十日,王闿运、文廷式、张祥龄至文焯寓所。

《湘绮楼日记》:(十日)文、张同来,少坐,俱要往文寓,门逢朱修庭,同步行至小坡处,待惠同知来会食,夜雨又至。(《湘绮楼日记》,第 1585 页)

九月十一日,访王闿运。

《湘绮楼日记》:(十一日)夜遇嵩佺,逢小坡相寻,还至其寓。(《湘绮楼日记》,第 1586 页)

九月十三日,同张祥龄等公请文廷式。

《己丑日记》:(十三日)偕季文、小坡、子馥公请芸阁,吴子佩大令观乐来同席。(《艺风老人日记》[一],《缪荃孙全集》,第 87 页)

九月十六日。约王闿运、文廷式游阊门。

《湘绮楼日记》:(十六日)小坡约游阊门,携真步至汪园,待道溪至,与同往。(《湘绮楼日记》,第 1587 页)

九月十八日,访王闿运。

《湘绮楼日记》:(十八日)竹石、小坡来,夜月。(《湘绮楼日记》,第 1587 页)

九月十九日,与王闿运、刘景韩聚谈于藩署西园。

《湘绮楼日记》:(十九日)至藩署西园,小坡、景韩继至,竹石辞不来,颇少谈友,席间无佳话。雨声尤壮,念灾怃然,戌散。(《湘绮楼日记》,第 1587 页)

是月,与王闿运商榷《广韵》校订。九月二十日,王闿运读文焯校注。

《广韵跋》:光绪癸未之岁秋孟,据段懋堂先生校本覆勘一过,度于是刻,间下己意,附注韵次。己丑九月,湘潭王翁壬秋游吴见访,因与商榷,订以古音,乃为完书焉。(郑文焯批校《广韵》)

《湘绮楼日记》:(二十日)坐厅堂看《广韵》竟日,小坡所集吴陵云、段玉裁注及自注者,欲余加笺古韵,余无韵书,当先作,乃可定部分。(《湘绮楼日记》,第

1587 页)

九月二十一日,王闿运邀饮。

《湘绮楼日记》:(二十一日)看《广韵》毕。槃仲、伯璋来,要饮酒楼,更约曹先斋、文小坡。(《湘绮楼日记》,第 1587 页)

九月二十二日,与王闿运在朱修庭处吃蟹,后又访惠荣、陈寿昌。

《湘绮楼日记》:(二十二日)饭罢,朱修庭要饮持鳌,投暮往,尚在抚幕未回,楼上喁喁,不知何人。坐久之方至,小坡又徐来,啖三脐已饱,主人昏然欲睡。同小坡步过惠中书,过陈嵩佺,想与聚谈甚乐。俄云雨至,步还,未讲《诗》。(《湘绮楼日记》,第 1588 页)

> 按:朱福清(1838—?),字修庭。浙江归安(今湖州)人。附贡生。官江苏候补道。著有《双清阁袖中诗》《拥翠词稿》。"惠中书"即惠荣,字师侨,隶内务府正黄旗。光绪三年(1877)进士,任内阁中书,光绪十五年(1889)补苏州府总捕同知。(《清代官员履历档案全编》第 5 册,第 586 页)李伯元《南亭联话》记其事迹云:"惠师侨观察荣,奋有文采,署苏州总捕时,日以诗酒自娱。尝撰一联自嘲曰:前顾五马,后列三牛,看诸君顶上荣光,雪白雪蓝,皆非本色。下联惜忘之矣。三牛,指长、元、吴三县。观察有句曰:江苏知县大于牛,盖本此也。后观察因案星误,致论遣戍。"(《南亭四话》,第 394—395 页)

九月二十六日,与王闿运至朱之榛处小坐。

《湘绮楼日记》:(二十六日)还夕食,曾彦在内,小坡在外,呼食不得,而厨人与吴僮斗狠见血。饭罢,与小坡同至竹石处小坐。(《湘绮楼日记》,第 1588 页)

九月二十八日,惠荣招饮。

《湘绮楼日记》:(二十八日)惠师侨招饮,因欲过景韩,呼舁,久待无从人,独过傅星槎、文小坡,俱不遇。至师侨寓,主人未还,表侄出陪。顷之,星槎来,师侨、子复、小坡、嵩佺来入坐啖谈,戌正散。(《湘绮楼日记》,第 1589 页)

秋,与王闿运、张祥龄、文廷式方舟载酒,行吟联句。

《浪淘沙慢》(坠月悄):因忆己丑秋,方舟载酒,与湘潭王壬秋二三同志山泽行吟,连句和清真此曲,极岁晚清逸之娱。胜游续,秋凉积水,望转晴堞壬秋。单舸冲风未发,繁弦带雨已阕叔问。正漠漠、歌尘愁暗结。过重九、菊瘦谁折子复,念去后、湘波荡帆影,衔杯镇凄绝道义。 望切。碧云渐满空阔。暂载酒、囊琴缘溪去,细语蝉共咽壬秋。嗟吴霜鬓缕,能几销别叔问。壮情漫竭,携夜珠、帘底窥人如月子复。岚翠侵、衣愁纹叠,幽花谢、旧芳未歇道义。待重认、沙痕莲瓣缺壬秋。怕江上,乱落芙蓉,澹暮色。谁家笛里飘红雪叔问。连句旧作,时同社道义有浮湘之赋,歌以饯

之。(《比竹余音》卷四)

秋,与王闿运游虎丘,作《虎丘揽胜图》。

　　题识:虎气荒残未可哀,一丘曾枉六龙来。闲僧话尽南山事,酒醒西风下讲台。○江汉高人兴不孤,漫将楚些变吴歈。此间山水清空境,三十年前眼底无。己丑秋晚同湘潭王壬秋虎丘饮席作图并赋此诗,鹤道人记。(广州市艺术品拍卖有限公司2010年春季拍卖会幻影楼藏中国书画专场0801)

秋,苏州大雨成灾,作《字鹿谣》《秋霖行》。

　　《字鹿谣》:光绪己丑秋,吴郡大雨,田间积潦数尺,岁将大无,九月廿六日复闻雷,异,南宋吴谚有云"秋字鹿,损万斛",盖田家五行占也。秋字鹿,损万斛。东畦种禾西畦菽,禾头生耳菽生蝎。城中穰草千钱束,字鹿谣,哀嗸嗸。昨日湖水平南壕,鹅鸭集庐鱼升桥。出无航,居无茅,荒荒饥色近在郊。四乡那不愁漂摇,邻灾况闻江有蛟。(《瘦碧庵诗草》)

　　《秋霖行》:老农昨入城,为言道光季。淫雨昼成晦,野湟船入肆。倾畦连畛水没人,庐游鹅鸭田生鳞。强梁白梃走檐下,官符到乡还捉民。吴侬乐岁无余业,年灾一值如赤贫。公中岂无岁时蓄,南仓北仓雀噪困。昨闻诏恤宽租欠,计岁行恩到乡县。谁怜下户尾毕逋,不输官府输胥掾。今年秋霖积田水,视昔潦年差尺半。天时人事不可知,今朝雨雹昨雷电。我闻此语心切切,隐几恍见波澜高。坐使愁心恋江海,武陵渔者傥可招。(《瘦碧庵诗草》)

十月二日,王闿运访文焯,不遇。文焯夜访王闿运。

　　《湘绮楼日记》:(二日)晨过伯璋不遇,遇郭辅清,同诣周月溪,又过小坡不遇,还,倍书。……到家已夜。小坡来。看《蟫史》至丑初。(《湘绮楼日记》,第1591页)

十月三日,与王闿运至陈寿昌寓。

　　《湘绮楼日记》:(三日)小坡云嵩佺约饮。酒罢。至尔民局中少坐,异还,雨大至,冒雨行至陈寓,则无约会。顷之小坡至,相与大笑,坐久之,复冒雨还,鞋袜俱湿。(《湘绮楼日记》,第1591页)

十月四日,赴黄子寿宴。

　　《湘绮楼日记》:(四日)顷之子寿来催客,冒雨异往。小坡先在,嵩佺、张生后至,席间谈西皮、二黄之异。(《湘绮楼日记》,第1591页)

十月六日,访王闿运,与谈荒政。

　　《湘绮楼日记》:(六日)张生、刘葆吾来,顷之寿、景俱至,小坡、修庭亦至。要小坡同坐,谈荒政,俱无实心。修庭要吃羊肉,同步至阊门正街酒楼,嚣杂不可坐,大似入客店,数十年未有之苦也,匆匆散。至小坡处,欲谈,修庭复遣要至竹石处,步往已二更矣,遣人谢之,修亦自去,因要小坡至馆。遣送张生还,因迎三小儿还。至子初儿女未还,小坡亦未去。(《湘绮楼日记》,第1592页)

十月七日,王闿运至文焯处吃羊肉。

《湘绮楼日记》:(七日)要惠同至小坡处吃羊肉,甚清醇,不觉过饱。(《湘绮楼日记》,第1592页)

十月九日,与张祥龄夜访王闿运,未见。

《湘绮楼日记》:(九日)看《广韵》。遣问湘船。小坡、张生夜来。昨夜忽畏寒,今日多睡,两客来未见。(《湘绮楼日记》,第1592页)

十月十一日,夜访王闿运。

《湘绮楼日记》:(十一日)小坡、张生夜来,小坐去。(《湘绮楼日记》,第1594页)

十月十六日,访王闿运。

《湘绮楼日记》:(十六日)小坡、辅清亦来,食毕,步往阊门,还过石子街镖局少坐,风起雨至,避于西城桥。(《湘绮楼日记》,第1596页)

十月十七日,夜访王闿运。

《湘绮楼日记》:(十七日)槃、阿、小坡来坐,至丑初始去。(《湘绮楼日记》,第1596页)

十月二十一日,请王闿运阅其少作。

《湘绮楼日记》:(廿一日)小坡请阅其少作。(《湘绮楼日记》,第1597页)

十月二十二日,夜访王闿运。

《湘绮楼日记》:(廿二日)朱竹石来。小坡夜来。(《湘绮楼日记》,第1597页)

十月二十三日,访王闿运,与谈。

《湘绮楼日记》:(廿三日)小坡、嵩佺来谈。(《湘绮楼日记》,第1597页)

十月二十四日晨,王闿运送还诗集。王已定返湘,与寓苏友人告别。

《湘绮楼日记》:(廿四日)晨送诗还小坡。……过别子寿,看菊,便留夜饮,更邀小坡、叶临公、谢孝廉武进人、诸迟菊可宝来陪,散已三更矣。(《湘绮楼日记》,第1597页)

十月二十五日,王闿运为文焯写诗册。

《湘绮楼日记》:(廿五日)又为小坡写诗册,及嵩佺册页。(《湘绮楼日记》,第1598页)

王闿运寓苏期间,文焯与之唱酬甚勤,作诗送别。

《苏州酬王壬秋》:北溟六月气已秋,逢君置酒天津楼。大波吹云变昏晓,一醉十日相慰留。道途苦长会苦短,临别更感新诗投。琅琅天风弄纨素,携经沧海惊蛟虬。笑我无才能潦倒,少年作健轻远游。五湖云水青油油,龙气东连江汉浮。枉君秋期及良约,卅年重系山塘舟。桂树初葩枫未冷,相从林壑披清幽。苍凉古事仍在目,及身况历兴废由。高歌痛饮非吾乐,盛时富贵安可求。君昔平揖东诸侯,论兵亲预中兴筹。著书经世不名用,一卧衡山今白头。即今教泽被巴蜀,岂无要道达孔周。是邦大夫多贤者,苦欲留君谁善谋。白眼看人拥八驺,我生何为千岁忧。明朝浩荡随沙鸥,君亦怀玉将归休。门前湘水碧如绮,万古沧波空自流。

《虎丘二首同王壬秋作》其一:虎气荒残未可哀,一丘曾枉六龙来。闲僧话尽南巡事,酒醒西风下讲台。其二:江汉高人兴不孤,漫将楚些变吴歈。此间山水清空境,三十年前眼底无。

《答赠壬老秋雨见忆》:命酒临清池,秋花何婉娈。林雨下沾衣,鹤鸣松扉闲。高人阒足音,畴复娱岁寒。中饮起徘徊,招以雍门弹。劳歌易为曲,善听良独难。申章托情契,愿言共栖槃。南山云峨峨,石芝悦可餐。

《壬老将去吴感赠长句》:霜信初丹晚桂林,闭门秋思已深深。冥鸿遥带潇湘雨,樊鹤犹余江海心。云物空蒙回北望,诗歌浩荡发南音。不辞更醉重阳酒,别后兰茝漫独吟。

《送王壬秋还湘潭》其一:官河老柳不堪攀,飘影随波出浒关。一夜暗霜江上树,尽将红叶照离颜。其二:南天水尽接荆蛮,入海浮江一笑还。莫惜到家当岁晚,白云犹在别时山。其三:春来北客秋南客,日暮青山解向人。不见楚云沧海尽,归舟何处吊灵均。其四:残雨兼葭别馆清,晋陵木落见秋城。停杯莫问江头水,流遍潇湘是此声。其五:乱离山水卅年游,那更新愁间旧愁。一自江蓠赋骚去,无心重梦楚宫秋。其六:大江东去日西流,词客飘零万里舟。好及清时著书老,世间何物富平侯。其七:高鸟连云没远空,亭亭江月挂虚弓。天边更有南飞雁,独向衡阳暮色中。(以上诸诗均见于《瘦碧庵诗草》)

十月廿七日,王闿运离苏,文焯与张祥龄至无锡惠山相送。

《湘绮楼日记》:(廿七日)晨发甚晏,得顺风,帆行。……小坡、张生昨夜到,先在黄步相待,请不入城,径往山上。……小坡遣县船来迎,仍至西门,吴令账房客蒋小槎作主人,具妓船酒馔,三女祗奉,船娘与小坡赌酒至醉。三更散,更登岸至妓馆。(《湘绮楼日记》,第1599页)

戴《谱》:十月杪,壬秋先生以天寒岁暮,决然还湘,怅怅言别,先生送至无锡黄步,扁舟依违,犹相与日校《墨经》,丹黄不去手。以上节录先生题《壬秋圆明园词》跋语。正诚案:先生自写所著书目,有《墨子故》十五篇,《墨子古微》上下篇,上段跋语又有云:今所录吾两人笺本,犹在案头。后数年,复搜获张皋文校订《墨经》,又王树柟《墨子校验》,将折衷一是,汇录付锲,以志良友同道之助。是先生关于墨学著述,必非有目无书,惟稿佚可惜。《大鹤山人诗集》有《送王壬秋还湘潭》七绝七首,即是时作。

十月二十八日,陪王闿运游惠山。与张祥龄返苏。

《湘绮楼日记》:(廿八日)晨待小坡等不来。汤女金珠来。久之郑、张至,移船入梁溪,登惠山,看第二泉,上云起楼,昔日优婆,一无存者。……与小坡止半山,舆儿与张生登顶未下,或云已还舟矣,遂下,至船。久之张生乃至,坐艇子还汤门。……托小坡寄叶书,托叶寄陈函,并还小坡《广韵》,索还《墨子》钞本。……郑、张亦还省,苏州之游毕矣。(《湘绮楼日记》,第1599页)

王闿运在苏期间,为文焯圈选诗作。

文焯致夏敬观书有云:拙制小诗,皆廿年前无题之作,殊不足观。曩于己丑岁,质之壬秋翁,以为有可存者百余首,因别以墨圈识之,余悉别为一稿,留以自镜得失。(《夏剑丞友朋书札》)

十月,覆勘《广韵》。

记云:光绪己丑冬孟覆勘。鹤记。(郑文焯批校《广均》)

十一月三日夜,王闿运作诗相寄。

《湘绮楼日记》:(三日)半夜不寐,作诗寄文小坡。郑叔问及张生祥龄相送惠山,舟行不及,却先夜至。余到黄步还舟始见,作一首:新知有余欢,晴游展归趣。百里共平流,谁知即歧路。张棹依虎丘,登楼访黄步。孤情照初月,别思生溥露。佳人既未来,山径碧已暮。云窗余旧凭,泉声子新悟。同心不同赏,挥手谢烟素。(《湘绮楼日记》,第1599页)

是年,再赴杭州,游西湖。

《再入浙经湖中玩月》:旅舟倦暝宿,弄波忽流光。春明一湖白,夜雾群山苍。云物缀新眺,林垌回昔芳。端羡栖钓伦,属景娱相羊。世情弃深美,媚兹近郭方。莲委灵苑峰,梅开孤屿堂。企石悟元素,攀林缅隐良。独谣难奏怀,越酒中饮伤。扣舷向幽默,聊以慰羁望。(《瘦碧庵诗草》)

《少年游》(西兴山色隔江招)词题云:宿杭州凤山门外。(《冷红词》卷一)

是年,为傅怀祖题《灌园图》。

《题山阴傅叟怀祖灌园图湖口高心夔为文记之》:余亦耽人外,西园与鹤游。先生终抱甕,斯世有虚舟。宦迹五湖长,老怀三径秋。相期松桂下,风咏足佳留。(《瘦碧庵诗草》)

是年,兄文烺钞郭麐《词品》相赠。

文焯致朱祖谋书有云:顷检敝箧,得亡兄嚼梅手钞频伽《词品》附香方二纸,

盖光绪己丑岁,自山左见寄者。(《大鹤山人手札汇钞》,《词学季刊》第三卷第三号)

是年,友人刘子雄卒于京师,作诗五首哭之。

《哭刘中书子雄》其一:归梦千山断脊令,凄凉旅殡寺门扃。巴江浪急蛟龙恶,欲赋招魂不可听。其二:自省忧伤易损年,知音谁辍坏陵弦。生平有限悲时泪,更为刘蕡一泫然。其三:一第留京枉费才,几人因梦赴金台。缁尘埋骨知多少,未觉生前事事哀。其四:连床诗酒镇依依,知旧中年渐悟稀。肠断江南游宴地,独灯归夜雪霏衣。其五:蜀学传经独自奇,雄玄未竟亦堪悲。南游恨不重携手,载酒湘江寻旧师。君从湘潭王壬秋授三礼之学。(《瘦碧庵诗草》)

光绪十六年庚寅(一八九〇)　三十五岁

一月一日,作《扬雄说故序》。

《扬雄说故序》末记云:光绪摄提格之岁,孟陬之月朔日壬寅。(《说文引群说故》,《大鹤山房全书》)

初春,赴邓尉山看梅。

《邓尉山中看梅绝句》其一:十年九渡虎山桥,冷澹风光一醉销。山是主人花是客,过湖春色不辞遥。其二:花外烟岚斗髻鬟,全家日在翠微间。五湖亦有风波恶,却笑鸥夷不爱山。其三:西崦家家梅作田,熟梅得雨总逢年。春来寄语看花客,好及祠山风信前。其四:夜月楼台积玉重,云深时见鹤行踪。铜坑十里香成海,瘦绝西南四五峰。其五:青芝一坞雪初残,花气和山宜暮看。归路樵渔渐相识,早应心迹许高寒。其六:深深茅屋好春藏,岩下风来花满床。会得仙家餐玉法,更无人事惜年芳。其七:多事东君助野情,夜来暗雨晓仍晴。山中几日忘归客,有底幽香不到城。其八:种树人家春淡薄,攀林客思野徘徊。东风何意不相惜,时向前山吹雪来。其九:连云空绿引湖光,白鸟斜飞残月凉。一夜山楼花里宿,待无花见始闻香。其十:山翁作墅与山邻,难得花时见主人。白头官阁无归日,门里青山门外春。其十一:寺门古柏乱云横,自见南巡始得名。寂寞空山千万树,春风无复凤鸾声。(《瘦碧庵诗草》)

二月十六日,潘钟瑞来访。

潘钟瑞《光绪十六年庚申香禅日记》:(十六日丙戌)傍晚,至瘦碧行窝,与小坡亦今岁初见,谈至上灯出。(《潘钟瑞日记》,第667页)

二月廿四日,与张祥龄留缪荃孙晚饭。

《庚寅日记》:二十四日甲午,雨。到蓬园与远臣换帖,留早饭,赠以十万杵二笺小唐碑十种。季文同谈。文小坡、张子馥留晚饭。(《艺风老人日记》〈一〉,

《缪荃孙全集》,第 110 页)

闰二月三日,以《说文引群说故》示潘钟瑞。

《光绪十六年庚申香禅日记》:(初三日癸卯)小坡以《说文引群说故》新刻第一卷见示,是其所著,凡二十七卷,今才成,此是许书所引扬雄说耳。(《潘钟瑞日记》,第 671 页)

闰二月四日,与潘钟瑞以札问答。

《光绪十六年庚申香禅日记》:(初四日甲辰)返馆,与小坡以札问答。……抵暮,又与小坡以札问答。(《潘钟瑞日记》,第 672 页)

闰二月五日,潘钟瑞来话别。

《光绪十六年庚申香禅日记》:(初五日乙巳)是日傍晚,至小坡处话别,成伯来。(《潘钟瑞日记》,第 672 页)

闰二月九日,赠潘钟瑞新刻《词源斠律》。

《光绪十六年庚申香禅日记》:(初九日己酉)与小坡短札往来,赠余新刻《词源斠律》,亦未全,书仅成首卷。(《潘钟瑞日记》,第 673 页)

闰二月十日,赴京会试,向潘钟瑞辞行。

《光绪十六年庚申香禅日记》:(初十日庚戌)小坡来辞行,略谈,去。(《潘钟瑞日记》,第 673 页)

《壶中天》(江城暗雨)词序云:庚寅中春,将予计车,维舟胥渡,留别江东故人。(《冷红词》卷一)

《庚寅春公车待发》其一:柳色连城又见春,匆匆年事惜流尘。惯逢江燕巢林木,何意冥鸿问弋人。知旧同时多早达,羁游盛世愧长贫。向来壮志轻湖海,莫把奇书换钓纶。其二:连云台阁列鹓鸾,端羡天风送弱翰。自昔三计由论定,只今一第叹才难。故家文物传通德,壮岁疏狂薄世官。好及青春归计早,举头见日即长安。其三:感念黄公独爱才,东风怅饮意徘徊。年家旧契三生托,恩榜重逢一纪开。早是归心催驿柳,更余别梦绕官梅。蓬山近在云深处,万里春光海上来。(《瘦碧庵诗草》)

三月,潘祖荫为《词源斠律》作叙。

《词源斠律叙》记云:光绪商横之岁病月,吴县潘祖荫叙。(《词源斠律》)

> 按:潘祖荫(1830—1890),字伯寅,号郑庵。谥文勤。江苏吴县(今苏州)人,潘世恩之孙,潘曾绶之子。咸丰二年(1852)探花,授翰林院编修,官至工部尚书。嗜藏图书、金石。著有《攀古楼彝器图释》《滂喜斋读书记》《滂喜斋藏书记》《芬陀利室词》等,辑有《滂喜斋丛书》《功顺堂丛书》。

六月,子复培生。

《行述》：再阅二年庚寅，生不孝，以是先府君于心大慰。

戴《谱》：六月，子君来复培生。

会试落第。至天津，曾入李鸿章幕数月，然旋归苏州。

戴《谱》：晋京应恩科会试，仍荐举不第。

致陈寿昌书：嵩淦尊兄大人：五年丹铅，藉亲书味。别来回首吴天，辄溯风引首，为之惘然。辰维纂缉日闳，颂颂。弟前月杪抵津，接差后料简粗妥，适傅相邀入幕，暂理洋务公牍，幕事营事，颇复忙迫，珲春之行，以是而止。尊函当为呈递，目下醇邸莅津，已于昨午偕赴旅顺，操阅海军，俟回节过，便为提及之。再闻。小坡又复。（北京泰和嘉成 2011 古籍书画迎春拍卖会 0945。参时润民《郑文焯生平心曲发微》，第 90 页）

　　　按："傅相"即李鸿章，"醇邸"即醇亲王奕譞。

《天津客舍阻雨》：旅逸无端感岁华，故山在眼抵天涯。十年巢燕虚林木，万里闲鸥见使查。沽上客来唯纵酒，江南水阔好浮家。向来壮志轻湖海，欲把奇书换钓车。

《天津寄怀文道羲》：歌咏清华事事新，良时何意倦游身。相如枉自工词赋，贾谊犹闻对鬼神。上客江淮连佩玉，故人京洛惜衣尘。蓬莱近在云深处，莫费仙才问水滨。

《北居闻秋风有感》：十年南客不悲秋，忽听西风感北留。落日大旗明海戍，惊沙飞盖暗神州。霜前砧急催鸿雁，天外查回问斗牛。此际有情在歧路，况闻夜雨独登楼。

《连雨夜发白塘寄合肥李相幕府诸客》：近水离亭易暮阴，残灯幽梦更侵寻。还山花落经年见，隔雨尊空独夜吟。北府铙歌愁到海，南皮冠佩美如林。长安潦倒寻常恨，盛幕清才尚陆沈。

《别于晦若》：北来早秋多暮阴，高风时度南飞禽。还乡失意不如客，徒尔十年江海心。于侯怀才不一试，陆沉金马昔何世。大军书记能用文，俊杰识时贵行意。栖栖九皋感鹤鸣，露零天上空闻声。狂歌未信逢魑魅，歧路相怜视弟兄。旷代知贤推汉武，谁言徐乐忧生苦。宾客心徒厌酒牢，圣贤道岂废农圃。眼前生事勿复陈，同时沦落多达人。世间龙蠖须臾事，我辰已自风波民。天津楼头酒如海，百醉不辞颜色改。夫容江上正愁人，去去沧州共谁采。居者思苦行者歌，故山木落今宵多。情知后日相寻处，斜月五湖眠钓蓑。（以上诸诗均见《瘦碧庵诗草》）

初秋，自津归，途中作《帆海夜望》《海上见月》。

《帆海夜望》：暝宿倦波涛，归人在云天。夜登大舶头，月气森群山。空水极奔峭，骇见舟壑迁。中有金银台，灵犀不可然。北浮吊燕昭，东蹈轻鲁连。古事凄在目，蛟龙更我前。世情薄幽阻，平坐期飞骞。虚寂安可求，神山见人烟。将穷御风术，会及升乔年。（《瘦碧庵诗草》）

《海上见月》：津沽连雨浪头黑，忽向苍茫乘月色。海上经春复见秋，客心但南不愿北。流云四卷碧溶溶，鬼府夜明来去踪。几见灵槎犯牛斗，枉将珠泪掷蛟龙。从来少壮轻羁旅，游半天下自贻阻。百年乘运会有时，海石奔移那可语。君不见大波朝没燕昭台，灵鳌夜戴方丈来。（《瘦碧庵诗草》）

八月十五日，夜游琴台。

《琴台在灵岩最高峰中秋夜乘月登眺还宿山中》：辍挐戾幽鉴，高秋快佳适。孤月无隐辉，山虚照烟夕。穷高拟巢柯，蹋危忘屐力。云外见人影，数峰夜自碧。古台流越焰，荒馆阅吴迹。披草窥双池，援萝憩孤石。兹山郁灵异，赏废今视昔。宵景易为盈，境踪难遽辟。徒谣憺忘归，风林写萧槭。（《瘦碧庵诗草》）

秋，夜出胥门送客。

《夜出胥门送客》：夜雨归人趣北装，西园罢酒意凉凉。江枫落出登临晚，篱菊花时怨忆长。莫惜吴趋歌满月，定知燕馆赋繁霜。素波到海应同恨，未抵青袍泪数行。（《瘦碧庵诗草》）

十一月一日，作《医故叙》。

《医故叙》：自汉季黄老之学兴，而方术始名于天下。范蔚宗论汉世之所谓名士者，其风流可知矣。《周礼》以医师属于天官，有其政而无其书。《汉·艺文志》始列医经七家、经方十一家，为书凡四百九十卷，方诊之具大备。顾当班固时，已叹其技术晻昧，故有以愈为剧、以死为生之论。逮夫六朝，其书散佚，古先道遗，泯焉日亡。梁隋之际，其主竞用符命，慕汉武之风，好为神仙家言，天下怀协道艺之士，乃各缘饰其师说，托诸泰始，班班名家，而医药方书，亦多附内学以传焉。故自唐以前言医事者，其名书多依附黄帝、扁鹊。唐以后好事者，病其不亲，又从而名仲景、叔和之学，以张其伎。今观唐《志》，经脉、医术两家，书倍多于隋、宋，自三朝《志》至《中兴书目》，又数倍之。益以私家簿录，而名数弥繁，存佚参半。然梁隋以来，如汉《志》所载者，十不获一焉。元明迄今，弥以驰逐，又欲薄唐、宋而反古之道，其事既不出于经生，其书亦不见于坟记，而一二良工取遗颇偏，恃其一得之效，昧夫渊原，尽以意增损其故方，妄易名例，以为和缓不传之秘。至于拙者失理，缘其术以夭枉生命，甚可悲也！比年旅吴，见南人业医者多致富。今岁大札，人殃于疫，叩其所治，辄不一验，而荐绅素封之家，一疾人，动聚十数医，日讧于室，杂投水火之齐，而所失益众。医贱道畏贵、利人金多，贫贱有疾，或朝延而夕不至，至亦未遽能起之也。余以古者医之在官，稽事以制食,岁计其得失以进退之。唐宋尤重其职,选官立学,科试程文,至以台馆诸臣隶之。今自太医院以及各行省官局,但取充数,考荐无闻,其能者不屑微禄,或假借医疗贵人而得官,岂原诊知政之谓邪?太史公曰:使圣人预知微能,使良医得蚤从事,则疾可已、身可活也。人之所病病疾多,而医之所病病道少。夫以无形之脉,求百变之病,进而验之草石之功,苟非上知其道,固甚难,而方家遗传,率多依倚;验与不验,又不能身试其利害以及人。是以儒者知其无据而讳言医,及其疾痛呻吟,且治之不暇,又未尝能自生也。余故次叙经方之精要而近古者,辨其本末,断自唐代,附论为上篇;复取经籍传注所纪杂家言,疏通证明为下篇,以治经之义例,名之曰《医故》。非所能通物方、弘艺术也,舍是以求,道在微眇,神而明之,存乎其人。庄子有言"知无用而始可与言用",其斯之谓与?光绪商横之岁辜月朔日丁卯,北海郑文焯。(《医故》)

冬,赴邓尉赏梅。

《玄墓山楼重见旧题》:空寒烟月五湖湾,经岁看花数往还。片石谁堪同日语,高云终是在山闲。十年西崦虚仙籍,几度东风破醉颜。欲采青芝征旧梦,_{青芝山在石壁东北梅花最深处。}樵风长识郑家山。(《瘦碧庵诗草》)

易顺鼎来苏,题张孟晋《岁寒三友图》。

《为易中实同年题张孟晋岁寒三友图》其五云:故人重见意凉凉,花落西园夜语长。我亦江湖老行乞,自堪才命傲张郎。其十云:旧社凄凉感旅尘,披图三友亦前因。_{吴社旧人惟予与子复尚在,得君重来,三人相顾惊喜,复连句和姜词,各极凄异,岁寒之券,斯固足征焉。}春风一卷江南梦,零落梅花寄远人。(《瘦碧庵诗草》)

是年,作《扬雄训纂篇考》。俞樾致文焯二长札辩难。

俞樾书一:小坡仁兄世大人撰席:承示大著三种,其以从某省之字为即六书中之转注,殊为有见,突过前人。《说廿》一篇,贯通字义,非深于小学者不能道,从此治许书,思过半矣。以裁雪镂月之才,一变而为摘洛钩河之学,贤者洵不可测也。《训纂篇故》亦体大思精,惟弟窃有所疑,不得不为足下陈之。扬子云所作《训纂篇》与所作《苍颉训纂》自是两书,《汉·艺文志》曰:"《苍颉》一篇,《凡将》一篇,《急就》一篇,《元尚》一篇,《训纂》一篇。"而《训纂》下注"扬雄作",然则扬雄《训纂篇》,自与《苍颉》《凡将》《急就》《元尚》一例,《急就篇》因篇首有"急就"字故以"急就"名,《训纂篇》亦当以篇首有"训纂"字故以"训纂"名。虽以"训纂"名篇,而实是罗列字体之书,非诂训字义之书。《仓颉篇》四言,如《尔雅注》所引"考妣延年"是也。《凡将》七言,如《文选注》所引"黄润纤美宜制禅"是也。《急就》至今犹存,前多三言,后多七言,皆取便于学童之讽诵,如今儿童读《千字文》者。然而《史记正义》引《训纂》有户、扈、鄠三字,疑其体例亦与《急就篇》同,有三言,有七言也。《隋·艺文志》云:"《三苍》三卷。"注云:"秦相李斯作《苍颉篇》、汉扬雄作《训纂篇》、后汉郎中贾鲂作《滂喜篇》,故曰三苍。"可知扬雄之《训纂》,其体例上法《苍颉》,下开《滂喜》,故后世并之为"三苍"矣。《汉·艺文志》又云:"《苍颉传》一篇,扬雄《苍颉训纂》一篇,杜林《苍颉训纂》一篇,杜林《苍颉故》一篇。"此别是一书,乃诂训字义之书。所谓"苍颉训纂"者,乃即《苍颉篇》中之字而训释之,如颜师古、王伯厚之注《急就篇》也,故介乎《苍颉传》《苍颉故》之间,其体例可知矣。《说文》所引扬雄说,乃取之扬雄《苍颉训纂》中,而非取之扬雄《训纂篇》也。扬雄所作《训纂篇》有字而无说。《汉志》云"元始中,征天下通小学者以百数,各令记字于庭中,扬雄取其有用者以作《训纂篇》"是也。许书九千三百五十三字,则《苍颉篇》以下之字必已尽取,不别其此字出《苍颉篇》,此字出《训纂篇》,此字出《滂喜篇》也。故凡所引扬雄说,非《训纂篇》也。尊说以《说文》引扬雄十二事即为《训纂篇》,恐承学之士必以此为议,宜更酌之。鄙意不如辑《说文》所引二十七人之说,一一为之训诂,扬雄说亦在其中,可以明许学之渊源,而不致贻后人以口实。尊意以为然否?因承下问,贡其瞽言,伏希亮察。世愚弟俞樾顿首。

《扬雄传》云:"经莫大于《易》,故作《太玄》;传莫大于《论语》,作《法言》;史篇莫善于《仓颉》,作《训纂》。"观《太玄》之拟《易》,《法言》之拟《论语》,则知《训纂》必拟《苍颉》,而《说文》所引扬说必非《训纂篇》之文可以决矣。

俞樾书二:承示大著序文一篇,已受而读之矣。惟鄙意仍有未了者,班《志》既分《训纂》与《苍颉训纂》为二书,一列《苍颉》《凡将》《急就》《元尚》之后,一介《苍颉传》《苍颉故》之间,显有经传之别。《志》云:"扬雄作《训纂篇》,顺续《苍颉》,又易《苍颉》中重复之字,凡八十九章,臣复续扬雄作十三章,凡一百二章,无复字。"是知扬雄《训纂》无重复之字,正与今所传周兴嗣《千字文》相似,而迥非许书所引诸条所能混也。许书《序》曰:"扬雄作《训纂篇》,凡《苍颉》以下十四篇,凡五千三百四十字。"桂未谷云:"十四篇,八十九章,每章六十字,正合五千二百四十之数。"愚按,此数语所云《苍颉》以下十四篇,不知何指,两句用两"凡"字,文义亦复,恐有衍夺。而八十九章为扬雄《训纂》章数,则班《志》甚明,每章六十字,为五千二百四十字,数亦密合。然则扬雄《训纂》亦法《苍颉》《爰历》《博学》,断六十字为一章,其非许书所引诸条明甚。而愚又疑班《志》所云"顺续《苍颉》"者,"顺续"即"训纂"也,"顺"与"训"古字通,"续"与"纂"义相近,扬雄以莫善于《苍颉》而作《训纂》,即"顺续《苍颉》"之谓。扬雄续《苍颉》,班固史书续扬雄,故曰"臣复续扬雄作十三章"也。班固明以"顺续"二字解"训纂"二字,此必相承之师说,其书必非解说字义可知矣。所不可解者,扬雄又有《苍颉训纂》之作,体例不同而名则相混,乃愚又思之,扬子云作《太玄》拟《易》,未尝作《易》传;作《法言》拟《论语》,未尝作《论语》注。盖子云著述之心甚盛,自我作古,予圣自居,不屑为传注之学。其作《训纂》以拟《苍颉》,何独为《苍颉训纂》乎?窃疑《苍颉训纂》非扬雄所自作也,乃后人因有杜林《苍颉训纂》之后,嫌其未备,又采取扬雄所说以成此书,曰"训纂"者,因杜林之书而名之也,与扬雄《训纂篇》之名名同而义异也,曰"扬雄《苍颉训纂》"者,因扬、杜两《训纂》并行,各题名以别之也。尊说谓"著书者无自加姓名之理",是矣。然谓是班史所加,则上文《训纂》一篇之上何不加扬雄二字,而必注其下曰扬雄作乎?班氏总记其下曰:"小学十家四十五篇。"注曰:"入扬雄、杜林二家三篇。"可知此扬、杜两《训纂》及杜林《苍颉故》一篇,皆《七略》所无有而班固增入之,刘氏《七略》所收有扬雄《训纂》一篇,无扬雄《苍颉训纂》一篇也。以此证之,《苍颉训纂》非出雄手,而《训纂》与《苍颉训纂》两书固同名而异实矣。此鄙人臆见,自谓颇墙,敢以质之高明。小坡孝廉足下。曲园拜上。

　　　　按:《扬雄训纂篇考》前为《说文引群说故·扬雄说故》,据序所署"光绪
　　摄提格之岁,孟陬之月朔日壬寅",因系《训纂篇考》于本年。

是年,刊刻《词源斠律》。

　　戴《谱》:刊行《词源斠律》二卷,潘文勤公祖荫为之叙。先生幼嗜音,尝于琴中得管吕论律本之旨。长为词,虽自喜清异,而苦不能歌,乃大索陈编,按之乐色,穷神研幾,始明夫管弦声数之异同,古今条理之纯驳,杂连笔之于书,曰《律吕古义》,曰《燕乐字谱考》附《管色应律图》,曰《五声二变说》,曰《白石歌曲补调》,曰《词源斠律》,曰《词韵订》,曰《曲名考原》,是岁仅刊《词源斠律》一种。正诚案:先生自写所著书目,有《乐纪考原》《校乐章集宋本》《词谱入声订》《词韵谱》四种,惜稿均佚。其时有诏开秘馆,广延通儒,当道举先生以正乐纪,不就。

光绪十七年辛卯(一八九一)　三十六岁

早春,作诗寄友。于阊门饮宴。

　　《园居早春寄山中客》:林鸟春多声,池花落还见。连情美瞻听,逐物矜芳衍。盛往识来希,娱新增旧眷。佳人处帷屏,高制绝雕绚。碧云殊未期,瑶华独谁荐。欢怨隔岁年,宿心违缱绻。载枉黄鹄篇,感音发哀断。夕思初月盈,晨忧繁星散。良游信乖绝,念子长粲粲。鸣弹答幽素,撷馨托柔翰。及时征昔言,山阿遂嘉践。(《瘦碧庵诗草》)

　　《早春阊门饮席》:碧眉红颊水边多,竟日阊门载酒过。三百横桥好风月,踏花人去不闻歌。(《瘦碧庵诗草》)

春,题咏《林屋山民送米图卷子》。

诗云:十年作吏釜无爨,笑言米贵官何贱。谁识青山不负人,无官有米亦足羡。莫云廉吏不可为,父母在庭民口碑。不见汉家仇主簿,枳棘鸾凤终栖卑。从来卑位贵行意,何事筌蹄不自弃。包山林屋多仙踪,比户弦歌堪卧治。信是儒冠多误人,危言谁复能求伸。平生意气自倜傥,昨日罢官今赤贫。空山荒寒雪埋屋,开门忽讶天雨粟。倾囷倒廪八十村,积日担输竞追逐。穷阎斗粒皆税租,吁嗟此事非官符。乃知民情布公道,催科枉自烦胥徒。偻儒饱死何足数,魑魅逢时能害汝。抱此伥惶归去来,西山片石聊可语。

题识:余因俞丈曲园识方子先生于苏州,其人器干雄拔,骚骚自固,故仕世多素辞。以巡检官包山之西,孳孳民事,有所观纳,辄婞直上陈,亡虑触置,以是官其上者多恶之。有识金为之危,君固嚣嚣如也。去年十月,竟以事罢官,贫不能聊。迨其将去,山中父老遮留塞途,乃止于西山累月。有陈巷村人尝以薪米饷遗,闻者风动,自后八十余乡人各赍粮,输送不绝,其政化怀物如此。山中好事者或为之图,以张其绩,而属同志咏歌以声之。夫士当有道之世,危冠高蹈,则亦独行而已,夫孰能贵贱之?乃以卑位而风声大行,不自保其枯槁,宜其在枉而咎累也,抑昌其身不若昌其名邪?悲夫!光绪辛卯中春,石芝崦主题于西园。

又题识:方子先生官包山巡检,以直道忤上去官,止于山中,贫甚。有陈巷老人尝以薪米饷遗,继者八十余乡,输送不绝。好事者美其政绩而图之,余从而为之歌。辛卯暮春,叔问文焯。(《林屋山民送米图卷子》,第218—220页)

《包山暴巡检以直道忤上去官居山中贫甚有陈巷老叟日馈米石相继八十余村赍送不绝于道及其行也予作是歌以送之》:包山林屋栖灵地,闭户看山宜卧治。樵牧依稀知有官,琴尊日罢长无事。由来卑位能潦倒,胡为寂寞不自保。歧路偏逢魑魅过,苦颜耻学偻儒饱。莫言廉吏不可为,昨日无官今有炊。莫言畸士多不遇,拂衣已自成名去。空山荒寒雪满村,残夜高眠闻叩门。山中父老来报恩,争赍担石兼壶飧。一郡弦歌任长孙。穷阎斗米皆租课,平日催科急星火。谁识山陬多义民,政能怀物岂在夥。吁嗟此义良可风,丈夫何用悲途穷。伥惶抱此将焉适,可语西山一片石。(《瘦碧庵诗草》)

按:暴式昭(1847—1895),字方子。河南滑县人。光绪十一年(1885)起于苏州西山甪里巡检司任九品巡检官,为官清廉,光绪十六年(1890)以忤长官被撤职,贫困之至,以致无米为炊,百姓感其廉洁,自发送米。秦敏树(字林屋)因之作《林屋山民送米图卷子》,诸家题咏不断。俞樾为作《暴方子传》。著有《鹤梦庐尺一幸草》《廿四史识小录》等。

五月,俞樾为《医故》作序。

《医故序》末署云：光绪辛卯五月，曲园居士俞樾书，时年七十有一。（《医故》）

俞樾致文焯书：伏读大著《医故》，叹其精博，辄贡弁言，未知可用否。附去《胜游图》，聊供销夏。鄙人衰老，但有童心，全荒宿学，具见于此矣。手肃，敬颂小坡世仁兄文安。世愚弟俞樾顿首。（《俞樾函札辑证》，第 651 页）

六月二十四日，李超琼来访。

《李超琼日记》：（二十四日）遂访童米孙、文小坡两君，于小坡处谈词学最久。（《李超琼日记》，第 80 页）

按：李超琼（1846—1909），字惕夫，又字紫璈。四川合江县人。光绪五年（1879）举人。历任溧阳、元和、阳湖、无锡、吴县、南汇、上海、长洲等地知县。勤政爱民，修建金鸡湖长堤，人称"李公堤"，俞樾为作《李公堤记》。著有《石船居古今体诗剩稿》《李超琼日记》等。

六月二十五日，午后，与张祥龄访李超琼，联句作词。

《李超琼日记》：（二十五日）午后，子绂、少谷、小坡来畅谈。室中供有蝴蝶花一盆，绂、坡联句作《金盏子》词一阕，更后乃散。（《李超琼日记》，第 81 页）

八月十二日，与李超琼、诸可宝等共饮。

《李超琼日记》：（十二日）薄暮，过镜之一饮。文小坡、汪兰陔、诸迟菊、赵伯年数好友咸在，遂以过醉。（《李超琼日记》，第 85 页）

八月十五日，红楼饯别。

《留春令》（镜华空满）词题云：中秋夜红楼离席。（《冷红词》卷一）

八月二十日，李超琼招饮，与张祥龄、陈寿昌等联句。

《李超琼日记》：（二十日）招张子绂、文小坡、陈嵩佺及小坡之妻弟文幼峰林诸友一饮。联词至子正乃散。（《李超琼日记》，第 86 页）

八月二十六日，参加李超琼酬谢筵席。

《李超琼日记》：（二十六日）设筵酬谢府宪暨文武寅僚，并乡绅数位，共四席。亥夜乃散。小坡、幼峰、子绂谈最畅。（《李超琼日记》，第 86 页）

八月，作行书八言联。

大海有实能容之量，明月以不长满为心。重光单阏之岁大梁月，鹤道人郑文焯漫涂。（中国嘉德国际拍卖有限公司 2010 年嘉德四季第二十二期拍卖会中国书画专场 0803）

秋，兄文焕在潮州，作诗相寄。

《寄幼兰兄潮州》其一：秋馆奄夕阴，近霜桂始华。晚秀有新妍，胜赏无世哗。附物徇时美，切情寄幽遐。渚鸿违北栖，江鱼泳南嘉。岭表迟高闻，吴趋独哀哇。苒苒年事别,苕苕旅望賒。念予同怀暌,兴言行役嗟。其二:行役繄何乡,迢遥南海壖。岭表始秦治,任公钦令图。名郡美前伐,良时善游娱。罗浮匪希灵,丹丘岂绝涂。采真志弥敦,赏废情多纡。及此岁路强,曷云仕世疏。连组况郡德,时故人杨为郡守。盍簪亦朋孚。承风建嘉音,无以勤政徂。(《瘦碧庵诗草》)

十月六日,李超琼约谈,宴至子夜。

《李超琼日记》:(初六日)饭后约子绂、小坡、幼峰来谈。宴至子夜乃散。(《李超琼日记》,第 90 页)

十月十四日,访李超琼。

《李超琼日记》:(十四日)小坡、子绂过我一谈。(《李超琼日记》,第 90 页)

十月十六日,李超琼邀饮。

《李超琼日记》:(十六日)邀费屺怀太史念慈、朱修庭观察福清暨陈嵩俫、文小坡、江叔海、张子绂一饮。子夜乃散。(《李超琼日记》,第 91 页)

十一月十七日,李超琼来访,文焯为其诊病。

《李超琼日记》:(十七日)于吴仲英、王芸庄、文小坡三君处皆小坐。小坡为我诊定一方。(《李超琼日记》,第 94 页)

十一月二十日,李超琼生日,晚间酣饮。

《李超琼日记》:(二十日)余生四十六年之日也。……晚间,师侨、小坡、幼峰、子绂、松存酣饮尤畅快。(《李超琼日记》,第 94 页)

冬,江翰以扇索书,录在天津所作诗二首。

题识:叔海先生既别五年,重逢吴下,文酒讽议,弥增旧怀,今还旅蜀,以扇索书,为录天津作二首,诵此诗者,当知与君同一凄异也。辛卯冬,叔问文焯。(云南典藏 2004 春季艺术品拍卖会 0031)

是年冬,张小红在西湖,文焯作词寄之。

《暗香》(四桥柳色)词序云:岁晚江空,微闻红儿消息,感忆白石载雪垂虹故事,和其二曲,寄声湖上。(《冷红词》卷一)

岁末,况周颐至苏州,文焯与之唱酬。

《寿楼春》(寻西园年芳)词题云:和梅溪,赠蘷笙同年。(《冷红词》卷一)

> 按:文焯所和词为况周颐《寿楼春》(迟南枝春芳)词,序云:"虎阜归舟,烟水四碧,霜月娟娟,来照清怨。口占和梅溪韵,不自觉哀音之激楚也。"

是年,刊行《医故》。致书朱镜清谈之。

戴《谱》:刊行《医故》上下卷,俞曲园先生、陈嵩俫太史、日本小雨蒙为之叙。

正诚案:先生自写所著书目录,尚有《千金方辑古经方疏证》一书,稿佚。先生知医而不行医,直至鼎革后始在沪悬壶，所开药单好事者每搜购藏弄，等于大令送梨帖之珍云。

致朱镜清书：苹华仁兄大人阁下：弟学殖荒落，强名著书，适以自点。近以多病，研究经方，益叹鸿术之零佚，自唐以后，经生业之者甚鲜，一二俗工剧失古法，妄逞一得。鄙人竭思检讨，笔之于书，名曰《医故》，成上下篇，梓竟问世。（《可居室藏清代民国名人信札》，第214—215页）

　　　　按：朱镜清（1849—1902），字苹华，浙江归安人，光绪二年（1876）进士。吴云之婿，与吴昌硕也颇有往来。

或在是年，作《草堂读书图》《溪山林舍图》。

《草堂读书图》题识：古人作画，以天地为师，缩造化于楮墨，为造化传无穷之变态。今人学画能以古人为师，已上乘矣。余于此中游心卅年，兴致辄画，意懒师心。东坡先生云"画以适吾意"，此语最可寻味。大鹤山人郑文焯写于石芝西堪。（中国嘉德2012嘉德四季第三十一期拍卖会中国书画专场1666）

《溪山林舍图》题识：余学画卅年矣，东涂西抹，无所适从。兴至辄画，意懒即止。东坡先生云以适吾意。此语最可寻味。鹤道人。（上海驰翰2011年迎春艺术品拍卖会中国书画专场1021）

　　　　按：文焯《瘦碧庵丛载》记云："余六岁时学捉笔作绘事。"上二图题识均言"卅年"，故系于本年。

光绪十八年壬辰（一八九二）　三十七岁

立春前一日闻雷，赋词。

《浣溪沙》词序云："腊尽雷，米成堆"，吴中农谚也。壬辰岁先立春一日闻雷，异。有野老为言其瑞，走笔赋之。（《冷红词》卷一）

戴《谱》：吴谚"腊尽雷，米成堆"。是岁先立春一日闻雷，异，有野老言其瑞。先生为赋《浣溪沙》词。

一月七日，得白石道人西湖遗像，作《一萼红》（石湖阴）词。是日，李超琼来访。

记云：光绪壬辰人日，得白石道人西湖遗像，与易中实同年供之苏城壶园，以词祭之，各用白石集中淳熙丙午人日词韵。道人一生事迹见诸张宗瑞著小传者，今已不可复得。周公瑾所记其手书自述颇详，其云："人生百年有几宾主，如某与平甫复有几。"其言良可悲已。又道人轶事，独与范顺阳往来情密，故词中数及之。余即最其生平为上下阕，命意隶事，胥在是焉。（郑文焯批校《白石公诗词合集》）

《一萼红》（石湖阴）词序云：光绪壬辰人日，用石帚淳熙丙午人日词韵题其

西湖遗象。(《冷红词》卷一)

《李超琼日记》:(人日)饭后过芸庄、小坡、镜之处,均一谈而归。(《李超琼日记》,第100页)

一月九日,夜,李超琼招饮。

《李超琼日记》:(初九日)夜招王少谷及小坡、幼峰、子绂、期仲一饮。实甫阻雨光福未能至。临桂况葵生同年周仪,亦以齿痛不克来。是夕,风声甚厉。(《李超琼日记》,第101页)

一月,重遇易顺鼎。

《芳草渡》(昨梦里)词序云:江南早春,重遇中实,感梦而作。(《冷红词》卷一)

一月,况周颐在苏州,文焯与易顺鼎、张祥龄同况共游虎丘,联句赋词。

《香东漫笔》:辛卯、壬辰间,余客吴门,与子苾、叔问素心晨夕……冷吟闲醉,不知有人世升沉也。某夕,漏未三商,招子苾燕集不至。叔问得《浣溪沙》前四句,余足成之:"冰样词人天样遥。翠衾贪度可怜宵。苾姬人名翠翠。未应笺管换钗翘。 破面春风防粉爪问,画眉新月恋香豪。柳翾花笑奈明朝笙。"翼日有怡园之约,故歇拍云云。(况周颐《香东漫笔》)

《餐樱庑漫笔》:曩客吴门,与易中实、张子苾、郑叔问同游虎丘,一叶青篷,烟波容与,联句赋《锁窗寒》词,叔问得句云"近黄昏,玉鬟更携,粉香欲共苍翠滴",颇自喜。余曰:"句诚佳矣,此傅粉之面,无乃太大乎?"四座为之轩渠。(况周颐《餐樱庑漫笔》,《申报·自由谈》1924年8月15日)

一月二十日前,况周颐与易顺鼎别,作《寿楼春》(纫香兰晴芳)词相寄,文焯作词和之。

《寿楼春》(纫香兰晴芳)词序云:余与实甫闻声相思十余年矣,壬辰春晤于苏州,和梅溪调见贻。明日忽又别去,素心难得,胜会不常,良用恍叹,依调赋寄并呈子苾、小坡两兄。(况周颐《玉梅词》)

《寿楼春》(寻西园年芳)词题云:和梅溪赠夔笙同年。(《冷红词》卷一)

一月二十日,与张祥龄、况周颐于柳宜桥酒楼联句。

《喜迁莺》(亭皋愁暮)词序云:壬辰正月二十日,子苾、小坡柳宜桥酒楼联句和梦窗韵。(《玉梅词》)

春,况周颐纳吴姬卜娱为妇,文焯作词贺之。

《绛都春》(春衫旧线)词序云:夔笙新纳吴姬,用梦窗为李筼房量珠贺韵赋此。(《冷红词》卷一)

二月四日,况周颐离开苏州至上海,自沪寄文焯第一生修梅花馆刊本《蛾术词

选》。二月十四日,作《蛾术词选跋》。

《蛾术词选跋》:蛾术词清丽宛约,学白石而乏骚雅之致,声律亦未尽妍美。旧选本曾载其《沁园春》赋眉目二阕,取径颇嫌纤巧。今葵生同年,从元钞校补付梓,多至百余首,视昔所见,清典可风,尚是元词之遗脉,然较弁阳则远逊矣。葵生别予旬日,此篇寄自沪上,西园风雨,春事飘零,读集中《六州歌头》遣春诸词,又不任离索之感焉。叔问。壬辰二月十四日。(《蛾术词选跋》,《词学季刊》第一卷第三号)

寒食,游城东园。

《忆旧游》(认香阶屧印)词序云:壬辰寒食,挈家游城东园。(《冷红词》卷二)

清明,游山塘。

《浣溪沙》(花气温温趁檽柔)词题云:清明载酒山塘重记所见。(《冷红词》卷二)

三月二十六日,李超琼招饮。

《李超琼日记》:(二十六日)招强赓廷先生、叶鞠裳太史、陈嵩佺司马及小坡孝廉及家少眉观察一饮。(《李超琼日记》,第108页)

三月,吴昌硕为刻“江南退士”印。

题识:柳眼盼新晴,如人渴睡醒。涉江官渡晚,题竹佛灯青。斋散鸟求食,月明鱼听经。客归门掩处,应有白云停。立雪庵诗。叔问先生笑笑。壬辰三月,昌硕吴俊。(《吴昌硕印谱》第168页)

春,应会试,不第。

戴《谱》:晋京应会试,荐卷不第。

四月一日,李超琼招文焯畅谈。

《李超琼日记》:(初一日)归,王少谷同年来,遂招小坡畅谈,子夜乃散。(《李超琼日记》,第108页)

四月二日,李超琼冒雨来访。

《李超琼日记》:(初二日)冒雨而出,过小坡处,则子绂、少谷咸集,小坐遂行。(《李超琼日记》,第109页)

四月二十四日,与李超琼、张祥龄等共饮。

《李超琼日记》:(二十四日)沈绅之、庞小雅两绅来谈,史生辅尧自溧阳来见,晚间遂约其来陪陈嵩佺、文小坡、张子绂、朱松岑一饮。(《李超琼日记》,第111页)

六月二十八日,访李超琼。

《李超琼日记》:(二十八日)薄暮,小坡、子绂来,与松存小饮,谈至子夜乃

散。(《李超琼日记》,第 120 页)

夏,重会易顺豫。

　　《浣溪沙》(水色遥望青漠漠)词序云:叔由别五年矣,壬辰夏重会于胥渡舟中,各制新词感述前事。南唐后主赋是解有平仄两调,音节清异,依永和之。(《冷红词》卷二)

　　戴《谱》:夏,于胥渡舟中重会易叔由先生,别来已五年矣,各制新词,感述前事。

初秋,易顺豫怀归,作词相送。

　　《芳草渡》(倚醉遍)词序云:叔由闻西风有怀归之曲,吴波容与,明月依人,感遇成歌,以当秋饯。(《冷红词》卷二)

七月十五日,有感中元节赛神之俗被废,作词。

　　《拜新月慢》(虎气高秋)词序云:吴俗以中元节赛神虎丘,倾城士女弥日燕歌,极画船箫鼓之盛。余落南十四年,感秋倦游,无复轻诊之乐。曩与中实兄弟尝掉乌篷听歌,斟酌半载月而归,辄有佳咏清事,今废久矣。赋此悄然。(《冷红词》卷二)

七月二十二日,李超琼来访。

　　《李超琼日记》:(二十二日)饭后朱文川、陈嵩侄来访,遂过小坡、子绂一饮。谈至子夜乃散。(《李超琼日记》,第 123 页)

八月十五日,玩月西园,仿姜夔词旧谱作词。

　　《玲珑四犯》(竹响露寒花凝云)词序云:壬辰中秋玩月西园,中夕再起,引侍儿阿怜露坐池阑,歌白石道人《玲珑》双调曲,度铁洞箫,绕廊长吟,鸣鹤相应。夜色空寒,花叶照地,顾景凄独,依依殆不能去,遂仿姜词旧谱制此。明日示子苾,以为有新亭之悲也。宋谱双调煞声,以中吕上字为夹钟商,按《词源》,律吕四犯夹钟商,犯夷则羽,为仙吕调,亦中吕上字住。商犯角为夹钟闰角,归本宫为夹钟宫,即中吕宫调也。周清真所歌,别是大石调一曲,梅溪、草窗并效其体,与此不同。近世词人乐工莫达斯旨矣。(《冷红词》卷二)

　　戴《谱》:中秋玩月西园,中夕再起,引侍儿阿怜,露坐池阑,歌白石道人《玲珑》双调曲,度铁洞箫,绕廊长吟,遂仿姜词旧谱,制《玲珑四犯》词。

八月十八日,夜游石湖。

　　《木兰花慢》(晚凉花积水)词序云:八月十八日,泛月石湖,邻舟感遇。(《冷红词》卷二)

　　戴《谱》:八月十八日,泛月石湖,邻舟感遇,于是成《木兰花慢》词。

八月二十六日,李超琼病,为诊病开方。

《李超琼日记》:(二十六日)姚次梧、文小坡、张子绂先后来视病,一再诊察,定方焉。(《李超琼日记》,第 126 页)

十一月十一日,李超琼邀强赓廷饮,文焯作陪。

《李超琼日记》:(十一日)邀强赓廷先生一饮。小坡、仲英、嵩佺、子绂、幼峰、镜之亦来陪。(《李超琼日记》,第 135 页)

十二月十九日,在城东双塔院作东坡生日会。

《水调歌头》(春梦薄于酒):往岁与中江李眉老尝集侨吴诸贤作东坡生日,在城东双塔院酾酒赋诗,极赓续之乐。壬辰冬重会于此,既念眉老下世已久,旧社知交零落殆尽,因和苏词徐州中秋之作。岁晚凄然,不能无西园之思也。春梦薄于酒,一醉已千秋。为花起舞回雪,花下玉尊愁。却笑髯仙多事,赢得人闲香火,歌咏又苏州。旧会几人在,残稿落沧洲。　弄腰笛,怀蜀客,被紫裘。十年墨泪题处,双塔白云留。欲唱大江东去,又恐铜琶拨断,风月不分忧。待把寒梅荐,长啸上西楼。(《冷红词》卷二)

　　按:文焯以此词呈俞樾,俞樾复札云:"小坡仁兄孝廉足下:承手书,并惠读大作《水调歌头》,音调雄壮,意思缠绵,合作也。且此调雄阔而不甚细腻,亦不必再倩紫霞正律矣。昨有拙作一首,聊博一笑。祈尚衣奉君见过,弟未知真号,便中示悉为荷。手此,敬颂文安。世愚弟俞樾顿首。"(《俞樾函札辑证》,第 653 页)另,此词张祥龄有和词《水调歌头·寿苏次日瘦碧用东坡韵见示和之》,见《子苾词钞》。

戴《谱》:冬,在城东双塔院,作东坡生日,其时李眉生下世已久,旧社知交,零落殆尽,追怀往岁赓续之乐,凄然有感,因和苏词徐州中秋之作。以上各词俱见《冷红词》中。

《李超琼日记》:(十二月十九日)踵贺既遍,遂至定慧寺后苏文忠祠,集潘谱琴庶常祖同、朱砚生府丞以增、潘济之中翰祖谦、文小坡孝廉焯、张子绂进士祥麟、宋松存司马楠、王芸庄树棻、凌镜之焯、姚次梧桐生、蒋榠林一桂四大令,共十一人,为东坡先生祝寿。(《李超琼日记》,第 139 页)

是年,作《石门访碑图》。

题识:石门访碑图。处州青田石门山,有谢康乐石门新营诗刻摩崖,壬辰秋蜡屐山中,拓得墨本,归来考定旧椠讹舛,亦创获也,因作斯图以记之。鹤道人题于吴中。(上海嘉泰拍卖有限公司 2011 春季艺术品拍卖会中国书画专场 0465)

光绪十九年癸巳(一八九三)　三十八岁

春,纳歌儿张小红为妾,即称红冰、南柔、可可者,作《折红梅》词。

《折红梅》(记西楼筝雁)词序云:《中吴纪闻》:宋吴应之居小市桥,有侍姬曰红梅,因以名其阁。尝制《折红梅》二词,传播人口。春日群宴,必使优人歌之。竹垞以为杜安世作,误矣。余新得吴趋歌儿,亦有比红之赋。时将寻梅西崦,爰和吴词,同一清宛也。(《冷红词》卷三)

戴《谱》:新纳吴趋歌儿张小红,别居庙堂巷龚氏修园,为赋《折红梅》词。……又倩顾若波君沄为绘《冷红簃填词图》,其以"冷红"名集者,以此。

张尔田致龙榆生书:榆生我兄左右:得复书,敬悉一切。词人多浪漫,其一生轶事,皆可为倚声作资料,清真、白石皆往例也,大鹤亦颇近之。此翁本有一妾名素南,阿怜当亦指此。红冰归大鹤,更名可可,所谓吴趋歌儿、吴姬宛宛者,大抵南瓦中人物,未必一人也。红姬余曾见之,有一婢甚通脱,不避人,殆即叶氏所言者,其后亦不知所终。鼎革以后,余迁海上,客游京洛。大鹤家事遂不相闻问。(《近代词人手札墨迹》)

《近代词人逸事·词林新语》:叔问有姬字南柔,后叔问十五年卒,无以为葬。彊村、蕙风约客醵资葬之虎丘,题"冷红阁故姬南柔之墓",过者每为掩涕。(《词话丛编》,第 4372 页)

龙榆生《冷红词跋》:《冷红词》四卷,铁岭郑文焯小坡作也。以"冷红"名集者何? 余闻之张孟劬先生曰:"光绪甲午,先君子弃官侨吴中,与小坡及张子苾诸君,连举词社。小坡方有比红之赋,即所谓侍儿红冰是也。后遂归于小坡,乃于剪金桥卜西楼以贮之。《冷红词》一编,大半咏此。"……予近从彊村老人所,得读小坡《瘦碧庵诗》未刊稿,有《迟红诗》十二首,足与《冷红词》相印发。……据此,知小坡之恋恋于红冰,盖不出彼姝怜才之痴念。小坡性情好尚,差与白石相同。自制新词,小红低唱,固小坡心目中之所存想不忘者也。因读此编,附记所闻于此。俾世之览者,有所考焉。(《龙榆生全集》第九卷《杂著》,第 3 页)

三月,作《山居春晓图》。

题识:山居春晓。拟黄子久法。岁次癸巳三月下浣。郑文焯。(青岛天麒阁拍卖有限公司 2011 青岛之夏书画精品拍卖会小品扇面专场 0013)

张小红所居冷红阁落成一年,作词。

《暗香》(画春一色)词序云:余昔和石帚《暗香》《疏影》二曲,为感西湖之别也。今冷红阁子落成经年,不可无词以报春,再赋梅枝,切情惆怅。(《冷红词》卷三)

春,探梅西碛,夜泊虎山桥。

《疏影》(横阑倚玉)词序云:探梅西碛,夜泊虎山桥,烟月空寒,花香积水,续赓此曲,侍儿以铁洞箫和之。(《冷红词》卷三)

六月五日,访李超琼。

《李超琼日记》：（初五日）吴粤生、王少谷、文小坡、文幼峰诸友来访，留共一饭。（《李超琼日记》，第159页）

八月十六日，校读杜文澜曼陀罗华阁刻本《梦窗甲乙丙丁稿》。

记云：癸巳之岁大梁月既望，叔问校读一过。（郑文焯批校《梦窗甲乙丙丁稿》）

十二月，作《匡庐飞瀑图》。

题识：匡庐飞瀑。癸巳嘉平月仿大痴道人画法，鹤道人郑文焯。（北京富比富国际拍卖有限公司2010秋季艺术品拍卖会中国书画专场0324）

是年，兄文炳任职江西，途经上海，文焯往迎。是时，胡上襄致函文焯，商议购回家藏故物之事。

戴《谱》：是岁，卓峰先生以部选江西南安府知府，道出申江。先生先一日往迎之，欢聚浃旬，撮影留别。是时有先生戚友胡上襄大令致函先生，略云：令兄卓翁太守来函，知月初已安抵沪滨，贤昆仲离怀各罄，其乐可知。西楼帖一节，当商诸叶仲鸾太尊。据云前定五百金，令兄只允三百金，是以中止。现仲翁愿为出售，好在君家故物，或有夙缘。弟一再缓颊，始肯减去百金。又复以钱武肃铁券一页见示，后有许多题跋，计厚有二寸光景，亦是君家之物，后半跋内皆有令尊老伯大人款号，此卓哥所未知者，拟一并还珠。其铁券即算百金，两件合成五百金。惟西楼帖各跋已不齐，想卓哥已函达清听。此函不知先生曾否回信。以余揣测，两件似未赎还。数年前，有粤人某，曾携铁券来京求售，余往察之，与胡函所述情形相符，索价五千金，令人望洋兴叹而已。

是年，弟文炘任绛县知县。

戴《谱》：少兰先生亦实授绛县知县。

是年，或至洛阳，并考证新出土之古碑。文焯后记其居洛阳食李子事。

《鹤翁异撰》：光绪十九年，予长兄伯质守洛阳时，有以古碑新出土者献之。碑石方径尺许，面有朱书，文类北魏字体而不可识。置日中观之，则笔痕历历可数。朱文若丹砂隐于石上，盖北朝墓志也。惜年号已剥蚀莫辨，初疑为当时草草营葬，书丹而未及刻石者。先兄以不克濡脱，亟命掩之元出处，恐风日所暴，石文将湮灭也。此必古志铭，本有红沫之一格，所谓染笔入石不去者，岁久经土花侵食，倘知其然，而荡涤之，或其文字复显，将如李翱作白字书，此红字碑文不亦并传千古邪？考古贵博闻多识，诚难言之矣。

《瘦碧庵丛载》：余在洛阳时，有友人饷李子一盒，色黄而小，味极甘，俗乎玉皇李子，不知其名之所出。及阅宋姚令威著《西溪丛语》载潘岳《闲居赋》房陵朱仲之李，李善云朱仲李未详。按《述异记》云：房陵定山，有朱仲李三十六所，许昌节度使小厅，是故魏景福殿。董卓乱，魏太武挟令迁帝，自洛阳都许。许州有小李子，色黄，大如樱桃，谓之御李子，即献帝所植，至今有焉。疑玉皇李即御李之误,今北地亦有是种。

光绪二十年甲午(一八九四) 三十九岁

一月七日,赴邓尉山赏梅。此行游石壁精舍、虎山桥,登灵岩山顶琴台眺月。

《雨霖铃》(江城春霁)词题云:甲午人日载雪西崦。(《冷红词》卷三)

《减字木兰花》(琅玕十二)词题云:石壁精舍还虎山桥舟中作。(《冷红词》卷三)

《减字木兰花》(琴台夜峭)词题云:登灵岩最高顶眺月。(《冷红词》卷三)

《点绛唇》(云岫低鬟)词题云:邓尉山看花夜还。(《冷红词》卷三)

戴《谱》:是岁人日,载雪西崦,有《雨霖铃》词。遂游石壁精舍,还虎山桥,舟中作《减字木兰花》词。又登灵岩最高顶眺月,亦用前调倚声。

一月,作山水镜片。

题识:浮云西北会风飘,故国山川未怨遥。晓梦犹依蓟门树,归心早誓大沽潮。甲午年春孟,叔问文焯。(上海国际商品拍卖有限公司"庆祝上海国拍成立二十周年"2008年春季艺术品拍卖会0210)

二月十五日,应李超琼招,陪宋育仁饮。

《李超琼日记》:(十五日)薄暮,复招文小坡、张子绂、朱枕虹及松存、少眉来陪芸子一饮。(《李超琼日记》,第192页)

> 按:宋育仁(1857—1931),字芸子。四川富顺人。光绪十二年(1886)进士,授翰林院庶吉士。曾出使英、法等国,倡导维新。辛亥后,历任国史馆纂修、四川国学会会长、四川通志局总纂,编撰《四川通志》《富顺县志》等,著有《时务论》《采风记》等。

二月,宋育仁、朱德宝游吴,文焯与之诗酒流连。

朱德宝《菩萨蛮》(玉阶露冷桐阴薄)词序云:文小坡招宴寓宅,偕芸子、子芯联句。

朱德宝《满江红》(曾记来时)词序云:甲午二月,偕芸子薄游苏州,与凌镜之丈、李紫璈、张子芯、李少眉、文小坡、陈伯弢诸君诗酒流连,欢然道故。洵旬芸子将去,予亦溯流至江夏谒南皮尚书师,临别填此词以贻同人。(李谊辑《历代蜀词全辑》,第784、785页)

> 按:朱德宝(1858—1942),字枕虹、虹父。四川酉阳(今属重庆)人。光绪十五年(1889)举人。曾游幕多年,与李伯元、吴趼人、张祥龄、易顺鼎等多有交往。有《选梦楼词》。

春,晋京应恩科会试。期间与张祥龄、陈锐联句和柳永词。

陈锐《竹马子》(看残霭)词序云:甲午应试都堂,曾与张子馥、郑叔问联句和柳七词,击钵分曹,致多欢赏。兹子馥化去久矣,余与叔问吴天相望,亦正寥落可怜。有忆前尘,仍用柳韵摅感。(《襄碧斋词》)

> 按:陈锐(1861—1922),字伯涛、伯弢,号襄碧。湖南武陵人。光绪十九年(1893)举人。1894年,拣选知县加同知衔,候补江宁(今南京),充两江营务处提调。历任江南乡试同考官、江苏靖江知县。辛亥后,曾应谭延闿之聘,出任湖南省长公署政治顾问官。著《襄碧斋集》《襄碧斋词话》等。

晚春,寓居京城。

《蝶恋花》(塞上柳条青未遍)词题云:蓟门晚春。(《冷红词》卷三)

会试不第,由天津乘船南归。

《天津帆海》:浮云西北会风飘,故国山川未怨遥。晓梦犹依蓟门树,归心早誓大沽潮。一家悔是临春别,百感都应到海销。莫向金台重回首,无多灵气吊燕昭。(《郑文焯书风》,第35页)

戴《谱》:晋京应恩科会试,荐卷不第。

四月,重装崇恩所书十六言联,并作记。

联云:迁固异情怀虽时事相同大有短长取舍,老彭崇述作慨后人妄托流为放诞虚无。

记云:此觉罗崇丈语泠所书也。其书法由颜入苏,故遒峭尽致,波磔无侧媚之态。当同治甲子年,与先中丞同居蒲城,日以古人名迹考论往还,极赏奇之乐,迄今三十余年。展玩墨妙,感念昔尘,犹想见其连情发藻时也。光绪阏逢敦牂之岁首夏重装,叔问郑文焯记在苏州西园。(宁波东方拍卖有限公司2005秋季书画专场拍卖会书画专场第0428)

立夏,陈锐为文焯《冷红词》作序。

《冷红词序》记云:武陵陈锐甲午立夏,篝灯写讫。(《冷红词》)

五月,西园会饮,作诗示张祥龄。

《西园会饮夜散示子苾》:花落池亭带素波,尊前人事易蹉跎。过江游旧清时少,比月婵娟独应多。岂得伤春长费泪,那堪罢酒又闻歌。谢家香佩虚年少,不见东山旧绮罗。西园会饮夜散示子苾。叔问俶稿,甲午夏仲。(《郑文焯书风》,第6页)

五月十日,李超琼招饮。

《李超琼日记》:(初十日)晚酌,招强惺源先生、陈嵩佺、文小坡、程序东、凌镜之一饮。子夜乃散,然席间殊热也。(《李超琼日记》,第202页)

六月十六日,李超琼妾小产,为诊治。

《李超琼日记》:(十六日)未明以吴姬小产惊起,血晕几殆,救之数四乃定,而小产乃终日未下。群医杂进药,亦不得主脑。夜文小坡来一诊,以加味芎汤服之,仍延不下,何也?(《李超琼日记》,第205页)

六月二十五日,访李超琼。

《李超琼日记》:(二十五日)归后,扫治文书有如落叶。而来客纷纷,文小坡、汪济之、文幼峰、宋松存则入谈既久乃去。(《李超琼日记》,第206页)

夏,陈启泰访文焯于沽上客楼。

文焯致张尔田书:今苏布政陈公,曾于甲午之夏,持拙编《斠律》二卷,见访于沽上客楼,殷殷下问,意在尽得其指要,卒之未竟其绪,但辨以宫位所在,能知戈氏自诩知律之谬诞而已。(《鹤道人论词书》,《国粹学报》第六卷第四期)

> 按:札中所言"苏布政陈公"指陈启泰(1842—1909),字伯屏,号臒庵。湖南长沙人。同治七年(1868)进士。光绪三十二年(1906)八月,擢升江苏布政使,光绪三十三年(1907)升任江苏巡抚。有《臒庵遗稿》《意园诗钞》《意园词钞》。

七月,校读曼陀罗华阁刻本梦窗词。

记云:光绪甲午之岁七月初校,越七年己亥复勘于苏城。(郑文焯批校《梦窗甲乙丙丁稿》)

八月十五日,访李超琼,夜饮畅谈。

《李超琼日记》:(十五日)小坡、子绂再来畅谈,至夜再饮乃去。(《李超琼日记》,第216页)

八月,两淮运司江人镜约请文焯修盐志,偕张祥龄同去扬州,同舟唱酬。

记云:甲午秋末,邗上同舟,弥极唱酬之乐。(郑文焯批校《清真集》,括庵过录本)

《莺啼序》(西阑乍过桂影)词序云:甲午仲秋薄游江淮,瓜步晚渡,与子苾舟中连句,和梦窗此韵。

《永遇乐·和稼轩北固亭怀古兼忆星海焦山》:江北江南,青山占尽,台观高处。击楫狂吟,凭阑危眺,潮打孤城去。吴头楚尾,此间天限,空有射鸥人住。看残阳、蜗蛮一角,中兴气竟龙虎。叔问。 金焦入眼,楼船东下,销得英雄一顾。白帝城边,有情乡水,应过夔门路。昔年沉陆,战场荒草,换了酒旗戏鼓。重阳近、茱萸旧会,故人健否。子苾。(《冷红词》卷三)

戴《谱》:秋,两淮运司江蓉舫约请先生修盐志。偕张子苾太史同去广陵,途中登北固楼,瓜步晚渡,与子苾太史连句,皆和梦窗《莺啼序》。

按：江人镜(1823—1900)，字云彦，号蓉舫。安徽婺源(今属江西)人。道光二十九年(1849)中举。光绪十六年(1890)任两淮盐运使。著有《知白斋诗钞》。文焯与张祥龄联句《莺啼序》(西阑乍过桂影)词，王鹏运有和作《莺啼序》，词序云："子苾示读同叔问登北固楼用梦窗韵联句之作，触我愁思，仍用原韵奉答。"词云："无言画阑独凭，黯吟怀似水。绪风悄、换到鹃声，乱红飘尽残蕊。听几度、边笳自咽，乡心远逐南云坠。怅风尘极目，栖栖总是愁思。　沉醉休辞，浮名过羽，底英雄竖子。尽空外、归雁声酸，碧山人远莫至。恁天涯、登临吊古，也云里、帝城遥指。算长堤、芳草萋萋，解怜幽意。　新词读罢，琴筑苍凉，想窃歌独寐。清啸对、江山形胜，坐思当日，名士新亭，暗顷铅泪。飚轮电卷，惊涛夜涌，承平箫鼓浑如梦，望神州、那不伤愁悴。风沙滚滚，因君更触前游，惊心短歌声里。　长安此日，斗酒重携，且吟红写翠。漫省念、关山漂泊，海水横飞，怕有城乌，唤人愁起。与君试向，危楼凝睇，绿阴如暮芳事歇，惜流光、谁解新声倚。从教泪满青衫，俯仰苍茫，恨题凤纸。"(《味梨集》)

九月，游扬州平山堂。

《扬州慢》(十里春风)词序云：甲午九月，游广陵平山堂。曲宴即席和白石韵。(《冷红词》卷三)

戴《谱》：在广陵平山堂曲宴，即席和白石《扬州慢》韵。

十月，感事作词。

《望海潮》(秋风纨薄)词序云：宫词秋怨，和秦淮海，甲午冬孟感事。(《比竹余音》卷一)

十月，作《游仙诗》。

《樵风杂纂》：湘绮楼近制《游仙诗》，托诸艳体，以讽比年权贵之暴黜者。盖谓长沙瞿、桂林岑、项城袁、托活洛氏端四姓豪家。……忆余甲午冬孟，亦有《游仙诗》十首，不复省措，今录其一。

诗云：迢递云旗翠凤车，似闻阿母降承华。玉清未进飞霞盏，银海先回贯月槎。河汉微波通帝坐，蓬莱别院属仙家。碧桃青桂千年药，却与人间赋落华。

十一月四日，李超琼得文焯函。

《李超琼日记》：(初四日)得文小坡、幼峰、松存各一函。(《李超琼日记》，第224页)

是年，曾至无锡。

《木兰花慢》(问绿汀杜若)词题云：梁溪晚泊，和黄竹斋。(《冷红词》卷三)

是年，张上龢弃官寓吴，文焯、张祥龄与之共举词社。

张尔田《近代词人逸事》:光绪甲午,先君子弃官侨吴中,与小坡及张子苾诸君连举词社。(《词话丛编》,第 4368 页)

　　按:张上龢(1839—1916),字芷荪,号怡荪。浙江钱塘(今杭州)人,张尔田之父。词有《吴沤烟语》一卷。张尔田记云:"先君子讳上龢,字泏荪,曾从蒋鹿潭学词,从沈旭庭梧学画,与小坡为词画至交。"(《近代词人逸事》,《词话丛编》,第 4367 页)

光绪二十一年乙未(一八九五)　　四十岁

一月十六日,作《面壁图》立轴。

　　题识:乙未孟陬既望,为景雍道兄年契写。石芝文焯。(北京雍和嘉诚拍卖有限公司 2007 秋季拍卖会中国书画专场 0326)

二月八日(惊蛰前一日),与张祥龄等游邓尉山,次日游玄墓山,十一日归。

　　张祥龄《卜算子》和姜夔组词序云:乙未惊蛰前一日,携姬人仲容,偕文十叔问、沈砚传、砚裔弟兄、沈五裴庄、林八拱北及其子二、张大砚北,之邓尉,由石楼宿石壁,次日游元墓,十一日归。舟中用石帚和吏部八咏。(《近代蜀四家词》,第 7 页)

寒食,游山塘。

　　《浣溪沙》(春半余寒未减衣)词序云:乙未山塘寒食。(《冷红词》卷三)

春,于耦园作花鸟挂轴。

　　题识:故国崇兰托地幽,十年春事赋离忧。巢林莫羡双飞燕,辽海书来已白头。乙未春始写于耦园,叔问文焯并题,时客吴趋。(普艺拍卖有限公司 2011 第 308 次拍卖会中国书画及艺术品专场 0029)

春,晋京应会试,不第。

　　戴《谱》:晋京应会试,荐卷不第。

闰五月十一日,校读《花间集》。

　　记云:词者,意内而言外,理隐而文贵,其原出于变风、《小雅》,而流滥于汉魏乐府歌谣,皋文所谓不敢同诗赋而并诵之者,亦以风雅之馨遗,文章之流别,其体微、其道尊也。词选以《花间》为最古且精。是本为王半塘前辈景宋淳熙鄂州旧椠,间有讹夺,任笔校正。讽诵之余,时复点注,不忍去口。嗟嗟!自实父、芸阁、子复诸贤去后,此事顿废。忆十年前连情发藻,出言哀断,今更世变,其为衰世之音,不其然乎。叔问记。光绪乙未年闰五月十一日校读。

　　乙未闰五月十一日,叔问校读。(郑文焯批校《花间集》)

盛夏,冒广生过访壶园。

冒广生《夏日过壶园赠叔问》:日色不到处,苔气绿一尺。短桥卧流水,竟日无人迹。主人性耽静,颇复用典册。家世通侯门,声华况甚藉。十年吴趋坊,老大不自惜。坏壁张枯桐,寂寞风雨夕。欲奏郁轮袍,凄然吊魂魄。眷眷采珠人,沉沉楚天阔。我欲招之来,醋歌拓金戟。谓王壬秋先生。相期具区间,诘朝理裙屐。柁楼一倚笛,吹堕湖月白。(《小三吾亭诗》卷一)

> 按:冒广生(1873—1959),字鹤亭,号疚斋。江苏如皋人。光绪二十年(1894)举人,担任刑部及农工部郎中。民国时历任农商部全国经济调查会会长、江浙等地海关监督等。著有《小三吾亭诗文集》《疚斋词论》《四声钩沉》等。

七月十日,文焯与侨居吴门的夏孙桐、刘炳照、张上龢、陈同叔诸君结鸥隐词社于城西艺圃,文焯为主事者。

《秋霁》(残雨空园)词序云:城西艺圃为明贤姜如农别墅,咸丰庚申之变,邻女殉池中以数百计。池莲纯白,多异种,花时极游赏之感。乙未秋期,举词社于此,因和梅溪韵赋成此解。(《冷红词》卷四)

刘炳照词社第一集《秋霁》(一雨销魂)词序云:苏郡西偏有艺圃焉,为胜国遗老姜如农给谏侨寓。详汪尧峰先生前后记中。池荷多异种,纯白无杂色。乙未七夕后三日,偕同郡费屺怀、夏闰枝、钱塘张汣莼、宝山陈同叔、金坛于仲威、余杭褚绎堂、叔问,结鸥隐词社于此,即席限赋是调,借梦窗韵。(《无长物斋词存》)

刘炳照《复丁老人诗记》:艺圃犹存谏草楼,晚风香送白莲秋。自从鸥隐联词社,落月晨星感旧游。苏郡西偏艺圃,为胜国遗贤姜如农给谏侨寓之所。池荷多异种,纯白无杂色。乙未七夕,偕张子纯、陈同叔、夏闰枝、于仲威、褚绎堂、屺怀、叔问结鸥隐词社于此。即席限赋《秋霁》词,分拈宋人此调原韵,予得梦窗。是为吴中词社第一集。闲从瘦碧溯词源,温李冯韦与细论。更有缪张来不速,壶园宴罢又怡园。叔问,北方学者,流寓吴中,善画工词,名所居为壶园。缪筱珊、张子苾倚声素好,一时并集吴中,词社于斯为盛。(《无长物斋诗存》)

夏孙桐《悔龛词序》:余自光绪乙未侨居吴门,郑叔问、刘光珊诸君结词社,始学倚声。(《悔龛词》)

夏纬明《记苏州鸥隐词社》:昨读刘语石炳照《无长物斋词存》,略述鸥隐社梗概,故述之如下:苏郡西偏有艺圃焉,为胜国遗老姜如农给谏侨寓。详汪尧峰先生前后记中。池荷多异种,纯白无杂色。乙未七夕后三日,偕同郡费屺怀、夏闰枝、钱塘张汣莼、宝山陈同叔、金坛于仲威、余杭褚绎堂、铁岭郑叔问,结鸥隐词社于此,云云。按鸥隐社除上述数人外,先后入社者尚多。如:张子馥、易仲

实、叔由、蒋次香、况夔笙、潘兰史、金浵生等皆有唱和;而在北方之半塘、古微诸
人亦时时邮笺往还。始终主其事者郑叔问也。郑居吴门,久执词坛牛耳数十
年,为晚清词学大家。(张伯驹《春游琐谈》,第 72 页)

> 按:夏孙桐(1857—1941),字闰枝,一字悔生,晚号闰庵。江苏江阴人。
> 光绪十八年(1892)进士,授编修,历任湖州、宁波、杭州等地知府。民国初
> 入清史馆,又佐徐世昌编辑《晚晴簃诗汇》及《清儒学案》。著有《观所尚斋
> 文存》《悔龛词》等。刘炳照(1847—1917),字光珊,号语石词隐,晚号复丁
> 老人、泡翁等。江苏阳湖(今武进)人。诸生。一生漂荡,抑抑不得志。能
> 书画,工诗文,尤擅长填词,为江浙词坛名宿。词有《留云借月庵词》九卷,
> 后又编成《梦痕词》二卷、《焦尾词》二卷、《春丝词》一卷,凡五卷,总称《无长
> 物斋词存》。陈如升,字同叔。江苏宝山人。家世以诗名,光绪初纂修《宝
> 山县志》。

七月,文焯四秩正寿,词社赋词为寿,文焯作壶园自寿词。

戴《谱》:秋七月,四秩生辰,其壶园自寿词云:"沧海尘飞,故园秋澹,梦断挐
云想。江关词赋,倦怀自任疏放。"又云:"卧看青门锁旧辙,世外樵风相况。哀
乐中年,登临残泪,付与玲珑唱。"虽在强仕之年,颇有感伤时事,终隐吴门之志。

刘炳照《壶中天》(谪仙呼起)词序云:叔问四十初度,同社赋词为寿。(《无
长物斋词存》)

鸥隐词社瓠园社集。

《翠楼吟》(海泪珠零)词序云:瓠园北楼夜宴,和白石韵。(《冷红词》卷四)

刘炳照《翠楼吟》(借榻弦诗)词序云:瓠园夜宴,限赋此调,即次石帚韵。
(《无长物斋词存》)

八月十七日,夜泛越来溪。

《鹧鸪天》(露脚斜波月上池)词序云:中秋后二日越来溪夜泛。(《冷红词》
卷四)

九月,吴昌硕为制"叔问"印。

《大鹤山人三绝册》:叔问,雄穆。仓石自唯亭刻寄。乙未岁九月。(申闻
《记龙榆生藏〈大鹤山人三绝册〉》,《南方都市报》2018 年 6 月 6 日)

十月十一日,缪荃孙来访。

《乙未日记》:十一日戊辰,晴。……拜任小垣、恽季生、文小坡、沈旭初、盛
旭丈、刘光珊、费幼丈屺怀。在屺怀处早餐。(《艺风老人日记》[一],《缪荃孙全
集》,第 384 页)

十月十七日,参加费屺怀、夏孙桐颐园公请。

《乙未日记》：十七日甲申，小雨。……屺怀、闺枝、旭初公请于颐园，生人陈同叔如升，宝山人。陆荫玉嘉谷，桂林人。褚绛堂德兴，余杭人。顾鹤逸□，园主人。于仲威□，金坛人。熟人文小坡、张子绂、刘光珊同席。以沈临《扪碑读画图》，索同人题。（《艺风老人日记》[一]，《缪荃孙全集》，第 385 页）

是年，张祥龄散馆，选陕西榆林府怀远知县，文焯赋词相送。

《踏莎行》（连棹湖山）词题云：送子苾入陕。

词注云：时以庶常改官为怀远令。（《冷红词》卷四）

戴《谱》：张子苾太史，是年散馆，选陕西榆林府怀远知县，先生赋《踏莎行》词四阕相送。载《冷红词》中。正诚案：张与先生交至深，其配曾季硕夫人，尝从张宜人学琴，两家眷属，过从甚密。尝见张入陕后与先生书，略云：十年之交，风晨雨夕，无役不从。前腊八日，与阿四戏言，文老爷送粥至矣，此小事尚刻不能忘。每念足下夜过时，以蛋炒饭相待，今则蛋一二文一枚，惜不能以百蛋供足下夜谈。炕有许多佳处，念冬夜若与弟促膝连句，有此炕何乐如之。云门时以马封送词来，樊才诚有不及，所刊骈体诗词，兄俱不畏之。独所刻公牍三卷，嬉笑怒骂，皆成文章。兄不羡其文羡其遇，与上司牍，敢于涉笔成趣，由遇爱才如命抚藩也，文亦有不可及处，必传之作也。兄和《补小山词》近二百首，俟春暖再录之。

是年，为刘炳照题填词图。

《法曲献仙音》（经乱湖山）词题云：题语石道人填词图，和石帚韵。（《冷红词》卷三）

是年仲秋，得《陶渊明全集》。

记云：余于乙未岁仲秋偶阅肆，得此本，以为元椠，审卷尾有"白鹿斋摹古记"，在《桃花源诗》篇末一格，盖亦好事家刻旧本耳。鹤道人记于半雨楼。（郑文焯批校《陶渊明全集》）

是年，李鸿裔去世十年，文焯作词怀之。

《玉梅令》：城南网师小筑，故瞿氏园也。咸丰庚申乱后，中江李使君眉生治园为宅，以近沧浪，号苏东邻，博古自娱，简傲绝世。余以疏狂侨旧，雅奉闲逸，数预竹林之游。今眉生下世十余年矣，林亭旧隐，时见官仪，宾戏器尘，无复高致，感时悼往，不能无西园之思也。沧波旧苑。又入清风券。春阴护、傍家池馆。有药阑几曲，掩袂再来看。珍丛未谢，梦云已远。　吴缣蜀锦，新诗能换。十年事、暗惊雨散。问山阳旧侣，到此更谁过，空邻笛、绕花吹遍。（《比竹余音》卷一）

　　按：文焯日后曾向朱祖谋道及昔日与李鸿裔等人文酒之盛。朱祖谋《江南春》（颓柳敧台）词序云："中江李使君苏东邻小筑，故瞿氏网师园址也。以近子美沧浪亭，故名。叔问舍人为道昔年文酒之盛，用梦窗韵赋之。"词云："颓柳敧台，明漪浅甃，青瑶相拱如笋。笡诗壁坏、冷旧家、垂露秋笔。门外稀来辙。沧浪近、步尘更洁。几料理、籍南莳药，池北横书，吴皋占断烟月。 飞仙去,飘绛节。想汗漫青城,梦攀萝葛。山阳剩侣,尚解说、胭脂晴雪。邻笛惊风歇。斜阳外、画阑凭热。归隐几人,秋语泠泠,枫根暗泉鸣玦。"(《彊村词剩稿》)

是年,沈秉成逝世。文焯致书包承善言及其子沈瑞琳、沈瑞麟离家,且与文焯似有不谐事。

致包承善书:二研自寒孟中潘飘忽,而临歧未及一握,但闻其语人南征,实北首途尔,其家事从未述及一字,诘之则云"已了"。窃意果无事,何必匆匆不告而北,殆亦岁暮途穷之境,故深讳耳。下走以与仲老交深,非浮薄面友所可同日语,于其家难,虽略参末议,非二研所乐闻,而其门望渐陨,讵忍恝然相见,惟事酒食? 彼且视我为狎友,未尝敦讲世盟,切劘风义,下走亦何敢自附挚友之末? 然于先世之交,则无亏于昔,有愧于今。苟稍稍规讽以道,鲜不拒于千里。年来意气,益复嚣嚣,下走且将避之三舍,以君窥人于微,当更有默识而心伤者。……匆匆上。敬承赞父仁兄先生道履。焯再拜,十二日。(刘荣华《吴中风流翰墨情韵——湖州博物馆藏郑文焯尺牍》[下],《收藏家》2007 年第 3 期,第 77 页)

> 按:包承善(1867—1902),字缵甫,一作赞甫,号随庵。浙江湖州人。精篆、隶书,善篆刻。有《半日读斋日记》。"二研"指沈秉成之子沈瑞琳、沈瑞麟。沈瑞琳(1872—?),字松生,号研传。光绪十九年(1893)举人,曾任刑部郎中。沈瑞麟(1874—1945?),字柏龄,号研裔。光绪十六年(1890)举人。曾任清朝及民国驻奥地利公使,1925 年任外交部总长。后投身伪满政府,任伪满宫内府大臣、伪满参议府参议等职。

光绪二十二年丙申(一八九六) 四十一岁

早春,送别于式枚。

《琵琶仙》(头白渔郎)词序:江上早春,感事别于晦若。(《冷红词》卷四)

春,与夏孙桐、张上龢等鸥隐词社社友同游天平山。

夏孙桐《徵招》(撑烟蹙雾青螺影)词题云:天平春眺。(《悔龛词》)

二月,校读《花间集》。

记云:是编为词选中之至精奥者,卧梦起诵,不厌百回,褐来沪滨,时于艳冶丛中讽咏过口,极荒淡之致。余所纂《冷红词》,间能得其细趣,犹忆去年石湖舟次,闻小姬唱《湘春夜月》,使人至今依黯也。光绪涒叹之年二月,叔问又记。(郑文焯批校《花间集》)

暮春,作词纪马湘兰画壁。

《虞美人》(断肠吴苑西桥水)词序云:吴城长春巷为明人王百谷故宅,有马
湘兰画壁。今沦为荒墟,赋此记之。(《冷红词》卷四)

　　　按:王百谷,即王稚登(1535—1612),又字伯谷,号半偈长者、青羊君、
　　广长庵主、松坛道人等。江苏长洲(今苏州)人。著有《晋陵集》《金闾集》
　　《吴社编》《弈史》《吴郡丹青志》等。马湘兰(1548—1604),名守真。南直隶
　　应天(今江苏南京)人,"秦淮八艳"之一。与王稚登交谊甚笃。能诗,尤擅
　　画兰竹。著有《湘兰子集》。文焯词刘炳照亦有同调同题之作,其《虞美人》
　　(长春里畔春常在)词序云:"苏州长春巷为明贤王百谷故宅,有马湘兰画壁
　　数处,后为医者曹仁伯所居,沦灭久矣。尝见湘兰画壁多百谷题句,盖其所
　　深眷者。倾城慕名士,亦足录焉,为赋此解。"(《无长物斋词存》)

四月十六日,作《绝妙好词校录》前记。

《绝妙好词校录》卷首记云:冷红别墅,邻丽娃祠之西水香亭榭,丛桂佳留,
时有俊风。辄闻侍儿歌《湘春夜月》之曲,属引清异,余以铁铜箫和之,白石风流
不是过也。余考原雅乐,强附声家,暇日既校定淳熙本《花间集》十卷,独《绝妙
好词》罕遘良刻。南宋高制,美尽是编,绛云传钞实多讹夺,樊榭笺录,音谱未
详。爰以谫闻,稽撰佳证,类诗余之别墨,亦乐府之枝言,侏儒一节,不自知其细
已甚也。光绪涒叹之岁四月既望,叔问记于吴城西园。(《绝妙好词校录》)

五月,陆恢作《西山放鹤》图相赠,文焯题诗。

陆恢题识:西山放鹤。丙申五月在拙政园写奉叔问先生法家正之,兼夫弟恢。

文焯题识:春草偏行远水波,青山压帽势峨峨。一船冲破梅根浪,却向花稍
载鹤过。老芝题。(上海崇源 2004 秋季大型艺术品拍卖会中国书画精品第二场
茹古斋珍藏书画专场 174)

　　　按:陆恢(1851—1920),字廉夫,一字狷庵,号狷叟、破佛庵主人。江苏
　　吴江人。有《陆廉夫山水八景》《陆廉夫冷香居记事图册》等。

六七月间,与金武祥相交往。

戴《谱》:六月,先生以杨跋十三行墨拓寄赠武进金涨生先生武祥。七月,金
复书谓"十三行帖,其先曾祖旧有一本,赵味辛先生最赏之,本人后得一本,亦复
不恶,杨跋之本,乞代拓见惠,以既有跋必有帖也。"并询此帖佳者共有若干本。
附寄张皋文先生《墨子经说解》钞本,请先生正其舛误,著其得失于简端。又乞
先生与王壬秋先生所注之本寄去录副。

《高阳台》(斗玉花田)词题云:为粟香室主人题《冰泉集》。(《冷红词》卷四)

　　　按:"粟香室主人"即金武祥(1841—1924),字涨生,号粟香,又号菽香,

别署一斤山人、水月主人等。江苏江阴人。曾入曾国荃、张之洞幕。勤于搜集乡邦文献及古董书画。辛亥后,寓居上海,以藏书、刻书为业。先后编校、刻印的《粟香室丛书》54 种。著有《芙蓉江上草堂诗稿》《湜生诗草》《木兰书屋词》《冰泉唱和集》《霞城唱和集》《粟香室文稿》《粟香随笔》等。《冰泉集》即《冰泉唱和集》,光绪十一年(1885)至十四年,金武祥协助两广盐运使“监醢梧州”,《冰泉唱和集》即为梧州游观唱酬诗词所结集,内还包含友人续和、再续和之作。

七月十六日,批校《片玉词》。

记云:按,强焕《叙》刻于淳熙时,得词八十有二首,今毛本实多二首,又补遗十首,陈振孙所记《清真集》二卷、《后集》一卷,不知与此章数合否?《书录解题》又云:“曹杓曾注《清真集》二卷。”毛刻后跋称“最后得宋刻二卷,见评注庞杂,一一削去”。今毛本犹存其一二,似非一壶居士注本,惜毛氏未著其厓略耳。光绪湦滩之岁七月既望,叔问记于齐玉堪。(郑文焯批校《片玉词》,杨寿枏过录本,参吴则虞校点《清真集》,第 128 页)

八月十五夜,听雨皋桥水楼。

《湘月》(桂阴小榭隔纱笼)词序云:八月十五夜听雨皋桥水楼,忆己丑中秋与如闇诸子被酒夜上灵岩最高峰,醉卧琴台,云气四合,仰见明月,破空而飞如铜镜,砉石璆然有声。远望渔火错杂,云水中光景奇绝。予踞危石,屡步不能支,捉云狂呼,衣袂尽湿,明日题诗山寺而去。匆匆将十年,游旧二三,零落殆尽,此乐不可复得。今夕何夕,怀往伤高,不知酒悲之何从也。(《冷红词》卷四)

秋,登西楼,怀王闿运。

《庆宫春》(衰草虫天)词序云:重登西楼,月下闻雁,寄怀湘潭王壬老。(《冷红词》卷四)

秋,与邓濂、刘炳照畅游灵岩、邓尉。

《八六子》(步幽遐)词序云:琴台在灵岩最高顶,秋晚登望怀古,有辞舟客邓子石瞿扣舷而和之。

《西江月》(怊怅故宫花草)词序云:木渎舟中,同石瞿分题赋灵岩古迹。

《菩萨蛮》(烟林星火渔扉静)词题云:石壁精舍望太湖诸山。

《菩萨蛮》(一湖风色明岩牖)词题云:从玄墓山夜还虎山桥。

《鹧鸪天》(树隐湖光望转明)词序云:余往来邓尉山中十余年矣,独爱青芝一坞,林嶂秀岨,人迹罕交,有终焉之志,未逮也,还泊西崦,因赋是解。(诸词均见《冷红词》卷四)

　　按:邓濂(1855—1899),字广文,一字似周,号石瞿,一号犇庵。江苏金匮(今无锡)人。同治十三年(1874)秀才,廪贡生。游幕四方。工诗文骈赋,与华世芳、秦坚、杨模、裘廷梁、秦宝珉、杨凯称为“梁溪七子”。著有《舜庵集》。邓濂曾为文焯《冷红词》作序,但未刻入《冷红词》中。刘炳照有二词提及文焯此次游踪,其一为《高阳台》(滴粉搓酥)词,词题为“酬吴眉孙苏州寄忆原韵”,有注云:“吴君特有陪庾幕诸公秋登灵岩《八声甘州》词”,“昔年偕叔问、石瞿作灵岩游,遍探玄墓、石壁诸胜”。其二为《忆旧游》(忆山塘销夏)词,词题为“无锡王莼农枉访话旧,感赋此解”,词中注云:“予客苏台逾十稔,梅约屡爽。曾偕叔问、石瞿作灵岩之游,叔问绘《虎山诗梦图》纪事。石瞿旋即下世,叔问亦久不相见。”(《无长物斋词存》)

秋,披览估客所携《涧上草堂图》《枫江渔父图》。

《石芝西堪札记》:光绪丙申岁之秋,有估客自吴江携来两画卷索售。谓物主坚欲售与北人之嗜古者,不愿南人见此卷流落江皋也。予心异之,亟启篋披览,则一为徐俟斋高士《涧上草堂图》,图后附先生遗墨数十行,字迹明净,书于桑皮纸上,谛审则其临终属子之辞也,令人想见其四十年贞固之高节。属纩之际,神明湛然,诚胜代遗贤之独行君子也。一时题咏,尽国初诸老,裒然巨观。其一则《枫江渔父图》,为徐山民继其先志而作也,跋尾多乾嘉朝名家之笔,亦盛藻也。两图咏又刻石廿余方,估客言是物即出之徐氏裔,不欲售于江南,虑为识者姗笑也。后为北估携入京,以重值售与显者,其石刻为石埭徐氏子静购得,置诸苏城西所居之槃园,陷石壁间。今园已易主,不知此石无恙否。

按:“徐俟斋”即徐枋(1622—1694),字昭法,号俟斋、秦余山人。江苏吴县人。明亡后隐居于天平山麓“涧上草堂”,自称孤哀子。擅行草,长于山水画,卖画自食。徐山民,指徐釚(1636—1708),字电发,号虹亭、拙存、菊庄,晚号枫江渔父。江苏吴江人。著有《菊庄乐府》《南州草堂集》等。“徐氏子静”即徐士恺(1844—1904),字寿安,号子静。安徽石埭人。官浙江候补道。晚寓苏州,嗜金石,精鉴别。有《观自得斋丛书》等。

十月十六日,沈瑞琳为文焯《冷红词》作序。

《冷红词序》记云:光绪涒滩之岁十月既望,归安沈瑞琳叙于耦园之城曲草堂。(《冷红词》)

十月,得京师寄魏沧州刺史王僧墓志旧拓本,作跋。

跋云:王僧于史无征,《志》云:父愿,以真君年中,黄舆南讨,策功天府。即《魏书》真君十一年,车驾南伐,走宋将王玄谟事。又云:神龟年中,冀土不宾,民怀叛扈。即神龟二年瀛州民刘宣明谋反事。其云:正光中除青州高阳令。按

《地形志》，高阳县属青州。"清""青"北碑多同用，如《崔敬邕志》，"临清"作"临青"是也。《志》中显祖、曾祖及祖之名并字迹细如针画，此初拓本犹隐隐可辨，惟"曾祖"下是"褒"字，"祖"下"村""青"字之半，近脱则并此不可识。盖古碑铭填讳之遗义，本与《志》出两手也。叔问题于吴城之石芝西堪。光绪涒叹之岁十月，朔北客自京师见寄。（上海博古斋拍卖有限公司 2015 年秋季艺术品拍卖会1964）

十一月廿七日，缪荃孙来访。

《丙申日记》：廿七日戊午，阴。拜盛旭老、孔祥霖、曹再涵、文小坡。（《艺风老人日记》[一]，《缪荃孙全集》，第 443 页）

是年，沈瑞琳为刻《冷红词》，陈锐为作序。又刻《绝妙好词校录》一卷，附《冷红词》后。

戴《谱》：沈砚传孝廉瑞琳，仲复子为刊行《冷红词》，陈伯弢先生锐为之叙。陈，湖南武陵人，著有《褒碧斋集》，官苏省，与先生为文字深交。是岁又刻《绝妙好词校录》一卷，附《冷红词》后。先生自写所著书目，有《白石歌曲编年录》，附《补调订讹》一卷。其庚子刊行《清真词校后录要》，亦云曩尝取白石词为之编年补传，以其词叙自注岁月，旁征宋元说部，事迹易于考见，似曾成书，惜稿佚，不能与所校《绝妙好词》《清真集》并传耳。

是年，冒广生在苏州，曾属文焯书楹联，二人多有交往。

致冒广生书：鹤翁先生阁下：累月解携，驰忆曷极。损书省览，猥以谫学，盛荷游扬。奉托大贤，匡其寡闇，虚声溢美，弥复弱颜。……属书楹联，有兴即落墨。……溽暑，惟为道自卫不宣。（《冒广生友朋书札》，第 103 页）

《冒鹤亭先生年谱》：在苏州，先生与郑叔问、刘光珊名炳照、费屺怀名念慈过从颇稔，唱酬亦多。（《冒鹤亭先生年谱》，第 78 页）

> 按：《冒广生友朋书札》所录文焯致冒广生书札九通当作于本年和次年，其中涉及词作唱酬之札如："损书得闻绪余，足征同道之深契。辱和《兰陵王》词，深美宏约，得《小雅》之遗音，心折无已。近作数令曲，多为语石藏弄，俟新凉当录进，索紫霞定拍也。""嘉什大似罗补阙，其声挥绰，造意孤进幽涩，能深入长水郎奥宦，小巫咋舌，不得以响应已。微有质疑，敢质宏达。篇末二句，'笛''白'声律未协，意亦嫌尽，不如径从'展'字结，有悠缅之致，且省注也。尊旨云何？恃同道之契，亮步见鄙，幸甚，幸甚！"（《冒广生友朋书札》，第 104 页）

是年，有书札致香田主人。

书云：前奉上《先德连吟集》，想已察入，未见示及，念之。《冷红词》已刻竟一纸，先以奉览，并香田印印于前方。累日冒暑，检箧衍，无意得旧藏古铜印，文曰"香田世宝",与君别字无异。骤得是印,狂喜万状,质之识者,果订为"香"字,可佩之以眈万物,可宝若连城,不能不以之要君。若肯以前所见隋碑《常丑奴志》,翁题道伪本。媵以张猛龙旧打本,所藏三本当可分其一。当以香田印奉上,不则不夺人好,二不成人美也,一笑。明日拟走谭可乎? 乞即示复,若能并碑版至,则即刻交易,何如? 此题香田主人动定,焯顿首。(刘荣华《吴中风流翰墨情韵——湖州博物馆藏郑文焯尺牍》[上],《收藏家》2007 年第 2 期,第 48 页)

　　　　按:书中言《冷红词》"已刻一纸",故将此札系于本年。"香田主人"暂未详何人。

光绪二十三年丁酉(一八九七)　四十二岁

五月,校订宋人词谱。

　　记云:南宋后,大晟遗谱久叹畸零。丁酉仲夏谊暑西园,取诸宋人词谱研究校订,正其沿讹,比例详证,不无一得,读者审之。叔问。(郑文焯批校《片玉词》,参吴则虞校点《清真集》,第 128 页)

五月十六日,作《溪山泛舟》成扇。

　　题识:曼云大兄世大人鉴正。时彊梧之岁中夏既望,叔问文焯漫涂于冷香轩。(上海涵古轩拍卖有限公司 2011 首届大型中国书画拍卖会 0557)

　　　　按:是扇有陆润庠行书,题识云:"曼云仁兄大人雅正,丙申春三月,弟陆润庠。"可知文焯之画作于丁酉年。

夏,游荷花荡。六月二十四日,录写所作词。

　　《鹧鸪天》:荷花荡晚泛,示师白、倔琴共和之。南荡花湾足芰菱,镜天红破画船。归云数点催诗雨,细雪双义醒酒冰。见山谷诗,谓鱼也。　歌袅袅,梦泠泠,露房吹粉水香澄。笑拈一瓣凌波影,画与春人绣屧棱。丁酉六月荷花生日,叔问写于冷红簃。(《大鹤山人词稿》)

七月七日,西园池上赏月,作词。

　　《浣溪沙》:丁酉七夕,西园池上见月。摊卷西堂听雨眠。薄晴楼阁静生烟。露槃花水晚妆前。　谁唤二分无赖月,来窥一尺有情天。销魂今夕又今年。老芝。(《大鹤山人词稿》)

　　　　按:此词未收入文焯词集,其下阕与《比竹余音》卷三之《浣溪沙》(衣桁香零雨后烟)一首几同,后者当是据此词改写。后词词序云:"己亥秋夕,西园池上同澹宜玩星月,歌以谧止。"今两录之。

七月十九日,作梅花立轴。

题识:落尽高花有好枝。丁酉七月十九日篝灯写,冷红词客记于佳再楼。(北京东方晟宬拍卖有限公司 2010 秋季艺术品拍卖会中国书画专场 0184)

上年文廷式被贬出都,王鹏运作赠别词。七月十九日,文焯录所和之作,后又将此词写赠冒广生。

《三姝媚》:王幼霞前辈赋春柳词,文道羲出都时有和作,尝为人写于纨扇,见而和之。春归鶗鴂苦。飐丝丝轻风,小腰愁舞。梦老长安,问永丰坊畔,更谁留句。翠浪分堤,空十里、澹烟吹絮。须信高眠,陶令门前,五株千古。 还记江皋游步。系不住青骢,乱花歧路。故国繁华,但锦沟流恨,旧莺啼处。落月重逢,应共惜、一奁红雾。莫倚西江残笛,璚枝再谱。丁酉七月十九日篝灯写此,聊寄深哀,明日当函示道羲,不能无西园之思也。冷红词客记于佳再楼。(《大鹤山人词稿》)

按:文焯将上词录赠冒广生,词序云:"王半塘御史赋春柳词,文道羲出都时有和作,尝为汪举人仲虎书扇,余见而和之。"末署:"丁酉秋孟之作,录进鹤亭先生词掌,叔问郑文焯稿上。"词中字句有不同之处。(《冒广生友朋书札》,第 104—105 页)王鹏运(1848—1904),字幼霞,又作佑遐、幼遐,中年自号半塘老人,晚年自号半僧、鹜翁、半塘僧鹜。广西临桂(今桂林)人。晚清词坛宗师,"清季四大词人"之首。词作共编为七稿九集,统名《半塘词稿》。晚年删定为《半塘定稿》,朱祖谋又编《半塘剩稿》刻行。刻有《四印斋所刻词》《四印斋汇刻宋元三十一家词》,另与朱祖谋合校有《梦窗词》。光绪戊戌年(1898),文焯进京应会试时,王鹏运邀其加入咫村词社。期间,二人唱和颇多。文廷式于光绪甲午(1894)被光绪帝擢为大考第一,升任翰林院侍读学士兼日讲起居注,成为"帝党"干将。甲午之战时,积极主战,反对李鸿章和议。1896 年二月,遭御史杨崇伊参劾,被革职。文廷式南还之际,王鹏运作《木兰花慢》,题为"送道希学士乞假南还",词云:"茫茫尘海里,最神往、是归云。看风雨纵横,江湖澒洞,车骑纷纭。君门,回头万里,料不应、长往恋鲈莼。凄绝江天云树,骊歌几度声吞。 轮囷。肝胆共谁论。此别更销魂。叹君去何之,天高难问,吾舌应扪。襟痕,斑斑凝泪,算牵裾、何只惜离群。烦向北山传语,而今真愧移文。"(《味梨集》)文廷式《三姝媚》答词云:"莺啼春思苦。正〈看〉湖山纷纷,尚余歌舞。几日停骖〈折柳千丝〉,渍〈瓂〉酒痕犹,沁锦襟题句。怕倚〈倚遍〉危阑,澹暮雪〈色〉、飘残香絮。似绣园林,一霎鹃声,便成今古。 当日游〈花〉骢联步,共嬉戏〈游冶〉春城,踏青归路。夜半承明,听漏声、疑在万花深处。可惜〈奈〉东风,吹不散、浓雾凄雾。记取〈好记〉灵和旧恨,清商自谱。"《比竹余音》所附此阕与《云起轩词钞》文字有差异,当为初稿,〈〉内为《云起轩词钞》定稿文字。

七月,作书论观书看画。

记云:昔人记观书十弊,有卷脑、折角之诫。今赏鉴家当看画时,尤宜珍重著手,细意爱玩,以防损破污染之弊。盖名人真迹流传至数百年,在外国定古物保存律,且知宝贵,况我神华国光精粹,历劫不磨,率尔展观,当有规格。每见俗士看画,口讲指画,动多疏妄,不特寒具手为读画所深诫,贻讥好事也。光绪二十三年,岁在丁酉秋孟。鹤道人记。(参时润民《郑文焯生平心曲发微》,第172—173页)

八月,得白鹿斋本《陶渊明全集》。

记云:光绪作锴之年秋仲,得元椠陶集于吴市,老芝。(郑文焯批校白鹿斋本《陶渊明全集》)

十月十五日,校读《花间集》。

记云:此杨氏海原阁藏本,半塘老人景宋淳熙椠复刻,讹夺时有,迄未校定。自甲午岁得之京师,舟车所至,时一玩索,任笔校正,十得七八。冀有好事重付杀青,庶观者无沦缺之憾焉。光绪作锴之年十月望,冷红词客记。(郑文焯批校《花间集》)

十二月五日,访李超琼。

《李超琼日记》:(初五日)薄暮,文小坡来遂不去,既饭矣,又至,更鱼既跃,犹流连久之云。(《李超琼日记》,第388页)

是年,得旧拓本《隋董美人墓志》。

《西河·题〈隋董美人墓志〉》(仁寿地)词序云:志文作于开皇十七年,是蜀王杨秀自制以悼其后宫人者。朗丽造哀,有齐梁赋情之妙,书亦奇逸。道光初,陆剑庵官兴平时得之关中,旋归上海徐氏。石毁于咸丰庚申兵火,墨本稀见。余藏有春晖堂旧拓,信足珍秘也。唐李绰《尚书故实》纪蜀王尝制千面琴,散在人间,其才韵可想,爰赋此题之。(《比竹余音》卷一)

戴《谱》:得春晖堂旧拓《隋董美人墓志》,极珍秘,赋《西河》词题之。

是年,虎丘寺僧赠纤纤琴,易顺鼎先有作,文焯亦作词纪之。

《寿楼春》(寻花阴招提)词序云:虎丘山寺僧楼有琴,款曰"纤纤",盖瘦吟楼物也。纤纤为苏州陈秀才竹士妻,有才名,早卒。竹士为作《虎山寻梦图》以悼之,郭频伽题《梅花引》词。余与易仲实同年尝泛山塘,辄抚斯琴,秋思一曲,其声清异,山僧以之见贻。仲实先有作,因嗣音焉。(《比竹余音》卷一)

戴《谱》:虎丘寺僧,以所藏纤纤旧琴见贻。易仲实先生先有作,先生继赋《寿楼春》词以纪之。正诚案:先生自写所著书目,有《说鬼》一书,下注云:"小时能见异物,迨年四十有二,颠顶忽生一骨,乃并神怪诸现象,悉有异睹。康南海所谓洞见恒一方也。此编皆纪平日所目击,确非若齐谐之寓言也。"惟稿已佚,不知云何。向尝见清道人题先生尺牍,有云:"山人居京师时,与湖北张次珊侍御号目能视鬼。余戏山人曰:余居有鬼否? 山人笑曰:君居陋巷中,故安所得鬼乎? 鬼附势慕利,实甚于人,喜依阿富贾大官,为之奉足舐痔,伺其喜怒而左右之,故富人博常胜也,即其人一旦失势丧资,则群起揶揄之,相引去。若暴富家及新得官者,则群鬼集矣。其言鬼敬忠孝悌节义者,妄也。苟遇其人,辄纷纷鸟兽散,以为不详人也。"果如此,《说鬼》仍系先生之寓言耳。

　　按:戴《谱》所引出自李瑞清《书郑大鹤山人尺牍册子后》,郑逸梅《掌故小札》也录"谈鬼"轶事,称"郑大鹤借鬼骂世"。(《掌故小札》,第86页)

是年,吴昌硕为刻"侍儿南柔同赏"印。

　　题识:光绪丁酉刻于石人子室。目疾乍瘳,用刀殊弱。昌硕记。(《吴昌硕印谱》,第230页)

是年,赵以焕由丹阳调任吴县知县,文焯与之有数通书札交往。赵任吴县知县三月即调任武进,文焯致札,约为其饯行。兹录书札于下。

　　致赵以焕书:委书画便面,匆匆泚笔,甚愧涴目,幸检察之。兹有复出使美、日、秘大臣杨子通钦使一书,须用抚署马封,递上海文招局转寄美邦,请兄遣人向署中阍人索一马封,即交奴子持来为祷巡捕封递则不足持。专此奉浼,即颂伯含仁兄大人道安。小弟焯顿首。即日。

　　致赵以焕书:伯含仁兄大人阁下:别后谒柏垣,得进见,所谈已约略婉陈,说未竟而福宪突来,旋即出矣,只好得闲再相机也。豆规银四百两,仅合茶规银三百六十九两七钱,计短银叁拾两□三钱。兹将协顺收银水票附呈,祈转致展兄查核为荷。此请台安。愚弟焯顿首。廿五日灯下。

　　致赵以焕书:伯章仁兄大人阁下:顷闻履新有日,发皇事业,仙吏神君,抃手以颂。兹有一穷乏故人求食破砚,故乞笃念邹枚同舍之谊,推爱屋乌,刮目相视。倘太丘道广难周,轸难位置,则请依时例界以漕修一分。早惠德音,感承厚德,奚翅身受矣。诣贺不值,留此代面。敬颂吉祺。愚弟文焯顿首。黄君名纸附呈。

　　致赵以焕书:伯含仁兄大人阁下:连日忙碌,未得畅叙为歉。启者,藩宪执帖家丁于月前交有刘升一条,恳弟荐之台阶,乞一差使,久已忘却,昨又再三来说,只好将条代呈,可否收录,仍候卓裁,或赐一见,察看之何如? 此请升安。愚小弟焯顿首。十六日。

　　致赵以焕书:伯含仁兄大人阁下:前奉札笺,猥以敝友黄采翁一事,辱荷矜全,许以干糇为觊,心感奚任。不审履新,诹告何日。启行在即,尚拟作尊酒之饯,特请豫示一二日内何时得暇,当招子馥、松存陪坐,非敢为寻常祖帐也,幸勿客气是祷。顷检故簏,得去年为绍枢舍人书箑,顿增远人之想,即存尊处,便即代寄何如?再,正作函间,适黄采翁来询馆事,且述其近状百窘,老母妻子皆病痁症,贫不能举火累日矣,意甚岌岌。鄙意既承老兄金诺,推爱于所识穷乏,不若径乞速沛德音,援其所急,先赐漕修十元,藉支今岁鹤料。不敢再有所渎,且免临时展转致寄,较觉两便,不啻为穷儒请命,惟乞鉴原示复,鹄望宏施,代为感念。此上。敬颂台祺,临告皇恐。小弟文焯顿首。初十日。

致赵以焕书:伯含老兄大人阁下:日前走送台旌,阒然瞻对。昨于望亭见云帆迅举,大有手挥目送之意。今偕子菼道出华封,亟思趋诣,一瞻堂皇履新气象,奈前日在李阳湖署中累日舖啜,腹疾斗作,亦由沿途扰累,余食赘行,致患暴下,神颇不适,嘉招亦呼负负。诚然一饭三遗,贻讥仙吏。即日解维,不更延阁。俟诣岘帅回舟过此,再当晤言。比日新君簿领,自必贤劳,步武子真,骎骎闻颂声作矣。专布代面,并诣谢忱。即请台安,并贺任喜不庄。小弟文焯顿首。廿七日。从者临行承赐鄙友黄君干修十元,即日交领,并谢。

按:以上数札均藏于苏州图书馆。赵以焕(1857—1899),字钦祖,号伯含、伯章。贵州贵筑人。光绪十五年(1889)进士,十九年(1893)补授江苏丹阳知县。二十三年(1897)授吴县知县,甫三月,旋移任武进知县。积劳而卒,有政声。札中"岘帅"指刘坤一(1830—1902),字岘庄,湖南新宁人。廪生出身,湘军名将,官至两江总督。著有《刘坤一集》。

光绪二十四年戊戌(一八九八)　四十三岁

一月十六日,校读《花间集》。

记云:戊戌岁孟陬月既望,以明万历间归安茅一桢凌霞山房校刻本对勘一过。按,《尊前集》毛叙自言:余素爱《花间集》,曩岁客吴兴,茅氏兼有附补,而余斯编第有类焉。是所称茅氏盖即一桢也。子晋固见茅刻者。汲古刻实沿是本之讹舛,茅刻多足据以订正。鹤又记。(郑文焯批校《花间集》)

闰三月三日,考校王鹏运新刊元巾箱本《清真集》。

记云:戊戌闰三月,邂逅王侍御佑遐前辈,出新刊元巾箱本《清真集》,证以元钞明刻盟鸥园主人校本,详为考订。(郑文焯批校《清真集》,刘崇德藏)

四月,在京师校读《花间集》。

记云:《汲古阁秘本书目》,有北宋本《花间集》四本,世无传者。又南宋板精抄二本,未审与此有无异同,惜无他本校雠也。叔问。《孙氏祠堂书目》有《花间集》十卷,注蜀赵崇祚编,仿宋晁谦之刊本。又四卷,明汤显祖评本。今并无传。○依汲古本复校于京师。戊戌四月。(郑文焯批校《花间集》)

晋京应会试,王鹏运于咫村举词社,邀文焯入社,与朱祖谋、宋育仁、王以敏、张仲炘、夏孙桐等社集唱和。

戴《谱》:晋京应会试,时王佑遐给谏鹏运举咫村词社,邀先生入社。朱古微侍郎祖谋、宋芸子检讨育仁,皆当时社友也。

按:"咫村"原为万青藜别墅。万青藜(1821—1883),字文甫,号藕舲。江西德化(今九江)人。道光二十年(1840)进士。历官兵部尚书、礼部尚书、吏部尚书。谥文敏。咫村词社由王鹏运主持,文焯在京应试期间,王氏邀入社中,时间约在本年三四月间,文焯参与词社唱酬有"京华胜迹""咫村藤花""帘""燕京怀古""白芍药""新绿""赋别"等题。夏纬明《晚清词人王鹏运之二三事》:"同光之际,如文道希廷式、沈乙庵曾植、郑叔问文焯、朱彊村祖谋、况夔笙周颐、张次珊仲炘、宋芸子育仁等,皆当时以词鸣。而且除诗词唱和之外,于政治见解上亦属同气相求。诸人皆推王半塘鹏运为领袖,持词坛之牛耳。"(《春游琐谈》,第46页)政治见解上的同气相求,是王鹏运执掌词社,团结众人之因。朱祖谋(1857—1931),原名朱孝臧,字藿生,一字古微,又作古薇,号沤尹、彊村。浙江归安(今湖州)人。光绪九年(1883)进士,曾官礼部侍郎、广东学政。著有《彊村语业》,辑刻有《彊村丛书》《湖州词徵》《国朝湖州词录》等。

王鹏运招咫村社集,赋京华胜迹。

《木兰花慢》(夕阳花外塔)词序云:半塘前辈举咫村词社,咏京华胜迹,分题得天宁寺,赋韵天字。(《比竹余音》卷二)

王以敏《木兰花慢》(纸坊西去路)词序云:崇效寺限崇字韵。幼遐招集江右万文敏尚书咫村,次珊、古微、叔问、由甫、子蕃同赋。(《檗坞词存》)

易顺豫《木兰花慢》(渐亭皋绿遍)词序云:幼遐仗招同次珊、韵珊、兹蕃、小坡、古微、梦湘词集咫村,分题得极乐寺限棠字韵。(《琴思楼词》)

王以敏招咫村社集,赋咫村紫藤花。

《翠楼吟》(旖旎团云)词序云:咫村紫藤花,同半塘老人作,和白石韵。(《比竹余音》卷二)

王鹏运《翠楼吟》(压架尘轻)词题云:赋咫村藤花。(《蜩知集》)

张仲炘《翠楼吟》(翠舞蟠虬)词序云:王梦湘邀同人集咫村,盖万氏别墅也,庭中紫藤一株,荫可半亩,万萼齐破,浓芬袭裾,最饶清赏,分韵得对字。(《瞻园词》)

朱祖谋招社集,咏帘。

王以敏《珍珠帘》(一崇春影和烟翳)词题云:咏帘用草窗韵。词序云:集古

微宅，次珊、幼遐、叔问、由甫、夏润芝编修同赋。（《蘗坞词存》）

易顺豫《珍珠帘》（屏山断处晴波翳）词序云：古微招同幼霞丈、次珊、小坡、梦湘、润芝词集，用梦窗咏玻璃帘韵咏帘。（《琴思楼词》）

张仲炘招社集，作燕都怀古词。

《西河》（题恨地）词题云：燕京怀古，用美成金陵怀古韵。（《比竹余音》卷二）

王以敏《西河》（形胜地）词题云：燕都怀古再用待制韵。词序云：集次珊宅，幼遐、古微、润之、叔问、由甫同赋。（《蘗坞词存》）

夏孙桐招社集，咏白芍药。

王以敏《水龙吟》（一枝烟月扬州）词序云：白芍药限寄字韵。集润之宅，次珊、幼遐、古微、叔问、由甫同赋。（《蘗坞词存》）

易顺豫《水龙吟》（素娥未算来迟）词序云：闰枝招同幼霞丈、古微、次珊、小坡、梦湘词集，赋白芍药分韵得与字。（《琴思楼词》）

咫村社集，赋新绿限荫字韵。

王以敏《惜余春慢》（燕外烟丝）词序云：新绿，限荫字韵。集咫村，次珊、幼遐、韵珊、古微、润之、叔问、子蕃、由甫同赋。（《蘗坞词存》）

咫村社集，时文焯将离京。

《绮寮怨》（白眼看天如醉）词序云：宣武城南夜集，感事和清真。（《比竹余音》卷二）

王以敏《绮寮怨》（倦夜回栏孤凭）词序云：同赋咫村夜集，偕叔问话别，用待制韵。（《蘗坞词存》）

易顺豫《绮寮怨》（倚仗天涯消酒）词序云：咫村之集夜分未散，小坡、梦湘暨余皆将出都，于是黯然有离索之感矣，和清真韵同赋此解。（《琴思楼词》）

四月六日，与王以敏、王鹏运访张仲炘。

《倒犯》（画幕）词序云：次珊同年给谏饮席赋别，和清真。（《比竹余音》卷二）

王以敏《侧犯》（马嘶欲去）词序云：偕叔问、幼遐访次珊夜话，时叔问将南返，予亦将有广州之行，叔问赋《倒犯》和美成韵留别，予拈得此调即再和白石韵答之，真实甫所谓春去寻春，客中送客者也。四月初六日。（《蘗坞词存》）

四月二十七日，与王鹏运、朱祖谋唱和。

《丹凤吟》（一夜尘纷如扫）词序云：鹜翁见示四月十日披垣待漏之作，后十七日感音走笔，风雨大来，顿作狂啸，和美成韵答之。（《比竹余音》卷二）

按：王鹏运《丹凤吟》（忽漫惊飚吹雨）词题云："四月二十七日夜雨初

霁,用清真韵。"词云:"忽漫惊飚吹雨,梦破青绫,寒侵朱阁。苔深愁滑,芳径顿迷重幕。今朝昨夜,寂寥谁诉,步影星摇,旧情云薄。漫忆新题断句,展遍红笺,吟思凄咽残角。 太息壮心老去,祖生渐厌鸡唱恶。底处延朝爽,怕骄阳犹是,山翠轻铄。玉梅风笛,那便曲中催落。夜色沉沉谁与语,剩泪珠成握。画帘影事,偏此时记著。"(《蜩知集》)朱祖谋亦作《丹凤吟》(断送园林如绣)词和之,题为"和半塘四月二十七日雨霁之作,依清真韵"。词云:"断送园林如绣,雨湿朱幡,尘飘芳阁。黄昏独立,依旧好春帘幕。分明俊侣,霎时乖阻,镜凤盟寒,衫鸾妆薄。漫托青禽寄语,细认银钩,珠泪清透笺角。 此后别肠寸寸,去魂总怯波浪恶。夜暝天寒处,拚铅红都洗,眉翠潜铄。旧情未诉,已是一江潮落。红烛玉钗恩易断,悔圆纨重握。影娥梦里,知甚时念著。"(《彊村词剩稿》)李孟符《春冰室野乘》"都门词事汇录"条:"常熟之去国也,正当戊戌变法之初。彊村词中《丹凤吟》一首,题为《和半塘四月二十七日雨霁之作》,即咏此事也。"(《春冰室野乘》,第150页)光绪戊戌年(1898)四月二十三日,光绪帝宣布变法,二十七日,维新骨干帝师翁同龢被革职。王、朱、郑三人《丹凤吟》词情均与翁同龢罢相有关,亦可一窥戊戌维新间士人隐微心态。又胡先骕云:"晚清名流,同情于戊戌党人者半,非之者亦半。同情于戊戌政变者……词人中最著者为文云阁……其余如王湘绮、陈弢庵、王半塘、朱古微、郑叔问诸词人,其旨趣若何,未之深悉,然大约皆以时势阽危为念。"(《评赵尧生香宋词》,《胡先骕文存》上卷,第100页)

四月,得谢灵运石门诗刻拓册于京师,并为题记。

题识:谢客旧擅书名,庾肩吾《书品》列之下之上,唐李嗣真称其往往警道,以行隶与桓玄、郗愔并著,是刻风骨超纵,端姿旁逸,视丛帖中模勒者有泾渭之分,得此不亚安石碎金。

海丰吴氏《舆地金石汇编》引《江西通志》,云门寺在建昌府南城县西十余里麻源□第三谷也。铜陵在其左,谢康乐诗所谓"铜陵映碧涧"即此。山寺有灵运手书诗石刻,岁久剥蚀,罗汝芳重书勒石。据此知谢公手迹之在岩壁间者,不独石门残刻也。而石刻之为谢迹良足征信。虽为唐宋题名所掩,然诗句可诵,书体可辨,姓名可征,非千古一奇观耶?老芝欢喜赞叹。

南碑自晋末宋初裴松之上表禁断碑铭,迄今著录家记刘宋石刻惟大明三年《爨龙颜碑赞》、大明十五年《刘怀民墓志》,又元嘉廿五年《始康郡晋丰县□熊造像碑记》,三品而已。浙东处州青田石门山摩崖有谢灵运"石门新营"、"最高顶"二诗刻,古今罕有津逮者。自嘉兴李金澜学博游石门搜得之,入《括苍金石志》,

古刻乃显。衢州张德容因以双句摹出,载在《金石聚》。两书考证精博,其丽水王云舫据石本以校正《选》诗五臣注即汲古阁于惺介诸本,"庶持乘日用"之"持",误作"特";"疏峰枕高馆"之"枕"误作"抗",并足订版本之讹,征石迹之古。余旧藏阳夏谢文靖祠堂本则"庶持"之"持"字不讹,而"日用"作"日车",又与诸本异已。至康乐所咏之"石门新营"诗,以祠堂编年本考之,确在初去郡之后。按沈约撰本传,元嘉五年,灵运去永嘉,即诗中去郡之谓,是所云新营所住者为青田之石门,信而有证也。李、王二贤并引太白送魏万诗,郭密之经谢公石门山作,皆专属处州,以为此刻之征。谢公原迹,剞有唐人和句,间刻宋人,又题名大书,互盖其上,其为谢迹奚疑?余研究汉魏六朝碑版近三十年,确能以书体断时代。兹刻波磔遒媚,触笔廉断,证以《龙颜》《怀民》二碑,体势超绝处,冥若符合。盖南碑无不具逸体之妙,此犹隐隐可辨也。钱氏潜研堂题此石门摩崖,独深惜唐人和徐太守游山五言诗刻为宋尚书郎苗振、博士王超、石祖德等题名所掩而不及谢诗,石刻复为唐人所掩,益可憾已。《括苍志》云尚存百廿二字,余谛审是脱犹止此。俞曲园丈尝语余石门瀑布之胜,谓谢诗残刻颇不易拓,以其岩壁长有飞流四射,濡苔不可着毡椎,须俟深冬泉涸,甫得梯其上,拓得一二,弥见当时访碑之难,而古刻良可宝也。光绪戊戌之岁夏始得此脱于京师。鹤道人篝灯题记。(北京泰和嘉成拍卖有限公司2012年春季艺术品拍卖会古物同欣——金石碑版专场0046)

朱祖谋移居上斜街,文焯为作《斜街补屋图》。

朱祖谋《瑞鹤仙》(车尘萝薜碍)词序云:上斜街新居为查德尹先生宅,与顾侠君小秀野草堂邻并,侠君《间丘集》中尝咏之。中庭篁木疏秀,一藤苍然,相传是德尹手植。郑叔问为作《斜街补屋图》。漫书此解,或亦他日考坊巷者之一助焉。(《彊村词剩稿》)

落第,将南归。

《还京乐》(放愁地)词序云:戊戌春应都堂试,到京闻有客述焦山僧楼词扇,见者辄吟玩不去手。盖余甲午秋感事作也。今又将骑款段出国门,放歌于东南山水间,不复与伧儿争道旁苦李矣。和清真韵,感而赋此。(《比竹余音》卷二)

南归旅津,寻查氏水西庄,此间词作文焯录副装成长卷,名为《鹤道人沽上词卷》。约六月下旬结束津沽之旅,再返回京师,并倩词友吴重熹、朱祖谋、宋育仁、易顺鼎、陈锐、张仲炘题词。

《夜飞鹊》(城南有情月)词序云:出南郭门望西山,和清真别情。

《应天长》(东风菜老)词序云:待船沽上,寻城西查氏水西庄,感旧和清真。

《西平乐》(别枕惊秋)词序云:己丑岁,余以都堂试罢,避暑津馆,及秋始南。

后十年帆海,重来屡更世变,旅居旧楼,感时登望,追和清真此解,为之悄然。

《蓦山溪》(吟边灯火)词序云:半塘翁尝爱诵美成此曲,与次珊同年连和之,今别翁浹旬已,沽口楼居,连雨不寐,兼闻梧州乱耗,爰次韵寄怀,不独旅逸之感也。

《隔浦莲近拍》(槐花凉散暗雨)词题云:津舍旅怀。(诸词均见《鹤道人沽上词卷》,《国粹学报》第三卷第五期)

戴《谱》:是科仍荐举不第。南旋,薄游析津,旅舍孤灯,以词遣愁,得《夜飞鹊》《应天长》《西平乐》《蓦山溪》《隔浦莲近拍》《丁香结》诸词。各词均载《比竹余音》中。并自录副,装成长卷。倩褚同堂𥰓用反左书题额云"鹤道人沽上词卷"。先生识云:"《法书录》:反左书,梁大同中,东宫学士孔敬通所创始。自述云:余见而达之,于是坐酬答诸君,无有识者,遂为众中清闲法。今学者稍多,解者益寡矣。盖吴平侯萧公神道大字反左书,或以为即孔学士笔,疑出于附会尔。同堂善此技,未得其主名。因原《法书录》附记于此,俾识者知反左书原于古体,工在寡双。近世嗜奇,能者盖鲜,揭为异撰,庶足征书品之英谈焉。"又征吴仲怿侍郎重熹、朱古微、宋芸子、易仲实、陈伯弢、张次珊诸公题词,以纪客中韵事。吴词云:"惜光阴,已残年炳烛,辞老愿抽簪。豪纵都非,繁华梦觉,前事雨散星沉。古人苦扬州闲置,随饮啄来去让春禽。海国潮流,武陵源远,难冀身临。　姑且与君排遣,歇连番打叠,张翰归心。子美亭台,云林石瘦,良友聊共追寻。悦过了花番廿四,且枇杷枝底摘丸金。行看门庭绿阴,几许深深。"朱词云:"伤高中酒,去国行吟,秋风倦旅天涯。落日长安,浮云四望能遮。津楼卧惊飞雨,燕辞巢客未还家。背灯起,为清愁断水,泪眼看花。　醉墨开看多感,叹十年尘迹,身世团沙。人事音书,不堪重梦东华。哀时庾郎萧瑟,仗江关词赋销它。归计误,倚吴歈慵和浣纱。"宋词云:"萍末吹凉,恰西楼烛灭,檐铃惊雨。霜紧伴稀,关山正寒认来路。啸群影入重云,听渐远向南声去。相思在天涯,为问寄书来否。　云水梦无主。料迟下芦塘,盟鸥非故。残星带月,乱点秋心无数。夜深筝柱频移,惯和荒江柔橹。延伫。傍渔灯更寻烟雨。"易词云:"清浅蓬莱载酒过。榑桑成盖已婆娑。天津桥上断魂多。　故国英灵长白在,中年哀乐小红歌。念家山后定风波。"陈词云:"对雨当风残夜,早凉吹上衣。暗舞榭数点狂香,征尘里怕见花飞。当年旗亭画壁,黄河唱白日春送凄。念醉中玉笛羌条,关山远结怨当寄谁。　怅望去天一涯,昆明旧事,何堪再梦铜犀。露泫云凄,有蝉泪洒高枝。沧江故人都老,且慢赋冷红词。悲君自悲,相思待尽处蚕又丝。"张词云:"梦迹凋春骑,衰鬓海国重逢。念往事,雨声中,又密雾蒙蒙。丁沽夜月应无恙,惊弄曼衍鱼龙。残酒浊,趁春浓。况金缕歌慵。　匆匆。铜驼路,清秋素袷,才几日啼妆换红。已满地江湖浩瀚,更说甚短檝桃根,芷泽孤踪。愁心万点,且停吴讴,休画眉峰。"

按:戴《谱》所录题词并非均为此时所作,如张仲炘词即为1902年所题。

七月一日,作《鹤道人沽上词卷》后记,并有往开封之计划。

《鹤道人沽上词卷》后记云:薄游津淀,以词遣愁,窜稿箧中,不复省措。今将之大梁,率尔录副,聊纪客中韵事。劳者易歌,不自知其荒闇也。光绪戊戌之

年七月壬子朔,石芝西崦人郑文焯记。(《鹤道人沽上词卷》,《国粹学报》第三卷第五期)

　　　　按:《蓦山溪》(吟边灯火)词序所言"梧州乱耗",即1898年五月至六月间梧州李立廷起义。据《隔浦莲近拍》(槐花凉散暗雨)所言"槐花凉散",可知至迟六月下旬文焯已赴京师。

八月十三日,宿王鹏运宅。

《月下笛》(月满层城)词序云:戊戌八月十三日宿王御史宅,夜雨闻邻笛,感音而作,和石帚。(《比竹余音》卷二)

再赴津沽,王鹏运作词送别。

王鹏运《蕙兰芳引》:叔问濒行,用美成秋怀韵留别,以起调鸳韵适符余字也,依韵寄酬,凄涩之音,恰与离怀相发。空外翰音,更无翼、解蓦孤鸳。看燕燕莺莺,酣舞乱红败绿。旧游漫省,想月色、还明华屋。问照花倩影,记否吟边丝竹。　涌镜晴澜,萦巾秋雪,管甚寒燠,尘生弦柱。休问往时法曲。川途牢落,定惊换目。谁更怜,日暮袖罗幽独。(《蜩知集》)

八月十六日,于天津校清真词《荔枝香近》(夜来寒侵酒席)。

记云:红友疑千里不知"卷"字韵,而允平和之,此已见其无据。允平上半阕收句径作四字,益谬。今谛审清真原唱,上半阕确有相沿之讹,下半阕绝无少异之体。得之巾箱本,有足坚吾信,释宿疑者,则于上阕收句视诸本多一"云"字,得之矣。按前一首"闲看"一逗下作七字句,此首并同,据此一订前数句之舛脱,思过半已。按前篇首二句"去"字起调,此则"泫"字入韵。第三句前作六字,此夺二平声字。四句五字有韵,此"熏"字下夺一韵。五句六字并同。六句五字又叶韵,此多一"偏"字,且不可解,盖本作"但怪灯帘卷","卷"亦韵,与前首用余则字句悉合,间有平仄出入,固词之常格。今校定此阕,但取第六句之"偏"字以为"遍"之讹,当在第四句"熏"字下为韵。如是则向之所疑者,可得而涣然,且方、陈和词之缪纰相承,宋元刊本之失旧格,国初迄今之揣为异体,诸家校刊之莫衷一是,至此乃神解妙悟,毫无疑义已,岂非一称心易足之事哉!盖初误钞胥杂连,遂成错简,继以方、陈和词之不思而作,乃致一误再误,终且不知为误。世士之以善校自命如戈氏顺卿者,亦不赞一辞,此余所为独得之奥。除第三句原脱二字,无可校补,此词居然完璧。于原作字句绝无向壁虚造之嫌。一语道破,神旨可达。昔人谓思误可足适,不其然欤?戊戌岁八月既望沽上记。(郑文焯批校《清真集》,括庵过录本)

八月十六日,于天津作《高丽国永乐好太王碑释文纂考叙》。

《高丽国永乐好太王碑释文纂考叙》末署云:光绪著雍之年大梁月既望,叔

问郑文焯记在沽上旅次。(《高丽国永乐好太王碑释文纂考》)

秋,登虎丘。

《梦玉人引》(有斜阳处)词序云:虎丘西寺秋眺,和范石湖。(《比竹余音》卷三)

秋,兄文焕卒于开封。

戴《谱》:是岁,幼兰先生卒于开封任所,先生欲之大梁存问遗孤,会闻已扶榇回京,遂中止。

十月,吴昌硕为刻"鹤道人年四十以后所作"印。

题识:戊戌十月,鹤道人以青田石之佳者索刻,亟成之。苦铁。(《吴昌硕印谱》,第227页)

十月,吴昌硕为刻"石芝西堪考藏墨本"印。

题识:苦铁为石芝舍人刻,戊戌十月。(《吴昌硕印谱》,第227页)

十月一日,校《清真集》。

记云:按,明刻《草堂诗余》载《秋霁》一首,证以篇次,前后皆美成之作,则《秋霁》亦当属清真。第宋元旧椠,盟鸥、汲古诸刻并未之录入,闻疑载疑云尔。于校美成词凡卅余过,正其讹脱,所得实多。是本鹜翁据陈氏旧注之元本景刻明钞,不欲失其旧格,故未及校订误处,以征尽善。犹忆出京时鹜翁斥斥属录校本,将别为校勘记附刊卷末。至以余改定《双头连》一曲上阕字句,谓有神助,虽有美成复生,必无异词,是亦好之者不觉其誉之过也。余旅沽上三月,中更丧乱,卒卒未有以报鹜翁。今复旋吴阊,人事丛蕞,问事旧业,每一展诵是编,辄惧为冥冥之身。行将入浙,或于湖山胜处稍得清致,重为校定,与许榆园商榷付锼,亦足为《片玉》荡涤纤瑕,且有以副良友諈诿,庶几幸甚。叔问记,光绪戊戌之年十月朔日。(郑文焯批校《清真集》,括庵过录本)

> 按:"许榆园"即许增(1824—1903),字迈孙,号益斋,浙江仁和(今杭州)人。嗜收藏,喜勘订书籍,辑有《榆园丛书》。光绪十一年(1885)丁丙辑刻《西泠词萃》本《片玉词》即为许增校本。

十一月,得魏刘玉墓志,作跋记之。

记云:右魏咸阳太守刘玉志。玉字天宝,《魏书》无传。考志称其先在汉,以从征匈奴没入虏籍。拓跋有国,遂为代人。……而波磔横逸,骨气雄刚,信为北朝书体之变流,草隶之别构,奇可玩也。自来金石家未之著录,仅赵氏《补订碑录》载其目,云见南汇沈氏拓本,失考其出地。志石旧出关中,为无棣吴丈所获,惜毁于光绪壬辰之烬。拓墨希觏,此本原退楼秘藏,戊戌冬仲得之吴肆,亟付装褙,爰征其崖略焉。郑文焯记。(私藏本)

十一月,阅《续古文苑》。

记云:嵩侴时总司书局,每校刻一书,辄必见贻,□岁已积,所得遂多。自今思之,犹平居通书之乐也。光绪戊戌冬孟,老芝记。(《鼎脔》1925年第8期)

冬,江标居苏,与之多有往还。

文焯批校《白石公诗词合集》卷首题识:光绪戊戌之岁冬,灵鹣阁主既被党祸,郁郁居此,时与予斗酒过从,考论名迹,隐心大念,得少清欢。(郑文焯批校《白石公诗词合集》)

> 按:江标(1860—1899),字建霞,号师郧。藏书楼名灵鹣阁。江苏元和(今苏州)人。光绪十五年(1889)进士,光绪二十年(1894)参加强学会,官湖南学政时整顿书院,注重实学。与谭嗣同、黄遵宪等在长沙创办时务学堂,协助湖南巡抚陈宝箴筹办新政。"戊戌维新"时受命四品京堂、总署章京上行走,尚未就职,新政失败,随即被革职,永不叙用,次年即卒。工诗文,富收藏,著有《灵鹣阁诗稿》,编刻《灵鹣阁丛书》。

冬,壶园寓所遭火,迁居幽兰巷。

戴《谱》:冬,壶园不戒于火,迁居幽兰巷。

是年,翁同龢被革职,文焯当在其时记录圣旨。

《半雨楼杂钞》:光绪二十四年十月廿一日奉旨:翁同龢授读以来,辅导无方,从未将经史大义剀切敷陈,仅以怡情适性之书画古玩等物不时陈说。往往巧藉事端,刺探朕意,至甲午中东之役,主战主和,自相矛盾。甚至议及迁避,信口侈陈,任意怂恿。办理诸务,种种乖谬,以致不可收拾。今春力陈议疏,密保康有为,谓其才胜伊百倍,意在举国以听。朕以时局艰难,亟图自强,于变法一事,不惮屈己以从。康有为乘变法之际,阴行其悖逆之谋。是翁同龢滥保匪人,已属罪无可逭。其所陈奏重大事件,朕间有驳诘,翁同龢辄怫然不悦,恫喝要挟,无所不至,词色甚为僭悖。其任性跋扈情形,事发追维,深堪痛恨。前令其开缺回籍,实不足以蔽幸。翁同龢着即行革职,永不叙用,交地方官严加管束,不准滋生事端,以为大臣居心狡诈者戒。钦此。

光绪二十五年己亥(一八九九)　四十四岁

早春,赴西碛探梅。

《一萼红》(野桥阴)词序云:早春残雪,西碛探梅,有忆仲怿使君五湖旧约,归舟和石帚此曲赠之。(《比竹余音》卷三)

> 按:"仲怿使君"即吴重憙(1838—1918),字仲怡,亦作仲饴、仲怿,号蓼

舸、石莲,晚号石莲老人,室名石莲庵(石莲轩、石莲龛)。山东海丰(今无棣)人。同治元年(1862)举人。历任福建按察使、江宁布政使、江西巡抚、河南巡抚等。著有《石莲庵诗文集》《石莲庵词集》,辑有《海丰吴氏文存》《吴氏石莲庵刻山左人词》等。

二月,校石莲庵刻本《乐章集》。

记云:己亥之岁中春校过。(郑文焯校评《乐章集》)

四月十日,王鹏运作词寄赠。

《三姝媚》(东园花下路)词序云:四月十日病起,偶过思村,回忆年时吟事甚盛,此时好梦难寻,孤游易感,不知来者之何如今也。赋寄叔问苏州、叔由芜湖。(《校梦龛集》)

五月五日,游邓尉山。

《忆旧游》(正梅风转溽)词序云:己亥五日浮家西崦,信宿石壁精舍,见湖壖渔家垂灯叠鼓,饶有节物,感时赋此。(《比竹余音》卷三)

《浣溪沙》(一半梅黄杂雨晴)词题云:从石楼、石壁往来邓尉山中。(《比竹余音》卷三)

五月十六日,王鹏运寄赠梦窗词稿,请文焯作《校梦图》。

记云:己亥之夏五月既望,临桂王幼霞前辈给事以新校本梦窗词稿见寄,并属作《校梦图》而题词焉。猥以鄙人旧有勘本,意在正戈、杜二家纰缪,订汲古之脱讹。审稿筐中,十年不省,至是爰取旧勘未尽者复位审校,于音谱略举所知,以著于篇云。叔问记。(郑文焯批校《梦窗甲乙丙丁稿》)

戴《谱》:王佑遐给谏以新校刻《梦窗词》寄示,为题《水龙吟》词。

七月,赠王鹏运《魏普泰二年法光造像记》。

王鹏运《百字令》(深龛礼佛)词序云:叔问寄赠《魏普泰二年法光造像记》,文曰:为弟刘桃扶北征,愿平安还。时予季新亡,读之惨然。赋此以寄,叔问去秋亦有鸰原之痛也。(《校梦龛集》)

八月十六日,重校杜文澜曼陀罗华阁刻本《梦窗甲乙丙丁稿》。

记云:考唐韵以次及者皆古音之通用,如冬、江、歌、麻之类,安知养、梗二韵古不可通。今人浅黯,未之博证经籍有韵之文,如《诗》《易》中谐音最古,汉魏歌谣胥出于谐声之例。词为乐府之遗,五代两宋作者声文相会,并弗沾沾于韵本之出入,而于律谱无少乖离。自《菉斐轩词韵》行世,后学始以为词有专韵,至戈氏顺卿引比诸家词中习用之韵,意为条析,从而增益,蔽所不见,动以出韵相绳,至僭易昔贤名句而不自悟,其寡暗甚矣,专辄之敝奚足与论学?吾故谓《词林正韵》之书出不数十年,学者已滋薄古之病,拉杂摧烧之可也。杜氏小舫校《梦窗词》几欲奉为金科玉律,拈一字一韵之小异,或已不得其解,辄以意妄议其非,而敢于拟补,此校勘家未之前闻也。苟非戈氏臆改于前,杜氏亦曷至拟补于后,踵是弊而增之,由不信而不好。斯文将不坠于天,而坠于人矣。光绪祝犁之岁大梁月既望,叔问复校过题记。

光绪祝犁之岁大梁月既望叔问重校,时旅苏城幽兰巷。(郑文焯批校《梦窗词甲乙丙丁稿》)

九月九日,游虎丘,自光福里回舟。

《龙山会》(塔影窥林罅)词序云:虎丘作重九,时自光福里回舟,和君特载酒双清之作。(《比竹余音》卷三)

九月十二日,吴门桥别叔瑹。

《木兰花慢》(问秋湾桂桨)词序云:叔瑹将之大梁,先有还京之役,重阳后三日用梦窗均赋别吴门桥。(《比竹余音》卷三)

九月十六日,作《山花子》词。

《山花子》:为爱西桥种菊家,近霜院宇净于沙。花里不知年事尽,澹生涯。

别有夫容凌晚艳,不依篱落借风华。此意更无人解惜,醉流霞。秋霁,时有东篱看菊之兴,爰赋小词以当中隐先生胜引。石芝崦主稿上,己亥九月十六日。(《大鹤山人词稿》)

九月,内弟文瑞来苏,陪游。

戴《谱》:秋九月,内弟小峰先生文瑞,河南中牟县令挈眷来苏,举家陪游玄墓山,信宿还元阁,制一联云:"山围屏障画图出,水作夜窗风雨来。"边款云:"湖山卧临,空绿四荡,逌然若浮几案间,时则月气如烟,风色在水,颓波叠石,触秋有声,爰制是联,以识清异。郦善长所谓方湖反景,若三山之倒水,几疑尘世无此奇境也。"

九月,录写新作词。

《浣溪纱》:潦倒花前有限杯,好花荣落旧亭台。百年身世与裴回。　残月笛声吹水去,断云帆景过城来。高秋怀抱向谁开。○水竹无妨负郭居,料量幽事晚花初。小楼秋尽雨声疏。　市隐未裁居士服,身闲已断故人书。早应心计许樵渔。冷红庼主写新制诗余二阕,时己亥九月。(《大鹤山人词稿》)

秋,买菊山塘。

《霜华腴》(晚香冷艳)词序云:山塘买菊,归舟见一花开敷异殊,晚芳可撷,和梦窗自度曲赏之。(《比竹余音》卷三)

秋,重游光福里。

《浣溪沙》(落路通波宛转桥)词题:光福里秋晚重游。(《比竹余音》卷三)

秋夕,与澹宜玩月西园池上。

《浣溪沙》(衣桁香零雨后烟)词序云:己亥秋夕,西园池上同澹宜玩星月,歌以谧止。(《比竹余音》卷三)

> 按:澹宜,为文焯侍女。其批校《花间集》曾记云:"冷红阁侍儿:西美、南佳、澹宜、倩倩、洛孙、柔素,琴侍飞云观。"

约十月二十日,悲江标之逝。

《汉龙螭拓本》题跋:灵鹣阁主以党祸去官,益疏放。己亥春将买大宅,尽鬻所藏金石书画以偿屋值。十月十日忽病痁,且呕血数升,不旬日而卒,竟未获迁室。悲夫! 是器曾为渠假去累月,触目增泫。(广州华艺国际2005冬季拍卖会1461)

十一月五日(大雪),作词。

《浣溪沙》:《石林诗话》尝辨张继枫桥诗"夜半钟声",以为吴中自古已然,历引《南史》丘仲孚"夜读以钟鸣为限",兼据乐天、飞卿、于鹄诸作为"夜钟"之证,而讥欧公未尝至吴。余诵唐刘言史《夜泊润州江口》诗,有"千船火绝寒宵半,独听钟声觉寺多"之句。自来漏咏夜钟者,当逊此一筹。落叶昏灯古寺荒,松岩响答鹤声长。数峰江上夜苍苍。 旅榜梦回孤枕月,寒山僧卧一楼霜。村砧坞笛并回肠。冷红词客属稿,光绪祝犁之岁大雪日。(《大鹤山人词稿》)

十一月二十三日,题江标重装《白石公诗词合集》未刻本。

记云:光绪戊戌之岁中冬,灵鹣阁主既被党祸,郁郁居此,时与予斗酒过从,考论名迹,隐心大念,得少清欢。逾年将以其家藏图籍尽易货币,购置大屋,是编因归予石芝西堪。曩在京师,闻半塘老人述及白石诗词合集祠堂本,当有家传、年谱足征之文,颇以未见为憾。今予得来,它日校订之后,可与半塘翁分任之,聊记其颠末如是。冷红词客郑文焯题于苏城之沤园,十一月廿三日簧灯写,时岁次己亥冬夜,距建霞没已一月余矣。(郑文焯批校《白石公诗词合集》)

冬,吴重熹任江苏布政使,相聚甚欢。

《寿楼春》(寻沧浪诗痕)词序云:沧浪亭吴仲怿使君饮席话旧,感遇成歌,用梅溪体赋此。(《比竹余音》卷三)

吴重熹《高丽国永乐好太王碑释文篆考跋》:叔问中翰以故家贵游,天才轶宕,无公钱故纸之嫌,有耳目清旷之嗜,作寓公于吴门者廿余年已。光绪己亥季冬,重熹摄布政来苏,以两世故交,时一过从,文酒讽议,相得甚欢。(《高丽国永乐好太王碑释文篆考》)

戴《谱》:冬,吴仲怿摄苏省布政来吴门,仲怿与先生为两代世交,自是时相过从,文酒讽议,欢洽无极。

是年，为吴观岱刻"海风碧云"印章。

题识：观岱先生属刻，光绪二十五年，大鹤山人制。（安华白云拍卖行有限公司 2011 春季拍卖会瓷器杂项专场 0173）

　　按：吴观岱（1862—1929），名宗泰，号觚庐、洁翁，晚号江南布衣、溪山画隐、觚饮道人。江苏无锡人。善画山水人物，尤长于画梅。著有《吴观岱南湖诗意画册》《觚庐画草》等。

是年，妹丈任安庐滁和道，弟文炘罢官来南。

戴《谱》：是岁，妹丈钟山先生出任安庐滁和道，妹贞仪夫人亦随任南来，时少兰先生已罢官，钟山先生约到皖相助。

光绪二十六年庚子（一九〇〇）　四十五岁

一月十六日，王鹏运寄赠新刊本梦窗词，文焯复有校读。

记云：越明年，庚子孟陬月既望，半塘以新校刊梦窗词寄视，精严详慎、一字不苟，守宁阙毋僭之例，可称善本。以视戈、杜之疏妄，汲古之沿讹，相隔奚特一尘？惟丙稿《献仙音》一曲过变处仍毛氏之误，失之不考。旧谱此调无异体，所谓法曲者，唐曲也。沈存中云存于宋者惟此，故诸家断无以易之。博稽两宋赋是解者，不下数十百阕，从无以三字过片属上结之例。盖毛氏只以"冷"字韵不叶，遂以意窜易于上阕，决非原本有是误也。今审梦窗又一首《和丁宏庵韵》则仍属下，可证是解本无讹撰。余既引古音谐例以证"冷"字确然是韵，则幼霞亦思过半已，当书以净之。又杜校虽多无据，亦间有一二用心苦处，如《瑞鹤仙》赠庄生"寄迹"为"奇践"之形讹，"擅"为"楦"之误，此显白而无可疑者，"楦"即麒麟楦之出典，"楦"字注履模也，此梦窗所本，并宜从。杜校更正，不待阙疑，更未可沿误。又《江南春》"棠笏"是用魏征故事，征孙瞽对太宗"有故笏在"，帝又曰"在人不在笏，此笏乃今之甘棠也。"文英手书之词断无讹误，特后学多黮浅，以意妄测之耳！鹤记。（郑文焯批校《梦窗词甲乙丙丁稿》）

《水龙吟》（绚空七宝楼台）词序云：半塘前辈以新校刻《梦窗词稿》寄示，感忆题赠。（《比竹余音》卷三）

二月，录词赠吴重熹。

《一萼红》：早春残雪，西碛探梅，有忆中怿使君五湖旧约，今方布政江左，游计未偕，归舟和石帚此曲赠之。野桥阴。数寻花俊侣，零落旧朋簪。残酒伤春，扁舟送老，年事强半销沉。漫追忆、承平故迹，话梦雨、枝上有珍禽。茂草离宫，暗落驰道，斜月还临。　谁拥素云黄鹤，袖双峰冷玉，缥缈仙心。连棹湖烟，裁诗雪浪，期共游、旧盟重寻。想东阁、横枝罢咏，惜清时、佳约误腰金。待得诛茅崦西，把臂林深。

庚子中春之昔,叔问写稿。(《大鹤山人词稿》)

二月,吴重熹为题《鹤道人沽上词卷》。

吴重熹《一萼红》(阁轻阴)词序云:叔问以和石帚词相赠,步韵奉答,即题其沽词小卷。庚子二月。(《石莲庵词》)

三月,向吴重熹出示《高丽国永乐好太王碑释文纂考》,吴作跋。

吴重熹《高丽国永乐好太王碑释文纂考跋》:庚子三月,出所考释高丽永乐好太王碑见示,精博确核,为向所无也。金石之文有禆经史,毛公瘰鼎为金文中第一篇大文字,此碑亦石文中第一篇大文字,……读叔问此篇,画肚钳口之涩,骤易为文从字顺之适,且篇法井然。……完整无歉,不诚有金石以来一大快邪?昔先外舅陈寿卿先生得瘰鼎,嘉兴徐籀庄先生为释文;今先师文勤公得拓此碑,又得尗问为此释,两篇文字可以后先晖映,炯耀千秋矣。

又,三月杪,独坐沧浪亭畔,念子美超然远举,羁泊于江湖之上,以四万钱得沧浪而亭之,遂为吴下名迹。今尗问亦乐此渚茶野酿、莼鲈稻蟹之乡,而消摇人外,著书自娱,名满天下,其淡于荣利,视子美又何如邪?此又叙述《碑释》之余所低徊不尽者也。(《高丽国永乐好太王碑释文纂考》)

五月六日,缪荃孙接文焯所致信函。

《庚子日记》:六日丙午,晴。卯刻抵金陵。辰刻到书院。接吴仲饴信、袁磘秋信、文小坡信、宣仲飞信……(《艺风老人日记》[二],《缪荃孙全集》,第75页)

　　　　按:《艺风堂友朋书札》收录文焯致缪荃孙讨论金石、碑学书札三通,具体年月难以知晓,今附录于此,以备一观。

致缪荃孙书:江南碑学,自咸同间武进、太仓二陆以后,号为精博者,惟大贤足以当之。孙、赵二录,其纪年纪地之讹夺复漏者,凡书撰人名之舛缪者,尝为之纠订校补数十百事,将录净本付锲。旋闻上虞罗振玉亦有刊误补佚之作,废然叹海内同志之夥。宧稿箧衍,不复省览十年已。下走论碑,断自隋代,以为汉、魏、六朝,书体相传,不失隶法。汔有唐贞观以后,而体一变,隶古浸微,等诸自郐。又尝再续《访碑录》,凡唐以前者,得六百余种,匪取宏物,聊备遗忘,譬见謏闻,度已入闳著《天下碑录》中已。近闻搜致建康石刻殆遍,亮可继严氏子进待访目,而得其大全。窃谓六代碑碣,宋、齐、陈三朝传世绝少,不审有无佳构。梁诸王神道石阙画像题名,综计十七品,偲翁濡脱虽精,犹未大获。君按图而索,定有全拓,并《始兴忠武王碑》,亦必精加毡椎,愿赐寄大观,以拓顽空,至幸至企。吴中金石,几成绝学,赖哀访述逑,当有出于潘文勤师所得之外。昔见梁溪钱鞠初搜得洞庭西山吴赤乌三年造桥石柱数字,今钱氏裔已式微,其脱本虑无存者。汉贞阁主,唐仁斋犹能道之。下走比年于它学率多荒落,惟考证汉、魏、六朝石文,粗有所得,都为六卷,冀附通人之末。日力纡回,深惧疏紊,异日整比,出而问世,庶值弘达广吾业焉。倘不弃寡暗,引为同志,片石可语,攻错攸资,实深跂望。伫闻还驿,希承令箴,藉获佩省。兹附吴布政封角,寄声一二,言不尽意,率尔具陈。敬承小珊道兄先生起居。文焯再拜。孟陬十三日。

致缪荃孙书:昨杯盘草草,未罄积怀,歉甚。顷承惠大著三种,搜残补逸,精博绝伦,无任心折。其《吴兴山墟名考》,如已印行,尚乞赐观,以饷后学是幸。行期果诹明日否?如尚可从缓,更图良聚何如?匆匆报谢,敬承小珊先生起居。文焯谨白。

致缪荃孙书:昨纵观清秘佳品,为之心醉。下走沪行,忽为石尤所阻,展朔来日可耳。一昨闻公新获《广武将军产碑》,苻氏石刻仅此见于前人著录,几如麟角凤毛,以王氏《萃编》,搜索四十年之精勤,亦只见一种。至《潜研堂跋尾》,始著有《邓艾祠碑》,同在建元之年。谓吴山大尚未睹全文,陆绍闻所记亦止装本,漫漶甚多,故释文有数舛误。可征全拓旧本,世士罕觏。客腊公所欲购之本,未知视《续编》所收如何?议值六十镪,尚未能遽得,其在人间日少可知。昨归检故篋旧藏一脱取证陆释,其疑阙处敝藏具有之,当非国朝脱墨,良有以也。廉生定为明拓精完之本。昔年以白金大衍之数,展转得之锡厚庵年丈。名缜,善书六朝体。廉生怂恿,以为枕秘。后询之蒲城耆士,知此石亡已数十年矣。鄙人原思访获《广武将军碑》,珍为双璧,俾苻秦石文庶几具备。屡年南北游历,竟难如愿。今尊藏广武孤本,而邓碑阙如,诚一遗憾。兹特检尘真赏,碑册具是原装,板为香樟,可以辟蠹。并下走累岁题跋,微有心得。倘惬雅怀,既附在石交,敢以害爱,藉庆迭双,足副宏愿;延津剑合,其在斯乎!至碑值未便请益,惟大贤嘉此美成之微旨,锡以旅逸之游资耶。乞裁示见酬,幸甚感甚。昨未面陈及此者,实因藏庋有年,不甚省忆,故骤得之亦颇似创获,其跋尾仍须录副,俾入拙编。匆匆手奏,敬承槃园先生道长动定。文焯再拜言。初十日。(《艺风堂友朋书札》,第795—796页)

六月,朱之榛为刊行《高丽永乐好太王碑释文纂考》一卷。

《高丽永乐好太王碑释文纂考》牌记:光绪庚子六月平湖朱氏经注经斋墨版。

戴《谱》:是岁,朱竹石之榛臬司为刊行《高丽永乐好太王碑释文纂考》一卷,吴仲怿侍郎为之跋。

六月,录词呈寄中隐先生。

《蕙兰芳引·题小鸥波馆主璪院画兰卷子》:愁剪绮丛,雪襟染、畹芬盈匊。

展一卷春风,偏称画罗袖拂。蔚蓝掩映,但梦绕、燕云还绿。问媚香倾国,争似幽标空谷。 竹影灯帘,茶香试院,故事谁续。东坡尝于试院写硃竹一枝。叹遗佩湘烟,零落几枝翠玉。情芳自写,小屏横幅。凝澹宜长对,素心人独。中隐先生采览,庚子季夏,冷红词客稿上。(《大鹤山人词稿》)

八国联军占领京师,烧杀屠戮,文焯有书札致妻弟文林中洪,谈所闻国难事。

致中洪书:昨又闻……来述……目睹化石桥一带及长安街白骨狼藉,一炬焦土,□福宅不免此厄……有剽掠之苦。南省各家未出京者,咸避居附直北山中,七家兄全眷殆亦逃入翠华山,其间有地翁所造精舍,必闻乱而南,举眷翕赴,似不至冥而待毙。……弟千万慎慎,切不要妄论时事。……

致中洪书:近闻沪谣又发,人心汹汹,讹言四起,大为部属之害,顷已致书□晋公严禁。吴中近亦谣传有初十日长江封关之说,百般虚造,极可闵笑不经之谈。尤可恨者,苏绅如潘家且深信之,几致代为列送揭帖。昨兄已言于竹石使君,属其切防,明谕治乱世用重典,亮竹公必谓然也。昨玉人自京冒险南还,单装出水文之中,一女子踽踽凉凉,冲矢石,冒锋镝,其难苦更有倍于君者。且由天津逃难后至者如唐少明、杨廉父,皆丧妻女,则铤而走险又视君为甚。……

致中洪书:中洪弟手足:损书并详言匪乱确状,阅之惊惨,此辈死匪者皆气数之功臣,苏沪所闻亦略同。吾弟出险入险,侥悻生还,真可大慰,兄举家焚香更祝。……(《郑文焯书风》,第 21、19、20 页)

初秋,作《燕山亭》词。

《燕山亭·蓟门秋柳》:庚子秋始。一夜秋心,摇落蓟门,到地垂杨堪数。双燕未归,梦后楼台,重觅夕阳无主。折尽西风,怎系住、斑骓歧路。知否。正满目关山,笛中人去。 还忆金缕龙池,拂旌旆,参差曲尘随步。而今莫问,解舞腰支,凄凉故宫谁妒。便唤春回,忍再见、倚帘吹絮。残雨。肠断也,一丝丝苦。老芝写于善草楼。(《郑文焯书风》,第 29 页)

初秋,作《西江旧月》立轴。

题识:夜深还回望,梅花犹销魂。庚子秋始老芝写于半雨楼。(中国嘉德国际拍卖有限公司 2003 年 78 期周末拍卖会中国书画专场 1013)

初秋,作《贺新凉》词二首。

《贺新凉·秋恨》其一:暗雨凄邻笛。感秋魂、吟边憔悴,过江词客。非雾非烟神京渺,愁入一天冤碧。梦不到、青芜旧国。休洒西风新亭泪,障狂澜、剩有东南壁。空掩袂,望云北。 雕阑玉砌纷陈迹。黯重扃、夷歌野哭,夜闻萧瑟〈晦冥朝夕〉。十万横磨今安在,赢得胡尘千尺。想帐殿、苍凉月黑。旧顿宣游知何处,奈江山、人物都非昔。〈问天地、榛荆谁辟。夜半有人持山去,蓦崩舟、坠鳌蛟龙泣。〉还念此,断肠直。其二:日落城〈羌〉笳咽。认一行、高鸿尽处,五云宫〈城〉阙。满眼惊波沧波路〈还乡梦〉,梦到悲秋更切〈重见昆池灰劫〉。又〈想〉马上、琵琶催发。露冷横门携盘出,甚金仙、也感关山别。愁寄与,汉家月。

几闻绕殿雷声彻。叹英雄、归元旧壤,一时双烈。易水空成填恨海,西北终忧天缺。眇故国、风烟漂瞥。不信天心浑如醉,好江山、换得啼鹃血。长剑倚,向谁说。长歌之哀,聊以代哭,吴箫燕筑,感音而鸣。时庚子秋始,善草楼稿。(《大鹤山人词稿》,〈〉内为修改文字)

七月二十六日,清廷下光绪《罪己诏》。此后不久,文焯有致黄山寿书,谈及徐桐、立山事。

致黄山寿书:行在三新诏均敬读讫,但政府无治人,票拟纶音,漫无警策。且如荫轩师并未有恤典,豫甫尚书亦未在,总署从未理交涉事件,今率尔加之,殊嫌疏略。原第一章确是大文,未免词义冗敷,言之便弗痛切。质之乾嘉朝,断断无此词费也。曲园丈又云,有谕令"将前此矫诏分别消毁"等语,并新下《罪己》之诏,长言嗟叹至千余字,愿更赐读,一发梼昧,即日奉还。不次,至企至感。此上,敬颂旭初仁兄方伯大人年祉,小弟焯再拜,大涂日。(西泠印社 2012 年秋季近现代名人手迹拍卖会 2905)

八月十六日,校竟《清真集》,作《校后录要》。

《校后录要》末记云:光绪上章困敦之年大梁月既望,叔问校竟,附记。(大鹤山人校本《清真集》附《校后录要》)

八月,作《谒金门》词三首。

戴《谱》:庚子秋仲,余曾赋《谒金门》三解,意极恻怆,读者为泫然,今仍用旧制发端三字,同黍离之悲。而今昔异世,此心相与终古已,哀哉!

赵椿年《书大鹤山人〈谒金门〉词后》:樵风自戊戌后出都,旋卜筑吴门。庚子秋彊村、半塘、伯崇诸君留滞都下,围城中相约填词遣日,日限一阕,脱稿后彊村即分笺抄示夏孙桐闰枝,收入《刻烛零音》,后刊为《庚子秋词》一卷,顾无樵风和章。今读斯阕,每阕均有"不忍思君颜色""问君踪迹""问君消息"之句,沉郁悲凉,如《伊州》之曲,殆即此时乱中问讯之作。(钱仲联《清词三百首》引,第343、344 页)

闰中秋,作《汉宫春》词。

《汉宫春·庚子闰中秋》:明月谁家,甚今年今夕,多事重圆。移盘夜辞汉阙,贮泪铜仙。珠帘画栋,倒寒波、空影如烟。魂断处,长门烛暗,数声惊雁蛮弦。　　还见山河残影,恁磨成桂斧,补恨无天。凄凉镜尘,顿掩云里婵娟。东华故事,祝团圞、归梦空悬。凝望久,蓬壶翠水,西流好送槎还。(《比竹余音》卷

四)

九月初,作书致王鹏运,王覆书文焯。

　　王鹏运书:叔问先生吟席:重九后一日,同乡陈小敬转到惠书。困处危城中已余两月,如在万丈深井中。望天末故人,不啻白鹤朱霞,翱翔云表。又尝与古微言,当此时变,我叔问必有数十阕佳词,若杜老天宝、至德间哀时感事之作,开倚声家从来未有之境。但悠悠此生,不识当能快睹否? 不意名章清问,意外飞来。非性命至契,生死不遗,何以得此? 与古微且诵且泣下。徘徊展望,纸欲生毛。古微于七月中旬兵事棘时,移榻来四印斋,里人刘伯崇亦同时来下榻。两月来,尚未遽作芙蓉城下之游,两公之力也。古微于五六月间,封事再三上,皆与朝论不合,而造膝之言,则尤为侃侃。同人无不为之危,而古微处之泰然。七月三日之役,不得谓非幸免。人生有命,于此益可深信,人特苦见理不真耳。鄙人尝语天下断无生自入棺之人,亦断无入棺不盖之理。若今年五月以后之事,非生自入棺耶,七月以后之我,非入棺未盖耶。以横今振古未有之奇变,极人生不忍见、不忍闻、不忍言之事,皆于我躬丁之,亦何不幸置耳目于此时此地而不聋不盲也。八月以来,日盼傅相到京,庶几稍有生机,乃到京已将一月,而所谓生机者,仍在五里雾中。京外臣工,屡请銮舆回,銮舆乃日去日远,且日促各官赴行在。论天下大势,与近日都门残破满眼,即西迁亦未为非策,特外人日以此为要挟,和议恐目前之大梗。况此次倡谋首祸诸罪臣,即以国法人心论,亦万不可活,乃屡请,亦迄未报。七月诸公归元之易,而此辈绝颈之难也。是非不定,赏罚未明,在承平不能为国,况今日耶? 郁郁居此,不能奋飞,相见之期有无,尚未可必。弟是死过来人,恐未易一再逃死。生生之气,自五月以来,消磨净尽,不唯无以对良友,且无以质神明。晚节颓落,但有百愧,尚何言哉。中秋以后,与古微、伯崇每夕拈短调,各赋词一两阕,以自陶写,闻闻冗冗,充积郁塞,不略为发泄,将膨胀以死,累君作挽词,而不得死之所以然,故至今未尝辍笔。近稿用遁法唱酬例,合编一集,已过二百阕,芸子检讨属和,亦将五十阕,天公不绝填词种子,但得乱定后始死,此集必流传,我公必得见其全帙。兹先挥录十余阕呈政,词下未注明谁某,想我公暗中摩索,必能得其主名。伯崇词于公为初交,然鄙人与古微之作,公所素识。坐上孟嘉,固不难得也。(《〈词林翰藻〉残璧遗珠》,《词学》第七辑,第223—225页)

　　　按:札中"刘伯崇"即刘福姚(1864—?),字伯棠、伯崇,号忍庵。广西桂林人。光绪十八年(1892)状元。曾任翰林院秘书郎兼学部图书局总务总校。清亡后定居上海,鬻文为活。著有《忍庵词》。

秋,赋《杨柳枝》廿五首。

记云：余于庚子秋赋《杨柳枝》廿五首，皆寓黍离之感，一时传遍吟口，半塘老人极为赏较，诵不去口，至为泣数行下。一日，谓余云：此体未宜词中见"杨柳"字，今观所作，略有二首犯此例，其亦有所本欤？余即举飞卿此词凡四见为证所自，且不独温词有之也。（郑文焯批校《花间集》）

秋，得王鹏运书，作词相寄。

《浣溪沙》（罢酒西风独倚阑）词题：楼居秋暝，得鹜翁书却寄。（《大鹤山人词翰》）

戴《谱》：拳匪肇乱，京师陷落，两宫西狩，先生怅望舣棱，赋《杨柳枝》词二十六首。案《比竹余音》二十六首，《樵风乐府》删存十五首。读者以为有黍离之悲。又赋《谒金门》三解，每阕以"行不得""留不得""归不得"三字发端。沈郁苍凉，如伊州之曲，海内传诵，有为泣下者。故人王廉生懿荣祭酒，于联军进京时，阖家身殉，先生闻耗，悲不自禁，泫然良久，亟索其戊戌年手书十数封，流涕缄纳，即付装潢，以当故人未死，其笃于故旧如此。王佑遐、朱古微诸公，坐困危城，以词陶写悲愤，世所传《庚子秋词》是也。佑遐给谏以诸人词写寄先生，先生得书却寄《浣溪沙》词一首。王书略云……此书颇足为当日事变史料，故录之。先生各词，均见《比竹余音》中。

十月四日，缪荃孙发致文焯信。

《庚子日记》：四日壬寅，阴晴不定。阅经史六本。发钟山卷。发屺怀信，附文小坡信。（《艺风老人日记》[二]，《缪荃孙全集》，第 98 页）

冬，由幽兰巷迁居马医科巷沤园。

戴《谱》：冬，由幽兰巷迁居马医科巷沤园。

庚子国乱，文焯悲叹国运，反思甲午、戊戌、庚子之时局。

《双铁堪杂记》：呜呼！天下祸变之来，天与人相倚伏者也。天道远，人道迩，故人知祸召于人，而不知实天之所坏也。甲午日本之变，其机盖伏于甲申，当朝鲜大院君之囚于北直也。朝鲜因党祸而变政，因守旧党不变而祸烈。日人欲强其变，而兴问罪之师，遂及我。我师乘其隙，而先发制之，朝鲜政卒不变，而祸伏于变政之党。甲午之役，亦以朝鲜东学党之变，日人问罪之师再出，所以报我甲申之役也。既削我东藩，克我大城，两京震动，岌岌不可终日。至于割地索币而行成，士之尚志者，以为大辱国，乃有明年公车上书一事。书未上，而党锢兴，天下脊脊。新旧之党，以名入主出奴，戊戌春，又合公车之党，新者一变，而为新学，而为新政。不三月，而有八月十三日六人之诛。六人者，非尽新党，而强名参预新政者也。自是新党多窜于城外，以变政保皇自号。日刊一报，冀伏旧党之耳目。旧党乃百出其计，以相寻仇，深恶变政保皇之名，务反其道而行

之。因欲更变一政,更保一皇,以佻然自固,必尽诛新党而后已。乃至庚子一变
而为拳民,再变而为扶清灭洋,是统名为邪党,不三月而有五大臣之诛。五大臣
者,固无一新党,而直言敢谏者也。亡何而喋京师。乘舆西狩。十一国约纵连
横,勒兵而议款,罪魁之殛于刑者,且有六人焉。若夫幸逃而自毙,与发难而伏
诛者,谓之殉匪。殉匪自毙者直督裕,大学士徐桐,□于兵马司河南抚裕故得空□囚,大学士
刚毅以病自戕于山西马城。伏法者毓贤□□山西巡抚,庄王赐令自尽于蒲州府;大学士、军机大
臣启秀、刑部尚书徐承煜均处斩。悔祸而自我戕者,谓之殉家。殉家者崇绮及其子,举家沟
□于私□。见危而授命者,谓之殉国。临难而知不免者,谓之殉节。以类而死
者,暴白于天下矣。而本朝二百余年,王公大臣士夫人之以刑死者,未有如此其
甚者也。谓死于天乎? 何贤愚之不相等? 而其死也,人实为之将死于人乎? 何
戊戌、庚子之变皆不三月,而弃市者皆六人也? 且庚子之闰,至于八月有凶,又
若言之预验焉? 呜呼! 岂非天哉! 岂非天哉!

　　吾既慨党祸之变,不得已而验诸天矣。其验诸人者,新党固以变而变,旧党
亦以不变而变,何也? 祖制以建储为厚诫,康熙、道光朝,又尝以义和拳为白莲
遗孽,聚其徒而歼之。今于此二者,显违列圣之成训,非变而何? 且近百年之夷
祸,皆衅开自彼。近二三十年间,又我战必溃,彼攻必克,强弱众寡之势,不待智
者而后明也。今则甲午之盟血未干,戊戌之内乱方亟,忽乘诸国之不备,无端而
劫其使馆,毁其教堂,显背累世之成约,非变而何?

　　　按:戴《谱》记本年"又刊所校《清真集》"。误。郑校《清真集》刻于宣统
　　二年前后。

光绪二十七年辛丑(一九〇一)　四十六岁

春,旅沪,作词送春。

　《摸鱼儿》(更尊前)题云:沪江送春词。(《比竹余音》卷四)

　　　按:赵熙注文焯词,以为此词讽及朝政,今将词并注录于下:《摸鱼儿》:
　　"更尊前、几回西笑,茫茫时事如许。长安一雨分新旧,(赵熙:两宫两派,一新一
　　旧。)惟有夕阳无主。春思苦。怕花满红桑,无地悲离黍。春归甚处。但残
　　燕空林,乱莺芳草,总是断魂路。　嗟迟暮。(赵熙:自慨。)休倚兰成词赋。
　　江关赢得孤旅。高楼纵续笙歌梦,愁带北来笳鼓。乡信阻。问谢墅青山,
　　几见残棋赌。(赵熙:李文忠亦无法设施。)凄弦自语。恁冷泪成波,荒波变酒,
　　浇遍赵州土。"(赵熙《大鹤山人词钞》)

六月七日,记《虞美人》词。

《虞美人·拟花间题扇》：澹烟洗得春山瘦。眉妩从谁斗。横桥西畔小桃枝。一自插花人去怨开迟。　马蹄芳草经游地。重到销魂易。红楼长占柳阴阴。只是柳条不系少年心。辛丑六月初七日，老芝记。（郑文焯批校《花间集》）

六月，手书《贺新郎·秋恨》《汉宫春·闰中秋》词。

题识：杂录近制奉进寄沤世丈中丞大人海疚，时使节将之浙江，敬持志别，染翰忽忽，不自知其荒率也。光绪辛丑季夏，侄文焯写呈。

七月一日，致书陈锐谈论入幕仕情等。

致陈锐书：伯弢道兄先生侍者：沪上别后，无日不思归来。方写赠诗一纸将寄京口，以不审杜使君驻军之所，恐付殷洪乔，遂尔迟迟。度知己当有以慰羁望也。今果得手告。一行作吏，仍复结习未忘，盖所谓非不爱作热官，但思之烂熟尔。入赀何职？意者同、通一流。既属向宁藩道地，岂已指省江苏？则吴中亦必来者，尚可作十日饮。能步湘绮清尘，偕游五湖，效皮陆唱和，亦一济胜具也。十年前，走亦有仕情，曾口占一绝报中实同年云："一官著尔不能弃，我更求官未有方。同是中年闲不得，沧江烟月好风光。"病强名欲仕仍无出，概近则世变及身，逃生不皇，无从殉国。自分不为褚渊生，亦不能为袁粲死。罗昭谏咏松有云"陵迁谷变须高节，莫向人间作大夫"。其志甚可悲已。杭州赐书，迄未之见，流落人间，异日当增一考据。洪刑部来，适卧病西楼别墅。其词以读未终卷，重以月旦在前，未敢加墨复赞一词，复其简尺，略明心迹。偶误题字实以心绪烦冤，致此一舛，其实书报非有他也。更乞寄声，为我谢过。《冷红词》续印百本，记存有十部在案头，前为洪君大索不得，乃知为奴子卖出。浙人颇嗜之，有以番泉交易者。今仅搜得一帙，即奉左右。至《瘦碧词》，本悔孟浪付锼，拟烦删定，更名之，不必袭《握兰》《金荃》之偶号也。近因吴仲怿廉使欲印取二百本，索《瘦碧》板不获，诘之书局，知戊戌为德中丞裁局时已失所在，且俟刻《比竹余音》时再删存若干，庶免识者齿冷。如何如何？走近以绘事治生，甚得生计，亟欲作海上画隐，苦无佳室端居足用，且住，秋凉必有此行，不知能更与官家相会无？一笑。前作四首，中微寓讽。今既为赀郎，正宜行，意勿为鹤料所饵。大凡入幕，最忌故人。苟非湘阴故侯一流人物，鲜不为黄祖之于祢生。鄙人之郁郁久居此者，正以府主无一旧识，无一真赏。落寞相遭，宾主各如传舍，斯两无所负。况尺寸之禄，取诸公中，更无所用其辟言辟色。贫贱之交，至富贵不相忘，风义相高，动多责备，我卑视之固近谄，即平视之已近骄，此际至难处。匪惟高谊之鲜有令终，抑以知己之报称多憾耳。壬老尝言京江行营辕门投谒一事，遂望望然去，终身不复为幕客。贤如文正，犹叹末路之难，况相去万万者哉？至宁藩却号雅旧，且系葭莩，为二十年前同社之交，其南来仅一通书问，比岁两得其百朋之助，亦彼此不具一字,可云疏略而有味。既承诋诼,即当与志仲鲁使君力图之,以副拳拳之雅。缘仲鲁毕竟在官,易为官言,且近极为布政使所推服,必有宏济也。志家在苏,不时往来。最妙探其来此,君亦见访,稍得快晤,商榷推毂,洵善谋也。匆匆复布,不尽愿言。敬承道履,凭书有怀。七月朔日。弟郑文焯再拜。(李开军《新见郑文焯与陈锐书札十二通》,曹辛华主编《民国旧体文学研究》第一辑,第407—408页)

　　按:札中"吴仲怿廉使""宁藩"为吴重熹,光绪二十七年(1901)九月二十八日迁江宁布政使,光绪二十八年(1902)四月改直隶布政使。另,陈锐《莺啼序》(春江送愁更阔)云"辛丑冬岁,余在京口防幕",与此札开篇云"方写赠诗一纸将寄京口"亦合。故将其系于本年七月。"志仲鲁使君"当指志钧(1854—?),字仲鲁,号陶安。满洲镶红旗人。志锐弟。光绪九年(1883)进士,曾官满洲正黄旗副都统、兵部侍郎。郑天挺、荣孟源主编《中国历史大辞典·清史卷(下)》(上海辞书出版社1992年版),陈玉堂编著《中国近现代人物名号大辞典》(浙江古籍出版社1993年版)等均著录光绪二十六年(1900)八国联军攻陷北京时,志钧率妻子儿女自尽,然据郑文焯所记"志仲鲁使君"及下文陈锐书札所言"志观察",志钧或未亡。

七月八日,作文悼念成肇麐。

　　文曰:光绪二十七年岁次辛丑二月,德法两国,将有事于固关道,直隶漱泉先生以七国联军,纷纷西向力征,以为和议决裂,不忍一日苟全。且西兵责供资粮甚苛,先生谓使民供亿,是以臣子攻君父也,于义诚有未安,惟以一死报国而已。遂具渍斋印,星夜遣使,驰告郡守,乃衣冠投井而殉,并有绝命词云:"屈己令民命,捐躯表素怀。乡关渺何处,孤愤郁泉台。"时先生令直隶灵寿县。是年六月,合肥相公李请于朝,予谥,建立专祠,并宣付史馆,从优议恤。呜呼!先古一词人,而成仁就义,其言忠爱,其名千秋,其心天地也。以亲见危受辱而死,及直言敢谏而死,皆有异。夫和议之成败,联军之驿骚,难未及身,义臣有不死。而直北郡县,皆习于临难苟免之计,方斤斤腠削民之脂膏,以蒮冠粮,涂炭我老弱,虔刘我边疆。冀获一朝之免,遑计辱国,莫此为甚哉!有先生之死,可以发殉国五烈之幽光,可以夺殉匪诸贼奸回之顽丑,可以至仁风四海,可以大义表万国,可以挽既涣之人心,可以全大辱之国体,岂独以从容受命,憬然于君辱臣死之谊已哉?七月初八日读合肥相疏,记之是选,益足重焉。(郑文焯手批《唐五代词选》成肇麐《序》后余白记)

　　按:成肇麐(1846—1901),字漱泉,号原卿。江苏宝应人。同治十二年

(1873)举人。光绪十九年(1893)署沧州知州,后又代理静海知县、补灵寿知县。光绪二十七年(1901)初,八国联军掠及灵寿,投井殉国。清廷赠太仆寺卿,谥恭恪。工诗词文,辑《唐五代词选》《宋六十一家词选》,著有《强恕堂文存》《漱泉词》等。文中"合肥相"指李鸿章。

七月,将所作《杨柳枝》组词写似吴昌绶。

记云:近制廿四首,读者以为有黍离之悲,辄为好事弄去,今写似伯宛先生,更卒成二解,聊以寒白,固知伧歌,无当雅音也。辛丑秋孟,叔问文焯。(《大鹤山人词翰》)

按:吴昌绶(1868—1924),字伯宛,号印丞、甘遁,晚号松邻,室名梅祖庵。浙江仁和(今杭州)人。嗜校藏词籍,其藏书楼名双照楼。著有《松邻遗词》《宋金元词集见存卷目》,刻有《仁和吴氏双照楼景刊宋元本词》。张鸣珂《寒松阁谈艺琐录》云:"庚子之祸,銮舆西狩,叔问羁迹吴中,怅望艅艎,赋《杨柳枝》词二十四首云……叔问手录一通,寄仁和吴伯宛孝廉昌绶……伯宛出示索题,为赋二绝句云:'露条烟缕悴秋光,曾款离尊万柳堂。漫向西风怨摇落,夜乌啼冷蓟门霜。'转绿回黄绕梦思,灵和濯濯想丰姿。天涯蕉萃王司李,一样销魂谱柳枝。'"(《寒松阁谈艺琐录》,第117—119页)王揖唐《今传是楼诗话》:"叔问《柳枝》词……玩其词意,盖均庚子伤乱之作,有黍离麦秀之思焉。"(《今传是楼诗话》,第359页)

八月,校阅《乐章集》。

记云:宋本妙处有禆音谱者,如《破阵乐》之"远"字,《定风波》之"课"字,《雨霖铃》之无"方"字,皆足考订旧律,不翅一字千金。至若《宣清》之增多廿四字,《倾杯乐》之多十五字,删二字亦能决疑祛惑,以视坊刻诸选本颠倒舛脱,令人摸索而不敢遽校订者,所得岂浅鲜哉?惜未睹十万卷楼宋椠原本陆氏裔对勘,或虑有未尽详者。翌日得汲古秘本,尽得搜校,当益胜佢而愉快矣。光绪辛丑之年八月,老芝审音。(郑文焯校评《乐章集》)

九月,旅居沪上,作词。

《浣溪沙》(听雨红楼白发新)词末记云:冷红词客写,辛丑九月沪上作。(《大鹤山人词翰》)

秋,文焯在沪时访宋滋老。

《惜秋华》(醉过重阳)词序云:沪江过宋滋老僦舍,置尊赏菊,一花深碧有殊色,为赋此解赠之。(《比竹余音》卷四)

秋,夜泊石湖。

《踏莎行》(桂影筛金竹声碎)词序云:辛丑秋期,石湖夜泊,有忆壬辰秋同舟玩月之趣。(《樵风乐府》稿本)○又作:辛丑秋期,石湖夜泊,登千岩观,有忆壬辰秋携曼殊越城桥泛月之游。(《大鹤山人词翰》)

是年,朝廷倡推新法,文焯作词讽之。

《南浦》:长安片月,倚轻妆、眉样又翻新。(赵熙:辛丑时盲谈新法。)多少风流时世,都付绮罗身。笑说世间儿女,费铅华、枉学可怜孴。(赵熙:小臣以变法干进者尤多。)怕故宫蕉萃,望仙楼上,和泪脸重匀。　莫唱陌头缓缓,过花时、犹是未归人。一别西风如客,京袂去年尘。眼底舞台歌榭,暗平芜、莺燕为谁春。算碧云期近,几回飞梦逐香轮。(赵熙《大鹤山人词钞》)

是年,与恽炳孙、胡念修往来甚密。

戴《谱》:恽太夫人洗焦老人武进人,湖南巡抚次山中丞之配戴氏。雅重先生文才,属其嗣子季文拔贡,其戚胡右阶观察念修与先生订交,眷属往来甚密。老人工吟咏。是年,先生有饮席次韵老人即事之作。其诗云:"滟滟芳尊泛海霞,银屏回映玉双丫。一池春水干何事,未分金铃替护花。""惨绿年华濩落身,尊前愁对可怜孴。青衫不渍寻常泪,烂醉狂歌任客嗔。""眉妩遥峰斗翠尖,诗痕琴绪箇中添。眼前楼阁仙山迥,肯为横波一卷帘。""十年心事郁青霞,如此风流付小丫。输与楼头诗博士,传笺高格属簪花。""东山丝竹老吟身,风月平章数笑孴。一曲回波绝凄异,善防莺燕隔帘嗔。""彤云片片落毫尖,从此狂名酒坐添。任是红香春似海,梅花只合伴芦帘。"

　　按:"恽太夫人洗焦老人"即戴青,字书卿,自号洗蕉老人。浙江归安(今湖州)人,恽世临(1817—1871)继室。恽曾官任长沙知府、湖南巡抚。戴青工诗词,与俞樾等交往。著有《洗蕉吟馆词钞》一卷。恽炳孙(1854—1918),字季文,号澹翁。江苏武进人。光绪十一年(1885)拔贡,官内阁中书。师事俞樾,能诗文。胡念修(1856—1903),字灵和、右阶、幼嘉,号息园。有刻鹄斋、灵仙馆、倦秋亭、向湘楼等室名。浙江建德人。著有《灵芝仙馆诗钞》《卷秋亭词钞》,辑刻《刻鹄斋丛书》等。

光绪二十八年壬寅(一九○二)　四十七岁

早春,欲赴西碛探梅。

《浪淘沙慢》(坠月悄)词序云:江南早春,邓尉山梅垂垂欲发,因忆己丑秋,方舟载酒,与湘潭王壬秋二三同志山泽行吟,连句和清真此曲,极岁晚清逸之娱。忽忽旧游,奄逾一纪。年荒时难,俊侣飘零,今见园中南枝初范,斜月在水,将治舟讨春西碛间,凄独之感,哀断成歌,再和清真次解。绕枝三匝,兴言昔怀,

益以重予离忧也。（《比竹余音》卷四）

寒食日，致书陈锐谈时势及仕宦之事，并告知请王闿运为《比竹余音》作叙。

　　致陈锐书：伯涛道兄先生侍者：损书有哀断怨抑之音，使人读之如听雍门琴也。诗笔直是老杜入蜀后境界，盛气挥斥，而兀傲自喜，凉凉高蹋，又深为斯人悲矣。夫怀道协灵之士，暗修为上，其次蝥通。至于漂泊沉沦，与世俯仰，洁其身而污其名，穷苦终身而不悔，又其次也。士曰尚志，百可志，独不可志于仕。矧兹无道已久，虽不得隐，亦乌可以见国有大耻，主有大辱，为人臣者几几求一死不得矣。辛丑和约既定，乃鳏鳏焉与官民为仇。自督抚迄于州县，益为朝廷不甚爱惜之官，吾君视之如土芥，敌国役之如犬马。苟慕富贵者当之，既不自爱，又安能爱人？贤而在下者，望望然投劾去耳。君固天才，本不宜官，更不宜今日之官，将忍垢以求尺寸之禄乎？虽执鞭，吾亦为之，将藉手以报一日之知乎？则今日故人，明日州督，虽一顾亦与有荣焉。不佞少为贵游，生长华腴，中更丧乱，既壮飘零，廿余年间，匪无遇合，而绝意进取，栖贫自淡，宁为冷客，不慕热官，盖已思之烂熟耳。犹忆昨年相逢海上，觇君出概，曾切切言仕世之情，救贫非计，复寓谏于诗，意悟斯旨。窃谓当今之世，并势利亦无足倚，何有才望？悲夫！君子远辱，贤者辟言，刺促一官，如堕溷厕。仲实同年昔闻下走将纳赀为道员，书来诮让，谓蹈亡秦覆辙。又云不能买山，亦当买花，十斛珠不胜五斗米耶？鄙意不得已而仕，至微亦须一守。试观近岁各行省所举奇材，皆属道府州县候补者，百无二三焉。故西人尝疑中国道员多材，甚可哂笑。今君既不克得道而肥，又不能效张融求郡，徒尔郁伊居此，以仙才而魁于官鬼，能无歉歉？尚未若校官之得也。何日赴引？所费当复不资。然部例迫促，未可太迟。如何如何？新词清夷之致，以眇窈出之，不捉搦便尔飞去。新刻《比竹余音》三集中，亦尝和柳、吴二曲，极难合拍，容晤对再陈细趣，兼以续刻就正紫霞翁也。下走近以畏寒，少缓之沪，至迟上巳前亦必到，不过十日留。想从者行色料简，亦在此时，幸无相失。经年良会，如之何勿思？湘绮翁作退院僧，是何气象？《冷红》辞中有寄忆之作，却不曾寄，乞为致拳拳。求叙辞集，不必见词而后叙，但得其一言概吾生平，便足为他日小传。即文字缘，此老亦海内知己，曾见其在沽上日记，述及下走，有云操履高洁，性亦敦朴，不似廖、张之所为云云。在吴中治墨家言，又书谓释墨数条，具见精确，使同案累月，必尽得之，惜奉教之日浅，行将别矣。朱竹石廉使曾询以二文学境孰优，壬老对以道希务博，叔问有门径善悟，往往心得。此老不轻以言议假人，下走生平服膺无间然者，亦惟此老，恨不获时与讨论，然每见必得其益。今则久别。七十老翁，未必再作南游，吾道将为天下裂，微斯人，其孰与归？小诗十年前所得已不下千余篇，曾浼壬翁删定，存得半之数,近读之,直觉吾学士梗,可观者不过百首,暇当乞君选定,无异壬翁重为斧削也。诗词不得其一词之赞,无以自信,故求叙汲汲,恃大贤达此私淑之忱耳。感甚感甚! 夜尽欲眠,愿言未尽此纸,相见不遥,鹤跂竭已。忽忽冗复,不罪不罪。祗承道履。寒食日。郑文焯状。(李开军《新见郑文焯与陈锐书札十二通》,《民国旧体文学研究》第一辑,第409—410页)

按:札中有"新刻《比竹余音》"之语,知为光绪二十八年(1902)。

陈锐致书并寄词稿。

陈锐书:小坡先生足下:去岁嘉平下浣所赐书,迟五十余日始到。适有人便去湖,因奉书湘绮翁为兄索序。顷于志观察处复诵尊函,遇蒙惓注,令人增感。锐自客秋于乌衣巷里觅得一椽,卒卒无状,吴布政下车之始,颇有人为弟延誉,吴亟颔之,迄今卒未一见。锐亦不以一刺相干风雅,如胡粮储本同年而兼至好,今年才一谒见耳。已为人役,复欲效首,人之耻为首。诚知懒拙无可见长,要俟引见后再看气色。日来料理行装,破难就绪,然至迟亦不过转初,君到沪寓居何所幸,示知以便奉访,渴欲一谭也。胡粮储甚慕高风,去年云有件属锐转寄,迄未明白。伯严天下豪士矣,闻声相思,顷暂还南昌省墓,其世兄亦随俞陆师去东洋,将来尚易遇合耳。锐离忧煎迫,颇虑伤生,暇时仍以文辞自排遣。白门六代豪华之地,评花说酒,语此者盖寥寥。谨录近作诗一词二奉览。生平于填词愧不及君百分之一,此二首殆小得意者,一和屯田,一和梦窗,声长节促,先生不可不一奖励之。庶几诱以正道,万幸矣。又近刻门字韵诗四百余首,容面呈。尊集何时刻竣,先睹为快。壬老制序,恐尚迟迟,然补刊可也。前索半塘手笔,向来仅此一通,务望检还,以志珍重。中实说来不来,梦湘还通州矣,芸子办宜昌土税为鄂中头等阔差,昨曾有信来,次珊在此无恙。匆匆遂尽二纸。敬颂绥福。

《雨霖铃·题张次珊词饯图》:西风清切。又疏帘底,菊蕊都歇。关河万里如雾,堪回首处,东门临发。夹道衣冠送酒,但携手凄咽。念故陌,铜狄青芜,热泪经天洒空阔。　　江南带水留人别。自掩关、酌客销佳节。三千奏牍何用,金马梦、汉宫残月。此意冥冥,为语云中,缯缴休设。算最有、烟柳无情,莫与寒蝉说。

《秋思耗·题庚子秋词和次珊依梦窗韵遥寄朱古微学士》:哀影经秋侧。看露华、如澡菊寒无色。箛散暮鸟,灯去催边马,尘合天窄。听长乐钟声,送人幽梦共叹抑。黯去魂,怨化碧。料故园三千,玉颜清泪,共指夕阳深处,数番追忆。

今夕。青灯自滴。对艳词,彩笔重饰。旧时猿鹤。分明犹在,定谁发白。叹一缚,轻条培风,无计催劲翼。问过客、应不识。但夜雪江南,梅边吹怨寄得。望隔吟笺砚北。伯弢。(陈国安《海粟楼藏陈锐致郑大鹤论词书札笺释》,见2018

年《中国近代文学学会第十九届学术年会论文集》)

　　　按:札中"志观察"当指志钧。"吴布政"指吴重熹。"胡粮储"指胡延
　　(1862—1904),字长木,号研孙。四川成都人。光绪十一年(1885)优贡,官
　　江苏江安粮储道。有《芰舟馆词》。"伯严"指陈三立(1853—1937),字伯
　　严,号散原,江西义宁(今修水)人。著有《散原精舍诗》《散原精舍文集》等。
　　"俞陆师"指俞明震(1860—1918),字恪士,又字启东,号觚庵。浙江山阴
　　(今绍兴)人。光绪十四年(1888)举人,官至甘肃提学使。工诗。著有《觚
　　庵诗存》。

春,至上海,晤张仲炘,嘱张题其沽上词卷。

　　张仲炘《塞翁吟》(梦迹涸春绮)词序云:壬寅春晤叔问同年于沪渎,盖别又
五年矣,颓然各老,握手无可言者。临别属题词卷,漫拈清真涩调以应命,正如
来教所云聊充相思券耳。(《瞻园词》)

沈瑞琳为文焯刻《比竹余音》四卷。

　　戴《谱》:沈砚传孝廉复为刊行《比竹余音》四卷,王壬秋先生自长沙远寄
叙文。

四月五日,王闿运为《比竹余音》作叙。

　　《比竹余音叙》末记云:时光绪壬寅夏四月五日。王闿运题于长沙城中湘绮
楼。(《比竹余音》)

四月二十六日,陈锐致书谈朝政。

　　陈锐书:叔问先生侍史:昨廿五日行返上海,亟访尊寓,不值为怅。此次至
京尘,俗殆不可容状,朝政益不可言。有谒荣中堂者,但得门包册金可造膝言
事,它可知矣。锐伏处尘堆,不谒朝贵,惟朱古微侍郎有谦逮之雅,于执事尤致
拳拳。《比竹余音》已为携去,尤望见惠一册,俾资诵习。至祷。实甫以廿日到
京,云有书簏托寄,已到否?望覆书前门东高庙常德馆以慰其悬悬。锐即日遄
返金陵,前代陈师曾求画,如已就,望交便人带回。壬老近为锐作纨扇,他日尚
烦能奉也。匆匆布承,道履不宣。锐顿首。(陈国安《海粟楼藏陈锐致郑大鹤论
词书札笺释》)

　　　按:"荣中堂"即荣禄。"陈师曾"即陈衡恪(1876—1923),字师曾,号朽
　　道人、槐堂,江西义宁(今修水)人。陈三立之子。

四月二十八日,致书陈锐,有忆戊戌年(1898)与王鹏运、朱祖谋京师唱和事。

　　致陈锐书:伯涛道兄先生侍者:海上射鲭之游,忽忽五十余日,惟与君暨中
实同年邂逅相遇,乐数晨夕,是为不负此行。廿二日返棹吴中,摆脱俗韵,行将

赴石楼老僧之约,饱餐枇杷,且求树艺之学。意此时吾贤若见访石芝西堪,当偕往邓尉山中作小乘禅坐。正郁陶思君,忽得一封题,见君笔迹,为之狂喜。亟启三复,不忍出口,既悲故国,益怀故人,拳拳于中,恨不能复如戊戌年在京师与古微、半塘诸贤倡酬为乐。春明门外,隔世成尘。今之朝士,自堕三里苦雾,昏瞀益甚,求如从前之顽固而不可得,亦可哀已。中实谓君颇工作吏,殆别有所见,匪我思存。渠寄存之书籍,已交沪上大马路德仁里归安沈研传暂置,一俟杨诚之星使到来,即托其寄京转致,谅无迟误。明日即致书中实,如来示住址。但长安似弈,识时隽杰何可久留?甚盼其南还,谋在沪作刻书生事,亦市隐之一乐也。昨湘绮翁忽自长沙发一封角,中无书,有一词叙,文古澹可诵,已付锓,十日内当印出奉寄,因少稽答壬老耳,乞君先为道感念,幸甚!天荆地棘中犹有吾党同志二三文字之助,洵如韩子所云若肌肤性命之不可易也。承索为师曾画扇,即落墨寄上,比思效《货殖传》孙卿子一流以技自给,故欲旅沪上扩充生计。此次尚未招徕,而医诊书画所得者已二百余饼,果能此道,胜似赁庑从人求生活远已。彼以冊金门子苞苴干谒时贵,造膝有词,不过同是求阿堵物,求用钱与为钱所用者,自予观之,皆一蚊一虻之劳者也,于我何有?悲哉!匆匆辄尽四纸。敬承道履,临楮不尽愿言。四月廿八日。文焯顿首。(李开军《新见郑文焯与陈锐书札十二通》,《民国旧体文学研究》第一辑,第410—411页)

> 按:书中所言"湘绮翁"所发词叙,即王闿运所作《比竹余音叙》,此序署"光绪壬寅夏四月五日",则此书当作于是年。

四月旅沪,题北魏周可造佛像拓本。

题识:考赵𡍄造像,同治九年山东黄县出土,今归黄县丁氏。鲍燕造涅槃经题记在吴县潘文勤处,旋归福山王文敏。光绪庚子京师之变,王氏藏石尽为满洲端午桥中丞所得,此石存佚未可知也。至周可造像,本亦山左估售之余杭章氏者,余从章氏得之,今供养石芝西堪。壬寅四月旅沪识。(西泠印社2015春季拍卖会吉金嘉会·西泠印社首届金石碑帖专场0430)

> 按:"端午桥中丞",指端方(1861—1911),字午桥,号陶斋,谥忠敏。满洲正白旗人。光绪八年(1882)中举人,历督湖广、两江、闽浙、直隶。宣统三年(1911)入川镇压保路运动,为起义新军所杀。嗜金石。著有《陶斋吉金录》《端忠敏公奏稿》。

七月七日,致书陈锐,谈王鹏运六月间南来事。

致陈锐书:伯弢先生侍者:损书,怪叹不置。半塘及叔由既莅止沪渎,胡不来苏?又必假书墨于贤者,由杭展转而递,致有浮沉之变,是可异也。项即饬人向邮局追问,不知是函由何局所发,幸示及。半塘诸贤当仍在水月庵逭暑,盍速致书询其踪迹,坚其趋向,俾即到此,同发游舸,或于西崦湖山深处,觅一安身立命之地,亦乱世王孙大卿、樊少翁一流人物也。史迁谓贤者不危身以治生,正得斯义。望君一为搜致,勿令萋遁,是在善为道地焉。至祷至企。鄙人开径以望三益。去年曾复半塘翁书,有招隐之赋。六月间忽闻吴兴人得京友书云其已飘忽而南。意者其见访于吴下。今果南游,万无失之交臂,有万斛渴尘待伊洒淡。生平于文字心性之交,如韩子所谓有若性命肌肤之不可易者,别兹离乱身世,更宜相依为命乎?承教《永乐好太王碑》,三字精确,匪夷所思,愿更订之。至日本房家言,率多粗俚,不足辅容成旧义。然西学言形似详于中土。此编附图确有妙旨,其言阴阳二具,互能适合,翻转内外之向,便为反对之形,是乃古言古义,未经人道。开卷有得,勿谓护諆说无与精谊也。敬谢敬谢!特其值不赀,甚愧厚贶,容当报以拙画,何如?复译来章,有新词钞示,大索缄题底里,俱不一见,岂忘之耶?冀赐金箴,庶获佩省。至拙撰诗集,自惭疏阔,虽经湘绮叟用墨圈选定二百首,虑尚多芜杂,吾斯未信。君无食肉相,欲挟万金为校刊一集,则覆瓿久矣。一笑。此上。敬承动定安稳,伫闻还驿,以慰渴怀。七夕。文焯和南。(李开军《新见郑文焯与陈锐书札十二通》,《民国旧体文学研究》第一辑,第411—412页)

> 按:王鹏运庚子后"南游"即在本年,本年十月即受扬州仪董学堂之聘。

九月二十八日王鹏运至苏州,晤文焯,赠其所刻《梦窗词甲乙丙丁稿》。

记云:光绪壬寅九月二十八日,半塘前辈来自大梁,以是刻整装本见贻。(《郑文焯手批梦窗词》,第4页)

九月二十九日,校《梦窗词甲乙丙丁稿》《金缕歌》(陪履斋先生沧浪看梅)词。

记云:半塘先生云初读此词,不得其解。后见说部中谓"沧浪"为韩蕲王故墅,始知君特意之所在。词中多感咏当时遗事,藉看梅以发思古幽情,良有与也。壬寅九月晦日记。(《郑文焯手批梦窗词》,第256页)

十月二日始,陪同王鹏运在苏州游览三日,共游天平、邓尉诸山,晚泊虎山桥。

记云:壬寅十月初二日,与鹜翁租得吴阿宝画船,议日膳精馔,酬值六饼银。载酒出盘门西行,朝发夕抵光福里。尽三日之长,遍游邓尉诸山。归经木渎,更上灵岩,步陟绝顶。踞琴台,高诵君特"秋与云平"之句,乘余勇又登天平,品白云泉,夕阳在山,相与徘徊而不能去。迨造舟次,已将夜半。鹜翁谓生平游兴,无今兹豪者,不可无词,得《古香慢》《法曲献仙音》《八声甘州》《湘月》共四解。余旋以事赴沪,鹜翁亦一棹白门。爰记岁月,以识胜引云尔。老芝。(《郑文焯手批梦窗词》,第8页)

《法曲献仙音》(妆濯池花)词题云:灵岩览古次韵梦窗。(《苕雅》卷一)

《古香慢》(桂香市过)词序云:壬寅冬孟同半塘老人游邓尉诸山,晚泊虎山桥,和梦窗沧浪看桂。(《苕雅余集》)

《八声甘州》(荡岩扉)词序云:琴台所在据灵岩最高峰,其上常有云气。壬寅十月,与半塘老人游光福,回舟步上绝顶,高诵梦窗"秋与云平"之句,一时豪概,陵轹今古,因乘兴从后山登天平白云亭。时已暮色苍然,共和吴词,相与徘徊而不能去。(《樵风乐府》稿本)

《湘月》(乱峰唤客)词序云:天平山白云亭酌泉晚眺,欲寻远公石屋不果。归路看红叶泊鹭飞浜作。(《苕雅》卷一)

《点绛唇》(摇落吴台)词序云:《天中记》:太湖渔者,年例以十月五日飨神祈风,终岁可以扬帆取鱼,谓之五风信。忆壬寅寒孟,与半塘老人陟灵岩绝顶,遥望西江,渔舟成市,画旗戏鼓,风景在眼,感会昔游,故人长往,年来无复登临兴矣,赋此怃然。(《大鹤山房未刊词》卷二)

王鹏运《古香慢》(藓池粉冷)词序云:同叔问步登灵岩,遂至琴台绝顶。用梦窗韵。(《南潜集》)

戴《谱》:王佑遐给谏受扬州仪董学堂之聘。十月过江来苏,与先生同游天平、邓尉诸山,晚泊虎山桥,于是有《古香慢》词。见《苕雅余集》。

十月五日,陈锐致书文焯,为胡延求《比竹余音》。

陈锐书:再启者:粮储胡公久慕大雅,属致拳拳。尊集能见惠数册,至感!君与半唐翁白门之游,能不爽乎?企盼清尘,敢拥彗以待。锐拜白。十月初五夕。(陈国安《海粟楼藏陈锐致郑大鹤论词书札笺释》)

十月,校吴文英《丁香结》赋小春海棠词,作《玉烛新》词亦赋小春海棠。

《玉烛新》(冰绡和泪浣)词序云:小春海棠。梦窗词手稿有是题《丁香结》一解,江南冬燠,春卉再花,而海棠益凄丽可玩,因依梦窗题格赋之。(《苕雅》卷一)

> 按:《樵风乐府》稿本此词序为:"梦窗词手稿有《丁香结》题赋小春海棠,汲古阁本以意改小春为秋日,以为所咏即今之秋海棠,王氏四印斋校刻亦沿其误。《初学记》:十月为小春,草木常茂,故谓之南荣。今江南冬孟,风日温馨,春卉再花,俗话之迎小春,亦南花一故实也。比年寓园连理海棠每值十月之交,丛艳凝霜,烂若野锦,益足为吴词'吴霜凝晓偷春花'意之佳证。因依其题格,即景属题,以志清异。"

十月,批校《梦窗词甲乙丙丁稿》,察考白石与梦窗关系。

记云:考梦窗集中《暗香》《疏影》《惜红衣》《凄凉犯》及平调《满江红》,皆白石自制曲见之词叙中者，而梦窗填此数阕，其音吕悉合姜语。其《惜红衣》词叙又称从石帚游苕雪间三十五年。其投分之雅，旧侣和之殷勤，信而有证。独白石集无一与之赠答之作。弁阳老人所记白石一卷自述其生平文字之交，凡东州俊逸，南渡英治咸与雅声，历历可数。又未尝称及梦窗其人，卷中所云金陵吴公疑亦非四明之觉翁，此不可甚解。吾友易中实同年至谓姜石帚别是一人。疑梦窗为姜白石后辈，交游非其所及。而宋元说部纪录及尝所题赠哀挽诸篇，称姜石帚者又止见梦窗集中，其它无一佳证，是可异也。壬寅十月，鹤道人记。(《郑文焯手批梦窗词》，第21—23页)

是年，文焯作书画册页，记与王鹏运游邓尉山事。

题识：连船诗酒镇相邀，水石秋香晚未销。后日梦寻题句处，冷风扶醉虎山桥。壬寅秋晚，偕半塘老人游邓尉诸山，清晖娱人，连情发藻。偶图游境，系以小诗并奉元常仁兄先生鉴证。叔问文焯记。(青岛中艺拍卖有限公司2011秋季艺术品拍卖会古近代中国书画专场0425)

是年，刘坤一卒，撰联挽之。

戴《谱》：江督刘忠诚公坤一初无赫赫名，戊戌、己亥两疏言德宗不可废，己亥电中枢有"君臣之分已定，中外之口宜防"句，海内传诵，遂寝废立之议。庚子拒拳匪，结约保障东南，功绩益著，士论翕然归之。是年薨于位，先生挽以联云：后先曾左通侯，再督两江，历甲午戊戌庚子以来，变乱起仓皇，赖公力挽狂澜，东南半壁支持，维楚有材资重镇；出入湘淮诸将，列封五等，数咸丰同治光绪之世，老成尽凋谢，使我泪倾沧海，中外一时震悼，悲天不愁此遗忠。

光绪二十九年癸卯(一九○三)　四十八岁

一月一日，作《岁朝图》，吴昌硕于正月三日补石，文焯记之。

题识：数枝冻玉凝瓶胆，一掬兜罗印石拳。为祝年年花并蒂，故烧金尽照南天。南天烛鹅黄色一种产自虞山，不易得，缶庐清供有之，媵以幽花净果自成清远，坡仙怪石庶不孤矣。大鹤题。

瓶可吐，石可煮，仙葩佛果，香国之茹。鹤铭。

扬子云《太玄经》吐水于瓶，虽有倾城之言，灾无由生。太岁亶安之年，月在毕哉生明，善草楼记。

玉棱棱，岁寒友，香盈盈，岁朝酒。墨戏壶公壶，春在缶庐缶。写到东风三两枝，补作南山千万寿。同日又题。

吴昌硕题识：维岁之首，以介眉寿。春风风人，天锡孔厚。鹤道人写岁朝图，老缶补石并作颂，时癸卯孟陬三日，癖斯堂酒半记。(上海崇源艺术品拍卖有限公司2010

年秋季大型艺术品拍卖会"海上旧梦"五专场 0997)

春，不赴会试。

　　戴《谱》：本年补行辛丑会试。先生以七试都堂，荐而不售，遂绝意进取，自镌一私印，文曰"江南退士"，以示无意作进士也。虽经亲友敦促，卒不赴。

　　　　按：戴《谱》记自镌私印在本年，误。"江南退士"印为光绪壬辰（1892）三月吴昌硕为文焯刻。文焯"江南退士"印章题识：壬辰春，予不应都堂试，同人极怂恿之。至沪，不果北行。京国知安，亡为怪叹。予乃以"江南退士"自号，以示与进士忮对。时老缶同在沪江，为之游刃，古法骎骎，退藏于密，亦足多已。老芝记。（中国嘉德 2011 嘉德四季第二十七期拍卖会"古籍善本·碑帖法书"6264）

三月二十一日，陈锐致书文焯，寄《大酺》词。

　　陈锐书：叔问先生侍史：别来又月余，无日不念君也。向者壬老书来，兴趣甚盛，比闻南洋诸贵官端使相迎。若竟能惠然，拟约君白门一晤，垂老江湖，得撰杖从游，宁非天幸？企甚！弟近仍多病，苦尘牍攫牵，昨日成《大酺》一首，另纸呈教，幸赐披削。当代词家因无出君右者，能和尤喜。此承近安，不具。锐顿首。廿一。（陈国安《海粟楼藏陈锐致郑大鹤论词书札笺释》）

　　　　按：据《湘绮楼日记》，光绪二十九年（1903）春王闿运应端方邀请游鄂，二月五日自湘出发，一路贵官迎送。故将此书札系于此。（王闿运《湘绮楼日记》第四册，第 2521—2543 页。）

暮春，作《茅屋雅贤图》立轴。

　　题识：昔宋梅尧臣题永叔行看子句云：良金美玉不可画，可画惟应神与形。近世士大夫宝有一名一物如彝鼎图书之属，奇可玩者，尝取以为别字，且作画帧以颜其所居，遍征题咏，其风尚盖盛于宋代，不独米老之汉光宝晋名于时也。将尧臣所谓金玉不可画者，且并形神而重以丹青焉。鹿笙九兄嗜古博物，得宝叠两只，既守先世韫椟之珍，复征时贤图咏之雅，榜其专室，予以藏□璧合珠联，方斯珍贵，信为枕秘之奇玩，足佐籍征之英谭矣。予以吴皋侨隐，雅承闲逸，既缀图之，更沘豪为记，若夫题诗玉钩，则俟群雅发藻，为济胜具焉。糠秕在前，敢以为导，率尔塞白，不复自文其荒暗也。光绪尚章单阏之年春暮，鹤道人郑文焯并记。（北京翰海拍卖有限公司第 53 期拍卖会中国书画专场 0108）

　　　　按："鹿笙九兄"即顾荣，字筱珊，号鹿笙。江苏元和（今苏州）人。顾文彬之子，排行第九，顾麟士叔。承家风，能山水画，家富收藏，与郑文焯、陆恢、吴昌硕、费念慈等友好。有《汉玉钩室印存》。

四月十日，陈锐致书告知张祥龄死讯。

陈锐书：叔问先生侍史：尘既遂不相闻，投书亦不获报，悒怅靡已。晤志观察，云君未赴沪试，知手中无钱也。寓庐清吉否，念念。弟已堕苦海，无复佳致。去腊半唐翁来宁度岁，颇致流连。入春以来，雨多晴少，颇受湿淫，兼之酬应大忙，遂病也。今以小愈，然精神终未充足。世人营营，吾亦尔尔，见鄙于先生久矣。尝叹友朋契合，不可以雅俗而生乖违。张子馥者以昨月初九卒于汴中，闻子女尚多，二妾亦不能料理，亏空公款至数千金。平昔绸缪又弱一个，腹痛如何！其长君即实甫之婿，今年十二龄。然实甫自放右江缺后两月，无一字回南。乃翁高年，病亦颇笃。由甫汴中，几处悬悬。尊处若得有实甫消息，祈见示为荷。壬老忽然发兴，欲往河南观会试，行至信阳州，无车而返。在鄂时，端午师执贽从弟子礼，今旋湘矣。梦湘署抚州府，芸子北上应特科。并告邵阳莅镇以谦和为宗旨，尚无新政可言。弟屡欲赴苏奉访，兼至沪上干谒吴侍郎未暇也。匆匆。敬颂道安。珍摄千万。锐顿首。癸卯四月初十日。（陈国安《海粟楼藏陈锐致郑大鹤论词书札笺释》）

四月，旅沪，时校《清真集》。得陈锐书，知张祥龄三月九日殁。

记云：昔与汉州张子市词兄研究是集，和韵殆遍。甲午秋末，邗上同舟，弥极唱酬之乐。匆匆十年，酒垆虽在，眇若山河。昨得陈伯弢书，知子市已于三月九日没于大荔县斋，辍弦之悲，使我心瘠，欲以词哭之，凄喉不能成声，曷以告哀？此恨终古。鹤记，时光绪癸卯四月旅沪。（郑文焯批校《清真集》，括庵过录本）

　　　　按：据文焯所记，张祥龄卒于"大荔县斋"，但上录陈锐札记其"卒于汴中"，陈锐所言当亦是听闻，故未得其真。

文焯作《兰陵王》词痛悼张祥龄。

《兰陵王》（断肠直）词序云：旧社老友张兄子复薄宦秦中，别来十年，以癸卯三月殒于大荔。（《樵风乐府》稿本）

《兰陵王》（断肠直）词序云：旧社老友张兄子苾薄宦秦中，匆匆十年，以癸卯三月殒于大荔，今墓有宿草已。其室人曾氏季硕才艳有诗名，蚤卒。吴下同人为之卜葬于横山，伤心之极致，欲歌其事，辄哀断不能声，兹诵研生、中实两使君挽词，皆和清真此阕。触绪悲来，感音而作，不自知其涕之何从也。（《苕雅》卷一）

戴《谱》：三月，老友张子苾太史殁于陕西大荔任所。初其配曾季硕夫人，于庚寅年在苏病故，暂厝位育堂，至是先生闻太史死耗，恐夫人归榇无日，始与蜀人赵孔昭大令等，为之卜葬横山，伤心之极，赋《兰陵王》词以志悲痛。词载《樵风乐府》。

陈锐致书谈生计及王闿运词选事。

陈锐书:叔问先生道席:前者伯严吏部去沪属探从者踪迹,闻所居暗闭少空气,知老鹤尚有病态也。顷奉惠书,欣诵无似。世界上懒人最多,非君禀赋独优也。相好无尤,岂敢辄生怨望?承示沪上非久留之所,仍当携眷旋苏,甚善甚善。近日谋生路迫,自以节省为佳。若右江之一掷五千,不足为豪,徒慷他人之慨耳。弟斤斤自守,然两年需次积欠亦将二千金。顷又奉帘差,徒知辛苦,所谓劳绩调剂,殆有其说,而不必有其事,甚矣哉,得人提倡之难也。吴侍郎处昔辱齿芬,颇承嘉赏。北征之同日,仅以一词扇奉饯,另抄乞教。晤时亦曾道及否?手版销沉,不可说也,不可说也。子馥物故,盡焉伤心,其夫人季硕之丧,幸有胡公经纪,闻托渠同乡李紫璈诸君葬于吴门之横塘,伐石题名,芳魂永闷,亦一功德也。其世兄辈暂寓陕中,尚可不时存问,知关惠注,辄以相闻。胡粮储词刻成,亦拟奉寄,属先致拳拳。至湘绮翁诗集,屡函长沙,迄未觅得,常用歉然。惟其词选一本,颇多怪批趣论,半塘老人不以为然也。先生亦欲观之否?匆匆,敬颂撰安。不一。入闱前五日。锐叩首。(陈国安《海粟楼藏陈锐致郑大鹤论词书札笺释》)

按:札中"伯严吏部"指陈三立。陈三立曾于1889年授吏部主事。

七月十二日,记建宁券。

《半雨楼杂钞》:上虞罗氏藏有汉建宁四年孙成买地券。文字俱古,约三百余字。有从洛阳男子张伯时买地一町云云,末有余如张约沽酒各半,盖以斗酒相劳也。券长如剑形,约古尺二尺强,阔寸许,文三行,八分书,最小而精者。潍县郭氏亦有建武中元铅券,文字形式并与此同,末亦有沽酒各半云。端午桥在京师得汉建初元年玉券,文亦如是体。玉券出东三省,初为吴愙斋所得,旋以三百白银售之午桥,亦奇迹也。建宁券闻以铅铸成,软坚不易濡脱,山东费县丁氏所藏,是晋物纸"物纸"疑"杨绍"二字瓦冢之前,又有玉铅两种,亦足以征古券之制矣。癸卯初秋十二日记于沪上。

九月九日,题顾荣藏《江南春图》。

题识:江南画师能事在摹古,其工妙往往乱真。自云壸化为异物,此艺当让廉夫出一头地。兹卷尤其精撰,细密处俱得古法,匪时史一步一趋、徒规规形迹者所可同日而语。至仇氏《江南春卷》真本,余曾于老友李香严几案间见之,匆匆于今已廿年矣。雅旧风流,零落殆尽,遭世离乱,清事阒然。今网师旧园所藏名迹,强半散佚,读此临本,感念昔游,题讫为之三叹。癸卯九日听雨沤园篝灯写记。北海郑文焯。(上海朵云轩2015年秋季艺术品拍卖会近现代书画专场0077)

按：此图原为李鸿裔藏，后归顾荣、顾麟士，后又为沈倬章所得。另，文焯本年九月作行书成扇亦题以上文字，末署云："癸卯九月，写奉壸清先生雅属，北海郑文焯写于沤园。"（上海泓盛 2010 秋季拍卖会中国书画暨名家小品专场 0020）《江南春图》除文焯题识外，题记者还有吴昌硕、费念慈、陆恢、朱祖谋等，兹将诸家题识录于后。吴昌硕题签："丑奴閤主临仇实父《江南春图》。鹿笙仁兄藏，老缶题。"吴昌硕题引首："江南春图。光绪癸卯仲秋，安吉吴俊卿。"吴昌硕题："廉夫画工写兼到，曾为予画蔬果册十二叶，点色肥泛，枝叶间如盛晓露。识者谓：远胜于一水一石也。是卷用笔又极精细，草色行人古春宛在，变豪宕而刻露，虽十洲复生亦未能专美于前矣。鹿笙九兄真多宝翁哉，贺贺！癸卯中秋前数日，安吉吴俊卿。"费念慈题："仇实父《江南春卷》，中江李氏旧藏名迹也，今归鹤逸，此廉夫所临得意之作，南越尉佗何渠不若汉。鹿笙其善藏之，屺怀题。"陆恢题："云林有《江南春》自度曲，石田和之。继此者文、唐诸公再赓续咏，共得数十阕。争奇斗艳，传重一时，而其间工绘事者复作图以纪之，故文征仲、仇实甫皆有所作也。文卷由汪氏入过云楼，仇卷由李氏归庞虚斋矣。当其在李氏时，艮庵先生曾假以属恢倅临一过，今阅十余年矣。先生墓木苍然，而风雅遗规世守勿替，盖亦有足多者，恢自维交谊已历三传，故于此卷详言之，至笔墨之微，区区不足言也。丙午秋七月下旬，题奉鹿笙九兄大人正之，廉夫陆恢。"云韶题："廉夫精鉴赏，既与吴清卿、翁松禅游，所见法书名画遂不可以数计。渐摩既久，冥远益深，画笔遂为吴中冠。此卷尤其聚精会神之作，不可多觏。初归鹿笙，既鹿笙归道山，遂为倬章先生所有，翰墨有缘，令人艳羡。海秋云韶。"朱祖谋题："腾踔丹青发兴新，虚堂并几忆苏邻。而今破墨残缣里，坐阅江南劫后春。倬章仁兄属题，孝臧。"褚德彝题："有明一代吴下画家如文氏叔侄、沈氏父子、子畏、孟晋之奇古，酉室、柽居之兼檀，芳风所扇，各擅胜场。十洲于画为专精，当时谓其运笔时耳不闻鼓吹声，可谓能矣。《江南春图》更为一时无二之作，数年前曾见之，极洞心骇目之观。是卷用笔参酌南北，于原本可云不差累黍，至于设色浑古，尤非时史所能梦见，洵杰构也。吴中画苑阒寂已将百年，得廉夫健笔，仇、唐法乳绝而复续，吾将以是卷证之，倬章先生当亦首肯也。癸亥三月，褚德彝。"沈倬章（1890—1937），字鹏程。浙江海宁硖石人。精鉴赏，嗜收藏书画、碑帖。辑印有《青萝藏画册》。

九月九日，题顾麟士《拟娄东山水手卷》水墨纸本。

题识：君家蜡凤久知名，落纸云烟举社倾。怊怅西园虚雅集，依依水石有余清。忆乙未之夏，同志举画社于怡园，逸情隽侣，水墨俱仙，自丧云壸，风流顿尽，丹青胜事，所谓江东无我,当推阿士。此卷尤其放古之精撰,宜鹿笙九兄善保家珍矣。爰题一绝,枨触昔游,玩索高制,不能无西园之思也。癸卯九日。鹤道人郑文焯记。(香港苏富比拍卖有限公司2013秋季拍卖会中国书画专场1211)

十一月,校读《花间集》。

记云:光绪癸卯冬月壶庵氏以汲古阁本假录,评注一通。腊八日记。(郑文焯批校《花间集》)

是年,王鹏运致书讨论词事并言朱祖谋于文焯甚为倾倒。

王鹏运书:拓本已装成小副,悬之画室,以被不详,而迓嘉福。……在焦山有一词,自谓不恶,另纸写上,以我公之和否,断此词之优劣。……朱古微学丈来书,尝拳拳于执事,前亦致书以通殷勤否? 吟讽有暇,盍作一缄,古微公当信是我辈,且于公甚倾倒。《冷红》《南音》,盖不时出入怀中者,亦一知己也。(《〈词林翰藻〉残璧遗珠》,《词学》第七辑,第223页)

是年,王闿运有书致文焯。

王闿运书:叔问仁兄侍者:不奉良讯,又复二年。明岁春明,当没仕隐,依人非计。世业无荒,金马浮沉,亦可乐也。节用捐欲,何忧不足,要当舍南图北耳。……闿运息影空洲,差无世缘,所欲述者,小学数种,惮其烦赜,未克创始,家事幸已粗了,乃今无求耳。人生实难,老而始佚,高兴尽矣,虽乐何有。(北京泰和嘉成2012古籍迎春拍卖会0365)

> 按:参时润民《郑文焯生平心曲发微》,因札中有"子馥顿失天人"之语,时定为1903年,今从之。

光绪三十年甲辰(一九〇四) 四十九岁

一月上旬,录柳宗元《登柳州城楼寄漳汀封连四州》诗题画。

题识云:光绪三十年柳月上浣于官邸东窗下,大鹤山人郑文焯。(朔方国际2013夏季艺术品拍卖会古今绘画专场0337)

三月,王鹏运寄《半塘丁稿》《半塘戊稿》,又以未刊稿一卷请文焯删订。

> 按:此未刊稿今藏上海图书馆,题"校梦龛集初定稿本"。卷前有王鹏运致文焯书云:"敬祈费神将寄呈各稿可存者为加标识。古微所录,其目已寄去,请公独出手眼,不必问渠意云何。古微云夏间当开雕,并希早日阅讫掷下为荷。"(《校梦龛集初定稿本》)

四月三日,校毕王鹏运《半塘己稿·校梦龛集己亥》,时将往上海。

记云:甲辰四月三日校竟,时待有沪行。(《校梦龛集初定稿本》)

五月二十六日，遇王鹏运于上海，持所批校王氏词集相报。

记云：到沪又校一过，略损益十数字。甲辰五月廿六日辰刻，忽值老人于海上，遂持报，叔问并记。（《校梦龛集初定稿本》）

五月仲夏，王鹏运自邗江来访，与文焯重会吴皋，觞咏累夕。

《兰陵王》（燕樯直）词序云：海上倦游，以词遣日，忽值半塘老人来自邗江，惊喜过望，时方叠和清真，因以余意率成之，甲辰。（《樵风乐府》稿本）

《兰陵王》（燕樯直）词序：海上倦游，以词遣日，忽值半塘老人来自邗江，觞咏累夕，既慰羁望，兼寻西崦卜邻之盟，继声歌此。（《苕雅余集》）

《念奴娇》（小山丛桂）词序云：甲辰仲夏，半塘老人过江访旧，重会吴皋，感遇成歌，以致言叹不足之意。（《苕雅》卷一）

六月，致书王鹏运，谈词事。

致王鹏运书：半塘先生词长：前于四月半临来沪前三日，得手书，并属订雅词，谨如戒泚笔，颇不负诿諈，已携入行箧，早料及有此奇缘良会矣。若至诚前知，书至距跃三百，已竟夜不寐，正在和清真《兰陵王》，至四解之多，待录稿即索嘉藻耳。少选即飞诣共谋食，此时稍蚤也，此遇信有天合天声，不翅天际真人下凡尘也。狂喜万状，不知所云。公梮腹相待，下走以不合眼相看，妙哉奇也。此地群仙毕集，焦生老约西湖之游，愈晚愈佳。"王字押"亦带来，容面呈，以示久要不忘之义。甲辰六月。（《郑大鹤先生致半塘老人遗札》，《词学季刊》第三卷第三号）

六月二十三日，王鹏运在苏州病逝，文焯哀之。

《半塘丁稿跋》：半塘老人此刻，后半多戊戌春夏间在京华与予倡酬之作。甲辰三月以之见寄，并以未刻稿一卷索予删订，将寄古微侍郎于岭南学使署中开雕有日矣。予旅沪遇鹜翁，一日留，遂举似所订本报之。及翁自西湖游吴，时已六月十四日，以宿拙政园感夜凉小极。予犹及一问，不三日而忽殂逝，则廿三子时也。痛毒之怀，百感横集。诵此集中有《点绛唇》曲记予言半塘故实，今翁竟殁于吴中半塘桥，其息壤欤？哀哉！鹤记。（《半塘丁稿》，苏州大学图书馆藏）

戴《谱》：夏，王佑遐给谏自邗江过江访旧，与先生重会吴皋，觞咏累夕。先生有《念奴娇》《鹧鸪天》两词，载《苕雅》集中，又有《兰陵王》词载《苕雅余集》中。既慰羁望，兼寻西崦卜邻之约。王之先垄在桂城东半塘尾之麓，因以半塘自号，盖不忘誓墓意也。先生尝谓之曰：去苏州三四里，有半塘彩云桥，是一胜迹，宜君居之，异日必为高人嘉践。王因之赋《点绛唇》词，见《蝛知集》中。乃秋后给谏忽染疾逝去。人琴之感，心情郁郁，殆难言喻。

按：跋中言王鹏运《点绛唇》词记"半塘故实"云云，即《点绛唇》词小序所云:"临桂城东半塘尾之麓,吾家先陇在焉。余以半塘自号,盖不忘誓墓意也。叔问云苏州去城三四里有半塘彩云桥,是一胜迹,宜君居之,异日必为高人嘉践。尝拟作小词记之,盍先唱欤? 为赋是解。"文焯称王"殁于吴中半塘桥",仅为附会故实之说,据龙榆生《清季四大词人》(《国立暨南大学文学院集刊》,1931 年)及王孝饴《王半塘老人传略》(《北平图书馆馆刊》,1934 年),王鹏运殁于两广会馆。"两广会馆在苏州胥门内侍其巷,位处城市西南,而半塘在阊门外山塘街。两者一城内,一城外,一西南,一西北,相去甚远。"(参薛玉坤《苏州大学图书馆藏郑文焯手跋一则辑释》)

六月,再读《白石公诗词合集》。

记云:越五年,甲辰夏六月再展是本,方思持向半塘翁商榷,而翁忽示微疾化去,辍弦之悲,曷能云已。老芝又记。(郑文焯批校《白石公诗词合集》)

作词,伤悼王鹏运之逝。

《鹧鸪天》(据榻连吟数往年)词序云:余与半塘老人有西崦卜邻之约,人事好乖,高言在昔,款然良对,感述前游,时复凄绝。(《苕雅》卷一)

八月十七日,放舟石湖,作《浣溪沙》词七首。

《浣溪沙》组词词序云:甲辰中秋后二日,石湖泛月,舟中作,不预此游盖五年已。(《大鹤山人词翰》)又作:甲辰中秋后二日晚晴,放舟石湖,观越城桥下串月,明日将从胥口探桂山中,不预此游盖五年矣。(《苕雅》卷一)

按:《浣溪沙》(夜午看山旧寺楼)有注云:"去年既悼子复,今兹幼瑕、道义相继云徂,伤江南旧游零落殆尽。"(《樵风乐府》稿本)

八月三十日,致书陈锐谈王鹏运辞世事,又叹命运之苦。

戣道兄先生侍者:三月不复得手毕,正尔结辖,适奉八月廿五日告,开题三复,深触离忧,兼以丧我鹜翁,同此痛毒。词客身世,萧瑟江关,本无聊之极致,天又不慭遗此老,吾道大衰,辍弦之哀,其能已乎? 挽诗不欲即作,以近悲濡削,辄不成声,于邑之怀,与君同也。至其病由,盖以西湖之游,触冒暑湿,到此小休,神思尚爽。六月十三日抵两广馆,即招下走晤谈,索其湖上新词,则无一字。孤往本乏趣,所遇又无雅人。至十八日始诣陶斋尚书,欣聚达旦,秉烛游园,时有迅风。明朝扶病去,遂致书于走,谓有暑疾,急属切脉。当即趋问,脉无恶象,见其案几已有药方,似已服者,因语以病状在气滞,湿痰上壅,慎勿妄投,遂进霍香正气丸加厚朴煎服。又次日得其手札,言服之颇效,初不意其阿侄已代倩李君疗治,多投表剂,亡汗伤中,连日未得饮食。走自廿日为苦雨间阻,欲往问疾,恒中辍,然无一日不作书写词,以达款款。迨廿二日薄暮,况葵生同年来,欲与半塘翁商一枝之借,先至敝斋夜谈,与葵生夜谭之际,正鹜翁属纩之顷。悲夫!约次晨会于鹜翁处。不图二十三日黎明,忽有亟足报其噩耗,惊起痛哭,都不知涕之何从也。距相见不过两日半,忽此须臾,相与终古,能无泫然?当时亟走函于陶公,浼其为之经纪附身。陶公助白金三百。幸获文石使君,均同志,精密料简,靡不妥周。其嗣子既不更事,自汴中来,惟取其遗箧,率鹜翁老妾数日便去,亦未赴告其殡期。及走知之,遣使存问,则已一棺萧寺,不及践斗酒只鸡之约,腹痛又何如耶?承问殷殷,用以觏缕。中实在此,游燕兼旬。六月中得陶公书,径入魏幕。但闻胡研生云:到金陵不数日,即赴章门省亲舍。孰知此间政局又大变,又李代恐难与言,中实亦无尺,一来不知漂泊何许,吁可欷也。犹忆在沪得君书时,曾与渠合作一纸奉复,交局寄邗上,不知此书得上尘高听否?走才朽命剥,江皋旧游,零落殆尽。尺波电谢,悲逝自悲,如何如何?新府主虽金石旧契,而显晦异途,又兼阿谀者众,多口为憎。弹指二十七年,遇主一十有四,盖未尝有刮目相看者。栖贫自澹,夫复何尤!每读壬老《思归引》叙,诚足遁世无闷已。明年且拟移家山居,省此劳费。尝语中实:于己少一欲,即于人少一求,省却无数烦恼。魏文谓年寿有时而尽,未若文章之无穷。愿共勖哉!匆匆。复承动定,临书酷思,何由一握?恃此聊次詹对。文焯顿。八月晦日篝灯写。(李开军《新见郑文焯与陈锐书札十二通》,《民国旧体文学研究》第一辑,第412—413页)

　　按:陈锐《长亭怨慢》(未抛却)词序云:"壬寅岁杪,半唐老人受仪董学堂之聘。其词有曰:'鸥鹭莫惊猜,试认取、盟书一纸。'时在秦淮妓家,属和此调,仅得半阕。今夏过扬,一夕盘桓,云将为西湖之游,且促成之,而未能也。秋间,余卧疴秦邮,乃仓猝闻君噩音,初都未确,既读北海文叔问吴门书,始复痛绝。酒垆人眇,悲逝自悲,取续前声,比之于绋讴之无节。半塘有灵,其识我否也。"(《袌碧斋词》)序中所言"文叔问吴门书"即上札。札中"陶斋尚书""陶公"指端方。"文石使君"即李葆恂(1859—1915),官至江苏候补道。精鉴赏,为端方所重,辛亥后避居天津。"胡研生"即胡延。

八月,批校《清真集》。

记云:此王幼遐前辈景明椠元巾箱本,旧有注,编次体例与孙稼航京兆所藏元刻庐陵陈元龙《片玉词》注本无异,惟此题号分卷尚仍其旧。曰"片玉"者,实昉于陈少章,据刘必钦叙知之。至分类之例,宋元时选刻昔贤诗词集最多,如杜工部、白香山集,旧本皆类编。清真词以分类为最初刻,证以方千里、杨泽民和词之诠第,谱止于兹编之杂赋类,其数适符,陈允平所得独多,则曰湖追和在后可知。惜元钞讹脱时见,幼遐亦未之校雠,然词中分段如《垂丝钓》《隔浦莲近》,

俱较汲古及戈校丁刻本为长,是旧刻之善者也。光绪阏逢之岁大梁月,老芝再识于半雨楼西窗。(郑文焯批校《清真集》,括庵过录本)

九月九日,作《布袋僧剔鼻图》。

题识:布袋底里,横扃天地。四大皆空,一孔出气。是鼻功德,愿言则嚏。如闻其声,吉利吉利。手爪画佛,维摩经旨。天龙解脱,乃竖一指。以指喻指,万物绪使。神观坐忘,吉芊止止。见此魄砢,皆大欢喜。余七岁梦密迹力士受持神咒,因以墨着手爪甲,写诸佛象,时人或以为得指头禅也。海观道兄使君笃嗜余画阿罗汉,尝得之辄藏弄。比年揭来沪滨,江海行脚,深赖高德护持,如苦行头陀值大檀越,惟有赞叹而已。爰写是像,并作二偈,聊供印可,藉为万家生佛之颂云。光绪甲辰九日,鹤道人郑文焯记。(北京保利 2010 第 12 期中国书画精品拍卖会岛内珍藏晚清民国书画专场 1104)

九月九日,悼王鹏运、胡延。

记云:幼遐王给事以庚子之变而去官,研生胡观察以太原之幸而得官,二子皆吾词友之深契。甲辰夏末既悲幼遐,秋末复悼研生,俱往之。伤风流顿绝,且皆殂于吴中,岂造物以此山水清虚之境,将以栖吟魄,为词人息壤邪?何夺之遽也?悲夫!九日记。(郑文焯批校《清真集》,括庵过录本)

秋,录记《蝶恋花》(旧识酒徒年少半)、《渔家傲》(三十年来歌哭地)、《渔家傲》(记采石芝寻梦处)诸词。

记云:光绪甲辰秋末,雨窗冷红词客记于沤园。(《大鹤山人词翰》)

秋,开始杂录庚子岁后词作。

记云:吴伯宛欲取余旧词《瘦碧》《冷红词》及《比竹余音》,合为十卷,以密行小字墨版。杂录庚子岁以后之作。零叠箧中,不复省措,久渐遗忘,每从好事者旧纨残帙中见之。辄写得一二补入稿中,不暇自缀其扇也。甲辰之秋,鹤翁记于吴中沤园。(《樵风乐府》稿本)

秋,游胥口。

《鹧鸪天》(云物凄清秋满湖)词序云:胥口是范蠡从入五湖处,秋夕览古有怀。(《苕雅》卷一)

秋,易顺鼎由龙州罢官,暂寓上海,作词赠之。

《兰陵王》(水程直)词序:中实有书楼在匡庐五老峰下,今自龙州罢官,将遂岩栖之志,歌以送之,用清真韵。(《苕雅余集》)又作:中实同年自龙州罢官回湘,道沪上,歌酒相劳,弥复怊怅,时将寻匡庐旧居,再和清真此解送之。(《大鹤山人词翰》)

《兰陵王》(乱峰直)词序云:中实同年自龙州罢官还湘,道沪上,出示去秋见怀词翰,感时伤别,率和以答之。(《大鹤山房未刊词》卷一)

按：易顺鼎于光绪二十九年（1903）十月调署广西太平思顺道，驻龙州，因反对两广总督岑春煊在广西的执政，与之发生冲突，为岑参劾，于光绪三十年（1904）三月罢官。经广州，于上海小住，返九江。文焯词正作于其由沪返九江之时。易顺鼎《琴志楼摘句诗话》："甲辰岁，龙州罢官后，流寓沪上两月余，有'九死尚余双鬓绿，三生曾住几红楼'之句。又得句云'美人已嫁都如死，旧地重来转觉生'。两句用意皆新，似亦未经人道过也。此诗皆未存稿。"（《易顺鼎诗文集》第三册，第1866页）

秋，吴中清重修北寺塔，出土铜龟一枚，为苏人王生所得，赠予文焯。

戴《谱》：是年秋，吴中清信士重修北寺塔。一日于塔下土中，发见铜龟一，形制奇古，纵横不及三寸，厚七分许。中实若泥而坚致，摇之有声，龟腹有篆文残刻，仅一"隋"字完好。时为苏人王生所得，而莫名其用，以贻先生。因检郡志，忽得坡公舍铜龟子文，乃悟为长安古物。其铭文或为隋代纪年，惜已沦剥，未敢断定耳。正诚案：《吴郡志》载报恩讲院在城北陲，俗称北寺，古为通玄寺。旧有塔十一层，梁僧正慧建，宋元丰时，经火复新，苏轼舍铜龟子以藏舍利。其文曰：苏州报恩寺重造古塔，诸公皆舍所藏舍利，余无舍利可舍，独以盛舍利者敬其四恩三宝舍之。故人王颐为武功宰，长安有修古塔者，发旧葬，得之以遗余。余藏私印，成坏者有形之所不免，而以藏舍利则可以久，藏私印或速以坏，贵舍利而贱私印，乐久存而悲速坏，物岂有是哉？余其并是舍之。谛审此文，间有蹉驳，苏文集中亦未录，无由校订。此铜龟子特皆于修塔时发见，并由王姓赠一当代闻人，亦足异也。

按：戴《谱》录自《瘦碧庵丛载》，文焯记云："光绪甲辰秋，吴中清信士重修北寺塔。一日于塔下土中，发见铜龟一，形制奇古，纵横不及三寸，厚七分许。中实若泥而坚致，摇之有声，龟腹有篆文残刻，仅一'隋'字完好。时为友人王生得之，以之见贻，而莫名其用。"

十月，在上海校阅《清真集》。

记云：光绪甲辰冬中，在沪上记之。（郑文焯批校《清真集》，括庵过录本）

十月，在上海。应邀赴闵泳翊千寻竹斋宴集，与会者有吴昌硕、王大炘等。

文焯题王大炘为其刻"郑文焯印"：是印为光绪甲辰年十月刻于沪上高丽闵园丁寓斋，时大雪没径，有出无车之叹。彻夜作书，狂歌极饮，罍山为凿印二石，涩刀冻指，剧有奇致。（《冰铁戡印印》）

按："高丽闵园丁"即闵泳翊（1860—1914），字子相、遇鸿，号芸楣、竹楣、园丁、千寻竹斋等，赐号礼庭。朝鲜王朝后期外戚权臣，闵台镐之子，过继闵升镐为嗣，流亡上海。善书画，尤擅画兰，与吴昌硕交往颇深。"罍山"当指王大炘（1869—1924），字冠山，号冰铁，以号行，又署罍山民。室名南齐石室、食古斋、冰铁戡等。江苏吴县人。精于篆刻,与吴昌硕(苦铁)、钱厓(瘦铁)并称"江南三铁"。著有《王冰戡印存》五卷。

十一月初一日,作文记赵飞燕玉印。

《双铁堪杂记》:龚礼部定庵得汉武帝婕伃赵飞燕玉印,同时文人如平湖朱为弼菽堂《蕉声馆集》,钱塘陈文述云伯《碧城仙馆诗》,汪远孙小米《借闲生诗》,仁和高□恩古民友名写诗,歙县程恩泽春海皆有长歌记之。定庵得之文后山,时道光五年乙酉十二月十九日,因构宝燕阁藏之。径汉虑俿尺一寸三分,玉纯白如脂,平顶,顶镂空,身隐起,文纽旁有朱斑半黍,色如桃花,缪篆四字曰"婕伃妾赵",班《书》作"婕妤",校者可订当时书体。察《汉书》,飞燕、合德□也夫人,并位为婕伃。定庵定为飞燕物,谓末一字为鸟篆,鸟之喙三,鸟之点二,故知隐寓其号已。赵晋斋魏以为其□篆。程侍郎考证最得据,故明李竹懒日华记嘉靖□曾藏严东梅家,后归项墨林,又归锡山华氏。□爱慕十余年始购得,藏于六研斋,□谓以十五城不能易也。旋归文后山鼎,流传至定庵。题咏甚盛。又田恩厚跋云李氏藏后又为阮文达所得,道州何子负转售岭南潘都转德舆仅五百金,□临号秦华者,事为福□□□亦云归潘海山仙馆,江建霞标戊子在粤尚见潘氏藏印,□通四面,则字并通,印已不知谁属已。今晤潍县陈受卿曾孙理臣言,此印于光绪初有一估客□岭南携来,受老以三百金获之,极为珍秘。以赵宜主扶可之遗佩,流出千古,好事争为□价,薄死无文,不遂也。甲辰中冬朔记于沪上。

按:今上海图书馆藏"汉婕妤赵玉印"有文焯题跋三则,当亦作于此时。题跋分别为:"考《汉书》永始元年四月封婕妤赵氏父临为成易侯,六月丙寅立皇后赵氏。汉制后玺金螭虎钮,是印则未为后时物也。'婕'作'婕',足订班《书》。老芝。""印为估客何伯瑜以五百金售于潍县陈簠斋先生,此本即从其曾孙理臣见贻,兼获摩挲累日。玉如截肪,温润泽手,想见七宝屏间九华扇底玉颜玉质,同一色也。鹤道人记于沪渎。""印径汉虑俿尺一寸三分,兔钮纯白,钮旁有朱斑半黍,缪篆四字曰'婕伃妾赵'。《汉书》飞燕、合德皆为婕妤,是印未定谁所佩者。自道光初,为仁和龚定庵所得,乃考定为飞燕物,谓末一字为鸟篆,故知隐寓其号,为说载文集中,名所居为'宝燕楼'。"

十二月五日,文焯记从海盐陈氏得石涛上人贝树子鼻烟壶,作《天香》词镌于瓶上。

《天香》:石涛和尚,为胜国楚藩之裔。以诗画逃禅,高逸绝世。海盐陈氏藏其所制鼻烟壶,以西藏贝多树子为之,上有程松门刻上人小象并壶铭。余爱其朴栗古致,为赋一解,乞得此壶,亦香国中鼻功德也。熏亚金丝,香参玉垄鼻神名,沉沉冷麝如水。故国茄花,王孙芳草,尽化海山云气,半囊庵蔼,空悟破、枯禅一指。休问壶天日月,销磨蕊刍身世。 拈来信多妙谛。贮烟煴、写经余事。叹息百年硕果,等闲匏系。万感都成蜡味西洋人名盛烟瓶曰蜡。但愁惹、西来暗尘起。更倦残熏,生酸老泪。高密郑文焯叔问。石涛上人贝树子鼻烟瓶,六舟和尚象牙盘,大鹤山房珍秘,时旅沪渎得之海盐陈氏,因记。光绪三十年季冬五日。(西泠印社 2007 年秋季艺术品拍卖会文房清玩专场 0110)

十二月八日,吴昌硕题文焯《布袋僧剔鼻图》。

题识:叔问旧所指画,古拙高浑,时史不能望其肩背,无怪海公得之欢喜赞叹也。今题七古,脱字尤多,惭恧无地。时甲辰腊八日,吴俊卿。(北京保利 2010 第 12 期中国书画精品拍卖会岛内珍藏晚清民国书画专场 1104)

是年,况周颐作《玉梅后词》,四月至苏州晤王鹏运,王以之淫艳,劝况勿刻。半塘以况词举似,文焯曾窃议之,后况大不满,以"伧父"属之,遂交恶。

况周颐《玉梅后词序》:半塘旋之镇江而杭州、苏州,略举余词似某名士老于苏州者,某益大诃之,其言浸不可闻。(《蕙风词话·广蕙风词话》,第 442—443 页)

况周颐《二云词序》:中间刻《玉梅后词》十数阕,附笔记别行。谓涉淫艳,为伧父所诃,自是断手。(《蕙风词话·广蕙风词话》,第 443 页)

赵尊岳《蕙风词史》:《玉梅后词》成,文叔问常窃议之。先生大不悦,其于词跋有云"为伧父所诃",盖指叔问。(《蕙风词话·广蕙风词话》附录,第 476 页)

> 按:据上文焯致陈锐札可知,王鹏运辞世前夕之六月二十二日,文焯与况周颐尚斋中夜谈,其时并无不睦,二人交恶当为稍后之事。

当在是年,记翁同龢病殁之事。

《半雨楼杂钞》:故相常熟翁同龢,以甲辰五月廿二日没于家,属纩之夕,实款款于军国而自引为咎戾。闻其本无病,因张季直殿撰访过虞山,纵谈竟日,夜以达旦。张去而病不半日没已。其没之先半月,尚遍游吴越佳山水。有人见其题名,故知之。苏抚部恩寿以之上闻,奉旨"知道了"三字而已。

光绪三十一年乙巳(一九○五) 五十岁

二月十七日,作《金史·补艺文志叙》。

《金史·补艺文志叙》:完颜有国,百一十七年。以天骄雄长中原,文明之统几绝。开国诸臣又皆起自龙朔,功在马上,秀业亡闻。迨天眷、天德已来,亲文匿武,始驶驶有尊经术、崇儒雅之风。取士以词赋为正科,翰林有应奉之文字。

人材政治,斐然可观。左右儒臣,咸居清要。其时文学近侍多属辽宋累遗,燕云乔旧,见江南衣冠文物而慕之。艺风染被,撰述斯宏。贞祐南迁,并从燔荡,公私典籍,本目无征。元相脱脱纂修史志,既阙艺文;宇文懋昭别乘所传,又多羼夺,其仅存什一者,文学翰苑三十二人。又未详其专著。且书出偏伪,率多剿袭。惟元遗山《中州集》之小传,综其要实,零语疏遗,不可悉究。讵足为金源文献之征邪?今无棣吴公仲怿侍郎既刊《滏水》《明秀》二集行于世,更思大索旁搜,都为金人著丛编。盖其鉴区夏之不竟,忧吾道之大孤,悄然有深义焉。嗟嗟,方赵宋当两河三镇沦覆之余,士大夫转徙流离,南北狂走,大惧蒙焉,异类怒焉,不可终食。金律至断,多藏南朝图籍为反具,天下脊脊,救死且不暇,而乃跌宕文史,著书满家,将毋天之未坠斯文,必有英绝领袖之者,可悲也已。余不揆寡暗,搜猎前载,总括代终,裁勒百年之遗,标存一代之籍,迹其篇部,可得而名者,尚二百数十家,爰辀为区目,冀补史阙。局于识览,未暇自缀其漏也。谨露条如左。光绪三十一年岁次乙巳二月甲辰朔十七日庚申,高密郑文焯叔问记。(《金史·补艺文志》)

二月,考佛像传入中国之时间。

《题西魏张平为父造像拓本》:考佛像之入中国,世传始于汉明帝永平七年,非也。秦时沙门室利房等至,始皇以为异,囚之,夜有金人破户以出。汉武帝时,霍去病过焉支山得休屠祭天金人以归,帝置于甘泉宫。金人者,浮屠所祠,今佛像即其遗法也。又哀帝时,博士弟子秦景使伊存口授浮屠经,中土未之信。初,明帝夜梦金人飞行殿庭,以傅毅之对,乃遣中郎蔡愔及秦景使天竺求之,得佛经廿四章、释迦立像,并与沙门摄腾、竺法兰东还。据是在秦与西汉知有佛久矣,非明帝始也,是佛法始入中国即为金象,佛号亦以释迦为最古,爰博征往籍,以为竺干本事也。鹤道人附志,时光绪端蒙大芒骆之年,月中夹钟篝灯写。(西泠印社 2015 年春季拍卖会吉金嘉会·西泠印社首届金石碑帖专场 431)

二月,题汉龙螭拓本。

题识:余尝考见一碑,偶得佳证,创获一欣,辄为题记,或语同好,此故人晰疑赏奇之乐事也。乃今之人博古斗胜,金多身闲,动欲逼夺宝物,悉以归己为能事。如石埭涂氏藏王子晋碑,福山王氏藏东魏刘昭达写华岳庙碑,皆以余题为海内孤本,竟为有力者豪夺之,可慨也已。光绪端蒙大芒骆之年,月中夹钟篝灯写。(广州华艺国际拍卖有限公司 2005 冬季拍卖会中国书画专场 1461)

三月二日,校读《西麓继周集》。

记云:光绪乙巳之年三月二日,篝灯校读,勘误九字,叔问记于吴门。(郑文焯批校《西麓继周集》)

春,西楼感怀,作词。

《蝶恋花》(楼上花枝楼下水)词序:乙巳春晚,卧雨西楼,旧梦飘零,如花在水,托音依永,试与可可以横玉度之,定知我今无魂可销也。(《大鹤山房未刊词》卷二,《同声月刊》第一卷第七号)

五月五日,题王懿荣赠送高丽好太王碑墓砖拓本。

题识:高丽永乐太王碑,盛伯羲祭酒有释文,未之见,陆诚斋及日本人所考俱未精确。余据《东国通鉴》,证以碑中纪年,定为汉绥和二年,立俟宏达正是焉。此墓砖字极浑茂,视碑文益古。叔问题。

高句丽好太王墓砖文,王廉生祭酒得之,拓以见示。石芝西堪记。此廉生祭酒夫人所手脱,戊戌四月在京师,文敏曾语予者,今乃有人琴俱杳之慨,可悲也已。又及。

此即砖侧文字,厚不及寸,其质坚而理密,非季汉砖埴之工所可及也。石芝西堪有《高丽好太王碑释文纂考》一卷刊以行世。时乙巳五日,宿石壁山房,竹声碎玉,对此时有俊风。鹤语。(广州华艺国际2005冬季拍卖会1460)

初夏,作《一萼红》词。

《一萼红》(晚帘阴)词序云:春余夏始,园卉向残,檐果垂熟,绿阴如梦,旧雨不来,即事和白石此解以寓兴。(《茗雅》卷一)

夏,吴重熹赠《澄兰室古缘萃录》。

文焯于是书封底记云:卷一至三,乙巳夏日石莲庵见赠。(邵松年辑《澄兰室古缘萃录》,上海图书馆藏)

八月十九日,批阅《燕翼诒谋录》,作跋。

跋云:《四库书目》史部杂史类《燕翼诒谋录》五卷,宋王栐撰。栐以南渡之后,勿为一切苟且之计,祖宗良法多废格不行,乃辑成宪之可为世守者。上起建隆,下讫嘉祐,凡一百二十六条,各详其因革得失之由,以为法戒。案《学津讨原》第六集载是书五卷。《学津》丛编为国朝昭文张海鹏若云辑,共廿集,皆唐宋名贤著述经史传注,载记杂纂说部之类,世号善本,近颇罕觏,诸家簿录亦未载有,它本是刻或即《学津》之丛残末卷,虽有剥蚀,尚可寻绎。前无叙文提要及张刻并未述及有无叙目,盖栐之原编如此。是本为吴郡蒋香生所藏,前有其印记。蒋氏号藏书家,刻有《铁华馆丛书》行世。鹤道人记。

此书前题有张遂辰阅一行。考唐宋丛书分经翼、别史、子余、载籍四类。明武林钟人杰端先、张遂辰卿子合辑,是遂辰为胜国编纂家,传闻好古之士,可证。此篇殆其阅定者也。光绪端蒙大荒骆之年大梁月十有九日识。(郑文焯批阅《燕翼诒谋录》)

按:"吴郡蒋香生"即蒋凤藻(约 1838—1908),字香生,一作艻生、香山。江苏吴县(今苏州)人。曾任福建福宁知府,与周星贻交密,嗜书。辑刻有《铁华馆丛书》。

九月,装池《魏光州灵山寺塔下铭》。

题识:魏光州灵山寺塔下铭　隐起文圆槃頮打本。石芝西堪题,乙巳九月装。(北京泰和嘉成拍卖有限公司 2012 年春季艺术品拍卖会"古物同欣"——金石碑版专场 0046)

十月,阅《别雅订》,作跋。

跋云:吴县潘文勤滂熹斋刻《别雅订》一卷,校正兹编,演赞其所未备,号为精审,诚足以并行不悖已。后廿三年乙巳冬孟,高密郑文焯再识于吴中樵风墅。(《别雅》,上海图书馆藏)

十二月二十五日,致书朱祖谋。

致朱祖谋书:沤尹词掌侍郎左右:旅沪得手翰兼大衍之贲辞受并于义未安。病瘵三尺,感誓肌骨而已。小词盛荷宏奖、益增弱颜,倘获导珠玉,良有厚幸。下走醉司命日始归。年事遒尽,衰境颓侵,茅构新营,都成附赘。灌园学圃,聊慰羁孤。且俟新春人日,拿棹西崦,餐胜而归,再赓老杜堂成之什耳。昨解后研裔于沪,海客谈瀛,颇资弹洽。渠约于小除前可抵耦园。岁晚务闲,尚堪作只鸡近局也。濡削小疏,次于瞻对,不尽觏缕。敬承起居,苦寒惟珍重万万。乙巳岁不尽五日。文焯白。(黄墨谷辑录《大鹤先生手札汇钞》,《词学》第六辑,第 66 页)

是年,作《定风波》词明遁隐之志。

《定风波》(聊得浮生作隐沦)词序云:余一生爱山若肤发,凡所历林谷幽绝处,皆似前身熟游。少慕隐良,愧无岩处奇士之行,及壮南羁,以江左既丰山水,仙逸栖槃,并多灵迹。侨吴三十年来,西南滨湖诸峰餐胜殆遍,翛然有抚尘之想。泊乙巳秋结茅泾上,人事日非,闭户青山,薜萝在眼,聊可带经、灌园以送余齿,乃悟天之佚我以老,一丘一壑,养空而游。吾生也有涯,而所待者难期,因取文中子语,作《天隐图》并寓声以广斯意。(《茗雅余集》)

光绪三十二年丙午(一九〇六)　五十一岁

一月一日,作《感皇恩》词。

《感皇恩》(鹊报雪檐晴)题云:丙午岁旦。(《大鹤山房未刊词》卷一)

一月一日,致书朱祖谋,附《江梅引》词。

致朱祖谋书:岁除苦雨,兀坐篝灯,剧有清致,度词仙必获名章迥句,为吴皋妆点故实也。伻来,果诵佳什。"换年事,雨声中"真能道着眼前景,钟仲伟所谓

"古今胜语,多非补假,皆由直寻",匪寸心富捷,乌得臻此能事,心折曷已。昨幸沪江回棹,亦触技痒,偶得《江梅引》一解,短节庸音,附博大方齿冷。今晨玩弄石涛和尚贝子鼻烟壶,以为《茶烟体物集》中应补吟此物,构思略成半阕,虽愧良工,却未敢示人以朴,来日当奉正索同作何如。忆公前夕有云,使鹜翁见之,当攫去。近每展旧词,辄回肠荡气,且为奈何。此颂沤尹先生词掌元吉。郑文焯敬白。丙午元旦。(黄墨谷辑录《大鹤先生手札汇钞》,《词学》第六辑,第67页)

> 按:札中所言彊村"佳什"指《木兰花慢》(洗梅根堕粉)一阕,小序云:"岁除苦雨,兀座箬灯,赋此遣怀。"文焯附寄词为《江梅引》(江花送客独灯飘),序云:"竭来黄浦,夜雪归帆,有岁晚江空之感。"(《苕雅余集》)《樵风乐府》稿本此词序作:"竭来黄浦,岁晚归帆,载雪乘涛,有岁晚江空之感,属引凄异。"

一月三日,致书朱祖谋。

致朱祖谋书:昨宴甚欢,说词益承教匪浅。恨鹜翁仙去,不少待校梦堪补梦也。恨恨何如。其《思佳客》癸卯除夜一解结句"无限妆台尽毕华"句,确有可疑。十年前即三索不得其解。昨夕闻公言,当时与鹜翁校订,遍检六麻韵,竟无以易之,奈何。昨归静坐,隐心独念,仍就本字声形近者着想,忽发奥悟。审是二字符作"醉哗",并以声形致讹无疑,得之顿为神王,若有觉翁觉之者,亟走白同志,以俟裁决,所谓"思误更是一适"也。曩校《清真词》,每夜深呼灯数起,泚豪累年不倦。自侈所得十之七八,惜近迫人事,录净本甫过半,亦以孤学寡兴,不过展卷相对,与古人歌哭出地耳。今公信能起予者。孙樵云:"孤进患心不苦,及其苦,谁复知之。"词人本几生心苦而来,此可为知者道也。向晚晤言,不更觏缕。此上沤尹词掌先生。丙午孟月三日文焯敬白。昔致书半塘老人论校词与校经异,既使此心到实劈劈地,却又须从活泼泼地发想。非参西人灵学不辨。一笑。惜半塘老人不及见吾两人,连情发藻,又可悲已。又及。(黄墨谷辑录《大鹤先生手札汇钞》,《词学》第六辑,第67—68页)

新春,吴重熹有仓督之命,将赴都,赋词相送。

《念奴娇》(驿梅晚讯)词序云:丙午新春,中恽侍郎书来,极言退志,旋有仓督之命,行将赴都,感旧赋别,声为此词。(《苕雅余集》)

> 按:本年正月二十五日,吴重熹迁仓场侍郎。

戴《谱》:新春,吴仲恽侍郎来书,极言退志。旋有仓督之命,行将赴都,感旧赋《念奴娇》词送之。词见《苕雅余集》。

陈锐寄送别吴重熹《一尊红》词。

《一萼红·送吴仲饴方伯量移畿辅》:蒋山阴。洗新秋片雨,朝绿似抽簪。官柳扶鞍,京尘换袂,行役几拚升沉。谩回首、庚桑旧壤,话畏垒、余粒有栖禽。去后楼台,来时父老,呼酒凭临。　　　　闻道五湖佳约,恁高云洒淡,出岫何心。用石芝崦词意。孤梦攀天,残呻吊野,畿甸荒迹堪寻。待争睹、芃芃膏雨,祝苗黍、随地遍黄金。试听衢讴吴波,只赤烟深。右调《一萼红》录请教正。伯弢初草。(陈国安《海粟楼藏陈锐致郑大鹤论词书札笺释》)

二月二日,致书朱祖谋,谈其《杨柳枝》词及陈锐事。

致朱祖谋书:馈药高义,尚虚报谢,此心阙然。复诵和章并《杨柳枝》新制,哀感顽艳,琅琅如击秋玉,病骨寒棱,为之一振。公才雄独,斗南一人,能无心折。顷得伯弢老友书尺,并见寄新刻诗词二卷。书中极拳拳,大雅知契之深。渠瓜代后已返秣陵作吏隐矣。下走日来攫小寂,操药渐愈。来日拟趋诣夜谈,或置尊迟羊求枉过,补前约一醉何如。此上,敬承沤尹侍郎词伯起居。文焯再拜言。二月二日。(黄墨谷辑录《大鹤先生手札汇钞》,《词学》第六辑,第68页)

　　　按:书札中所言陈锐新刻诗词,指光绪三十一年(1905)扬州刊诗词杂
　　文集本。

二月十五日,致书陈锐,谈朱祖谋寓吴及卜筑竹楅桥别墅事。

致陈锐书:伯弢道兄先生侍者:去春得奉书教,并见诒《公羊》一部,感荷之下,当即报谢,邮寄高邮,度已早达清听。忽忽经年,正深悬企,以为此间大府屡代,胡不闻趯然一寻五湖沤梦耶?每念龙蛇岁谶,词客凋零,吴皋旧游,一别如雨,独君以吏隐,浮湛江湖,又旷岁不复一握,如之何勿思?今春雨雪暴沍逾旧腊,下走衰病频侵,无复清狂故态。愁因时瘅,人事音书,但有荒哽。忽奉手毕,宏纂遥颁,兼获新词《瑞龙吟》一曲,深美闳约,崦映前修,读之泠然如击哀玉。时沤尹侍郎方寓吴城,置酒招邀,开题三复,共相叹赏,盛口不置。比来有触技痒,亦粗有短咏,少选当录一纸就正。沤尹悬流勇退,匪有仙骨,易克捧此?下走自去秋卜筑苏之竹楅桥西墅,颇有荒远之致。地为吴东城旧址,高冈回复,清漪一夜,虽居近市,已若绝尘。香山所赋东城桂,即是地也。茅栋三椽,园隙五亩,惟自经始迄今,煞费救度。又无王十二司马寄办草堂之资,致使畏人。小筑幽独寡营,顷甫稍稍补葺,编篱种竹,略成老圃,移家犹未定也。然以视老杜浣花里经营三年,尚觉其断手速耳。此客中差堪告慰者。乃巢痕倏落,府主旋更,仲恽侍郎新擢仓台,将分良袂,从此春申残客,剑履漂零,垂老靡依,怅惶曷已。近情之恶,有非丝竹所能陶写,虽以盛藻连篇,徒增惜别伤春之感,且为奈何?湘绮翁往日书报所云思如十年前狂客豪谈,便难一二。其言哀断,往复于怀。年来是翁想尚矍铄?章门讲席闻已辞去久矣,倘通寸素,切为寄声,历述悃款。

前年由芸子使君见惠新刊《湘绮集》，苦无文稿，不审近又付锓无？其旧著所得者，仅《公羊》《庄子》及《墨子注》写本，即《湘军志》之久在人口者，且为昔年魏槃仲窃取，其他则大索不得。新学竞鸣，吾道大觳，益思此老复绝千古，有若性命肌肤之不可易者。诗教惟大贤得之最深。斯文未坠，必有英杰领袖之者。微斯人，其谁与归？每念吴会昔游，邈若星汉，能无雷叹？君若有人便，得以其前后所刻经史纂纪赐寄数册，以慰积年私淑之忱，感企何可言状？尊况有无孟晋？必获尺寸之柄，方可小休。近卜居何许？幸示其详。乌衣夕阳，犹可重觅故栖无？念念！载译来翰，始叹昨年往牍竟付浮沉。此间邮政腐败甚于他省，平日寄沪，咫尺且多隐沦，可恨可恨！后日封题，并由局递较妥。并以附闻。下走暮春拟赴秣陵一游，缘家兄炳新迁江西盐法道，行将赴引，须先谒玉帅，约作金陵会晤也。汇复冗草，敬承道履，凭书怀仰。二月十五日。弟文焯再拜。（李开军《新见郑文焯与陈锐书札十二通》，《民国旧体文学研究》第一辑，第413—414页）

> 按：札中"魏槃仲"即魏彦（1834—1893），字槃仲。湖南邵阳人。魏源侄。曾官江苏直隶州知州。治汉学。著有《重刊宋绍熙公羊传注音本校记》。"玉帅"指周馥（1837—1921），字玉山，号兰溪。安徽至德（今东至）人。李鸿章淮系集团重要人物。光绪三十年（1904）九月至三十二年（1906）七月，署两江总督兼南洋大臣。

二月，治园于吴小城故墟，得古陶器。

《石芝西堪札记》：光绪丙年二月，余治园于吴小城之故墟。因凿井深二丈许，忽有物铿然，亟命工出之，则一方石，上置土缶一，微绀色，两耳附，口圆径，约三寸强，制甚朴浑，此新穿之井，不知何以有古陶器发见也。案：《史记》《国语》并记季桓子穿井得土缶，其中有羊，以问仲尼。《太平寰宇记》：桓子井深八十八尺，在曲阜县东法集寺，今费县厅治门外有天宝井铭，宋绍圣四年，逢完重立为之记云，天宝九载，赵光乘作铭云：土缶旧得，石干今修。是此井为桓子井可证。严铁桥《金石跋》以为《山东通志》云费城内有季桓子井即此，赵氏据天宝以前《图经》，当可信也。今余穿井于园，亦得土缶，而无羵羊之异，因纂铭刻于井干，掣瓶之知未足多也。

二月二十九日，陈锐致书谈生计，并请文焯向继昌引荐。

陈锐书：小坡先生有道鉴：年余忽得一书，如获异宝，距跃三百，顾循寡薄。生平不乏交游，然如公之言论行谊，卓绝一时，实日往来于胸中。年事告徂，会晤靡常，嗟我惟人弥眷眷耳。仆自二月中浣挈眷回宁，新寓户部街，房租日用皆倍涨于曩时，一赋闲，居生计更蹙，意气沮丧，无可告人。至于年将望五，似续犹虚，老亲在堂，故园灰尽，书生福薄，殆未有如某之甚者也。然且勉自植立，不敢惟阿取容,道之不行,其命也夫。每览从前篇翰,谓仆不宜就此卑官,非不心知,然而难言之矣。侧闻吴门小住已筑,菟表激流植援,即事多欣。又得沤尹翁比邻而居,此中清福,得未曾有,且羡且妒,幽赏高谭,能令尘中人一听逸韵否?承语哲兄荣擢,将为白下之聚,喜不可言。此间客寓湫杂,不如径来敝庐,蜗居虽浅,当可容名士数人。届时坐何江轮,请先电知,仆当遣皮篷车于下关相迎,万勿客气。迟之此间二三故人,为葵生、次珊、伯严皆可谭也。壬老新自陕还,久无书来,其所撰著,仆所有者仅《湘军志》《桂阳州志》《衡阳县志》《湘潭县志》《诗补笺》《今古文尚书注》《论语注》《夏小正注》《庄子注》《八代诗选》《湘绮文集》数种,此外如《公羊礼笺》《楚辞注》《尚书大传注》《穆天子传注》皆所未有。其有者亦未尽携来,并诗集而无之,惟《词选》一种,批点颇多新意,又辄有改窜,持示半塘翁,未之善也。它日见过,当相与拊掌一读之。仆文字思想绝矣。近于词学稍识门途,究未能多作,前所寄不知一二有当否?晤朱侍郎乞为道念,总卿敬承起居,珍摄千万。锐顿首。二月晦听雨作。

再,此间署藩司朱君廿余年同年至好,本无待于干求,而知己弹冠,竟无其语,锐颇憾之。衔参绝少,闻新藩使继昌公,提倡风雅,与我公暨盛伯羲君曾有唱和,是否即是此人?设有关源,能为我一言汲引,亦盛德事。吾资格俱足,人才则待大君子之逾扬耳。倘能达其目的,乃能为吴门之行,图报有时,唯冀垂鉴。不尽欲之。锐再拜。(陈国安《海粟楼藏陈锐致郑大鹤论词书札笺释》)

> 按:书中提及"新藩使继昌公"即继昌(1849—1908),字述之,号莲溪、左庵。隶内务府正白旗汉军。光绪元年乙亥(1875)恩科举人,光绪三年丁丑(1877)进士。光绪三十二年(1906)二月补授江宁布政使。光绪三十四年(1908)六月调补甘肃布政使,旋受命护理安徽巡抚,八月卒于任。有《行素斋杂记》《忍斋丛说》《左庵词话》《药禅室随笔》《左庵诗余》等。光绪三十二年二月,继昌由湖南按察使迁江宁布政使。其《左庵词话》卷下曾说:"郑叔问孝廉,与予为中表谊。"(《左庵词话》,《词话丛编》,第3145页)可知,瑛棨之原配李氏为继昌之姑母,继昌与文焯为中表兄弟,故陈锐有此请托。

二月,作《鹧鸪天》词。

《鹧鸪天》:满眼伤心画不成,药囊词箧总牵情。灯前旧事春风影,弦上新愁夜雨声。　　沉雁讯,冷鸥盟,几人湖海说狂名。独怜黄浦三年客,江月江花管送迎。冷红词客初稿,时丙午中春。(《大鹤山人词翰》)

三月十九日,致书陈锐,谈及继昌及新营别墅。

致陈锐书:伯弢道兄先生侍者:一昨旅沪,晤陈哲甫,盛述高踪,其意以得遇名士为荣,下走亦借以愿闻动定。既望归吴门,乃读二月晦日手告,长言嗟叹,往复胸臆。旷居执诲，每奉来翰，辄恨太简，今春获诵累篇，素分绸缪，切情恼怅，出人怀袖，穆如清风，不啻鸿宝枕秘矣。下走渴思一游白门，纵吾胸次所欲言，奈家兄久无报书，何日由南昌溯江北发，自浔而宁，而皖而汉，踪迹并未可知，亦无由函诘，是用将进而咨趄者屡已。承询继布政素履，曩在都门，诗文社友中之至契，且为下走乡举同年。近刊有《左庵词》，颇以自鸣，前年见寄，曾一读之，殆瓣香朱、厉者，非吾侪所谓词也。然求之近今脧仕中，讵可数觏？闻其拟乞休沐一月，不知受代已订期否？切望预示，届期必为游扬徽盛。然令闻广誉固已洋溢东南，奚待一词之赞？矧要津竿牍，强权优势更相左右之，则鄙言其犹豪末之在马体乎？昨晤岑公上客邹生，使酒纵论时杰，谓当世惟三人权力相抗并有展布，各不相下。世谓南皮则有学无术，临桂则不学无术，项城则无学有术。自来学与术斗，则术未有不胜者。《庄子》《杂篇》论天下之治方术者多矣，而彪列墨翟、老聃诸家，皆各为其所欲以自为方，是故内圣外王之道暗而不明，郁而不发，此即学与术之所由判升降也。聊述近闻，质诸有识，匪放言也。至茅栋新营，近已落成，在乐桥直南孝义坊巷竹楅桥西偏。墙外环以翠阜，以旧名高冈，见之志乘，夷考其地，盖吴之小城，香山诗有访东城桂，即其遗址。拟鸠赀补栽桂树百丛，覆以亭栏，便足旌古迹矣。君能以佳什张名胜兼志吾庐之一得，它日来过山幽，同赋招隐，亦济胜具耳。迟之迟之！春来听雨多感，粗有啸歌，苦无暇晷任笔写上，少间当作一小卷奉寄，用报高义。兹出一解就正，亦略见倦味已。新章定有佳想，幸示一二，无閟金玉焉。匆匆再报，敬颂道履。三月十九日。文焯白疏。（李开军《新见郑文焯与陈锐书札十二通》，《民国旧体文学研究》第一辑，第 414—415）

　　按：札中"继布政"即继昌。陈哲甫（1867—1948），名恩荣。天津人。曾任直隶学务处视学、燕京大学国文系主任等。札中"南皮"指张之洞，"临桂"指岑春煊，"项城"指袁世凯。文焯札中于陈锐有"君能以佳什张名胜兼志吾庐之一得"之请，故陈作《郑叔问竹楅桥西宅落成奉寄》一诗。

六月十七日，陈锐致书，谈仕途不顺。

陈锐书：叔问先生左右：又三月不通音问，文从是否已赴九南？体中何如？想无亏摄。下走于役淮阴，两阅月方藏事，劳顿殆不可堪。旋省时谒见，继使尚无贻误。惟官场人云继公谓我有名士气，殆指前者呈诗卷而言，不知襄碧诗卷从不轻易投人。从前李芸垣、黄花农诸公在宁时，固未能见鄙人只字也。设以是为衒玉求售则名士，诚有负于国家矣。此次放赈，本得有异常劳绩，应有薄酬。方伯昨日闻赴苏州，倘得倾携，幸一探其月旦。下走揣摩乏术，种种不合时宜。闲居年余，重以经济之困难，而家君望孙心切，三两日内闻将自湖南送一婢来,非所望也。此间自伯严去浔,郁郁罕可与语。虽有好花美眷,讵可送此流年。每忆执事清名清福,表表人群,倜乎远矣。近作曷以时写示,以广鄙欢,正欲多写,适有俗冗,舆夫催发,即此请安。不尽,欲白。锐。十七。(陈国安《海粟楼藏陈锐致郑大鹤论词书札笺释》)

　　按:札中"继公"即继昌。"李芗垣"即李有棻(1842—1907),字芗垣。江西萍乡人。光绪二十八年(1902)任江宁布政使。"黄花农"当指黄建笎,字花农。广东顺德人。以捐纳出仕,任直隶通判,后历官天津海关道台、德州粮台、湖南按察使、江宁布政使。工书画,有《寄榆庵诗抄》《寄榆庵画稿》等。

七月十五日,致书陈锐,谈及病事及吴小城故实。

致陈锐书:伯弢道长先生侍者:春余夏始,载奉佳讯,素分绸缪,旷若复面。兼拜龙泉酾饼之赐,高赀霭逮,厚渥裴怀。惟公遐路倾囊,惠而好我,陈露肝膈,何幸遭仁逢神! 三复来告,乃叹古之大侠,诚出于文章有道之交,能施于不报之域,感誓肌骨,隐心德念者久矣。苟非上恃知爱之深,自维衰疾之甚,三辱手命而报谢阙然,虽懒放如不肖,敢遽出此,以滋大惑耶?昨再损书,有茂陵秋雨之思。江天绵邈,而通魂交梦,顾如是耶? 走自蒙惠,乃度及肩之墙稍稍增高,又西益宅辟为专室,即榜曰弢簃,所以志良友之赐也。并和大什一首,方欲濡削细陈,卒卒牵于人事,且朝夕护作,巨细躬操,劳费兼至,杂以沪役触热风眩,四肢蒸湿,槁卧逾月。适家仲兄赴引南下,淹留浃旬,强事征逐,凉燠亏摄,复暴下不支,荼然言归,杜门操药。洎六月既望甫起宿疾,匆匆料检移家,又多烦绪,近始定巢,稍延清致。稽之吴郡旧志,敝庐所在门外清渠,即锦帆泾故迹。墙头秋色,见吴小城一隅。今吴人谓此河道为濠股,盖指子城濠之一股而名之。谓小城为高冈子,明初犹有坏堞,作楼其上,以司官鼓。万历中御史邱道隆始毁之。至今冈峦迤逦其东南隅,屹然耸翠,即秦时守吏烛燕窟烬余之焦土也。五亩之居,据兹两胜。采香访丽娃之径,看山凭残霸之城。公其发思古幽情,相与问吴宫而歌小海乎?悬榻以待,何日忘之! 兹写上奉酬七言律一首,唯海其婾陋,幸甚! 小词待芟后当就正。余事详别疏。附纳不次,迟答为罪。敢下发谢,敬承起居。临书轧轧,不尽愿言。七月望。文焯顿白。(李开军《新见郑文焯与陈锐书札十二通》,《民国旧体文学研究》第一辑,第415—416页)

自上年秋初,文焯于孝义坊购地五亩,建筑新居,颇有林泉之胜,至本年夏秋之际迁居,孙德谦撰文祝贺。

《满江红》(竹隔桥南)词序云:乙巳之秋,诛茅吴小城东,新营所住。激流植援,旷若江村,岁晚凄寒,流离世故,有感老杜卜居之作,聊复劳者歌其事云。(《茗雅》卷一)

《西子妆慢·吴小城》（山送月来）词序云：《越绝书》：“城东十二里，高四丈七尺，门三，皆有楼。”《吴地记》引《虞览家记》云：“吴小城白门，阖闾所作。秦始皇时，守宫吏烛燕窟，失火烧宫，而门楼尚存。”是知小城即吴宫之禁门，又谓之旧子城。历汉、唐、宋，以为郡治。旧有齐云、观风二楼，并在子城上，为郡僚宾宴之所，见之唐贤歌咏独多。明初惟余南门颓垣，上置官鼓司更。郡志载今自乘鱼桥至金姆桥而东，高冈逶迤，是其遗址。城四面旧皆水道，即子城濠。所谓锦帆泾也。其东尚有古迹，号曰濠股。今余之所经构，证以《图经》，此间乃兼有其胜。五亩之居，刻意林谷，既拥小城，聊当一丘。泾之水又资园挽，可以钓游，不出户庭，而山泽之性适。岂必登姑苏，望五湖，始足发思古之幽情耶？分题赋此，因并及之。（《茗雅》卷二）

朱祖谋《西子妆慢》（池粉濯妆）词序云：叔问卜筑竹㮾桥南，水木明瑟，遂营五亩，证以《吴郡图经》，跨流而东，陂陀连蜷，为吴小城故墟。怀昔伤高，连情发藻，眷念昨年结邻之约，几时可遂，因次其韵。（《彊村语业》）

戴《谱》：先生于孝义坊购地五亩，建筑新居，榜曰通德里。秋初落成，乔迁并张筵庆五秩焉。从邓尉购嘉木名卉，杂莳屋之四周，颇擅林园之美。其东高冈逶迤，即吴小城故址，复作亭于城之高处，榜曰吴东亭，绕以竹篱，凭眺甚佳。城下有一水漾洄，即子城濠，所谓锦帆泾也。先生自谓以五亩之居，刻意林谷，既拥小城，聊当一丘，泾之水又资园挽，可以钓游，不出户庭，而山泽之性以适者此也。孙德谦先生益庵贺先生新居文云：“通德里者，高密郑叔问先生之别业也。稽古康成，汉代大师，礼堂写定，阐素王之微旨；微里安仁，惕黄巾而下拜。先生传其显学，锡此嘉名，是其所由来矣。夫以先生少无宦情，生有傲骨，得性林壑，腴味琴书，非所谓高尚其事，隐居求志者哉？自来吴下，久作寓公。士龙之入洛阳，居然小住；伯鸾之赁庑下，于此颐真。盖栖屑吾里者，绵历卅年，而若有终焉之志矣。顷岁以来，余与先生倾盖论交，推襟投分，每造子真之室，登任昉之门，相与商略古今，纵谈风月。见夫园林之乐，俗均胥臧，杌榻之旁，异书独拥。以为燕虽傍主，虫尚寄居，故已薜萝具于眼前，丘壑罗其胸次者也。今者度地新观，洞天别君，近邻萧寺，旁枕清溪，无樊重连阁之观，有兰成小园之筑。芭蕉分绿，映入窗纱；松竹摇青，耸出檐际。虽复晏婴近布，不杂湫隘；乃知子元居巢，于焉流憩。洵区中之杰构，尘里之幽栖矣。月之某日将为移山之举，爰兴出谷之吟。自此啸歌其中，藉资陶写，读画而外，兼贮鼎彝。每当莺晚蝉初，秋朝春夕，澄月瞰牖，洗杯而邀，狂花满床，抚琴而卧，岂不乐哉？任昔渊明栗里，葛亮草庐，以今方之，何多让焉？或谓先生黄扉世裔，清箱旧族，以彼高华，益之闳览。不以影缭云阁，振佩星衢，而乃藐视貂蝉，结欢鱼鸟，似非计也。不知元亮折腰，便赋《归去》；仲长《乐志》，惟爱清闲。矧先生钻阅六经，逍遥百氏，斐然撰述，都下传其高文，藉甚公卿；谷口澄兹遐抱，久已高蹈独善，古欢自怡者乎？兹则蒋径特开，陶庐小筑，容膝休偃，云鹤孤翔，素心贲来，烟鸥共语。尤足键户扫轨，自成馨逸，倚窗寄傲，高侣羲皇矣。然则古之长谢朱门、幽居白屋者，所以国爵屏贵，亦谓人生行乐耳，奚必抚尘哉？余凫养闲襟，淡怀声禄，常愿索居荒僻，屏避浮喧。葺宇穷栖，企漆园之肆志；

板舆奉养，赋潘岳之闲居。身后暮此虚声，萌外峭其高致，乃以四壁徒立，萧特环堵之贫。将恐一枝足依，赓续登楼之旨，亦良足悲已。顾惟寡暗，猥荷宏奖，仰齿莲幕之宾，订心苔岑之契。今先生突兀此屋，俯仰吾庐，足使子云玄亭，时问奇字；且使少陵广厦，大庇寒颜。其能已于言乎？闻之文子美轮，张老之所祷诵，隐侯结宇，刘杳于以赞叹。若谦者虽污简杀青，未掞春华之艳；随巢守墨，敢噤夏偃之辞。爰托荒翰，率成短记，庶几入林之约，有所阳休，陋室之铭，窃附禹锡云尔。”又系一跋云：“叔问先生，襟怀澹逸，学术湛精，凡夫洨长神旨，相里墨经，黄灵内外之篇，红休校雠之略，靡不密尔自娱，诒之好事。若夫平正读碑，订及残字，美成发藻，独擅颛家，则又盛业不朽者也。流寓吴中，爱其水明木瑟，风物清嘉，栖迟者二十余稘，去禩择地孝义坊经营别墅，迄兹落成，足以栖集胜寄矣。其地崇岗屹立，曲涧前流，春秋时吴之故城也。白香山集尝有吴东城桂之咏，今先生将辟其后圃，袭此古芬。是则当年雪印，重寻坠欢；此日霞居，益留胜赏焉。日者穿井及深，铿然作响，爰获一石，旁有古瓶，虽无款识，足备摩挲，先生因以所居之室，颜曰瓶智。欧阳子云，物聚所好，不益信欤？余以辋川旧游，买山知隐，接闬之愿，未遂于延年；敷衽而赞，有同乎元晏已。泚笔记之，意有未尽，更缀数语于此。”

按：文焯营建新居自乙巳年（1905）秋始，至本年夏方才搬迁。故戴《谱》将迁居并孙德谦贺新居文系于乙巳年，不妥，今系于此。另，《青鹤》杂志《郑叔问先生年谱》所录孙德谦跋末署“时丙午仲夏也”。

八月，文焯新营樵风别墅成，吴昌绶与朱祖谋来贺。

吴昌绶《惜红衣》：丙午八月叔问营樵风别墅成，与沤尹造访，徘徊庭间，新月晚烟，光景可念。今年丛桂再华，昌绶方感秋卧病，沤尹独游吴中，因话鄙生海滨索居无憀状，各赋佳什见寄。会有都门之行，不获面别，辄依韵奉和，为异日相思之资。凭楮依黯，不可为怀。掩冉芳时，侵寻去日，病慵无力。梦恋乡程，湖波酽秋碧。鸥眠未稳，还又逐、天涯征客。萧瑟。愁赋庾郎，共吟湘累息。　呜镳绮陌。唤酒铜街，惊烽黯尘藉。觚棱侧望旧国。雁绳北。便欲泛槎星汉，略记昔游重历。更翠微无恙，凝盼隔城山色。和叔问，用白石韵。（《松邻遗集》卷十）

八月，修改《西子妆慢·吴小城》词。

记云：叔问再易稿，时丙午八月写于竹桥西野。（《大鹤山人词翰》）

八月，与王闿运、朱祖谋游西湖，作《无量寿佛图》。

题识：游兆敦牂之岁大梁之月，与王壬秋、朱彊村游于越中西子湖边，下榻栖霞寺中，寺僧朴墅知敬客，语以诗词，若解若不解。时山花盛开，相携踏月，拂苔坐顽石，俯视湖光如鉴，风穿狂林，香堕襟袖，相对乐甚。既而寺僧请于余曰：衲子夙钦居士才艺双绝，今肯一挥洒，以光禅宇？不时彊村亦怂恿，遂返寺，乘兴就佛火蒲团间沌笔迅扫，翌晨补色并志崖略。大鹤山人郑文焯。（东京中央株式会社 2012 秋季拍卖会中国近代书画专场 0457）

八月，作篆书七言联。

美人胡为隔秋水,老夫不出长蓬蒿。游兆之年大梁月,大鹤山人郑文焯记于石芝西堪。(中国嘉德国际拍卖有限公司 2012 嘉德四季第三十期拍卖会中国书画专场 1134)

十一月十七日,校读《陶渊明集》。

记云:陶诗以宋汤汉注四卷本为佳。汉,字伯纪,鄱阳人,淳祐间充史馆校书,官至端明殿学士,谥文清。马端临《文献通考》以为渊明异代知己。其所称引,多与世本不同。如《拟古》诗"闻有田子泰"句,独合《魏志》,今本多讹"泰"为"春"。其他佳处,尤不胜偻指。吴氏兔床"拜经楼七种"所刻陶诗,即汉注本。今观是刻所沾讹缪注,无殊世本,而版纸精雅,类宋元旧籍。字仿古欧阳体,修整有度,著录家金弗载有是刻。《桃花源记》文,界格边有"白鹿斋摹古"五字,咨诸簿录博古者,并无知白鹿斋为谁氏矣。验之楮文书体,泊墨版之格,殆明季江南嗜古家所椠本也。虽乏校正之绪,而铅椠古茂,视坊刻正自硕异,亦足珍庋尔。老芝记于吴小城东墅,时丙午中冬十有七日。

又,《桃花源记》"欣然规往",今本讹"规"为"亲"。按"规"训"谋度"也。《礼》传:"行其规为,有如此者。"疏"但自规度所为之事而行此"云。"规往",言依其所志之路而往寻之,亦《法言》所称萧规曹随之意尔,后人不得其解,乃以意易作"亲"字,甚非古旨也。又记。(郑文焯批校《陶渊明全集》)

是岁,兄文炳擢补江西盐法道来苏,与文焯相见。

戴《谱》:卓峰先生擢补江西盐法道,以召见晋京,归任时来苏视先生。下榻言欢,极风雨联床之乐。

是年,俞樾卒,文焯伤感,作联挽之。

戴《谱》:俞曲园先生卒,先生甚伤感,挽以联云:五百卷书藏流芬,风行寰中域外,溯鹿苹再赋,泮藻重赓,更儒林列传褒荣,人皆望若群仙,漫数词人今第二。自注:公自刻小印曰:海内第二词林。三十年礼堂问难,义兼执友师资,记渤海同舟,湖楼撰杖,又吴巷德邻洽比,天不憖遗一老,咸悲国髦世无双。自注:公昔提学大梁,与先中丞公为忘年交。丙戌春航海北上,往返同舟,和余"门"字均七律五首。海舶入吴淞,犹高吟不置也。庚辰秋曾信宿西湖第一楼,与公论经义,甚得古契。庚子冬同寓马医科巷三年,公为书沤园榜。

> 按:《同声月刊》载戴《谱》后有戴正诚案语:"正诚案:先生自写所著书目,有《经义甄微》一书,现稿已佚,或即与曲园研究经义时作欤?"

是年,《国粹学报》第二卷第八期"诗余"专栏发表文焯《齐天乐》(夕阳呼酒登临地)词。

是年,或作《温飞卿金荃词考略》。

　　戴《谱》：校温飞卿《金荃词》，以聊城杨氏海源阁旧藏淳熙鄂州本，订正明万历间归安茅一桢及汲古阁两刻本，并为著一《考略》。《考略》文云：《新唐书·艺文志》载飞卿有《握兰集》三卷、《金荃集》十卷、《诗集》五卷、《汉南真稿》十卷，宋志同，明焦竑据以入经籍志。尝考唐志所列《金荃集》十卷，盖举诗词而统名之。其词初未有专集也，故欧阳炯叙《花间集》亦止称飞卿复有《金荃集》，未尝著其卷第以识别之，其义则专属之词耳。考飞卿本传但记其能逐弦吹之音，为侧艳之词。《唐诗纪事》亦述其为令狐绹修撰《菩萨蛮》词，并未载有集名。盖飞卿盛于著作，富有诗名，《传》称其著述颇多，而诗赋韵格清拔。当时固以此属于乐府，未有专家。陆文圭所谓《花间》以前无集谱是也，至宋始重倚声，因于《金荃集》中别出词一卷，遂有《金荃词》之目，证以长洲顾嗣立叙温诗笺注云，所见宋刻止《金荃集》七卷、《别集》一卷、《金荃词》一卷，其词集名始见于此，惜顾氏未据以校刊行世，不审与《花间集》六十六首有无出入耳。若《全唐诗》之附载者，既以《杨柳枝》八首入诗，而《菩萨蛮》又多"玉纤弹处真珠落"一解，《尊前集》亦载之，注一作袁回传，谛审之实非温体也。唐人诗集中多有《杨柳枝》《竹枝词》，顾刻飞卿集外诗亦阑入《杨柳枝》八首，殆昉于茂倩《乐府诗集》之例尔。《古今词话》云：庭筠词有《玉楼春》一曲，"家临长信往来道"起句是也，今多以为《春晓曲》，讹已，而《花间》亦未选及是词。案牛峤、顾夐、魏承班诸家所作《玉楼春》上下阕并倒起，与飞卿《春晓曲》异体，是之《词话》未之深考耳。昔卫弘基去晚唐未远，词客风流，犹承光诵，宜其甄录綮溢古今。近世《金荃词》宋椠既不可复睹，惟《花间》所得独多，虽谓之美尽于斯可也。今以聊城海源阁旧藏淳熙鄂州本，校明万历间归安茅一桢及汲古阁两刻本，勘定温词讹舛十四字，补一字，为著其大略如是，将亦赵邠卿所谓聊系志翰墨，得以乱思遗老而已。

　　　　按：《温飞卿金荃词考略》原稿见于吴昌硕编《大鹤山人词稿》。《同声月刊》载戴《谱》无此《考略》，铅印本戴《谱》将此《考略》系于民国六年（1917），云"作《温飞卿金荃词考略》"，《青鹤》杂志载《谱》将《考略》系于光绪三十二年（1906）。郑文焯致朱祖谋书札有"下走曩作《金荃词考略》"（《词学季刊》第三卷第三号）之语，此通书札中还言及吴昌绶"近印《劳氏碎金》一册"，《劳氏碎金》三卷，为"清宣统元年吴氏双照楼铅印本"，知其刊于1909 年，据此则《金荃词考略》不可能作于民国六年（1917），当在宣统元年（1909）之前。故此据《青鹤》杂志戴《谱》，仍将《考略》系于本年。

光绪三十三年丁未（一九〇七）　五十二岁

一月二十九日，郑孝胥为文焯书"樵风别墅"匾。

　　《郑孝胥日记》光绪三十三年正月二十九日：为文小坡书樵风别墅匾。（《郑孝胥日记》，第 1080 页）

　　　　按：郑孝胥（1860—1938），字苏戡，一字太夷，号海藏。福建福州人。清光绪八年（1882）举人。宣统三年（1911）为湖南布政使。辛亥革命后以遗老自居,后任伪满洲国总理大臣。著有《海藏楼诗集》。

初春寒雨,欲赴西崦寻梅未果,作《齐天乐》词,朱祖谋和之。

《齐天乐》(江城黯澹收灯后)词序云:连雨沍寒,讨春淹日,铜井石楼间,又多一年梅欠,赋此悄然。(《苕雅余集》)又作:邓尉山梅又过祠山风信,昔余新葺竹楅桥茅栋,将载西崦香雪,补之水竹篱落间。连雨沍寒,讨春未果,赋此悄然。(《大鹤山人词翰》)

朱祖谋《齐天乐》(酽寒城郭花如睡)词序云:叔问新营樵风别墅,将买春西崦,归补梅竹篱落间。愁雨兼旬,戒寒不出,见示新作,依韵报之。(《彊村词剩稿》)

陈锐自金陵来访,欲往西崦看梅,因病未能成行。花朝节,写录《高阳台》、《扫花游》词。

《高阳台》(灯市星阑)词序云:伯弢见过吴小城东墅,雨夕留饮,将寻西崦看梅之约。余病未能,匆匆别去,念其白门寥落,赋以寄怀。(《大鹤山人词翰》)

《扫花游》(暮山自碧)词序云:春半连雨,小楼峭寒,又是去年情味,和君特均,寄沤尹先生沪上。(《大鹤山人词翰》)

> 按:《高阳台》(灯市星阑)词末记云:"丁未花朝写于西楼。"《大鹤山人词翰》(暮山自碧隔画里)词末记云:"丁未花朝写于西楼之威喜芝宦,鹤道人录稿。"(《大鹤山人词翰》)

寒食日,作《满路花》词。

《满路花》(寒分竹粉烟)词题:丁未寒食,和清真。(《大鹤山房未刊词》卷二)

> 按:此词朱祖谋、张尔田均有和作。朱祖谋《满路花》(寒余北崦风),题为:"寒食酬叔问和美成韵。"(《彊村语业》卷二)张尔田《遁庵乐府》亦有《满路花》(香霏绮陌尘)和词,词序云:"吴中寒食日,春赛极盛,客居阖户不出。适叔问、古微丈以和清真近词见示,切情惆怅,辄复继声。"(《遁庵乐府》)

二月二十四日,致书朱祖谋,谈其《渡江云》词。

致朱祖谋书:沤尹词掌先生垂目:一昨枉过西楼,兼诵嘉藻,静讽累日,不能去口,如闻秋玉珊珊,使人心骨清冷,无一字凡响,是从君特七宝楼台分得珠尘玉雨者,敬次韵奉酬,不免邯郸学步矣。案《渡江云》一解,入声律綦严,清真结句当作"时时自剔灯花",以吴词校之,可订鸥盟园本"频"字之讹,更无论字意与"时时"相复。又绎大著煞声"春"字,不若径易"朝衫"为声情俱合,不揆狂简,惟知音裁之。伏想公兹游,入山三日,餐胜而归,定有新制以补某欠。虎山桥踞两崦之胜,为曩与半塘老人风流赏心之地,度公伤高怀远,曾一醉蹋长虹,招魂水月。拙和山桥夜笛二语,歌以造哀,不自知其依黯也。承索樵风近作泪《清真》校本,许为墨版。自惟寡闻,过蒙赏较,陈义甚高,感且不朽。第拙编尚有零叠须删订,即《片玉》亦有续校,未尽释然,假以两月,当以净本奉上,不久稽也。敬承起居,临书主臣。文焯顿白。二月廿四日。(《大鹤先生手札汇钞》,《词学》第六辑,第69页)

　　　　按:朱祖谋《渡江云》(江风残酒夜)词作于本年春,序云:"沪上遇伯弢,
　　　旋复别去,歌酒相劳,声为此词。"彊村初刻此词采纳了易"春衫"为"朝衫"
　　　的建议,后又易为"青衫"。(《彊村语业》)

二月二十七日,致书朱祖谋,寄词。

致朱祖谋书:损书,复诵嘉什,仙语抚尘,如坐琴台,松风谡谡,众山皆响,真一洗人间筝琶耳也。曩与鹜翁亦和此曲,想已写呈。游山清事,甚不易举,匪同志必不克谐。惜好独游,有时携侍儿可可,扶醉登临,胜似襫褣,予石壁刻竹留题,至今依约也。君特云"芳节多阴,兰情稀会"。天事人事,二语尽之。暮春风日清淑,病躯当追践佳敖,补兹遗憾。附上昨制《满路花》和美成一解,体极拗折,倘有兴见和,为金针度何如?幸甚!幸甚!敬承沤公词宗先生道履。文焯顿白。廿七日。(《大鹤先生手札汇钞》,《词学》第六辑,第70页)

　　　　按:札中言《满路花》词,即《满路花》(寒分竹粉烟)一阕,题为"丁未寒
　　　食,和清真"。

三月十五日,致书陈锐,谈词韵,并请其为《樵风乐府》作序。

致陈锐书:伯弢词掌侍者:前日甫驰缄报《湘绮文集》之赐,并縢以奉怀一解,想已上尘高听。顷复得海帖泪《西平乐》新阕,幽艳逋峭,益征骨力。所订韵拍具见孤进心苦,能无钦同志之雅,启予之深?清真词叙自述生平,岁月可稽。只此一曲,间尝究心,颇矜诡得。以为第七八句"尽""晚",本自为韵中夹叶,例所恒见,如《渡江云》下阕之"下"字与"嗟"叶,亦然。是类为夥,梦窗词可证,已载在拙撰清真词集校本。独过片"楚""野"二字用古音谐切,未之参悟,但知吴词"市""水"确是暗叶,赖大贤发所未发,感服无已。至"楚""野"古韵本合,在毛《诗》"言刈其楚"数韵可证,不须据歌麻通转。词中入声字律綦严,近学但谨上去,已自鸣知音,如戈氏,真巨缪耳。两宋大家如柳、周、吴、姜四作者,靡不墨守。入声字例,空积忽微,辨于幼眇,下走能历陈其细趣,以为独得之奥悟。然宋人自此四家外,等诸自灌,虽有名作,不能无所出入。其以妥溜为工者,且胸驰臆断,古节陵夷,汔元益伧,靡而不可纪。居恒以为此事匪才力雄独不克竟其

绪,江浙词人断难与语。今吾子余力所造,已精邃乃尔,继自今不患孤诣己愿似此旨,求大文为《樵风乐府》弁叙,当与虚谀阿好者迥异已。感甚幸甚,勿屏绝之。此复。敬承道履,临书草蹙,不尽百一。三月十五日。郑文焯再拜。(李开军《新见郑文焯与陈锐书札十二通》,《民国旧体文学研究》第一辑,第416—417页)

三月,致书朱祖谋,谈论词韵。

致朱祖谋书:题临发,忽忆伯弢昨书至,商榷清真《西平乐》词中夹协韵例两条,其"尽""晚"本自为韵,不须疑"去"字之讹脱原作"事逐孤鸿去尽",今本作"尽去"误例。曩校已显言之,至过片之"楚""野"二韵,是其创获,可佩。以梦窗词足征也。"楚""野"二韵在毛《诗》固已协声,"言刈其楚"一章,楚、马、下、野,并一音之谐,不庸据古通转之例,以曲折副己说也。顷已函致金陵,并拙词寄去,辱示附及,不更词费。伯弢学识精健,才力雄独,甚可畏也。案《满路花》有平侧二体,美成作共三首,无第七句不协之例,今考之《清真集》卷下《归去难》句调悉与《满路花》合,实同调而异名也。秦少游是解亦无出入。曩校《清真词》冬景一首亦疑此句"短"字为钞者之误,证以方陈和作,并作"坐"字。以宋人和宋词,所见从同,即可据以订正。其词本歌席游衍之作,盖谓非关夜长冷坐,却爱日高犹眠。其"坐"字即缘下句"卧"字意对出。若以为"矬"之形讹,以附会短意,似嫌韵语生涩,且考之矬字无侧声,今韵在下平五歌部末。虽词韵有平侧互协之例,然是调不当尔尔。况清真前后两作并无异体,旁征淮海,信而有证也。丁未三月鹤道人记。(《大鹤先生手札汇钞》,《词学》第六辑,第71—72页)

五月二十九日,致书朱祖谋,述吴昌绶来访并谈及恩铭被刺事。

致朱祖谋书:沤尹词掌先生侍者:损书,正拟作答,甘遁忽见过。一尊永夕,话雨绳床。述近事、谭艺、通书之乐,恍若与公复面也。东坡词例来议,甚惬鄙忱,惜才韵枯梗,无以一得举似,不足佐宏达搜校之勤,真愧愧耳。穆工近刻愈腐败,缘于写手太弱,不如遁翁之刻工远甚。此后决意改良,若版赀尚可收回,似宜急图,恐伊恃以居奇。吴词卷富,未克美终,求精反粗,奈何。走比来既苦隆闷之疾,复廑忧生之嗟,极思习静入山,洒濯灵府。适补陀洛伽山中旧熟老僧,坚约逭暑,欲往从之,作荷花生日,慧心人能偕游一澄清净果邪。世变日亟,党祸雄成,皖抚乃一见,端患气伏于自扰。其人本佯狂素厉,类任侠而实亡命,当路顽懦,震慑其名号,思以权势服之。大声发扬,燕寝皆设兵卫,徒乱人意,是犹擒虎而已为之伥,其不成市虎也几何?天下脊脊不可终日,乃复沾沾于一灯一枪之禁令,并耳目不能自掩。黑籍未除而白梃竞集,狐埋之而狐掘之,亦太无聊已。苏堪近晤否?行藏何似?念之,念之。敬承起居,临书悾悾,不尽愿言。

文焯白疏。五月廿九日。(《大鹤先生手札汇钞》,《词学》第六辑,第72页)

按:"皖抚"指安徽巡抚恩铭,本年公历7月6日(农历五月二十六日)徐锡麟于安庆刺杀恩铭,札中所言"世变""党祸"均由此而发。札中"苏堪"指郑孝胥。

夏,在上海得吴昌硕失窃之《蕉荫纳凉图》,题句持赠。

题识:此任伯年画师为吾友缶道人写行看子,岁久沦佚,今忽得之海上,当有吉祥云护之者。爰为题记,以识清异。缶道人题诗其端,奇可玩也。光绪丁未夏始,鹤翁郑文焯。(《蕉荫纳凉图》,浙江省博物馆藏)

按:"任伯年"即任颐(1840—1895),字次远、伯年,别号山阴道上行者、寿道士等。浙江山阴人。长于花鸟、人物画。

七月二十五日,致书陈锐谈及时事。

致陈锐书:伯弢老兄词掌:前得古微侍郎书,极述尊状陆沉,迸数人之力,不能博一管榷。贤者无聊,一至于此,可叹可叹!旋又闻文石力赞,乃获鸡栖,此湘绮翁所谓名士吃干修,类江湖行乞平生,望望然去者。今下走知耻弗格矣,且为奈何?当今危象,大有厌世之心。然吾曹奄化,必不死于疫,与路鬼相揶揄,以生无媚骨,可决无夏畦之病也。或骑鲸化鹤,或梦兆龙蛇,聊浪乎大莫之国,其魂馨逸,养空而游,独与天地精神往来。庄生所谓无怛化者,岂无谓哉?三复来书,骚骚自固,用反复其词以广之。沤尹前钞题沽上词卷及鹤砖拓册二作见示,讽不去口。兹又得手写,弥用珍啬。江邮多便,幸寄勿忘。比因钩党叫号,关津大索,行李戒严,众志脊脊,且妖言至于八月有凶。坐是裹足,衰懒日甚,浔阳之游,须重九前后耳。知念附及。近闻吴渔川言壬老有新刻尺牍,湘中盛行,想当见之,能搜致否?至企至企。芸子、中实诸公今并不知沦落何许。尝笑昔人言名士如画饼,今且以画饼食名士矣。南皮有入枢密消息,灼见有何妙识,愿探月旦,果尔则归政不远焉。匆匆。敬承起居,临题不尽百一,惟为道自重。不宣。七月廿五日。文焯再拜。(李开军《新见郑文焯与陈锐书札十二通》,《民国旧体文学研究》第一辑,第417—418页)

按:札中"钩党叫号"数句,指本年五月二十六日徐锡麟在安庆刺杀安徽巡抚恩铭事,后六月四日绍兴又有秋瑾案,清廷捕杀革命党人。"吴渔川"即吴永(1865—1936),字渔川,一字盘公、盘庵,室名观复斋。浙江吴兴人。为曾国藩孙女婿。工书。"南皮有入枢密消息"指张之洞光绪三十三年(1907)六月十四日授大学士,后于七月二十七日与袁世凯同授军机大臣。"归政"指慈禧还政光绪。

八月七日，吴昌绶将过录何梦华钞本《西麓继周集》寄赠文焯及朱祖谋。

记云：此从何梦华原本过录，写手虽拙，然无一笔不依旧式，兹先就显然错误者改正，又据秦刻记其异字。秦乃从《历代诗余》辑出，多臆改字，不足深校，惟间有两可者，记俟酌定。草草一过，求沤、鹤两师速正。丁未八月七日，昌绶记。（郑文焯批校《西麓继周集》）

八月十日，校读吴昌绶过录何梦华钞本《西麓继周集》。

记云：《清真集》凡宋人说部及旧本，绝无"片玉"之名，此证之诸编及元巾箱本庐陵刘肃之叙，可为铁板注脚，其《叙》云："犹获昆山之片珍，琢其质而彰其文，因命之曰《片玉集》。"是清真词实自陈元龙详注刻本始改题号，陈、刘皆元人，安得强辑曹注诸本先已称"片玉"？郭子晋固胸驰臆断，勇于刻画，不加思索，更无校勘之功，其巨谬奚止此一端，不足攻也。此条鄙人考之有素已，详《校后录要》四则，不烦词费已。鹤记，八月初十日。（郑文焯批校《西麓继周集》）

八月十三日，致书朱祖谋，谈近况及吴昌绶过录本之校勘。

致朱祖谋书：沤尹词掌侍者：一昨草草饤盘，苦无选具，深愧辎荤，惶歉不任。比审新居卜定，何日同往观之，即可练时日，开门户，极愿高迁在即，枫窗秋话，胜境盘桓，就诣亦良便也。下走自前夕忽感寒，畏风如虎，兼嗽上气，隐几苶然，亟服清宣肺俞之剂，今病小愈。适渔川亦患湿甚剧，坚招为诊治，遥度一方，不获造诊，真所谓醉者负醉，其势弥颠也。昨甘遁书来，并见近钞《西麓继周集》，其词既不工，于律复多出入，竟无稍裨后学，而甘遁校列简眉，亦失之疏漏为多，已随笔改正，嫌于老草。俟校竟就正有道何如？鄙意虞山毛氏刻词之雄成，与其校改之谬妄，传至今日，始信其功罪不相掩，乌得据为旧本，复蹈专辄之弊。此非深造有得者，未足语其细趣也。余诣谭不一。敬承起居。文焯白上。八月十三日。（《大鹤先生手札汇钞》，《词学》第六辑，第74页）

八月十五日夜，朱祖谋踏月来访。

《惜红衣》（病枕销凉）词序云：中秋夜，沤公踏月见过，秋花婉娈，襟韵清泱，极物外疏放之乐。惜旦夕又有近别，因和白石自制曲，兼以寄怀伯宛沪上，可共和之。（《郑大鹤写词》）

朱祖谋《惜红衣》（度暝随萤）词序云：中秋踏月，过叔问夜话，兼忆伯宛海滨索居情况，用梦窗韵。（《彊村词剩稿》）

九月九日，录《蝶恋花》词寄呈吴昌绶。

《蝶恋花·寄怀伯宛舍人沪上》：忆踏樵风连酒袂。山月留人，共赋东城桂。再见花开成独醉，好天良夜添憔悴。　　此别休辞魂梦费。海阔云孤，北雁书来未。梧叶满阶蛩语碎，残灯不替伤秋泪。甘遁先生定拍。丁未九日，冷红词客录上。

（《大鹤山人词翰》）

九月十一日，吴昌绶作词和文焯《惜红衣》词。

吴昌绶《惜红衣》：丙午八月，叔问营樵风别墅成，与沤尹造访，徘徊庭间，新月晚烟，光景可念。今年丛桂再华，昌绶方感秋卧病，沤尹独游吴中，因话鄙生海滨索居无憀状，各赋佳什见寄。会有都门之行，不获面别，辄依韵奉和，为异日相思之资，凭楮依黯，不可为怀。言谬律舛，伏增愧悚。丁未重九后二日，昌绶记上。掩舟芳时，侵寻去日。病慵无力。梦恋乡程，湖波酽秋碧。鸥眠未稳，还又逐、天涯征客。萧瑟。愁赋庾郎，共吟湘累息。

鸣镳绮陌。唤酒铜街，惊烽黯尘藉。舻棱侧望旧国。雁绳北。便欲泛槎星汉，略记昔游重历。更翠微无恙，凝盼隔城山色。和叔问用白石韵。（《大鹤山人词翰》）

九月十二日，作词忆吴昌绶。

《惜红衣》（别梦催秋）词序云：中秋后，久不得伯宛秘书消息，感念岁暮，胥疏江湖，澹然寡营，有独步空山之概。昨沤公书来，述其将治北装，秋期违践，复事远游，恨恨如何，因继声石帚，致言谈不足之意。丁未重九后三日也。鹤道人郑文焯。（《大鹤山人词翰》）

九月二十六日至二十九日，作《惜红衣》词。

《惜红衣》（斗草幽期）词序云：吴小城秋色向残，废绿寒烟在我窗案，有江山摇落之悲。白石此曲，眷怀故国，声情缈然。感音遗象，取次赓续，不自知其辞意泫复也。○鹤道人未定草，九月廿六日。

该词修改稿词末记：丁未九月廿九日，鹤道人定草。（《郑大鹤写词》）

秋，游石湖，登千岩观。

《踏莎行》（桂影筛金）词序：丁未秋夕，石湖醉泊，登千岩观玩月，有忆昔年连棹之游。（《苕雅》卷二）

> 按：《大鹤山人词翰》此词序作："辛丑秋期，石湖夜泊，登千岩观玩月，有忆壬辰秋携曼殊越城桥泛月之游。"《樵风乐府》稿本该词序作："辛丑秋期，石湖夜泊，登千岩观玩月，有忆壬辰秋同舟泛月之游。"辛丑为1901年，则《苕雅》所载是词定稿实是据辛丑年所作石湖之游旧稿修改而成。

十月三日，致书陈锐谈词。

致陈锐书：伯弢先生道案：久不得告，想无好怀。岁晚江空，但有遐睎。时九月晦日奉手毕，兼示新词，抽绎数日，讽不去口。伏维骨力奇高，怨深文绮，犹东坡以余事托之倚声，恢恢乎自游刃有余。而于字律之微妙，胥能融会，不少宽假，又非深于词者未由陈其细趣也。乃挹冲襟，谬逮清问，自维寡暗，皇迫万端，敢贡译闻，冀效壤助，侏儒一节，庶有取焉。兹所商榷，谨露条于左案。《夜飞鹊》清真"辉"字韵,似六字连作一句,此调无短协促拍例也。证以陈西麓和作,益信。又结处"变狗"宜酌,"苍狗"或可用。词家取字举典,未可太古与过新尔。又《还京乐》"牛""李"二字,亦坐是病。"日"字宜以上去字易之。《红林檎近》发端雄特,是大好诗五言,若词只宜澹澹写景炼句,不须高古。是解曲拗短折,最难合拍,其下阕则稍稍放笔为直干,故煞处作长句硬盘,第四字必用入声,与《忆旧游》同例耳。公固天才,犹屑小道,又复务臻精要,声文克谐。三复近制诸篇,气概挥绰,正由醇入肆之一境。小雅怨以悱,楚《骚》幽而芳,皆《诗》《乐》之变,确与尊旨千古同揆。辱附光诵之末,用以塈似契之深,不觉其求之苟也。惟恕狂简,有以裁之,幸甚!下走浔阳之役,今年恐不能作健远行,即沪江亦濡滞累月而未果游。今准月之初五日单装一行,或兴至浮江南,亦期乎券内者耳。秋来触节气辄病支离,渐累文事,奈何?前题卷册既获嘉藻,苦思珍庋,人便络绎,幸一付之,至感。中实闻有岭南之幕,芸子有直北之游。营魂弥天,何日息邪?然则天借一间,婆娑老我,如何如何?此上。敬承起居,临题怀仰。十月三日,郑文焯顿。(李开军《新见郑文焯与陈锐书札十二通》,《民国旧体文学研究》第一辑,第418—419页)

　　　　按:据札中云"浔阳之役,今年恐不能作健远行",当是承光绪三十三年(1907)七月二十五日函而作,故系于此。

暂客上海,十月二十九日,郑孝胥为立宪公会事奔走,偕朱古微、陈锐来访,卧不能起应。

《郑孝胥日记》:(廿九日)朱古微、陈伯弢来,同访文小坡于谦泰栈,犹卧不能起。(《郑孝胥日记》,第1118页)

朱祖谋《惜红衣》(病减霜尊)词序云:叔问暂客淞滨,屏绝歌酒,楼灯坐雨,兀对忘言,重感旅逸,悄焉叠此。(《彊村语业》)

十一月,校《梦窗甲乙丙丁稿》,为梦窗词正名。

记云:谛审《梦窗词》旧本亡足征者,以《霜花腴》卷为最古,草窗有《玉漏迟》一解题《霜花腴词集》,明朱存理刻《铁网珊瑚》载君特手写本,今世所见者止此。曩贤尝手钞其稿以为定本,朱刻所摹勒者仅十六阕,为君特手写,不审与草窗所题有无同异。至名为词集,其不止十六阕,可知朱氏所得盖非完本,以函董名迹收录之而已,且梦窗自度《霜花腴》即以名其集,岂反遗而不录欤?又其手稿多作行草书体,朱刻辄有讹舛,如《齐天乐》招饮丁园一首"背月"之"月"作"川",《拜新月慢》"泫"之作"泣"等类并钞者之误,然足考见其手稿不作正书显甚。草窗题其词集未云卷数,世所传本惟汲古毛氏叙称二十年前仅见丙丁二集,此为梦窗词稿最初之本,与毛刻以前诸家选本可据以校订,盖即所谓其谢世后同游集其丙丁两年稿若干篇,厘为二卷者,是其以丙丁纪年编集绝非以甲乙依次题号,信而有证已。愚以为今之刻古人文集者,必也正名。如美成之原名《清真集》,见之《宋·艺文志》中,而毛本妄取元人陈注旧编,又未详绎刘必钦叙文,顿昧《片玉》命名之义,务为新异,自矜秘获,竟以宋本《片玉》名之。后学如戈顺卿辈,至谓"强焕所编《片玉词》"其疏妄已甚,而通博如阮文达、汪阆原,亦沿讹袭谬,而名《片玉》为宋椠。近世杭州丁松生刻《西泠词萃》,亦未之订正,洵不免专辄之敝,厚诬古人,贻误后学,莫此为甚。此吴梦窗词所题甲乙丙丁四卷,仅见汲古叙言"或曰"如此,未实其人,亦未显著所据何本,见于何说。即如毛氏所称"或云"者,已设三疑,莫衷一是。顾杜刻因之,已属孟浪。半塘翁素精审,乃亦率尔相沿,付之剞劂,且承汲古之误,反以朱存理所摹梦窗写本之确当处,列诸异证,如《江南春》之"棠笏",《西平乐》之结句并题,《丁香结》之"小春海棠",《水龙吟》之"澹烟",《拜新月慢》题叙及"千里细浪"等字,此其大略,皆失之薄古信今。不知汲古刻书于明季丧乱之余,所得零迭泰半,勇于葳事,疏于校雠,加以胸驰臆断,以意笔削。梦窗隶事奇丽,世士黯浅,笨伯读之,不求甚解,满纸疑尘,填胸芒刺,遂得任情点窜,妄下雌黄,于其艰深诘曲者或故求其通,于其文从字顺者反疑为踳误,二百年来未闻理董。至杜氏始一校之,又复改屡拟补,自逞师心,其荒率疏舛,与戈载厥失惟均。第校词与校经有异,以有声调韵律可寻绎而得者。杜校虽妄,然非无可取。如甲稿《瑞鹤仙》过片"寄迹"确应有韵,杜作"奇践"是也。又"海沉擅","擅"之为"楦"亦确然不易。他如《玉烛新》之"蕙秀",乙稿《绛都春》之"笅屏",丙稿《新雁过妆楼》之"秋月香中",丁稿《瑞龙吟》之"城根"诸疑滞字句,皆宜从杜更正,无事过为矜啬。从盖阙之例虽是,而曲护毛刻之短则非。况子晋叙跋实未申明所据为宋椠元钞,但言先后获者错简遗缺,则毛本亦非旧编净本可知,讵得以其杀青在前,使我思误竟无一适邪?兹闻沤尹侍郎重订付锲有日已,亟以举似,一得之功,将为壤流之助。宜首先正名,或据汲古叙跋第一义两称梦窗词,因以名之,亦极直觉了当。附以鄙语,庶无为后之通人所讪笑也已。至集中校定诸语句字律,皆余十年来所究心,细意不苟为异同者,亦可付之篇末,资一旁证,似校四印斋覆刻,益称完善;以视前修,未遑多让焉。嗟嗟!曩当半塘翁初议校刊之际,邮视大凡,雅意谆属,命举新旧校正各条,一意相睨。会余有期功之丧,戚戚烦襟,未及尽以所得,为报知己。而翁之冲怀虚抱,连函敦趣,清问逮延,切切满口。且谓若有它刻复出,视此精当,看将咎余,其信善之诚如是。殆翁南游,壬寅冬孟,犹访余吴下,连船载酒,纵览湖山,时复道及铅椠苦心,间为裁决一二疑义,相与称快,盛口不置。今翁下世,匆匆四年,辍弦之悲,乌能已已。沤尹侍郎方补刊翁之遗稿,索叙颠末。徒以哀迫,不能成章,阙然未报。侍郎今复议重刻吴词,不搀狂简,悉以比年校定去取,注之简眉,尽情举似。俾今昔得失,校若画一。惜翁不少待,预斯壮役,九原可作,得毋念前言,而督过之乎。袖灯隐几,眈墨泫然。时光绪丁未中冬之昔,叔问题记于吴小城东威喜芝宧。(《郑文焯手批梦窗词》,第264—276页)

陈锐致书,谈生计仕途。

陈锐书:叔问先生阁下:昨奉寸笺并见和新什,挚谊缠绵,深情怊怅。奉函三复如见故人。大氐文章性命之交,相去日远,数年不通音问,时或有之。若咫尺之间,魂梦相依,假如一月无报奉,则竟不知其人之存否。高歌青眼,彼此俱已中年,良眷眷耳。弟闲居苒苒,双鬓愁侵,足软不能多半里之街,无复向时兴致。家严苜蓿一官,近更不能糊口,闻告归在即,未得一渴菽水之欢,承弟妹高下如梯桄,以后皆仰给阿兄者,正不知何以为计也。世变朝不逮夕,本自寒微,复何穷之可怕? 惟念误堕世网,当不如乡人魏默深、邹叔绩一辈,得躬尺寸之操,可笑人也。继公到来,至今当未一面,拟候匋斋受事,再看起色如何,多是不能得意耳。闻公将有西江之行,甚欲同至浔阳,一吊壶天遁叟(上月十二日事,实甫次日到),迟之。弟昨作南皮寿诗五首七十韵,不及写呈,欲寄旧刻二部并缴继诗。顺颂近履多豫。弟锐顿首。(陈国安《海粟楼藏陈锐致郑大鹤论词书札笺释》)

> 按:"魏默深"即魏源(1794—1857),名远达,字默深。湖南邵阳人。"邹叔绩"即邹汉勋(1805—1854),字叔绩。湖南新化人。"继公"指继昌。"匋斋"即端方。"壶天遁叟"为易佩绅晚年之号。

冬,张仲炘来吴,与之酬唱。

戴《谱》:冬,同年张次珊侍御就苏抚幕,来吴会,与先生过从谈宴无虚日。节录次珊己酉年留别词跋语。

是岁,兄文炳调任九江道,岁末赴九江探视。

《水龙吟》(出门一笑横江)词序:皋桥水楼曲宴,醉别瞻园。会余岁暮有九江之役,载雪过白门,愿言不从,赋此感叹。(《苕雅》卷二)

戴《谱》:是岁卓峰先生调任九江道,兼关监督。

文焯致书张祖廉,言及九江之行并谈为其作画事。

致张祖廉书:昨枉清尘,藉慰深忆,幸甚幸甚。日来以病妾亟须医治,料检药饵,意绪烦冤,兼以家兄电促章江之行,又将远役。舍侄已抵苏迎往,廿日内外即拟首涂,不获少亲研席,清致索然。透托画件,只得俟少闲必为落墨,决不以衰懒重负嘉命也。兹先缴上京报一封,先德遗迹一卷,敬志拜观岁月。附还娟镜楼榜,沤尹题词,统冀昭纳是幸,寻驰消不次,此上敬承山荷先生道履。弟

焯再拜。(上海鸿海 2012 年春季艺术品拍卖会 0108)

> 按:"章江"即赣江,札中代指九江之行。张祖廉(1873—?),字彦云,号山荷,室名八识田斋、娟镜楼等。浙江嘉善人。光绪二十八年(1902)举人,次年经济特科进士。曾任学部总务司行走、弼德院秘书。民国后曾任陇海铁路督办。能诗词,与吴昌绶情谊尤笃,二人唱酬词结集为《城东唱和词》,另有《娟镜楼词》《八识田斋骈文》《文选类韵》等,辑印有《娟镜楼丛刻》。

除夕,文焯在九江。

记云:广饶九南道官阁,挑灯听雪,诵《霜花腴集》,不觉岁除,因追和《烛影摇红》一解。隔年灯在,依依梦痕,仿佛化作云愁海思也。丁未除日鹤记。(《郑文焯手批梦窗词》,第 291 页)

《临江仙》(岁岁无聊当此夕)题云:浔阳岁除。(《苕雅》卷二)

上年,朱祖谋以病免礼部右侍郎,是年将卜居吴城小市桥东听枫园,与文焯为邻。

《惜红衣》(玩月来时)序云:彊村翁早退遗荣,旧有吴皋卜邻之约,揭来沪江,皇皇未暇,近将移家小市桥吴氏听枫园,先以书来,商略新营,作苍烟寂寞之友。(《苕雅》卷二)

《蓦山溪》(故家乔木)词序云:吴城小市桥,宋词人吴应之红梅阁故地也,桥东今为吴氏听枫园,水木明瑟,以老枫受名,红叶池亭,不减旧家春色,且先后并属延陵,于胜地若有前因,彊村翁近僦其园为行窝,翁所著词,声满天地,《折红梅》一曲未得专美于前也。(《苕雅》卷二)

朱祖谋《蓦山溪》(避风屎羽)词序云:吴城小市桥东听枫园,退楼老人诹古觞咏地也。予将僦居其间,叔问为相阴阳,练时日,且举宋词人吴应之故事,词以张之,依韵报谢,兼抒近怀。(《彊村语业》)

朱祖谋《惜红衣》(雁老长云)词序云:年时与叔问有买邻之约,逡巡来就,今将卜居吴氏听枫园,书报叔问,申以是词,再用姜韵。(《彊村词剩稿》)

戴《谱》:朱古微侍郎卜居吴城小市桥东听枫园,先生为相阴阳,练时日,且举宋词人吴应之故事,词以张之。见《彊村词》卷三《蓦山溪》词序。

朱祖谋卜居听枫园后,二人来往密切。文焯校姜夔词,致书彊村。

致朱祖谋书:卧披姜吴词集,益悟音韵古通,诗词迥异,不特今韵部居,不可悬合,即唐韵通例,亦未宜持以相绳,博考声家,证以旁谱,信而有征。如石帚《惜红衣》次句"日"字为韵,乃词例对起之常格,《踏莎行》其习见者耳。若夫梦窗押"雪",莱老押"曲",尤足破红友之疑尘,而次公有嗅,不能曲为之解矣。而词韵旧谱,但取古谐,不以部别。历观耆卿、美成泊姜、吴两家词中,所押韵脚,冥若符合,确有佳证,略为点定,待大贤面质焉。(《郑文焯致朱祖谋书》,见《〈词

林翰藻〉残璧遗珠》,《词学》第七辑,第 217 页)

朱祖谋《惜红衣》(倦舸随潮)词序云:叔问既示新词,又疏论白石旁谱,稽撰同异。谓次句"日"字为韵。证以梦窗、莱老二阕,足破红友疑尘。爰用其说,和白石是解。(《彊村词剩稿》)

文焯、朱祖谋将《惜红衣》词致陈锐,陈锐和之。

陈锐《惜红衣》(冷讯通芦)词序云:沤尹侍郎、叔问舍人屡言江南之游,迨秋不果,但有愁望。适两君先后书来,兼示倡和近作,勉赋寄意,仍用白石韵。

《惜红衣》(短巷冲霜)词序云:白石此词,"日"字非韵也。叔问独以为当叶,姑徇其说,重和一首,不足以云勇。(《褒碧斋词》)

是年,《国粹学报》三周年庆祝,文焯以所藏晋砖研,拓作报端图画,并作《浣溪沙》词。

戴《谱》:友人邓秋枚实等于乙巳年在沪发行《国粹学报》,当举世驰骛新学之秋,冀借此保存绝学,先生亦时寄撰述,至本年末,已赓续三载矣。将发行三周纪念专号,先生以所藏晋砖研,拓作报端图画,并赋《浣溪沙》词。见《苕雅余集》中。先是庚寅年横山崩,出晋太康九年砖,背有鹤,画像甚奇,因琢为大鹤山房画研,曾作《晋砖研歌》。见《瘦碧庵诗稿》中。又题云:昔阮文达公题东晋大兴三年八月砖文云此砖乃锥所画,在右军写兰亭三十年前,右军书所从出也,此太康九年又在大兴前三十年,为西晋初叶,益可珍已。案:晋人书多逸体,草情隶韵,胥容以神。自谢康乐取琵琶圻古冢之甓,而苕泖之士,因金石学积而为匋瓶文字,好之笃,取之精,则以为道在瓦甓矣。洪文惠以永平、汝伯宁、曹叔文、谢君、永初五砖,编入《隶续》,世士遂相沿其义例,与鼎彝碑版俱传。吴兴陆氏至以千甓名亭,而荒丘故垄,废隧崩茔,咸皆为游手射利者所发,至于暴及祖魂而不顾,是亦嗜古一大患也。按《吴地记》《吴郡图经》载晋贤之葬横山者,有陆逊、陆机、陆瑁三坟,又司空将军袁山松、东曹掾张翰并有墓在横山东,然此砖文属晋武初元。夷考其时,匪诸贤所及,未可附会也。此研陈伯弢先生曾为题词云:"宫井闭,殿基颓,辽海夜飞回。冢中名士几人灰,余恨印青苔。　凿诗龛,眠画帧,到眼片云秋茔。此时江左说飘零。残唉写谁听。"

是年,为陈豫钟精钞本《缪篆分韵》题跋。

《跋》:右桂氏《缪篆分韵》陈君豫钟精钞本也。卷首有"秋堂"小印,盖即其字。汉以缪篆摹印,蔚为一代之文制,存于今者,赖有官私符信。洎宋元以降,诸家谱录犹得考见其遗文。有明印人辈出,游刃恢恢,其所制辄诡更旧艺,玩其所习,于绸缪之神诣盖罕有津逮焉。迨国朝乾隆中,始得未谷先生,以小学家工篆刻。爰博据汉印文字,尽复两京之高制,分别部居,辑成兹帙,使世之持寸铁微名者,不敢以雕虫小技而轻言放古已。当时是编纂文皆海宁陈中鱼所补摹,银手立断,可云良工心苦。今审此钞,亦为陈氏景写心模手追,纤介惟肖,间有补佚列诸简眉。惜其爵里亡征,是亦乾嘉间好学深思者尔。吾友罍山有道,绮岁清裁,多能耆古。比以宏搜古今印录,所作铁书点画不苟,躬入篆室,骎骎造乎汉人之宧奥,使与未谷并世而竞爽,能无叹吾道其南欤?光绪甲辰中春之昔,出示是编索题。因就謏见所逮,率识数行而归之。石芝西堪主郑文焯籌灯写记,时侨吴廿有七年也。(私藏本)

> 按:文焯光绪六年(1880)至苏州,由所署"侨吴廿七年"知题跋时为1907年,故系于此。《缪篆分韵》为桂馥遴选汉魏时期印章辑成的缪篆文字专书。陈豫钟(1762—1806),字浚仪,号秋堂。浙江钱塘(今杭州)人。廪生。工篆籀,精于摹印,嗜金石文字。著有《求是斋集》《求是斋印谱》。"罍山"即王大炘。

是年,《国粹学报》第三卷第十一期"诗余"专栏发表文焯《鹤道人沽上词卷》并朱祖谋《声声慢·叔问词长以戊戌沽上词卷嘱题》。

> 按:文焯词计六阕,分别为:《夜飞鹊》(城南有情月)、《应天长》(东风菜老)、《西平乐》(别枕惊秋)、《蓦山溪》(吟边灯火)、《隔浦莲近拍》(槐花凉散)、《丁香结》(残局湖山),均为光绪戊戌岁(1898)应试后旅居津沽之作。

光绪三十四年戊申(一九〇八) 五十三岁

一月七日,作《浣溪沙》词寄王以敏。

《浣溪沙》(江树春寒绿意迟)词序:戊申人日,九江寄梦湘同年。(《茗雅》稿本)

> 按:《茗雅余集》此词序作:"己酉人日客浔阳,寄怀王太守梦湘湖口。"则此词作于1909年。据戴《谱》,戊申年(1908)冬,文焕病,文焯确至九江探访,但兼旬即返苏州。故《茗雅余集》所录为文焯误改,今从《茗雅》稿本。

一月十四日,在九江,作词寄陈锐、朱祖谋。

《烛影摇红》(雪黯江城)词序云:江春残雪,试灯初夜,有忆吴市旧游,和梦窗元夕微雨韵,寄伯弢、彊村苏州。(《茗雅》卷二)

一月十五日,在九江。

《应天长》(雨帘暝压)词序云:浔阳烧灯夜又雨,和梦窗吴门元夕。(《茗雅余集》)

《南乡子》(歌步梦行云)词题云:浔江元夜闻歌有忆。(《樵风乐府》稿本)

二月,致书朱祖谋,祝贺其纳侧室陆氏。

致朱祖谋书:樵风罢酒,解构剧场。遥一点头,阙然言议。旬余牵帅人事,恃在密迩,转相阔疏,所怀如何。一昨匆匆白笺,径着奴子投掸高轺。则司阍以沪上之驾未旋,度迁乔之期又展。意方犹豫,颇讶珊珊来迟。乃小疏既见掷还,愿言弥切中曲。忽得伯弢书报,欣审美眷新移,当春安吉。从兹红梅一曲,不得独擅芳声,而缩地飞仙,一院双成俦侣。神捷乃尔,益令人歆羡不置。七宝楼台,本无事修月手矣。先此颂庆,寻走诣不次。敬承沤尹词掌侍郎起居,并贺大熹。文焯再拜。附小词一解奉贺。

《点绛唇》:仙侣云移,夜笙飞下双成步。占春佳处。花亚新帘户。 家续樵歌,不羡红梅谱。聊吟趣。柳烟分缕。招引莺邻语。樵风园客稿上,时戊申中春之昔。(《大鹤先生手札汇钞》,《词学季刊》第三卷第三号)

春,校阅《乐章集》。

记曰:戊申春晚,发明柳三变词义为北宋正宗。(郑文焯校评《乐章集》)

春,与陈锐、朱祖谋于樵风别墅社集,作词赠张仲炘。

《霜花腴》(麈谈胜集)词题云:樵风墅春夜社集,再和梦窗。(《苕雅余集》)

　　按:《樵风乐府》稿本词题作“樵风草堂春集,次梦窗韵,赠瞻园同年,兼示沤尹翁,可共和之。”《国粹学报》第四卷第六期刊载此词,为《樵风乐府别录》第四首。《国粹学报》词题作:“樵风草堂春集,次梦窗韵,赋赠瞻园同年,兼示沤尹、伯弢两贤,共和之。”

春,朱祖谋招饮听枫园饯春,作词唱和,陈锐寄《瑞龙吟》词稿。

《瑞龙吟》(寻诗路)词题云:听枫园饯春,席上和清真。(《苕雅》卷二)

《瑞龙吟》(西桥路)词序云:襄碧先生和清真是阕见示,怀古伤春,高健处不减耆卿风格,继声报之。(《苕雅》卷二)

《瑞龙吟》其一:奉和饯春之作,仍用清真韵。平江路。还向废苑寻烟,断津攀树。依依帆角青山,送春正在,斜阳尽处。 黯愁仁。谁见小城栖隐,蓬蒿生户。天涯倦客重逢,觑帘燕子,关情对语。 年少京尘多暇,扇裙裙影,狂来欢舞。空叹素缯衣新,何似人故。冷红瘦碧,惝怅题襟句。而今共、吴根莳酒,皋桥联步。径想归田去。抽琴命操,离忧万绪。送老嗟霜缕。无计挽、门前榆钱飞雨。莫教轻绝,化为泥絮。叔问先生正拍,锐稿上。其二:春光向尽,古微先生邀同张、褚、郑诸君,集于听枫园拍照联吟,极客中之清致,余未终席,以事辄去,越日,仍用清真韵奉酬。吴园路。仍见镜沼开萍,罳亭攒树。年年抱月飘烟,翠裙斗草,春归甚处。 共延仁。还念旧家人渺,燕巢当户。天教借宅东偏,煮茶声里,樵青寱语。 衰鬓不堪重照,晚灯交手,风灯红舞。为道近来音书,人事多故。浮云望极,吟断江关句。知谁问、黄金赋稿,青门游步。啸侣从君去。对花对酒,翻萦黯绪。恁解愁千缕。扶醉眼、催归歌唇衔雨。怨香夜湿,迷空霏絮。瑞龙吟。(陈国安《海粟楼藏陈锐致郑大鹤论词书札笺释》)

　　按:文焯将所作两阕《瑞龙吟》录寄张尔田,并谈梦窗词校勘。札云:"孟劬仁兄太守铃下:前者退楼饯春,小集同志,如沤尹、伯弢,皆有和清真之作。鄙人不揆狂简,辄赋《瑞龙吟》二解,亦次韵。以诸家墨版,咸载是篇弁首,盖犹宋本之旧次。原注云:此谓之双拽头。一属正平调。自'前度刘郎'以下,即犯大石调,属第三段。至'归骑晚'以下四句,再归正平调。坊刻皆于'声价如故'句分段者非。世士今知此盖寡矣! 兹录拙制,奉博知音一粲。比患臂痛,搦管若锥,书不成字,尚希宥之。梦窗词讹误二字,曩已手校。其'鸿'字,今沤公刊本已改正。半塘沿汲古之舛驳甚多,拙校几十过,惜今刻未尽从耳。前题一长跋,显若针砭,校若画一,首在正名。以为甲乙丙丁稿之目,实毛氏无据之题,不得已,只可谓之《梦窗词》。以见之宋元诸词人所称,并无甲乙丙丁一说。且文英字君特,与美成为邦彦甫同例。若清真乃美成自名其集者(见《宋史·艺文志》及周传),疑梦窗亦然,非文英字也明甚。故尹惟晓诸人,皆以梦窗与清真对举,此一佳证。草窗题其词卷,辄隐属分切梦窗二字,更可征为其集名。下走力陈前失,及所勘订数十条,自信确然,无可疑议。今沤公在沪开雕,徒以吴伯宛墨守汲古一家之言,终多遗憾,何事再版? 沤公已将拙题刊列卷首,等诸异撰,甚亡谓也。即如来书所校'轻藜'二字,'藜'确为'藤'之误。此即白石'翠藤共闲穿径竹'句,同作杖解。且'藤'亦韵。以吴词《木兰花曼》是句无不用短叶例。适与沤公言之,至云:是词'临'字亦非韵,词中无十一真及文元通十蒸十二侵之例。余旧纂《词韵辨例》,即据北宋晏、柳、周,南宋吴、姜诸名家韵例,历驳戈氏巨谬,极辨《广韵》古通转音例,仅可论诗,不可绳词。菉斐轩韵,亦未得幼眇,平水韵部,更不足征。盖词为乐府之遗,本乎歌谣,极命风骚,出入正变,纯以古音之谐,契夫人籁之旨,齐以兀坠,系以和声,沨沨古燕乐之原,其惟此一缒哉! 近以同人说词中韵例,颇鲜折中,爰尽发梦窗用韵微意,举似音谱,证以白石旁缀字律,案之五音,悉相吻合。恨年来衰病,无是精力,手写净本,又未克假手友生,窜稿篑中,久将沦佚,如何如何! 至尊斠'藤'字为协,曾亦考订,所见从同。若谓蒸韵不可通,即以吴词乙集中《丑奴儿慢》通首押庚青韵,而煞拍独著一'层'字,岂非蒸部通转一证? 故尝谓词律之严密,不在韵而在声,犹见唐以前古乐遗制,如六经有韵之文,但有谐音,无所谓通转义例也。质诸敏求深思之君子,当弗河汉斯言。悾悾不尽区区,敬承动定安善。郑文焯顿首。"(《近贤论词遗札》,《同声月刊》一卷四号)

五月八日,作《松树图》扇面。

题识:玉脑晨灯照沉潆,琅函默转已千遭。丈人自有深深息,不为松风学弃瓢。戊申端节后三日,摹琴隐园主本以奉息存道兄法家正疵,北海郑文焯写于听雨沤园。(上海嘉泰拍卖有限公司 2006 春季大型艺术品拍卖会 1432)

按:"琴隐园主"即汤贻汾(1778—1853),字若仪,号雨生、琴隐道人。江苏武进(今常州)人。工诗文,善画。太平军攻破金陵时,投池以殉。著有《琴隐园诗集》《琴隐园词》等。"息存道兄"当为王秉恩(1845—1928),字息存,又作雪岑、雪澄等。四川华阳(今双流)人。曾官广东按察使。富藏书,工书法,喜金石、校勘之学。著有《养云馆诗存》。

五月十八日,与朱祖谋、张仲炘、陈锐等与到苏的陈三立饮集。

陈三立有诗《五月既望抵姑苏越二日伯弢招同郑叔问郎中朱古微侍郎张次珊通参张伯琴太守吴渔川黄小鲁两观察饮集顾园》。(《散原精舍诗文集》,第239页)

六月二十四日,作《念奴娇》词。

《念奴娇》(乍过竹醉)词题云:六月廿四日花前里荷塘听雨感旧。(《樵风乐府》稿本)

夏,作《一萼红》词。

《一萼红》(半阴晴)词题云:园夏即赏。(《苕雅》卷二)

七月七日,夜,朱祖谋来访。归,朱作《念奴娇》。

《鹊桥仙》(露盘花水)词题云:戊申七夕。(《樵风乐府》稿本)

朱祖谋《念奴娇》(樵风溪馆)词序云:月下过叔问吴小城东墅,乃七夕也,归来始觉也。(《彊村词剩稿》)

七月,题高句丽好太王墓砖拓本。

题识:西汉砖制坚朴而薄,字体细瘦而劲,浑浑之致,古香泽人手。以余所藏五凤砖文证此,可征永乐太王碑为西汉所建无疑。砖文类颂词,亦汉语吉羊之例,而古雅为多。

自来书体辨之精审者,惟梁庚肩吾《书品》一叙,惜诠释者未得其要,至唐张怀瓘辈破析旧体,诞漫不经,千古聚讼,迄无笃论。考子慎为高斋学士之冠,其于书艺体势证向今,故具得其真验。尝思广其名义,为之疏证。盖秦以前古籀外唯篆书一体，自隶人程邈始作隶书，取其捷于篆也。庾氏谓始皇以奏事繁多，篆字难制，因见而重之。……光绪三十四年七月，老芝记于樵风顾。（西泠印社2017年春季拍卖会——吉金嘉会·金石碑帖专场4505）

八月一日，录《一尊红》词于所批校陆钟辉刻本《白石道人歌曲》。

记云：光绪涒滩之年大梁月朔日记，在吴城威喜芝宧。（郑文焯批校《白石道人歌曲》四卷《别集》一卷）

八月，于吴小城樵风别墅校讫梦窗词并作叙。

记云：光绪著雍涒滩之岁，月在大梁，叔问郑文焯校讫叙于吴小城樵风别墅。（《梦窗词校议补录》）

九月九日，晚泊斟酌桥作重阳饮。次日，作《浣溪沙》词酬朱祖谋。

《浣溪沙》（侧帽登临续胜游）词序云：戊申九日，晚泊斟酌桥，作题糕小饮。明日，沤公和梦窗龙山会见示，爰以短歌酬之。（《大鹤山房未刊词》卷二）

秋，作《惜红衣》（卧病经秋）词。

《惜红衣》（卧病经秋）词序云：去年中秋，沤翁踏月过樵风夜谈，余曾和白石此曲赠之，自是连篇叠韵，极一时吟兴之豪，二三同志亦盛藻相属。今兹再见秋月，感念年光，不能自已，仍依姜谱继声，惝怅今夕，想老兴于此，当复不浅也。（《大鹤山房未刊词》卷二）

秋，于樵风别墅正屋西北隅辟精室三间，自制《樵风补筑上梁文》。

戴《谱》：秋，于正厅西北隅，辟精室三间，自制《樵风补筑上梁文》。有叙云：光绪旃蒙大荒落之年，余既于吴小城粗营五亩之居，灌园著书，寂寞人外。越三年，以石芝西堪隙地数弓，复取新规，拓以茅栋。向阳两间，约略连簃之制，聊完覆簣之谋。乃简良辰，上梁诹吉，仿温子升礼，用作祝文。其词曰：桂丛之幽，聊可佳留。诛茅西益，善草是谋。巢移一枝，书堆两头。蝉翳自蔽，计唯周周。既练时日，经始及秋。乃陈三瓦，以应天麻。伐木莺迁，胥宇燕游。补我樵风，拓兹菀裘。蒋诩三径，仲宣一楼。潜显匪地，宏以胜流。清风作诵，永企前修。

按：铅印本戴《谱》无"秋"字，据《青鹤》杂志补。

上年十二月，陈启泰实授江苏巡抚，陈善填词，与郑文焯、张仲炘、朱祖谋等唱酬。

《水龙吟》（一楼云起苍巅）词序云：戊申秋，瞻园同年见示惠山九日之作。时长沙陈伯平抚部巡师太湖，回舟倡和，风流名胜，极登临觞咏之娱。余以衰懒，未及追随，怅然继声，俾属韵末。（《苕雅余集》）又作：瞻园同年有惠山九日之作，时臞庵中丞巡师太湖，回舟唱和，一时名胜，极登临歌咏之豪，俾余继声以属均末。（《樵风乐府》稿本）

戴《谱》：秋，长沙陈伯平中丞启泰巡师太湖，回舟无锡。九日与张次珊诸幕友登惠山，赋词唱和。先生未及追随，特赋《水龙吟》和之。词见《苕雅余集》中。次珊先生得词，函复云：新词雄厚之气，直逼清真。与府主瞿公陈中丞别号瞿庵倾倒弥日，公每有所作，必突过侪辈，此由诣力心思，都高人一等故也。节录张书。

黄濬《花随人圣庵摭忆》：是时，陈瞿庵启泰为江苏巡抚，驻苏州，陈素风雅，延叔问处幕中，故吴门词流接武。（《花随人圣庵摭忆》，第 282 页）

秋，参加陈启泰宴集。

《声声慢》词题云：瞿庵抚部晚秋宴席。（《苕雅》卷二）

晚秋，作词寄朱祖谋。

《声声慢》（檐花残雨）词序云：秋晚索居，简彊村，有怀京国旧游。（《苕雅》卷二）

> 按：《樵风乐府》稿本词题作"秋尽记怀，赠沤尹，以当岁寒之盟"。

十月十三日，析论中国贫弱之因在国债与赔款，并及美国减收庚子赔款事。

《鹤翁异撰》：中国贫弱之原以国债故，负累之重以赔款故。计戊戌年前后，新旧国债胥为赔款而募。甲午日本之役，偿金币共二百兆。庚子拳匪之变，又四百五十兆两，两统计共六百五十兆两。至光绪六十九年还讫，再加年息八百四十八兆余两，两共本息一千五百三十九兆余两。磅亏尚不在此数。尽以取之吾民者，掷之于奔涛骇浪中。其创深痛巨自有生民以来未之或闻也。吾国以债款故举海关、常关两税及递加之盐税三项不足以抵应偿之数，于是每年于各行省摊派一千八百万两，而国家之财政穷，至于东南亲民之吏，尽以指提漕余而相望于穷，吾民益不堪命矣。今幸美国欲修好于我，减收庚子赔款，朝廷专使特遣奉天巡抚唐绍仪前往致谢礼也。计庚子一役，正款四百五十兆两，自第一年始至还清之年止，约须年息五百九十兆两。内偿还美国三千二百九十三万九千零五十五万两，再加一倍多息，尚不在内已，合美金二千四百四十万元，今美国实受美金一千三百六十五万五千四百九十二元，减收美金一千零七十四万四千五百零八元，连息同减依近日市价约英洋二千一百四十八万九千余元，又四厘年息，与正款同减应至光绪六十九年还讫，止其息约英洋二千七八百万元上下，两合减计英洋四千九百万元有奇，为数不为不巨，谓非国民之幸欤？吾恐蚩蚩者不识不知，日莫然于浑噩之天，无由激发其画外之观感，徒使列邦以吾民为冥顽不灵，而益肆其狡狯以制我生命，是自速其分裂之祸，可悲也已。是用综核前后分合增损之数，为吾国民正告之。戊申十月十三日。

十月二十日，作《满庭芳》词题樵风别墅新建西寮。

《满庭芳》（邻寺霜钟）词序云：新治西寮堪，岁晚叙意，岁戊申十月二十日

记。(《樵风乐府》稿本)

十月,作《月下笛》词。

《月下笛》(落叶闲阶)词序云:寒孟之夜,闻床下蟋蟀有声,凄然成咏。(《樵风乐府》稿本)

> 按:朱祖谋《彊村语业》亦有《月下笛》一首,题云"闻促织感赋",当与文焯同时共唱之作。词云:"冷月墙阴,凄凄碎响,替秋言语。羁人听汝,咽愁丝,黯无绪。空阶都是伤心地,怎禁得、衰灯断雨。正宵砧四起,霜弦孤曳,宛转催曙。 愁误。金笼住。伴落叶长门,枕函慵诉。回纹罢织,旧家零乱机杼。西风凉换人间世,问憔悴、王孙几度? 等闲是、变了潘郎发,梦寄谁去?"(《彊村语业》)白敦仁《彊村语业笺注》认为彊村此词是此年十月为光绪、慈禧相继逝去而作。郑词题为"闻床下蟋蟀有声",殆非无意,所据乃《诗经·豳风·七月》"十月蟋蟀,入我床下"。并言郑、朱词中用"王孙""金笼"之语,其意显然。据其所言,则文焯所作《迷神引》(看月开帘惊飞雨)、《安公子》(急雨惊鸣瓦)或均与光绪、慈禧之逝有关。

除夕夜,作《风入松》(岁寒谁寄古梅枝)赠陈锐。

《风入松》(岁寒谁寄古梅枝)词序云:戊申除夜,雪,寄伯弢靖江。(《樵风乐府》稿本)

除夕,批校陶渊明集《丙辰岁八月中于下潠田舍获》诗。

记云:丙辰为晋义熙十二年,越四年庚申而恭帝禅代,渊明诗中所纪甲子止于丙辰,自《饮酒》廿章迄于《挽歌》,并不复纪年,其意可知。且《饮酒》次篇,以夷、叔西山,高节隐慨,夫呵壁问天,其自托于逸民,盖足以见其志已。是集中可断自《饮酒》篇以下为易代后所作,信而有证。前人但以其不题宋号,惓惓故朝,听讼纷纭,旋□□□,并无当于表征之义例也。持此旨以论其诗,会心人当不在远。光绪戊申之年除夕记。(桥川时雄整理《陶集郑批录》)

冬,校勘《梦窗甲乙丙丁稿》一过。

记云:光绪戊申之冬,据毛刻杜校复勘一过,依形近、音近、义近讹误三例详求之,得十之八九,识之欣然。(《郑文焯手批梦窗词》,第262页)

冬,与朱祖谋待月溪堂,作词。

《高阳台》(连榻听松)词序云:园夜寒尊,与彊老清话,待月溪堂,有烟水苍茫之感,明日赋此索和。(《苕雅》卷二)

冬,兄文炳病,往九江探视,兼旬返苏。

戴《谱》:卓峰先生因服官积劳,卧病浃旬,先生赴浔省视,比到时疾已瘳矣。谓先生曰:"弟曾允为我绘口袋罗汉,今携来否?"先生曰:"罗汉久装入布袋矣。"

盖先生工绘而艰于落墨，乞画者每以为苦。虽以兄求，亦不报命，故以戏语相答。先生润格系一诗云：老夫衰懒复狂直，吴蒙嚣然借口实。谓余懒癖人共知，但解受润不染笔。愿君欲速先破悭，有逾约者如皦日。观此其画之矜贵可知也。留滞兼旬回苏。

是年，对陆钟辉刻本《白石道人歌曲》中白石旁谱加以考察。

记云：《词源》记古今谱字云：今雅俗乐色、管色并用，寄四宫清声，然与古不同。案：旧谱清宫惟黄、大、太、夹四均有之，自大晟乐法汉津指律，音变弥亢，非清声不协，沈括所谓今乐高于古二律以下，又诸调杀声不能尽归本律，故有寄杀、元杀、偏杀、侧杀之类。南渡后，不用七角，而七商本起太蔟，七宫本起黄钟，七羽实得宫之半声，故其调名与七宫多同，此寄煞并用四清之略也。白石《徵招》叙云无清声只可施之琴瑟，难入燕乐，可知燕乐并用清声，取其娱听如此。叙所记《角招》曰黄钟清角，考之宫谱管色，黄钟角当用姑洗一字煞，而白石旁谱注一ㄅ，则寄煞于太蔟清声。其《徵招》曰黄钟下徵杀声用林钟尺字，白石旁谱作彡，则寄杀于太蔟清声。是两曲，旁谱并以本律，而寄煞其义甚显。又案律吕鬲八相生表，黄钟为阳律，下生林钟，林钟为母以阴吕，上生太蔟。此叙云兼用母声，即谓用林钟尺字，其寄煞于太蔟者，即以阴吕上生太蔟之义，故云无病也。近代倚声家于是谱例，鲜有津逮，靡以推阐白石审音之精旨，用稽撰旧说，陈其细趣，庶此题叙不虚作耳。鹤记，时年五十有三。（郑文焯批校《白石道人歌曲》四卷《别集》一卷）

是年，《国粹学报》第四卷第五期"诗余"专栏发表文焯词作七阕。

按：七阕分别为：《拜星月慢》（虎气高秋）、《玲珑四犯》（竹响露寒）、《疏影》（横阑倚玉）、《莺啼序》（西风又闻鹤唳）、《绛都春》（残蝉送暑）、《湘月》（桂阴小榭隔纱笼）、《虞美人》（断肠吴苑西桥水）。

是年，《国粹学报》第四卷第六期"诗余"专栏发表文焯《樵风乐府别录》，计词四阕。

按：此四阕词均和宋人词，题下注云："凡集中次韵两宋名家词并录之，余见全集。大鹤山人记。"四阕词分别为《瑞龙吟》（寻诗路）、《瑞龙吟》（吴城路）二首和清真，《霜花腴》（过江旧客）、《霜花腴》（麈谈胜集）二首和梦窗。

是年，《国粹学报》第四卷第七期"诗余"专栏发表文焯《比竹余音》中词五阕。

按：此五阕词为《西河》（仁寿第）、《寿楼春》（寻花阴）、《忆旧游》（正梅风转溽）、《沁园春》（衰柳西湾）、《过秦楼》（过雨檐花），词前载有王闿运《比竹余音序》。

是年,光绪一朝三十四年结束,文焯罗列沦丧之国土。

《鹤翁异撰》:前此之属于中国缅甸则为英属已,越南则为法属已,琉球、朝鲜则为日本属已。国境之内,台湾则割与日本已,香港、九龙则割与英已,黑龙江、乌苏里江之东北部则割与俄已,青岛、胶州则德据之已,威海则英据之已,旅顺、大连湾、哈尔滨则日俄据之已。三十四年来,政府诸臣对于列祖列宗之灵,其负罪可谓重已!

宣统元年己酉(一九〇九) 五十四岁

闰二月,园梅盛开,时宣统登位,起用旧臣,朱祖谋以特征不起,因置酒邀之,为赋《木兰花慢》。

《木兰花慢》(闭门春不管)词序云:己酉闰春,园梅盛开。时彊村翁以特征不起,高卧空斋,因置酒招之,极意吟赏,有林下相从之乐,赋以见志。(《苕雅》卷三)

戴《谱》:闰春,园梅盛开,时新君登极,起用旧臣,朱古微侍郎以特征不起,因置酒邀之,极意吟赏,有林下相从之乐,为赋《木兰花慢》以见志。词见《樵风乐府》《苕雅》。

闰二月十日,自评《木兰花慢》词。

记云:自谓难言之隐,尽在个中,纯以声韵写之,辞藻不须工也。唐进士蒋维翰《春女怨》:"白玉堂前一树梅,今朝忽见数枝开。儿家门户寻常闭,春色因何入得来。"词中起句即隐括此诗。案:刘后村《千家诗选》引前作题亡名氏,"寻常"作"重重","因何入得"作"何因得入"。后村固宋人,未足语初唐风骨也。并记,闰月十日灯下。(《樵风乐府》稿本)

闰二月,作《蝶恋花》词。

《蝶恋花》(风雨无端过一阵)词题云:拟冯延巳,己酉闰春作。(《樵风乐府》稿本)

二、三月间,致书夏敬观谈词,并寄《国粹学报》发表之诗文。

致夏敬观书:执诲有溢美之誉,弥用愧悚。属写聚头扇,今夕即落墨,但恶札不足当清风一拂耳。垂示新制,音节浏亮,摇荡情灵,能无心折,拟附韵末,勉一效颦,旦夕奉教,何如?敬承映庵词掌道履。文焯再拜,即夕。

致夏敬观书:昨奉诲音,兼诵高制,骄才雄力,丽采英声,匪独宋参军,不辟危仄;直如齐记室,特出新崒。心折无已。清真此解,自十年前,与易叔由同年连句和之,迄今不敢差想。忽睹嘉藻,弥用敛手,兹附上《国粹学报》近刻拙诗文数篇,欲探月旦,幸有以裁之,感甚感甚。嘉鱼笺从何处觅来,并乞示及,俾索其版,当易

得之。映堪先生察书。文焯敬白。三月廿日。(《大鹤山人遗札》,《同声月刊》第二卷第十一号)

　　　　按:夏敬观(1875—1953),字剑丞,号盦人,又号映庵,室名忍古楼。江西新建人。曾任江苏巡抚参议。工诗善词。著有《映庵词》,词学论著有《词调溯源》《忍古楼词话》等。

三月,与陈锐、朱祖谋、夏敬观为饯春之会,各赋《一萼红》词。

戴《谱》:三月,陈伯弢先生假花步里陈逸渔寓园,为饯春之约,会者先生与朱古微、夏映庵敬观诸公,各赋一词,以志胜践。先生词见《苕雅余集》。

朱祖谋为竹檽桥南草堂题通德门榜。

《声声慢》(芳披云缕)词序云:赋书带草,余既营草堂于竹檽桥南,缭以长廊,缘阶悉植书带草,葱翠可藉,贞萋冬荣,经神之遗,足当吾家读书种子。沤公为题通德门榜,示不忘郑志也,言诵清芬,为赋此解。(《大鹤山房未刊词》,《同声月刊》第一卷)

春,赠朱祖谋瑞香,朱赋《玉烛新》词报谢,文焯和之。

朱祖谋《玉烛新》(铅霜和影飐)词序云:叔问赠瑞香,谓即《离骚》《九章》之露申也,赋此报谢。叔问以为有美人怀服之思。(《彊村语业》)

《踏莎行》(麝颗珠尘)词序云:瑞香本香草之异名,即《离骚》《九章》之露申也。其花芳烈,与辛夷同时,故《楚辞》并称,以喻高洁之见弃,自王逸辈旧注疏于辨物,古今相承,名义顿晦。余尝为《楚骚香草补笺》,别为论列以著之。东坡咏瑞香,亦有"纫为楚臣佩"之句,一时嘉藻,盛在吟口,后之作者,但据《庐山记》睡香故实,率皆题香赋色,初未及其标格之孤洁也。樵风园旧植素艳一窠,花时香人衣体。沤公近赋《玉烛新》赏之,有美人怀服之思,因和以是解。(《大鹤山房未刊词》,《同声月刊》第一卷第六号)

三月十二日,致书朱祖谋论词,并感谢其题榜。

致朱祖谋书:来告宏饰过情,弥用愧奋。承示柳词"舍"字非协,至云起三句,句句用韵,易致转折怪异之音。按清真《解连环》起调,确直连三句为韵。梦窗赋此解,犹墨守惟谨。盖两宋大家,如柳、周、姜、史词,往往句中夹协,似韵非韵。于句投尤多见之。屯田是句似亦偶合,不须深究谱例。但取其音折铿訇,讽入吟口,无复凝滞。即依永和声,已得空积忽微之旨。下走当咏摇嗟叹时,初无容心也。昨映庵亦据是义例下问,想会心当不在远。红友固未足征据耳。榜题款字大佳,已付工摹勒。敬谢敬谢。寻晤述不一。此上彊村先生道案。文焯白疏。三月十二日。(《大鹤山人手札汇钞》,《词学季刊》第三卷第三号)

三月间,与夏敬观多书翰往来。夏敬观染疾,为其脉案并开处方,感谢其馈赠吕

宋烟。

致夏敬观书：昨夕撮题近意，白上荒函，侧闻动定，微复亏摄，已就高枕，嗣音阒然，深用驰忆，特走札敬问安否何如。俾释所怀，匆匆寄语，再上剑丞先生棐几。郑文焯再拜。

致夏敬观书：昨归沉思体候，证以脉象，仍宜以辛凉轻清之剂，疏手太阴，以达清阳。俾取效捷而无胸痞之患，再处一方，附呈脉案大略，惟裁制之。昨方可勿服二煎也。并承惠吕宋烟一枝，味较敝处所购者澹而弥永，当别是一格，拟乞使便代寄一匣，其值若干，并其旧地招牌示及为幸，附上旧纂《高丽好太王碑考》一卷就正。余不一一，此上。祇颂映庵先生使君动定安隐，文焯拜手，三月二十六日。

致夏敬观书：仲景谓中而不即发者为温病，此以别于伤寒而言之。风为百病之长，其见端不一，传变亦至速，唯春余夏始，阳盛伤阴，风从外搏，气以内距，恒视其人之所感而中于所偏，故病者多剧。盖风者火之母，木既为火克，风乃益炽。当木火交战，而摔于土衰水涸之躯，未有不败者，此春夏交会之病温，素号难理也。尊体本患痰欬，积湿生寒，积寒化热，今日切脉，两关俱见滑遒，右寸微浮，左尺小数。风虽从手太阴入，而少阳阳明之湿热，适受其制，故微恶寒而壮热特盛，其诸见证，皆原于此。今处方首宜和解半表里之间，治以辛温平剂，内经所谓风淫于内，治以辛凉，佐以苦甘，庶易为功耳。方列后。

致夏敬观书：损答兼拜雪茄之赐，珍谢无已，得此已悉其旧处，不敢烦源源相济也。第三方试服后，有殊效，幸见示，更须进一服理阴和中汤头，即占勿药矣。承命写聚头扇，旦夕即录近制箧稿，旧有咏石涛和尚鼻烟壶一词，容检写奉政，且拟求和也。此报，敬候映庵先生起居。文焯白疏，廿六日。（《大鹤山人遗札》，《同声月刊》第二卷第十一号）

春夏间，与夏敬观、张仲炘同在陈启泰幕中，与陈锐、朱祖谋等诗酒唱和。四月一日，致书夏敬观，欲招集作词。

夏敬观《张次珊通政挽词》诗自注云：余昔与通政及郑叔问舍人同在长沙陈伯平中丞幕中，侍郎朱沤尹赋枇杷词，中丞与幕客共和之。（《忍古楼诗》）

致夏敬观书：百五日韶光，廿四番风信。尽销得两三点雨。一霎阑干，怀古阳春，那不头白。想渊思洞赏，怊怅感怀，定有高制续方回江南断肠句也。沤公沪游，迄未言旋，值此夏始，风日清和，正宜拍浮补饯春近局。拟俟二三隽侣，兴余谋一醵饮，作连词小集，容与沤公商略，何如？此上祇承映庵先生道履。文焯再拜言，四月朔日。（《大鹤山人遗札》，《同声月刊》第二卷第十一号）

四月三日，致书夏敬观，言及山塘饯春事。

致夏敬观书：一昨执者来告，正以沤公未归，清尊小待，度其沪游，向无濡滞，旦夕当亦能谐，乃辱嘉招，敦趣在远，可云贤且笃已。饯春山塘，宜联高咏，左右佳客，独愧荒怆，牛耳属公，敢孤胜践，率复导悯。祗承剑丞先生道履。郑文焯敬白，四月三日。（《夏剑丞友朋书札》）

四月六日，致书朱祖谋，论《安公子》词。

致朱祖谋书：前夕酒楼草草饤盘，咄嗟便办。苦无兼味，良负彦会，此心阙然。小园蚕豆已实，待半肥时，撷鲜供客，差可下饭。少迟当更作夜谈近局也。兹采得新金华菜一筐，尚其挑嫩食之，诚野人一芹之献耳。大著《安公子》词，前已涂抹泰半。不自知其疏妄，唯以元作发端奇逸，诵不去口，聊以浅闇演赞未备之义。乃辱矜许，重以诿诿，载挹虚襟，敢辞润色。至上阕"那"字韵有待商略者，考"那"在今韵歌哿部为一义，《玉篇》训"何"，《集韵》训"安"，即唐宋诗词中所恒用"无那"是也。又属箇韵者为语助，汉《韩康传》所云"公是韩伯休那"。俗言那人义出此，其本音并不入马祃二部。古韵固与哿箇通用，第词中声转，窃有未安，拟为僭易之，何如？走近又得送春《水龙吟》一解，亦类《苕华》闵时之作。改定当写上就正。余不一一。《归鹤图》亦即并陆扇落墨，不久稽也。彊村词掌先生垂鉴。文焯敬白。四月六日。（《大鹤山人手札汇钞》，《词学季刊》第三卷第三号）

四月十一日，致书夏敬观，请其代买滤水筒。

致夏敬观书：映庵先生道案：前应嘉招，水宴楼歌，栖芬餐胜。方之山阳游，践其表趣，殆未足喻斯美焉。比数存问，具审从者沪役未旋，良用神跂，吴郡旱既大甚，井渫半枯，河益涅滓，因忆西法滤水筒，适足当济胜具，敝斋旧所用者，仅有其一。管吸不灵，爆吻待润，海上荒货摊颇多其器，但取略大，能受水升许，捷于给饮者，无论何式，敢乞代为无色一二。具附使君行李寄下，其值即当面缴，亦坡老调水符余事也。此物虽细，非解人不办，一得恃爱无厌，惟深谅之。伫闻还驿，以慰渴尘。幸甚。祗承动定安隐，临题怀仰，郑文焯再拜，四月十一日。（《夏剑丞友朋书札》）

四月二十八日，致书夏敬观，谈论陈锐所作《大酺》词。

致夏敬观书：前夕听枫园饮席，仍苦竹胜于肉，后逢须如尊约，或可摆脱尘襟，趣作文字饮耳。但虑瞻园引去，风流顿尽，如何如何！中丞乞退一疏，今日当有批反，有确闻幸示及。承惠滤水瓶，试之果捷于他器，泂抵一服清凉散也。敬谢高义，有加无已，不知所以报之。昨伯弢书示近制《大酺》，致多俊语，微嫌文荣意悴，有才大难用之慨，然渠意甚得，未可遽为轩轾。盖由于着想太高，触笔廉断，正如袁暇之诗，须人捉着，不尔便飞去矣。下走廿年前曾有和清真之作,刻之《瘦碧词》初稿,版久沦轶,兹偶忆写上,颇愧中有鄙直处,惟紫霞拍定。当时意锐才弱,且多不协,欲拉杂摧烧之久已,拟闲中更和一解就正,苦乏好怀,奈何。余驰咽不次,敬承映庵词掌先生动定。文焯顿首,四月二十八日。附上《艺概》二册,聊充邺架,其中论词亦有微妙也。又及。(《大鹤山人遗札》,《同声月刊》第二卷第十一号)

初夏,夏敬观约文焯与朱祖谋花步里饯春,作词。

《一萼红》(露阑阴)词序云:"己酉夏始,映庵有花步饯春之约,与沤尹词先成,韵甚谐美,课余继声,因追和白石,俾属韵末。"(《郑大鹤写词》)

五月四日,致书夏敬观谈巡抚陈启泰病逝,甚悲之。

致夏敬观书:自昨闻府主臞公噩耗,怆恨迄今,痛耆隽之奄蕡,感知旧之零落。玉音不嗣,辍弦增悲,不自觉老泪横膺也。权抚属谁,且晚当有消息,想匋公今已电闻。云门藩使,其券获邪?有确信,幸见示一一。下走南遁三十年,诸侯残客,哀逝忧生,曷云能已,独于此老有邦国殄瘁之悲,惨凄如何。亮吾贤感遇知深,定亦为之累欷擥涕也。匆匆驰臆,祇承映庵先生使君起居。文焯顿白,五月四日。(《大鹤山人遗札》,《同声月刊》第二卷第十一号)

> 按:"匋公"指端方。"云门藩使"当指樊增祥(1846—1931),字嘉父,号云门,一号樊山,别署天琴老人。湖北恩施人。光绪三年(1877)进士。曾任江宁布政使。著有《樊山诗集》《樊山文集》等。

五月五日,作《高阳台》词悼陈启泰。

《高阳台》(梅雨团金)词序云:己酉重午有怀,同沤公作。(《樵风乐府》稿本)

夏敬观《忍古楼词话》:长沙陈伯平中丞启泰,亦号臞庵,工填词。……余入苏抚部幕,为中丞所辟。时中丞已卧病,未尝执词为挚也。初中丞首赋枇杷词,归安朱古微侍郎祖谋及叔问舍人、次珊通参、伯弢太令,皆有和作,余独无以继声。及中丞下世,古微侍郎赋《华胥引》词,题为重午感旧,伯弢与余同赋,盖皆追悼中丞之作也。(《忍古楼词话》,《词话丛编》第4754、4772页)

五月五日,张仲炘将去苏,作词留别。

戴《谱》:天中节,张次珊先生将去苏,写近作词四阕留别,且要先生曰他日重见,夫知词境视此如何。先生为赋《一萼红》,题其词卷后。词见《苕雅余集》。

> 按:《青鹤》杂志载戴《谱》附录有张仲炘词四阕,分别为:《三部乐》:"风日清嘉,甚倦倚画屏,望空愁绝。燕随春去,知更无人能说。早难道芳约终虚,盼素鳞又杳,瑞脑重蓺。露桃落尽,直到黄梅时节。　迟回揽衣对镜,

问带围瘦减,为谁磨折。年年断魂驿柳,缄情宫叶。乍阑干伴人一霎,烟雨又纷扉似屑。空念旧日,无端地花下轻别。"《六么令·雨后薄醉夷然有思》:"夜来微雨,庭草回新绿。流莺为春啼老,劝秉西园烛。无处堪容小隐,翠森条如玉。行窝权筑。穷途休管,肯学当年步兵哭。　长安闻道似弈,冷劫留残局。槐国几据春秋,梦影飘轮速。何似金樽酒满,一醉陶然足。高歌岩谷,斜阳今古,曾照伊谁旧华屋。"《四园竹·对雨用美成韵》:"檐声碎滴,倦对掩双扉。笋敲碎玉,蕉点绣旗,沉寂虚帏。残醉酒,疑梦入秋声馆里。晚凉衰鬓偏知。　问谁其、窗前细剪灯花,连宵漫数惜期。奈更云容翳昼,含睇长哦杜若骚辞。愁满纸,素浪阔,空江去棹稀。"《一萼红·花步饯春和彊村映庵》:"小楼深,锁琼窗绮户,春色尚沉沉。筝柱弦温,棋秤玉冷,红袖来劝芳斟。乱花过庭庑自碧,耐絮语枝底和双禽。十里烟波,万家灯火,都付闲吟。　欢事觉来如梦,对金杯满引,白发愁侵。燕市春场,秦淮曲榭,飘荡还又而今。倦飞绕南枝,几市浩歌里,空负故山心。未识明年更逢,底处开襟。"

五月八日,致书夏敬观论《金陵怀古》词并对夏氏《江南春》词提出修改意见。

致夏敬观书:执诲感甚。拙制《金陵怀古》,端取桓宣武登平乘楼北眺数语,摅写近事。老子婆娑,亦陶侃讽时之辞。正谓玄谈诸君,以清言品骘过江名士,遂致神州陆沉耳。比岁社会清流,痛哭高谈,颇类晋客,吁可悲已。大著《江南春》,只结韵微涩,拟易叠字,何如?并乞裁定。又"女墙"似与上"堞"韵嫌复,妄拟以"缭"字,不审当否。余俱隽逸,无懈可击。此承剑承先生使君起居。文焯顿白。初八日。(《大鹤山人遗札》,《同声月刊》第二卷第十一号)

　　　　按:札中《金陵怀古》词即《念奴娇》:"酒旗风影,漾回波不断,春愁千斛。中有过江名士泪,销得新亭一掬。老子婆娑,英雄割据,莫举伤高目。江南春好,送人惟有哀曲。　谁念玉麈风流,虚玄谈未了,神州沉陆。空吊金城衰柳色,依旧江潭凄绿。故国鹃声,荒山龙气,终古苍黄局。歌尘如梦,野花开遍陵谷。"词序云:"友人见示江南春图,兼寄金陵怀古之什,感事因题。"

六月间,致书夏敬观谈近状及为陈启泰所制挽联。

致夏敬观书:一昨沤尹见过,始审尊状,深用悬悬。伯戣书至,甚述秣陵近会,虽有湘绮翁,恐一堕乌帽尘中,便落莺脰湖派,无足歆藉也。下走自如伏后,畏暑枯卧,饮馔都废,惟思甘瓜啖之。安得一服清凉散,为涤烦襟邪?挽矐公一联,无限感怀,发言辄哀断,不能尽此幽素。想公当有高制,幸示及。附上拙作,改定是企。此上,敬承映庵先生道履。文焯再拜,六月十一日。

致夏敬观书:前夕以未获嗣音,阙然展谒,深用遭回。昨枉报章,垂示拙制联语,重费宏裁,感幸靡已,兹仍就初作,拈得陈氏故实,上下恰如素分,较为妥帖易施,质诸大雅,当亦首肯也。晚凉少间,当更走谈。此上映庵先生道案。文焯敬白,十六日。(《夏剑丞友朋书札》)

六月二十二日,致书夏敬观,谈为夏在苏州赁寓事。

致夏敬观书:前损答疏,有溢美之誉,弥用弱颜。今日度从者沪行当归,吴城僦馆,佳居良难,不审公已觅得无,深以为念。敝处前巷,记曾有丁氏别室,曩赁于福观察,未知今有出租否,但精而未必广垲耳。长沙中丞开奠两日,想为绅与官别,何日属绅,幸即示及。瞻老已来此,无其踪迹,问颂陔当知之,沤尹犹在沪耶?附上近制小词,冀得紫霞齐以乐句,再定稿,何如?白此代面,祗候映庵先生道履。伯弢期服之假,左右知其所属否,乞示及。文焯顿首,二十二日。(《夏剑丞友朋书札》)

七月十七日,致书夏敬观,谈陈锐事并寄词。

致夏敬观书:前夕盛饫丰饪,饱德无量,乃衰齿折福,昨晨颊辅瘴痛,餔啜都废,今牙车犹凿凿甲错也。伯弢及瓜而代,以去年同时摄官者,皆次第更替,匪伊向隅,然延此月余,徒增累耳。吴会又多一词侣,密迩倡酬,秋夜当谋近局,时相唤酒,亦一欣也。偶忆与沤公述蜇老近事。感秋而作,得小词,先奉紫霞翁定拍,幸有以裁之。意欲学柳,苦才力弱,奈何。此上,祗承映庵吟掌先生道履。文焯敬白,七月十七日。(《夏剑丞友朋书札》)

> 按:"蜇老"当指汤寿潜(1856—1917),字蜇先、蜇仙。浙江山阴人。光绪十八年(1892)进士。主张改良、立宪,辛亥武昌起义后,被推举为浙江军政府都督。著有《危言》《尔雅小辨》等。

七月十九日,致书夏敬观,赠词。夏复书言陈锐卸职事并寄词。

致夏敬观书:昨写上小词,阙然教益。意将有金玉嗣音,绛以藻咏邪?愿一倾耳,砭我篐弄,迟之迟之。前夜忽闻南雁,秋思苍茫,顿增怀旧之感。枕上又得《木兰花曼》,既无好怀,弥乏新意。未敢享帚,录请一笑。至《湘春夜月》,略改窜数字,并乞郢斤削之。匆匆上。祗承剑丞词长使君起居。文焯再拜。十九日。(《夏剑丞友朋书札》)

夏敬观书:叔问先生道席:赴沪二日,昨暮始归。展诵新词,如获珍璧。顷读"早秋闻雁"之作,尤为心折。昨题龙马叟《依汀宴别图》小令,录呈教正。伯弢忽奉交卸之命,闻意出陆方伯,无如之何也。手叩撰安。敬观上言。

《玉楼春·题张伯琴丈依汀宴别图》:春风跃马金腰袅。忆出阳关人未老。

江虹远饮画图明，夜别依汀花窈窕。　风灯零乱长安道。白尽英雄头不少。一湖烟水一渔翁，去已沉吟归自好。敬观呈稿。

　　按：夏敬观致文焯书札出自《大鹤友人投赠手札》，原为海粟楼主人王謇所藏，陈国安《海粟楼藏夏敬观致郑大鹤论词书札笺释》一文披露，本书即据陈文引录。陈文见《第九届中国韵文学国际学术研讨会会议论文集》。"陆方伯"当指陆钟琦（1848—1911），字申甫，顺天宛平（今北京）人。光绪十五年（1889）进士。1903年，任江苏任督粮道。1908年，调任江西按察使，旋回任江苏布政使。1911年秋，调任山西巡抚，到任甫二十余日，即被山西革命军所杀。

夏敬观致书，论北宋词并寄和《木兰花慢》词。

　　夏敬观书：昨得半日之暇，勉成《木兰花慢》一阕，录呈诲政。较之原倡，百不及一。窃谓乐章妙处实开清真之先。北宋之词亦如六朝文体，潜气内转。此惟先生能之，观不敢效也。此颂撰福。小坡先生阁下。敬观顿首。

　　《木兰花慢·秋夜闻雁和叔问先生》：乍河声度雁，破云影，下高空。正别馆惊秋，阑干孤凭，残月微笼。山重数千万里，路漫漫笳吹咽西风。丹凤城南更远，玉关信息难通。　离惊。此夜谁同？愁里听最惺忪。叹衔芦一一南飞，不尽七二衡峰。疏桐向庭院静，想佳人、无寐翠楼中。只恐哀筝怨笛，断肠又到帘栊。映庵倚声。（陈国安《海粟楼藏夏敬观致郑大鹤论词书札笺释》）

七月二十二日，复书夏敬观赞《闻雁》词，并赠小令二解。

　　致夏敬观书：昨载诵高制，并见和《闻雁》之作，骨气清雄，深入六一翁三昧，非寻常词客所证声闻果也。佩之无斁。顷再写上近制小令二解，就正有道。吾党同志日希，宜以风义相切劘，幸无为过情之誉。至祝至祝。比以舍侄辈来自九江，未免清事一挠耳。文焯故白。七月廿二日。（《夏剑丞友朋书札》）

七月二十九日，致书夏敬观，谈朱祖谋词作意晦涩，并寄《虞美人》词。

　　致夏敬观书：前诵嘉藻，极耐玩味。近得沤公和梦窗《江南春》一解，苦为韵缚，未尽能事。比来颇觉其作意略入晦涩，好为人所难能。终虑以次公面诶，误以追骏处末耳。鄙制乃力求疏澹，欲举似相规，窃未敢遽发。如何如何。兹写上二令就正，幸教之。此上。祇承剑承先生道履。文焯顿白。七月廿九日。附上《虞美人》一曲，并乞诲拍，幸甚。新居尚未获一诣，此心阙然。旦夕家事粗了，当向晚走谒一谈。谅不至相失也。又及。（《大鹤山人论词遗札》，《词学季刊》第二卷第四号）

　　按："次公"指张仲炘。

八月十二日,致书夏敬观,赞其《竹马子》词疏快,并论北宋词。

致夏敬观书:前得诵嘉制《竹马子》词,极疏快之致,一洗窸窣雕琢之尘。匪得唐人诗境三昧,不能发此奥悟也。但下走窃有贡疑。尝以北宋词之深美,其高健在骨,空灵在神。而意内言外,仍出以幽窈咏叹之情。故耆卿、美成,并以苍浑造端,莫究其托谕之旨。卒令人读之歌哭出地,如怨如慕,可兴可观。有触之当前即是者,正以委曲形容所得感人深也。毛先舒云:不可以气取,不可以声求。洵先得我心矣。盖学之者写景易惊露,切情难深折。稍一纵,便放笔为直干,恐失词之本色尔。昔齐袁嘏语徐太保尉云:我诗有生气,须人捉着,不尔便飞去。敢以举似高制,幸无以怪侣见屏焉。诸作终当以《采桑子》新定稿为超绝,佩之畏之。秋夕南濠水燕,群公到者几人。幸豫示及,必偕沤公同践也。附上改定前词一解,惟诲拍为感。此复上映庵先生道案。文焯顿首。八月十二日。(《大鹤山人遗札》,《同声月刊》第二卷第十一号)

八月十二日,校阅《花间集》。

记云:唐五代词之工者,欲言情,先属景,又或隐谬其辞、湛冥其意,旁寄于一物一事,造端微眇以相风动,能使后之读者感音歌泣,耳目所寓,出入作止,适然相会于无言之表率,如吾胸中所欲言,有欲引申触类更言之而不得者。南北宋则文胜于质,然丽藻绮章,时复陈其细趣,二晏、周、姜,其骨气高浑处,亦不减韦、薛风流,但大晟慢体浩倡属兴,嬉成流移,文无止泊,岂仅古节之陵迟,抑嫌曲名之无会已。己酉中秋前三日,记于瘦碧簃。余曩纂《曲名考原》,写稿为同社录副,已轶其半。并记。(郑文焯批校《花间集》)

八月十五日,作《蝶恋花》词。

《蝶恋花》(好月一年能几见)词题云:己酉中秋,夜雨怀旧。(《苕雅》稿本)

九月八日,致书陈锐论柳永词。

致陈锐书:伯弢先生道案:去月之昔,驰翰述惓惓之诚,度不为书邮浮沉也。相念既切,再诣不值,想当文墨填委之余,一旦释此,藉游观一销愁寂,匪徒与物接构,顿睽生平。此意特难为俗人言耳。比来剑丞既沉困府事,沤尹复以贾折阅,狂走江上,索其亡赀,并文章小道亦几无可语者,遑及学问之精旨?坐是思君,弥若饥渴,诚以天地雾塞,吾道畸零,不能无鸡鸣风雨之思。吁可悲已!前诵《衮碧斋词话》,感君真知,实异世士之延誉增重者。且独于下走论及品格,益叹数十年来朋契之深微,无以逾是。毕生获一知已,可以无憾矣。即以词言,觉并世既鲜专家,求夫学人之词,亦不可得,宜吾贤自况,以能诗余力为诗余,如欧苏诸贤,皆恢恢有余。柳三变乃以专诣名家,而当时转述其俳体,大共非訾,至今学者,乃相与咋舌瞠目,不敢复道其一字。独梦华推为北宋巨手,扬波于前,又得君推澜于后,遂使大声发海上,亦足表微千古。凡有井水饮处,庶其思原泉混混,有盈科后进之一日乎? 下走自去春奉教于君子,沉毅以求之,为岁已积,百读不倦,极意玩索,自谓近学,稍稍有获。复取曩时所校定私辑柳词之深美者,精选三十余解,更冥撺其一词之命意所注,确有层折,如画龙点睛,其神观飞越,只在一二笔,便尔飞去也。盖能见耆卿之骨,始可通清真之神,不独声律之空积勿微,以岁世绵邈而求之至难,即文字之托于音、切于情,发而中节,亦非深于文章、贯穿百家不能识其流别。近之作者思如玉田所云妥溜者,尚不易得,况语以高健耶? 其故在学人则手眼太高,不屑规规于一艺。不学者又专于此中求生活,以为豪快可以气使,哀艳可以情喻,深究可以言工。不知比兴,将焉用文? 元明迄今,迷不知其门户。噫! 亦难矣。近略有妙悟,惟君可以折中。兹先写上新制一解,切乞诲音,幸有以和之。犹记十年前在京师连句,和美成此曲,未审君曾存稿无? 忽忽一纪,世变纷歧,恍若昨梦,仍为江南词客,相与寂寞终老耳。思之泫然。听雨寄声,聊次瞻对。郑文焯顿白。己酉重阳前一日。(李开军《新见郑文焯与陈锐书札十二通》,《民国旧体文学研究》第一辑,第 419—420页)

九月八日,致书夏敬观谈词。

致夏敬观书:相违匆匆旬余,所思如何,想文墨填委,日昃不遑,公干所谓"释此出西域,登高且游观",隽语可味,此其时也。沤公盖已赴皖,未有归日,亦徒靡靡,致扰清趣耳。近念秋晚,西阑芙蓉向残,顿触秋江摇落之悲,托寄声永,得《六丑》一阕,极意追摹清真,苦不得其深秀之致。是调只十三年前与中实、伯弢联句一和,故知效颦太难,今微有心得,辄忘柔暗已,敢以奉质,幸裁之。此上,敬承映庵词长先生起居。文焯顿首。重九前一日。(《夏剑丞友朋书札》)

　　　按:札中所言"《六丑》一阕"即《六丑》(又年芳催老)词,题为"芙蓉谢后作",词云:"又年芳催老,悄立遍、阑干危碧。怨花后期,无言花暗泣,颟地谁惜? 更洒黄昏雨,水环风佩,数断红消息。罗裳自染秋江色。總帐才遮,珠茵旋积。盈盈,怎堪寒摘? 只轻朱薄粉,愁上簪帻。　西园霜夕,照清池宴席。步绮凌波地,成往迹。尊前换尽吟客。纵仙城梦见,玉颜非昔。钗钿坠、似曾相识。终不向,一镜东风媚晚,鬓边狼藉。飘零恨、独在江国。怕旧题、锦段重重泪,无人赠得。"(《茗雅》卷三)

九月九日,作《木兰花慢》词。

《木兰花慢》(叹人间令节)词题云:己酉九日风雨。(《大鹤山房未刊词》卷三)

九月,致书夏敬观论《乐章集》,并欲托夏带书籍数部存于上海邓实书楼。

致夏敬观书:昨晤老友王少谷,述及重九前一日,与公同飞车回苏,节物凄凉,又是一年风雨。想清致所逮,定有高唱也。前夕填得《木兰花慢》一解,即守柳体短协下四字句法。因细绎《乐章集》中,多存北宋故谱,故繁音促拍,视他家作者有别。南渡后乐部放失,古曲坠佚,太半虚谱无辞。白石补亡,仅数阕尔。赖柳集传旧京遗音,亦倚声家所宜研讨者也。沤公索折阅,不得遂游白下。闻颂陔云,尚拟作平原十日饮耳。拙词写上,就正有道,幸实诲之。尊处近有无佳便如沪,走有书籍数部,欲存之秋枚书楼也。此上。敬承映庵先生道履。文焯顿首。再闻藩署有子蹈海,其绝命词可觅得一假观乎?望示及。又及。(《大鹤山人遗札》,《同声月刊》第二卷第十一号)

按:邓实(1877—1951),字秋枚,别署枚子、野残、鸡鸣、风雨楼主。广东顺德人。喜经世之学。光绪二十八年(1902)创办《政艺通报》,光绪三十一年(1905)发起成立国学保存会,刊行《国粹学报》。著有《国学真论》《古学复兴论》等文。"藩署有子蹈海"指江苏布政使陆钟琦子陆仁熙蹈海自杀事。

夏敬观复书文焯,称赞其《六丑》《木兰花慢》二词。

夏敬观书:小坡先生经席:初八由秣陵旋苏,连日均欲趋承教旨。乃日力既为公牍销磨,薄暮辄为亲友邀饮,些须性灵,梏亡殆尽矣。读《六丑》《木兰花慢》二词,继声柳周,惟公能有此妍妙之笔,余人不能及也。欲有挑剔以贡献于先生,回环读之,无隙可乘。奈何,奈何。沤公在宁,匆匆一晤。惟不及走访次珊,大约日间必可兴尽而返。观月半后必至沪一次,如有件寄秋枚,届时当走领。陆方伯之子蹈海一节尚不得确实信息,闻其绝命诗为两绝句,未得见之。手叩。道安。敬观顿首。(陈国安《海粟楼藏夏敬观致郑大鹤论词书札笺释》)

九月,批校《片玉词》。

记云:清真风骨,原于唐诗人刘梦得、韩致光,与屯田所作异甚而同工,其格调之奇高,文采之深美,亦相与颉颃,未易轩轾也。梦华论词,独以梅溪、片玉并提,而谓周之胜史又在浑之一字。己酉九月鹤道人记。(郑文焯《片玉词》批本,参吴则虞校点《清真集》,第127—128页)

秋,校评《乐章集》。

记云:耆卿词以属景切情,绸缪宛转,百变不穷,自是北宋倚声家妍手。其骨气高健,神均疏宕,实惟清真能与颉颃。盖自南唐二主及正中后,得词体之正者,独《乐章集》可谓专诣已。以前此作者,所谓长短句,皆属小令。至柳三变乃演赞其未备,而曲尽其变,讵得以工为俳体而少之?尝论乐府原于燕乐,故词者,声之文也,情之华也,非娴于声,深于情,其文必不足以达之,三者具而后可以言工,不綦难乎?求之两宋,清真外微耆卿其谁欤?世士恒苦其音节排戛,几不可句读。言如贯珠,又不复易于摭拾,类它词之可以字句剿袭。用是以喋嚜相诟病,诫勿学为淫佚。美之者,或附于秦七、黄九之末,诚不自知其浅妄,甚可闵笑也。顾《乐章集》读者既鲜,世无善本,今从吴兴陆氏所藏宋椠,考定篇目,复据明顾汝所校《草堂诗余》及梅禹金钞校诸本,冥索旁搜,折中一是。取诸宋本者十之七八,拟别录一帙。选集中至精绝妙之作三十解以供简炼,合周、苏、辛、吴、姜为六家,词选正宗,再选六一、子野、二晏四家小令,庶灿然大备,以约失之者鲜矣。近世词人求其妥溜,且不可得,况语浑成。凑以浮藻,文以艰深谓之涩体,诚可闵笑也。宣统元年,岁次己酉始秋,石芝西崦主人记于吴小城东墅。○己酉秋再校。(郑文焯校评《乐章集》)

> 按:文焯今存《石芝西堪宋十二家词选目》,小令五家,分别为晏殊、欧阳修、张先、晏几道、秦观;慢词七家,分别为柳永、苏轼、周邦彦、辛弃疾、吴文英、姜夔、贺铸。其中柳永词已选出具体词目,分别为:双调《雨霖铃》《佳人醉》《归朝欢》;散水调《倾杯乐》,又"楼锁轻烟"一解;歇指调《卜算子慢》《浪淘沙慢》;林钟商《破阵乐》《双声子》《阳台路》《定风波》《抛球乐》;中吕调《戚氏》《轮台子》《引驾行》《彩云归》《夜半乐》《祭天神》;仙吕调《如鱼水》《八声甘州》《临江仙引》《竹马子》《望海潮》《迷神引》《凤归云》《玉山枕》《满江红》;黄钟调《倾杯》;般涉调《塞孤》《安公子》二解;正宫《雪梅香》《尾犯》,共三十三首。此选目原为文焯《梦窗词校议定本》附录,后龙榆生录入《忍寒庐零拾》,刊于《词学季刊》第一卷第二号。

秋,送客城西陂。

《阳台路》(暮山远)词序云:秋夕送客,归步城西陂,怅然有作。(《樵风乐府》稿本)

秋,送别张伯琴。

《琵琶仙》(春老汀洲)词序云:龙马里叟有还湘之志,征词赋别,沤公歌是解以送之,余因嗣音。(《大鹤山房未刊词》卷二)

《八声甘州》(度高城)词题云:江皋野宴,重别龙马里叟。(《苕雅》卷三)

> 按:张伯琴,名张琳(1840—1917),字伯琴。湖南沅江人。咸丰十一年(1861)拔贡,光绪八年(1882)以军功分发浙江升用,先后任温州、杭州、湖州、台州知府,嗜藏书,能诗文。著有《求谦斋集》。"沤公是解"指朱祖谋《琵琶仙》(归种桃花)词,题云:"张白琴有还湘之赋,索词为别。"(《彊村词剩稿》)陈锐有《丹凤吟》(检点留君无计)词记郑文焯、朱祖谋赋别张伯琴之事,词序云:"吾乡张伯琴太守,抱道负才,不可一世,而仕宦不进,垂老徜徉

于吴门，既久客将归，归安朱侍郎、高密郑舍人，咸有高咏，致其攀留。余时
于役马洲，未获躬陪盛饯，顾忝忘年之雅。凤昔推襟送抱，于其行也，弥觉
黯然。若乃柴门松桂，沉水桃花，访邻寻里，终焉渔钓，有触凤心。波路悠
阻，既瞻望弗及，矢音寤歌，亦异时之贞券也。用清真韵，凡百十四字。"
（《窦碧斋词》）

九月二十七日，陈锐致书谈《夜半乐》《莺啼序》字声。

陈锐书：小坡先生著席：昨又得谭公子来书，殷殷问及词律。谭氏三君，此
其仲也。时议以其上有难兄，下有难弟，不无逊减，然即此问难，何可多得？惜
锐寡薄，不足以增益高明。吾贤词中之巨子，曷就答所问。且音声之学，吾贤亦
专家也，谭前书曾求等刻，足见好道之诚，兹并以呈览，幸垂教焉。顷奉大函并
词三首，词之佳处已通周、柳之邮，天下后世当共能言之。《夜半乐》一首上去字
与原词小有出入，原可勿论，鄙见词之合律，最重起一句，尤重起一字，如唱昆
曲，开口发声，不能便作黄腔也。此词"晚"字切宜改作去声。弟曩作《莺啼叙》
起句尾字误用入声，至今为愧也。又"魂萦蔓草"，"草"字宜作去声，方能与上
"菊"字呼应。词中长调，往往如此。如《莺啼叙》之"长波妒，盼遥山羞黛"，"黛"
"盼"应响，用上声则哑，此处虽与上段"怒涛"以下一例，然上下段各自有其音
节，姑妄言之。按，柳词此调有两字，鄙见意义相同，乃其改稿而并存之也。卓
见以为何如？选词正如吾意，堪饷学者，惜贱冗不暇附名，然稍缓当与商榷之。
《黑女志》即午往访李君较间接为得力。板鸭只剩半身，不知是昨所嗜否？少间
有人去南京，当为致一二以止老馋。仰叩道安。不一一。弟锐。廿六，立冬。
（陈国安《海粟楼藏陈锐致郑大鹤论词书札笺释》）

夏敬观寄《蕙兰芳引》《一叶落》《彩云归》词。十月十日，文焯复书论之，并谈陈锐审订《夜半乐》字声。

《蕙兰芳引·枫泾感赋》：霜醉晚枫，敛余照、半明江阁。正极浦舟回，灯里
片帆乍落。背城暮景，倩妙手丹青，难貌洒送秋客泪，此夕河桥萧索。　二月风
花，千程烟树，老去行脚。念难转红颜，终负故人素约。流霞在手，劝君且酌。
空断魂，为问楚招谁作。叔问先生诲政。敬观呈稿。

《一叶落·秋思》：小院落，秋阴薄，夕阳一片画阑角。井梧已渐凋，新凉谁
先觉。谁先觉。满眼西风恶。　万籁寂，霜天碧，月明满地夜砧急。雁飞紫塞
遥，相思无终极。无终极，梦破虫吟壁。右为内子左缀芬近作，录呈叔问先生晒政。

《彩云归·芙蓉谢后和叔问先生》：回阑对酒送斜阳。爱西园、锦幄初张。
思暮云、暝合秋江上，人似倚、水阁琼窗。那堪共楚天千里，使春心暗伤。到此
念岁华将晚，自集蓉裳。　凄凉。行吟甚处，叹流连、素景殊乡。一城露冷，罗

帐香歇，又改红芳。算别来，千花万草，尽绕骚客离肠。歌筵畔，谁有当时一半疏狂。<small>叔问先生斧政。敬观呈稿。</small>（陈国安《海粟楼藏夏敬观致郑大鹤论词书札笺释》）

　　致夏敬观书：昨晨方写拙制二解，就有道正。适奉来章，凄异感人，如诵《九辨》，弥钦怀旧之蓄念，不同无病之呻吟。紬绎嘉藻，近著中当以此为孤进之绝诣。且兹调拗折，极不易协律。清真嗣响，诚足当之。顾下阕"红颜"句，窃于义未安。拟易以"念珠玉，波况何如"，即美成"念珠玉，临水犹悲感"之意。諕见所逮，幸无见尤。此上剑丞先生道案。文焯顿白。十月十日。高制温丽古澹，骎骎美成，三复心折。窃有微义只字未安，敢以奉质。《彩云归》第三句"思"字，仍未若径用"看"字叶平。又"琼窗"似与"锦幄"嫌复，"蓉裳"拟僭易"云裳"，以"蓉"字不合于此见也。结处亦微觉疏宕过情，不审伯戣推敲如何，愿示其旨。《秋思》一解，酷似漱玉，得风人哀而不伤之义，使人心神俱服。特"井梧"句"已渐"二字音欠响，兹妄拟"又渐疏"，何如？拙作《夜半乐》已写请伯戣审订，容即奉教。此上映庵先生道案。文焯顿首。伯戣顷复书，酌定两去声字律，特写上，幸裁正之。又及。（《夏剑丞友朋书札》）

夏敬观读文焯词，并致书约西山观红叶。

　　夏敬观书：叔问先生经席：夜归，复读两词，想见画阑雨夕，惆怅夫容，骚人孤抱，不出凡响。日来沧浪亭金粟五十二本已盛开，文书生倦，藉散沉迷，颇饶佳趣。但入暮又复趋府，更阑方散。明晨随节过江，约六七日旋转，登高佳节，同往西山一观红叶，未卜能如愿相偿否？此叩。道安。敬观。（陈国安《海粟楼藏夏敬观致郑大鹤论词书札笺释》）

夏敬观致书寄《兰陵王》词，并谈文焯《雪梅香》词字声。

　　夏敬观书：昨呈《蕙兰芳引》，承斧易四字，感佩无量。昨夜又成《兰陵王》一解，录呈指正，务祈破除情面，使获教益。倘有增进，皆先生之所赐也。大作得柳词一种静穆气象，功力至深，惟《雪梅香》之"雁梦出"三字似宜易上声，音响更协。妄议不知有当否？此叩，小坡先生，道安。敬观谨上。

　　《兰陵王·草》：小桥侧，芳草离离恨色。凭栏见，霜露晓寒，一夜西风换头白。行行向大陌。愁客。思归未得。黏天处，江树共凋，遥接黄云寒东北。蘅皋旧春迹。记酒卧长瓶，骢驻金勒。匆匆来往青芜国。惟别袂凝泪，坠钗成感，残阳西下照燕麦，况人滞秋驿。　孤立，望无极。念朔管声哀，胡雁飞急。神京渺渺相思夕。剩一片愁霭，四边衰碧。登临非计，甚地许，万虑寂。<small>敬观呈稿。</small>（陈国安《海粟楼藏夏敬观致郑大鹤论词书札笺释》）

十月十三日，致书夏敬观谈《兰陵王》词，并谈宋词律。

致夏敬观书:损书,兼诵新制《兰陵王》,劲气直达,却能于疏宕中别具幽宛之致,与前作异曲同工。昨夕与沤公赏击不置。微觉煞拍六字稍稍虚薄,能回应第一段最妙。切"草"而推入苍茫,亦是一格。此处工之至难。去上字律固宜墨守,而字面益不易著也。承教益下问,敢以请质,何如。拙词辱示两字宜用上去声,诚于细律有关键。近悟宋人词中着去上字例,如尊议前结二句第二字。若先用去,则下句第二字即宜以上声为协。反是亦合。试验柳词是解前后结皆然,足征上去字须参差叶律。柳作后煞即先上后去,不沾沾一节也。映庵先生于意云何。文焯顿首。十三日。(《大鹤山人论词遗札》,《词学季刊》第二卷第四号)

十月二十四日,致书夏敬观论《夜飞鹊》词。

致夏敬观书:提学何日相印,幸示及,当一醉三□酒也。前垂示《夜飞鹊》新制"回"字韵以上,并深得清真浑茂之旨,非敢贡谀。"商叶"二字,见何出典,极新异。再四句自仍从重起为工。"姿"字韵似亦以辉为佳,"天西"拟易作"平西",何如?荛见惟鉴谅。不宣。此颂剑丞提学使君洪熹,文焯再拜。廿四日。鄙画题就附上,惟昭纳之,奉正奉正。"商叶"出东野庾句,取为词材,自成馨逸,不嫌生涩也。(《夏剑丞友朋书札》)

按:"提学何日相印"指夏敬观担任江苏提学使一事。

十月三十日,致书夏敬观,谢其赠菊。

致夏敬观书:诣贺未及登拜堂皇,歉甚歉甚。损书并残菊廿本,即付园丁移植,岁寒篱落,傲骨犹存,来年花时,当平分秋色也。属题《灵台招隐图》,俟潢治成册必补一词,以张高躅。昨以吴世兄阆生使君具过函,拟以尊酒,尽一日之雅,迟公洎沤尹翁同临一叙。旋闻廉使有宿约,而阆生又定今日沪行,竟不果谋此近局,奈何?伯弢游白云,当有佳咏也。此颂映庵先生学使台祺。文焯顿白。十月晦日。(《夏剑丞友朋书札》)

按:"吴世兄阆生使君"指吴筠(1864—1921),字阆生,号树堂。山东海丰(今无棣)人,吴重熹次子。监生。历任江南江安督粮道、两淮盐运使等。

十一月十五日,夏敬观来访。十一月十六日,致书夏敬观,论及担任苏州存古学校总校艺致力保存国粹之事。

致夏敬观书:一昨小至之夜,辱公简彝枉过,绪言余论,解我胸春,感慰曷已。伏颂高制,洎《赠别》一篇,厥旨渊放,置之南丰集中,殆无以辨,真当持一瓣香奉之。新建书楼之议,微嫌可园地偏,第务为奢,又虑矩画宏模,商略旷日,劳费多而少成事,且焉知来者之尽如今耶?一事之集,经始良难,惟公图之。去春长沙抚部广张文襄保存国粹之议,奏设存古学校,以简易矩,则志在雄成。当时乡绅蒋翰林,犹抵书讦诘,目为迂阔。幸赖臞老,毅然任之。克期蒇役,群彦观成,蔚为美迹。以下走敝通籍,谬延禄及,忝预总校之末。年余课绘,虽英远少闻,而拔科前选,犹得其七,惜臞老已不及见之。自是流风渐沫,玉振声希,节端固未暇及此,诸生瞻忽,兴感莫由。至定章应行学期考试,今岁春余,会臞老病革,遂未举行,不日年例休假,兹役将竟阙焉。下走向于院校校课总其成,而一枝栖息,窃有未安,推原故府主提倡之盛心,能无冥冥之负。敢陈颠末,冀使君有以宏斯诣焉。幸甚幸甚。附上近作小词一解,乞垂鉴诲。又游天平山旧咏,并以就正。寻驰诣不次。此上,祇承映庵先生学使起居。文焯再拜。十六日。(《夏剑丞友朋书札》)

　　　　按:"长沙抚部"指陈启泰。"张文襄"指张之洞。

除夕,作《念奴娇》词。

　　《念奴娇》(夜阑酒醒)词题云:己酉除夕。(《苕雅》卷三)

　　　　按:《苕雅》稿本此词有注云:"唐人除夕诗惟孟浩然'守岁家家应未卧,相思那得梦魂来'最为凄异,较之'梦里有家归未得'及'梦里还家不当归'之句意制新警多已,然皆梦中有家,但愁家无梦到。今余所悲乃垂老无家,即有梦亦归不得也。彊村以为怆恍,未经人道,所谓苦言切句,不假雕润,能自迥出者矣。附记。再,此词过片数语极身世凉凉之感,何意以词客老耶?"(《苕雅》稿本)

是年,陆钟琦升任江苏布政使,作词寿之。

　　《汉宫春》(吴苑熏风)词序云:寿陆申甫使君,时以新除苏州按察赴阙。(《樵风乐府》稿本)

是年,陆仁熙蹈海自杀,文焯作《念奴娇》词。

　　《念奴娇》(步兵去后)词序云:题陆公子《海上移情图》卷子,时陆蹈海而死。(《苕雅余集》)

　　　　按:陆公子,名陆仁熙,陆钟琦长子,陆钟琦宣统元年(1909)至苏任布政使,陆仁熙在此年蹈海自杀。徐凌霄、徐一士《凌霄一士随笔》:"家门鼎盛,忽萌遗世之念。盖生平颇负大志,而郁郁不得展,愤世嫉俗,遂出于此。"袁祖光《绿天香雪簃诗话》:"宛平陆烈士仁熙字静山,申甫中丞钟琦之长子,感愤时局,蹈海以死。……先与弟书云:'南皮相死矣,此老隐系国计不浅,今竟死,此后无知童稚执政,国不可为。弟速作归家事父母计,勿远略也。韬别号韬厂则心死久矣,与其为天地间废物,不如蹈东海死耳。天地与我无情,我亦无情于天地矣。'……呜呼! 静山虽未获死所,而幽愤奇郁,独成心肝,其孤介殆不可及矣。"(钱仲联主编《清诗纪事》,第 15176—15177 页)王揖唐《今传是楼诗话》:"亮臣之兄韬厂君,申甫年丈之出嗣长公子也,以愤世蹈海死。名仁熙,字静山,幼与其仲弟亮臣、季弟慎斋均从盛伯希先生游,学富根柢,慷慨有大志。十八入邑庠,十九秋闱,已魁选矣。旋复弃去,自后屡丁内外艰,遂绝意进取。历佐端午桥制军、宝湘石中丞幕府,会申甫年伯由词曹简任苏粮道,韬厂归侍养,自号'过渡散人',又号'陆哑子',蹈海前数月,自呼曰'陆疯子'。一日忽失踪,翌日乘广济船蹈海中死。濒行遗书别家,并赋诗明志,死时年才三十四。诗曰:'梦中来了梦中还,小堕尘寰陆静山。此去疯魔疯入海,不留遗蜕在人间。''脱屣妻孥未是憨,传家忠孝有人担。死看东海西来舶,化作鲸涛漫虎耽。'读此诗者殆可想见其为人。亮臣与申甫年丈同死国难,逊清三百年结局,以忠孝完人称者,当首推文烈、文节父子,静山'传家忠孝'之句,又不啻一谶语矣。"(《今传是楼诗话》,第 222 页)

是年,朱祖谋致书,谈《安公子》词。

朱祖谋书:昨陪清燕,遂至深更。惜未能重集高斋,感叹无似。……旧作《安公子》词,前半辱承绳削,过片后太不相称。妄为貂续,弥用皇汗,敢复写上,千求痛为涂改,俾后之读彊村词者,许为压卷之作,甚为荣施,曷可纪极。(《〈词林翰藻〉残璧遗珠》,《词学》第七辑,第 225 页)

当在是年,文焯致书张祖廉,谈及《艺蘅馆词选》选其词事。

致张祖廉书:执海旷若复面,渴思詹对,一闻大瀛海之谭,少暇当诣前,慰此幽素也。损惠《艺蘅馆词选》一册,敬谢敬谢! 猥以伧歌,独为称首,不谓博綮者妙有赏音,想其风月平章,定亦高自标置矣。此答敬承彦云先生动定。郑文焯顿白。(上海鸿海 2012 年春季艺术品拍卖会 0108)

　　　　按:梁令娴编《艺蘅馆词选》光绪三十四年(1908)刊行排印本。

是年,《国粹学报》第五卷第三期发表文焯《回文古镜录》《石芝西堪南北朝造像记跋尾》《楚辞香草补笺》。

《回文古镜录》:镜文隐起,字体类六朝隶古。惜无元号足征,其文铸于纽之四周者八字,曰:"冰光耀日,菱芳照室。"字字皆可分合,宛转反复,诵之无不成韵成文者。又有细密八字,在纽之外圈线夹缝中,曰:"澄雪皎波,清月晓河。"读例同上,良工心苦,奇可玩也。镜面作宛转花纹,而绸缪文字,罗罗清疏,绎其隽语,变化万端,迥殊恒制。亦离合体之别具一格者,文列如后。延年益寿,代变时移。笙简等义，缋线分词。篇章隐约，雅合雍熙。铅华著饰，尽萃妍娅。旋枢合配，懿德章施。宣光秉耀，列像标奇。先人后己，悦礼敦诗。悬壶象设，启匣光驰。传芳远古，照景豪厘。坚惟莹澈，迹异磷淄。连星引月，藻振芳垂。妍齐锦绣，色配涟漪。虔思早暮，慎守闺闱。圆虚配道，象罔齐仪。烟凝缀玉，影表方枝。捐瑕涤垢，释怨忘疲。莲芳表质，日素凝姿。编辞衍意，质动形随。前詹后戒，雪拥云披。联翩动鹊，映掩辞摘。蝉轻约鬓，柳翠分眉。全兹节志，敬尔尊卑。鲜含翠羽，景透轻池。源分派别，地等天规。右共计一百九十二字，回环镜铭，颠倒错综，文俱成诵。此镜旧得之关中，后为好事者索去。今并打本亦不可搜，致仅录存其铭。偶捡书衣中得之，玩其文句，或出于唐时宫闱旧制，亦足见扫眉才子之匠心矣。叔问记。

《石芝西堪南北朝造像记跋尾》：叙曰：佛象之入中国，世传昉于汉明帝永平七年，非也。秦沙门室利房等至，始皇以为异，囚之。夜有金人，破户以出。汉武帝时，霍去病过焉支山，得休屠祭天，金人以归。帝置之甘泉宫，金人者，浮屠所祠，今佛像即其遗法也。哀帝时，博士弟子秦景使伊存口授浮屠经，中土未之信。迨明帝夜梦金人飞行殿庭，以传毅之对，乃遣中郎蔡愔及秦景使天竺求之，得佛经廿四章、释迦立像，并与沙门摄腾、竺法兰东还。《陶谦传》言：笮融大起浮屠寺，作黄金涂像。浴佛设饭，据是在嬴秦、西汉间，知有佛久矣。而佛号之有释迦，造像之有金涂，实于汉世发迹为最先。顾未闻镌勒文字，如南北朝之造像题记，家尸户祝，浸成风尚。若斯其盛者也，南盛于萧梁，北盛于元魏，盖南人事鬼而佞佛，清虚在俗，上好下甚。昔梁元帝叙《内典碑铭》所称：象教东流，化行南国，铭颂所兴，斯焉尚已。北朝则兵连祸结，民生乱离，迄于宁岁，而释氏乃以释迦弥勒下生度世之说，故神其术以诱之。原其玄风染被，自南而北。王氏《萃编》所论拓跋作俑，未为确也。诚以欧阳《集古》所录，仅得东魏、北齐寥寥数品。述庵尚书当乾嘉朝，碑学属兴，好事者获睹洛阳龙门岩辟诸刻石窟，发藻蔚若千佛名经，考其岁世多属北朝，以为造像之所自昉，抑亦疏矣。洎孙氏《寰宇访碑录》搜罗渐广，赵氏《补遗》从而附益之，稍稍于南刻加意焉。但两家体例，止著其目，未之考订，讹舛庞杂，往往互见。余踵事大索，间尝以挽近获南北朝之名迹。凡有范土镂铜，涂金雕玉，及诸石像崖刻家藏，巨细咸录，审其文字，鉴定墨本，务得其真。羌足续补孙、赵二录所未逮者，又百数十种。读碑余日，证以经史、古今传记类，于书体、名物、人事、地志之属，颇有所考见。曩客京师，尝质诸故人福山王文敏公，以为征据要实，小道可观，足发前人所未发。王半塘老人且谓无此题识，则其佛不灵。今两贤下世既久，余亦衰懒，敝帚自珍，惟有孤神独逸耳。不夤为卷帙，恐并脱本久之而沦轶于敝纸渝墨之中，将数十年精力所得者,不抵其所失之遽也已。因录副旧题,辑为《金石别墨》,亦微以著赏之一胜事云尔。

《楚辞香草补笺》:露申今之名花,香色俱美者,皆古之所谓香草也。《尔雅》:"华、荂,荣也。"见之《释草》。古无以花专其名类者。如《毛诗》但言多识草木之名,《尔雅》亦惟释草及木,《本草》则详于百草,楚《骚》并以香草寓言其义,例正同无称花者。《离骚》草木名品綦繁。凡其华叶之芬馥者,兰蕙以次,并谓之香草,露申其一也。《九章》:"露申辛夷,死林薄兮。"旧解言:"重积辛夷之香草,露而暴之。"愚按,下既言死于林薄,不当句首复出。此义窃有未安。断以骚体,及此篇乱词上下,无是文法,是露申与辛夷对举,同为香草可证。宋吴仁杰疏以为"申"当作"柛",引《尔雅》"木自毙曰柛",亦傅会"死林薄"之义,旁见于释椒疏中,类及之,不谓之草,名随文生,训失其要已。考《楚辞》两言"申椒",王逸注:"申,重也。《尚书》申命义叔,注亦曰:申,重也。椒,香木也。其芳小,重之乃香。"愚谓此训"申椒"之名义最古,与"露申"同实而殊号者。《淮南子·人间训》:"申菽、杜茞,美人之所怀服也。"注皆香草。案:许书无椒。茮,子寮切。徐锴曰:"即今之椒,古同用字也。"《朱子集注》于"露申"既未详于"申椒",则云:"申,或地名,或其美名。"皆非也。按:露,《说文》训润泽。申,《周书》注训舒。露申者,言露见而生。《礼记》:"庶物露生。"疏:露见而生。得膏泽润之以舒花形,若蓄露之敷布。《尔雅》:"蔏葵,繁露。"注:承露也,大茎小叶,花紫黄色。露申之名正同此类,引伸其义,盖露申取义于重香,与辛夷取义于气辛,同一古解,并以干支,受此名。此其确验也。又据《群芳谱》:"瑞香,一名露甲。"明王志坚《表异录》、国朝陆凤藻《小知录》,亦皆以"露甲"为"瑞香"异名,云见《楚辞》。东坡赋瑞香诗有"纫为楚臣佩"之句,是"露申"之为"瑞香"载之谱录苏诗者,又确为香草名之一证,而《群芳谱》及王、陆二录之讹"申"作"甲",亦不攻自破矣。《钦定渊鉴类函》及《事类赋》鉴"露申"之误,不可尽究,皆不知考原于《离骚》,以"露申"义不求甚解,或遂改为"甲",以为即甲坼之义。又诗赋所习见,遂使楚词芳草之名终古沉晦,不得与兰芷同芳,亦一厄也。今瑞香吴楚间皆有之,性不畏寒,最恶污涅,不善植者,肥壅辄萎,故《楚辞》以"腥臊并御",见露申、辛夷之芳洁,又以"粪壤充帏",则谓"申椒其不芳",洵足为此花高其标格,其本丛生于下隰阴地,华叶香色并类椒,此申椒之所由名。王逸所谓:"芳小,而重香者。"正其善为体物也。其花二月盛发,与辛夷同时,此《楚辞》露申、辛夷所以并称。所谓"芳不得薄"者,正喻言同一高洁不容也。将古今博物多识之伦,笺订《离骚》草木,于露申之名义,向所漏略沉翳者,得此佳证,庶免一物不知之恨欤!若《庐山记》"瑞香"本名"睡香",始缘一比丘,昼寝磐石,梦闻异香而得名,世以为花瑞,因易今号。陶谷《清异录》又载:庐山僧舍,有麝囊华一丛,色正紫,类丁香,号"紫风流",其后有洛白、扬红、汴黄、江紫之目。二说固非雅故,自来词流,但举怪征,罕稽骚传,玩其所习,昧厥渊源,乃叹坡老风流,独吟楚佩,其宏雅偶乎远矣。吴斗南《离骚草木疏》独遗露申,不为考著,即申椒名义,亦未详笺,幽此孤芳高洁遗世,良可哀也。录似秋枚先生大雅裁之,幸甚! 叔问附记。

是年冬,特记江春霖批评载洵、载涛奏稿。

　　《石芝西堪札记》:己酉,御史江春霖字杏村,福建莆田人,别号梅阳山人。奏为物议沸腾,难安缄默,披沥上阵,仰祈圣鉴事……侍御以直言去位已,独鹗一击,殿瓦皆飞,赐筋未闻,南台永碎。虽获罪不因此疏,然投鼠忌器,继此有敢言二王者乎? 吾当铸金事之。己酉冬季,大鹤山人。

　　　　按:江春霖(1855—1918),字仲默,号杏村,晚号梅洋山人。福建莆田人。光绪二十年(1894)进士。敢于抗争,不畏权贵。宣统二年(1910)罢官。著有《江侍御奏议》等。

宣统二年庚戌(一九一〇)　五十五岁

一月,致书夏敬观索词集,询问虞山之游的日期,并请代为物色古董。

　　致夏敬观书:昨暮趋诣不值,殊有室迩之叹。小词手钞三解就正,才情老退,都无好怀,聊答知音,幸为裁定。前呈上拙著数种,倘并新作,附寄海上国风报馆,或获同志切磨之益,亦云幸矣。宏篆《映庵词集》,即乞见饷数册是企。虞山之游,定于何日,览胜所至,如到赵㧑甫园中,有旧藏一小瓦屋,奇尺许,昔出之直北豪中者,㧑甫不甚珍秘,置之石床,廿年前曾见之。若此物犹存,切望代为物色携来,但勿损泐耳,其价殆亦至廉,本民间掘得之,非取诸骨董家也。此上,敬承映庵先生道履。文焯顿首。(《夏剑丞友朋书札》)

　　　　按:"赵㧑甫"指赵之谦(1829—1884),初字益甫,后改字㧑叔,号悲庵、梅庵、无闷等。浙江会稽(今绍兴)人。善书画、篆刻、金石之学,著有《悲庵居士文存》《二金蝶堂印存》《勇庐闲诘》《补寰宇访碑录》等等。

小寒食,作《绮寮怨》词。

　　《绮寮怨》(柳外新烟初试)词序云:庚戌春,小寒食,舟中听雨作。(《茗雅》稿本)

二月上旬,为顾鹿笙写行书《桃花源记》并诗扇面。

　　题识:鹿笙九兄先生属写渊明《桃花源记》并诗,病起泄豪,不值方家齿冷也。叔问郑文焯记,时庚戌中春上浣。(上海工美 2009 春季拍卖会大石斋遗珍专场0286)

上年冬，朱祖谋赠鹤，嘱作图。二月，作《祭天神》词题《归鹤图》并叙。

《祭天神·题归鹤图为彊村翁作》：叹岁寒、残雪谁堪语。换苍苔旧步，荒江桥上路。西园梦后重寻，賸有闲鸥侣。奈沧江照影，依依阶前舞。寂寞送、孤云去。　　漫追惜、仙客归来误。江山在，人物改，一霎成今古。念茫茫、虫沙陈迹，天海风声，独立斜阳，自断凌霄羽。

《归鹤图叙》：余落南三十有二年已，旧寓城西壶园，尝蓄六白鹤，驯知人语，皆就掌取食，应声起舞。己丑秋，湘潭王壬秋先生访余于吴下，日涉西园，言咏弥夕。时予又以诗换得一滇鹤，翅足硕异。壬翁以为有太白巢大匡、养奇禽之风，为题"大鹤"榜所居，名流属以韵事。今仙蜕久矣，遭世衰乱，无复清致。比年诛茅吴小城，灌园著书，以送余齿。客冬老友沤尹以余有鹤癖，又所营泾上，据有水石之胜，爰为致一草亭鹤，放之林下，属写是图，并题一解以报之。此曲为中吕调，柳屯田制后，千年来无嗣音矣。时商横掩漠之岁，中春之昔。大鹤天居士记。

朱祖谋注《祭天神》（叹岁寒）词云：宋刘敬叔《异苑》云："晋太康二年冬大雪，南州人见二鹤语于桥下曰：今岁寒不减尧崩年。"词发端言乱世无可与语，托岁寒南鹤以自喻高致。第三、四句则谓西园旧侣云散风流，倦客重寻，惟沤尹相对，所谓衰时感旧也。吴均《鹤》诗："本是乘轩者，为君阶下禽。"今"舞"字韵即举此典，以寓一枝卑栖、江海漂零之概。下句乃手挥目送，惟有孤神独逸耳。太白敬亭独坐诗所咏"众鸟高飞尽，孤云独去闲"也。又刘梦得"孤云将野鹤，岂向人间住"，皆托寄遥情之作。下阕过片隐有再见沧桑之感，"江山"、"人物"之句，藉丁令威化鹤故事，写归鹤余义，更引出结拍数语，独立苍茫，百感交集，直觉风声鹤唳满纸，波涛尽成幽咽怨断之音，如闻师涓落叶吹蓬曲，而鱼龙出舞也。《世说》："支公好鹤，往剡东岇山。有人遗其双鹤。林曰：既有凌霄之姿，何肯为人作耳目近玩！养令翮成，置使飞去。"又《北史·魏》：询祖曰："见未能高飞者，借其羽毛；知逸势重天者，剪其翅翮。"此结句所本，自喻有高世之志，不为世用，偃蹇空山无复出。概处困畜之时，维忧用老，宁自污以孤于世，不能与俗浮沉，拾人间青紫。《左传》："雄鸡自断其尾。"斯乱离自痏之意也。彊村词人题记。（《国粹学报》第六卷第三期）

三月十五日，择词作十三首发表于《国粹学报》第六卷第三期，名为《词录》。

《词录》题识：园区春晚，夙病颇侵，警息数闻，泛无宁日。幽忧靡集，感音而歌，爰录近制寄怀秋枚先生海上，庸音短咏，无涉文流，悲哉！赵邠卿有言，聊欲系志于翰墨，得以乱思遗老已而。宣统庚戌之岁三月望。郑文焯写。（《国粹学报》第六卷第三期）

　　按:《词录》十三首词为:《雪梅香》(雨初歇)、《踏莎行》(树老知门)、《庆春宫》(红叶家林)、《六丑》(又年芳送老)、《彩云归》(江城岁晚罢离觞)、《清平乐》(旧寒如水)、《夜半乐》(暝寒中酒情味)、《阳台路》(暮山远)、《少年游》(谁家年少簇金鞍)、《雪梅香》(影凄寂)、《念奴娇》(酒旗风影)、《石州慢》(竹外横斜)、《祭天神》(叹岁寒残雪谁堪语)。

三月,作《海屋添筹图》。

　　题识:仿文五峰青绿法。时在庚戌春三月,大鹤山人郑文焯作于吴小城东墅。(上海国际商品拍卖有限公司 2011 春季拍卖会中国书画专场 0348)

六月,罗惇曧自京师来苏,访文焯与朱祖谋,朱作《西河》词,文焯称之。

　　朱祖谋《西河》(歌哭地)词序云:庚戌夏六月,癭庵薄游吴下,访予城西听枫园,话及京寓,乃半塘翁旧庐。回忆庚子、辛丑间,尝依翁以居,离乱中更奄逾十稔,疏灯老屋,魂梦与俱。今距翁下世且七暑寒已,向子期邻笛之悲,所为感音而叹也。爰和美成此曲,以摅旧怀。(《彊村语业》)

　　戴《谱》:夏,罗掞东部郎惇曧自京师来苏,访先生及朱古微侍郎,且言渠之京寓,即半塘翁四印斋故居。古微追念庚子七月相依以居旧事,怆焉怀抱,黍离之思,山阳之感,于是有《西河》之作。见《彊村词》词成示先生,谓其前两段意境排奡,有横空盘硬之致也。

　　黄浚《花随人圣庵摭忆》记云:予始得樵风、彊村二家词,实罗癭同曹时手赠,时在庚戌,癭薄游吴会乍归也。○癭公是年游吴,于天童访寄禅上人,于苏州访朱古微、郑叔问。癭有词,记当时《国风报》曾载之。(《花随人圣庵摭忆》,第 279—281 页)

　　　　按:罗惇曧(1872—1924),字孝遹,号癭庵,晚号癭公。广东顺德人。优贡生,官邮传部郎中。能诗善书。著有《癭庵诗集》《鞠部丛谭》《拳变余闻》《庚子国变记》等。

七月一日,致书夏敬观,述晤朱祖谋事及介绍邓实主编之《美术丛编》。

　　致夏敬观书:前夕以经过之便,方思通谒,似闻高斋有盍簪盛会,怀刺而归,怊怅自失。昨在植园府主宴席,晤彊村翁,亦述及日来未见叔庆,清风不来,秋阳转酷,郁陶如何。邓秋枚昨有书至,见示新出《美术丛编》一目,欲得同志招徕,想太丘道座,当有以宏致云。附上书目二纸。余不一一。此上映庵词长先生左右。文焯白。七月朔。(《夏剑丞友朋书札》)

　　　　按:植园,江苏巡抚陈启泰、苏州知府何刚德为推行"新政"而创建,后程德全继续扩建完善,内植树两万余株,为苏州近代第一个公共园林。(参虞掌玖《宅园访幽》,第31—34页)文焯曾亲身参与植园修建,今苏州图书馆藏稿本《郑大鹤学宫植园修治计划图稿》正为修治植园而作。

七月十五日,作《无量寿佛图》。

题识:《八朝穷怪录》:顾光实图一狮子,榜之户外,虔诚祈祷,能愈陆溉疟疾,人咄咄怪之。予今画狮于佛像之旁,既不类顾光实之灵异,又无劳坡翁戏题矣。夫狮,一猛兽耳,张其爪、利其牙,罗汉玩诸股掌之上,可知天下最凶最顽之物无不可驯伏其性也。予作斯图,予因而亟题之,以应子燮有道先生法家正之,庚戌中元节,大鹤山人。(香港淳浩2007春季艺术品拍卖会中国近现代书画专场0062)

八月十二日,致书夏敬观,询问其与朱祖谋等金陵群彦相会事及劝业会的情况。

致夏敬观书:两月来仆仆道途,殊乏清致,昨得竹珊书,述及公与沤尹诸贤,金陵彦会,风月嗜于,嘉藻连篇,洵堪歆羡,不审次山同年曾否渡江,豫登高之赋?去月渠有书见招也。劝业会何日结局,颇思月秒往观,有无名物之适侪用者,愿闻其旨要焉。此上,敬承,映庵词长先生起居。文焯顿首。十二日。(《夏剑丞友朋书札》)

九月九日,怀张仲炘,避兵上海。

《临江仙引》(暝踏小城路)词序云:九日有怀瞻园,时方辟兵海上,用耆卿仙吕宫赋此。(《苕雅》卷四)

九月十六日,考察白石词版本。

记云:吴伯宛孝廉谓白石歌曲,以张奕枢本最善,陆钟辉刻本迻易失真,至并符氏所藏元钞六卷之旧次,而亦以意更之甚非谓也。近见杭州沈子培学使新刊景宋小字本尚是六卷,且每卷后皆空二行,编题亦宋椠故例,凡宋钦宗以前庙讳并阙末笔,盖出于南宋旧本,或国初摹刻者,岂即张奕枢本耶?庚戌九月既望再识。(郑文焯批校《白石道人歌曲》)

按:"沈子培学使新刊景宋小字本"指宣统元年(1910)沈曾植用安庆造纸厂新造纸影印张奕枢刻《白石道人歌曲》六卷《补遗》一卷。

九月十八日,致书夏敬观,述及近日情怀及陈锐近况。

致夏敬观书:前枉过,述及天平之游,补作重九,想白云红叶间,登高能赋,当与诸公连篇发藻,愿得佳什,一颂光诵之末。回首十年前,泉亭旧步,半塘老人屐齿诗痕,依依犹在冷风怪石间也。比日走以舍弟行将西去,日暮途远,垂老言别,能无黯然。秋来清事久废,离恨频侵,思如年时,连筒喝于之乐,便难一二。天方荐瘥,丧乱宏多。感慨系之矣。伯弢先生累札噍让,诚以贤者久困,朋知之责,顾以孤微言揭,安能券获府主新知,何云速济?匪谋不忠,如被不谅何?公既与有寅恭之旧,重以文章风义,素分绸缪,能一仿文子、同叔乎?走以闲远为幕府残客,穷于推毂,惟悾悾内疚而已。如何如何。附上陈函,庶见其近状焉。此上,敬承,映庵词长先生起居。文焯顿首。九月十八日。(《夏剑丞友朋书札》)

十月四日,致书夏敬观,询朱祖谋事并赠其辜鸿铭著作。

致夏敬观书:累日为府主属撰《植园榜记》,兼顷部署休沐之地,颇复碌碌,歌谱未及制成,以其调舒徐而节甚希略,以《谪仙怨》《河渎神》诸解耳。昨夕沤公见过,会在节端未返,阒然展待。旋闻其欲赴高斋,遣仆询之,知亦未至,良用怊怅自失,如何如何。兹有友人见贻辜鸿铭近著附上,聊供一噱。余诣谈不一。此上,敬承映庵词长先生起居。文焯顿首。十月四日。(《夏剑丞友朋书札》)

十月七日,致书夏敬观,询其灵岩之游有无词作。

致夏敬观书:昔东坡以多难畏事,不愿出近作示人,今虽文网大弛,似亦稍敛为佳,匪特意兴萧瑟也。灵岩绝顶,吴故宫在焉,正堪凭吊,发思古之幽情。公天才英逸,当有嘉什,以壮昨游,愿一振先声,俾附韵末,何如?此上先生起居。文焯顿首。十月七日。(《夏剑丞友朋书札》)

十月十六日,致书夏敬观,请其帮忙寄邓实书籍。

致夏敬观书:昨闻公与沤尹谈兴甚豪,因夜寒,悃躯甫愈,未敢率尔诣访,又恐独立乱局,是用将进趑趄耳。兹有寄秋枚书籍,因邮局不便,特恳饬纪,暇便一投?幸甚幸甚。鄙事深荷宏垂。能得其一□人情,即可依前领取,感乞之至。匆匆上先生道案。文焯顿首。十月十六日辰刻。(《夏剑丞友朋书札》)

十月十六日,于吴小城考察白石词版本。

记云:《白石道人歌曲》,自宋嘉泰二年,钱参政刻于东岩,是为道人手编定本,证以祠堂本年谱,纪是年秋客云间,有题《华亭钱参政园池五言》,词集亦有题钱氏溪月云:"才因老尽,秀句君休觅。"可知钱刻必谋诸道人,因于是年中冬镂版藏役,而记岁月也。道人廿世孙虬绿笺略云:自嘉泰间刻于东岩,后公又删汰录定本藏于家,五六百年,世无知者,其间仅一见之嘉禾郡斋。时在淳祐辛亥,赵菊坡所叹千岁令威者,距嘉泰壬戌已五十年已。自是遂沉薶于夷灰劫墨之余,洎元末至正间,始得陶南村据叶居仲本手钞校订于钱塘之用拙幽居,时去淳祐又近百年。是其家转徙自随,苟非贤子孙之善藏,此书之流传江南者,盖亦仅矣。顾历元明三百年中,初未有能赓其传者,汲古毛氏汇刻《宋六十一家词》,只从《花庵词选》刻三十四阕,尚不及原编之半。康熙甲午陈撰又从毛刻辑其诗词,合刻于广陵,与洪陔华续刊之本,同一羼乱,等诸既灌焉尔。迨乾隆初乃有云间楼敬思旧藏陶钞发见于都门。遡自嘉泰开雕,创始于云间钱氏,声闻之美,不绝如缕,至是又几几五六百年,复于云间楼廉使得之,岂道人于松江烟浦间,有翰墨未了缘邪?想其载雪垂虹,红箫余韵,昔日风流赏心之地,一时高致,亦足千古矣!其南村手钞六卷,藏之楼氏者,一由符药林传钞于江都陆钟辉,刻于乾隆癸亥;一从周耕余校录,归于华亭张奕枢,刻于乾隆己巳。同时创获,传自京师,若不谋而合者。陆钟辉刻本分卷,顿失旧格,而文字硕异,未若张本景宋之善。兹加辨按,不揆愚管,定彼从此,证其疏遗,具条如后。迹其同出敬思所载,所以致此者,陆氏以意厘定,失之未勘;张刻则经历樊榭、黄唐堂、姚鳝乡诸名士商榷校订而后成。甚矣!一书之传,固其难如是,传之而善,善而可久,则难之又难!今距乾隆又一百八十余年,陆版已付之文选楼一炬,张椠亦丧失于南荡兵火中。二者得一于此,已珍若片羽吉光,孰使余刊律寻声,晰疑辨惑,汲汲从事于元钞宋刻之遗?白石有灵,尚其起予乎?宣统二年岁次庚戌十月既望,叔问题于吴小城。

庚戌冬孟,鹤道人校过。(郑文焯批校《白石道人歌曲》六卷《歌词别集》一卷)

十月二十三日,致书夏敬观,托其办事。文焯此时似受人中伤,幕宾生涯颇受影响,故请夏敬观、成多禄在上海为之谋生计。

致夏敬观书:昨夕饱德,鼓腋大言,诘朝从者果如沪不?所事敢乞知己善为说辞,盖成在速,感荷曷已。此区区鹤料,尚是曾忠襄世丈之南国甘棠,参政相仍,迄未减发。中郎亦无干糇之愆,案牍可覆视也。盖以是月获微资,皆分沪道廉泉一勺。弟自观于海者拟之,诚如须弥芥子,何惜其残膏沾丐,矧故人禄本,高义与风度相翕,宏获为心,且代筹之不暇,必不使一枝栖息,任其斧斤中伤也。愿申此意,并迟德音,不任惶栗祷企之至。匆匆上,祇承剑丞先生起居。十月廿三日,文焯白疏。(《夏剑丞友朋书札》)

按:"曾忠襄世丈"指曾国荃。

十一月四日,致书朱祖谋谈《花间集》事及朱作《西河》词。时,吴昌绶欲为刻《樵风乐府》。

致朱祖谋书:昨辱惠存,适服药再眠,乍觉汗出。闻跫然至,顿狂跃起,亟思晤言,一倾积愫。乃藏获姑息,以病谢客。展待阒然,罪过罪过,度知深弗我尤也。昨竟日拥裘,犹肌栗凛凛。今已愈,渴于言侍,儿举来告,奉答一二。并题签一纸附上。案鹜翁原刻,旧有景宋鄂州本云云,刊于封叶。此既付石印,何以缺佚重题。岂渠所得者固遗其旧椠,抑别有用意邪?下走十年前有校勘记,多依据明万历间归安茅一桢刻本订正。又近考《金荃词》及毛熙震、欧阳炯三家词,见于《花间集》者并完帙,非选家节取例也,似发人所未发。倘沪友意在阐明斯集大旨,有取于拙议,得附篇末以传,亦云幸已。拟请公暇日致书为之揄扬,从臾附锲,庶预是有益乎?载绎大著《西河》,未卒读,不禁老泪涔涔,如闻邻笛。题叙意极哀宛,而辞未达。向夕当更校定就商,何如?襄碧已有函来诘,并亲存之,亦未及晓。所事在沪已闻剑丞言之凿凿,特未可操券耳。此上彊村词长先生道案。郑文焯顿白。十一月四日。伯宛舍人索《樵风集》甚殷,即当写上,必不久稽,负我良友也。再此行得从王罋山观盛氏图书,中有唐人小集百家,明校精完,谛审即江建霞所谓影宋本。据罋山云实发端于小山旧藏,以其残卷五十家重值归江氏,因影刻以传,却非陈道人书棚本也。又及。(《大鹤先生手札汇钞》,《词学季刊》第三卷第三号)

> 按:札中所言"大著《西河》"即《西河》(歌哭地)一阕,乃悼忆王鹏运之作。词序云:"庚庚戌夏六月,瘿庵薄游吴下,访予城西听枫园,话及京寓,乃半塘翁旧庐,回忆庚子辛丑间,尝依翁以居,离乱中更,奄逾十稔,疏灯老屋,魂梦与俱。今距翁下世且七暑寒已。向子期邻笛之悲所为感音而叹也,爰和美成此曲,以摅旧怀。"(《彊村语业》)札中"盛氏图书"指盛宣怀寓斋藏书。"小山旧藏"指缪荃孙藏书。

十一月六日,致书夏敬观,述平生出处。

致夏敬观书:损书陈义甚高,感喟靡已,下走生平拙于生事,又不欲多丐诸人,诚以安邑猪肝负俗之累,易取憎多口耳。澹翁素持宁静,即文字亦示谦光,更未可浼其代谋鹤料,幸出自高谊,庶不以尸素是讥耳。新制三复,深美宏约,殊愧鄙作为糠秕之道,倾倒如何。此上映庵先生棐几。文焯顿首。十一月六日。(《夏剑丞友朋书札》)

> 按:"澹翁"指成多禄(1864—1928),字竹山、竹珊,号澹堪、澹庵。吉林九台人,隶汉军正黄旗。长期任程德全幕僚。辛亥后返乡,任职吉林省参议员等。长于诗文。著有《澹堪诗草》《思旧集》《乌拉古台歌》等。

十一月十日,致书夏敬观,述及落南生涯,并论清真词。

致夏敬观书:雪意沉沉,暝阴暴沍,一寒至此。天时人事,正复相同,悢悢如何。走少壮漂零南遁,以笔札自给,萧然三十余年。自信于公私取舍之间,未尝有斯须之苟。即从事节端,迭更府主,亦绝无毫末半牍之请。坐是落寞,垂老无依。先公自关中罢抚,归橐唯法书名画数箧,已复典质殆尽。故山荒落,无寸田尺宅以自存。离乱中更,无家归得。生平简澹,久孤于世,不欲危身以治生。所依恃者,惟良师益友,佽助以义。四海知旧,情逾骨肉。韩子所谓若肌肤性命之不可易者,此固由文章风义之感发,亦吾党后天之悲也。微公同志知爱之笃,曷可语此。三复来告,代筹深切。高义美成,感且不朽。顷澹庵先生亦有书相招至酒楼密语。虽未显陈近意,殆亦为强移一枝栖息耳。惟近自沪归,冗迫无状,复为寒疾所撄,彻晓失眠。畏风如虎,衰景颓侵,恐无复久恋人世。沤公知我,屡索拙著零叠诸稿,怀袖以去。意在宏护矜全故人身后名,吁可感也。前承示清真《双头莲》校义至精,昨与沤公翻检柳词,得《曲玉管》一解,直是同谱异曲。起调两段,乃与清真冥合。审是则词之过片三字,确为属上无疑。虽平侧之调稍异,而句律则同一格,当据以引申补入《校录》。实佩审音,亟函以达。至《芳草渡》新制,容细意诵之,再奉布谬见,不敢率尔贡谀也。晚来清宴,能过敝庐一话不?月当头夕,拟作岁寒小集,何如?此上,祇承映庵先生道履。文焯敬白。十一月十日。(《大鹤山人论词遗札》,《词学季刊》第二卷第四号)

十一月十一日,致书夏敬观,约请其与成多禄合饮鼎合居酒楼,兼谈夏词作。

致夏敬观书:昨撮题近意,顿忘弇鄙,想贤者达节,当亦念岁晚忧生,为之浩叹也。顷睡起,微觉寒候稍减,因思走此次归自沪江,尚未与竹山先生晤言,深为歉歉。昨夕渠有鼎合酒楼之约,复以沤公赴苕上未还,拜以异日。兹因其来函有相商一语,即拟订今薄暮,仍置尊鼎合居,期准六下钟,奉迟公偕竹翁一叙,并乞诣府时先代约定。宾主惟我三人,不须客气,亦醉翁意不在酒也。紬绎高制,清逸似书舟,知下阕"啼"字及煞拍微乏劲致耳。余面罄,不一一。此上,映庵先生棐几。文焯顿首。十一月十一日。(《夏剑丞友朋书札》)

十一月二十四日,致书夏敬观,邀其与俞明震赴鼎合居酒楼一叙。

致夏敬观书:昨奉手毕,喜两贤惠然肯来,作竟夕话。旋枉恪公见过,会府主已约植园相候,遂至阙然展待,以为晚来定相见也。适褒碧又有金昌之招,辙迹一变。走又趣节端,座谈甚久,不及出城。归来祀灶后,访问高躅,已叩门不应,蹉跎自失,深用皇皇。今恪公是否仍在尊斋?即订向夕奉邀偕往鼎合居酒楼一叙,想不见却也。映庵先生定能为达此区区之诚意。幸甚幸甚。此上,映庵先生棐几。文焯顿首。十一月廿四日。(《夏剑丞友朋书札》)

按:"恪公"指俞明震。

十一月二十八日,致书夏敬观,述近日情怀,定消寒第三集及饯别成多禄之事。

致夏敬观书:比以扰于世故,卒无弄笔之暇。此胸惟柴棘三斗,词兴坐是索然,乃叹贤者飞毂往还,殆无虚日,而高咏不已,若大声之发于海上,其精力诚足以吞百川而走鲸鳄,岂独好整以暇耶?能无折退避三舍?昨沤公书述及缶庐固请我公,已致定晦日为消寒第三集。澹堪马首欲东,切情忉怅,走订今夕移尊鼎合居后楼,为之一饯,已折柬相邀,亮无□拒。敬乞公趣府时,再为切约,偕此良会,聊当祖席。坐中惟沤公而已。苏堪先生令弟想已言旋,颇得公泪澹翁代致拳拳,相携款逯,惠然肯来,益所企幸。此上映庵先生棐几。文焯顿首。廿八日。(《夏剑丞友朋书札》)

十二月二十八日,致书夏敬观,述及为其讨俸事。

致夏敬观书:岁已小除,风雨如晦,略咨高躅,相忆如何。良会蹉跎,恐相见又是来年人矣。从者此行果获与□金接昭否?其因循不报,成可鄙夷。今日拟诘之杏丞,趣其信实,即遄诺能偿,亦待来年支此鹤料,不值一噱也。沤老亦未知何日言旋,何濡滞至是,念之念之。此上,敬承映庵先生道履。文焯顿首。小除夕。(《夏剑丞友朋书札》)

> 按:"杏丞"指杨士琦(1862—1918),字杏丞、杏城。江苏泗洪人。杨士骧之弟。光绪八年(1882)中举,捐道员,后得李鸿章、袁世凯重用。光绪三十年(1904)袁世凯派其至上海担任帮办电政大臣兼轮船招商局总理。宣统元年(1909)任责任内阁邮传部大臣。曾助袁世凯复辟帝制,晚年蛰居上海。

除夕,听雨守岁。

《满庭芳》(街鼓新雷)词序云:庚戌除夕听雨守岁,有怀京师风物之盛。荏苒三十余年,无一到眼,天时人事有足悲者,今夕何夕,不觉老怀之怅触也。(《茗雅》卷三)

冬,论白石词乐。

记云:白石此论大晟制数十曲,音节蹉驳,当时有落韵之讥。稽撰唐谱,推寻律本,以为燕乐无取于徵调,盖以诸宫字谱并从本律,商角变羽,闰各间一律。惟徵调旧谱缺之。景祐崇宁中一再增补,因变以求之。凡正徵俱不间律,如黄钟徵即用正宫,而以林钟为杀声。至羽及闰角又以林钟间律,而递相推焉。按四清声惟黄、大、太、夹四均有之,自姑洗以下,止用本律。此白石所谓无清声难入燕乐也。庚戌冬,鹤道人记。(郑文焯批校《白石道人歌曲》六卷《歌词别集》一卷)

是年,兄文炳任江西提法使,文焯曾至九江。

戴《谱》:卓峰先生擢江西提法使,先生重到九江,旋卓峰先生因病请假,赴江宁就医,先生坚邀来苏诊治,适因宁已置新宅,遂止焉。

是年,苏抚程德全重修寒山寺,赠程德全寒山画像,又作募修启、《寒山寺诗选》跋。

程德全《寒山子诗集跋》:庚戌夏孟,予移抚三吴,政事余暇,稍稍历览古迹,以存守土之责。时方有重建枫桥寒山寺之议,甚盛举也。未几,赵大令梦泰以罗两峰绘寒山、拾得象来视,郑中翰文焯亦以旧绘寒山象为贶,最后复得《寒山子诗集》于俞阶青太史。千数百年流风逸采,萃集一时,不禁为之欢忻赞叹。释氏所谓因缘者,殆类此欤?(叶昌炽《寒山寺志》,第 129 页)

戴《谱》:寒山寺苏之名刹也,自洪杨兵燹,荡为灰烬,至今四十余年,未及兴复。云阳程雪楼德全来抚是邦,始商江督张安圃人骏共出名募金重建,请先生为募修启。寺落成后,复选录寒山子诗三十六首,耸诸寺壁,并附先生跋语。《募修苏州枫桥寒山寺启》云:"吴郡近郭名刹,不连丘陵以自高,唯寒山寺最古。寺距城西十里,据枫桥烟水之胜,而支硎、灵岩诸峰,苍翠相互,森然若纳之屏障。世传在唐元和中,有寒山子仙迹之异,其名益著。当时典郡如韦、白诸贤,恒以政暇旬休,升眺清远,鸣弦赋诗,人境齐美,而张懿孙夜泊一篇,尤脍炙在吟口。古今四方来者,橇棹寻幽,辄为遐眺,虽海外游客,访古津逮,靡不流连于江枫渔火中,叹为栖盘之逸境也。旧供寒山拾得象于方丈,翼以水陆院,严丽靓深,蔚为灵宇。自宋以来,代有兴替,洎国朝咸丰庚申之变,南烽一燎,荡为寒烟,精蓝遗构,咚剥殆尽。寇平越四十余年,名迹久墟,鲜有谋所以起废者,岂是邦毓雄,营缮者众,而未暇及此耶?抑一境之胜,敝者复新,固有其时耶?顾恢宏旧观,匪轻功可举,而取诸公者,又力无所藉,是必谋名以集事,无妨工亦无匮财,庶几此义耳。愿与邦懋,咨我同僚,虑材量功,不愆于素。有若善信君子,慧业文人,萃南国之檀施,宏上方之护力。龙象经构,霞举云兴。将见览胜者吟落月于霜钟,怀道者溯宗风于妙利,咸于是导厥渊源,孰谓高明眺望之美,为政不在兹乎?用叙大凡,聊兹小引,示存古意焉。"《寒山子诗选跋》云:"寒山子诗,《唐·艺文志》入释家类,作七卷,世传台州刺史闾丘允得其题句于寒岩竹木石壁间,因令国清寺僧道翘纂集成帙,凡三百余首,宋淳熙中沙门道南为之记,始有传本。明吴计两家,复校刻并为一卷,别本世所希见。渔洋山人尝称其五言有唐调,不名一格。盖所谓诗杂仙心,超以象外者也。今既谋诸邦士大夫重修寒山寺,落成复得其诗集旧本,选录如干首,耸诸寺壁,其大旨多讽时励俗之作,以禅偈歌笑出之,岂避世而非遗世者,乃托言丰干饶舌耶?爰识数语,以质后之览者。"

是年,成多禄客程德全幕,随程调苏,与之唱和。

王树楠《成澹堪墓志铭》:宣统初元,再起程德全为奉天巡抚,君仍客其幕。寻调抚江苏,一时博硕魁奇之士,如朱古微侍郎、郑小坡中翰、赵尧生侍御、夏剑丞观察、吴昌硕大令、陈伯弢司马,皆慕与君交,赌酒联吟,唱酬累日。(卞孝萱、唐文权编《民国人物碑传集》,第 628 页)

是年,文焯手录所校《清真词》,在朱祖谋的协助下,于武昌开始雕版。

记云:校清真词前后几二十年,昨岁因老友彊村翁苦索旧稿以去,手录一通见示,将寄之武昌锓工陶氏写样雕版。……辛亥岁不尽五日。(《文字同盟》第十二号《郑文焯》专号[1928 年])

> 按:戴《谱》记文焯光绪庚子年(1900)"又刊行所校《清真集》"。误。

是年,作《寒溪渔隐临汉祀三公山碑成扇》扇面画。

题识:寒溪渔隐。仿龚半千旧本,为萼铭先生写。鹤道人郑文焯指头生活,时年五十有

五。(北京华辰 2004 春季拍卖会 0943)

按:"萼铭先生"即奚光旭(1880—1919),字萼铭,斋名萼庐,室名文彝轩、小冬花庵。江苏江阴人。好收藏,与吴昌硕、张祖翼、褚德彝等友善。

宣统三年辛亥(一九一一) 五十六岁

一月四日,致书夏敬观,商订人日立春集会事并请夏代寄沪道名片。

致夏敬观书:数日不晤,已是来年。昨奉手书,会友生、罐山在座,未及详复,此心阙然。每歎吉日良辰,为俗例所牵,致与雅旧蹉跎不面,甚无谓也。昨夕沤公瞿然想当作樗蒲集,拟于人日立春,薄治辛盘,迟公泊二三同志一聚,尽可谋竹简手剧也。兹附上复沪道一刺,致函时封寄为幸。以群力得此,犹恃独立趣之,能无感喟。此颂映庵先生福履。文焯再拜。再今年仍在国制,例不贺岁,而中丞昨忽亲顾鄙庐,尚须答诣否,少迟三四日可乎?(《夏剑丞友朋书札》)

一月五日,致书夏敬观,感谢其帮助刻成《清真集》校本,并请其转赠《医故》《冷红词》《比竹余音》予诸宗元。

致夏敬观书:昨夕苦无选具娱宾,唯清谈可以饱耳。《清真集》得公以雄成,俾世士获睹完帙,下走附骥而致青云,诚天幸也。沤公写本遗强焕一序,又《四库提要》一则,并乞暇为补录,列于首叶。但《西泠词萃》刻强序,前云《片玉词》,此乃巨缪。盖未考"片玉"之题号,昉于元人,有巾箱本刘必钦序文可证。今宜止刻强序,不须书集名,以免专辄之诮。又日内下走当拟一小序,记校勘始末,并特彰两贤宏赞之功不可没也。比见公于周、柳、吴诸名词,精校数条,皆能抉择窾要,洞见症结,匪衰朽所逮,极为心折。《乐章集》有灼见处,即乞标识简端,以资佳证,亮无隐也。至幸甚幸。兹附上拙刻旧纂《医诂》上下篇一部,又《冷红》《比竹》二词稿,并望转致贞翁为企。渠豪于诗,闻声相慕旧已。亟思诵其篇什,如箧几有其近作,幸赐一读,何如?匆匆手奏,敬承映庵先生道履。文焯顿首。正月五日。(《大鹤山人论词遗札》,《词学季刊》第二卷第四号)

按:《医诂》即《医故》。"贞翁"指诸宗元(1875—1932),字贞壮,一字真长,别署迦持,晚号大至。浙江绍兴人。光绪二十九年(1903)举人,官直隶知州、湖北黄州知府等。诗与李宣龚、夏敬观齐名,与黄节、邓实等创办《国粹学报》。后入同盟会、南社。著有《大至阁诗稿》《病起楼诗》《吾暇堂类稿》《箧书别录》等。

一月十三日,致书夏敬观,论柳永词。

致夏敬观书:昔梦华谓柳词曲处能直,疏处能密,鼻处能平,语似近之。今更下一转语,逆推之,便尽其妙致。词坛以为何如?昨夕以改词不及诣谈,孤负梧桐秋月矣。有劳虚伫,皇歉万端。兹再写上昨制《阳台路》一曲,较《临江仙引》略易继声,然幽拗处同一难学也。近制两解,觉结处微得周、柳掉入苍茫之概。急起直追,或能得其仿佛邪?向夕走谒不次,映庵先生垂目。文焯顿首。十三日。再,《临江仙》柳词,宋本有"引"字,是也。谛审此调宜下平声之清扬,方得哀艳之致。紫霞翁审音刌律,以为何如。旦夕拟一嗣音,但恐邯郸学步,不能工耳。又及。(《大鹤山人论词遗札》,《词学季刊》第二卷第四号)

一月二十四日,致书夏敬观,述《江南春》词及成多禄为疫阻于沈阳事。

致夏敬观书:日来峭寒中人。园梅南枝犹靳。忽承故人折赠红萼,着手成春,真所谓东风第一枝也。拟赋《江南春》报谢,苦闻西北警息,夜不能寐,危自中起。顷口占数语云:"插青冥,好山无数。斜阳空送今古。无端西北忧天缺,片石更教谁补。危睇处。挂一发中原,烟际微茫树。"吟至此,老泪涔涔,不能长语,如何如何。植园嘉宴,亦得诗四首,暇当录进斧削。旦夕走诣,藉斗酒浇垒块已耳。前晡府主,谈及竹珊为疫阻于沈阳兼旬,大约春初甫到吉林,归期恐无准也。此承映庵先生道履。文焯顿首。廿四日。(《大鹤山人论词遗札》,《词学季刊》第二卷第四号)

二月四日,致书夏敬观,论词。

致夏敬观书:昨夜闻雨,平晓益增怊怅。乃就枕改词,得"托"字韵,自觉惬心。并上阕全易语义,直摅胸臆,似较前清异。感君之绪余,益我匪浅。更悟词人当沉吟煅炼之际,不可有古人一字到眼,方能行气。养空而游,开径自行,平时又不可无古人字字在眼,使其歌笑出地,尽如吾胸所欲言。此境即项平斋所谓"杜诗柳词皆无表德"也。谅知音当弗河汉斯言,敢以请益映庵先生。高制如修饰竟,幸即垂示。文焯白笺。二月四日。(《大鹤山人论词遗札》,《词学季刊》第二卷第四号)

初春,朱祖谋等相约邓尉探梅,文焯以畏寒不出。

《卜算子》(低唱暗香人)词序云:辛亥岁始春,故人治舟,相约观梅于邓尉诸山,雨雪载涂,余以畏寒不出,因忆山中讨春旧游,次韵白石道人《梅花八咏》以示同志。一丘一壑自谓过之,若所作,则伧歌无复雅句也。(《苕雅》卷四)

按:《国风报》第二年(1911)第四号《文苑》发表此组词,词序不同处颇多,姑录于下。其云:"辛亥岁二月,故人方治舟,看梅于邓尉诸山。雨雪载涂,予畏寒不出,孤此嘉践。因忆山中讨春旧迹,次韵白石《梅花八咏》,仿其题格,各疏游踪,顿记时日露条如后,以示同志。一丘一壑自谓过之,若所作,则伧歌无复雅句也。"朱祖谋《念奴娇》(半查残雪)词序云:"辛亥初春,贻书愙士、映庵、子言、公达,方舟载酒,探梅邓尉,叔问有约不至。既登还元阁观觉阿上人象册,叔问用白石韵《念奴娇》词在焉。松禅相国曾属和一章,册中又多故人墨迹,感喟横集,与映庵联句,再次其韵。"(《彊村集外词》)"子言"当为何庸曾,字子言,号祉延,又号紫金山人。江苏江宁(今南京)人。工书画。"公达"当指文永誉(? —1933),字公达,别署天倪。江西萍乡人,文廷式之子。著有《天倪室遗集》。郑逸梅《文公达力捧梅兰芳》一文记其事迹并记邓尉探梅诗,诗云:"十年水国寒生袂,着眼繁花意自殊。未有文章侪宋赋,且携脂盝拜吴姝。如闻唳鹤增遐感,乍喜蟠螭涉胜途。便欲乞祠从邓尉,落英长与荐氍毹。"(《前尘旧梦》,第 275 页)此诗或即此次从朱祖谋探梅邓尉而作。"松禅相国"指翁同龢(1830—1904),字叔平,号松禅,别署瓶笙、瓶庐居士等。江苏常熟人。咸丰六年(1856)状元,官至军机大臣兼总理各国事务衙门大臣,担任同治、光绪两代帝师。著有《瓶庐诗文稿》等。

二月十三日,致书夏敬观、俞明震,寄《梅花八咏》并约宴集,时夏、俞二人将赴沪。

致夏敬观书:前当游舸待发,雨雪霏霏,峭寒不减,旧葛自断,孱躯弗克强赴,雅奉高逸,相从于林景水光之间,此心阙然,殆所谓逢已交病者欤? 但既孤胜约,重念昔游,弥复切怅,因次韵白石《梅花八咏》,仿其体格,各疏旧迹附词末,顷已录寄沤公,属其定拍,后即传稿,就诸同志正之。兼拟旦夕治燕,酬迟群贤,惠然作半日清话,何如? 倘有高制,幸先见示勿隐。向晚当诣访,一敬游踪,藉慰幽独,会心人当不在远也。此上鹤、愙、映翁先生左右。郑文焯白。十三日。又,损答敬悉,愙士远别,不获以尊酒尽一日之雅,为之惘然,未审其在沪尚有几日留,但得抽身,更拟一追随胜践焉。比乞代为致声,并可以前函与词笺示之,以志惓惓。兹闻台诘朝有沪行,用贾勇书《梅花八咏》奉教。腕已脱,不知其间有讹误字无。匆匆不及觐缕。鄙事幸更敦趣,勿使口惠。至嘱至嘱。此上映庵先生道案。文焯顿首。(《夏剑丞友朋书札》)

文焯因朱祖谋等人词又作《念奴娇》词。

《念奴娇》(夜寒鹤梦)词序云:曩与同社张兄子复观梅玄墓山中,尝次韵白石是阕,为山僧觉阿题《梅花庵图》,游客辄见而和之。今春彊村、映庵诸子过此山楼,见旧题感叹不置,亦连句属和。余既衰懒未预斯游,诵其词,不禁伤春怀旧,交慨于心。因复怅然继作。(《苕雅》卷四)

三月四日,致书夏敬观,述早年诗作及为王振声谋校医职。

致夏敬观书:昨夜谈,极惬幽素。拙制小诗,皆廿年前无题之作,殊不足观。

曩于己丑岁,质之壬秋翁,以为有可存者百余首,因别以墨圈识之,余悉别为一稿,留以自镜得失。比年从事于词,遂不略他治。前夕偶与诸公说诗,于败簏中检得旧草,匆匆分缮各体一二首,聊供一噱。苦无钞胥,手写纷乱,不堪污目,尚乞裁定。若有疵类,幸勿付时贤,博人齿冷无益也。如愿寄报社,须请谨审字迹讹舛。余俟明晚诣言。不次。映翁先生鉴。文焯顿首。三月四日。再,前沤尹为王振声大令赋闲,近况渐不能支,公曾拟以校医一席,豫为位置,月俸两处约可得六十钣。当即教诸振翁,宣述高义,渠极言感荷,愿以方技效德,故乞美成在即,切为提携,所欲匪奢,易偿通诺。其人清洁自好,澹然菁莹,定能胜任愉快也。至褰碧近以鱼讯多风,竟至大亏,素客时运使然。如何如何。其所贻白鸟,敝处仅活其一,不知尊蓥何如。又及。(《夏剑丞友朋书札》)

三月六日,致书夏敬观,言所蓥华亭鹤之事。时夏宅后圃杏花盛开,欲往观。

致夏敬观书:昨写上近制,谅达吟席。顷再录二解,迄未定稿,并乞诲示,至幸至幸。园中新蓥华亭鹤,每晨夕闻西南飞车之声,辄引凄唳,悲动林谷。昨与沤公言及,乃大悟风声鹤唳之解释,岂战伐恶声耶?因于结拍寓此微义,幸有以裁之。再闻高斋后圃,杏花盛发,愿撷得一枝,聊分邻墙春色耳。此上映庵先生道案。文焯顿首。三月六日。(《大鹤山人论词遗札》,《词学季刊》第二卷第四号)

三月八日,致书夏敬观,谢赠《屈贾文合编》,并论夏词。

致夏敬观书:损答有溢美之誉,弥用弱颜。切磨之义,仍望良友,勿以荒伧为不足所待也,幸甚幸甚。承赐家刻《屈贾文合编》精本,珍领敬谢。凡唐以前文家,皆宝若吉光片羽,矧千古大文,复得善本校注,重为刊布,洵可嗇秘也。新制二解,愈致高健,匪苟为今曲者所可同日语。谛审句中"九重"字,微嫌惊露。"旸"字韵,既用"断",则"回"字宜酌。次阕惟"中"字稍重,余则无懈可击,但有倾倒,不厌百回读也。此上映庵词伯道案。附上近作求削正。文焯顿首。三月八日。(《夏剑丞友朋书札》)

三月二十五日,校读汲古阁初刻本《梦窗词稿》。

记云:宣统辛亥之岁三月廿五日,樵风词客校读。(《郑文焯批校汲古阁初刻梦窗词》)

致书夏敬观,论周、柳词,兼评夏词。

致夏敬观书:累日感寒,触河鱼腹疾,甚惫。今日甫起,紬绎新制,真足疗我头风。改句深美宏约,只"神京"意稍惊露,下阕"醒"字韵宜对,且嫌率尔操觚。周、柳词高健处惟在写景,而景中人自有无限凄异之致,令人歌哭出地。正如黄祖叹祢生,悉如吾胸中所欲言,诚非深于比兴,不能到此境也。尊著《元夕闻雨》

一解,前阕即有清真浑妙,至为心折。走近神衰,颇难造遣新意,奈何奈何。《阳台曲》迄未定稿,俟从者三日归来,当写上奉教。《清真》校本已否交付,尚有须确核者。贞壮赴鄂期想尚未定。念念。此复。敬承映庵先生道履,文焯顿首。(《夏剑丞友朋书札》)

四月十四日,致书夏敬观,谈植园嘉会诗事。

致夏敬观书:前夕谈艺,得少清欢。昨竟日植园嘉会,广生骈筵,缙绅泰半。忽于谈次得诵七言律二章,江左文采风流,于此叹观止已。顷从何太守录示属和,意在提倡胜地胜事,其格调姑舍弗论,但据所作"左司"一联,三索不得其解。杜子美以襄阳徙籍巩县,具于《文苑》本传,而此作乃谓夔府士杜工部,殆以其为严节度参谋,而谬赞鄙人已?敬谢不敏。向来诗人多于词客,是以不敢言诗耶?此上映庵先生词长道案。文焯顿首。十四日。(《夏剑丞友朋书札》)

> 按:"何太守"即苏州知府何刚德(1855—1936),字肖雅、筱雅,号平斋。福建闽县(今福州)人,光绪三年(1877)进士。光绪二十六年(1900)至辛亥革命期间,任苏州知府。为官清廉,晚年寓居上海。著有《春明梦录》《郡斋影事》等。

四月,易《苕华诗余》"苕华"名为"苕雅"。

记云:《诗·苕之华》三章云,闵周之作,君子伤周室之将亡而已,逢之故作是诗。余窃取其义以名之,以词虽小道,固原于小雅怨诽之旨,而忧生念乱则所遇更有哀于苕华之诗人也。(《苕雅余集》稿本)

四月,重校《清真集》。

记云:宣统辛亥四月重校定。(郑文焯批校《清真集》,括庵过录本)

五月十五日,致书夏敬观,谈为府主作寿文事,并述落南心境。

致夏敬观书:昨自听枫园归,奉手毕,兼诵高制,当与沤公喁于同工,容更玩索,以为善颂,不敢晦论赞一词也。比以府主封翁寿,幕府群材,顿以文言属之,下走兼颂雅币,由佑嘉一再致声。窃惟盛府元僚,一时隽选,有若友卿、仲仁诸贤,皆并世文雄;佑嘉亦骈裁妍手,出其绪余,润色鸿业,以所耆固优为之,何有取于衰伦荒语耶?诚以卅年来,颓放不任,宿素衰落,常年一人畏景,灾眚百侵,并手钞旧制,亦为之搁笔。矧复为人造遣,冀博润豪,江文通所谓亦所短而不可韦弦者也。已坚意谢绝,倘公于节端彦会时,为之一申近状,益所感幸。寻驰谒不次。此上映庵先生词长。文焯顿首。五月十五日。(《夏剑丞友朋书札》)

五月二十日,致书夏敬观,谈论所校《清真集》刊刻之事。

致夏敬观书:清真词既得沤尹录副覆校,又承公先付高赀,属贞壮先生董而理之,以雄其成,诚三益之宏助也。可深感幸。昨见示写样,但从瘦硬加意,体欲其长方,凡省笔字,尤宜改细,不须强作满格便合欧宋旧式矣。如复贞翁,切乞代致拳拳依迟之忱,尚有小诗寄赠也。此上映庵先生词长左右,文焯顿首。廿日。(《夏剑丞友朋书札》)

五月二十三日,致书夏敬观,谈夏境遇并伤刘过祠垄被毁事。

致夏敬观书:前撝题近意,闻从者又有沪行。昨夕复言旋已,方叹王官不治,生生之道日穷。以公天诞英逸,坐使骄才雄力,半销磨于轮铁声中,为之怆抑。今夕拟访沤公一谈,谅清兴攸同,幸谐是聚。再昨阅报端,有《楞华庵随笔》。载刘龙洲祠垄在昆山马鞍山下,近为一议员创建公园,发掘麋遗,夷为平地,令人悲诧。考改之为庐陵人,以诗词豪于江表,客稼轩幕,倡酬极相得。宋人说部但述其放浪吴楚,一生羁旅。未言其晚寓昆山,没葬山下。因思其人于公有西江同原之雅,当能考见其生平,用以附及。此上映庵先生词长。文焯敬白,廿三日。(《大鹤山人论词遗札》,《词学季刊》第二卷第四号)

五月二十五日,李瑞清过访。五月二十六日,致书夏敬观,谈身体近况兼及清真词校勘事。

致夏敬观书:比以触热,患河鱼腹疾使然,望前归去,樵风稍延清致,屡思造访,苦未预期,恐蹉跎相失。昨梅道士过谈,云从别有天嘉会散,惜未作不速之客耳。拙校《清真集》,承高义墨版,行世未广,宜及此补正。近年复校误,颇得未曾有,彊村悉知之。有亟须勘定致刻者,暇当条具奉寄,或尊处当有印本,即乞日内检下,使具校过,亦一适也。此上映庵先生词长。文焯顿首。夏至日。(《夏剑丞友朋书札》)

　　按:"梅道士"当指李瑞清(1867—1920),字仲麟,号梅庵、梅痴、阿梅,晚号清道人、玉梅花庵主。江西抚州人。光绪十九年(1893)考中举人,光绪二十一年(1895)进士,选翰林院庶吉士。曾任两江师范学堂监督。长于诗书画。辛亥后移居上海。著作后人辑为《清道人遗集》。

五月二十七日,致书夏敬观,谈悲衰心情。

致夏敬观书:昨感夏至节气,竟日僵卧,衰放可悲。秋后生事,都不暇计,史迁所谓贤者不危身以治生。自谋固拙,复遭此百罹,恐无脱颖之地。吾生有涯,将长是无涯之戚耶? 如何如何? 知爱如公,其曷以策之? 近作和贞壮二诗,无复当意,聊尘高鉴,惟老斫轮削之,幸甚。此上映庵先生词伯。文焯顿首。廿七日。(《夏剑丞友朋书札》)

　　按:札中提及和贞壮二诗见钞本《大鹤山人诗集》,题为《和贞壮人日游寒山寺》,其一云:"千秋灵迹一诗传,游客能诗不羡仙。枫渚斜阳空旧泊,

草堂人日有新篇。过江风味知鱼美,闭户春愁对鹤眠。长愧清时成懒病,
多君高咏拟斜川。"其二云:"江国春寒树色微,巢林旧燕几时归。百年世事
有兴废,半夜钟声无是非。新壁丹青明水殿,乱山苍翠落桥扉。独怜风物
年年异,怀古伤春意总违。"(《大鹤山人诗集》)

五月二十八日,致书夏敬观,谈《阳台曲》词过片之校勘。

致夏敬观书:昨午后,沤公过谈半日,屡遗问高踪,跫然未逮,怊怅良深。
《清真》校本,想已专属贞壮先生,幸勿遗忘。何日偕往金陵,甚念甚念。柳词阅
竟,望检还,因有一解须勘证也。《阳台曲》过片,确有可疑。谛审杨补之此句却
连上,决无脱误。而梅溪之多一字,唯见汲古本,未可援据。按红友所引,即无
是"结"字。半塘刻史词,亦仅据毛本,注云别本脱"结"字。盖所见诸选本并无
此字可信,似不当专依汲古之孤证,遂信为旧体。考杨为高宗时人,史则与张镃
同时,或稍后耳。鄙意宜从三字句连上为是,想卓见定亦谓然。匆匆奉布,祗承
映庵先生道履。文焯顿首。廿八日。沤公有新制二阕,想已见之。(《夏剑丞友
朋书札》)

五月,赵熙游苏,论文订交。

戴《谱》:正诚案:是年程雪楼曾招赵尧生侍御游苏州,与先生及彊村侍郎聚
饮。时有《寒山寺志》稿,先生语侍御:君径定而刻,不必再商矣。侍御谢云:愚
无学,惟有破书数册,客中又无书,直没字碑一通耳。侍御与彊村同泛横塘,彊
村举先生言卧舟中,于桥洞见远山,大似团扇中景,昔人诗词少及者。后彊村词
中"山色通桥与雁平"即指此谭。

　　　　按:《青鹤》杂志及《同声月刊》所载戴《谱》均无"正诚案"。

王仲镛《赵熙年谱》:五月,应同年汤寿潜及程淯之约,往游西湖。友人苏抚
程德全复迎往苏州,初识朱祖谋、郑文焯,论文订交。(《赵熙集》,第1314页)

　　　　按:戴《谱》"是年"指1910年,误。文焯与修《寒山寺志》稿乃1911年
　　事,故当系于此。赵熙(1867—1948),字尧生、号香宋。四川荣县人。光绪
　　十八年(1891)进士,选翰林院庶吉士,次年授翰林院国史馆编修。工诗,善
　　书。著有《香宋诗前集》《香宋诗钞》《香宋词》,曾钞有《大鹤山人词钞》。

五月,批校《梦窗甲乙丙丁稿》。

记云:杜刻所据姚子籛校本,其所获往往得未曾有。虽未详所自,而佳证诚
不可湮没。于《木兰花慢》"重泊"题下增入"垂虹"二字,《蕙兰芳引》旧阙处皆字
句历历可数,断非臆造。兹证以太原张氏旧钞本,校若画一。是姚钞足征之文,
必有依据,恨不起半塘老人一析此疑义,相与高眈大谭也。辛亥五月记。(《郑

文焯手批梦窗词》,第12—13页)

五月,考证柳永有贤孙。

记云:《避暑录话》谓永终屯田员外郎,死,旅殡润州僧寺,王和父为守时,求其后,不得,遂为出钱葬之。词人身后落寞至耆卿亦可哀已。予偶览宋袁文《瓮牖闲评》载黄太史乙酉生,是时有柳彦辅者乃耆卿之孙,善阴阳,能决人生死,谓太史向后灾难大,或见于六十以下,后太史以六十一贬宣州卒。是永非无后,且有贤孙深明气纬,所交必多当代名流,亦足为柳家明德之后,为之补传者庶增一故实焉。然则花山吊柳亦出于一时词人好事为之耳。鹤道人记于小城东墅,辛亥夏五。(郑文焯校评《乐章集》)

六月九日,程德全招饮植园,同座者有叶昌炽、何刚德、毛硕君、朱祖谋、邹福保等。文焯告知正在撰写《寒山寺志》的叶昌炽同治《苏州府志》中有姚广孝寒山寺记文。

叶昌炽《缘督庐日记》:初九日,阴晴。午后中丞招植园。筱雅太守先以函订,不可辞。……同坐者朱古惟前辈、毛硕君同年、郑叔问中翰、芸巢、智涵、季和方伯、新旧两警道与中丞同为主,席散同出游,瞩其地在抚署南照壁后,即古南园地,亦即农业试验场,筱雅之所经营也。五谷蔬果,布荫敷穗,青葱弥望,荷塘之北有艇斋,额曰莲西舫,左帘访所篆也。薄暮风来,水窗怯寒,即归。

叶昌炽《缘督庐日记》:初十……昨在植园坐,闻郑小圃言,同治《苏州府志》"寒山寺"有姚少师《记》,前事茫不记忆,即从芸巢借阅,并借顾诒百《清嘉录》、钱梅溪《履园丛话》,今晨即以一束送来,并为赵学南转贻新刻《明懿安皇后外传》一册。又以所撰《寒山寺记》拓本见示新上石。检《郡志》,果有姚《记》,寒、拾皆在隋唐间,而此《记》乃云"元和中寒山缚茅于此",其言何可据?不知当日从何得之。今箧中所藏姚少师集钞本,并无此文也。同治《志》"寺观"一门,即为鄙人所纂,四十余年,惘惘如梦,此次不能不纠正,狐埋之而狐搰之矣。尚有韦左司诗,均录出。顾、钱两书无可采,即作一函,并还之。(《缘督庐日记》,第6698—6700页)

按:"郑小圃"误,应为"郑小坡"。"姚少师"即姚广孝(1335—1418),字斯道,又字独暗,号独庵老人、逃虚子。江苏长洲(今苏州)人。朱棣"靖难之役"策划者,朱棣继位后,加太子少师。撰有《寒山寺重兴记》。

六月十四日,致书夏敬观,谈校订沈曾植刻本姜夔词。

致夏敬观书:累日雷雨,经纶天□楚,已想见名士过江风度。昔日新亭残泪,依稀山河犹是,不枉伤高一掬也。昨日得彊村书,甚羡海上之游。乞晤逊斋先生,为寄声道忆,且烦语以不□。姜词已为下走校订,所获不少,更□得数本

耳。此上映庵先生词长。文焯顿首。六月十四日。(《夏剑丞友朋书札》)

　　按:"逊斋先生"即沈曾植。

六月十七日,致书夏敬观,赠可可果粉制得糕冻,谈清真词校刻。

　　致夏敬观书:昨白两笺,嗣音阒然,深用悬念。兹放西式用可可果粉制得糕冻,因君嗜此甚笃,特以奉佐夕飧,饤盘之具,不足为外人道也。再前属沤公代致清真词,留容校注数行,即乞速寄鄂省,付汇锾。幸甚幸甚! 此上映庵先生词长。文焯顿首。十七日。(《夏剑丞友朋书札》)

六月二十日,致书夏敬观,感谢其将所校清真词寄湖北武昌。

　　致夏敬观书:昨薄暮赴萧巷,观宋本《道藏》残卷,归已二更,载批手告,为之忉怅。猥以前夕不腆之仪,适投竺嗜,犹屑齿及,愧愧。此小女偶试微技,冻鹤一羹,美云秘授,旦夕再制,以佐飧胜,何如? 清真词补校,承代寄鄂,感甚感甚。此上映庵先生词长。文焯顿首。廿日。(《夏剑丞友朋书札》)

闰六月,朱祖谋至沪,示新校梦窗词。

　　记云:辛亥闰六月,沤尹再至沪,重校见示廿七字。(《郑文焯手批梦窗词》,第 31 页)

闰六月,程德全以叶昌炽所撰《寒山寺志》初稿嘱校订,文焯删削引起叶昌炽不满。

　　《缘督庐日记》闰六月初五日:筱雅同年夜来一函,并示程中丞书,拙稿送郑小坡参订。文章天下之公器,不妨商榷。此老服膺郑学,植园坐次,察言观色而知之。(《缘督庐日记》,第 6725 页)

　　程德全《寒山寺志序》:余重修寒山寺成,长洲叶君昌炽著《寒山寺志》,缪请余为是正。寒山寺者,唐张继《枫桥夜泊》,为诗写其幽思,夜钟之声自寺而出。其寺之确为何地,辽哉不可穷诘矣。……寒山之名,不知所缘起,后人奉寒山子象,符寺之称,揆之唐盖不然,然其传则久。余之拓此寺也,一沿旧说而恢之,蕲存古迹而已,不深辨也。……叶君之为此志,用力甚勤,高密郑君文焯又厘定而商益之。(《寒山寺志·补编》之《〈寒山寺志〉初稿辑存》,第 138 页)

　　按:叶昌炽对文焯删削修订《寒山寺志》甚为不满,其《缘督庐日记》本年闰六月二十九日记云:"何筱雅太守来两缄。……至郑叔问所签,则如呓如呓,阅之迷瞀,罔知所从;悍然奋笔删改,大言不怍,直是毁瓦画墁,著书义例,全未梦见。此真妄人,奚足与校?"(《缘督庐日记》,第 6746 页)稍后又在《与何筱雅太守书》中云:"某君为贵公子,为诸侯上客,侨寓吴阊,垂四十载。鄙人束发论交,亦颇有介绍者,但以后门寒素,自惭形秽,里社文酒,

公车计偕,未尝易一刺、同一尊。中丞不察,遽以拙稿相就正,宜遭有道之
诃谴。本可一笑置之,但文章天下之公器,亦未可以默尔也。某君谓寒山
寺'羌无故实,不过一荒寒之山寺'。敬闻命矣! 枫桥负郭,劫后荒凉,诚非
昔比,从前固五都之市也。……大抵撰述之事,各有体裁,根柢古谊,深通
流略,闭门造车,出门合辙,非可以章句声病之学,引绳而批根也。……至
于寒山寺,不过一牛鸣地耳。若论封域,但树一界相碑;若论文法,但作一
游记即可囊括无遗,安用志焉? ……寒山劫火屡经,刹竿不坠,只因张继一
诗。寒、拾因缘,尚在传疑之列。此志自当因诗起义,博采遗闻,旁搜教乘,
兼有小说、游记、诗话、语录四家之体,咨于故实,稍整齐之则可。至于姓
氏、职官、年月,义例即有抵牾,无关宏指,盖与地志不同,尤未可绳以史例。
某君高言书法,敬佩良箴,但未敢锲舟以求剑耳。"(《寒山寺志自序》后附,
《寒山寺志》,第3—4页)关于文焯与叶昌炽在《寒山寺志》编纂理念上的差
异,可参江苏古籍出版社1999年版《寒山寺志》之《校补说明》。

七月十九日,作《澄兰室古缘萃录跋》。

《澄兰室古缘萃录跋》:明季流寇之祸颍涌西北,海内鼎沸,忿焉不可终日。
而东南士大夫跌宕文史,传肆流风颇存余烈。琴川毛氏出其所资,建藏书之箓,
中原坟典播荡之余,皆归江左。《履园丛话》记子晋有田数千亩,质库若干所,尽
售去为刻书用,创汲古阁于隐湖以延文士。楼下两廊前后俱为剞劂氏居。宋椠
元钞以次雕印,名流购赏,赖以延传。诚圣文埃灭之余兴继一巨子也。迨今二
百余年,得其遗籍,益想见其宏护之功。牛宏所谓经典盛衰,信有征数焉。今兹
大江南北,淫雨为灾,米价腾踊,斗米千钱,日增不已,民不堪命。苏仓籴本不
丰,卒无以应籴,遂致乱民饥哄。明末蕉扇党掠米之风再见今日,而常熟邵编修
伯英家首罹其厄,至编修奔逃入省,累日潜伏不归,几至蒺藜之困。吾不知澄兰
室旧藏名迹所云缘尽而散者,果能效倪迂故事以烛于先机自鸣其高邪? 松禅叙
言高卧沧江,虹月无恙。窃以为居今之世,封己而欲成物,吁亦难矣。海禺一
邑,号称博古之薮,而乱世尤得善藏之道。故自咸丰、庚申,南烽一焰,吴城故家
素封,强半不自保,独虞山藏书家如瞿、赵诸旧族书楼岿然,秘牒填委,鲜有阙
如。岂君子之泽,流训无穷,固未可与豪右盖藏同日而语哉! 至于法书名画,好
事者拥高赀,贪名竞胜,巧偷豪夺,最是生不肖之心,而盗贼司目,觊为奇宝。坡
老所咏"拙者窃勾辄折趾",虽米颠不免。然观元章所称书画不可论价,士人虽
以货取,所以通书画博易,自是雅致。今人收一物与性命俱,亦大可笑。此数语
正非达士不能道。吾愿澄兰室录卷中人善自葆持,勿令古人精神所寄自我摧
残,抑已幸矣。宣统辛亥岁七月十九日。老芝记。(邵松年辑《澄兰室古缘萃

录》）

七月二十三日,致书夏敬观,请其代约哈少甫,并述及校清真词事。时吴昌绶为其刻《樵风乐府》,故询吴在京居处。

致夏敬观书:映庵先生侍者:秣陵还辕,未纡高驾,望尘莫及,惓惓如何。彊村翁昨已践友人焦山之约,云将便道如沪,不日当获良晤也。承许重订润格,游扬藉重,感叹弥衿,史迁所谓不危身以治生,岂必去之学而趋利哉?今奉上旧刻书画润毫例二纸,略删其陈言,即求嗤点,或付石印,能得尺寸之效,莫非大贤之所赐也。至幸至企。哈少甫君已否约期,尚乞美成在速,预示以便展待。秋枚先生去夏亦曾相邀,旋以人事间阻。拜望代谋,亟思大蠲物累,不必皆求善价而沽诸,亦达士之模耳。《清真集》已拟一小叙,近于《直斋书录》中,颇获佳证,其集刻封页,亦即落墨,不烦�。倘晤沤老,乞询吴伯宛在京居处示及,因其新刻《樵风乐府》属校,须作书报之。匆匆叙意,不尽倾言。敬承道履,愿亻闻还驿,次于瞻对。文焯白。七月廿三日。(《夏剑丞友朋书札》)

　　按:哈少甫(1856—1934),名哈麟,字少甫,号观叟,晚号观津老人,斋号宝铁砚斋。回族。江苏南京人。20世纪初沪上工商界巨子,能书画,活跃于画坛,曾为上海书画研究会协理。文焯请夏敬观代约哈少甫,自是为售鬻书画以资生计。

七月二十八日,致书夏敬观,谈润格事。

致夏敬观书:映庵先生侍者:执告怆然,增异世之感。监督何日视事,倘值经过,便念来存故人,固所深企也。拙作旧润格,自以绘刻大字者为多得钱,一经题拂,收名定价。感叹何如。书画样颇难偏徇世好,尚待踌躇,惟鉴谅之。逐董客承招致,幸甚。生事汲汲,虽无俚之画,亦足遣有涯之生也。《清真集》封页,日昨并已写意,送沤公处,而渠已如沪,不审其几日勾留,幸为转达,余不缕缕。敬承起居安稳。樵风逸民白。廿八日。(《夏剑丞友朋书札》)

八月初,兄文炳六十寿,文焯赴宁。

戴《谱》:八月初旬,卓峰先生六秩初度,先生赴宁介寿,妹贞仪夫人、少兰先生亦自皖来。手足欢聚,怡怡如也。

八月十三日,致书夏敬观,谈华亭鹤事。

致夏敬观书:再,拙题《归鹤图》,有列支道林得人所遗鹤,不且为近远,养令翮成,顿飞去一节,乃为语谶。沤公见贻之华亭鹤,今竟盛秋冲霄而举,对以思之,愈定仲兄善谋,俾早近仙客,扫径以待,无日不萦萦樵风梦寐也。此上映庵先生词长。文焯顿首。十三日。(《夏剑丞友朋书札》)

八月十六日,致书夏敬观,言成多禄约石湖之游并及刻成《清真集》之事。

致夏敬观书：前当从者车游，曾一致候，旋亦匆匆有白门之役，勾留十数日，归来探闻公亦既言旋，复如沪渎，度今日当还，为之欣企。竹山有十九日石湖泛月之约，属为敦趣，原函附上。并鄂刻《清真集》，昨始由沤公交下，校竟当即并书笺奉上。此上映庵先生道履。文焯顿首。中秋后一日。（《夏剑丞友朋书札》）

八月十六日，作书法对联镜片。

知己两三坐斋阁，寓言十九分径廷。季莼先生索书，因集颜鲁公坐位帖为联以写之。岁在重光大渊献大梁月既望。樵风逸民郑文焯。（广州市皇玛拍卖有限公司2012秋季拍卖会聚贤居藏百年百家名人翰墨专场0660）

> 按："季莼先生"当指郭似埙（1867—1935），字友柏，号季人、季莼、寄纯。浙江秀水（今嘉兴）人。工人物，花卉及篆刻。著有《续艺林悼友录》。

八月十七日，致书夏敬观，谈及润例并刻《清真集》事。

致夏敬观书：映庵先生侍者：载诵诲帖，猥以下走薄技，盛荷游扬，重辱楚卿、秋枚诸贤之高义，合力禅赞，可云宏奖风流，不将齿于余论，自惟拙卷，盛叹弥襟。至润例须益得大贤泪鹤公裁定折中，益得钦迟，倘付石印，俾获流播沪市，正所以扩而充之。虽为无俚之画，聊以遣有涯之生，老怆恃此，庶免转徙沟壑，亦云幸矣。惟知己哀此穷独，不厌推援，但得源源而来，何有冥冥之负，起懒痴而箴膏肓，端赖先生有以振之。《清真集》昨承沤老先印成数十部，极精雅之致，若以皖造古色纸浓印，宛然宋本。书内封题，七月中曾写付，而沤老适如沪上，不及见。今已属穆工补刊，里页题岁月及尊贯姓字、开雕颠末，稍暇必撰小叙记之，因近日检《直斋书录》，新获《清真集》佳证数事，不可不采按也。下走以出售张二水画册，将于廿日内外赴秋枚之招，不审从者京江之行，约在何日，甚念甚念，良晤或不致相左耶？拙绘二扇，拟即携去作样，何如？敬承起居安稳。樵风逸民白。八月十七日。再润例前所有引，乞代浣子言先生审定，应取何人所题，即望裁使付印，亦标榜之道也。润格似宜稍宽大，庶近雅驯，其印值容后于润资中扣除，何如？附识。（《夏剑丞友朋书札》）

八月十八日，与成多禄、朱祖谋等泛舟越来溪，寻石湖居士故迹。

《早梅芳近》（水葓疏）词序云：辛亥仲秋后三日，澹庵招同彊村泛舟越来溪，寻石湖居士故迹，自横塘载月而归。（《茗雅》卷四）

八月，记旧钞碑文。

《瘦碧庵丛载》：光绪戊申岁八月，萧山涝湖农掘地，发见一古碑，文曰："有妫之后，疆圻是拓。益者三友，华云其落。外观有曜，其绥若若。大康失位，仲丁以托。中菁贻羞，汪洋肆恶。时逢犬马，化为一鹤。"此曩时见之海上报端所纪者。辛亥八月散帙,得见旧钞此碑文,心甚异之。考妫后为陈郡袁氏所出,见昌黎氏先庙碑文。益者三友,殆立宪政府,三权鼎立之制。华谓中华,即莒之华,芸其落矣之诣。外观有曜,此言总统之虚尊。大康失位以下,其语义则可解不可解也。

八月,作山水立轴,并题识。

题识:秋潮夜落空江渚,晓树离离含宿雨。伊轧中流闻橹声,卧听渔人隔烟语。辛亥仲秋临蒙泉外史本,大鹤山人。(北京九歌国际 2007 秋季大型拍卖会中国近现代书画专场 0042)

按:"蒙泉外史"即奚冈(1746—1803),字铁生、纯章,号萝龛,别号鹤渚生、蒙泉外史、蒙道士、奚道士等。安徽歙县人,寓居钱塘。长于书画、篆刻。

九月一日,致书夏敬观,谈论近况及武昌起义事。

致夏敬观书:映庵先生道案:执省良讯,猥以衰躯,迟迟吾行,重荷同志诸贤眷逮之雅,心路咫尺,感叹弥衿。走自秋分后,肺病复作,夜辄懒上气,彻晓不寐。药券盈把,益复无聊,亟思沪游,一吸空气。至宿顿尚未知所止,欲主新处,又虑逼仄,多所扰祟,窃有未安,仍以客会旅逸为忧。比因伯宛趣录寄拙稿《莒雅》词,趁夜来病隙删写,已得三四卷,颇拟藏便携就吾贤裁定。约三日当可治装,登高彦会,庶不叹黄花与人无分软?卖文润例,承君提倡,群雅奖成,无惜齿牙余论,感幸无已。次山前已于四月杪言旋,彊村亲豫饯席,岂迫于鄂乱重来,念之念之。苏城近亦有讹言可诧,逾此数日,必自灭也。从者京江之役,当犹稍待,良晤密迩,不致蹉跎相失,幸甚幸甚。匆匆再复动定。临题神往。文焯敬白。九月朔日。(《夏剑丞友朋书札》)

九月六日,致书夏敬观,述成多禄、朱祖谋造访事,询问湖北战事及宋育仁行踪。

致夏敬观书:数日来,劳费兼至,几不能自克,加以警息时闻,怒焉如捣。颇思休养三月,藉叔度汪洋,一涤尘阔耳。昨甫得昏睡,适枉惠临,澹翁、沤老联袂,跫然开径,以望三益,何幸如之!乃盛获姑息,展待阙焉,万端皇悚。俟部署少间,即当走诣,并谋近局,何如?今晨鄂乱,有无确耗,乞详示。昨沪友函述,宋芸子老友亦到汉上,主华军前敌,未遽信也。此上映庵先生道履。文焯顿首。初六日。(《夏剑丞友朋书札》)

九月九日,避兵上海,怀张仲炘。

《临江仙引》(暝蹋小城路)词序云:九日有怀瞻园,时方辟兵海上,用耆卿仙吕宫赋此。(《莒雅》卷四)

九月十三日,致书夏敬观,论及时事及张仲炘脱险事。

致夏敬观书:前辱枉过,相对哀叹,近闻北耗甚恶,与君同唱念家山破,如何如何。小词枕上所得,都无好声,不欲终阕,有类越吟,写上就正。瞻园流离脱险,不名一铢,吾侪正亦穷无所告,不克连难相济,愧恨曷已。此上映庵先生道履。文焯顿首。九月十三日。(《夏剑丞友朋书札》)

九月二十六日,致书夏敬观,谈沪游寻访事及忧生念乱之苦。

致夏敬观书:昨至沪,即觅车特访,遍问书报路四十二号,不得其门,极为怅惘。寻□□二失路,有海上神山之叹,如何如何。用溆一纸,附邮递,当能达左右,期在今日何时得一握,至企至幸。鄙见仍乞枉过,藉谋嘉会。又,昨与彊村叙言,感叹余生,虽作南朝旷达,能无悲从中来。侧闻吾贤,近获新权,藉手小试,郁为时栋,亦足以减走忧生念乱,垂老靡依,既绝拙养之资,奚当宏济之选。天放佯狂,惟冀速化,与气运同尽耳。詹言同志,弥用深哀,异日埋骨青山,无忘斗酒只鸡亦要之,甚幸曷已。昨枕上得小词一解,伧歌荒语,凄唳遗嘶,感道珠玉,亦风人维忧用老,作歌告哀之义也。临题惝遽。敬承动定。映庵先生察书。文焯白疏。九月廿六日。(《夏剑丞友朋书札》)

九月二十八日,致书夏敬观。文焯担心校本《清真集》刻版毁于武昌战火,希望夏敬观帮助在上海石印。

致夏敬观书:昨夕累晞相对,哀数无言。念自武昌发难,仅期月间,使我江上故人,一别如雨,从此孤梦踟蹰,满地沧波,恨恨何如?走头白为傅,遭罹世变,行见蓄志,以漫夫复何?犹以使君识时俊杰,岁路方强乃尔。数奇能无撼击,伏冀为道日重,爱护波涛,幸甚幸甚。旋沪何所拜望,亦及俾便缄达,愿毋相忘。附上近制,惟宏雅有以裁之。临题荒哽,百感横膺。祇承映庵先生动定。九月廿八日。文焯敬白。再,《清真集》,盛荷校刊,雕版孤行,此义千古。但武昌兵火中,原椠恐不可搜致,良用悄然。从者抵沪后,倘与同志商榷,即以是本付之石印,俾无沦缺之憾,感甚何如?其间小舛,及增注一条,惟乞精心甄定,锡以序言。至企至企。又及。(《夏剑丞友朋书札》)

秋,为子郑复培娶妻。

《行述》:辛亥秋,为不孝娶徐氏女为室。未几民军起义,乃辞呈抚军之聘,退居闭门不闻时事。

秋,作《祭天神》词。

《祭天神》(枕乱流)词序云:有客归自武昌,述近事,因与被酒登城东亭晚眺。(《大鹤山房未刊词》卷三)

秋,批校《东坡乐府》。

记云:辛亥秋,樵风客舟,校于小城东墅,时江南警息四至,汌苇悄然。(郑

文焯手批《东坡乐府》）

秋,冒广生来访,冒氏作《题朱古微归鹤图并视郑小坡舍人》。

冒怀苏《冒鹤亭先生年谱》:是秋,先生赴苏州,晤朱古微、郑叔问,作《题朱古微归鹤图并视郑小坡舍人》。(《冒鹤亭先生年谱》,第175页)

秋,武昌革命军兴,兄文炳、妹贞仪、弟文炘皆至文焯寓所避难。

戴《谱》:未几武昌革命军兴,天下风靡,卓峰先生全眷、妹贞仪夫人、少兰先生皆集先生家避难。

秋,哀时作《念奴娇》词。

《念奴娇》(旧家楼阁)词序云:秋雨连江,哀时书事。(《茗雅》卷四)

十月八日,致书汪钟霖,询问革命军攻陷南京事。

致汪钟霖书:昨辱顿驾,薄慰胸春。□函亮昨已发邮,伫望还驿,如望岁焉。今闻金陵已陷,想尊处必有的耗,愿即示及。此上敬承甘卿先生动定。文焯谨白。初八日。(蔡卫东《无锡博物院藏郑文焯书札册释读》,《无锡文博论丛》第2辑,第196页)

> 按:此为无锡博物院藏《有清遗老郑大鹤先生书札》,由康有为题端,署"南海康有为题"。册中皆为文焯致汪钟霖书札,乃文焯辞世后,汪钟霖装池成册,并请康有为、沈曾植题跋。书札册钤有"康有为印",知后为康有为所藏。此札册后又归陶心华,陶将其捐赠给无锡博物馆。蔡卫东《无锡博物院藏郑文焯书札册释读》一文将此札册释读公布,本书所录册中书札及时间考证参考《无锡博物院藏郑文焯书札册释读》。汪钟霖(1862—1933),字岩征,号甘卿。江苏吴县(今苏州)人。光绪十九年(1893)举人。曾任驻奥参赞,冯国璋咨议官等。著有《九通分类纂要》等。

十月,校读《陶渊明集》。

记云:居恒慕晋人风致,其高节美行,又独以靖节先生自况。尝诵其《读史感述》首章云:"天人革命,绝景穷居。采薇高歌,慨想黄虞。"其时当宋武改元、永初受禅之年,而先生行年五十有六矣,自后有作,但题甲子,不著元号。旧国之感,异代同悲。患难余生,年纪亦合。昔以风致自况者,胡不幸而身世更共之,恨无刘遗民辈相从于南村烟水间,一醉不知人间何世。吁可哀也已! 辛亥十月。(郑文焯批校白鹿斋本《陶渊明全集》)

> 按:此跋又见桥川时雄辑录《陶集郑批录》。文字多同,惟末数句作"恨无刘遗民辈相从于仓烟穷漠中,琴酒流连,以送余齿,一醉不知人间何世。吁可哀也已。辛亥岁不尽十日,樵风真逸记,在吴小城东墅"。可知文焯本

年十二月二十日再次批校《陶渊明全集》，并移录是跋。

十一月十五日，致书汪钟霖，请其援手帮助妹丈毓秀。

致汪钟霖书：甘卿先生使君阁下：昨奉手毕，猥以沪居，重荷宏护，眷逮再三，感深大庇。正拟裁答，顷后展赐笺，良友高义，霄汉为低。第家兄已于十一日携眷仓皇如沪，暂寓东福兴里天益小栈。十余口逼处斗室三间，湫隘可知。令亲处是否同居？若仅属楼面，想尚不敷，地位却极深稳。缘钟山眷属，亦欲合为一家，或得三楼上下，即乞决定。明知大难，敢冀复命。至感至企。再昨有寿州□□□之侄特来苏见访，述及钟山即羁留伊家。□□□索两万金，必送出险。盖未知南冠而因者，已劫掠一空，八口嗷嗷，流离失所，安有此巨款以应其求？我公能设法救援，真生死而肉骨之矣。感激何异身受，附百拜之恳。此承道履，临题怀仰，伫望还驿，不尽愿言。弟焯顿首。十五日。（《无锡博物院藏郑文焯书札册释读》，《无锡文博论丛》第 2 辑，第 196 页）

十一月十七日，致书汪钟霖并呈《水龙吟》词稿。

致汪钟霖书：昨白小疏，兼陈感悒。兹特遣价走领，敬乞检付。即日当发飞鸟使也，至企至感。际兹天下脊脊，人心叵测，吾曹危独离异，亟宜守三缄之戒。广坐放言，属垣有耳。昨闻茶社有士，历诋近事之恶状，即为旁听者所攻击。大贤有公衡快士之风，幸閟金玉为道，自卫不宣。此承甘卿仁兄使君起居。文焯顿首。十七日。

附上近作一解就正，有意长歌代哭而已。

《水龙吟·秋感》：故园从此无花，可怜秋尽谁家苑。连城江气，伤心一白，沧波梦远。鹤老云孤，蛩凄天寐，岁寒堪恋。怪西风容易，者般摇落，可留待、东风转。　不信江南肠断，放哀歌、清商先变。坏宫衰火，残碑离黍，登临恨晚。月冷吴津，烟横楚望，苍茫万感。看愁波到海，何人借与，快并刀剪。樵风词客俶稿。（《无锡博物院藏郑文焯书札册释读》，《无锡文博论丛》第 2 辑，第 197 页）

文焯伤心世变，自比陶渊明，作词寄情。

《水龙吟》（我怀栗里高风）词序云：昔东坡谓渊明先生《读史述九章》《夷齐》《箕子》有感而云。余考其《蜡日》篇，发端于风雪余运，终托之章山奇歌，其诗皆当在元熙禅代时作，时先生年已五十有六，遂以江滨侘老，遁世自绝，其志可哀也已。何意去此千五百余年，旧国之感，异代同悲，患难余生，行年差合，今之视昔，身世共之，而变端之来，心存目替，其怆恍殆有甚焉。辄拟东坡取陶诗入词遗意，作越调《水龙吟》歌之。（《苕雅》卷四）

戴《谱》：已而让政诏颁，共和局定。先生怆怀世变，自比于渊明五十六岁所遭，旧国之感，异代同悲，满腔孤愤，一托于词，《苕雅集》中《水龙吟》《庆春宫》

《临江仙引》《早梅芳近》《念奴娇》诸作,皆如东坡所谓渊明《读史述九章》《夷齐》《箕子》,有感而云也。《诗·苕之华》三章,悯时而作,有《小雅》悲怵之音,先生因取斯义,以名词之终篇曰《苕雅》。尝见先生手写词笺,是咏逊清事者。其词云:"行不得,塞上燕支无色。汉月高高秋气白,清芜非故国。　　莫念王孙路泣,谁置铜驼荆棘。日落邺城尘羃羃,探丸迷赤黑。""留不得,梦转车尘宫陌。秋老衰兰催送客,金仙无泪滴。　　一矩仓皇半壁,四面楚歌风急。龙气夜沉鳌柱坼,三山惊海立。""归不得,楚些谁招离魂。东有龙蛇蟠大泽,九关愁更北。　　水浩浩兮犹黑,山郁郁兮空白。辽雁书沉云海高,梦回天地窄。"又题云:"庚子秋仲,余曾赋《谒金门》三解,意极凄怆,读者至为泫然。今仍用旧制发端三字,同黍离之悲,而今昔异世,此心相与终古已。哀哉!"案此词,《苕雅》及《苕雅余集》均未载入。特录之。

是年,校本《清真集》在武昌刊出初印红样本,文焯再校。雕版甫墨,即遭武昌兵变。十二月二十日,文焯记刊行《清真词》之事。

记云:校清真词前后几二十年,昨岁因老友彊村翁苦索旧稿以去,手录一通见示,将寄之武昌锓工陶氏写样雕版。既一年蒇役,复取初印红样本,校勘至再,更得订误三四解,颇矜创获,具有佳证,同志嗟异久之。回思宣献言校书如拂几上尘,旋拂旋生,岂欺我哉?版甫墨而武昌兵变,天下纷纷,南北瓦裂,神州陆沉,此版恐付之劫灰中已。展卷泫然,率记岁月,又识余哀。辛亥岁不尽十日。(《文字同盟》第十二号《郑文焯》[1928 年])

十二月二十五日,作《水龙吟》《念奴娇》《临江仙》诸词。

《水龙吟》:辛亥岁不尽五日,感事申怀,伤心天人之际,不能无辞。时距立壬子春已九日矣。问天此醉何心,放愁一洒佯狂泪。好天良夜,酒催歌送,百年余几。故国青山,沧江白发,支离谁似。念乡情节意,依稀昨梦,浑如说、前生事。　　漫忆旧家园苑,见花时、几番兴废。西山残照,玉楼帘影,参差犹是。汉腊风遗,尧年雪老,一般凄异。怪年涯未了,东风底用,换人闲世。(《苕雅余集》)

> 按:此词为清帝逊位而作。宣统三年(1911)十二月二十五日,隆裕太后率宣统帝退位,故有"辛亥岁不尽五日"之谓。《苕华诗余》有此词初稿两阕,文字差异很大。词序作:"辛亥岁不尽五日,感梦有作,忽忆今兹春早,不待岁除,已立壬子春九日矣。"《念奴娇》(问天醉也)词题作"辛亥岁不尽五日感述"。(《苕华诗余》)《临江仙》(送尽年华依旧是)词题为"辛亥岁不尽五日"。(《苕华诗余》)

十二月二十五日,校读《陶渊明集》《蜡日》篇。

记云:《左传》"虞不腊矣"。汉始改腊,古有饮蜡之礼,《玉烛宝典》云:"天子以其行之盛而祖,以其终也。"《晋起居注》:"安帝隆安四年十二月辛丑,腊祠作乐。"此诗盖伤时祭之变,有"去故"之悲。吴谓作于元熙禅代之笔。亦陈咸用

"汉腊"之微意耳。旧注此诗,义未尽洽,因演赞之。考"章山",《山海经》:鲜山又东卅里,曰章山。《地理志》云在江夏竟陵县东北。案,竟陵、零陵,并楚地,故改以寓意,犹《述酒》篇之用"舜冢"事也。光绪辛亥岁不尽五日。鹤语。时年五十有六。

魏晋间有贺蜡之俗,此诗发端悯旧邦之不腊,譬新运于佳华,可以伤心天人之际已。庾兰成《哀江南赋》云:"日穷于纪,岁将复始。逼迫危虑,端忧暮齿。"自昔遭"百六阳九"之厄,于文人为酷,感时凄戾,不能无辞。(郑文焯批校白鹿斋本《陶渊明全集》)

是年,参与夏敬观刊《映庵词》第三卷篇目去取。

《忍古楼词话》"陶伯荪"条云:余第三卷词刊于辛亥,去取悉经沤尹、叔问商定也。(《词话丛编》,第 4757 页)

当在是年,记郑孝胥事。

《石芝西堪札记》:五月廿三日,湖南布政使以郑孝胥补授。次日,《神州报》即痛诋孝胥此次入京为盛宣怀所使,实即借外债收干路之罪魁。北京《帝国日报》亦日日詈诅不置。六月初四日《神州报》谓郑孝胥以运动专家冒窃东南名士之目,此次来京,住中西旅馆,运动四省铁路参议一席。《帝国报》评之曰:一千金之郑孝胥价目。郑尝为京汉南局总办,最为张文襄所赏识,实则文襄左右为郑买通。凡文襄每日所阅书报,每章每节飞报于郑,或趁文襄睡时,将原书报偷送郑处,使尽览记。郑每渡江与文襄谈,无不奇中,文襄惊为异才。此孝胥之所以为名士也。今其术已大售,名士流毒正不知伊于胡底。又使其腹中之子为卿。大理院某少卿系二品法官,当今上登极,照例得荫,郑因长子已有官,而其妾时有身,乃假造一名以承之。及产,果男也。恐妾泄其事,遂逐妾以灭口。按清律,男子三岁始得承荫,郑乃以腹子冒充,实坐欺罔之罪。闻某御史访悉其事,将严劾之。

> 按:据《郑孝胥日记》,郑孝胥于宣统三年五月二十三日(1911 年 6 月 19 日)补授湖南布政使。(《郑孝胥日记》,第 1326 页)

卷三 民国时期

中华民国元年壬子(一九一二) 五十七岁

一月七日,寻梅吴小城,作《水龙吟》词。

《水龙吟》(故宫何处斜阳)词序云:人日寻梅吴小城,有怀关陇旧游。(《苕雅》卷四)又作:壬子人日,寻梅吴小城,感忆关陇故人。(《苕华诗余》)

> 按:文焯作词后不久,即口述于朱祖谋,其致朱书云:"昨口述近作《小城寻梅》一解,深荷赏击,不惜歌否,乃获知音,能无感慰。兹录上就正,倘辱嗤点而和之,不翅乞酒得浆也,幸甚幸甚!……此上彊村词长左右。樵风白,十二日卯。"(《大鹤山人手札汇钞》,《词学季刊》第三卷第三号)

春,赋《杨柳枝》组词。

《杨柳枝·赋小城梅枝》组词末文焯记云:江春晚寒,属引凄异,起寻园径,杂英暄萋,欣欣有怀新之意。独老梅倾顿,一坞残雪,攀枝泫然,悲荣落之无时,还念年涯,附物兴感,乃著九绝句,聊供故人嗤点云尔。(《苕雅》卷四)

> 按:黄濬《花随人圣庵摭忆》:"案:词中之《阳关曲》《欸乃曲》《采莲子》《浪淘沙》《杨柳枝》《八拍蛮》六调,皆唐人七言绝句,能歌以侑觞,所谓教坊曲。考郭茂倩《乐府诗集》、王灼《碧鸡漫志》,皆言《杨柳枝》出于古之《折杨柳》,白乐天、薛能别创新声,而历来词家注释此题,皆咏柳枝本意。叔问此作,殆变格。然《鉴戒录》云:'柳枝歌,亡隋之曲也,张祐一绝,即《杨柳枝》。'今先生此词,声极凄怨,谓为亡清之曲,良是本怀。"(《花随人圣庵摭忆》,第275—276页)

春,作《虞美人》词三首题《燕池落花图》。

《虞美人·题燕池落花图》词序云:池在京西丹棱沜,旧名西湖,发源玉泉山,度圆明园宫墙东,流入清河。《水经注》所谓蓟县西湖,绿水澄澹,燕之旧池者也。(《苕雅》卷四)

> 按:《苕华诗余》词题原作"忆长安城西旧家湖墅",后改作"忆京师城西旧燕池落花"。杨钟羲云:"燕池在京西丹棱沜,旧名西湖,发源玉泉山,度圆明园宫墙东流入清河。《水经注》所谓蓟县西湖,绿水澄澹,燕之旧池者

也。自题燕池落花图《虞美人》三阕云……盖作于辛亥岁尽,以寄深哀而抒
悲愤者也。"杨钟羲《雪桥诗话余集》卷八认为这三首词作于辛亥岁(1911)
尽,但是在《樵风乐府》刻本中这三首词位于最末,在《水龙吟》人日寻梅吴
小城词之后,加之词作所写乃是春日落花,因此定为壬子年(1912)春。

清亡后,文焯生计大窘,鬻画行医,往还淞苏间。

《行述》:然骤赋闲居,贫至不能举火,偶适兴至作书作画,酌取润资,以易
薪米。

戴《谱》:先生侨吴三十余年,先后巡抚十九人,均慕其才名,延赞幕府,丰其
廪给,资其讽议,蔚成一代词宗。国变后,儒生不为世重,适馆之雅既尽,安车之
礼无闻,生计因之大窘。乃出其余技,鬻画行医,聊以赡家。时往还淞苏间,劳
劳于渊明所谓倾身营一饱也。《大鹤山人润格》:"高密郑叔问居士,晚号大鹤山人,疏放
不羁,四海朋旧,皆一时知名士。侨吴三十余年,自谓山泽之臞,绝意仕进,屡征不起,隐居吴小
城东。治园五亩,著书终老,凡训故、考据、词章之学,以及音吕、医经、气纬诸秘书,无不研究精
奥。纂述余日,辄以书画游艺,其笔趣高逸,不减大涤、雪个一流,好之者尝以良金致之,江南为
之纸贵。兹以避世海滨,同志怂恿,为仿君家板桥道人故实,拟定润笔例,以应世求,亦贤者治生
之一道也。"

李瑞清《书郑大鹤山人尺牍册子后》:辛亥国变,康长素先生招之来鬻医于
沪上,余是时亦鬻书画沪上,缣素充几,俦大贾矣,遂劝山人兼鬻书画以自给。
余则着短袖衣,朝夕操觚,腕脱砚穿,其自待比于苦工。山人则非时和气润,神
怡务闲,未尝辄书。书又不即予,或经年不报。有持重币乞画者,山人久乃忘
之,有时作画会困乏,又往往为市贾以薄酬购去。故时人相语曰:"郑先生画不
卖,穷乃卖也。"山人之困实以此。……山人虽鬻医沪上,然花时辄归,或数月不
来,沪上租屋仍月内租金,其不善治生如此,以此愈益困。(《清道人遗集》,第
64—65 页)

康有为《清词人郑大鹤先生墓表》:已而辛亥国变,君幽忧哀愤,西台痛哭,
尽托于词。行医卖画以为食,常郁郁不乐,虽平日宝藏之书画、骨董,亦不复爱
顾而尽弃之,盖生气尽矣。(《康有为全集》第 11 集,第 91 页)

二月十六日,再阅陶渊明集。

记云:宣统壬子中春既望,樵风逸民再记于吴小城。(桥川时雄整理《陶集
郑批录》)

三月,题孙德谦《南窗寄傲图》。

题隘庵先生《南窗寄傲图》:隘庵先生天诞英逸,著书满家,尤邃于诸子,而
发其蕴奥,无所不淹。遭时屯蹇,抗志隐良,尝取渊明《归去来词》片言微义,倩

江南画师作此图以托高契。辛亥秋后，世难大作，天下脊脊，困遘之中，清事废久。是卷因索疆村翁题词，置听枫园几上，累月不复省措，匆匆失其所在，嗟惜久之。君方以为千秋名义之大防、中原文献之要实，将与神州陆沉、万劫不复，何有于一图之存己耶？且图意固以隐宗高澹自况者，当其彭泽免归，故园松菊犹有岁寒栖老之娱。迨元熙禅代，孤云靡托，绝景穷居，窃比于西山夷叔，其志可悲，所作篇章，类皆悼国哀时、感愤愀怆之辞，十六年间，更世屡异，以今视昔，岁不及半，而患难余生，身世共之，变端之遽，殆有甚焉。且南山要路，既无赍酒之故人；西卢连唱，但有挈杖之佚老。神观遐漂，穷波蹭蹬。然则君之为事物所感触，又若与斯图前后信有征应者非欤？图既失，君意殊无所吝，不为物绬，尝属予更图而更名之，卒卒未有以报。今复得之饮马桥市，佑之乎？隔年陈迹，恍若隔生相遇。坡老亡书之叹，孟阳还研之歌，附物切情，伤今念往，率尔溥削，不自知其老泪之弥襟也。岁在横艾困顿之年季春之昔，樵风逸民记在吴小城石芝西堨，时侨吴三十有四年也。（录自时润民《郑文焯生平心曲发微》，第 217 页）

> 按：孙德谦（1869—1935），字受之，一字益庵，号龙鼎山人，晚号隘堪居士。江苏吴县人。与郑文焯、吴昌硕、朱祖谋、张尔田等为友，辛亥后与梁鼎芬、沈曾植等创孔教会，致力于经史之学。历任东吴大学、交通大学等校教授。著有《汉书艺文志举例》《刘向校雠学纂微》《六朝丽指》等。

立夏，致书朱祖谋，邀其尝新。

致朱祖谋书：连檐过雨，新绿填门，顿催春老，乃叹此萋萋之芜人国，一碧无名，有可为凄涟者已。吴俗立夏，二三邻曲，馈以朱樱、梅子酒见《唐韵》梅子注、新麦、海螺、鲥鱼之属，为佳辰筐实，亦江南节物之旧遗也。自今改历，饫羊将废，慨怆如何。清兴所逮，盍一见过，聊以尝新。鱼麦是昨日亲串所赐，今虑已色恶，其它颇可式食庶几耳。开径以望，幸毋姗姗。昨得来告，已上灯后，不及走谈矣。疆村先生察书。樵风逸民白。壬子立夏日。（《大鹤先生手札汇钞》，《词学季刊》第三卷第三号）

七月三日，朱祖谋致书夏敬观，谈校本《清真集》板片事。

朱祖谋致夏敬观书：映庵先生道席：两奉书，并《清真》板本等，一一照收。穆工可以挖改，板片令送大鹤，覆校之毕，即付梓也。……七月三日。（《夏剑丞友朋书札》）

> 按：朱祖谋此札之前，夏敬观、诸宗元有札致文焯与朱氏。札云：“大鹤、沤尹先生左右：别又逾时，无任怅企，伏处海上，寂寂同之，惟《清真集》版昨已由武昌寄到，想二公当一抚掌也。墨木尚佳，尚有讹阙，暇当携之诣

吴,乞同校定。元扇端有沤公旧和梦窗《梦芙蓉》一词,辄相倚声,奉怀从者。邯郸之步,东施之颦,恃二公相知,聊复录上,奉政和之。匆启,不一一,即颂起居。期敬观、宗元顿首。"(陈国安《海粟楼藏夏敬观致郑大鹤论词书笺释》)

七月,作山水立轴。

题识:岩峦蟠空,松杉夹径。上有飞泉,匏笙玉磬。浩然独往,鼓我清兴。不落文字,琴言鹤听。鸟目山人沉郁顿挫,似杜少陵;白云外史天然整雕饰,似李青莲,各有千古,未易轩轾,然不以一笔一墨论也。壬子七月拟王合璧恽。大鹤山人郑文焯再记。(中国嘉德 2007 嘉德四季第十二期拍卖会中国书画专场 1033)

夏,作《日暮飞鸦图》成扇。

题识:梁园日暮乱飞鸦,极目萧条三两家。庭前不知人去尽,春来还偿旧时花。壬子夏应雅堂先生法正。郑文焯。(无锡文苑艺术品拍卖有限公司 2008 迎春古玩书画拍卖会中国书画专场 0845)

八月,作《仿戴熙秋江芦雁图》山水立轴纸本一幅。

题识:寒叶萧萧下,江山忽已秋。一声芦雁起,清梦落沧州。散秩愧无补,故园知见求。羡君别神武,浩浩寄闲鸥。壬子秋八月摹戴文节公本并录原句。大鹤山人郑文焯。(北京泰和嘉成 2011 春季艺术品拍卖会 0190)

> 按:"戴文节"即戴熙(1801—1860),字醇士、莼溪,号榆庵、松屏、鹿床居士、井东居士等。浙江钱塘(今杭州)人。道光十一年(1831)进士,官至兵部右侍郎,辞官归里主讲崇文书院,太平军攻克杭州时死于兵乱,谥文节。擅画山水、花卉。著有《习苦斋集》《题画偶录》等。

八月,校读《白石道人歌曲》。

记云:昔客沽上,见义州李猛堪藏有《白石集》祠堂本,是道光癸卯其松江裔孙名熙者所刻,前有小像,共十卷,次第与逊斋本同,合诗词八卷,后集二卷,附录酬唱及征事评跋,所引如《词旨》《乐府指迷》《曝书亭集》《带经堂集》皆习见,其句读颇有误,未足依据也。

近闻新建夏剑丞得南村手钞原本于沪上。暇当以校此刻,或有新获,亦一快也。壬子八月记。(郑文焯批校《白石道人歌曲》六卷《歌词别集》一卷)

> 按:"义州李猛堪"即李葆恂(1859—1915),字宝卿,号文石、猛庵、猛堪等,别号红螺山人。奉天义州(今辽宁义县)人。曾官江苏候补道、直隶道员。辛亥后避居天津,勤于书画、古籍收藏。著有《红螺山馆诗钞》《无益有益斋读画诗》《猛庵文略》《海王村所见书画录残稿》《然犀录》等。

秋,作《菊花图》立轴。

题识:陶令归时径未荒,魏公老去节弥芳。花前各有千秋在,持比南山寿更长。郑文焯作于石芝西堪。壬子重九日曾见昌硕、廉夫、墨耕诸先生精品墨册,展观之下,爱不释手,余戏作两方以续其后。大鹤山人又题。(北京百衲国际 2012 年秋季拍卖会"丹青万象"中国书画专场 0690)

秋,康有为过苏,与之成晚年莫逆之交。

戴《谱》:秋,南海康长素先生有为忽偕三夫人来苏过访,囊均闻风相慕,至是始得谋面。

> 按:《同声月刊》载戴《谱》尚有"从兹往来日密,遂成晚年莫逆之交也"。康有为(1858—1927),字广厦,号长素,又号明夷、更甡、西樵山人、游存叟、天游化人。广东省南海人。著有《南海先生诗集》《新学伪经考》《孔子改制考》等。

十月,批校陆钟辉刻本《白石道人歌曲》,断定陆钟辉刻本与江钞、张刻同一渊源。

记云:近又见一旧钞,为陈彦通新获于吴肆者。审是乾隆二年四月仁和江炳炎从符药林借钞于扬州寓斋,即南村手录六卷旧本,传写自云间楼敬思,与江都陆氏是刻实同一渊源也。顾陆钟辉刻本既以意厘订,遂易旧次,并六卷为四,而文字亦颇有异同。兹加研核,依江钞覆勘一过,订其疏遗。或有两失,则取张奕枢本折中一是。具条于后,欲使读者知所依据焉。壬子冬孟记。(郑文焯批校《白石道人歌曲》四卷《别集》一卷)

> 按:"陈彦通"即陈方恪(1891—1966),字彦通。江西义宁(今修水)人。陈三立四子。有诗名,能词。今人辑有《陈方恪诗词集》。

十一月三日,致书朱祖谋,道及亡国之悲。

致朱祖谋书:天公玉戏,大好亭林,安得故人款然良对,以斗酒赏之。记旧春赋雪《忆秦娥》一解有云:"故山已变青芜国。为谁染出伤心白。伤心白。人间天上,恨春无色。"泪哀思垂绝之音也,君其谓之何。余具往牍,不复词费。迩来南北乱机四伏,正大寒朋来之际,忧生奚为。樵风逸民附白。十一月癸丑朔有二日。(《大鹤先生手札汇钞》,《词学季刊》第三卷第三号)

> 按:据札中"旧春"及《忆秦娥》词意知为亡国之初,即 1912 年春,故系此札于本年十一月。

十一月七日,批校陆钟辉刻本《白石道人歌曲》。

记云:据乾隆二年仁和江炳炎钞南村旧本校勘,樵风逸民记,在吴小城东墅。元默困敦之年辜月己未朔,又七日乙丑日禺中。(郑文焯批校《白石道人歌曲》四卷《别集》一卷)

是年,朱祖谋作《金缕曲》(手种前朝树)一阕咏所种梧桐,文焯和之。

《金缕曲》(留得秋声树)词序云:彊村植井上梧桐七见秋风矣,有客顾而叹曰:此手种前朝树也。因以此五字发端,歌是阕见示,率尔和之。(《苕雅余集》)

> 按:朱祖谋《金缕曲》(手种前朝树)词序云:"井上新桐,植七年矣,周无觉抚之而叹曰:此手种前朝树也。斯语极可念,拈以发端。"(《彊村语业》)

是年或稍后,记沪上宗教会事。

《石芝西堪札记》:沪上近发明宗教会,西人李提摩太倡于宣统三年。一时名流,多传会演赞,其言曰:当今之世,宗教之陵夷,不独中国已也。二十世纪已来,宗教号称昌明,而军需之费不少减,杀人之器日益新。如法、美皆共和之国,信教之民也,而贫富之不均,阶级之悬隔,视他国殆有甚焉。此吾党所当汲汲振拔者,大致不外返天理,挽人心以归于性命之正,即宋之理学宗旨,激而为党说也。

当在是年,作致君章四兄书札。

致君章书:君章四兄世讲阁下:沧海别来,恍如隔世。去冬时从甘卿得闻尊状,家国多难,又集于蓼,悲愤如何。……下走绝景穷居,杜门操药,补种树书以为业,博词画润以治生。终身本绝意仕进,垂老益不复问人间何世,理乱听之天,死生委之数,渊明所谓"家为逆旅舍,我为当去客",其言旨哉。经乱已来,旧游雨绝,唯沤尹为苍烟寂漠之友,相守不去,正如柴桑风月,可与语者独刘遗民耳。匆匆复上,祗承动定安稳,临题惓惓,不尽顾言。樵风逸民白。六月八日。(上海崇源 2005 三周年庆中国书画精品拍卖会中国近现代书画专场 0633)

> 按:从札中言"家国多难","经乱"以及强调与陶渊明相类的遗民身份,将其系于本年。"君章四兄"暂未详何人。

是年,兄文炳、妹贞仪、弟少兰先后北归。

戴《谱》:卓峰先生、贞仪夫人、少兰先生均先后北归。

中华民国二年癸丑(一九一三)　五十八岁

二月十六日,参加刘承幹主持之希社。

《嘉业堂藏书日记抄》:(十六日)午前早起,以城内希社是日为余司社,假庙园点春堂设席,于十一句钟齐集,二句钟开宴。余起身时,醉愚已往招待。午刻出门,即至希社,至则同人纷至,连余约五十人,中有来宾三人,一系新闻报馆主笔,忘其名。其二为郑叔问中翰。名文焯,光绪乙亥举人,内阁中书,词名卓著,为海内冠。一为张吾军。即蜀中三杰中之张罗明远澄也。余所陪宴者为郑叔问、沈砚传、名瑞琳,癸巳举人,安徽候补道。姚子梁、名文栋,山西候补道。陈哲甫、名名远,贵州候补道,海盐人。陈润夫、名作霖,前商会总理,江西人。程棣花、何筱霞共八人。席散后,同人偕至隔壁萃秀棠摄影,摄毕,余与沈絜斋守廉海盐人,曾官广东惠潮嘉道。外舅闻车归,是日希社之集酒肴及一切费用连前登报邮票共用去洋八十元。(《嘉业堂藏书日记抄》,第75页)

> 按:刘承幹(1881—1963),字贞一,号翰怡、求恕居士,晚年自称嘉业老人。浙江吴兴(今湖州)南浔镇人。一生痴于书业,倾巨资藏书、刻书,建嘉业堂藏书楼庋藏图籍。编有《善本藏书志》,刻有《嘉业堂丛书》《求恕斋丛书》。

二月,于沪上读庚戌(一九一〇年)除夜所作《满庭芳》(街鼓新雷)词。

记云:越明年,辛亥岁不尽五日,顿遭国变,乃叹此词"天"字韵洵亡国之音,哀思之谶,念此泫然不能卒读。癸丑春中记于沪上。(《苕雅》稿本)

三月三日,刘承幹邀文焯参加淞社修禊徐园之集。席罢,与刘同访张元济。时在寓于沪上梁溪旅馆。

《嘉业堂藏书日记抄》:初三日,以是日为修禊良辰,又适逢岁在癸丑,余与湘舲作主人,故起身甚早。十一句半钟至梁溪旅馆邀郑叔问,同往徐园修禊。到时沈絜斋、吴子修、陶拙存、潘兰史、杨诵庄、褚稚昭、成昌余杭人,陕西候补道。沈醉愚、俞瘦石已先在,出书画卷互相传观。未几,钱听邠、履樛乔梓、刘聚卿、刘光珊、汪渊若、朱念陶、吴仓硕、许子颂、陆纯伯、缪筱珊陆续来,湘舲亦扶病至,遂入席,稍坐,杨芷荪来,酒半,至中庭摄影,李梅庵适至,与焉。然梅庵不先不后,恰在摄影之时,举动之间,若有前定,可见饮啄之说,殆非诬语。照毕,重入席。畅饮而罢。余与叔问、醉愚同车至长吉里访张菊生,出元板《三国志》见示,审视之,即前刘少卿所携来者也,座谈良久而出。送叔问至梁溪旅馆,乃与醉愚归。(《嘉业堂藏书日记抄》,第78页)

> 按:"湘舲"即周庆云(1866—1933),字景星,号湘龄,别号梦坡。浙江吴兴(今湖州)南浔人。光绪七年(1881)秀才。南浔巨富,创办实业。爱好诗词、书画,富藏书。著有《梦坡丛书》《历代两浙词人小传》等。"张菊生"即张元济(1867—1959),字菊生,号筱斋。浙江海盐人。出版家、实业家。

自去年至今春,手钞《苕雅》四卷稿本、《苕雅余集》稿本。

　　按:据《苕雅》稿本"元默困敦之年""壬子春仲""壬子秋仲""癸丑春中记于沪上""癸丑暮春,樵风逸民记"等落款时间可知。

五月十六日,寓居上海,题《六朝唐人写经残字卷》。

　　题识:晋自永嘉以还,清虚在俗。初唐士夫犹沿其习,玄风染被,雅意薰修,多以写经流传,继二王之逸体,而缁流开士亦靡不以文翰取重一时。比岁海东估客时以墨迹传入中土,艺林争相宝贵。审其书法,类多阔扁,世所谓方外经生体也。此卷残字乃近出自敦煌石室中者,其第一叶《莲花经》,似六朝人书,笔意大似水牛山文殊般若碑,正以拙趣见古茂。第二叶则为唐人写《摩诃波罗密经》,并以宕逸行气,其纸确为硬黄,盖方外以黄檗熏染而成,所以辟蟫蚀也。迄今千余年名迹,崭崭如新着墨,古香满几,开卷益然,使人对之神骨清泠,如坐双珠林下,宜野西居士啬秘而得天眼焉。癸丑夏五既望,大鹤山人郑文焯记在沪渎。(《六朝唐人写经残字卷》,上海图书馆藏)

五月二十一日,刘承幹请沈焜致润赀一百元,倩文焯绘上巳修禊手卷。时寓江南旅馆。

　　《嘉业堂藏书日记抄》:(二十一日)醉愚闻郑叔问至,侨寓江南旅馆,前往访谈,伊允绘上巳修禊手卷,特由醉愚带去润资一百元。(《嘉业堂藏书日记抄》,第91页)

　　　　按:"醉愚"即沈焜(1871—1938),字醉愚。浙江石门(今桐乡)人。为刘承幹执掌文案,交情颇笃。有《一浮沤斋诗选》。

五月二十二日,刘承幹宴请孙德谦,文焯作陪。

　　《嘉业堂藏书日记抄》:(二十二日)余是晚在老宅内宴孙君益庵,所邀陪客为吴昌硕、郑叔问、陶拙存、张孟劬、陈重远、沈醉愚也。(《嘉业堂藏书日记抄》,第92页)

六月五日,刘承幹来访,晚参加宴集。

　　《嘉业堂藏书日记抄》:(初五日)傍晚偕醉愚出至石马江南旅馆访郑叔问,即出至田金凤处宴客,汪渊若、吴仓硕、刘光珊、潘兰史已来,座谈良久,叔问始至,湘舲亦来,遂入席,席散后客均别去。(《嘉业堂藏书日记抄》,第95页)

六月六日,参加淞社社集。

　　《嘉业堂藏书日记抄》:(初六日)午后喻志韶来,以是日为淞社第五集,余司社事,在老宅宴客,故见过也。须臾石铭来,由醉愚陪赴老宅。三句钟时,余同益庵亦往,诸君陆续至。至傍晚而止,是日到者为吴子修、喻志韶、李梅庵、章一山、陶拙存、杨诵庄、汪渊若、刘光珊、郑叔问、恽季申、瑾叔兄弟、钱听邠、履樛乔梓、唐元素、杨芷姓、许子颂、周湘舲、潘兰史、孙益庵、陆纯伯、张石铭、沈醉愚计廿二人共三席，余命健弟出陪，六时入席，至九句钟散席，席散在洋房略坐。以兰史招饮即散，少顷至同春沿高梅云家应兰史之招，同坐者为许子颂、周梦坡、沈醉愚，又卫、潘二君及主人而已。席散后叔问偕余同车，送至江南旅馆。是日社集因病未到者为缪筱珊、叶鞠裳、吴仓硕、朱念陶，以事未至者为沈絜斋、长尾雨山、吴綗斋、陆勉斋、杨诚之、外舅，远出未归者为褚稚昭、刘聚卿、费景韩、赵浣荪、张孟劬。题为新乐府，端咏近事也。(《嘉业堂藏书日记抄》，第95—96页)

六月七日，参加周庆云为潘飞声饯行之宴会。

《嘉业堂藏书日记抄》：傍晚出至清和三金筱宝家应周湘舲之招，盖兰史将赴京都，湘舲为设饯也，同坐者惟许子颂、钱听邠、郑叔问、潘兰史、陶拙存及主人而已。(《嘉业堂藏书日记抄》，第96页)

六月八日，因近况甚窘，欲售《殷无美集》于刘承幹。

《嘉业堂藏书日记抄》：(初八日)郑叔问前有《殷无美集》，系藏稿，以近况甚窘，烦益庵、醉愚道地售于余处，索价甚昂，初则千两，继改千元，后经益庵、醉愚谈定银六百两，该集于今日傍晚送到，翻撷全书，只序文取。曲园虽有数跋，乃出此重价，亦譬似周其急耳。(《嘉业堂藏书日记抄》，第96—97页)

六月十日，访刘承幹，欲任校书之役，为刘所拒。因《殷无美集》事，刘对文焯不满。

《嘉业堂藏书日记抄》：(初十日)蒋孟苹偕褚礼堂见过，礼堂余杭人，辛卯举人。谈良久。郑叔问来谈，未几均去。礼堂于金石之学颇有经验，向为端忠敏幕府，继而在刘聚卿处，近况甚窘，聚卿再三转托孟苹向余处代谋一席，余以彼每月束脩洋二十元，数尚不巨，允之。以房屋未曾安顿，故迟其来，束脩即于本月间致送矣。叔问之来，因为伊前托仓硕来此说项，甘任校书之役，每月百两，余以用人已多谢之。后又再三托人致意，其人近况甚窘，向有旧藏《殷无美集》，明季遗老。曲园先生曾为校勘题跋，共计八册，均系文稿。知余刻书，怂惠购取付刊。余念其贫，故而应酬，岂知索价过昂，初则千两，继而改为千元，益庵、醉愚从中调停，以银六百两成事。乃上海所用通是规元，而伊必欲苏平，坚持不让，其集昨已交来，谛视之，仅序文数十篇而已，心已闷闷，今又锱铢必较，甚鄙所为，乃以陆百叁拾两规元合苏平六百两书票与之，以了其事，然千金结客，余所不悭，而得寸则寸，亦步亦趋，又非余之愿也。(《嘉业堂藏书日记抄》，第97页)

六月十六日，刘承幹邀请赴宴。

《嘉业堂藏书日记抄》：(十六日)是晚在迎春坊田金凤处宴客，以彼打醮，蹦之不休,今日身子稍好,特往其家,所邀之客为许子颂、郑叔问、潘兰史、周湘舲、褚礼堂、蒋孟苹、陆纯伯、沈醉愚,共计两席。邀而未至者三人,陶拙存、赵浣荪、钱履樛而已。(《嘉业堂藏书日记抄》,第 99 页)

七月十七日,致书孙德谦,谈寓沪生计并请孙帮忙售书于刘承幹。

致孙德谦书:隘堪先生有道侍者:前奉手诲,眷逮周挚,慰幸何如。旋承孟劬兄颁到惠寄雪垢丹一合,从兹针膏肓,起废疾,莫非君之赐也。惟近以衰躯患湿阻,伏暑未清,时觉隆闷,腹彭彭不内谷,似丹药尚宜缓进。昨并购得西人德来士盐素丸,亦拟迟日兼服,持以毅力,不患不除痼癖也。沪行佥视为畏途,两站近益穷搜,无所不至,不知情者法律为夺人身体自由。站公布法令,非实有形迹可疑不得用此严酷手续,而人民竟亦任其颠倒,亦可异也。珍携古物又虑搜检收束为劳,且奈之何。又以海战市荒,一时断难出手,旅费耗折,往复徒烦。更闻沪上客舍,近以避乱来者人浮于屋,思更续数月,今又罄乏,实用忧煎。欧阳公谓其为尚书而忧贫如此,吾侪安可不思守约。今下走生平绝意仕进,娄空固宜然,至文字生事已断,并粥亦无以咄嗟立办。又少陵所咏"本卖文为活,翻令室到悬",此情亦古人所恒有。如颜、杜诸贤在官,且不耻行乞,矧一江湖逸民鬻文物以易薪米,更值此危乱之世,海水群飞,神州沉陆,求为风波民而不可得,宁有豸乎?坐是岌岌不得已,愿以架上珍庋魏默深原刻《皇朝经世文编》大字本初印四十帙近卅年已罕见原板全函,又稽古楼巾箱本《十三经》各有夹板并装一簏,星子干氏原刻。自来经部袖珍本,惟五经而已,此《十三经》并刊古注,其板式较古香斋精整,相类两书皆有用之善本。张文达《书目答问》亦称道之。近好古藏书家咸称乾嘉间名刻胜似元明旧椠,敢以属之左右善为作缘,恳于贵居停前白此微忱,聊代发棠之请,无殊乞米之书,见惠百朋,以资宏助。惟冀宛辞昭察,悯其坐困,迅赐玉成。苟非执事与翰兄素以仁笃相见以诚,亦曷敢冒颜以陈,复为此戚施态也。并闻德音,即当赍书奉上,不次。此渎,敬承动定。临题不任皇迫待命之至。樵风佚民白疏,七月十七日。(《简素文渊:香书轩秘藏名人书札》下册,北京保利十周年 2015 秋季拍卖会 3330)

> 按:《嘉业堂藏书日记抄》本年五月二十日云:"午前孙益庵自苏州来。益庵由陈重远为介荐与余家,课读杞儿,兼办函牍。"故文焯札中"贵居停""翰兄"均指刘承幹。又,《简素文渊》此札计四纸,第二纸止于"惟五经而已,此";第四纸始于"《十三经》并刊古注",承续上文言"巾箱本《十三经》",则第三纸当为文焯他札窜入,该纸文字为:"高斋连床之乐,诚自惭非周璨、徐孺一流,安得长悬之榻,大寒朋来,能无悲叹。昨见吴君伯宛书至,颇谓京师雅旧时复逮忆。鄙人独以穷老不出,当道无能为力,要之天地岂私贫

我哉？付之一噱。彊村如沪，殆以排愁，非所以行乐。闻其老仆云胫瘇未消，北游乃姑妄言之，且云其在客差胜在家，其难言之隐痛可知甚吾侪之窭困已。兹有救贫拯巫一策，敢乞知己切为谋之。良以此间断绝交通，一物不得销售。如守危城，如在急难，国民之幸福如是如是。坐毙之势已实逼处此，昔鲁公《乞米帖》所云'拙于生事，举家啜粥'来已……"

九月二十八日，致书孙德谦，谈殷无美集及为刘承幹作修禊图事。

致孙德谦书：益庵先生道案：正切輖饥，载承简翰，相违未久，曶曶岁颜，忆曩客无棣侍郎幕次，与君同舍。春申江上，珠履风流，盛径重来，人间何世。比想井梧落后，独宿江城，得毋念是年伶俜旧侣邪？垂示殷无美全集稿本，近发见于持静斋所藏丛帙中，此诚文字精灵，鬼神来告，岂一集之显晦有时，又必得人而传，无美不亦尽美欤？嗟异久之。翰贶年兄以巨编奇获溯报洞原，属为纂纪，走虽不敏，曷敢固辞。考持静斋为丰顺丁公藏书处，谛审其簿目，凡集部旧钞都百四十二种，独殷集不著。或当时杂置丛残，未知珍贵。颇闻丁禹公藏书，强半抚吴时所廉得。当庚申乱后，故家文库散佚实多，其善本恒落估客之手。然则是集经两劫后固犹保存于乡邦，特无征求文献者为之刊布耳。至其胄籍，娄东已详原册陆云孙跋中。念此益叹。翰兄网罗放矢之切，若与往哲精神相感召，匪偶然也。其索画修禊图长卷，久无塞白，惶歉万端。初以徐园名待商略，继乃入秋灾恙横候，迄今药炉犹相伴。往昔白石谓画写胸中逸气，盖必心境俱清始有填胸丘壑，非若作字赋诗，犹可出以醉墨愁笔。苟得高闲一席，亡虑治生，斯意足神来，不须十水五石，即尊俎间亦能对客挥豪。今则坐老愁乡，索然清兴，虽强事柔翰，徒以烟墨不言受其驱染耳。用足促迫，画债如山，末由摆脱，且为奈何？一昨搜得旧绘终南进士教歌图，未暇装池，拟即题以持赠翰兄，腠以画篷。且夕将有沪行，当为面奉。□盖前誉，唯君知契最真，尚其善为说辞，不任感拳之至。此复敬承动定，临书神驰。醉愚先生同道此念。九月廿八日，樵风遗民白。（《简素文渊：香书轩秘藏名人书札》下册，北京保利十周年2015秋季拍卖会3330）

按：此通书札《简素文渊：香书轩秘藏名人书札》中计三纸，谛审其中一纸谈治疗妇女、小儿病事，为文焯它札混入，今录于此。札云："《史记》称扁鹊名满天下，至邯郸赵贵女病，扁鹊即为带下医。入咸阳，闻秦人爱小儿，即为颅囟医。窃以为斯二者号为难治，以妇女疾多内讳言之。既未尽问之亦莫详。孙真人论妇人感病倍于男子，诊候则十倍难疗，至产育者尤其性命之长务也。鄙人尝为周氏妇治产后疾，所阅坏证至十数候，加以时工误投滋补峻剂，几不起，因费功至廿余日始效。又窦氏妇分娩前一月，忽患瘇

涨，医师咸谓儿已死腹中，亟令迟则无及。鄙人独坚持保胎，决其无死证者
三，乃进益气安胎之药。未逾月，果育一儿，恶露杂水下，瘅尽消已。略举
一二以识其难。若小儿本自不能言病状，俗名哑科。然其证来去甚速，又
六脉不可俱切，指文亦难尽信，惟赖医师以听声写形，寒温虚实以消息之。
愚尝论治小儿与老人法异而理同，盖一则体魄未完，一则精气垂尽，其不足
之病则一也。但儿病宜速疗，其难实百倍于老人。记儿子生甫四月，患泻
下且嗽失治，遂喘逆不乳已月余，俗工犹技以四磨散等药。及鄙人外出归
家，惊为不治，姑以千金方□□四物（中有肉桂、伏龙肝），加四君子汤灌之，
一服而苏，喘泻立止，后以理中汤收效。凡所经验于妇人、小儿为多，其危
证亦十之七八，用敢举所得之经方者请益于大方之家，匪欲自炫其术也。”

秋，作和叶在琦闻雁诗赠叶玉荪。

戴《谱》：秋，叶肖韩在琦别号憻庵，闽中诗人自金陵寄示闻雁之作，先生以其托
喻遥深，得金人激刺之旨，感音而和，唯以造哀。诗云：“天际飞声度野堂，乡书
不到思苍凉。荒江月落犹涵影，故国云昏已断行。秋尽独闻溪馆雨，梦回三见
塞垣霜。南飞何限冥冥意，满目关山罢酒觞。”“云愁海思浩无边，嘹唳飞回欲暮
天。旧苑爪痕寻雪后，上林音信隔霜前。数声每入秋风枕，孤影犹惊夜月弦。
莫忘随阳霄汉路，寒江垂翅已经年。”正诚案：先生自辛壬以来，作词极少，诗尤罕见，此两
首系写与其侄玉荪作屏条者。

> 按：《同声月刊》戴《谱》案语末句作“此两首系写与其侄玉荪作横幅者，
> 感慨苍凉，如读郑所南心史也”。叶在琦（1866—1907），字肖韩，又字稚憻。
> 福建侯官县（今福州）人。光绪十一年（1885）进士。著有《稚憻诗钞》等。
> 叶在琦卒年在是年之前，故疑戴《谱》所记“自金陵寄示闻雁之作”有误，当
> 为叶肖韩侄叶玉荪寄诗，文焯和之。

十月十一日，刘承幹来访，邀夜饭，谈赛金花事。时寓居致远街甡泰客栈。

《嘉业堂藏书日记抄》：（十一日）傍晚偕益庵、醉愚出至致远街甡泰栈访郑
叔问，并邀其夜饭。夜至三马路桃源隐菜馆，遣车夫诣甡泰往迓，须臾均至，遂
入座，席间郑叔问谈赛金花事甚详，赛乃洪文卿侍郎钧之妾，出而以状元夫人号
于妓界者。菜不甚佳，饭毕余至花桂珠家小坐，叔问等三人同归。（《嘉业堂藏
书日记抄》，第122页）

十月十四日，刘承幹邀文焯赴宴。

《嘉业堂藏书日记抄》：（十四日）晚偕醉愚、益庵至西合兴花桂珠家宴客，余
所邀者为许子颂、张让三、许玉农、郑叔问、陶拙存、章一山、周梦坡、褚礼堂、邱

寅叔母舅、张弁群、淡如昆季、蒋孟苹及醉愚、益庵共十四人,邀而未至者吴仓硕一人而已。(《嘉业堂藏书日记抄》,第124页)

十月十六日,赠刘承幹吴锡麒旧钞选文,刘于文焯之举有疑。

《嘉业堂藏书日记抄》:(十六日)是日郑叔问来函,并赠余吴谷人祭酒批本旧钞选文四册。此书前日曾来求售,余以选文无用还之,今忽见赠,却之则不恭,受之恐有后文,真取拒两难矣。(《嘉业堂藏书日记抄》,第124页)

十月十六日,作《尔雅斋文集跋》。

《尔雅斋文集跋》:右《尔雅斋文集》如干卷,明嘉定殷都无美撰。余家旧书藏其定稿,凡八册,既得曲园世丈、云孙检讨考见其里居仕履,余复据集中系夫文献者,条数事以补史阙,附以轶闻,弆诸箧衍有年已。惟其间仅寿言、赠序一类,窃疑文体未备,或非完帙,欲访之于其故乡遗耆,冀得要实,卒卒有志未逮焉。吴兴刘君翰诒富而好学,年甫逾立,独喜聚书,缥缃充栋,积数万卷,固多宋元佳椠,而于近代作者秘稿旧抄,益所矜重,孜孜不倦,弗吝以善价搜致。今秋有估客以丰顺丁氏持静斋藏书求售者,中有一集稿,哀然丛录,若出一手,却不著撰人。考之丁氏录目,集钞百余种,内亦不载。翰诒省其文字古澹,类明钞本,心甚异之。诵其文则志状书疏诸体咸具,谛审之固殷无美遗集也。以明贤著述足为南献之征,亟思校定付锲,以广流传,义至盛也。适余旅逸沪江,与翰诒谊属年家,文酒讽议,相得甚欢。一日,以其新获殷集见示,秋加检校。诠第可观,独叙跋类中寿赠诸作,率付缺如。证以余所藏本,增合之乃成全集。因其固请并入,遂割爱以贻之。昔欧阳公谓好之而有力,则物无不致。而梨洲先生叹为二者难兼,诚以有力者之所好,不必书籍也。又谓以有力而聚,以无力而散,造物所忌,岂尽兵火,故藏之久而甚难。余既感念翰诒好古之笃,而力复足以副之,日与古人精神往来,天地默相感召于风雨晦冥中。如是集阅三百年堙翳于炻朽蟫断之余,再厄阳九,东南一炬,海水群飞,其不为敝纸渝墨同归于尽也几何?乃复幸存两地,而冥合一揆,岂斯文之显晦以时,又必传之其人,谓非有神物护持之者?而翰诒当圣文埃灭之世,独能致力以网罗放失,其拳拳表微之诚,不亦懿钦!时方写定,礼堂授之剞劂,余故伟其义而为之记。癸丑冬孟既望,樵风逸民高密郑文焯题于剪松阁。(《嘉业堂藏书志》卷四,第1045—1046页)

十月二十日,刘承幹退还所赠吴锡麒选文,并对文焯有"才优行劣"之评。

《嘉业堂藏书日记抄》:(二十日)前日郑叔问送来选文,越日又以殷无美集跋文撰就交来,其来函虽不明言索润,备言旅况之窘,益庵、醉愚为伊说项,余思叔问才优行劣,动必索酬,此人宜疏不宜亲,因还其书而以百元赠之,以了其事。

书于昨日由益庵带去,今日余备函一缄并洋百元,仍由益庵带交,醉愚亦同行。然余自识叔问以来,若殷集,若绘图,若此次,已逾千元矣,特志之。(《嘉业堂藏书日记抄》,第125页)

十月二十一日,刘承幹来访。

《嘉业堂藏书日记抄》:(二十一日)余偕益庵、醉愚同车至致远街甡泰栈访郑叔问,座谈良久。(《嘉业堂藏书日记抄》,第125页)

十月初,校读《陶渊明集》。

记云:按,《饮酒》二十首之次有《止酒》一首,此目录失载,宜据补之。宣统昭阳赤奋若之岁冬孟上番,记在吴中樵风别墅。鹤道人题。

世士尝谓有不平之感,但诵靖节诗,自然心平气和。然玩索其意内之言,如《饮酒》《拟古》《杂篇》,及《咏荆轲》《读山海经》《读史述》诸作,风力沉雄,骨气奇逸,令人懬然发乎忠愤,止夫幽贞。盖其自高者固穷之节,而其隐切者故国之悲,汤文清所谓既无所托以行其志,每寄情于首阳、易水之间,惟忍于饥寒之苦,而后能存节义之闲,危行言孙,可以深悲其志也。吾愿读者以贞苦衷之,勿徒以澹泊高之。(郑文焯批校白鹿斋本《陶渊明全集》)

十二月十二日,参加淞社第十一集。

《嘉业堂藏书日记抄》:(十二日)午后汤治平、朱甸卿来。是日淞社第十一集,归余主席,假座小有天。傍晚偕益庵前往,至则客已纷至,计到者为刘葆良、缪筱珊、胡定臣、刘聚卿、吴子修、吴仓硕、刘光珊、章一山、长尾雨山、唐元素、杨芷姓、程子大、杨诵庄、张让三、陶拙存、周梦坡、胡幼嘉、名念修,岩州人,前官江苏候补道。恽瑾叔、褚礼堂、喻志韶、潘兰史、郑叔问、钱履穋、张石铭、许子颂、白石农、曾麟,北通州人,前官盐大使。也诗北通州人,前官两淮运判。昆仲、费景韩、赵浣荪、徐仲可、曹恂卿、孙益庵、沈醉愚,连余共三十四人,计四席。(《嘉业堂藏书日记抄》,第139页)

十二月十八日,访缪荃孙。是日,刘承幹为孙德谦饯行,文焯作陪,席散长谈。

《癸丑日记》:十八日己亥,晴和,未刻风起,小雨。费景韩来,文小坡来,赠以《金石目》一部。(缪荃孙《艺风老人日记》[三],《缪荃孙全集》,第292页)

《嘉业堂藏书日记抄》:(十八日)嘱益庵作函复梁节庵京卿,明日益庵将返苏州,偕子青同去,今夕设宴款之,坐无他客,除叔问、镜蓉外,止益庵、礼堂、醉愚、子青、彬士而已。席散后与叔问、礼堂、益庵、醉愚谈。礼堂先行。叔问长谈,娓娓不倦,至二句余钟犹无归意,余等皆倦而思卧,将及三句钟始去。(《嘉业堂藏书日记抄》,第140页)

十二月十九日,参加淞社第十二集。

《嘉业堂藏书日记抄》:(十九日)以是日淞社十二集,由吴子修、褚稚昭、周梦坡、杨诵庄四人主社,在三马路小有天设宴,到者为许子颂、缪筱珊、吴仓硕、郑叔问、钱听邠、恽季申、汪渊若、刘光珊、恽瑾叔、胡定臣、喻志韶、杨芷荪、潘兰史、唐元素、朱念陶、白石农、陆纯伯、白也诗、曹恂卿、钱履樛、吕幼舲、沈醉愚、张石铭、费景韩、徐仲可、戴子开、孙益庵、褚礼堂、程子大、章一山、陶拙存及余并主人而已。席将散,刘聚卿来。散后余与礼堂、醉愚、益庵至西合兴花桂珠家谈良久而归。是日题为寿苏雅集,不拘体韵。(《嘉业堂藏书日记抄》,第140—141页)

十二月二十一日,刘承幹来访,为其开药方。

《嘉业堂藏书日记抄》:(二十一日)席散至甡泰栈访郑叔问,长谈,为余开方,久坐而归。(《嘉业堂藏书日记抄》,第141页)

是年,吴昌绶为刻《樵风乐府》九卷。

戴《谱》:仁和吴伯宛孝廉昌绶为刊行《樵风乐府》于京师,九卷,前五卷就旧刻《瘦碧》《冷红》《比竹余音》三集删存十之二三,后四卷为始壬寅讫辛亥年间箧稿,时世难方亟,因以《苕雅》名集。

> 按:吴昌绶致王国维书札有数通提及为文焯刻《樵风乐府》事,并请罗振玉为《樵风乐府》题签。如:"大鹤自定《樵风乐府》只百十余阕,当先刻成五卷,再以未刻词续之。亟欲刊成,以旌其志。""叔问词一册亦交龙华斋刻,将成。兹请韫公先书'樵风乐府'四字。""叔问词刻成,专候韫师书'樵风乐府'四篆字。恐前寄式样遗失,今再寄一纸,务请敦促写示。"(《国家图书馆藏王国维往还书信集》,第1812、1794、1796页)

是年冬,记铁路抵借外债事。

《石芝西堪札记》:全国铁路抵借外债甚多,今从简略调查如下:一京奉路,借过二百三十万镑;二沪宁路,借二百九十万镑;三沪杭路,借一百五十万镑;四广九路,借一百五十万镑;五安奉路,借三十二万镑;六吉长路,借二百一十五万元;七京汉路,借五百万镑;八粤汉路借、湘鄂路借英、法、德、美共六百万镑;九正太路,借四千万佛郎;十汴洛路,借四千一百万佛郎;十一道清路,借七十九万五千六百镑;十二津浦路,借两次,一为五百万镑,一为四百八十万镑。癸丑冬。

当在是年,作《国朝纪元圣讳》与《国忌·山陵考》。

> 按:《国忌·山陵考》末记:"孝定景皇后,光绪后,崇陵,正月。宣统五年。"(《石芝西堪札记》)

是年前后,文焯记张镇芳、冯国璋事。

《石芝西堪札记》：近闻河南都督张镇芳，江苏冯国璋，深居简出，胆小于鼷，恨不得铜头铁颡，拥护左右。偶一公出，必乘飞车，且预戒清道，密排兵队，禁断行人。民廛商肆，一例勒令闭户，有妇孺楼居窥觑，辄举枪恫吓之，若时时为人狙击者，群相诧为天子警跸，无此尊严也。证之列强帝国，亦不闻有是仪制。况都督建高牙，膺厚禄，有事则师干御侮，无事则露冕巡方，非使之猥缩雌伏，徒事鋪啜者。其拥兵糜饷，所以卫民，非以威民，乃叱咤自专，妄袭帝制，坐令商旅骇迫，道路以目。设有非常，吾决其剪须变服，乞命于路人而已。

　　　　按："河南都督张镇芳"，《青鹤》杂志作"湖南都督汤芗铭"。张镇芳1912年3月至1914年初任河南都督，汤芗铭1913年10月任湖南都督，故系《石芝西堪札记》所记之事于是年。

中华民国三年甲寅（一九一四）　五十九岁

一月八日，致书汪钟霖。

致汪钟霖书：晦人先生道案：昨奉复海，眷述殷勤，胜杜陵人日。怀旧之吟，有陈咸汉腊哀时之致，三复荒哽，恨恨如何。损惠西洋烟夹一具，文质兼茂，珍领祗谢。倘媵以雪茄佳品，更当熏沐清芬，不徒皮傅，特得陇曷敢望蜀耳？敬承福愿春胜，临书主臣。文焯再拜。甲寅谷日。（《无锡博物院藏郑文焯书札册释读》，《无锡文博论丛》第二辑，第197页）

　　　　按："晦人先生"即汪钟霖。因汪钟霖在苏州东美巷建晦园，故称其为"晦人""晦公""晦园主人"。

春，以陆游"小楼一夜听春雨，深巷明朝卖杏花"诗意作《放翁诗意立轴》。

题识：小窗雨过日，微风柔屋角。红杏细蕾欲绽，吮毫蘸墨，漫写是图以释积闷，不计工拙也。甲寅春日，大鹤山人郑文焯作于半雨楼。（香港淳浩拍卖2006年冬季艺术品拍卖会中国近现代书画专场0037）

春，作书法对联。

于世俗中见本来面，处家庭内无利己心。甲寅年春日集《多宝塔》字，大鹤山人郑文焯。（北京翰海2012翰海四季第79期拍卖会中国书画专场0748）

暮春，作《武陵春色图》。

题识：桃花初荣获放芽，春波水暖泛晴霞。绿头何意通人语，却占江湖处士家。祖芬道兄大雅之属。樵风野老郑文焯戏墨并题句，时在甲寅春暮，写于吴小城东墅之石芝西堪。（宝港国际拍卖有限公司2014秋季拍卖会"守望与创新"中国书画专场0388）

按："祖芬道兄"当为葛昌枌，字祖芬，号绳道人，斋堂名传朴堂。浙江平湖人。工书画，富收藏，尤嗜藏印，为西泠印社早期社员。与兄葛昌楹合辑《传朴堂藏印菁华》。

四月十一日，致书汪钟霖。

致汪钟霖书：昨因妄日凉燠无常，起居无节，遂致小恙。服药后午睡昏沉，感获姑息。客去始闻，拥彗不及，罪过罪过。沪游拟于望前后，仍寓旧馆。倘得附骥偕行，固所深企。北俗生男三日，孩而名之。小孙小名命之曰"清"，示不忘祖国也。近日兵变四闻，而约法公布，胡颜之厚，可叹可叹！晦人道兄知契察书。樵风逸民白疏。十一日。再，迂邨先生去冬曾以所著楹帖一册见贻，九机百镪，语妙天倪，深用心折。愧无以为报。昨散帙检得丙申旧刻《冷红词》一帙，敢以请益，乞暇日代致，真秀才人情纸也。尚有拙纂《医诂》内外篇及小学书数种，皆昔年好友所刻，已无印存者，异日恐尽为篑中物耳！又及。（《无锡博物院藏郑文焯书札册释读》，《无锡文博论丛》第 2 辑，第 198 页）

按：此札有康有为批语，其云："命名旨哉清。清四五岁，聪颖绝人，福泽亦过乃祖，善人之有后也。更甡注。""清四五岁"，可知批注于文焯去世之后。

四月二十七日，刘承幹来访。

《嘉业堂藏书日记抄》：（二十七日）出至甡泰栈访郑叔问，晤其亲戚文幼峰，名林，旗人，前江苏候补知府，国变后从汉姓，改为张幼峰，现办保险公司。谈良久出。（《嘉业堂藏书日记抄》，第 162 页）

五月二十六日，致书汪钟霖。

致汪钟霖书：一昨见过，清言娓娓，感叹弥襟。思如昔贤竹林之游，岂复可得？不谓老金遭此奇厄，千古一酷，念之辄为心骨俱摧，且为之奈何？属书"寒契斋"额，兴到即落墨，不久稽也。昨雨中荷笠灌园，偶见竹丛近根处生菌一丛。园丁云此为竹芝，极罕见者。色白而文细，饶有澹致，与松菌迥异。供之古盎，待二三同契吟赏之。此复。敬承晦人道兄知己动定。文焯顿首。五月廿六日。（《无锡博物院藏郑文焯书札册释读》，《无锡文博论丛》第 2 辑，第 198 页）

五月，邂逅方尔谦，嘱校所批《花间集》。

记云：甲寅五月邂逅邗上方地山，检其架上新藏书，有明放宋晁谦之刻本《花间集》，卷第零乱，字句亦多踌驳，然颇有足校订是本之误处。益以明季遗贤洞庭山人叶石君据宋本手校，颇成完善，乃为好本。因属方君一一校录简眉牍尾，采按靡遗。庶有同好，依是付刊，洵倚声家得一准的，不亦大快乎！鹤记。

（郑文焯批校《花间集》）

　　　　按：方尔谦（1871—1936），字地山，又字无隅，别署大方。江苏江都（今扬州）人。光绪十二年（1886）贡生，民国四年（1915）奔赴天津，为《津报》主撰社论。袁克文曾从其问业。长于诗词，擅制联语，雅好集藏古泉、图书。

闰五月九日，刘承幹招饮。次日返苏州。

　　《嘉业堂藏书日记抄》：（初九日）余以叔问来已三日，是晚招伊小饮，约在小华园菜香圃，即诣其处，则叔问、益庵、拙存、醉愚适至，该肆热闹异常，登楼小坐，礼堂亦来，遂小酌于楼头，吴仓硕亦来，小坐即去。阅《李申耆年谱》。因叔问明日侵早动身返苏，特往新斋与谈良久始归。（《嘉业堂藏书日记抄》，第171页）

五月，作《墨松》册页六开。

　　其一题识：一庭梅影三更月，万壑松声半夜涛。昔见子青中丞藏明徐文长明经古松册背，师其意。大鹤山人郑文焯。

　　其二题识：李芋仙中丞曾以古松小幅见赠，款识虫伤，而墨色浓厚，纸色苍坚，审之知为宋人院本，藏之行笈，夏日苦暑，取而对临，愧未神似。大鹤山人郑文焯。

　　其三题识：昔年客寓汉阳，曾见宋无款古松小帧，势如虬龙，松针笔笔如铁，诚可宝也。今夏寓吴门，苦暑无聊，南窗试临，惜未能似，后人讵可与古贤相颉颃哉？甲寅仲夏，文焯。

　　其四题识：眉公言画松易而画松针不易，腕下乏力，则针如茅沟，不诬也。余喜画松而不工，然每捉笔涂鸦，不耻人笑，宛同东施效颦耳。甲寅仲夏，大鹤山人郑文焯。

　　其五题识：吴中拙政园有古松一枝，虬形苍怪，势同卧龙，喜而图之，苦乏生气，不值一笑耳。甲寅仲夏，大鹤山人。

　　其六题识：甲寅仲夏，摹宋人本。大鹤山人临。宋人画松，老干巨枝，针茂如草，宛同龙吟虎啸之势，后人难以摹仿，实因腕力不敌前人耳。曩客楚中，见汪退楼画松，古雅苍劲，扫尽近代文弱之气。老芝又志。（上海泓盛拍卖有限公司2012年春季拍卖会中国书画专场0340）

　　　　按："子青中丞"即张之万。"李芋仙中丞"即李士棻（1821—1885），字芋仙。四川忠州人。历任江西彭泽、临川等地知县。诗文、书画、对联兼善。晚年侨居上海。著有《天瘦阁诗半》《天补楼行记》等。

闰五月，题玄妙观三清殿石阙画像。

题云:此吴城玄妙观三清殿石阙画像,古趣荒寒,类汉石画。其地创于东晋,为真庆道院。在唐改号开元宫,今观前犹有宫巷。殆宋祥符中,更号天庆观。以绍兴初何蓑衣露迹之显,蔚为精蓝。淳熙三年陈岘始逮三清,恢宏旧规。今殿砌横石,文有何道人画像,作像语。观人物即写蓑衣道人故实,可为南宋石刻一证。又殿石往往书佛号,有宋纪元,惜多为羽客彤刻,殆不可辨。洎至元二年始改今额。赵松雪书三门额,今已亡佚。惟吴道子作老君像石刻,犹在殿西口。当时真迹,藏于观内。忆廿年前余偕归安姚彦士布政,访古此间,得石画纵□数石,好事者刀濡脱以传。近今三四年,天宇崩析,海水群飞,天下名迤将共神州陆沉。□□弥罗宝阁之灾,可有□□邪?甲寅夏闰,樵风遗民记于小城东墅之西窗。(《鼎脔》1926 年第 40 期)

六月十九日,致书汪钟霖谈第一次世界大战及张尔田入清史馆事。

致汪钟霖书:连雨如晦,徒益苦寂。思冲雨走访,与公高睨大谈,恨恨如何?日阅报纸,都无欧洲战场之耗,恨不亟见天海崩竭,同归于尽,亦一快事!顷张孟劬书至,云有人荐之修史,已辞之,尚须北行。且引明季遗民述康熙朝应鸿博者俱谓之野翰林,今亦可谓野征君。下走复书,力斥其拟不于伦,语颇沉痛,特呈流览,亦可摅愤以坚世士之苦节也。此上。晦园主人古谦。樵风佚民区区。十九日。(《无锡博物院藏郑文焯书札册释读》,《无锡文博论丛》第 2 辑,第 200 页)

六月二十八日,致书汪钟霖谈集资结社事,并批评旧时友人应清史馆之聘。

致汪钟霖书:前闻尊纪欲备饮馔,适阻晚雨,未践嘉招,致亏盛意,此心阙然。屡思造访,又探知从者有金陵之役,顿怅《停云》"愿言不获"。比想德旌遄返,渴思披对,一罄积怀。下走不日又将如沪,缘有二三雅旧,悯予清独,拟集赀结社,近市僦居。约定十人,月各出十镪为社资,所出蜡兹胜集以缔鸥盟,亦苟全乱世之一道也。近闻旧时同志已纷纷应史馆之辟。苦节不贞,良可太息。是下走前复孟劬书,非亡谓矣。又及。晦人先生察书。樵风逸民白。廿八日。(《无锡博物院藏郑文焯书札册释读》,《无锡文博论丛》第 2 辑,第 200 页)

> 按:此札有康有为批语,其云:"夷齐竟乃出山耶?不贞可笑,此可当史读。更甡注。"

七月三十日,致书汪钟霖询问于式枚在上海的住处。

致汪钟霖书:来告真愈头风,当日诅夕咒,定征天总之魄。《我信录》可考古今冥事甚夥,必非神经怪牒可同日而语也。昨得秋枚书,知长公已作圣湖之游,不日返棹。弟决于初三四日追寻沪上,未审吾贤更可贾余勇无?至愧至愧。晦若寓虹口何处,前言已忘之,伏望谨示。犹记其居址甚委迤也。昨检其考查宪政及议院章程驳义诸疏,取忧危者全验,讵得谓之秦无人乎?悲夫!病躯今渐复,少健即走谈。不次。晦公同志。樵风遗民白。七月三十日。(《无锡博物院藏郑文焯书札册释读》,《无锡文博论丛》第2辑,第198—199页)

八月十六日,为朱象甫求绘《海天梦月图》题《汉宫春》词。

戴《谱》:应朱象甫君竹石方伯子求为绘《海天梦月图》,并题《汉宫春》长调一阕。有序云:阏逢摄提格之岁大梁月既望,为象甫世讲写,附题小词一解遣深哀于窈窕,詙大梦于灵修,昌谷有句云"天若有情天亦老",昔人尝以"月如无恨月长圆"为对,可为此图下一转语,愿与梦中人参之。词云:"试问常娥,占人间情恨,能几回圆。沉沉古今独夜,碧海青天。西阑罢倚,算华阴暗换韶年。追影事,春风泪枕,乱山啼遍红鹃。　对此茫茫百感。恁三生化石,精卫难填。空濛镜华顿掩,谁斗婵娟。伤心画梦,怕披图梦也成烟。肠断处,横塘一水,清魂长绕吴船。"

　　　按:"朱象甫"即朱景迈,字象甫。浙江平湖人。朱之榛子。曾任汪伪政府监察院监察委员,后辞职。

八月二十九日,致书汪钟霖谈天平山之游。

致汪钟霖书:五日不见,两得手翰,展转呻吟间,竟不能一复,病可知已。自长公去后,疢忽洞泻,腹鸣日数十行,骨骺痛楚,反侧一榻,迄今水米粒未入口。今觉稍稍自振,聊以告慰。附上罗两峰《我信录》一卷,唯公浏览。择南洲第一重至八重狱,以处决已氏何如。原编仍望阅竟掷还是幸。天平之游壮哉!廿年梦熟,旧赏云泉,一生能着几两屐?犹忆曩与黄再同同年短衣茫蹻,一跻绝顶。其上乃一巨砥,约二三百步有远公石镜砾立,最为胜境。然非十月草木黄落,虽樵者亦不得到,虑有蛇虺之毒人也。山后为万笏林,云根离立,千聘万奏,亦非踞颠不及一睹。生平出人头地,己丑中秋夜月中琴台及兹山耳!公等取升眺盖及远公石屋,两袖风涛,已据其胜,去上白云总三里许也。晦公能作健,更看红叶,当拖杖追寻,亦足令樵风病夫一壮心目。廿九日。(《无锡博物院藏郑文焯书札册释读》,《无锡文博论丛》第2辑,第199页)

　　　按:黄国瑾(1849—1890),字再同。贵州贵筑人,黄彭年之子。著有《训真书屋诗文存》。

秋,致书汪钟霖谈《樵风乐府》及《苔雅》词。

致汪钟霖书:前夕嘉践,高睨大谭,茗芋之余,饱德无量,信厚于加笾之享也。席次所诵愔道人佳什并周君七律稿,幸假一观,得暇更拟和之。去岁故人吴伯宛为选刻《樵风乐府》,皆昔年手自删定。公曾赏此佳椠,仅余一二帙初印本,兹特贻高鉴。其《苕雅》一集,末卷并辛亥之作,其音哀以思,想晦翁采揽当亦为之泣数行下矣!文焯白。再昨见名园香橼树头尚余三颗,欲乞得为硕果之遗。何如?又及。(《无锡博物院藏郑文焯书札册释读》,《无锡文博论丛》第2辑,第199页)

十月七日,录《新闻报》中国古物维持会书记员马克密上书政府事,涉及中国文物保护。

《鹤翁异撰》:中国古物维持会书记员马克密上书政府,此间所设贵国古物维持会素以保存贵国碑石问题诉于贵国人事,于今五年有余矣。中外人士颇为研究各国无不赞成本会书记担任创设完全之法、保护之方,以期保存现有之古物为目的,并宣布中外人窃取野蛮行为,乃近来此种盗窃之行日甚一日,以此通告各省官绅。其后,德、法、美人即他国代表亦相继行之。兹谨拟节略数条,交由顾博士代达,尚祈采择焉。一、国家古物虽散布民间,而国粹攸关,即为国家直接之产业。庙宇之什物,虽属于个人,当亦为国家所保护。贵国古物之富甲于全球,其价值可抵中国现款之收入,且等于无论何项课税之所收也。二、欧洲文明各国向以劫取亚洲各国古物为巧计,其偷窃方法,今则大盛,竟为欧亚人之一种职业。贵国为亚洲最古仅存之国,彼等行将肆其野心已。至盗窃行为在欧洲法律固视为有罪,即日本亦然。一千九百二年,法国曾送还庚子所得北京天文台仪器,早在洞鉴,敝国对于此种强劫,亦深为痛恶。故斯密生中寅古物馆于一千九百零三年将敝国所得之清太庙玉册奉归,此其明征也。以上所陈就道德义务而言,此巧取实为天下所不齿,贵国能于此事颁定新律,将全国古物及所有关于此项者尽归中央政府管辖,以为保护,且可望各国将其所得不义之古物或美术品全行归还,并此后各国不得再将神州古国历代相传之宝输入它邦公家博物馆中。似此就政治上言之,各国不能越其礼节;就道德上言之,各国亦不能违其议矣。区区布臆,敬候核夺。此见《新闻报》来件门,甲寅十月初七日录。

冬,赠所校《樵风乐府》刻本样本请汪钟霖鉴正。

记云:此故人吴伯宛孝廉自京师见寄样本。新旧叙文并未及刻。且末卷踌驳独多,爰校一过,略为订正,加墨简首。大鹤附记。

宣统甲寅冬孟,持赠晦园主人鉴正。(黄裳《来燕榭读书记》"樵风乐府"条,第279页)

> 按:黄裳云:"案甲寅为一九一四年。此仍题宣统,遗老伎俩,往往如此。晦园则不知谁何。"

是年,再次批阅《花间集》。

记云:宣统阏逢摄提格之年,记在春申江上。鹤语。(郑文焯批校《花间

集》）

是年，朱祖谋游京师，晤吴昌绶，携《樵风乐府》版归。

戴《谱》：朱古微侍郎薄游都门，晤吴伯宛孝廉，以《樵风乐府》版南来，归先生藏弄。

是年，为朱象甫写《东湖草堂图》并题词。

戴《谱》：再写《东湖草堂图》，并题《踏莎行》一阕补白。词云："月府哦松，雾窗刻竹，故家堂构看乔木。鱼榔长送越讴来，鸥村近，共陶邻卜。故人陶心云自号东湖居士。　诗研犹传，楹书能读，烟霞一幀幽栖足。吾庐亦有旧樵风，轻飘待泛东湖绿。"

至是年，所藏金石文物逐渐鬻去。

戴《谱》：先生精赏鉴，平生收藏金石书画名迹极富，至是渐渐鬻去。今可考者碑拓有《周虢季子盘铭》初拓精本，《隋元公姬夫人志》两石原拓，武进陆氏藏本。初拓《魏三体石经》，初拓《孙辽浮图铭》，题云：按《辽志》即从此铭作伪，其文中有"化坊鲁恭"之句，"坊"字明是"均"字之误，有此铭可证，且文大半蹈袭，甚无味也。《刘延达造象》，初拓样本，潘文勤公藏。《周可造像记》，题云：《魏书·释老志》载真君初年，上谷道士寇谦之，以天师新科行道，司徒崔浩奉道尤笃，与帝言大毁佛法，诏有敢事胡神及造形象泥人铜人者，门诛。所谓泥人铜人，即今所见北朝造像，以泥合铜铸者。《志》又云：时恭帝为太子监国，信佛，力净，言虽不用，而缓宣诏敕，远近咸豫闻知，沙门多亡匿获免。金银宝象及诸经论，大有秘藏，是知献武一朝造像文字，传世绝鲜。余藏有延和元年周可造像记，佛像纯以黄金铸成，高不及寸，佛坐刻字，细如芥子，而疏古朴茂，视太和以后碑版，尤有浑穆之气，在太平真君之前，金石著录家自来叹为希觏。倘所谓金银宝像，往往秘藏于劫火之余者，顾不重欤？古器有唐宫脂盝，考云：余家藏一器，表里为缥瓷精造，昔在秦中，有估客得之骊山唐故宫者。器形圆，类合，作浅青色，无花文，盖周径五寸余，底足微射其外，中有三小盏，隔列而黏合，缭以花枝，蝉联袅娜，制作奇丽，油色晶莹，洵宫闱严器中之美制也。谛审小盏中，的的朗润，似有粉黛余渍，古今泽手，殆为美人之赐。考《唐书·李德裕传》，敬宗诏浙西供脂盝妆具。《太平御览》多罗食器名，本名脂盝。按《南史·海南诸国传》，毗骞王遗扶南王食器，形如圆盘，又如瓦塴，名为多罗。是知脂盝名义，盖取诸梵语可证。因叹骊宫金碧，千余年荡为寒烟，独此玉台妆抹之遗，犹存芳泽，岂唯玉鱼金盌，流恨人间哉？又云：近见沪上博古之家，因海西大腹估搜致中国佳瓷瓶尊诸器，岁以重值收购，载出重溟，不可悉数，好事者惧华夏之不竞，葆古物于愁遗，并蓄兼收，粲然大备。顾徇于逐董习尚，炫博矜奇，于名物典要，鲜所考辨，其所谓古瓷者，仅仅以俗称宋均窑之玛瑙釉玫瑰斑为至宝。间以定汝官哥，辄蒙然未详所自，并柴窑雨过天青之色且不获一睹，况等而上之者乎？间尝撰旧文，证之明贤纪录，不揆寡闻，作《陶说》一篇，虽不贤者之识小，犹贤于无所用心，聊为甄家之别子，释器之枝言云尔。昔莱阳宋荔裳于汉魏隗嚣故宫获瓷盏二，中有鱼藻文，王西樵为歌其事，曹实庵《珂雪词》亦有咏宋大食瓷杯之作。姜学在藏明宣德脂粉箱，陈其年为题《满庭芳》一解，藉体物之佳制，发思古之幽情，曷云丧志，亦足以藏，是作区区享帚之珍，亦数典之微义也。明濮中谦刻大竹师子一坐。张应尧制竹搁臂。文池道人书，见金坚斋《竹人录》，钱石桥古物。明李茂林大砂壶，《阳羡名陶录》，茂林名在时大彬右，近世希见。惠孟臣小砂壶。有底款。垢道人程邃刻田黄冻印，周栎园题刻。龙溪李宓精镌小字绿端石屏。宓名见福州旧志，屏一面镌菖蒲供，一面镌怪石供。又兰亭禊帖石，翁氏复初斋记其刻万松山房小字兰亭本，即此物也。汉玉鸠杖首，考玉鸠杖首见《后汉·礼仪志》，天子赐耆民者。汉玄玉狻猊纽宠字印，宋建瓷兔豪盏一具。古瓷精品小件七宝都丞槃内雅供。一、宋哥窑淡绿碎文小瓶，二、元窑蕉叶式淡青色小盘，三、柴窑雨过天青荷叶小盘，四、明嘉靖制小印池，五、旧煨瓷水盂，六、霁红海棠花式水盂，七、雍正款青龙水样小太白尊。乾隆窑鸡缸十二具，程君房赤水珠名墨一圜，康熙初松风水月圭璧式大墨，芜关督臣刘源制进，源字伴阮，见《画征录》。齐玉象，晋砖砚，曲江诗砚。均见前。书画有石涛《山水大幅》，王石谷《采菱图》，蒋南沙《写生瓶菊立轴》，此希见之妙品，较其工笔超绝。张二水《十八罗汉册页》，张尔唯《仿元人山水真迹立轴》，陈白阳《画猫立轴》，罗两峰写《善财参礼大士图立轴》，《惠山女冠子韵香画兰石并题诗十二首真迹长卷》，唐人写《洛神赋》墨迹，《明人尺牍一册》，大兴刘剑福旧藏精品，卫带黄五纸、李梅公九纸、陈雪滩八纸、周石虬五纸、王德完八纸、施台臣五纸、阮大铖七纸。明人诗翰一册。傅青主写唐人五律四纸、洪昉思一纸、孙煨一纸、盛仲交二纸、张宴书御制诗赐李东阳四纸、居节赐孤松上人诗一纸、王觉斯论书书三纸、张复家书两纸半、失名（嘉靖时人）写诗三纸。《吴谷人手批〈史〉〈汉〉文选》四册。

按：《青鹤》杂志所载戴《谱》将文焯收藏散去系于民国元年，铅印本系于民国二年，此从《同声月刊》所载系于本年。

中华民国四年乙卯（一九一五）　六十岁

一月十一日，致书汪钟霖，谈邓尉山赏梅事并请代询碑铭。

致汪钟霖书：邓尉山中梅花烂放，以香山风讯为准，祠山风则落梅时也。比日园梅已开十之六七，想菖蒲潭、香雪海亦讨春游舸未肯放过。从者清兴攸同，当属童君为胜引，惜衰朽不克相从于苍云翠岫间，泂一憾事。今有一奉渎左右者，十年前在徐君子静斋头曾见一碑铭，记为唐宋人志方二尺许，字甚小。系出之横山田家，乃童君物色所得，欲以八元售于徐，后不知果否？此石仍在何处，即乞代询示及。如有打本，可为索之。幸甚。此上晦园先生枼儿。樵风白。十一日。（《无锡博物院藏郑文焯书札册释读》，《无锡文博论丛》第2辑，第201页）

按：此札有康有为批语，其云："今葬梅花中，叔问神游香雪海苍云翠袖中矣。更甡。"

四月十九日,访刘承幹。

《嘉业堂藏书日记抄》:(十九日)是日郑叔问来,余嘱醉愚见之。(《嘉业堂藏书日记抄》,第231页)

四月二十日,参加刘承幹宴会。

《嘉业堂藏书日记抄》:(二十日)出至田金凤处宴客,庞胇庵、朱古微、郑叔问、洪鹭汀、许子颂、戴子开、吴仓硕、章一山、钱听邠、履樛、陶拙存、庞莱臣陆续至,遂即入席,邀而未至者为周梦坡、林璞山而已。(《嘉业堂藏书日记抄》,第231页)

四月廿六日,朱象甫招饮。

《乙卯日记》:廿六日庚午,雨。……朱象甫招饮,左子彝、文小坡、徐积余、沈爱珑、林懿叔同席。(《艺风老人日记》[三],《缪荃孙全集》,第383页)

五月十三日,参加淞社第二十三集。

《嘉业堂藏书日记抄》:(十三日)是日为淞社第二十三集,由余举行,即在宅中宴客,约四句钟入席,计到者为缪筱珊、洪鹭汀、戴子开、钱听邠、吴子修、许子颂、刘语石、汪符生、郑叔问、恽季申、杨芷牲、恽瑾叔、朱念陶、潘兰史、钱履樛、陶拙存、章一山、周梦坡、白也诗、张石铭、孙益庵、褚礼堂、沈醉愚,又新入社者二人,为刘谦甫、林璞山而已。入席已晚,缘此间距市稍远,而肴膳系麦家圈惠中承办,计三席,待至傍晚始至,余甚懊恨,此后在家宴客,只能借庖人自制,否则殊不便耳。幸而房屋稍宽,诸君或散步花阶,或聚观书画,徘徊至晚,尚足消遣。语石以余新宅落成,即以是题索同人和之,殊不敢当也。席散后,复邀子颂、叔问、季申、瑾叔、拙存、梦坡、也诗、履樛、礼堂、益庵、醉愚至清和三爱楼家,到时史叔起已待良久矣,遂即入席,邀而未至者为鹭汀、子开、听邠、语石、念陶、兰史、一山、石铭。是日三句钟梁节庵来访,长谈良久,余以社集邀其在此夜饭,以事即辞去。(《嘉业堂藏书日记抄》,第235页)

五月二十二日,致书汪钟霖,请其还所借拓本。

致汪钟霖书:昨甫归,束压装堆,画券两牛腰,亦足以豪。渴思走诣一谈,不审清暇何如?深用驰仰。前借观拓本二册,即乞捡还,幸甚。此上敬承晦园主人安止。大鹤白。五月廿二日。(《无锡博物院藏郑文焯书札册释读》,《无锡文博论丛》第2辑,第201—202页)

按:此札有康有为批语,其云:"书法之生宕厚逸,骏马驭骥,亦日独步古今。其所出乃曰张猛龙阴,今文来非曰帖出,得未曾有。更牲注。"

六月四日,致书汪钟霖,谈及邹福保病逝。

致汪钟霖书:雨溽云蒸,诵老杜《多病执热》之章,有怀左右,为之感叹,不置。咏老物化,吾党又弱一个,能无悼心!走归来,值烦暑,百事俱废,画债积若陵阜,正不知作何摆脱。六月半后恐仍须沪游。前承掷还藏器拓本,记尚有一册题签"石芝西堪"云云,不审曾在柴几?幸检寻示及,至企至企。此上晦园主人道案。樵风客语。六月四日。(《无锡博物院藏郑文焯书札册释读》,《无锡文博论丛》第 2 辑,第 202 页)

> 按:邹福保(1852—1915),字咏春,一字芸巢,晚号巢隐老人。江苏元和(今苏州)人。光绪十二年(1886)进士,授翰林院编修。曾任江苏师范学堂监督。富藏书。曾执教于苏州紫阳书院、存古学堂。撰有《重修寒山寺记》《巢隐老人自祭文》等。

夏,致书汪钟霖,提及康有为致函被拆看事。

致汪钟霖书:损书皇迫万状。敝庐穷漠人外,愧无应门之僮,徒恃小犬。更无人叱诸尊客之前,致挠高躅,悚歉如何。谨订明日晚凉走诣,报谢藉领拓本。晤言不次,匆匆复上晦园道兄至契。文焯白。昨更生翁来函,竟被官府验拆,言论信札自由之谓何?能无痛切!又及。即日。(《无锡博物院藏郑文焯书札册释读》,《无锡文博论丛》第 2 辑,第 201 页)

> 按:此札有康有为批语,其云:"叔问之犬,义犬也。曾有盗逾垣,为犬所逐,坠伤足而见捕。饭时放锁,就食厨中。食毕即门就锁而司门。宜叔问之恃之也。更牲注。德宸无义犬可恃,不如叔问矣。"

夏,作《富贵长寿》镜心。

记曰:富贵长寿。乙卯夏五,顾伯母朱太夫人七旬寿诞,郑文焯写此晋祝。(辽宁中正拍卖有限公司 2009 仲夏艺术品拍卖会中国书画专场 0065)

八月,朱祖谋为文焯《茗雅余集》作序,为刊行《茗雅余集》。

《序》末记云:夫旃蒙单阏之岁大梁月,彊村老民朱孝臧。(《茗雅余集》)

八月十五日,临《溪山无尽图》。

记曰:董北苑《溪山无尽图》为大痴一生得力处,而大痴《富春山浮岚暖翠图》,又为思翁西庐一生得力处。南宗衣钵,至今日流为行乞僧,此由不见古人真迹,故愈趋愈下耳!乙卯中秋临《溪山无尽图》之一角,大鹤山人郑文焯。(上海泓盛 2008 春季拍卖会 0137)

九月初六日,访刘承幹,未晤。

《嘉业堂藏书日记抄》:(初六日)是日晚,郑叔问来,未晤。(《嘉业堂藏书日记抄》,第 255 页)

秋,仿文征明作《苍山闲居》山水横幅。

题识:三间板屋苍山下,习静来寻树里扉。影掠野桥孤鹤去,响穿深竹乱泉飞。读书堂小乌皮净,种药阑宽鸭脚肥。宦久知君能入道,画中先著水田衣。乙卯秋雨初霁,窗几如拭,仿衡山设色,写其大概。大鹤山人郑文焯。(上海驰翰拍卖有限公司 2014 金秋艺术品拍卖会 0404)

十一月二十一日,为刘承幹诊病。

《嘉业堂藏书日记抄》:(二十一日)傍晚,郑叔问来诊,长谈良久而去。(《嘉业堂藏书日记抄》,第 261 页)

十一月二十二日,为刘承幹诊病。

《嘉业堂藏书日记抄》:(二十二日)傍晚,郑叔问来诊。(《嘉业堂藏书日记抄》,第 261 页)

十一月二十四日,刘承幹来访,为开方。时寓居福利公客栈。

《嘉业堂藏书日记抄》:(二十四日)出至福利公访郑叔问,本拟就诊,以叔问约自至,乃回吉祥里,未几叔问来,为朱姬开一方,长谈良久而去。(《嘉业堂藏书日记抄》,第 261 页)

十二月十八日,刘承幹饯别孙德谦,文焯作陪。

《嘉业堂藏书日记抄》:(十八日)是夜,宴孙益庵于家,古微、拙存、叔问、孟劬先后至,邀同子青,遂入席。益庵明日解塾返苏也。(《嘉业堂藏书日记抄》,第 263 页)

十二月底,作山水立轴。

题识:西崦旧约有扁舟,林屋深深几树秋。怊怅五湖鲜菜路,沧波无地着闲鸥。左季道兄属画,时夜雪漫江,破研暴冱,闻君将发杭州,率尔呵冻,濡染略得大痴苍寒之致。兼题二十八字,聊以塞白,固知拙逸无当雅意也。岁次乙卯残腊,鹤道人郑文焯记在沪渎。(上海大众拍卖有限公司 2005 年夏季艺术品拍卖会中国名家书画专场 1059)

> 按:"左季道兄"当指周大辅(1872—1932?),字左季,号都庐,别署老左、虞山里民、鸽峰居士、鸽峰草堂主人等。江苏常熟人。曾任汉阳兵工厂总工程师。喜藏书,辑刻《鸽峰草堂丛抄》。

岁末,自沪归,校读《陶渊明集》。

记云:乙卯岁终,樵风客归自沪江,又诵一过,时滇黔大举义师逼泸榆间,天下脊脊。(郑文焯批校白鹿斋本《陶渊明全集》)

> 按:"滇黔大举义师"指自 1915 年 12 月 25 日(农历十一月十九日)始,由蔡锷、唐继尧、李烈钧等发起的反对袁世凯称帝的护国运动。护国运动目的是恢复共和制,而文焯称之为"义师",其原因主要是清遗民在反袁称

帝上与资产阶级革命派具有一致性,但在政治主张上绝不相同。与蔡锷并肩作战的国民党元老李根源曾记及文焯与康有为、沈曾植、郑孝胥等复辟派同国民党在讨袁问题上的交往,其记云:"在沪晤见康南海(有为)、郑苏戡(孝胥)、沈子培(曾植)、瞿子玖(鸿禨)、冯梦华(煦)、余寿平(诚格)诸公,骂袁最痛切。晤南海时,郑叔问(焯)在座,相与款接,问余倒袁后国政是否请宣统皇帝出来,余曰:'倒袁为一事,复辟又为一事,余革命党人,复辟未敢苟同。'南海解之曰:'君等戮力倒袁,后事再说。'可见诸先生与余等倒袁志事同,而倒袁以后则各有怀抱也。"(李根源《雪生年录》卷二)另,时润民《郑文焯生平心曲发微》披露了数通文焯寓沪时寄回苏州的家书,或谕管家,或诫儿子,据书札中言"回苏之日大约至迟十二月初"与上文"乙卯岁终""归自沪江",有相合之处。又记其妻张宜人"病嗽甚重""必未大愈"及所署日期等知此数通书札不会作于丁巳年(1917),因1917年冬十一月二十一日,张宜人卒。另,数通中有一札有"信内附券五元,作为冬至家宴"之语,此札作于"十一日",查1913至1916年冬至日期分别为:十一月二十五日、十一月初七日、十一月十七日、十一月二十八日,从时间分布看,作于1915年的可能性较大,故将数通书札系于本年秋冬时。今录于下,以见文焯沪上行医时之家庭日常。

　　文焯家书:昨草草复信,想已收到。汝早午车来,晚车即可回苏。有许多面谕不能写信,且所急要之物,亦非面交不便,祥龙恐至误事。我因近日医事渐有起色,画债一件未了,不能离此。自闻汝主人病嗽甚重,我无刻不念,千万格外小心。既嗽,必至气短,平日不肯少饮水之故,今有此症,切不可戒烟,龙涎丸亦不宜服。我近得妙法,亲自煎膏,非常味厚,必须汝来面告,并试验一次方可。此间有好灰,并能出到十成,汝等全不知考究,所以白费金钱也。兹开去一方,即刻照服一帖,必有效力。再一帖即照原方,加肾气丸二钱,同药煎服,专去痰饮,即可定喘。我一切尚平安,告知勿念。候汝速来,面交各物,勿延。此谕叶升知之。鹤道人,十八日。

　　文焯家书:谕叶升知悉,得今日来告,万分悬念。所要物近日已得妙法制之,颇精,但舟人亦不便带着。汝即日见信,即刻车来,面交一切,准明午可回。务须告知上人,勿服龙涎丸,仍吸烟可也。余容面谕,速来为要。再,药方附去,可多服数帖再就医,郑燕山药尚可靠也,千万要紧保重。如早听我话,必不至此。何以前信接来者,偏不信吾言,勿再违。大鹤,廿八日。

　　文焯家书:昨得来函,知家内甚安。董二老而昏忘,专有口无心,着格外小心守门为安。伊云自我去后，夜间不睡，不知此言果不欺上否。更先屡换，不得万全，恃上下内外留心。阅报时登闾门一带抢掠，切须加慎，不可稍贪耍也。我连日因感寒，又痰嗽不止，殆冬至节气所发，幸大毛皮衣寄到，否则不堪设想。前病亦是受夜寒，如何如何？汝母嗽症必未大愈，前寄麦冬方，即可多服两三副，人参末可用，或党参亦可，至要至要。兹寄上梨膏半斤、香茗二两、梅桂腐乳一瓮、醉蟹一罈。此物切勿多食。信内附券五元，作为冬至家宴，余即供汝母日用，俟月半得有积款再寄。匆匆寄问。来书所言六侄等近状，极可念，不到山穷水尽不回头也，绝由不读书三字害之，可怕可怕。接此信后速复为盼。鹤语，十一日午。

文焯家书：谕叶升知悉，天寒门户吃紧，汝务要早晚留心。兹寄去天津梨十个一小筐，即照送。我在上海尚有耽搁，因画件未即消出。现已有人说价，未付清。在此一切均安好，勿念。杭州如有来信，即速寄申。再，我有西法布小夹袄、夹裤，又黑布裤未洗共三件，即交此次公茂船友谢阿全包好带来，勿忘。汝所谋一节，已代求老友致函钱君，妥为图成，即告知不误。此谕。九月廿九日，寓沪福利公栈，郑南记手泐。

文焯家书：叶升知悉，顷得杭州来信，允为汝谋事，但薪俸不过十元以内，如汝愿去，即写明信来。或自己写信去求，由此间并发，不可自误。即便切托钱君，速觅生意可也。今交公茂船谢阿全钥匙一个，着即刻开房门，向方桌上茶叶瓶内，取姨太之长毛羊皮袄票一张，速向该典当算明本利约十二元上下，即刻赎出。又洋缎皮马夹一件，当票亦在瓶内一处，即取出一并赎回，此件原当三元六角正，利钱约计不过数角。兹交去共大洋票十五元、现洋一元正，即刻交阿全包好带来，勿误，切切！因天气甚冷之故，回苏之日大约至迟十二月初也。小猫千万好好喂养为要，想尚在家，切勿饿之。回去再酬汝劳也。此谕门户留心。十一月十七日，郑大鹤白。

文焯家书：参壶，宜兴料，有夹层者，在楼上夹厢茶几下。黑洋缎棉鞋一双，在洋油木箱内，梳妆台下。着董二即刻持此纸，到剪金桥巷，交叶升看明，一并由董二包好，寄交谢阿全，切勿损伤为要。又叶升之弟回苏时，曾交伊一元，想已收到。门户不可大意，房门各处及零物，统惟叶升保守，不许擅动。此谕。十二月初三日。

文焯家书：昨午后申刻抵此，仍住去冬头等官房，当即访友。晚来忽又暴雨如冰，幸不甚冷。一俟今日与邓君交涉后，必可三、四日即归。惟闻杨玉孙详述前事，真令人寒心，以子侄同胞，尚不如一舟子、一园丁之可靠，实堪隐痛。我前此已为之深疑，故不切提，专为到此调查，不难水落石出。据杨昨夕来报告云，前煮成后，众目共睹，自信不薄。向来皆无丝毫之误，且只有嫌太厚者。明知载道，何能较平日反稀？且相交两年，素以诚信，至十数次之多，况托人来者已非一次，何曾如此昧良误事？何以对我？据云当日未封，至次早始经六倕携来属封，未曾启视，此非他人所料到，忽于第看。有一年少南京人来详告，从古董店来，即云隔壁鹏息轩中人。有人以长三寸之牛筋，合从中掠去两许，又恐不孚前数，遂搀入清水，故半水半渣，水乳不融，所以有声扎扎已，成者乃至败坏。若只窃取，不加水，尚不至此可恨也。或六倕为人所弄，致此损失，必古董店有人乘虚而入，搀水一节，断断可信。又何至一物之厚薄看不出耶？至使我痛苦二十日，诚不解其何以出此。亦不必辩白了，即非有心，岂能无过，此后无论为谁作事，但须正心诚意，切勿自欺以欺人，至要至要。……此问眉君起居安吉。门户灯火皆须格外留心，无人可信，惟自家多费神思可也。大鹤言。十四日。

　　文焯家书：语云："近朱者赤，近墨者黑。"而以小人之传染，尤甚于朱墨。故先世家训，严诫子弟，不得入门房与奴仆相亲。诚以若辈工于逢迎，以媚少主为能事，藉此进身，无所不至。诱入邪僻，在奴仆不过一逐而散，而子弟之恶乃不可救药，吁可畏也。汝性质本淳，又不能遵守庭训。自用唐堃在门房，始则奉承，继则贪得私惠，有意隐瞒，加以沈贵之疲玩嬉戏，又有何利引诱为非，敢于作乱，至于代雇驴马，骗钱买物，甚至设诡计，诱为盗贼之行。最可恨者，则已死之范福，百般愚弄，而嫁祸于他人，迨银折案发，遂一口咬定，其平日之无恶不作，汝尽知之，而偏与之亲近，时相密语，置父教于不顾，是与贼无异矣。既往不咎，今四凶尽除，李叔老成，高叔直道，独董叔胆大妄为，而汝专与之相共，是诚何心，悲夫！

文焯晚年金石、校雠撰述颇多。

　　戴《谱》：朱古微侍郎为刊行《苕雅余集》，先生著述之锓梓者此殆最末次也。平生所刻行之书，以词为多，故世皆知其为词人，其实先生经义、诗、古文辞、六书训诂、医经、乐律、金石、书画无不精诣。其金石学撰述尤富，已刻者仅《高丽永乐好太王碑释文纂考》一卷，未刻者有《寰宇访碑录续补遗》，附《赵录订误》，余甲子年重到苏州，购得稿本。《南碑征存录》附《草隶考》，《汉魏六朝碑首举例》，《古简考》。稿已佚，惟附录稿尚存。《草隶考》云："草隶之制，盖原于汉，而名则自晋始，以工书而传者。卫瓘传云：子恒善草隶书，为四体书势，当时二王以真草名家，举世咸传其笔迹。北齐颜黄门《杂艺篇》谓陶隐居、阮交州、萧祭酒诸书，莫不得羲之逸体。故是书之渊源，萧晚节所变，乃是右军少年书法也。其称逸体者，殆以遒峭为工，超逸旧体。或因逸少所作，而即以名其体耶？颜氏又云：惟有姚元标工于草隶，后生师之者众。《梁书·武帝纪》称帝草隶尺牍莫不奇妙。庾肩吾《书品叙》既论隶书之发原,秦时隶人下邳程邈所作;又谓草书起于汉时,建初中京兆杜超始以善书知名,后云辄删善草隶者一百二十一人,是可知草隶并构一格,匪程杜之旧制也明已。余尝博考其原流,不特秦汉碑中绝无故迹,即六朝石文亦罕觏其一二。唐以来书人纪录,鲜所阐明,官帖传摹,胥失古法,益不足据以定其体势。严铁桥《说文翼叙》至云草书原于古籀,似篆似隶,如古器文之联绵纠结者是,而谓先秦已有此体,汉始定名。夫秦之八体,书于殳者随其势而书之,谓之殳体,即今所见古器铭文,乌可以草书例之。且许书固明言汉兴有草书,正以别于八体也,严说亦甚凿已。陶南村《古刻丛钞》记汉永初讨羌檄书于木简,皆作章草,此汉草之真迹,惜陶氏未钩摹以传,未由考定其体矣。宋张驹题汉草之见于今世益少,急就章转摹,失真愈远。官帖所传章帝、皇象、索靖等书,与张芸叟所称《鹢爵赋》,又率是赝作,黄长睿已尝辨于《东观余论》。又谓永初此檄虽为草而隶笔犹存,逮张旭、怀素辈出,则此法扫地已。张氏但见汉草兼隶不为冗笔,故云去隶未远,然可为汉时草隶一确证。以《书品叙》所言解散隶法,用以赴急,其创于隶变之后,而势迅疾,可知赴急之用,盖以军书、狱职、笺牍之属,所需至为繁重,此数端并不以书传,故世士蔽所希见,碑刻中又绝无仅有,自来博古家不闻考据及之,此草隶古法,所以不明,至唐以来,复变为行书,知者益寡矣。今考之石本,独有晋太康五年《杨绍墓荪》,及永和间净土寺二十八宿井中《宋鸭子砖文》,魏《张猛龙碑阴》,隋仁寿元年《宝轮禅院舍利塔记》,并足考见草情隶韵,具体而微,洵《书品》之异征,逸体之别墨。爰附著崖略,辨以正名,示存古意焉。"《汉魏六朝碑额纪例》云:"汉碑有穿,穿外有晕,缭绕自穿中出,盖犹古制引率之义也。其上为圭首,有文谓之额,其体篆书与八分不一,或一行至二三行,体例与碑文合为章法,乃一篇之纲领也。汉碑额异撰有三例,可略而言之,如《中部碑》《大飨记》《惠安西表》《校官之碑》一类,为别制标题之例。又《三公山碑》,隶题两旁,又有'封龙山灵山君'六字甚大,若连类记之者。如《故益州刺史中山相薛君巴郡太守宗正卿成平侯刘君碑》,又若两人共立一碑者,此为额题旁及之例。有若《宗俱碑》阴上勒六大篆曰'门生立碑人名',下例四横,书其人郡邑名字,略无官称。《郑季宣碑》阴以八篆字横刻其上,曰'尉氏处士故吏人名',下例四横,其'邯郸玑'名下有细书'今司空掾',《孔宙碑》阴有五大篆表其上,曰'门人故吏名',下列门生、门童、故吏、故民姓字,此又碑阴有额之例。三者皆非恒格。而宋人碑铭尝别制四字题额,与文绝不相承,则从予所纪第一异例所出也。考之汉碑篆额之始,以《帝尧碑》为最古,余不胜举。隶额之始,则以楚相孙君收、执金吾武君二碑为创见,举二以概其余。其正书南朝自梁始,北朝自拓跋魏始,孙渊如于句容城西获吴衡阳太守葛府君之碑首,以孙吴改长沙为衡阳郡,遂定为真书昉于三国,慎已。王念丰据吴大和三年铁香炉识文,考其时唐亡而杨行密次子隆演改元建号,疑此衡阳太守碑额,或为五代十国杨行密、钱镠等称吴时所刻,亦佳证也。自汉迄隋,碑版中书人、撰人、石工姓氏各自有见,纯无书额人见于碑者,有之。自唐武后命相王旦书孔子庙碑额始,且既刊书额人,又记钟绍京奉相王教揭碑额,其例益琐琐已,自是几于无碑不有题额者,至宋乃通行。后世或以篆额人居文前,与撰书人并列,去古弥远,为例弥蹐驳焉。予以汉魏书统所系,自汉熹平以后,始变篆体为八分,魏晋之世,隶楷错变,又成真书,洎于隋以妙楷名台,综南北旧体,集其大成,悉归于正,而雄逸峻整,篆神隶韵,靡不流滥于波磔间,此予论碑始于汉而断自隋也。曩见张叔未清仪阁专取碑额旧脱装置成册,深服其精鉴。盖古人本重榜书,如汉之蔡中郎,魏之韦诞、于鹄,皆号能作擘窠书,正以字少而艺精尔。碑额为一篇之主,其例既括碑之全模,其书人亦必以全神注此一二行字。后学玩索其体制，诚心追手摹，靡所不备，所谓'以约失之者鲜矣'。余因审法书之正变，次所得碑首文旧藏者付之褙工，亦犹清仪阁故事云尔。"《古简考》云："陶南村《古刻丛钞》载汉永和二年讨羌檄，宋张驹跋云：宣和中，陕右人发地得木简一瓮，字皆章草，朽败不可验次，唯此檄完，中贵人梁师成得之，尝以入石，未几梁卒，石简俱亡，故见者殊鲜，此汉草之墨迹，黄伯思作《汉简辨》，以为邓骘简书，盖考其时讨羌之大将军实为骘也，檄末有云'急急如律令'，与晋太康五年《杨绍墓莂》文煞语正同，是汉晋军书券契之通例，可证用以赴急，故以竹木瓦甓之类，取其省约，未暇刊石尔。又《吴中旧事》云：至和中乐安公守苏州日，虎丘厓下水涌出竹简数十小片，皆朱书，有孝建年号，盖宋武时纪年也，蒋颖叔自记于手稿，其孙世昌录收之，此竹简虽未详其为何文字，然以永初檄例之，发见之多，又皆书而非刻，其为赴急之用，可以类推，但有书迹朱墨之异耳。自裴松之上表禁断碑铭，寄奴一朝得其片石镌勒，嗜古者辄秘为奇宝，况简书笔迹朗然如新，信足与永初章草，并为千古年秘文神品，世士那得复得耶？两汉南北朝墨迹传世，唯此足征，记之以识古简之一格云。"又云："比见上虞罗叔蕴珂罗版精印《敦煌古简》一册，审为汉代墨迹，有龙蛇迤逦之势。庾肩吾叙《画品》所谓削简传令，则万里对画，揽之能无心战色沮。想其时冰天雪窖中，磨盾疾书之概，汉简真传，信而有证。蔡中郎所称草篆者，此其类欤？简书间有纪元岁月，弥可宝贵。"《石芝西堪读汉魏六朝碑记》《八代碑骈类纂》。稿均佚。平日所得墨本佳迹，博考而精，据以翼经史纪载左证，辨识字体变迁，至为有功学术。稿已散佚大半，今据残存者，录若干条，亦可窥其崖略也。　　比干墓题字，在汲县比干墓上，相传以为孔子书，据《水经注》朝歌县牧野有殷大夫比干墓，前有石铭，题隶云：殷大夫比干之墓。今本只"殷比干墓"四字，"墓"字下半已泐，书势奇特，虽是后人墓刻，而隶续已载此四字，盖唐以前书人为之，或云宣圣真笔，考隶体作于秦代，孔子六经以古文，而云真笔，不已慎乎？　　朱君长三字残石，乾隆间出于两城山下，今在济宁州学。《山左志》云：上有凿齿一棱，似从他处脱榫而出者，盖亦汉人断阙，如上庸长书司马孟台神道之类，按《水经》济水又东过东缗县北，荷水又东经汉平狄将军扶沟侯淮阳朱鲔冢。孙渊如校云：《梦溪笔谈》曰今之衣冠非古，惟朱鲔石室所刻衣冠，真汉制也，末幅有"朱长舒之墓"五字。道元注墓北有石庙，盖即石室之谓。考两城在今昌邑聚，汉之昌邑国也。东缗县与昌邑同属兖州山阳郡，在今济宁州金乡县境，是此残石，为朱长舒之石阙题字可证，谛审是脱"长"下"舒"字之半，隐隐可辨也。昔贤论书，谓汉初八分，犹用籀篆旧体，严铁桥云：汉器铭之似篆非篆者，皆隶也。东京中叶后，始有秋首微尾之体，而隶又变，据是以审是石，尚是未有挑法之八分，虽体扁而画长，其势在隶篆之间，诚西汉之旧体，秦篆之始变也。予于汉碑中，独取碑首及石阙题字，盖其时书人以字少而作精，故能妙溢缁豪，复绝千古。　　益州太守高颐碑，立于建安十四年，在四川雅安县，并有东西二阙题字。颐事迹《汉书》无传，《华阳国志》叙益州人士，亦不见称。太仓陆增祥始著是碑，赵撝叔《补访碑录》纪其二阙，此其西阙也。北府丞赵录误为北平，武阳东汉属益州犍为郡，赵录记东阙，讹为武阴，颐盖以举孝廉始为令丞，而终于太守也。　　侍御史李公阙，在四川梓潼，赵撝叔《补访碑录》考为东汉李业。《后汉》《业》《传》，字巨游，广汉梓潼人也，元始中举明经，除为郎，会王莽居摄，业以病去官，杜门不应州郡之命，太守刘咸强召之，因举方正。王莽以业为酒士，病不之官。及公孙述僭号，闻业贤，欲征为博士，固疾不起数年，述羞不致之，乃使尹融持毒酒奉召劫业，遂饮毒死。蜀平，光武诏表其闾，益部载其高节，图画形象，此石阙当在表闾之时。惟业未为侍郎之职，《华阳志》但称节士，《汉书》则入独行传，疑后代因其忠义，见危授命，追封之，而立石于其墓耳。　冯使君阙，亦无年月，考《后汉书》，冯焕为幽州刺史，以疾恶为怨者诬，下狱庚死，子绲上书自讼，附见绲传。史但纪其为刺史，阙又称为河南京令，足补史阙。《传》云：焕，渠人。此阙在四川渠县，在汉属巴郡也。　宋邵思纂《姓解》，第二卷"鞠"下注云：东莱鞠氏，召公世家，有太傅鞠武，汉有鞠谭，南燕有鞠仲。鞠注未详鞠氏之原，今所见汉北海相景君碑阴，有故书佐朱虚鞠欣，字君大；又北齐西门豹祠碑，题名有户曹掾鞠隆。余家藏有隋大业二年定州鲜虞鞠遵守仁举志云：其先则黄帝之苗裔，后稷之后也，以公刘父曰鞠，因取为氏。考《史记·周本纪》，不窋以失其官，而奔戎狄之间，不窋卒，子鞠立，鞠卒，子公刘立，是鞠氏之原于后稷，信而有证也。古今著录姓氏，多未详其所出，赖遵志以补谱遗，藉征世纪之信。碑版所载，并鞠彦云已得其四，历汉魏齐隋，鞠氏遂世为族望。石文之有裨于史，谅哉！　汉阳叔恭残碑，嘉庆二十一年出于钜野之昌邑聚，即汉之昌邑国，东汉为沇州刺史所治。《水经注》济水篇，荷水又东径昌邑县故城北，大城东北有金城，中有沇州刺史河东薛季像碑，西有沇州刺史茂陵杨叔恭碑，从事孙光等以建宁四年立，西北有东泰山成人班孟坚碑，建和十年尚书右丞拜沇州刺史从事秦润等刻石颂德政碑咸列焉。此石末书七月六日甲子造。按《通鉴》目录建宁四年七月己未朔，《后汉书·灵帝纪》，建宁四年三月辛酉朔，阅两小建七月为己未朔。李翕西狭颂六月十三日壬寅立，阅一小建七月为己未朔，是七月六日甲子之为建宁四年无疑。以此证之，其为杨叔恭碑可信矣。碑有数绌十城之语，《后汉·志》载山阳郡十城，又下文称彰盛德云云，盖亦德政碑也。于是"从"下当是"事"字，下有陈留韩文，当是叙立碑之人，而孙光之名，则已缺泐。又碑侧称陈留圉济北茌平，据《续汉志》圉属陈留自光武时，茌平本称茬，更名茌平，属济北自和帝时，则是碑之为建宁四年所立更无疑也。是碑旧藏鱼台马氏，光绪中叶，归满州端陶斋抚部，尝见其拓以赠人，经一洗剔，濡脱似精，而神锋略损，且碑阴题名亦无之。比岁鱼台故物，半为齐东墨估窃取，以售诸强有力者。黄梨洲谓天下物以有力而聚者，仍以无力而散，信有征数也。愚以为得墨本佳迹，博考而精，据以翼经史纪载左证足已。若徒广集碑石，好古不好学，是何异清昼攫金之士，虽多亦悉以为？　始建国天凤三年刻石，嘉庆丁丑秋出于卧虎山前。盖封田赡族勒石戒子孙者。文曰：始建国天凤三年二月十三日，莱子侯为友人为封使诸子食用等百余人，后子孙毋坏败。考"来"字汉碑作"耒"，李翊碑太守东来，此作莱又其变体。据此碣，莽废孺子婴，自立为皇帝，更汉曰新，称始建国元年，以虚示不改元之义，故至天凤改元，犹以建国冠之，亦矫已。　汉石堂刻残石，出石墙村，计石高一尺，广一尺七寸，文十一行，略格，行中字多寡大小不一，汉石例往往如是。如嵩山太室少室石阙铭并与此类，文亦有韵而古茂。邵阳康氏跋十三字残石，云是夏阳人家支灶物，昆山叶九来始著之，郑谷口定为东汉石刻，谓书体酷似酸枣令。　北周故开府仪同贺屯公侯植志，在陕西三水县，赵氏《补访碑录》始著其目。案：植，《周书》《北史》俱有传，有与志异者，有史阙而志可补者，有志与传可互证者，可两存以待考异。如史云字仁干，上谷太守散骑常侍觅之八世孙，高祖恕，魏北地郡守，子孙因家北地之三水。父欣，泰州刺史。志则云字永显，建昌郡人，其先侯姓，汉司徒霸之后。又史称清河太守，志作河阳；平州刺史，志作光州；史谥曰节，志则曰斌，此字贯及谥并与史显异者。考恕为侯植高祖，其人当在魏道武时，其时三水当隶北地郡，故史云家北地之三水。迨太武神麚中，置泾州新平郡，乃改隶新平，故《地形志》以三水隶新平。至永熙以后，当又割三水等县置建昌郡，后又改建昌，隶豳州，而周仍之，故志称建昌郡人。又云，葬于豳州三水县，但《地形志》皆失载沿革之时，叙所谓永熙缙籍，无者不录是也。盖史著其贯籍则上谷，志记其所居则曰建昌耳。又志记其官历卫大将军太子中舍人，史并失载。志记其子定远以次厥六人，史惟载一子名定，此并当以碑补正之。至碑文中称述其勋业事迹，并与史合。其卒于保定四年四月朔，与《通鉴》目录日月例合，惟戊申为二十日，小有舛尔。贺屯公侯植碑所载战绩事功，并证以史传，无不符合。如志云戮河桥之封豕，擢沙苑之长蛇，与传称从太祖破沙苑战河桥合；骋骁悍于洛阳，与传称齐神武逼洛阳从孝武西迁合。（《周书·本纪》）大统二年太祖率众声言还长安，潜至小关，纵兵击窦泰斩之，志云平窦泰于小关者指此。太祖率十二将东伐至弘农，东魏高干李徽伯拒守，命诸将冒雨攻之，城溃，斩徽伯，虏其战士八千。汉弘农魏改恒农，在今陕西境，周虢仲封国。志尅恒农于陕虢者指此。大统十三年，开府杨忠围柳仲礼长吏马岫于安陆。十四年仲礼来援，忠大破之，斩仲礼，马岫以城降。宋安陆郡属司州，今德安府随州境，周随侯封国，志云效武绩于随陆者指此。盖此三役，植皆在行间，传不详书，可据此以补其阙焉。南北朝碑细字之瘦峭者为慧日道场法云志，其疏劲者为常丑奴志，皆隋碑所仅见，若其笔锋廉断，点撇峻朴，浑浑俱有古法者，厥为贺屯一碑。且在宇文之世，文制好古，其书亦旧体为多，上承西魏、北齐茂密瘦健之风，而宕以逸气，下开有唐楷隶整朗之则，而出以涩笔，殆南北流派将汇而朝宗，古今体势将变而至道者也，昔翁覃溪学士谓可以书体定时代，吾亦以时代论断书体焉。**当世识者谓晚清金石家如先生之博大精深，清仪阁后一人而已。先生更精校雠，邺架书卷，殆无不涉笔丹黄，其藏书偶遗坊间，得之者常珍若拱璧云。尝见先生《词录征存》钞本，将来可刊专书，试录两则，以窥一斑。汲古阁藏书目，有宋词一百家，元二十家，是其已刻者，仅得半之数尔。近毛近钞本往往流落坊间，为好事者所得。仁和吴伯宛孝廉藏有《松雪》《云林》二家，亦从汲古转写校录，比又得毛刻《词苑英华》，皆据多本集刊，别为一集，今校其中《淮海词》单行本，较六十一家刻本多五十七首。六十一家《淮海词》原八十六首，单刻本百四十三首。考王敬之所刻《淮海词》称从明张綖本出，而词亦止八十七首。又山谷一首。不应此本独多出大半，须检群书证之，方得其真耳。**　彭芸楣所记《宋元人未刻词目》，见王给谏刻《阳春集》后，又见长沙张雨珊近刻《宋元名家词》前，今从伯宛孝廉传钞校录一通。按毛氏未刻词原有百廿家，今见存者不过九十家耳，然则所云二十二帙者亦未全也。今长沙张氏思贤书局刻本，即从彭钞汲古未刻廿二帙中录出，又除临桂王氏已刻九家，实得十三家，益以姚勉《雪坡词》目，勉为宋人，字诚一，张雨珊刻本未详其所自。伯宛孝廉拟辑《宋金元六十家词目》，亦不及《雪坡词》，岂孤本邪？其词凡三十一首，多一时酬酢之作，寿词居其大半，宋人以寿词为别构一格，玉田《词源》述及其体之难工，《梦窗甲乙稿》中颇载寿荣王及夫人词，张辑《清江渔谱》，陈允平《日湖渔唱》下卷，则专录寿词为类，此其义例耳。

　　按：以上内容《青鹤》杂志、《同声月刊》及铅印本戴《谱》文字及文段序列有差异，《同声月刊》所载较完整，今据之。"《寰宇访碑录续补遗》附《赵录订误》"铅印本戴《谱》有小注云："近见先生致缪艺风、朱彊村两函，此书或亦先生未完之作。照录备考。致缪函云（略）。致朱函云：'拙编近目初意续孙、赵访碑二录，然素持断自隋代之论，颇不欲因人补苴，决然强名一书，拟题曰《汉魏六朝碑录近征》。以其所详，皆同治后所出土者，或命之曰

《八代碑目近征》。二三日写竟先付秋枚印行,其跋尾尚须展期料简耳'云云。疑即指此稿也。今名或系朱氏所定,特空未完编,故不付邓氏印行耳。"《南碑征存录》"铅印本戴《谱》有小注云:"此书或即闽侯林钧亚杰著《石庐金石书志》所载《秦汉三国六朝南碑石存录》一卷之原名。《书志》注云:稿本,高密郑文焯叔问撰辑秦汉三国六朝南碑石之存者,按代列目,搜采略备。至于各碑流转,记载颇为翔实,附缀考据亦多论断。郑公靡特邃于金石之学,尤擅书画,片楮零纨,艺林争宝。余曩得公批校之本数帙,已深庆幸,何图又获是稿。满册朱墨,悉公手写,妙书鸿著,荟萃一编,球璧同珍,不为过也。前有'瘦碧'朱文方印,'齐玉象堪题记'朱文方印,'沤园'白文长方印。又载《秦汉三国六朝南碑佚录》一卷,注云:'稿本,高密郑文焯叔问撰是编,录秦汉三国六朝南碑石之佚者,六十余条,略附考证,前有郑公注云此录以考证繁难遂中辍。可见系公未完之作也。'"另,铅印本戴《谱》无"先生更精校雠"以下文字。《青鹤》杂志戴《谱》"珍若拱璧云"后为:"吾乡傅沅叔先生在吴市得先生手校《片玉词》,即庚子刻行校本《清真集》,字细如蚕,阑外四周殆满,自谓致力此书近二十年。沅叔先生以是书见贻,雅谊深感,又为余题所藏先生《冷红簃填词图》卷子,有句云:'片玉摩挲箧底珍,廿年雠勘墨痕新。猩红认取南柔印,相见图中侍砚人。'即指此也。"无"尝见先生"以下文字。"清仪阁"指张廷济(1768—1848),字顺安,号叔未,又号海岳庵门下弟子,晚号眉寿老人。浙江嘉兴新篁人。精金石考据之学,富藏鼎彝碑版及青铜器。著有《金石文字》《清仪阁所藏古器物文》《清仪阁金石题识》《眉寿堂集》等。

是年,文焯在上海与蔡桢讨论词律。

《词源疏证》:乙卯,值大鹤山人于海上,问其论宫调之理论及读所为乐府,益恍然于词之必求协律。(蔡桢《词源疏证》,第3页)

是年,《小说新报》第七期《文苑》发表文焯词九阕,第八期《文苑》发表其文焯词十二阕。词作俱见《瘦碧词》刻本。

按:第七期《文苑》发表词作:《齐天乐》(夕阳呼酒登临地)、《绛都春》(鹃魂一片)、《河传》(凄雨)、《风入松》(帘烟雨过梅黄)、《南乡子》(柔橹小苹乡)、《扁溪梅令》(堕怀凉月醒来空)、《侧犯》(乱峰倒立)、《倦寻芳》(小帘花瘦)、《清平乐》(花枝倦拗);第八期《文苑》发表词作:《蝶恋花》(花研瑶光三万顷)、《满江红》(绀海文漪)、《壶中天》(青田大鹤洞天边)、《一箩金》(镜里愁妆熏麝苦)、《好事近》(瘦绿觅诗痕)、《扫花游》(年涯草草)、《徵招》(古帘暗雨江南绿)、《台城路》(翠查栖影骄如雪)、《钗头凤》(屏山远)、《祝英台

近》（淡妆收）、《摸鱼儿》（又江南落花时节）、《微招》（天心独有难平处）

中华民国五年丙辰（一九一六）　六十一岁

二月九日，校读白鹿斋本《陶渊明全集》。

记云：史迁谓："读书怀独行君子之德，义不苟合当世，当世亦笑之。"是义至耐人寻味。余每值百感横膺，意有所郁结，不得通其道，辄沉坐孤啸，取陶诗而披诵，往复移时，顿觉天地晦冥为之豁然开朗，心骨空寒，独与卷中人精神往来，莫然相构于《形赠》《影答》《神释》之间，乃叹东坡晚年《和陶》之作，其知道欤！宣统柔兆执徐之岁，孟陬月既望廿又三日，樵风客又读。（郑文焯批校白鹿斋本《陶渊明全集》）

二月，作仿王冕《万香春霁图》。

题识：王元章《万香春霁》巨帧，枝干用焦墨写之，花蕊并圆活，空处以淡墨渍出。绢素虽旧，精采逼人，雪景之能事毕备，真无一毫尘俗侵其笔端。在小月波馆相对终日，有三宿索靖碑下摩挲不忍去之意，归而摹仿其大意，不知与古人亦有会合处否？丙辰仲春，大鹤山人郑文焯作于石芝西堪。时年六十有一。（香港苏富比2013春季拍卖会中国书画专场1289）

二月，作《无量寿佛图》。

题识：蜀州辛澄善画罗汉，与杜弘义、赵光辅、钱希白一流人物，不闻其他，盖专门之学也。学愈专则画画愈进步，驾古人而上之不难。大抵用笔之法，各臻其妙，妙中之逸趣，端在自辟蹊径。予于绘事数十余年，生平最喜仿唐代杨庭光画山林中之佛象，纵横笔墨，变易常法，盖自信有素云。丙辰中春，大鹤山人郑文焯作于石芝西堪，时年六十有一。（浙江盘龙2005秋季中国书画拍卖会0176）

二月，作仿刘完庵山水图。

题识：长廊曲折，流水回环，问是谁家庭院，正对青山。刘完庵画山水，功力甚深，师梅花道人而能脱去畦町。余曾见巨帧，沉厚秀逸之致，不觉神往。惜相隔已二十余年，丘壑溪径不能全记，约略作此，仅相像其大意耳。丙辰中春，大鹤山人郑文焯作于石芝西堪。（中国嘉德2006第四期嘉德四季拍卖会中国书画专场0546）

　　按：文焯另有《蜀山行旅图》，也是仿刘完庵山水，题识亦同，当也作于本年。款署"大鹤山人郑文焯背临于樵风别墅"。（浙江南北2013春季艺术品拍卖会中国书画专场0332）

二月，评己酉年（一九〇九）后所印画册。

《大鹤山人三绝册》：己酉年所印画帧多佳品，此后则既灌而往矣。是册六如、元宰、烟客并非真迹,或出自门下士代制,以应世人求耳。石谷《鸡鸣风雨楼》虽少作,亦非真迹。王原祁写《铜官山色》。姜实节仿倪迁。丙辰二月记。(申闻《记龙榆生藏〈大鹤山人三绝册〉》,《南方都市报》2018 年 6 月 6 日)

三月十六日,为朱竹石遗像补景,并题越调《水龙吟》词。

戴《谱》:朱象甫君求先生为其尊甫竹石方伯遗像补景,爰写松石闲意,并题越调《水龙吟》寄慨,时为柔兆执徐之岁寐月既望。词云:"感怀三十年中,酒垆咫尺山河异。生平四海,文章风义,如公能几。故国青芜,沧江白发,而今何世。伴长松怪石,空山独立。问谁识,苍茫意。　犹喜甘棠笏在,诵清芬,故人有子。东湖旧隐,草堂无恙,曾题高致。夜窔哀湍,尘梁落月,凄其对此,更山阳笛里依稀。坠梦认,须看是。"又,致象甫函云:"承属为尊甫大人遗像补景并题,追忆三十余年文章风义,感极生平,展对怆然,未欲率尔落墨。昨感触往事,兼以近忧,因制长调,稍述雅旧之怀,不觉其词之凄黯。以孤松瘦石雅称高踪,亦寓岁寒之契,想贤者会心当不在远。"

三月二十九日,作词寄黄宾虹。

《虞美人》:伤心塔影桥边月。花下明肌雪。年年费泪与山塘。赢得一声柔橹九回肠。　返魂何处寻安息。烟水无情碧。酒醒休道梦非真。须信当时俱是梦中人。《虞美人》题《山塘寻梦图》,游兆执徐之岁季春作,鹤道人写。(上海工美拍卖有限公司 2003 秋季艺术品拍卖会中国近现代书画专场 0407)

> 按:文焯书札云:"暇晤秋枚,亦以久未与君詹对为歉。前议同居之约,迟迟,虑已为捷足先得。……顷有人以宋汝窑洗索售,暇当奉赏,何如?此上滨虹先生道案。文焯顿首。廿九日。"黄宾虹(1865—1955),字朴存,号宾(滨)虹,别署予向、虹叟、黄山山中人。安徽歙县人。擅画山水。著有《黄山画家源流考》《虹庐画谈》《画法要旨》。

春,作山水成扇。

题识:茅栋萧森槿援低,霜条露叶晚凄凄。门前野水平槁路,罢钓归来每日西。曼云先生属,丙辰春日大鹤山人郑文焯作于樵风庼。(广州华艺国际拍卖有限公司 2008 年冬季拍卖会仁风馆藏扇画专场 0336)

初夏,作《无量寿佛图》。

题识:或问罗汉系结党成群之辈,果何修而为佛。予曰:放下屠刀立成佛。故谚有之矣。《传灯录》载大梅禅师云:任汝非心非佛,我只管即心即佛。此言可悟。予每日朝念经,夕诵忏,虽不佞佛,亦尝学佛,学佛不成,因而大画特画其佛。画慈悲者流水行云、寂密枯槁,画威严者竟雄杰奇伟、激昂顿挫,非敢自诩,本前人意耳。丙辰夏始,大鹤山人郑文焯记于吴城樵风别墅。

宋代石恪性稽滑，有口辩。师张南本技艺画佛象，诡形殊状，多作戏笔，纵逸不守绳墨，惜世间流传甚少，获者珍如拱璧。予师其意而作，古野之貌，人谓酷似。予云：何敢，惟遇笔挥洒，略不预构，丑妍互出，在所不计。今则添以万年松，补以五色石。麻城千里，如在目前；女娲工夫，省却多少。窃自喜画笔不俗耳。鹤道人又题。（中国嘉德 2009 秋季拍卖会"传承与变革——亚洲重要藏家之晚清民国书画集珍"专场 0706）

按：文焯晚年所作佛图颇多，多与其晚景心境有关，因无具体时间，现将数图题识录于下。

一、《达摩面壁图》题识：昔吴道子画无量寿佛，价重一时，海内趋之如水赴壑。予游心绘事数十年矣，生平酣爱吴道子笔意，兹仍师其法画无量寿佛。夫佛何以寿？心无罣碍也。寿何以无量？因修德行善而至于无量。人人能修行，人人可成佛；非佛与人离，乃人与佛远。酣歌恒舞，酒色是耽；年年秋毫，瘠人肥己，尚何望有成佛之理？今薰沐而绘斯图，盖有深意存乎其间也。大鹤山人郑文焯写于石芝西堪。（北京翰海 2003 春季艺术品拍卖会近代书画人物故事专场 0041）

二、佛教人物镜心二幅之其一《象佛图》题识：旧闻赵松雪画马，至身为马状，蹀躞一室，鸥波夫人见之，谓如此不几身堕畜道轮回耶？子昂乃改画佛。古来士大夫，晚节往往究心内典。盖佛者，觉也，事其觉悟群生也。人当浮沉于富贵中，而能皈依禅理，一洗尘埃，亦宿根之不泯也。子昂画佛，得无类是？《传灯录》：释迦佛手拈一花，弟子迦叶尊遂以正法眼藏付之。夫心之所好，感而遂通。以之画马，则尽其神骏；以之画佛，则长共慈悲。于解衣旁礴之际，体拈花微笑之时，会心不远，当亦我佛世尊之所许也。大鹤山人郑文焯。（上海驰翰 2011 年迎春艺术品拍卖会中国书画专场 1098）

三、佛教人物镜心二幅其二《观福图》题识：张果老为蝙蝠精，凿开混沌遗子孙。亦禽亦兽亦虫类，昌黎到寺飞黄昏。罗汉座上作游戏，张口吐蝙蝠轩轩。我闻济公尝吐鸽，饕人窃食缺其翼。佛力能参造化工，燕蝠递嬗争旦夕。世人狡狯正法念，咄尔鸟鼠竟同穴。（上海驰翰 2011 年迎春艺术品拍卖会中国书画专场第 1098）

四、《无量寿佛图》题识：慈云遍满大千界，甘露低垂咫尺天。永护僧伽登乐地，长持宝杵证前缘。此说佛之诗也。予尝历名山古刹，如五台、法华、天童、峨眉等处，无不游览一周，辄叹佛之为佛，果何修而至此。功深面壁，开法纲于三千；善种心田，极群生于涂炭。此视世之攘权攫利、献媚河东君者，安有成佛之望哉？予绘斯图，遂拈笔濡墨，信手而戏题之。鹤道人。

又：世界大地无净土，堪叹尘氛如水火。芸芸众生利何为，积德累功天锡祜。仙凡远隔分门户，善者康强登天府。何必淘尽本来因，何必饕飧食鹿脯。有田尽可耕，蔬菜好种圃。朝诵弥陀经，消灾无自苦。试看翠盖老龙鳞，枝叶交柯如飞舞。夕餐风露朝云霞，郁郁青葱岁月古。又看奇石立千寻，高可参天烟雾吐。在昔宋代米元章，爱彼玲珑常首俯。此君纯从修得来，寿至无量胜彭祖。人果种得善根修，宝相净光乐与伍。我今试绘寿佛图，悬桂堂前岂小补。聊拟一篇放浪吟，晨为钟兮暮为鼓。高密大鹤山人郑文焯作于吴城樵风别墅。（西泠印社 2012 年春季拍卖会中国书画海上画派作品专场 1325）

五、《罗汉立轴》题识：姹紫嫣红各斗妍，回头一笑付云烟。功名富贵洵都假，苦学修行证夙缘。美妾娇妻非我偶，一生可免河东吼。谈经论道溯梁僧，捉襟何妨露见肘。在昔宋代司马公，群称生佛万家同。普济人民存素念，争骑竹马记儿童。我乃本是西方佛，身披袈裟手提拂。深山古寺是我家，阅世兴亡堪吁咈。小坡作于石芝西堪。（广州市艺术品公物拍卖有限公司 2008 年迎春拍卖会中国书画专场 0725）

六、《无量寿佛》题识：黄梅天气雨绵绵，兀坐书斋万虑煎。沽酒杖头钱挂百，怕劳屐齿到村前。村前酒肆逢故友，说我画笔龙蛇走。手携一纸索我图，一笑临风献我丑。维时酒醉兴更豪，狂写松枝百尺高。下坐一尊奇寿佛，神形逼肖披红袍。试问佛寿年多少，问佛佛自不明了。我道佛寿本无量，拈笔写来闻啼鸟。鹤道人写于大鹤山房。（浙江南北 2009 秋季拍卖会中国书画专场 0418）（上录题识参考时润民《郑文焯生平心曲发微》，第 227—228 页）

六月十一日，致书曹元忠。约六月十五日后赴沪。

致曹元忠书：损书兼赐颁大撰《礼议》一册，敬领感感。比日衰躯多恙，亟思就精手诊疗。窃闻每日午后必出门，欲晨间诣谈，又虑归途适值亭午畏日。鄙意晚凉最宜清话，且欲观草窗诗集耳。是用将进又趑趄者数已。昨京书至，有幼云先生殉国之耗，既哀且敬，拟过望日即如沪，当得其详也。寻驰谒，不次。此上君直道兄同志左右。文焯顿首。附上彊村侍郎近刻小词集一帙，真愧见大巫也。又及。六月十一日。（札藏苏州图书馆）

　　按：曹元忠《礼议》，刘承幹求恕斋刻于 1916 年，又札中提及"彊村侍郎近刻小词集"，指《苕雅余集》，朱祖谋无著庵 1915 年刻，故将此札系于本年。曹元忠（1865—1923），字夔一，一作揆一，号君直，晚号凌波居士。江苏吴县（今苏州）人。光绪二十年（1894）举人，曾官翰林学士、内阁侍读、校阅内阁大库书籍。工诗词,亦富藏书,著有《笺经室遗集》《笺经室书目》《宋元本古书证》等,有《凌波词》。

八月十日,为王大炘作行书九言联。

安能摧眉折腰事权贵,争见高厓巨壑纷开张。罍山道兄属集太白诗句为联,时同旅淞南,方为余凿二印,爰写此以报之。游兆之年大梁月上番先中秋五日记。樵风遗老郑文焯,时年六十有一。(北京更乐 2011 春季拍卖会中国书画专场 4156)

八月十五日,题《策杖行吟》立轴。

题识:茅栋萧森槿援低,霜条露叶晚凄凄。门前野水平槁路,罢钓归来每日西。丙辰中秋大鹤山人。(浙江皓翰国际拍卖有限公司 2006 夏季书画艺术品拍卖会扇画·古代书画专场 0198)

八月十六日,作集句联。时寓居上海。

遵渚龙见,在林凤戢;出涧泉冽,入山松渔。竹醉寮集句,丙辰仲秋既望鹤道人郑文焯书于沪渎。(中国嘉德国际拍卖有限公司 2006 年第 4 期嘉德四季拍卖会中国书画专场 0487)

八月十八日,作书谈吴昌绶《双照楼景刊宋元本词》出版价格事。

书云:今彊村、艺风与陶兰泉商定合印数百部,计共十七家,皆伯宛手校,以善本景刊,拟售每部三拾银圆正,彊村云即印工连纸价,亦需十五圆之数,但非倚声家不欲购致耳。丙辰中秋后三日,大鹤山人写讫。(参时润民《郑文焯生平心曲发微》,第 179 页)

> 按:"艺风"指缪荃孙。"陶兰泉"即陶湘(1871—1940),字兰泉,号涉园。江苏武进人。藏书家、刻书家。曾购得吴昌绶词版及未刻词稿,刻成《武进陶氏涉园续刊景宋金元明本词》二十三种。

八月二十六日,致书程淯,谈及袁克文至沪,并请程淯帮忙约访。另书札附列所售古物价目。

致程淯书:伯葭先生道案:经岁相违,驰思曷已。承属题精忠柏集,久未塞命,惶迫万端。良以年来卖画业医,神志纷杂,不遑泚笔。自季春迄无倚声一字,以哀思之音已断,感叹何如。兹有切恳一事,窃闻寒云公子,昨已至沪,报端记其下车时,有钱实祺其人迎之,踪迹甚秘。但前夕下走赴友人古渝轩之约,确有人见之,想公与有旧,当能详其行止,切求日内设计代为访问,即可就近了却前逋。至所开古迹价目,去年已面呈左右,度犹未忘,倘荷宏济,俾获玉成,决以次韵《满江红》二阕为报,不食言也。专肃百拜之恳,敬承起居安稳。临题主臣,郑文焯再拜。八月廿六日。

计开原物实价清单,依原议无丝毫增减,再分注如左:西周虢季子盘初拓本,中江李眉生题,纹银五十两。隋元公姬氏二志原拓精本,陆绍闻藏印,一百五十两正。唐人写《洛神赋》小字墨迹,张得天藏,一百两正。吴谷人手批《史》《汉》文旧抄本六册,桐城姚氏红鹅馆藏印,五十两。右四件均于甲寅九月,由易实甫带京面致无误。丙辰九月记。(白葭居士录《大鹤山人书札》,《文字同盟》第二十三号[1930 年])

　　　　按:程淯(1870—1940?),字白葭,一作伯葭,号葭深居士、皖嘉,室名苍苍葭室。江苏武进(常州)人。诗、书、画均善,亦能刻印。程淯曾将郑氏与其书札十七通汇录为《大鹤山人书札》、《鹤语——大鹤山人郑文焯手札》发表在《文字同盟》上。"寒云公子"即袁克文(1889—1931),字豹岑、抱存,别署寒云。河南项城人。袁世凯次子。长诗词,富收藏,精鉴赏。著有《寒云词集》等。

八月,作《松风丘壑图》。

题识:松风自度曲,我琴不须弹。刘完庵画山水,功力甚深,师梅花道人而能脱去畦町。余曾见巨帧,沉厚秀逸之致,不觉神往。惜相隔已二十余年,丘壑溪径不能全记。约略作此,仅相像其大意耳。游兆之年大梁月,大鹤山人郑文焯。(上海泓盛 2008 春季拍卖会中国书画专场 0138)

　　　　按:此图题识与本年二月所作《仿刘完庵山水图》及《蜀山行旅图》之题识相同,由此可见文焯鬻画营生之迹。

八月,为刘青作菊花扇面,并题诗。

题识:九月霜露零,秋气已云肃。草木尽凋瘁,而有篱下菊。粲粲如有情,盈盈抱幽独。我欲餐其英,采之不盈掬。呼儿具鸡黍,白酒正可漉。素心二三人,于焉叙心曲。陶然付一醉,万事亦已足。咏歌柴桑诗,千载有余馥。山农先生法家正,丙辰仲秋,大鹤山人郑文焯作于海上。(北京诚轩 2005 秋季拍卖会善哉扇斋——黄天才藏扇专场 0400)

　　　　按:"山农先生"即刘青(1878—1932),又名玠,字介玉。号天台山农。浙江台州人。长于擘窠大字。早年曾任江苏巡抚程德全军法官,辛亥后至上海鬻书自给。

八月,作行书八言立轴对联。

鹤梦云孤蛩吟天瘦,山寒近屋树老知门。集《樵风乐府》句。游兆之年大梁月,鹤道人文焯。(广州市艺术品公物拍卖有限公司 2005 迎春艺术品拍卖会中国书画

专场 0388)

秋，作《望远图》成扇。

题识：峰峦无远近，一雨得浓绿。深林出炊烟，碍我看山目。丙辰秋大鹤作于樵风别墅。（上海鸿海商品拍卖有限公司 2010 春季艺术品拍卖会"古调今韵"中国传统书画专场 0728）

十月二日，康有为、李瑞清于《新闻报》介绍文焯医术。

《大鹤山人郑叔问神医再到沪寓致远街福利公栈》：山人本书画名家，文学气节卓绝，不受史馆之聘，而以医活人。其医道精深，洞见垣一，且有神方起危疾，并著有《医诂》内外篇行世，真当世神医也。门诊一元，出诊四元，挂号一角，舆力一元二角，贫病不计。南海康更生、临川清道人同启。（《新闻报》1916 年 10 月 28 日）

十月十五日，题《满江红》词于《枫舟望雁图》成扇。

题识：枫叶初丹照水明，野航时傍钓矶横，数峰似带潇湘雨，满地沧波有雁声。具迹中白浮山有此绝境，写入画扇，宛在秋声秋色中也。召憩先生尝于此得少佳趣。大鹤山人郑文焯指墨，作于吴小城东墅并句。

> 按：所题词即《满江红》（此树婆娑）一阕，词后识语云："浙江按察司使署右为宋大理寺狱风波亭故址。旧有古柏，相传岳忠武遇害，柏即日死，七百余年，桀立不仆，世名为精忠柏。咸丰庚申之变，毁于兵火，柏断为九，海外夷人得其一截，出重溟。比年武进程白葭使君乃移镇于栖霞之山忠武祠墓，士夫瞻拜，四时不绝，爰属同志为文，有旌其树，余追和忠武《满江红》词韵，聊寄幽忧之感，录似召憩先生鉴正。时柔兆执徐之岁小春望日，鹤道人旅沪记。"（上海崇源艺术品拍卖有限公司 2004 秋季艺术品拍卖会中国书画精品专场 0120）

十月十六日，录《满江红》赋精忠柏词寄程渰。

《满江红》：赋精忠柏，追和岳忠武元韵，为白葭居士作。游兆之年，寒孟既望，彊村侍郎、梦华同年先有作。此树婆娑，一亭共、风波销歇。看历劫、霜根寸断，有心都烈。湖上已无干净土，枝南长带荒寒月。仗诗人、移奠到栖霞，哀思切。　　　三字狱，冤终雪。两字谥，名难灭。欠千年化石，补天南缺。朱鸟空啼山鬼泪，黄龙谁饮天骄血。恁伤心、一例故宫秋，瞻云阙。大鹤山人初稿。

> 按：程渰辑录文焯致其书札中有此词，札云："昨夕失呼吸力，几不自克。彻旦构思，顿发奇悟，得上下阕偶句，极惬心着意之笔。此之谓自慊，敬以质之赏音，定以为胜似蒿、彊两叟也。顷急装趋虹口诊疾，准六下钟飞

车走诣,即领厚惠,代□之款,至感至感。且拟相携同赴吴凤丞斋头一叙,并有舍亲托物也。此承葭梦主人道履。大鹤顿首。即夕赋精忠柏,追和岳忠武元韵,为秋心楼主。时彊村侍郎、梦华同年先有作。《满江红》:'此树婆娑,一亭共、风波销歇。看历劫、霜根寸断,有心都烈。湖上已无干净土,枝南长带荒寒月。仗诗人、移奠到栖霞,哀思切。　三字狱,冤终雪。两字谧,名难灭。欠千年化石,补天南缺。朱鸟空啼山鬼泪,黄龙谁饮天骄血。恁伤心、一例故宫秋,瞻云阙。'樵风遗老郑文焯此纸以匆匆老笔稿上,不及作细书,容再以旧纸写奉清赏何如。又及。"(白葭居士录《大鹤山人书札》,《文字同盟》第二十三号[1930年])

袁克文潜至沪上,文焯与其相交。十月十六日,观袁克文藏宋版书,见宋刻本《片玉集》。

记云:十月既望,并得从袁氏观宋板《花庵词选》,张子明、吴履斋全集。

顷在沪上获见汲古阁旧藏宋嘉定刻本《片玉集》二卷,后有黄尧翁跋,是本有注,即子晋所删去并美成长短句刻入六十一家者,但失载刘必钦一叙,便失"片玉"命名之本义。半塘刻淳熙本《清真集》,亦未见此刻,故以为陈、刘并元人,以出自明人,据元钞巾箱本耳。今审《片玉集》为宋章江陈少章所刻于嘉定二年,证以刘必钦叙文,是"片玉"非清真自名其集可证。又,刘为庐陵人,与陈同出江西籍,今本误作漳。庚辰冬孟附记。(郑文焯批校《白石道人歌曲》六卷《歌词别集》一卷)

记云:昨见项城袁氏有宋板《清真集》《片玉词》,始知陈少章刻《片玉》时在淳祐丙午,初以元人误。丙辰冬中记于沪上。(郑文焯批校《清真集》,括庵过录本)

十月十七日,参加袁克文宴会。

《嘉业堂藏书日记抄》:(十七日)午后,因袁抱存观察今晚招饮,观察名克文,前奉天候补道,即第袁总统之次子也。特至自来水桥先行往拜,茗谈片刻而出。晚出至乾记弄姚慕莲宅中应抱存之招,以抱存借座慕莲家也,同坐者为沈仲礼、郑叔问、廉惠清、泉,无锡人,光绪甲午举人,户部郎中。蒋孟苹,又不识者三人。(《嘉业堂藏书日记抄》,第290—291页)

十月二十六日,为程淯《葭梦图》题《临江仙》词。

致程淯书:昨夜半不寐,枕上得新词一解,足结清梦诗缘。此亦莫为而为,所谓自慊之制,得无见嗤词以利诱而拙速耶?可发一噱。殆由高义诚感所致,使俗流悬金求之,必不可得,贤者当匙是言。但前夕窃闻公许为下走刻小印,兼欲乞得嫂夫人名画,虽片素亦当珍秘,此诸偿期,必不远也。附百拜之恳,寻驰谒如昨，约不相失为祷，先此奉白。敬承白葭居士起居安稳，焯顿首，廿六日。

《临江仙·题葭梦图为秋心楼主》："谁种蒹葭秋在水，销凝一片苍寒。扁舟大地欲回难。沧江余白发，故国送青山。　世事到头都是梦，输君梦也吟安。秋魂花压雪漫漫。诗成饶枕上，留得画中看。"白葭居士索题此图，卒卒未有以应。今诵来书，意若有挟，且许为精刻小引，兼得贤嫂夫人名绘一副，感不绝于予心，顿以糠粃为珠玉之导。自辛壬已来，哀思音断，泚笔辄作凄喉，未有如斯之拙速者也。鹤道人记。（白葭居士录《大鹤山人书札》，《文字同盟》第二十三号［1930年］）

十一月二日，致书程淯。

致程淯书：凤臣二妙，想已代邀，弟准向夕趋前，兼面邀尊篦。昨夜第三度报命落墨，竟为扇头细字所苦，又在电灯下，免竭老眼神力，幸不愆宿诺。且所谓拙速者，薄有拙趣，在公可以恣欲，而下走亦欲乞一游小印，能见许即夕于西池仙居乘兴犇然，益所心感，想当弗吝也。白葭居士棐几，大鹤言。十一月二日辰刻。（白葭居士录《大鹤山人书札》，《文字同盟》第二十三号［1930年］）

十一月十六日，作行书八言联。

大海有实能容之量，明月以不长满为心。岁在丙辰中冬既望，大鹤山人郑文焯漫涂。（北京翰海拍卖有限公司2010秋季拍卖会法书楹联专场1421）

十一月十八日，致书程淯，谈吴昌硕来访事，并请其帮助售卖所藏古物。

致程淯书：昨夕，缶庐老友来谭，甚慰岑寂，并为篆大鹤印石。迟君踅踅，诵客有可人期不来之句，辄为怃然。比以日短俗冗，又须料遣儿子归樵风园，是以清致索然。且待少暇，必报诿誃，不复久稽也。衰躯较昨小愈，倘得二三雅旧，衔觞论古，以荡狂愁，真能愈我头风已。乞代为古物作缘，当已各得其所，将恃为卒岁之谋，用是汲汲，属契爱深切，不度直率，敢空臆一陈，幸无为过。今夕能荷惠然否？至企至祝，此上白葭居士道按。缶老印集，便希携还。文焯启。十八日。（白葭居士录《大鹤山人书札》，《文字同盟》第二十三号［1930年］）

十一月下旬，作行书七言联。

体妙心安和理济，兴利致福节事时。时旅淞滨，夜寒如水，呵冻濡毫，以副诿诿，金迷纸醉，烛影麻茶，不自知其荒率也。游兆执徐之岁冬仲下浣，鹤道人文焯。（上海泓盛拍卖有限公司2011春季拍卖会中国书画专场0453）

十二月七日，致书程淯请其治印兼及岁末"墨债"事。

致程淯书：昨归甚宴，衰躯小有不适，今午得手示名片，旁有法刻二印，精绝之制，不任悦服。但我公肯如是为下走凿一□后作长方印记，足尝生平大欲已。感企之至。顷伻来，又奉海音，并见还古物各件，一一捡收，虚费清神，深用悚迫。近日夜寒稍杀，急了墨债，便屏当卒岁，录录不足为知己告，渴思趋晤，欲言积盈斗斛已。白葭居士察书。焯再拜。腊七日。属纂红桥故事，因欲付锲，敢不作意以副诿诿。至屏条则一挥可就，所为迟迟者，以诗稿忘却携来。前写小册，今又为人假去石印，即日索回，必当濡染塞命，绝不更稽滞也。鹤语。（白葭居士录《大鹤山人书札》，《文字同盟》第二十三号［1930 年］）

十二月，康有为为文焯题《大鹤山人手写诗稿》。

康有为题跋：郑大鹤先生，词章、画笔、医学，绝艺冠时，人所共知，惟寡知其书法。今观所自钞诗稿，遒逸深古，妙美冲和，奄有北碑之长，取其高浑而去犷野。盖自《张猛龙》碑阴入，而兼取《李仲璇》《敬使君》《贾思伯》《龙藏寺》以及《瘗鹤铭》。凡圆笔者皆采撷其精华，故得碑意之厚，而无凝滞之迹。近以写北碑称者赵㧑叔、陶心云，然误法《龙门》，故板拙。㧑叔晚亦写郑公，乃有可观。然若叔问所作，以汉碑、北碑之本体，而寓南帖超逸之气，则近人所少见，所谓：鸾凤翔翥众仙下，珊瑚碧树交枝柯。丙辰十二月，康有为。（《大鹤山人手写诗稿小册》）

戴《谱》：先生所作书画，以能事而兼逸品，海上名家，虽清道人李梅庵别号、高聋公高邕之别号高自标致，辄叹弗如。康长素先生题其手写诗稿小册云……其倾倒如此。正诚案：南海论书法，颇与先生相合，尝见先生笔记，谓楷法昉于晋末，规隶变体，至隋益盛，而波磔终不违古，以体异法不异也。洎唐摹晋迹，修本流传，论作俑之罪，厥为怀瑾。宋取入石，弥以驰逐，希鹄斥王著小人，焉知书者。盖主好之偏，下必有甚，蔚为风尚，竞昧本原，官帖双钩，率多臆造，故知书论碑者，当以隋为断焉。南海所著《广艺舟双楫》，论书绝句云："欧体盛行无魏法，隋人变古有唐风。千年皖楚分张邓，下笔苍茫吐白虹。"注云："自隋碑始变疏朗，率更专讲结构，后世坏矣。"其不满意于唐以后书法如一。又见先生家藏盛伯希楷书折，题云："乙亥仲冬，访盛二兄伯希于意园，见其书折卷不辍，喜无馆阁浓抹习气，笔致疏宕，在王陈之间，携归以为楷模。兼爱其所写为宋元名词，视疏论差可读焉。"又云："近见厂肆中得韵莳片纸，珍若隋珠，初不措意，因取曩日所得手毕，挹其细致，始悟心画之微妙，有非可以一格论者。所谓胸有逸气，工在寡双，康长素撰《书品》，意在广包慎伯《艺舟双楫》之编，独推盛祭酒书格古秀，可云知书并知己。"清道人亦续题一跋，略谓五古诗清发骏逸，鲍谢之流也，近体隐秀皆唐格，其书法遒峭冷隽，尽脱去六朝面目，岂赵㧑叔辈所能耶？良由胸次不同耳。余尝云：山人诗名为词名所掩，书名为画名所掩，有识真者，当以道人为知言也云云。此诗册后为上海一书局乞去影印，流布甚广。再录先生论书法一则，藉可知其书之得力处。其言曰："闲尝与知书老友论书法，深鄙包安吴之所谓北碑南帖者，宜蝘蜓以横平竖直四字绳之。近三十余年，大江南北，殆无复知有包派已。盖其徒见龙门石刻洎大基山郑文公碑诸题记，遂以为治碑学者必自北朝始，而不知南碑遒逸深美之可贵，岂亦蔽所希见耶？若夫双钩官帖，实皆唐摹晋迹，昔贤辨之审已。然千余年临池家珍为楷模，迄今信好不少衰，则以历代艺风染被，上好下甚，近代又以真书楷法取士，入翰林者，咸自矜工书，实则一翻本欧帖，足以致身木天而有余,甚可闵笑也。周公谨《浩然斋雅谈》记龚圣予所称禊帖,有大业间石本,后有隋诸臣衔位,公谨疑在智永未藏之先,此帖亦尝入御府。余意此或虞、褚辈所为,以给世之好者,而故自掩饰,以示匪己所出尔。宋法帖唯淳化阁最著,当时以廷珪墨澄心堂纸濡脱,以赐宰相亲王,斯亦贵若球图已。而赵希鹄辈,即以时人斥为王著小人所伪作,且笔之于书,廖莹中以贾相门客,列名翘馆,乃于咸淳中命工翻刻阁帖十卷,用北纸佳墨摹拓,几与真本并行,而士夫无敢问者。其后之传刻,益无足齿已,好事者徒以宣和衔玺、悦生胡卢印定为祖本副墨,不亦颠哉?是知宝帖千金,未若读碑数字,顾今之学者,必欲贵其难能,而忽于易有,则又何说。"

十二月二十四日,致书程淯言及岁末行医鬻画之辛劳,并附呈诗稿小册。

致程淯书:近两日寒威稍杀,吾侪转疏音问。屡思午后贾勇,一趋左右洎南海翁处,却为来诊者所迫,不及走诣。至夜话则待来年春融,方得追前欢矣。书画债日相逼,而年矢催人,止此有限十日,焦劳殊未已也。前承慨许法刻精印,欠钦银手立断,感荷无任,幸无以图咏交质,悚惶何可言状。附呈南海题册,近为震亚局索印者,惜非珂罗版,顿失神韵耳。咫尺千里,相望如何。敬承白葭居士起居佳胜。焯顿首。廿四日午。(白葭居士录《大鹤山人书札》,《文字同盟》第二十三号[1930年])

是年,致书黄宾虹,商讨在上海合租住房事。

致黄宾虹书:前夕嘉招,以有病者就诊甚亟,未及追陪,甚歉甚歉。昨在南海翁斋中晤君勉兄,述及执事,同深钦迟。兹有商者,梅白克路今黄河路近段有小洋房,上下四间极精,颇与吾侪治生为宜,但租价约需四五十元之番,倘与公合住,最为相得。因前此有卜邻之约,用敢奉布,特属友生钱瘦铁走诣,即希进与接谈,便悉大略,或旦夕枉过,同往观之,至为心跂,伏冀豫示期约,俾无相失,幸甚幸甚!此达,敬承滨虹先生道安。弟文焯顿首。十五日。(《黄宾虹年谱》,第132页)

> 按:钱瘦铁(1897—1967),名崖,一字叔崖,号瘦铁,以号行,别号数青
> 峰馆主。斋名有瘦铁宧、梅花书屋、峰青馆、天池龙泓砚斋等。江苏无锡
> 人。擅长书画、篆刻。与吴昌硕(苦铁)、王大炘(冰铁)称"江南三铁"。有
> 《钱瘦铁画集》《瘦铁印存》等。

中华民国六年丁巳(一九一七)　六十二岁

一月十日,为评泉作行书八言联。

天气澄和风物闲美,花药分列林竹翳如。评泉仁兄大雅属书。集陶句。彊梧大芒骆之岁先立春三日,大鹤山人郑文焯。(上海崇源艺术品拍卖有限公司2004迎春书画拍卖会中国书画专场0692)

二月二日,致书程淯,言西崦旧约事,并寄奉怀诗。

致程淯书:白葭先生侍者:献岁发春,伏承延洪纳祉,伉俪双清,至祝至颂。昨枕上得奉怀一首,写上寄博一笑,聊申离索之感。西崦旧约,嘉言在昔,倘念来存,开径以望。樵风园梅以春寒小靳,恰及花朝,定饶吟兴,迟之迟之。良对匪遐,临题神王。匆匆叙意,敬颂春福,不尽愿言。文焯顿白。二月二日。

云容海思入初年,残酒残灯倍悄然。故国几逢春再闰,宣统元年闰春。沧洲一别月三圆。江楼佳茗留清话,溪舍寒梅耐晚妍。倘及花时寻旧约,定饶高咏寄吴笺。丁巳春仲上番,寄怀秋心楼主,大鹤山人郑文焯稿上。(白葭居士录《大鹤山人书札》,《文字同盟》第二十三号[1930 年])

花朝节,致书赵养矫,谈归沪日期。

致赵养矫书:养矫仁兄知契侍者:客腊为书画债迫促,至廿六日方得搁笔,匆匆濒行,不及面别。曾致数行清道人,浼其致意。献岁已来,伏承福履多豫,兴时大和,休甚休甚!弟戢影园居,以朱彊村侍郎为刻《苕雅余集》已藏工多日,属自校一过。近有吴兴王仁山复补刊《瘦碧词》,亦须料检,皆垂以友义,辞不获已。且去冬临行,戏鸿、大吉两号尚有未了墨缘,春来此间生事亦不寂寞。坐是濡滞,迟迟吾行。兼以峭寒砭骨,入此月来始及染翰以策老懒。但沪寓赁约不能久愆,拟俟园梅开后即治毕装,重理旧业。不过十日流连,亦年例不负此花耳。倘从者不悋金玉,即偕清道人惠然肯来,一扇高风,槃薖生色,开座以望,欣企如何?再拙书原题诗册,想蒉得诸名贤润色跋就,一经题拂,足当延誉增重。吴中已有闻知,颇欲快睹,敢乞正夕赐寄数本,邮筒亦良便也。至缶庐印集,弟又续印,唯未暇题记。如前集犹待删订,似可缓付石版,惟裁决之。幸甚,幸甚!专布迟迟,祗颂兴居春胜,临书怀仰,不尽愿言。丁巳二月花朝,弟文焯顿白。(《郑叔问先生尺牍》)

> 按:文焯寓沪鬻售书画时与赵养矫交往颇密,文焯病逝后,赵养矫将文焯寄其书札汇装成册,命名《郑叔问先生尺牍》,征诸题咏。赵养矫,名赵恺,江苏武进人。

二月二十一日,致书程淯,言将赴沪事。

致程淯书:白葭先生侍者:溪园卧雨,正尔萧寥。忽诵答书,旷若复面,感慰如何,比想郎君所苦,已占勿药,甚念甚念。世变危迫至此,吾侪真求死不得。南海老友,诤书痛切,言之可为流涕,不审尚能挽回一二无。赵尧翁在京,吾贤当乐数晨夕。昨由张篁溪见寄其题词一解,幽异可诵,幸为致意。走绝景穷居,此间生事,聊可自存,然海上巢痕依旧,朋从之乐,差胜吴中,至迟上巳前后,必治沪装也。红桥事已录存别纸,特将寄园原篇邮致,或先属都中诸名手润色之,他日走任传写之役何如。近日从者归有期无,愿蒉示及,便到新闸路相访也。

匆匆手奏,不尽百一。此承起居安稳,临书怀仰。郑文焯再拜。二月廿一日。
(白葭居士录《大鹤山人书札》,《文字同盟》第二十三号[1930年])

> 按:"张篁溪"即张伯桢(1877—1946),字任材,号子干、沧海,又号篁
> 溪。广东东莞人。曾从康有为问学。宣统二年(1910),参加廷试,后任法
> 部制勘司主事。著有《张篁溪遗稿》《南海康先生传》《篁溪笔记》等,刊有
> 《沧海丛书》。

二月,李瑞清作《大鹤山人手写诗稿》跋。

李瑞清跋:大鹤山人郑叔问先生与王半塘侍御、朱古微侍郎齐名,学者所称
为"海内三大词家"者也。山人性高抗不屈,淡然自逸,博学多通,于训诂、词章、
书画、金石、医卜、音律靡不备究。然病懒,往往闭门高卧,数月不出,庭阶草深
没径,但有飞英落叶,堆积而已。山人居小园有梅坞,每花时,冷月在地,辄裴回
其下,至夜分不寐,其孤往如此。间为书画,颇自矜惜,非其人,求其片纸断缣不
可得。此册为山人手写诗册,其五古清发骏逸,鲍谢之流也。近体隐秀皆唐格。
其书法遒峭冷隽,尽脱去六朝面貌,岂赵撝叔辈所能及耶? 良由其胸次不同耳。
余尝云:"山人诗名为词名所掩,书名又为画名所掩。"有识真者,当以道人为知
言也。丁巳二月,清道人。(《大鹤山人手写诗稿小册》)

闰二月九日,致书赵养矫,修订手写诗稿的出版广告。《大鹤山人手写诗稿小
册》由震亚图书局出版。

致赵养矫书:养矫仁兄有道侍者:好春过半,园梅已落,荒闻跫然,孤鹤同
趺,惓惓如何。……尊处属修饰出版广告,妄易数字,较前简当,然媖女自炫,忌
其丑已。致秋声书拟稍延数日,俟下走月半抵沪再当乞公为道地,切浼游扬,俾
沪人咸知下走重来踪迹,庶于生事大有裨益焉。近因禁烟时节,不得不少作回
翔,未审秋声作何收束,深以为念,良觌匪遐,愿言不尽。必晤诸同志,尚乞代致
拳拳。此间画债至今仍未了耳。此承起居安稳,临题怀仰。昨见报纸载君邻有
盗声,为之栗栗。文焯白。闰月九日。

大鹤山人郑叔问孝廉文焯,宏通渊雅,为北方学者之宗。世咸知其工词善
画,而未深悉山人之诗学隐秀皆唐格,书法逸体纯取南碑。清道人谓其诗名为
词所掩,书名复为画掩,识者叹为知言。山人于书无所不通,凡训故、考据、辞章
以及金石、音律、形家、占验诸学,具有心得。著述等身,近岁游沪,独能以医术
活人。康南海尝目为神医,为之刊布广告。硕学多能,允无愧色。并得山人偶
写《诗稿小册》,古色古香,读者称异。康南海、清道人俱为叹赏倾倒,各加长题,
极而言璧合珠联,足称南金三品。现由福州路震亚图书局索付影印,以公同好。
昨已出版,三贤名迹荟萃一编,是知海内鉴家定将争先快睹矣。

鄙意海上三高墨妙出版较显,尊旨以为何如?但乞多登数次为妙。吾三人恰皆同志,不谐时俗,应无愧于高字乎?(《郑叔问先生尺牍》)

三月,复作《归鹤图》一帧。

题识:古木荒浔浸碧晖,故山老鹤夜来归。岁寒莫话尧年雪,好护云霄旧羽衣。昔为彊村翁写《南桥归鹤图》并题《祭天神》一解,吴下传为佳话。兹复作此帧,大有城郭人民之慨,落墨为之黯然。鹤道人郑文焯题记。丁巳三月。(《柳桥清居图等十二开册页》之一,上海崇源2005春季大型艺术品拍卖会第一场0608)

闰春,作山水册页。

题识:半空孤塔擎飞杵,四壁长烟涨白波。落木疏林秋色老,断钟残磬暮楼多。元人吴师道题《晚寺烟钟图》。大鹤山人作于吴下瘦碧堪。摹燕文贵旧本。丁巳闰春。

题识:香雪一庭啼翠羽,晓寒拥被梦罗浮。樵风园梅坞烟月清寒,有足画本,以意图之。大鹤山人写。时年六十有二。(中国嘉德国际拍卖有限公司2004春季拍卖会海外藏珍专场0203)

五月十三日,记张勋复辟。

记云:宣统九年,岁次丁巳,五月十三日奉复辟诏,再记于吴城。(郑文焯批校白鹿斋本《陶渊明全集》)

五月十六日,作《雪岭归鸿》成扇。

雪岭归鸿。丁巳中夏既望,大鹤山人郑文焯指墨。(上海博古斋拍卖有限公司2014年春季艺术品拍卖会中国书画专场0052)

五月二十九日,托孙德谦向刘承幹抵押画篦二柄,刘恐文焯纠缠未接受。

《嘉业堂藏书日记抄》:(二十九日)午后,郑叔问备函介益庵以画篦二柄向余抵押洋二百元,其人久不来缠,今复持此相商,恐其纠缠不清,假以百元而还其扇,特作函复之。(《嘉业堂藏书日记抄》,第317页)

六月十六日,致书程淯,言及辛亥后拒绝政府之聘及清史馆征召事,并谈王闿运晚节为人诟病。

致程淯书:秋心楼主人高鉴:损答,感慰曷已。樵风园据有吴小城锦帆泾之名迹,诛茅五亩,修竹千竿,老梅丛桂,杂花数百树,可以辟嚣,可以逭暑。连雨顿有秋气,倘旦晚惠然肯来,冰壶在抱,胜似一服清凉散也。迟之迟之。前寄上《苕雅余集》,附《江南好》数阕,试一诵之,当销热度。承属致函某公一节,旧京雅故,今多要人。惟自罹世难,老至屡空,连蹇江干。辛壬已来,一拒公府之聘,再却史馆之征,匪敢遗世鸣高,诚以穷老气尽。古之达士,苟全乱世,皆藉一艺以自存,史迁所谓贤者不危身以治生也。昔潘文勤尝谓三十年来,真能淡于荣利,著书自娱,终身不仕者惟南北两举人,盖谓湘绮翁及下走耳。今湘绮既殁,而晚节为世诟病,迄今犹申申詈之,能无愀然? 走于当路,无所用其竿牍。第念儿子凡劣,渊明责子之篇,徒慨天运,冀相知悯故人之子,有以裁之,惟左右加意焉。幸甚幸甚! 走本决望日首途,以有泉州侨商以重润索作《古檗山庄记》,兼此间友人有画事未了,期以廿日前毕役即行。贤郎方在暑假期内,似可及秋而北征。是从者小留,或非无端濡滞,相违已久,愿言孔殷。山谷所云百书不如一面也。敬承道履,惟千万珍重,良晤密迩,企咏如何。弟文焯再启。六月十六日三更。(程白葭辑《鹤语・大鹤山人郑文焯手札》,《文字同盟》第四年第一号[1930 年])

初秋,作《溪山秋兴图》立轴。

题识:岩磴飞泉带雨听,岚光四映尝虚棂。故山云树萧条尽,老眼空余画里青。旧藏梅道人《溪山秋兴图》,苍劲沉郁,开径自行,此帧略拟其格,时病臂浃旬,苦乏逸趣,不自知其荒率也。彊梧大荒骆之岁始秋,听雨灯下写,大鹤山人郑文焯。(上海工美拍卖有限公司 2005 春季艺术品拍卖会中国古代书画、瓷器工艺品、碑贴印谱专场 0353)

八月上旬,作《亭皋秋胜图》。

题识:亭皋秋胜图。谁家亭子倚苍峦,乱石乔柯动暮寒。欲问樵风归棹路,故山秋色画中看。旧藏南田小景,时在彊梧大荒落之岁大梁月上番,大鹤山人郑文焯记于吴下城东墅。(无锡文苑艺术品拍卖有限公司 2008 迎春古玩书画拍卖会名家翰墨专场 1638)

八月上旬,作《荷塘清趣图》。

题识:荷塘清趣。瓯香馆写生赋色之妙,独绝千古,轻灵明艳,尽得天真。洵所谓以造化为师者也。此拟之未悉有稍合一二否? 彊梧大荒落之岁大梁月上番,大鹤山人郑文焯并记于听雨沤园。(上海东方国际 2004 年秋季拍卖会中国书画专场 0429)

八月上旬,题《双清屏轴》。

题识:雪满空山,埋此香骨;寻梦梅边,一丸冷月。彊梧大荒落之岁大梁月上番,大鹤山人郑文焯。(上海大众 2003 秋季艺术品拍卖会中国书画专场 0171)

八月,作《林和靖先生爱梅图》。

题识:林和靖先生爱梅图。石田翁此图笔力精劲,气韵沉厚,曩客京师,曾一见之,兹背拟其大略,未悉有稍合否,幸识者鉴之。彊梧大荒骆之年大梁月,大鹤山人郑文焯作于听雨沤园石壁山房之南牖。(上海工美拍卖有限公司 2005 秋季艺术品拍卖会 0057)

八月,作《隐居图》成扇。

题识:山隐园林树隐家,石田茅屋是生涯。双流灌玉收香秫,万壑跳珠泛落花。松代笙簧风里奏,云开屏鄣岭头遮。一生不踏红尘路,竹枝芒鞋步软沙。李晔题句曲道人所作《岩居静趣图》。彊梧大荒落之岁大梁月,大鹤山人作于樵风顾。(香港淳

浩拍卖有限公司 2006 年冬季艺术品拍卖会中国近现代书画专场 0002)

八月,作山水立轴。

　　题识:树色模糊薜径平,人家遥隔水泠泠。白云不碍巃嵸出,远却峰峦一半青。彊梧大荒落之岁大梁月,大鹤山人。(上海传世拍卖有限公司 2011 年世家藏品中国书画专场 0395)

八月,作《柏雀图》立轴。

　　题识:曩见王忘庵有此本,兹背拟其意,未识有相合一二否? 彊梧大荒骆之岁大梁月,大鹤山人郑文焯。(上海崇源艺术品拍卖有限公司 2004 秋季艺术品拍卖会留月馆珍藏书画专场 0321)

秋,访叶德辉,与之订交,并请叶为其著作作序。

　　叶德辉《大鹤山人遗书序》:余耳郑叔问舍人名在三十年前,每于王湘绮、易实甫、陈伯弢三君处得其概略,初不识其人也。丙辰还吴,君以鬻画寓上海,彼此通声息而未尝往来。丁巳秋中,余座茶寮,有白发老儒,褒衣广袖,扶一蓬首婢策杖就余坐,通姓名,道款曲,则君访余论交也。纵谈半日去,去时,余指其婢戏语同坐曰:此姜白石小红之流词料也。一坐莞然。盖君久已词名著称,大江南北,几于有井水处即有柳词,而不知君固百学皆通,特为词名掩耳。越二日,君访余寓居,出所著书及词数帙,皆手书护页,谓余曰:生平与湘人有缘,所为词序如王、如易、如陈,皆湘人,他书非君叙不可。意谓诸书惟余能叙之耳。余愧谢唯唯。乃未几,闻君病耗,又未几,闻君物故,于是深悔未能践言,一偿宿诺,而君家事亦无从闻讯矣。今年周君颂云以重赀购其书板,征叙于余,余曰:是固郑君久要之言,而未敢一日忘者也。(《郋园山居文录》卷上)

　　　　按:此序末署云"岁在庚申日长至",知作于民国九年(1920),时周颂云刻《大鹤山房全书》成,以之为全书之序。叶德辉(1864—1927),字奂彬,号直山,别号郋园。湖南湘潭人。光绪十八年(1892)进士。著有《书林清话》《六书古微》等,汇刻《郋园丛书》《观古堂汇刻书》《双梅景暗丛书》等。

十月二十一日,致书程淯,言病臂痛,并请程淯帮忙为儿子谋食。

　　致程淯书:白葭道兄知契侍者:别忽经年,相念曷极。回忆小楼灯火,茗语终宵,又若隔世。昨两诵手书,古怀高义,泽及茕孤,情逾骨肉,出入怀袖,真令我感激,有饥渴梦寐不能忘者。昔人相知,贵相知心,有道之交,又非文章之神不能久合。初拟奉复数行,达此悃款,无奈秋来至今,忽病臂痛,不仁者累日。墨债坌集,惶迫万端。日以蚕沙炒慰,近三日始稍稍自振,犹书不成字。度吾贤久未得复,当为深讶。或斥为老懒,试观此笺字迹,即知非托词。举笔若椎,又不欲寥寥辄止。如何如何! 承示瘿公代拟二稿,可云深切著明。秀公复言,殆同虚誉色丝不复，良有以也。今儿子谋食孔迫，遑论遐适。大梁为先中丞公洎先兄守开封时旧游之地，棠舍所遗，或留余荫，果得鼎力美成，庶遂一枝之借。俾获就近奔走，视前此湘中从事，仅薄微赀，已有天渊之判，端赖长者提挈故人之子，幸免转徙沟壑，举家顶而戴之。渊明与子疏有云使儿辈饥寒每役柴水之劳，何时可免？念之在心。今小儿年已届而立，犹未遑使之自立，忝所生矣。以古之达人逸士，且不能忘情小子，矧在区区穷老气尽。罹此乱世，岂晋宋间清谈玄者，所可同日语哉？惟兄知爱深契，大有东京厨俊之风。用敢空臆以陈，伏冀鉴察，无俟商榷也。感祷之至。吴中霜降后骤寒，小春微暖，而衰躯着羊裘，尚肌栗凛凛。沪游或今冬未暇计及，但寓租未了，尾逋尚四五十番。年矢每催，未知作何摆布。书画事虽来者络绎，而应接停顿，又不克以病臂谢之。奈何奈何！属篆润格跋语，久已具稿，大旨恪遵来诰，而扩以要实，以为三代以来，印钵之见于书传者，非古文奇字而何。引许书山川郡国往往出鼎彝，其文皆古文数语，至汉始制定以缪篆为刻印之专体，然则汉以前印文，其为钟鼎文字无疑，悟此旨者惟我大贤，足辟古今印人未有之奇奥。至为丁君几折臂一节，亦用轻笔带过，诚恐未尽符合，尚须少延数日，落稿就正，非矜重亦非懒漫也。近半月来，蒿目世变，意乱心烦，每一构思，辄为神悸背冷，不知所谓，作画益无生趣。兼以疾病，呻吟孤闷，鲜可与语，犹未若去冬中风狂走之为愈也。蜀难极念尧生，不能已已。公可谓久要不忘，感佩感佩！再此次来书，又为邮吏检拆，其中有斥任议浙两端，似宜慎秘，且无足齿者，盖由书题后面有复函勿用明信一语，致启邮疑。复须多作文言，至幸至幸！匆匆汇复，冗中不罪。敬承起居安稳，冯楮怀仰，不尽万一。弟焞再拜言。十月廿一日三更。（程白葭辑《鹤语·大鹤山人郑文焯手札》，《文字同盟》第四年第一号［1930年］）

十月下旬，作《秋山诠道图》。

题识：昔人论画以造境为能事，董思翁所谓众能不若独诣也，新罗山人所作纯是化工灵气，粉碎虚空，毫端神妙，足令古人歌笑出地。尝见山人拟元人笔意写得"客来尘外坐，窄屋讲秋声"之句，别有苍逸荒寒之致，深得青藤、雪个破墨三昧，其神趣莫繇窥测，更非时工所津逮者。夜窗听雨，余兴放其墨戏，虽不得仙，差能免俗已。彊梧大荒骆之岁冬孟下番，大鹤山人郑文焯记。（中国嘉德2007嘉德四季第十期拍卖会中国书画专场0706）

十一月十日，致书程淯，述贫病之境。谈论傅增湘任教育总长后保存国粹之举并哀请程淯助其谋职。

致程淯书：白葭老兄知契：前月匆匆，撮题近意，亮达醇听。北地苦寒，从者虽昔游并门，饱经风雪，然岁路匪昔，忧患余生。羁迟京邸，大可怀也。属拟润例小引,不揆狂简,妄缀荒词,谨以塞命,得毋咎我濡滞耶。诚以病臂,两三月来,入冬益剧,犹复力疾挥洒,冀博润赀,以赡妻子。每值呻吟痛苦不能搦管,则举家皇皇,至有菜色,其贫病将至老死而不悔。吁,可哀也已。吾贤惠我好我,兼及豚儿,所谋可谓仁至义尽,感不绝于予心。近悉傅沅叔长教育部,其人文行敦笃,于走为雅旧,年来每游吴中,辄一过访,去春犹及相见,意极殷勤。因思各省皆设保存国粹处,大梁已办有成绩,例由省长特延耆儒,不限定本省人。分金石志铭美术彝器造像石刻经典书画诸类,凡关文献者,悉详考其时代地理及保存者姓氏,一一照式录报成册,洵宝其土物之盛心也。珂乡为古今文物之邦,岂宜征考阙如。寖至圣文埃灭,吾道大孤,不佞落南三十九年,平居时究心识古,自信于此,尚能胜任愉快。苟得沅叔发起,以宏毅之力,提倡斯举,谆属长吏妥筹余款,月获三四百金,附于苏城图书馆,使走得据为网罗放矢,聊比渊明玄歌之资,于公私并有利焉。第兹事恐当途或目下迂阔省长,非博古之徒,未可语此。或秀督未忘某公之荐,今教育长以专爱有加,切于玉成,使之就题作文,较易为力。前此冯公督任,亦曾有此大文,属吴中汪甘卿经始,旋以洪宪发难而中止。斯事不必专属之省长,实则一道尹筹画而有余,惟知爱深笃,敢白悃款,毕此区区,以视纯盗虚声,坐致诸侯之饷,其难易固有别矣,惟公图之,感企无极。今年未作沪游,专恃书画生涯,大是无俚之画。去冬既承代挪袁款于前,又得诊金之补助,故卒岁无忧。今则一寒至此。炙研呵毫,风饕雪虐,转瞬年事遒尽,生生所资,未见其术。以靖节之高旷,犹有人尽获宜,拙生失方之叹,矧吾侪遭此百罹,穷老气尽,安得倾身营一饱耶。以同志之雅,不厌长言,陶诗所谓"落地为兄弟,何必骨肉亲",此义当默契之。时事可勿谈,如有异闻,以隐语示何如?若臧否人物,则非笔墨所宜,愿慎秘之。今冬从者南旋,无极望翩然来苏,作平原十日饮,敝庐有专室可以娱嘉宾。三千里外,忽思作联床情话,其通梦交魂可知也。百书不若一面,力疾尽五纸,犹不得道著万一,惓惓如何。仁闻金玉,以当皋苏。敬承起居,郎君清胜。念念。郑文焯顿首。十一月初十日。(程白葭辑《鹤语·大鹤郑文焯手札》,《文字同盟》第四年第二号[1930年])

　　　　按:"秀督",指江苏督军李纯,字秀山。"冯公"指江苏都督冯国璋。"汪甘卿"指汪钟霖。"洪宪",袁世凯所建"中华帝国"年号。

十一月二十一日,妻张宜人卒。

致程淯书:不谓内子忽以嗽上气疾,遽于廿一日怛化。(程白葭辑《鹤语》,《文字同盟》第四年第三号[1930年])

《行述》:丁巳冬月,先恭人以疾逝世,先府君追念先恭人持家四十年,静摄整肃,条理秩秩,并抚不孝等以成人,哀悼过情,精神异于常度。

文焯生计日窘，北京大学欲聘其为金石学教科主任兼校医，拒之。

戴《谱》：冬，张宜人卒。先生年来既伤怀世变，复丁家难。海内知交，多矜其衰年舛运，存恤颇厚。时蔡子民元培长北京大学校，浼罗掞东部郎聘先生为金石学教科主任，兼校医一席。先生以往年清史馆之聘忍饿不就，卒却之。

十一月二十五日，致书程淯，言及丧妻之恸，无以为殓，倩程淯托请罗惇曧、梁启超等友朋周急。

致程淯书：白葭道兄知契侍者：前函撮题近意，长言嗟叹，正尔深忧。不谓内子忽以嗽上气疾，遽于廿一日怛化。衰鳏长泣，痛悼如何。四十年贫贱夫妻，垂老牛衣，同甘困邅，及至营殓不名一钱，此衷能无内疚？日来寝馈俱失，百罹煎肠。江南雅旧，零落殆尽。生平接物，取舍綦严。落南三十余年，初未尝有所称贷，今遭此奇厄，典质既无长物，鬻书卖画，又非济急之具。况今兹寒不减旧腊，研池暴冱，累日不融，当此危独悼亡之际，更无复搦管余兴。年来苦节穷居，自分老而食贫，聊送余齿，诚未堪家多难也。因思京师太邱道广，倘有力者登高一呼，众山皆响。不揆愚昧，求吾贤谋之罗瘿公曲赐矜全，向任公切为一提，众擎易举，美成在速，多多益善。想任公久要不忘，知爱至笃，又力足以办，定有以周急而援此饥溺也。端赖仁者之言，善为矜护，感深衔结。无间幽明，意乱心烦，计无所出，唯靳知己迅沛玉音，俾苏急困，感怀明德，实被重泉，一有成议务乞赐以疾置，或电音见惠。急遽万端，辞旨沓冗，临题瞻企，老泪横膺，惟公深悯而曲谅之。幸甚感甚！百拜之恳，敬承起安稳，伫闻德音，举家鹤跂。期郑文焯顿白。儿子郑复培稽颡。十一月廿五日三更。（程白葭辑《鹤语》，《文字同盟》第四年第三号[1930年]）

黄濬《花随人圣庵摭忆》：瘿公生平亦以友朋为性命者，以叔问老年多舛，为言于任公先生，以其丧偶厚赙之。（《花随人圣庵摭忆》，第282页）

十二月十六日，作隶书八言联。

共飨至言，敬赞德美；寄心清尚，托契孤游。镜波仁兄大雅之属，集陶句以隶体写此。岁次彊梧大芒骆涂月既望，大鹤山人郑文焯。（北京华辰2003秋季拍卖会中国书画专场0289）

　　按："镜波仁兄"指朱镜波（1889—1968），号平斋，别署月波楼主人。江苏苏州人。擅画山水花鸟，精鉴赏，富收藏。寓居海上，与冯超然、吴湖帆、吴梅、沈曾植、曾熙等友善。

十二月，以张宜人之丧至沪谢友人之助，晤康有为。

康有为《清词人郑大鹤先生墓表》：丁巳之腊，以其孺人张氏之丧，来沪谢，且慰予复辟之难，吾留饮酒。乃曰："今京师大学以金石、医二教习聘予，月俸金五百,鬻书行医,计月可千余金,供吾搜金石书画,足雍容娱老矣。若辞聘,吴中请吾医与画者寡,行将饿死。进退维谷,君其为我决之。"答之曰:"兹非吾所能及也,如人饮水,冷暖自知。兹非吾所能及也。"(《康有为全集》第11集,第91页)

十二月底,作《秋山图》。

题识:两三茅栋苍苔合,一半秋山黄叶多。欲问樵风寻旧隐,可能无意写烟萝。旧藏梅道人秋山幛子,笔味沉郁,得北苑意,石谷子所谓势若屈铁。古人运巨轴只三四开合已成章法,今人多从碎处积成,去古远矣。兹帧虽稍脱时工蹊径,但骨气少遒逸耳。楚滨仁兄雅索画大幅,时值岁严,研池暴冱,呵冻作此,烛景麻茶,墨痕老草,聊以塞白,惟大方鉴之。彊梧大荒骆之年残腊,大鹤山人郑文焯题于樵风园之竹醉寮。(北京泰和嘉成拍卖有限公司2015年秋季艺术品拍卖会中国书画专场0328)

按:此画后为徐无闻所藏,题云:"郑叔问秋山图精品。壬寅岁得于重庆,庚午岁暮装成,成都徐无闻。"徐无闻(1931—1993),字嘉龄。原名永年,三十耳聋后更名"无闻",室号守墨居、烛名室、歌商颂室等。四川成都人。学者、书法家、篆刻家。

是年,王树荣为重刻《瘦碧词》。

文焯重刊《瘦碧词》题识:此戊子年中冬所初印者。比以吴布政使仲饴索丛刻全函,因向苏书局取版,知已于戊戌秋裁局时失去。此本尚是从吴孝廉印臣许搜致,仅存一帙。十数年前自刻之书,零佚如是,况乾嘉以来名家善本,流传迄今不益难乎?

戴《谱》:吴兴王仁山君树荣因《瘦碧词》板毁失,与江竹圃君为之重付剞劂。

按:王树荣(1871—1952),字仁山,号戴髯,浙江吴兴(今湖州)人。光绪二十年(1894)举人。著有《刚斋吟草漫录》《雪浪石题咏》等。

中华民国七年戊午(一九一八)　六十三岁

一月七日,致书赵养矫,言回绝北京大学聘用事。

致赵养矫书:养矫先生道案:新岁已来,伏承动定多豫。……北京大学之聘,昨尚有函敦趣,已决意谕绝,蒿目世难,何意皋比?……敬颂新春佳胜。期文焯再拜。人日。(《郑叔问先生尺牍》)

一月十六日,致书罗惇曧,感谢梁启超周急之义,并言拒绝北京大学聘请之事。

戴《谱》:先生戊午正月既望,复罗掞东书云:别来数更丧乱,感怀雅旧,恍若隔生,音讯阙然,瘄思曷极。去腊展诵惠书,猥以悼亡,矜垂甚备,高义仁笃,荷遽相并,重承任公老友厚赗颁逮三百金,周急救凶,幽明均感,抚臆论报,衔戢深铭。只以衰病之余,少稽陈谢。伏惟吾弟之宥,代剖赤情,幸甚幸甚。兹值亡妻营奠有日,敢以赴告,敬求饬寄沽上为感,下走集蓼余年,遭家多难,比来知死知生,弥增鲜民之痛。昨承寄示子民先生函,订大学主任金石学教科兼校医一席,月薪约四百番钱,礼遇诚优且渥。第念故国野遗,落南垂四十年,倦旅北还,既苦应接,且闻京师仆赁薪米之费,什倍于南,居大不易。蒿目世变,何意皋比,颓放久甘,敢忝为国学大都讲乎? 业医卖画,老而食贫,固其素也。辱附契末,聊贡区区,未尽愿言,但有荒哽。

一月十六日,致书程淯,请代致梁启超、罗惇曧谢意,并言推却北京大学邀请之事。

　　致程淯书:白葭道兄知己侍者:年余契阔,荷公矜垂,无微不至。衰放余生,几如老杜赠郑十八诗,所谓"九重泉路尽交期",哀感如何! 走自客腊应更生翁之约,兼谢诸至友之唁,信宿言旋,顿撄寒疾卧榻,盖缠廿日,几不自先。欲通书左右,稍申悃愫,竟执笔神思不属,而死生离合之感,往复胸中,有如狂魄梦飞,注水击石,此际思吾贤,不自觉肠百而九回也。前自沪还,匆匆具白一纸,愿言不尽百□。今欲尽百楮,犹恐未能宣一义,敢力疾谨陈所亟欲言者。任公厚赗三百番,既领讫,高义深情,幽显增感,赖此差可营奠。瘿公来函,亦极唁慰备至,迥异恒情。二公皆当报谢。今病小愈,手战不能作书,先具讣告,并正式谢帖,稍迟再惠函谢之。敬乞老兄先代致拳拳之诚,兼述衰病近状。至大学主任金石教科,兼校医事,盛承大贤之汲引,泊子民先生之礼遇,既优且渥,感且不朽,曷敢固辞。弟张俭无家,长安居大不易。久客北归,既苦应接,蒿目世难,首都当冲,颓放久甘,岂堪以皋比绳以晷刻? 况金石一门,兼经训考史方有实际,国学多材,未可漫与讲授,尸素滋惭。生平直道而行,义全终始,故入节幕三十余年,历十七府主,初未尝竭忠尽欢,此固为左右深谅者。抱此偻偻,惟求知爱如公者。婉谢陈词,幸无为过,至感至感! 近两月来始以严寒冻墨,继以悼亡卧病,书画生事,虽有若亡,且为奈何。我公南旋何日,夜梦昼思,山谷所咏百书不如一面也。言不尽意。敬承道履安稳。文郎佳胜在念。弟期文焯再拜。正月十六日。(程白葭辑《鹤语》,《文字同盟》第四年第三号[1930年])

　　按:"更生翁"指康有为。"历十七府主",自光绪六年(1880)文焯至苏州入吴元炳幕,至宣统三年(1911)程德全宣布江苏独立,江苏巡抚共历二十任,分别为:吴元炳、黎培敬、卫荣光、崧骏、刚毅、奎俊、赵舒翘、奎俊、德寿、鹿传霖、松寿、聂缉椝、恩寿、陆元鼎、陈夔龙、张曾敭、陈启泰、瑞澂、宝芬、程德全。文焯"十七府主"之言当与张曾敭、瑞澂、宝芬仅担任数月即离任有关。

一月十六日,题《岩谷飞泉图》立轴。

题识:飞泉喷雪石梁高,岩窦纵横吼怒鳌。流到人间须仔细,莫将间处作波涛。著雍敦牂之岁孟陬既望,坐读徐霞客《游九嶷山记》,拟此遣兴。大鹤山人郑文焯作于樵风别墅。(上海东方2014年春季艺术品拍卖会中国书画专场0234)

一月,致书康有为,告知拒绝北京大学之事。

《清词人郑大鹤先生墓表》:戊午正月,君以书来曰:"大学之聘已却之,昔者清史馆之聘,忍饿而不就,岂至今而复改节哉?"(《康有为全集》第11集,第91页)

一月,作《秋林茅屋图》。

题识:昔董香光论画,众能未若独诣,故古之高手以造境奇辟为工,云林所谓写胸中逸气也。余画承家学,所作意似司农,其未逮者,高健超浑之境尔。徒维敦牂之岁孟陬之昔,篝灯题记。大鹤山人郑文焯画于樵风别墅。(西泠印社2013春季拍卖会2720)

康有为致书文焯。

康有为书:叔问仁兄:沪上纵谈,别久思深。顷馨帅威名日上,憾前谋未成,不能镇吾乡也。顷到杭,欲与足下话旧。在此仅一二日,望枉至惠然,以速为幸。或先期约定,免相左。即请大安。(《与郑文焯笺》,原稿藏台湾"中央研究院"近代史所,见《康有为全集》第11集,第79页)

> 按:"馨帅"指孙传芳(1885—1935),字馨远。山东泰安人。直系军阀首领。

二月十八日,致书赵养矫,索回书画。

致赵养矫书:养矫仁兄有道:……前冬寄存尊处缶老印谱一本,兹因友人欲以重价购赏,乞从者日内即向大武取还。又拙题八大山人画花鸟一幅,旧腊函索,适公它适,未即付还。今已与吴友议值四十元定交易。用特专函先布,即请预为检出。如在他处,亦乞即日索回。准于廿日午前托公义轮局熟人谢姓走取,务祈掷交不误为企。专颂台安,仃闻金玉,凭楮怀仰。弟期文焯再拜。十八日。(《郑叔问先生尺牍》)

二月二十二日早起,忽痰涌舌蹇,汗流不止,医治无效,于二十六日辞世。遗嘱请康有为负责后事。

《行述》:每与南海康公纵论时局,辄浩叹不已,而眠食无异常日。不孝等方冀长承教养,以遂先志,讵知神明潜耗,贫病交侵。戊午二月二十二日,早起忽痰涌舌蹇，汗流不止。急访延名医诊视，咸谓精力耗尽，恐汗不止而成脱症。不孝大恸，先府君诧呼不孝至前，谕曰：“吾病恐不能起，今而后汝须恪遵祖训，勿替家声。嗣后事无巨细，须禀承尔生母示谕，尔姊姻事须慎择婿，尔叔远在山右，不及遽至，诸事惟托南海康公处置，一切务从俭薄。”旋索笔作书，迨奉笔至腕，力不胜，不能成字，乃搁笔瞑目，痰益上涌，不孝承命哀号，椎心几殆。至二十四日，气益急，医均束手，汗仍不止，不孝无计，乃割股以进，迄无效果。延至二十六日丑时，竟弃不孝等而长逝矣，呜呼痛哉！

戴《谱》：张宜人卒，先生哀悼过情，精神异于常度。二月二十二日，早起忽痰涌舌蹇，汗流不止，医治罔效，于二十六日捐馆。见先生《行述》。先生一女曰茂韶，适正诚。一子曰复培，字君来。娶徐氏，生二孙曰汝铭、汝鉴。王壬秋先生《比竹余音序》曰：叔问中书文章尔雅，艺事多能，而尤工倚声。陈伯弢先生《冷红词序》曰：叔问居士宏博精敏，著书满家，出其绪余，尤长倚声。同时词流，如中实、梦湘，未之或先也。朱古微侍郎《苕雅余集序》曰：海内称词家高流而精于音吕者，必首高密郑叔问先生，盖声文感人深者，可以知其工矣。康长素先生所为先生《墓表》曰：叔问博文学，妙才章，好训诂考据，尤长金石、书画、医学，旁沉酣声色、饮馔、古器以自娱，而感激于国事，超澹于荣利。

康有为《清词人郑大鹤先生墓表》：越二月廿五日，君遂病卒，寿六十三岁。……卒前一日弥留，属其子复培以后事托康有为，康有为乃纪其丧，问所藏书画古董，则鬻尽。（《康有为全集》第11集，第91页）

金天羽《大鹤山人传》：洎其殁，而平生金石文字之友南海康有为来吊，乃捆载其精校之书籍及骨董数事以去，为文表墓，微致嘲讽。越十年，康氏殂，诸所豪攫，等于财贿，流入厂肆，触手以尽。（《民国人物碑传集》，第713页）

按：《大鹤山人传》中“数事”或为“数车”之误。康有为的确获得了“精校之书籍”，如文焯批校《白石道人歌曲》即为康所得，后为其子售于刘承幹嘉业堂。夏承焘曾记云：“郑氏本校沈逊斋本白石词者，郑殁后，归南海康氏，闻已辗转入吴兴刘氏嘉业堂。榆生友人陈柱尊从康氏子假得，以许氏榆园本移录之。”（《天风阁学词日记》1929年12月23日，见《夏承焘集》第五册，第143页）

文焯辞世，康有为作《郑叔问哀启》及《哀郑叔问中书》为筹丧葬费。

《郑叔问哀启》：启者：郑叔问中书博学通才，雅文高节，史馆、大学屡征不应，首阳薇蕨，竟以饿死。每读其词，哀感顽艳，绝出时流，诚耆旧之高蹈、遗老之逸才者也。去腊其夫人新逝，今二月二十六日郑君亦竟病终。双棺在堂，萧条繐帐，敛手足形，殡葬无依，寡妾弱息，茕孤可悯。郑君名在通人，交遍海内，而青蝇不吊,白杨徒悲,岂无闻山阳之笛,而过黄公之墟者乎？平生交旧,应共含哀助其殡葬,厚其赗赠。(《康有为全集》第 11 集,第 81 页)

《哀郑叔问中书》:穷死吴中,其子述遗命,以后事见托,因为筹丧费。白羽襦褽乔木零,苏台干死读书萤。江南哀甚兰亭赋,肘后方传素问经。比竹好词感顽艳,采薇长峨隐沉冥。所南遗笔归泉路,铁笛西台谁与听。○草堂松菊有遗民,谷口今伤郑子真。穷巷青蝇为吊客,幽篁山鬼哭萧辰。画师酒后空伤鬓,处士归来独漉巾。四海交游叹零落,谬承遗托只酸辛。(《康有为全集》第 12 集,第 385 页)

三月三日,缪荃孙闻文焯辞世,不胜伤感。吴昌绶、陈三立、夏敬观、周岸登、胡先骕、杨啸谷均先后有诗词吊念。

《戊午日记》:三日庚寅,晴……徐园修禊,到者二百余人。姚子良作主,偕吴仓石、陶拙存、恽季申、瑾叔请淞社,到者廿八人。闻汪芙生、文小坡均故,不胜凄感。(《艺风老人日记》[四],《缪荃孙全集》,第 70 页)

吴昌绶《戊午修禊即以江亭二字为韵适闻故人郑叔问之丧泫然成咏》:春寒三月风犹劲,尘眯真成泪眼双。南望海潮呜咽语,词流凭吊邓千江。邓千江《望海潮》,见《中州乐府》。○禊事年年集此亭,招携朋辈几晨星。酒间画壁来英妙,旧曲樵风不忍听。(《铁路协会会报·文苑·诗录》第 68 期[1918 年])

陈三立《哀郑叔问舍人》:抱蜀人呼老画师,稽天大浸更安之。偶喧都市韩康药,上接风骚贺铸词。通德卜居增掌故,南华转世托支离。盖棺殉以穷愁味,忍向吴门表五噫。(《东方杂志·文苑》第十五卷第九期)

夏敬观《郑叔问舍人挽词》:老死相因至,悠悠是九原。相看万事了,宁有一朝存。几案亲遗札,歌诗抵罪言。立锥榛棘地,谁问郑王孙。○远迹投吴会,其如谢豹何。萎春从草木,费泪与山河。怕听临风笛,真无返日戈。惟余井水处,都解乐章歌。○梦过垂虹曲,春归大鹤天。一空彝鼎架,尽换米盐钱。小巷侵书带,残灯冷坐毡。白头伤气类,流涕似长川。(《东方杂志·文苑》第十五卷第八期[1918 年])

周岸登《兰陵王》:吊郑叔问文焯,用清真韵二解。断魂直。归访芝崦瘦碧。游仙事、空想寓言,石老梅枯照颜色。青山换故国。争识。銮坡旧客。江湖梦,寻鹜伴沤,晞发阳阿涕盈尺。　词篇半尘迹。叹绞敛斜衾,香烬瑶席。鹈啼鹃语催寒食。嗟夙世兰锜,寓公吴苑,流风余韵话置驿。问天吊穷北。　心恻。素怀积。念石帚云蓑,花外音寂。华严转眼悲何极。怕鹤帐新鬼,告哀邻笛。沧洲残画,剩蠹纸,泪尚滴。叔问铁岭旗籍,为兰坡中丞之子。初字小坡,光绪乙亥举人,内阁中书。诗画行楷俱入逸品,倚声尤擅专家,词曰《瘦碧》,曰《冷红》,曰《比竹余音》,晚乃芟薙旧

刻,益以新作,总为《苕雅》六卷,亦名《樵风乐府》。朱古微复掇其遗为刻《苕雅剩稿》。○冷吟
直。愁写分山断碧。皋桥上、重赋五噫,佚老无归怨春色。微箕尚逊国。安识。
青蝇吊客。巫阳下,招取散魂,双阙岧峣去天迟。　孤云荡无迹。算几辈词仙,
沤鹭分席。西山薇苦谁能食。寻一卧江介,梦回青琐,沉沉梅讯断雁驿。送穷
誓投北。　休恻。半尘积。叹鹤化天寥,琴碎音寂。流波雅引哀何极。定月夜
仙掌,自吹残笛。精灵如在,漫笑我,借泪滴。(《蜀雅》卷八)

　　胡先骕《高阳台》:吊大鹤词人郑叔问用集中待月溪塘韵。吹笛梅边,维舟柳外,
歌声飞越云峦。鹤怨虫凄,秋风黯换苍颜。携家投老江湖去,感时心,剩付凭
阑。怃无端,清响消沉,月岭渔竿。　小城烟景应如旧,对樵风溪馆。花竹悠
闲,画里沧波,而今倍觉荒寒。吟魂夜度枫林黑,听鲍家鬼唱千山。最凄然,啼
煞残鹃,难唤春还。(《忏庵词》,《胡先骕文存》,第664页)

　　杨啸谷《吴小城西访郑大鹤石芝西崦故宅》:辽鹤遗巢邦已空,犹循曲径证
樵风。庭前古柳悲泪翠,井畔僵桃吊冷红。宋玉何须传故宅,吴王不自有离宫。
犹怜曲册勤笺注,一任飘零类转蓬。(《文字同盟》第十二号《郑文焯》[1928
年])

五月,赵养矫将文焯致其书札装池为《郑叔问先生尺牍》,后征诸名流题辞。题辞者有曾熙、陈三立、沈曾植、李瑞清、恽毓嘉、朱祖谋、郑孝胥、吕景端、谭泽闿、谭延闿、冯煦。

　　曾熙:大鹤山人名满海内,曩侍湘绮几杖,湘绮曰当世词家,惟郑文焯耳。
乙卯予来沪上鬻书,适山人亦以卖文鬻书画居沪。每过从,置酒论文,未尝不歔
歔太息曰天乎乃厄吾我辈至此境焉?曰非天也,乃吾求此得到死不恤也。所谓
厄之,固有道也。山人闻吾言,亦据几嘿然。然数十年箧中所置旧物,手痕犹
湿,亦易米将尽矣。今岁死且无以为葬。嗟乎,有道固如是耶?养矫予友中之
侠者也,观其书问往还可以知矣。戊午十一月,农髯熙。

　　陈三立:负忍古之才,终于穷饿,彭泽之所咏贫士,如大鹤山人者亦其俦也。
晚岁漂沦江海,益用鬻艺鬻器玩自活。养矫居士所藏手札数十通,类琐琐具,其
事宛转孤鸣,翻成奇趣。后有伤心人谓当与乞米之帖、卖驴之券同观而并论之。
己未初春,三立。

　　沈曾植:大鹤山人鹤不还,数行遗墨世犹传?谷中时拾次仲翻,海上或说安
期仙。江山寂寞黯终古,故国苍凉无返年。漆叶青粘方在否?要凭吴普访遗
编。郑君深医学,手批医书甚多,余闻其一书散出,急属人访之,皆不知何往矣。养矫先生属题
此册,□怅及之。寐叟。

　　李瑞清:王半唐侍御没后,世称海内大词家二人:朱古微侍郎、郑大鹤山人

而已。山人本贵公子,游吴城,喜其山水清旷,遂留寓焉。苏州巡抚某公慕其高节,延之幕府,前后巡抚一如,人莫不推襟。辛亥国变,康长素先生招之来鬻医于沪上,余是时亦鬻书画沪上,缣素充几,称大贾矣,遂劝山人兼鬻书画以自给。余则着短袖衣,朝夕操觚,腕脱砚穿,其自待比于苦工。山人则非时和气润,神怡务闲,未尝辄书。书又不即予,又老且懒病,或经年不报。有持重币乞画者,山人久乃忘之,有时作画会困乏,又往往为市贾以薄酬购去。故时人相语曰:"郑先生画不卖,穷乃卖也。"山人之困实以此。山人于学,无所不通,训诂、考据、词章以及音律、金石、形家、占验诸书,靡不备究。生平无撰著,皆散在诸简册端,又无人为辑之。余初见山人于吴城孝义里,有梅坞,山人构庐其中,阶砌竹篱,皆莳花木。会已暮,一瓦灯荧荧,花枝入牖,四壁虫声唧唧,如入古冢云。及居沪上旅舍,余每过山人,未尝不移日也。山人过余恒以夜,往往更漏且尽始言归。山人居京师时,与湖北张次山侍御,号目能视鬼,余戏山人曰:"余居有鬼否?"山人笑曰:"君居陋巷中,故安所得鬼乎?鬼附势慕利,实甚于人,喜依阿富贾大官,争为之奉足舐痔,伺其喜怒而左右之,故富人博常胜也。即其人一旦失势丧赀,则群起揶揄之,相引去,若暴富家及新得官者,则群鬼集矣。其言鬼敬忠孝、惮节义者,妄也。苟遇其人,辄纷纷鸟兽散,以为不祥人也。鬼尚白,然喜衣黑衣,好时妆,袁世凯时争为袁世凯妆,黎元洪时争为黎元洪妆,随时势转移,莫能定也。扬子云云:'高明之家,鬼瞰其室。'高明,言富贵也;瞰,盖言其慕仰云。"山人虽鬻医沪上,然花时辄归,或数月不来,沪上租屋仍月内租金,其不善治生如此,以此愈益困。山人生时,康长素先生时时调护之,小空乏,则养矫之力为多。养矫为人任侠,趋人之急如赴私亲,观山人所往来尺牍可知矣,天下以此莫不多养矫贫而能好贤也。己未四月下旬,清道人题。

按:该题跋后收入《清道人遗集》,名为《书郑大鹤山人尺牍册子后》,文字有差异。李瑞清将此题跋寄陈三立,陈复函建议修改,此函即附于李瑞清题跋后。函云:"清道人左右:扫墓归来,日在痛苦中。今头项筋络牵掣,犹未全愈也。病乘衰老,为何为何?大文极恢诡之观,乃鄙人拟于说鬼得意语删去,得无掉头怨恨耶?移居僻远不便,讲饮食之学当亦为鬼所揶揄也。匆颂财安。不一一。三立顿首。五月九日。"

恽毓嘉:予读郑山人所撰诗余,心钦其人而未一识面。比于养矫道兄处获睹山人尺牍数十通,行间有古茂气,心益钦之,惜其遽作古人而终不得谋一面也。今养矫装池成帙,属予缀言,且语余曰:"辛亥以还,逸民畸士大都集海上粥书画以自给,山人亦其一也。山人交游遍天下,晚年与予善。予性放宕,虽非忘世者流,然于当世所谓伟人者辄淡漠视之,而独与山人契合。山人工倚声,散原老人称为一代有数人物。尤擅长尺牍,人得其片纸只字,无不宝贵藏弄。矧予与山人感情尤笃,能勿什袭藏之,球璧珍之耶?"养矫之言如此,其惓惓死友,郑重遗墨,豪侠之气流露于言论间,亦足见山人之取友端矣。抑予为养矫进一解焉,夷之清,尹之任,惠之和,孔之时,亦各因时会盛衰而成其独往独来之概。山人以垂老值国变,忧伤憔悴,寄慨风骚,学夷之清,学惠之和,学孔之时,无乎不可,时会使然也。时无剥而不复,道以穷而后通,况养矫以强仕之年,负通才之望,有圣王作,扶翼元运,取法乎阿衡之任,正与山人之为逸民畸士殊途而同归。予老矣,不知能于予身亲见之否?己未夏五,楷翁毓嘉。

朱祖谋:未绝成丝已罢弹,十年投稿几丛残。多君收拾珍珠字,抱向空斋掩泪看。养矫先生属题,孝臧。

郑孝胥:定评一世词名在,书画残年苦逐贫。末技掩名定何害,九原我亦愧书人。己未秋日,孝胥。叔问云:"极愿我郑家书人,一张吾军。"余尝与古微侍郎同访叔问,不遇,竟未获一面。

吕景端:老士心情百不堪,行吟憔悴忆江潭。广文三绝犹余事,合署遗民郑所南。○兰锜家声凤池客,山人为兰坡中丞瑛棨季子,以孝廉官中书,余亦僔直薇省,于山人为后辈。暮年萧瑟动江关。黄垆无限人琴感,一一寥空鹤不还。昔在吴门,孙少山、刘语石招饮观前酒楼,始与山人一面,谈艺甚惬,山人赠予所著《瘦碧词》,今忽忽三十余年,少山、语石皆先后下世矣。○生死交情赵元叔,当年权解意犹温。遇知风义兼师友,珍重遗笺有泪痕。养矫先生属题,己未秋日,蛰庵吕景端。

谭泽闿:家世称三绝,江湖一老身。词名继周柳,古癖似金冬心陈曼生。壮岁能高蹈,长愁不厌贫。旁通多艺事,末技亦传人。○奕奕名门贵,英英清庙材。缁尘厌京国,烟景恋苏台。畸絜宜无命,飘零亦仗才。不堪垂老日,重有黍离哀。○晚岁春申浦,栖迟卖药翁。孤吟空自赏,尊酒记曾同。一展陈遵帖,凄然乞米风。多君故人谊,珍重惜残丛。庚申五月为养矫先生题大鹤手札册子,泽闿。

谭延闿:余于梅庵座上曾一见大鹤山人,承以画佛为赠,今七年矣,梅庵之逝亦已五年,追忆生平有足悲者。养矫先生出示此册展读,感叹不能自已。壬戌七月既望,延闿。

冯煦:绮岁声华冠凤池,晚栖淞曲隐于医。鬓丝禅榻挥豪处,如和渊明乞食诗。○旄蒙曾谱寿楼春,犹是羲皇以上人。三十六年流电疾,重披遗墨剧酸辛。乙酉予举《寿楼春》一笺题实甫《山塘听雨图》兼讯叔问,叔问激赏。此与叔问治词之始。○嗟君风义薄吴岚,日与东京厨顾参。凄绝三高今又弱,素车重赴玉梅庵。册中题者有谓叔问与南海、清道人为三高,叔问墓草既宿,清道人又于八月朔物化,君复送其归白下。

庚申霜降后一日。养矫先生属题，七十六叟冯煦。

赵恺：大鹤山人郑叔问先生为先业师孙莲舫夫子同年，丙申橐笔金闾，因孙师得识先生。旋奔走四方，不相见者十余稔。辛亥后先生移砚游沪，客里重逢，倍增契合。至前腊月返苏度岁，乃以伤时忧乱，衰病侵寻，屡约重来，因循未果。去秋往苏，尚频访问。殆冬末先生以鼓盆之戚仓卒来沪料量琐事，复得数面，濒别尚有今岁移寓淞南之约。曾几何时，遽于二月捐馆，吴下黄垆之痛，乌能已耶？先生硕学高蹈，薄海知名，南海先生谓为遗老逸才，允无愧色。诗词书画古雅轶伦，不染人间烟火气。故断楮零缣，人争藏弄。右皆见遗手札，类似伤心人作伤心语。殆与宋明遗老所南、青主同一身世。汇装成册，聊志其暮年遭际，不徒留供叹赏已也。噫，遗墨犹新，九原不作，风潇雨晦，兀座散帙，如与先生晤对于穷愁憔悴之乡而已。悲夫！戊午夏五月，武进后学赵恺谨识于沪滨寓斋。
（以上均见《郑叔问先生尺牍》）

七月，叶恭绰、朱祖谋、梁启超、沈瑞麟、易顺鼎、夏敬观、罗惇曧、吴昌绶等函请政府保护文焯住宅、坟茔。

戴《谱》：先生殁后逾五月，其故人叶玉甫恭绰、朱古微、梁任公启超、沈砚夷瑞麟、易仲实、夏映庵、罗揆东、吴伯宛诸公，函请内务总长钱干臣能训，函致江苏省长转行吴县知事，将先生住宅、坟茔分别立案保护，此盛德事，亦佳话也。用将原函附录于后。衔略亡友郑文焯字叔问，一字小坡，汉军正白旗人，故河南巡抚兰坡中丞瑛棨之子。光绪乙亥举人，内阁中书，客苏抚幕，寄家吴门逾三十年。中岁澹于荣进，惟以撰述自娱，文章风雅，似魏晋间人。所诣尤长倚声，传世最早，家承画学，山水入能品，凤喜搜集金石文字，订证精博，旁及六书故训、医经、乐律，咸具神解。晚更世变，端忧积瘁，遽于今岁仲春奄逝，行年六十有三，室张亦先数月殇，孤子茕子，家计贫辛。祖谋等慨念故交，各为赒助，既谋辑刊遗著，卜葬地于吴县光福镇，近灵岩邓尉间，种梅树碣，成其遗志。所居孝义坊通德里，手所营构，廊宇疏旷，花竹靓深，追维畴曩，提携谈宴，恒在于斯。亡琴寂音，过车隐痛，因师元代遂昌山人之意，为改题曰侨吴小筑，奉郑君与张夫人灵位于中，俾其子孙，世守禋祀。昔伯鸾清高，殉葬金闾，子美居吴，沧浪著胜，羁臣放士，何代无贤，足令光景不磨，增成故实。查贵部有前贤坟墓，名人遗迹，设法保存之例，核其情事，允符令甲。执事大雅宏达，定荷维持，用敢肃笺奉恳。拟请由贵部函致江苏省长，转行吴县知事，将郑氏孝义坊住屋，暨光福镇坟茔，分别立案，妥为保护，给予印照，交其子郑复培收执。庶几春秋代谢，常存罗舍故宅之思；丘垄犹新，端赖柳季樵苏之禁。尘渎清重，毋任感蕲。

九月三十日，康有为跋《有清遗老郑大鹤先生书札》。

康有为跋：大鹤山人卒前一月，告我以北京大学聘其教金石及医，月八百金，不就将饿死。既而书来，告曰已却聘矣！若不死真为首阳之饿夫矣！此其与汪晦园同年札，皆国覆后憔悴幽忧之语。其书札文墨书法皆极高妙，沉著哀痛而超逸，当与傅青主并辔而驰。书中多及我者，尤兴山阳邻笛之感。叔问在日，人经其晚走风尘，然如此才节，虽靖节亦何多让？不过荣古虐今耳。吾既为铭墓，思其人，今何可得哉？书墨清隽，如嚼梅擘蟹，芳馨满口。晦园同年兄属题此册，康有为慨然题之。戊午九月晦日。后人珍之，应同皋羽矣。（《无锡博物院藏郑文焯书札册释读》，《无锡文博论丛》第 2 辑，第 202 页）

十月，沈曾植跋《有清遗老郑大鹤先生书札》。

沈曾植跋：樵风遗民手札，晦庐装为册，携以示余，属为题记。诸札大抵在国变后，凄泪烦冤，如秋听雨、夜闻砧杵。其词哀宕中怀，所蟠结不能直致，乃藉琐闻细事发之。后有作《茗雅》笺注者，取材于是，足以激志士之苦心，畸人之逸思。光绪本事词，此君其骏志也已。君早岁于乐律、医术皆著书，能研寻古义，顾不肯竟其学。其于金石、书画、古器物特有妙悟。阅其说，不肯轻语人，人亦无能征诘者。异智今与墓草宿矣！晚岁栖栖道路，世或哀之。彼其志与日月齐光，寒饿岂挽毫末哉？后十年，此册当与徐昭法、金孝章等估。宣统戊午十月，姚埭老民题记。（《无锡博物院藏郑文焯书札册释读》，《无锡文博论丛》第 2 辑，第 202—203 页）

十月，葬文焯于邓尉山。

《行述》：幸蒙康公脱骖相助，经营丧葬，乃卜地于邓尉山中，于是年十月朔乙卯，越十日甲子与先妣张恭人合葬以承素志。

康有为《清词人郑大鹤先生墓表》：十月，葬于邓尉梅花中，从君志也。（《康有为全集》第 11 集，第 91 页）

文焯逝世后，其婿戴正诚遍征故友名流题《冷红簃填词图》，题辞者有王树柟、郭曾炘、沈曾植、陈宝琛、陈衍、孙雄、邓邦述、曾习经、金天羽、龙榆生、周岸登、吴梅、许伯建、邵章。

戴《谱》：先生殁后，其《冷红簃填词图卷》，归正诚藏弄，癸亥年重装征题。王晋卿树柟题云：江南春老王孙草，一幅丹青风月好。冷红词客古遗民，合口归山人未老。公子翩翩出世家，薇郎著作妙词华。无端故国歌杨柳，叔问有《杨柳枝》词，悲故国也。何限秋词怨落花。《庚子秋词》，与古微诸人同作。滚滚京尘浩无主，青笠红衫渡江去。寒山城外数清钟，孝义坊头听夜雨。梅花香雪虎山桥，处处吟声上画桡。瘦碧微吟工摭笛，小红低唱记吹箫。画者何人弄狡狯，小簃花烛生姿态。先生含笑婢昂头，有鹤归来在天外。天外笙簧落吾手，卷里珠玑快人口。南人不敢薄诗龛,从此家家推祭酒。彊村香宋落成三,常倚新声作夜谈。小印侍儿传可可,名泉余事记惉惉。蓦然大地生荆棘,黄卷黄金两无色。平生萧瑟庾兰成,可惜当年不相识。滔滔人海莽成尘,遗老飘零复几人。红袖两行官烛冷,一番回首一沾巾。　　　郭春榆宗伯曾炘题云:大鹤山人骑鹤去,海上仙龛渺何处。樵风虚说郑家泾,兵火半残吴苑树。吴中自昔擅名都,花石林泉取次娱。宛委扪余瘦碧篆,玲珑唱付小红姝。承平暇日盛文宴,焉知东海眼中变。井水谁家尚按歌,微云有婿能传砚。恩榜龙飞五十秋,旧人零落几山丘。横图觅取壶天影,暮雨潇潇怆昔游。　　　沈子培尚书曾植题先生遗墨册云:公子承平诗酒意,老怀画里荒寒。露盘折后铸金难。倾身营一饱,写梦入千山。　收拾碎金传笔髓,分波杀字都安。归来华表夜漫漫,鬼歌还属变。天眼几回看。

　　按:王树枏、郭曾炘《题大鹤山人冷红簃填词图卷》均发表于《津浦铁路月刊》1933年第三卷第九期。

　　陈宝琛《文小坡冷红簃填词卷子》:流落江南吾小坡,二窗断送卅年过。故知一切谁真妄,奈此回肠荡气何。○三过吴门一面慳,眼中犹是旧朱颜。如何入画还相避,背坐拈毫对小鬟。(《辽东诗坛》第39期[1928年])

　　陈衍《题冷红簃填词图》:昔年曾赁冷红簃,岁癸亥,余自上海托赁此簃,已下十饼金,定约矣,嗣以他往,不果居。绝胜春明四印斋。今年披图华屋在,草堂约略上斜街。昔在京师,余居顾侠君小秀草堂,罗捬东居王幼霞四印斋。○填词图是吾家事,绝笔于兹五十年。往日双环今长大,冰箫题帕怆花前。○冷暖如鱼饮水词,继声偷减付伊谁。苏州吹尽藤州泪,剩有微云女婿悲。谓亮吉。(《国闻周报》第11卷第21期[1934年])

　　孙雄《戴君亮集正诚以其妇翁郑叔问先生大鹤山人全集见赠并以冷红簃填词图乞题感赋三绝句》:旗亭赌酒唱黄河,绝调樵风感慨多。一片秋魂扶不起,天涯羁客且行歌。叔问所著《樵风乐府》九卷,其卷一第一阕为《齐天乐》,系登虞山兴福寺楼作。有云:"行歌倦矣。更一片秋魂,乱云扶起。"又云:"天涯此楼如寄。画阑零落处,都为愁倚。"余于客中,时时诵之,盖余自光绪甲辰别故山,迄今已二十二年矣。○荒原龙战泽鸿哀,楼阁斜阳剩劫灰。憔悴吴生今宿草,词人一例委蒿莱。辛亥九月叔问有哀时书事词云:"旧家楼阁,剩斜阳一线,沉沉帘影。海上忽闻风雨至,平地奔涛千顷。"叔问卒于共和七年戊午夏正二月,吴君伯宛昌绥得其凶问,适为江亭禊集之日,伯宛扶病至城南,与叶玉甫恭绰、罗瘿公惇曧,商榷赙助之事。今伯宛、瘿公溘逝已一载余矣。○东床传业有乘龙,瘦碧联吟共倚筇。今日虫沙真阅尽,耐霜我愧岁寒松。《大鹤山人诗集》《从姚彦侍乞书》云:"阅尽虫沙真一笑,岁寒老味入霜松。"(《旧京诗存》卷四)

　　邓邦述《瑞鹤仙影》:题郑大鹤年丈《冷红簃填词图》。薜墙半圮樵风晚,幽吟合住词客。瑱聰昼掩,红牙夜按,丽歌曾拍。寻常巷陌,笑尘峡,仙才竟谪。甚当年风骚未歇,瞑写诉肝膈。　犹记瑶笺上,镂管书残,冷标丰格。旧愁忏否,谱新声帽低颏侧。剩有江关,尽词赋萧条动色。怕哀蝉,独倚暮柳意更恻。(《制言》第 3 期[1935 年])

曾习经《题冷红簃填词图》:西风久下藤州泪,社作今无竹屋词。解训二窗微妙旨,樵风一卷亦吾师。(黄濬《花随人圣庵摭忆》,第 282 页)

金天羽《题大鹤山人冷红簃填词图为戴亮吉正诚。亮吉,大鹤之婿,四川江北县人。》:孤山处士骨已寒,放鹤亭东花压栏。白石老仙去不返,马塍啼损秋锦斑。身前词笔动惊座,樵风韵事供吹弹。樵风乐府中清角,声音与政知相关。吴船六柱泰娘老,曾载此翁江上还。烟波深处水调发,撷笛认取双鸦鬟。门馆冷落今易主,初梅倚幌无人攀。黄竹箱中秘尊彛,此图幸免求冷摊。更喜冰玉对为洁,远从京国巢吴山。大鹤无后,亮吉挈妇居苏,经理其家事。风灯读书琢瘦句,自诧老至笔力孱。往岁过门掉两臂,展圆须鬓今仍悭。图中大鹤风帽背窗坐,一雏姬立案前。噫嘻,霜厓沉醉沤梦老,坐恐婪尾春向阑。吴门词学,瞿安外,江宁邓孝先邦述情文兼妙,后此恐难嗣响。(《艺浪》第 2 卷第 1 期[1934 年])

雨生(龙榆生)《一萼红》:为戴亮吉题所藏大鹤山人《冷红簃填词图》用白石韵。小城阴。眰漂花细水,残蕚忍重簪。春沁寒枝,肌侵酒晕,遥夜还怨沉沉。倩红袖,挑灯待写,莫回首、嗟惜此珍禽。短翼差池,长吟泣诉,翻怕登临。　身是兰锜世冑,乱燕云秦树,凄怆伤心。玉麈清尘,铁箫妍唱,前梦何计追寻。算憔悴,江南倦旅,赚盈盈、倩笑抵千金。太息樵风,动时一径苔深。(《青鹤》杂志第 3 卷第 16 期[1935 年])

周岸登《吉了犯》:为戴亮吉追题其妇翁郑叔问《冷红簃填词图》,用梦窗韵。画里,认樵风老仙,断魂何许。皋桥梦雨。芝崦远、墓田深阻。红梅赋句犹在,流光飞莺羽。幻相小鼍天,鹤响荒琼圃。叹楹书,坠如缕。　娇女左家,女婿微云,同心张外户。蠹稿聚散落,旧诗集,新梅坞。画卷续、征题侣。表生金穸,碑仙掌步。料大鹤归来,一笑吟无住。酬花邀醉舞。(《蜀雅》卷十二)

吴梅《念奴娇》:追题郑叔问《冷红簃填词图》,时先生归道山逾十稔矣,即集先生集中语。旧家英妙《瑞龙吟》,记灯前俊语《惜秋花》,几番醒醉《湘春夜月》。著意伤春天不许《玉楼春》,万感都成蜡味《天香》。关塞音书《莺啼序》,江山文藻《庆春宫》,无数伤心事《卜算子》。吟边瘦月《甘州》,窥人还自憔悴《还京乐》。　因念旧节题香《龙山会》,乱山侧帽《芳草渡》,词客风流地《蓦山溪》。任是婆娑生意尽《杨柳枝》,换了疏狂身世《御街行》。丝竹凋年《齐天乐》,湖山送老《念奴娇》,孤鹤生凄唳《渔家傲》。南楼清啸《瑞龙吟》,凄凉今夜如此《玲珑四犯》。(《霜崖词录》)

许伯建《丁亥展重阳后一日紫薇山馆观大鹤彊村半塘诸老遗札及冷红簃填词图卷分韵得相字奉谢戴亮吉先生》：到门未借剡溪航，十里红岩薜荔房。露豁江皋悬午日，酒斟菊畔即重阳。披图云鹤悠悠意，射眼瑠缄作作芒。更待后时要胜约，卧碑犹拟对□相。（《新重庆》第 2 卷第 1 期［1948 年］）

邵章《喜黄花慢》：郑叔问先生文焯《冷红簃填词图》。故国词宗。听曼歌柳岸，吹落江枫。寄声欲哽，讯年渐老，王孙道阻，细草春空。翠樽频泣霜裘典，怨箫谱、罗绮香丛。忆旧踪。蠡湖载得，曾馆娃宫。　燕支镇日云封。记泪痕万点，洒向征鸿。问天情倦，恼人语寂，花残燕去，谁更怜侬。寸缣别写伤心调，坠欢任掷作东风。梦断虹。麝尘定护帘栊。（《缀英集——中央文史研究馆馆员诗选》，第 28 页）

夏敬观装池文焯词稿为《大鹤山人手书词册》，并请友人题辞。题辞者有黄孝纾、陈方恪、朱祖谋、程颂万、龙榆生、吴湖帆、周庆云、赵尊岳、林葆恒、郭则沄、汪兆镛、冯煦、潘飞声、袁思亮、余肇康、谭泽闿、冒广生。

黄孝纾：腾腾愁思。抚青简凝尘，凄黯残世。几许冷红词，想樵风、行吟侘傺。埋名人海，怎省识、旧家兰锜。伤逝。问石芝、社事谁继。　劳生梦迷藕孔，渺人天、残灯隐几。辽海沉沉，我亦江南孤寄。故国鹃啼，寒宵鹤泪，瘗愁无地。何限意，州门更洒清泪。调寄《石湖仙》。映庵吟掌属题。辛未春，黄孝纾。

陈方恪：无多烟水。尽消取词流，如许佳致。回柂濯沧浪，缅三高、天随近似。骚兰遗恨，忍更会、托根无地。何意。问义熙、几换尘世。　年时听枫胜赏，占壶觞、停云旧里。泪掬西州，漫掷风流谁继。玉笥凄铭，马塍哀吹，恍移宫徵。人海底，摩挲鬓影孤寄。调寄《石湖仙》，应映庵世叔教。方恪。

朱祖谋：断铭鹤蜕。残楮蟫栖，芳卷谁理。头白伤春，词客有灵孤寄。恨墨香沾新箧衍，哀弦心在闲宫徵。旧江南，怕湖山劫换，倚声无地。　好看取、丛残收拾，一样生平，云海愁思。细素连情，中有楚兰闲泪。珠玉故、多临水感，文章何止藏山事。待招魂，小城限，笛声不起。《倦寻芳》。映庵先生以所藏大鹤山人词墨属题，即希正律。孝臧。

程颂万：回飚终古。赚吴苑词仙，商擘吟楮。深念扫花游，掩花关、人天圣处。浮名先老，黯比竹、倦怀秋妒。悭遇。有并时、几家词赋。　山塘昔游欠我，感频番、难追国故。地下修梅，冷够春人凄寤。往夔笙、中实与君词交最密，予与君未一遇也。蓄泪憎杯，剩魂栖树。空留仙语。惊换羽，归飞病鹤谁主。《石湖仙》奉题映庵姻世仁兄社长所藏文叔问舍人手书词册，即希正拍。庚午十二月，子大程颂万。时客海上。

龙榆生：哀弦危柱。只抽茧春蚕，心事如许。天遣一闲身，老江南、兰成解赋。清寒能忍，那惯见、落枫红舞。酸楚。任蒨囊、玷污尘土。　神方未教驻景，便知音、丛残为护。称拂吟笺，省识深灯闻雨。玉轸慵调，铁箫凄谱。黯然怀古。华表语。湖山倦梦谁主。奉题映庵丈所藏大鹤山人手书词卷，即希正律。龙沐勋。

吴湖帆：奉题大鹤山人手书词册。词仙何往。过金马桥边，空有惆怅。文氏屋在金马桥西孝义坊口。基废却情多，送年年春风柳浪。金马桥东即淮张故宫废基也。帘栊依旧，且慢认、石芝重赏。叔问旧居，今归青浦张雄伯丈，其旧额石芝仙堪，为何道州书，去年见于沪上，为孙琼华女史购赠张丈矣。凝想。凭画阑、一饷愁惘。　还有数行剩稿，尽当时、旗亭快唱。讳说相思，按入丝栏魂荡。玉管花飞，碧笺波荡，冷红书幌。闲打桨，南湖共听凄响。映庵世丈词台删正。侄吴湖帆呈草。

周庆云：高门兰锜。早赍恨灵均，看尽兴废。犹自惜余春，染鹃啼、哀音感寄。江上如许，尽换了、侧商清徵。芳悱。对夜繁、锦筝重理。　吴皋旧留憩影，傍枫园、雕红镂翠。叔问旧住吴中，与沤尹所居听枫园相近，两人时相唱和。醉约浮杯，待月崦西春里。映庵词云：石芝仙伴，约共崦西登历。问其时相对，同酌一杯春色。此呈沤尹兼同叔问作。雪爪飞鸿，玉鳞缄鲤。并装华绮。同宝视，生香定满芸纸。仆亦收藏叔问遗迹，未装成册。调寄《石湖仙》，奉题大鹤词册，即希映庵社长拍正。周庆云倚声。

赵尊岳：沧波吴苑。伫芳绪呢喃，梁燕双剪。高致石芝龛，数阑干、琼箫几唤。岩花幽草，早断井、不成春晚。凄惋。胜怨怀、徒倚何限。　天涯绪风横雨，指西崦、携筇去远。瘦碧音疏，梦怯一帘葱蒨。墨藻丝阑，璧桃妆面，素云清浅。消重展，依稀古尘栖简。《石湖仙》。曩者于役吴阊，过樵风别业，巢莺宿燕，故垒依然，而花木零落，泉石颓废，已非当日酬唱之盛，辄为怃然，归来拟作词寄意，牵率未果。昨映庵社长以残墨词卷见视，缅想旧游，益增惆怅，为题此解。庚午岁不尽四日。尊岳。

林葆恒：香尘凝麝。是吴小城东，乘兴亲写。身世阅红桑，想春魂、至今未化。江南垂老，念往事、鹤年谁话。愁惹。算玉田、略足流亚。　灵均十年郢恨，镇伤心、莺娇燕姹。蠹粉零笺，想见交期如画。笛里山阳，绿幺吟罢，泪如铅泻。珍弆也，斓斑应是无价。映庵社长属题所藏大鹤山人手书词册，爰倚《石湖仙》录乙教拍。庚午腊尽，弟林葆恒。

郭则沄：枫香飘断。只弹雨吴笺，铅泪犹泫。花冷石芝崦，怕年来、雕栏又换。浮名身后，问可抵、一生幽怨。凄恋。费故人、剪纸千唤。　江南旧游宛在，听新词、罗裙唱遍。瘦碧沉吟，等是伤春心眼。曩名吾簃曰瘦碧。浪公谓与山人同，易以寒碧。泻恨杯螺，担愁钗燕。梦云都幻。华表远。翛然语鹤天半。映庵词丈属题所藏大鹤山人词札，即希正拍。辛未暮春，蜇云郭则沄。

汪兆镛：人间何事。叹万种清愁，空剩残字。曾听冷红箫，倚高吟、秋声满纸。江南肠断，自占领、雪蓑烟袂。沉醉。梦海桑、早分憔悴。　霜腴故人旧句，展乌丝、香零锦碎。赋恨年年，漫惜江郎才费。屐齿空山，塔铃荒寺。夕阳危涕。追影事、阶前鹤舞犹记。《石湖仙》，白石自度曲，奉题映庵先生藏大鹤山人自写词册。罗浮汪兆镛。

冯煦：名士多相顾，宁能望后尘。病愁凋大雅，懒散酿长贫。丰镐此遗老，庄骚有替人。感君怀旧意，一读一凄神。乙丑小寒，题剑丞学兄藏叔问同年诗词遗册，即似正句。八十三叟冯煦。

潘飞声：鸾笺鱼信。写千古词人，情意都尽。湖海识姜张，似鸥夷、翩然远引。浮名安在、拼换了、燕钗蝉鬓。休问。看酒边、几辈红粉。　金台旧曾并马，为赏秋、江亭斗韵。漫说封侯，早料白头无分。竹院茶香，石阑花近，与谁传恨。吟未忍，数行翠墨犹润。庚午腊月六日，柳园燕集，映庵社长出观大鹤舍人诗词真迹册，太息旧游，为填《石湖仙》调请正。小弟潘飞声年七十又三。

袁思亮：开帙迸哀泪，坠欢余此痕。凭将数行字，欲起九原魂。鬼岂论新故，名犹示子孙。交情君可见，风谊薄先敦。映厂吾兄出示所辑亡友手札册子，半为余所素识者，黯然成咏，即题其后。

余肇康：郑叔问舍人，渊博儒雅，辄从侪辈许，见所为诗、古文辞、书画，叹其无所不工，几合蒋心余、张船山为一人，心向往者有年。戊午来海上，见康长素为作墓铭，始知已前卒矣，深以不得一见为憾。张君慕君文誉藉甚，与有旧，出其手札一册属题，浏览一周，率多家人语，训词深厚，皆从性情中流出，而自饶风趣，不落文人纤薄习。间缀小诗，亦疏宕有韦孟风，知所蕴负者深矣。为弁简端，归之以证神交。右壬戌长至题张慕君茂才所藏大鹤山人手札。越四年，乙丑秋九月，映庵吾仲世先生出示此册，皆前册所未有，松风大调，寒香泠然，非今人所能弹也。病卧支离，一辞莫赞，勉录前跋，以谂吾映庵。甚矣吾衰，书此惘惘。倦知老人长沙余肇康，时年七十有二，同客申江。

谭泽闿：家世称三绝，江湖一老身。词名继周柳，古癖似金陈。壮岁能高蹈，长愁不厌贫。旁通多艺事，末技亦传人。○奕奕名门贵，英英清庙材。缁尘谢京国，烟景恋苏台。畸絜宜无命，飘零亦仗才。不堪垂老日，重有黍离哀。○晚岁春申浦，栖迟卖药翁。孤吟空自赏，尊酒记曾同。一展陈遵帖，凄然乞米风。多君故人谊，珍重惜残丛。旧为人题文大鹤简札册诗，顷映厂先生出示此集，因录奉教。乙丑处暑，弟泽闿记。（以上诗词均见《夏剑丞友朋书札》）

冒广生《为戴亮吉题郑叔问词卷》：六十多年旧梦温，吉光片羽宝壶园。微

云女婿今垂老，失喜中郎有外孙。（《小三吾亭诗》，《水绘集·冒鹤亭晚年诗稿》，第12页）

中华民国九年（一九二〇）　去世后二年。

苏州交通图书馆汇刻文焯著作十种，成《大鹤山房全书》。

　　　　按：《大鹤山房全书》包括《扬雄说故》一卷，《高丽好太王碑释文纂考》一卷，《医故》二卷，《词源斠律》二卷，《冷红词》四卷，《樵风乐府》九卷，《比竹余音》四卷，《苕雅余集》一卷，《绝妙好词校录》一卷。附《瘦碧词》一卷。

中华民国十二年（一九二三）　去世后五年

苏州振新书社刻王闿运、朱祖谋选定诗作成《大鹤山人诗集》，婿戴正诚作跋。

　　戴正诚跋：壬戌春，正诚与上海修改关税之役，絜眷南下，寄居吴县妇家。检点外舅小坡先生书箧，得其手写所著书目一纸。曰《瘦碧词》二卷、《冷红词》四卷、《比竹余音》四卷、《樵风乐府》九卷、《苕雅余集》一卷、《高丽永乐好太王碑释文纂考》一卷、《词源斠律》二卷、《绝妙好词校录》一卷、《医诂》上下篇、《南献遗征》、《说文引群说故》二十七卷、《宋本广韵订》五卷、《经义甄微》、《墨经古微》上下篇、《墨子故》十五篇、《石芝西堪读汉魏六朝碑记》附《石师书人考略》、《八代碑骈类纂》、《南碑征存录》、《寰宇访碑录续补遗》附《赵录订误》、《说文转注旧执》、《缪篆旨要》、《独字通训》、《草隶辨》、《乐记考原》、《燕乐音吕辨》、《古今乐律字谱管色举例》、《校乐章集宋本》、《词谱入声律订》、《词韵谐》、《白石歌曲编年录》附《补调订讹》一卷、《校周清真词集》附《录后》一卷、《大鹤山房诗草》附文集、《竹醉寮印话》、《说瓷》附《古葬制粮罂考》、《泰西格致古学类微》、《石芝西堪杂俎》、《南潜野史》、《原佛》、《鹤翁野言》四卷、《异撰》四卷，以上计四十目。按，《瘦碧词》以下十目皆先后刊行，《说文引群说故》二十七卷，已刊《扬雄说故》一卷，《宋本广韵订》五卷，已刻上平声一卷，此外未闻锓梓。初谓稿本必存，遍搜遗箧，仅获《大鹤山房诗稿》钞本七册，余均无睹。询其家人，咸茫然莫知。窃思先生博通淹雅，世皆知其长于倚声，其实经义、诗、古文辞、六书训诂、医经、乐律、金石、书画无不精诣，徒以《瘦碧》《冷红》诸词刊行较早，南北风行，遂仅仅以词人著称，若所著各书悉能刊行，其中精义妙解、鸿篇钜制足以饷遗学子者宁有涯涘？乃殁未数稔而遗稿散佚，使终仅以词人名世，是固先生之不幸抑学术之不幸也。正诚既获诗草，守缺抱残，何敢自秘，爰携至沪，请归安朱古微世丈为之甄选，其前经王湘绮先生加墨评定者悉仍其旧，今又增出若干首，凡得二百余首，谨分薄俸，急付剞劂，俾广传布。李梅庵先生尝谓先生诗古体清发骏逸，鲍谢之流也,近体隐秀皆唐格,不过平生诗名为词所掩耳。吾知此稿杀青,他日必与《瘦碧》《冷红》诸词并垂不朽,书此盖以志幸也。戴正诚谨识。(《大鹤山人诗集》)

中华民国十六年(一九二七)　去世后九年

九月,《文字同盟》第七、第八号附刊桥川时雄整理校补之《陶集郑批录》。

《陶集郑批录序》:予夙有爱陶之癖,诵其吟章,慕其风徽者,匪伊朝夕矣。庚申之秋,游观其故里,田篱芜秽,风月依然,抚醉石以狂歌,攀面阳而起肃。百年浮生,亦复未易多得也。夫既私淑之矣,靡所发明,更谁知其梗概哉。乃慨然搦管,抟志著述,以发其幽光,广其徽响。字斟句酌,浅唱低吟。陶集注版,凡四十余种,凡所闻见,罔不搜罗。有大鹤山人手批陶集,前年偶得于厂肆者,其文字不多,比之笺注诸本,颇为精核。予之西来,大鹤已归道山,展转迁延,卒归予手,岂非天乎?予既辑其传,释其诗,凡若干卷,间插图画,以雅观瞻。乃遭震火,付之焚如,追忆增修,俟诸来日。唯大鹤手批,乃宇内之拱璧,亦靖节之功臣,用特略加校补,排印成册,以示同好。噫嘻,缅维高士,流览遗文,钦迟瞻企,曷其有极。丁卯秋八月,桥川时雄敬志于燕都采菊书屋中。

　　按:桥川时雄(1894—1982),字子雍,号醉轩、晓夫。笔名醉轩幽人、采菊诗屋主人、待晓庐主人等。日本福井人。1918年来华,任《顺天时报》记者,并成为北京大学听讲生。1927年创办并主编《文字同盟》杂志,活跃于中国学术界。汉学家。从事屈原、陶渊明、《红楼梦》等研究。

戴正诚应桥川时雄之邀为文焯撰写年谱。此谱后发表于《青鹤》第一卷第五期至十九期(1933年1—8月)。

日本桥川醉轩君研精汉籍,平素于先生颇深景仰,尝得先生手注陶文毅澍撰陶集本,极为珍秘,近复略加校补,排印成册,以示同好。日者持里人曹纕衡经沆君介书来,道欲为先生编辑年谱,求为助力。余曰:嘻,此小子之责也。忆壬戌年得先生手写所著书目凡三十九种,其已刊行者只十四种。检其遗箧,仅得诗稿,即为付梓。迩来苦心搜索遗稿,又获数种,但散佚尚多,中心阙然。年谱之作,是余夙愿,今得桥川君言,益坚余志,爰就历年搜辑之零缣寸楮,与闻于亲友口述者,并参稽词集中之事迹有年月可考者,略为纂辑。幸先生故交旧戚,犹多健在,睹兹编所载,如有疏谬,尚有就正之机。世乱方殷,来日大难,不知所极,哲人坠绪,敢不亟谋传布乎?丁卯仲冬,正诚谨书叔问先生年谱后。

　　按:戴正诚所记文字,《青鹤》杂志、《同声月刊》及铅印本时有不同,此据铅印本《郑叔问先生年谱》。

中华民国十七年（一九二八）　去世后十年

《文字同盟》社发行《文字同盟》第十二号"郑文焯"专号。

桥川时雄《叙》：吾人于丁卯岁阳历四月，创设《文字同盟》社于北京，自后每月出刊中日文合璧之杂志《文字同盟》。……闻诸孙师郑翁曰："陶句云'倾生赢一饱'，余颇悲其语。近十年来，不得一饱，而窘饿以死者，不可胜计。若高密郑叔问、山阴魏匏公、杭州吴伯宛，其尤著也。"吾人亦于翁之斯语，颇深感动。盖同情所激，不期而然。岂曰自况先哲之为哉？顷阅《大鹤山人诗集》，见其《有会而作》之序云"冬十月，将就食上谷，不果，岁云夕矣，慨然咏怀。穷谷日短，孤檐雪深，余书插架，宿酒盈尊，命觞独酌，顾而乐之"。岁暮萧索，穷儒寒士之状，大抵如此，则终死于呻吟苦痛中，亦意中事耳。今也适逢吾社创造伊始以来第一年之岁暮，第十二号之《文字同盟》亦行将刊行。瞻望未来，虽有黎明之象，然怆怀既往，经营痛苦，拙生失方，实未尝不与彼穷窘先哲岁暮狂歌之意同其感恻。乃慨然搁管，草成《大鹤山人郑文焯传》，以实是期，披露其遗藻于同好之士云。大鹤山人郑文焯，字俊臣，号小坡，又号叔问。幼即倜傥见志节，为文有奇气。工作画。其所为词，雄厚隽秀，时流无与抗手者。为人闳识绝学，及其暮年，孤愤遗世，憔悴贫苦，无以自存。民国七年戊午二月二十六日，竟卒于苏。既逾十载，世易时移，其风徽学藻，谈者渐鲜，岂其立言无可传者欤？特战争频年，时局俶扰，人多无暇顾及之耳。忆余初来燕时，在戊午春，始知搜寻中籍，而先于厂肆购得者，实为山人手批陶集。其时距山人捐馆未数月，书迹犹新，若见其人。予谨什袭藏之，不异拱璧焉。嗣在程先生白葭书室，览其遗墨，闻其遗事，弥深钦仰。余之于山人，虽不幸无问字之缘，盖亦有所冥契欤？近得知于山人婿戴先生亮集，又多观其遗著，传闻事迹，益加详尽。其后先生又辑山人年谱见示，山人言行，尤粲然大备。余之撰此专著，既据此年谱者居多，而先生亦殷殷指助不倦，洵可感也。然此著所叙，仅及山人平生遭历与其著书梗概而止。至于其学术、吟咏、绘画诸端，今兹不易率尔论列。纂布之事，当俟诸它日耳。醉轩潜夫桥川时雄记于燕都待晓庐。

　　按：《文字同盟》"郑文焯专号"包括郑文焯之"传"、"著书"、"遗诗（大鹤山人未刻诗稿）"三部分，间插文焯遗像、画作、散佚诗作等。桥川时雄《叙》中所言在"程先生白葭书室"所览"遗墨"即文焯致程淯书札，后程淯将其辑录，以《鹤语——大鹤山人郑文焯手札》之名刊于《文字同盟》第四年（1930）第一号、第二号、第三号。

中华民国三十年(一九四一)　去世后二十三年

二月,杨庶堪为戴正诚著《郑叔问先生年谱》题跋。

　　杨庶堪跋:欧美文学家小传辄首列生者年历,吾国史传于此反多阙略,意甚恨之。然如《史记·孔子世家》纪年之详,乃非欧美所能望见。至唐宋来,年谱之作则又加详尽,自幼至老,讫于殁世。其人治学之方与其著作原流纤悉必书,系以年月,洵闳制也。然唯硕学懿文始足为之,不则贤子孙与良师友俱其人湮灭,亦偶有谱牒其大较也。门人戴亮吉君编其外舅郑叔问先生年谱,先生博学多通,而尤精于词,世以比宋之美成、白石、梦窗,赵香宋亦云,知非溢美之言也。闻先生有遗笺与朱彊村论词,尤明词韵,其造诣之深与切磋之雅,均足见之。佳制流传非偶然也。清季词人,大鹤信足名家。亮吉此作非仅笃其戚谊之私,实欲以供研悦先生词学者论世知人之一助,盖要则也。余不甚能为词,然于名作辄喜诵之。先生词固自可诵。谱成益有以见其平生,知其词之非苟作也。因书以归之。卅年二月杨庶堪。(《郑叔问先生年谱》)

　　　　按:杨庶堪(1881—1942),字沧白,晚号邠斋。四川巴县(今重庆)人。追随孙中山投身民主革命,先后任四川省省长、中国国民党财政部长、广东省省长、北京政府司法总长等职,晚年拒绝汪伪政权利诱。著有《天隐阁诗录》《沧白诗抄》等,今人编有《杨庶堪集》。

三月、四月、五月,《同声月刊》第五、六、七号发表《大鹤山房未刊词》。

　　　　按:《大鹤山房未刊词》由龙榆生倩人辑录,共计七十二阕,除《祭天神》(枕乱流西塞山前路)来自稿本《苕华诗余》外,其余全部来自稿本《樵风乐府》。

九月九日,赵熙为戴正诚刊《郑叔问先生年谱》铅印本题签并题跋。

　　赵熙跋:清郑叔问先生,宋之美成、白石、梦窗也。白石知乐,与先生同,先生通许学,明医,善书画,不知美成、梦窗同不同也。先生与朱彊村侍郎玉声号齐名,词家好奇嗜琐,先生与侍郎独深经部史部,晚同治柳词,盖南北宋诸家所能,先生与侍郎无不能也。戴君者,先生女夫也,编先生《年谱》,详而不蔓,通人以为知要,或于山抹微云有春华秋实之判耶!庚辰九日,赵熙题。(《郑叔问先生年谱》)

龙榆生主编《同声月刊》第一卷第十一号刊出《郑叔问先生年谱》,至第二卷第四号刊毕。

　　龙榆生识语:叔问先生,以兰锜贵胄,绝意进取,佐幕江南,乐吴门山水之胜,卜筑于吴小城旧址,以金石、书画自娱。极意填词,兼精音律。所著《大鹤山房全书》,版行已久。晚近词家之当行出色者,盖未能或之先也。身后萧条,遗书散尽,其婿戴亮吉君,曾为编次年谱,揭载于上海出版之《青鹤》杂志,未数期即中断,谭近代词坛雅故者,引为大憾焉。友人东莞张次溪江裁先生,顷出戴君原稿见示,谓于乱后得之金陵书肆者。戴君原任财政部科长,与予亦素稔,此殆于戎马仓皇中不及携去,遂致散落。幸全帙完好,开卷如见故人,然非次溪之留心文物,而又喜扬人之善,其不为市井中人拉杂摧烧之者几希。予既请于次溪,录副以载本刊,并附纪因缘如此。中华民国三十年十一月一日。万载龙沐勋谨识。

附录　谱主传记资料

先考小坡府君行述

郑复培

敬启者：去春先严弃养，复培昏瞀无知，备荷关垂，感深衔结。兹以先严一生言行，遁世久阒，复培不才，显扬无自，缅维先德，惧弗克彰，谨以行述一篇，邮呈海正。纪言纪事，愧涉粗疏，拟求当世名儒硕彦宠锡鸿文，编刊言行录，以光家乘。凤钦长者文坛山斗，一字之褒，荣于华衮，用敢肃简诚求，伏乞椽笔淋漓，早加濡染，感且不朽。肃此。敬颂撰安！

郑制复培稽首

府君讳文焯，字小坡，号叔问，先代自汉世居高密县通德里，以十世祖讳国安，为关东海岛镇守，协镇从龙入关，赐隶汉军正白旗下。咸丰七年，先王父兰坡公抚豫，生先府君于大梁节署。次年春，先王父改任陕西，时先府君正在襁褓，随先王母周太夫人及诸伯姑同之长安。同治元年，先府君甫入塾读书，先王父以回匪猖乱，罢官回京，行至山西蒲州府，以道路梗塞，寄居旅舍。次年聘顾晓帆先生设帐课读，先府君每授课，文字即能颖悟，且劬学善问，异于诸伯叔，先王父深爱之。十余龄即倜傥见志节，为文奇杰，课余且喜作绘事。同治壬申年十五，遭先王母周太夫人丧，哀毁欲绝，绝食累日。光绪纪元乙亥，中试恩科举人，益工学业。丙子夏五，先王父陈臬山右，惟时诸伯叔以乡试留京，独先府君偕幼弟侍奉之任。是年冬，先王父权藩篆，值晋豫饥馑，筹振筹饷，日夜忧劳，致患中风之症。先府君侍进汤药，日夜不稍懈，所患微愈。先府君以丁丑赴春闱，未售，于冬月迎娶先母张恭人于京邸。戊寅春，先王父以病告归，行至平定州逝世，先府君闻讣，哭不成声，咯血升余，经诸亲友劝慰，奔丧途次，扶柩回京。己卯春，奉安先王父于先茔。以家贫，诸先伯先后出京，谋食四方。是年冬，吴公元炳方抚苏，闻先府君名，浼李公鸿藻、毛公昶熙聘至幕府。庚寅春，挈先恭人来苏，每遇兴革大政，多所赞画。服阕后，以壬辰、癸未、丙戌、己丑屡赴春闱，而数奇屡踬，有劝以大挑分发者，辄曰：朝政日非，大僚多属骄纵，县令为亲民之官，肆应稍有不周，便遭呵斥之辱。然年益进，而文益工，复以丙戌春试留。先恭人于苏寓乃访得生母方恭人襄助家政，阅二年，戊子生茂韶家姊，再阅二年庚寅生不孝，以是先府君于心大慰。迨吴公交卸抚篆，迄于辛亥改革，苏前后抚军十有余任，相继延聘，司理奏牍及重要文件。乙未、戊戌再赴春闱，均未得售。且值秋间政变，亲贵揽权，政以贿成，遂决计弃仕进，仍回吴下卜居孝义坊，以束脩之余，筑室以避世。每值春季，必驾扁舟往邓尉观梅，勾留数日始归，并于公暇与王君幼霞、易公实甫、朱公古微诸君唱和以词，以自娱。时贤为刻《冷红》《瘦碧》《比竹余音》《苕雅余集》等卷。晚年尤精医理，著有《医诂》上下卷，刊行传世。辛亥秋，为不孝娶徐氏女为室，未几民军起义，乃辞呈抚军之聘，退居闭门不闻时事。然骤赋闲，居贫至不能举火，偶适兴至作书作画，酌取润资，以易薪米。京师大学及清史馆屡征，均不肯就。丁巳冬月，先恭人以疾逝世，先府君追念先恭人持家四十年，静摄整肃，条理秩秩，并抚不孝等以成人，哀悼过情，精神异于常度。每与南海康公纵论时局，辄浩叹不已，而眠食无异常日。不孝等方冀长承教养，以遂先志，讵知神明潜耗，贫病交侵。戊午二月二十二日，早起忽痰涌舌蹇，汗流不止。急访延名医诊视，咸谓精力耗尽，恐汗不止而成脱症。不孝大恸，先府君诧呼不孝至前，谕曰："吾病恐不能起，今而后汝须恪遵祖训，勿替家声。嗣后事无巨细，须禀承尔生母示谕，尔姊姻事须慎择婿，尔叔远在山右，不及遽至，诸事惟托南海康公处置，一切务从俭薄。"旋索笔作书，迨奉笔至腕，力不胜，不能成字，乃搁笔瞑目，痰益上涌，不孝承命哀号，椎心几殆。至二十四日，气益急，医均束手，汗仍不止，不孝无计，乃割股以进，迄无效果。延至二十六日丑时，竟弃不孝等而长逝矣，呜呼痛哉！不孝侍奉无状，未竭格天之诚，罹此鞠凶。幸蒙康公脱骖相助，经营丧葬，乃卜地于邓尉山中，于是年十月朔乙卯，越十日甲子与先妣张恭人合葬以承素志。惟先府君弥留之际，尚拳拳垂训，恐辱祖德，而不孝之侍奉先君，晨昏疏略，德行湮而未彰，是不孝之不忍言，言之肝肠摧裂，和泪泚笔，不知所云。不孝郑复培谨述。愚弟朱祖谋填讳。

清词人郑大鹤先生墓表

康有为

　　高密郑文焯叔问，善为词，沉丽幽婧，哀感顽艳。其辨音律，研分刌，扣宫协角，皆中经首之会，凡唐宋以来词部及金石，遍批细字，精别毫发。盖君生于京师，长于豪华，少从其父河南巡抚瑛棨宦游南北，冠而中光绪乙亥举人，官内阁中书，遍交当代耆旧贵要、名士通人。博文学，妙才华，好训诂考据，尤长金石、书画、医学，旁沉酖声色、饮馔、古器以自娱，而感激于国事，超澹于荣利。及戊戌政变，感愤弃官，游吴而家焉。先后巡抚十九人，慕其才名，延赞幕府，君乃徜祥湖山，著书作歌词以老于吴下。已而辛亥国变，君幽忧哀愤，西台痛哭，尽托于词。行医卖画以为食，常郁郁不乐，对于平日所赏藏之书画骨董，亦不复爱惜而弃之，盖生气尽矣。丁巳之腊，以其孺人张氏之丧，来沪谢，且慰予复辟之难。吾留饮酒，乃曰："今京师大学以金石、医二教习聘予，月俸金五百，鬻书行医，计月可千余金，供吾搜金石书画，足雍容娱老矣。若辞聘，吴中请吾医与画者寡，行将饿死。进退维谷，君其为我决之。"答之曰："兹非吾所能及也，如人饮水，冷暖自知。兹非吾所能及也。"戊午正月，君以书来曰："大学之聘已却之，昔者清史馆之聘，忍饿而不就，岂至今而复改节哉？"越二月廿五日，君遂病卒，寿六十三岁。十月，葬于邓尉梅花中，从君志也。卒前一日弥留，属其子复培以后事托康有为，康有为乃纪其丧，问所藏书画古董，则鬻尽。嗟乎，君若不死，再见首阳之饿夫矣。呜呼！世慕渊明若天人，君才节何让焉？今举国人弃君亲以争利，一切廉耻不顾而同归于尽，视君何如哉？其女茂韶才，书法似君，请铭其墓，乃为写铭曰：石芝龛，梦大鹤。超荣观，老文学。词馨烈，哀故国。饿将薇，穷卖药。此靖节，亦贞白。死士垄，长岳岳。

高密郑叔问先生别传

孙雄

郑君文焯字俊臣，号小坡，又号叔问，晚年自署大鹤山人。先世居汉北海郡高密县通德里，为郑康成之裔。九世祖国安于清初镇守关东海岛，从龙有功，编入正黄旗汉军籍。至君应光绪丙子会试，请冠本姓，遂姓郑氏。曾祖鹤年，祖普安，本生祖普明。考瑛棨官至河南巡抚兼署河南、山东河道总督，世称兰坡先生，先生入宦秦、晋、豫数省，惠政及民，以余事为诗，书画神趣天然，均极笔墨之妙，有"郑虔三绝"之称。君濡染家学，天资卓绝，幼即倜傥见志节，为文有奇气，课余喜作绘事。兰坡先生富收藏，君于六岁时见壁悬画轴，即知临摹。舞勺之年，辄以指作画，凡花鸟山水人物，着手立就。光绪乙亥应顺天乡试，中式举人，出崇文贞、毛文达诸公之门，房考则今太傅陈弢庵先生也。会试屡荐不售，遂绝意进取。爱吴中山水幽胜，客居三十余年，历为抚吴使者上客，事必咨而后行。光宣之交，陈伯平中丞启泰尤相推重，每有酬唱，倾倒弥日。尝与张次珊侍御仲炘曰："叔问所为词雄厚之气直逼清真，时流无与抗手，此由诣力心思都高人一等也。"中丞在苏创建存古学堂，按月校艺，延君为都讲大师，第其高下，硕彦通材，咸来捧手受业，君亦循循善诱，乐与有成。辛亥国变，君年五十有六，怆怀身世，自比渊明，孤愤满腔，悉于词发之。因以"苕雅"名其集，藉寓不如无生之感。

朱古微侍郎尝为刊《苕雅余集》，且作弁言，语极沉痛，足以传君矣。其辞曰：君以独行之志，胥疏江湖，固墨墨以词自晦者，至是而仅仅以词显欤？惟其名益高，其志益苦，其诣益进，而其遇益穷，岂词果不详之音，而于穷者尤验耶？抑昔人所谓昌其身不若昌其文邪？夫士生晚近，负闳识绝学，久孤于世，无所放其意，则托诸微言，懽然事物之所感触。于是缱绻恻怛，以喻其致，幽噎凄戾，以形于声，横歌哭而变风谣，作者诚不自知其何心。至乃天宇崩析，彝教沦胥，窜赢行之躯，被佯狂之发，茫茫惨黩，哀断无生。向所为长言嗟叹之不足者，曾不得一咏摇焉？然则斯文之将坠于天，其以词为人籁，而天者动于几之先欤？君生于咸丰六年丙辰七月二十八日，卒于共和七年戊午夏正二月二十六日，年六十有三。夫人张氏字眉君，热河正总管毓泰长女，才茂德懿，工绘事，善鼓琴，静好相庄，终身无间，先君一月卒。子一复培。女一茂韶，适江北戴正诚。孙二汝铭、汝鉴。君于国变后，以越人术及鬻画自给，清史馆聘为纂修，北京大学校校长某君聘为金石学教授主任，君均忍饥不就，辞谢笺启，传诵艺林。有云：故国野遗，蒿目世变，久甘颓放，何意皋比，业医卖画，老而食贫，固其素也。所著书甚富，自写定书目，凡三十九种，生前已刊者有《大鹤山房全集》，凡九种，曰：《扬雄说故》一卷，《高丽永乐好太王碑释文纂考》一卷，曰《医故》二卷，曰《词原校律》二卷，曰《冷红词》四卷，曰《樵风乐府》九卷，曰《比竹余音》四卷，曰《苕雅余集》一卷，曰《绝妙好词校释》一卷。至诗稿若干卷，则君易箦后，戴君正诚检其遗箧，校定付刊者也。戴君尚欲搜辑轶稿，尽刻之，又为君编次年谱若干卷。

旧史氏孙雄曰：光绪庚寅、辛卯间，余往吴门谒俞曲园、陆云孙两师，尝于琴歌酒赋间，亲君言论丰采。甲午仲夏，余与张子馥同年祥龄同入词馆，子馥君之挚友也，忆于宣南旅舍，篝灯话雨三复，君与子馥酬唱诗词，辄为神往。自时厥后，余以南人而久羁燕赵，君以北人而久客勾吴，踪迹遂不得合并。信乎友朋离合，聚散之缘，亦有数焉。今俞、陆两师与子馥同年墓草均久宿矣。比岁浮沉人海，与君之女夫戴君正诚字亮集者，联吟结社。因得读《大鹤山房全集》及题《冷红簃填词图卷》。亮集辑君年谱，既脱稿，又嘱余点定，且乞弁言。枨触前尘，感怆身世，不觉百端之交集矣。君于晚岁鬻画行医，时时往还于苏沪间，劳劳于渊明所谓倾身营一饱者，后卒憔悴以死，良可悯叹。然君文章风谊卓然，独有千秋，黍离芃楚之泪时时流溢于楮墨间，固已合于古人立言不朽之旨。盖其囊括经典，删裁繁芜，允足步武康成，而井中心史，俟知己于百世，亦堪媲美所南而无愧也。君多才多艺，凡训诂、考据、词章之学以及音吕、医经、气纬诸秘籍，与夫金石、书画、鉴赏，无一不精。兹均不论，论其志行及忠愤之寄于文词者，次为别传，以答亮集之雅命，且即以为年谱之序云。

大鹤山人传

金天羽

　　山人讳文焯，字叔问，小坡其号也。世籍高密，为康成裔，至明、清交，以从龙入关，编正黄旗汉军籍，而山人之父瑛棨，巡抚河南。山人以光绪乙亥中式举人，应春官试，始请冠本姓曰郑。少而从宦南北，精习艺事；长而服官中书，凡当世鸿生巨年，通才佳侠，倾盖接席，咸惊叹以为国士。先尝梦游石芝崦，见素鹤栖于云窟，迹之而见向在西湖梦中所得之句，悬诸石室，因自署大鹤山人，志凤果焉。山人荫席勋阶，膏沐图史，姿致轶俗，行能卓伍，赅涉而能精，通方而多才，年登弱冠，声誉流闻。

　　既遭巡抚公之丧，江苏抚军吴元炳以聘币邀入幕府，遂乃卜居吴会，入掌书翰。出则挐舟理屐于支硎、邓尉之间，觞咏歌啸，辨音析律。盖山人凤善乐府，又得浦城琴师祝凤喈弟子李廷璧之传，思心杳渺，契灵乐祖，弦数管色，独具神旨，而小试其识断于宋张炎《词源》，为之校律，自为《叙》曰："《周礼》教乐，先之以六诗，弦诵者古学子之颛业也。其后《诗》亡而乐亦亡，雅乐传至汉左延年时惟《鹿鸣》一篇，《小雅》首《鹿鸣》，燕礼工者歌于堂上，燕乐之称，所由昉也。至晋而《鹿鸣》无传，梁武帝作十二雅，郊祀与燕飨合奏，人鬼杂施，而乐纪大坠。隋用龟兹胡伎，郑译以意别雅、俗二部。唐以先王之乐为雅乐，合胡部者为燕乐，而名用稍分。自宋而元，迄不知燕乐之原于雅矣。顾汉世燕群臣，用黄门鼓吹，知当时虽缘饰雅乐，已不能被之管弦，而刘歆、京房辈，益执管寸之数，以求无声之乐，未由见诸施行，郑樵所谓乐失于汉者，其此乎！世儒不察，动欲假治历候气之说，累黍吹葭，冥索律本，至以近世管制参差其孔，穷推声数，不知今笛尚不能应燕乐七宫，而谓古乐可复，亦颠矣哉！夫器数变，古人声在今乐府之遗，风雅攸讬，汉魏之歌谣，隋唐之长短句，南北宋之词，皆能兴于微言，以相风动，可诵可弦，其始盖出入变风、小雅之间，而流滥于燕乐。自元曲盛行而燕乐一变，声音之道寝衰。故燕乐亡，而议者率求之虚数虚器，太常有设，而不作者矣。国朝凌次仲著《燕乐考原》，论列二十八调，博据精解，自谓颇取证于《词源》，视近今历算家之言，有裨实用。但凌氏以燕乐出于苏祗婆琵琶，谓四弦适当宫、商、角、羽四韵，而丝度不能尽合，且于乐色亦略焉。余维诸史乐志，著者多非其人，又失载图谱，语虽详而择不精。今《词源》所录，于燕乐条理，多所考见，足与史志相发明，间尝稽撰，以申凌氏之说，剟其繁复，而演赞其未备，能者从之审声知音，将由燕乐而进于雅，歌词而达于声诗，咸于是编导其源，庶后之览者,无敢等诸方伎,而自外于弦诵之士也。"

　　夫山人于乐律之外,兼长许氏书,及金石、书画、医方、经籍、版本、古器,要其尤精至者厥为倚声,同时与山人并为词者王佑遐、朱孝臧,皆含宫咀徵,矜高地望,顾于山人类,颠倒折节,以为庶几白石、玉田之嗣音焉。而汉寿易中实叙山人词,以为追撣两宋,精辨七始,抉微睐奥,梳节披奏,听于无声,眇忽成律,使乐官比响,不异于咏歌;文士摛华,靡涪于弦笛。审律如此,其力足以破造物之所靳,其才足以兴举世之所废矣。山人居吴下垂四十年,抚吴使者十九人,咸礼聘为上客。朝市既改,郁伊悲愤,一寓于词。先后却清史馆、京师大学堂之聘,忍饥弦诵,声满大泽,行医作画,赡生无敹。洎其殁,而平生金石文字之友南海康有为来吊,乃捆载其精校之书籍及骨董数事以去,为文表墓,微致嘲讽。越十年,康氏殂,诸所豪攫,等于财贿,流入厂肆,触手以尽。山人生咸丰六年丙辰七月,卒民国七年戊午夏正二月,春秋六十有三。葬邓尉梅花林。配张宜人,有才德。女茂韶。子复培。孙汝铭、汝鉴。山人所著书,详年谱,不备录。

　　赞曰:辛亥之秋,余以江乡大水,赁庑于苏,去山人之居,半里而弱,每过吴小城之旁通德之里,未尝一投刺焉。知山人方抱宗社之痛,虑论及当世事,触发其胸怀,而滋之戚也。而今山人之婿戴君亮吉,始以手编之年谱示余,余亦时时见山人所跋之金石及丹青书札,匪徒叹艺事之精,而峻节高致,隐隐出于毫楮之间。《诗》曰"自古在昔,先民有作",盖不胜低徊诵叹之情。

大鹤山人郑文焯传

桥川时雄

一

　　先生姓郑氏,名文焯,字俊臣,号小坡,又号叔问,别号瘦碧,亦号大鹤山人,正白旗汉军人。叶郋园《大鹤山房全书序》云:性爱鹤,尝蓄一鹤,见客则鼓翼,舞迎阶下,因自号大鹤山人。咸丰六年丙辰七月二十八日,生于大梁节署,因名豫格,时先生父兰坡公,适官河南巡抚也。先生祖籍汉北海郡高密县通德里,为郑康成之裔,其九世祖国安于清初编入正白旗汉军籍,至先生应会试,请冠本姓入试,遂复姓郑氏。

　　九世祖国安,八世祖思民,七世祖琏,六世祖从义,五世祖禅宝,高祖成德,曾祖鹤年,祖普安,本生祖普明。考瑛棨,原名瑛桂,字兰坡,道咸间,擢为河南布政使,累迁河南巡抚,兼署河南山东河道总督,以事革职,寻补山西按察使卒。郑氏世代簪缨,及兰坡公,名尤显著。以从政之暇,治诗书画,神趣天然,颇极笔墨之妙。神趣二语,俞曲园评语,见曲园题兰坡画文。又金石书收藏甚富。先生学藻,盖渊源有自矣。

先生五岁咸丰十年庚申随兰坡公调任陕西巡按，移居长安。同治元年壬戌先生七岁兰坡公以回匪猖獗，罢官回京，行次山西蒲州府。时道路梗塞，全家即侨居于此。同治五年丙寅先生十一岁，兰坡公复挈眷由蒲州府，迁居河南彰德府。同治八年己巳先生十四岁始由彰德府迁回通州新城北后街本宅，兰坡公旋被引见赏给头等侍卫衔，授科布多参赞大臣，以道远不克携眷，单身赴任。翌年先生母周恭人卒，先生哀毁逾恒，绝食累日，兰坡公亦以是岁辞官归。

同治十三年甲戌，兰坡公挈眷由通州迁居北京锣鼓巷后圆恩寺，新置家宅，时先生已十九岁矣。

二

先生天资卓绝，幼即倜傥见志节，濡染家学，为文有奇气，课余尤喜作绘事。兰坡公本富收藏，先生于六岁时，见壁悬画幅，即捉笔临摹。舞勺之年，辄以指头代笔，凡花鸟山水人物，着手立就。兰坡先生亦善丹青，至是酬应诸作，多命先生代笔。

光绪元年乙亥，先生二十岁，是秋应顺天乡试，中式第二百六十六名举人，保和殿覆试钦定一等第十三名，座主为徐荫轩相国桐，殷谱经尚书寿，崇文贞公绮，毛文达公昶熙，房师则陈弢庵宝琛。是科同榜者得三殿撰，一曹鸿勋竹铭，一黄思永慎之，一陈冕灌荪，皆与先生至契。其他同年如易实甫顺鼎，张次珊仲炘，况夔笙周仪，王梦湘以慜，顾渔磵璜诸公，亦生平文字之交。光绪三年丁丑先生二十二岁，应会试，荐卷不售，仍留京师。是年娶张宜人，宜人字眉君，热河正总管秀峰毓泰之长女，才茂德懿。工绘事，善琴操，先生诗云"琴生却喜问妻知"，盖实录也。

兰坡公从政多劳，光绪二年丙子，值晋豫饥馑，尤筹赈甚力，竟患风症。四年戊寅春，以病告归，行至平定州逝世。先生闻讣，哭不成声，匆卒奔丧。时山西巡抚曾忠襄公国荃奏陈兰坡公政绩，请许灵柩入京治丧，特旨报可。次年春，葬于京西门头沟大裕村。兰坡公在官三十年，去官十五年，淡于荣利，初未尝计及儿孙，没后赤贫如洗，先生昆季乃皆有谋食四方之志。是秋先生兄幼兰文焕赴吉林铭鼎全安之聘。冬十月，先生将就食上谷，未果。岁暮萧瑟，慨然咏怀，举觞悲歌，至可伤夫。

寄家兄幼兰《大鹤山人诗集》卷上

昨夜梦见君，君言离别苦，今日见君书，字字刮肺腑。书中却似梦中语，触我愁思无头绪。万滩岛，三岔河，孤鸿哀咽飞难过。为避故山矰缴多，塞北风霜愁奈何。君既劳劳万里别，我亦一身如败叶。家有破砚不能食，羞读颜公乞米帖。冷斋兀坐常忍饥，烟塞灶，炊欲绝。君独念我彻骨寒，书来问讯愁心肝。但愿一月书一至,相思不隔关山难。书不尽言苦急就,更赋新诗达左右。东坡近状复何如,为道子由十分瘦。

有会而作并序

己卯冬十月,将会上谷,不果,岁云夕矣。慨然咏怀,穷谷日短,孤檐雪深,余书插架,宿酒盈尊,命觞独酌,顾而乐之,醉中狂歌,凡一百二十八字。

补梅书屋四壁悬,饥无儋食寒无毡。落魄藏名苦萧索,诗魔书癖常纠缠。我诗一日得数篇,搜肠呕血夜不眠。偶得奇句狂欲颠,醉中大呼问青天。我画自成水墨仙,摹神捉影在笔先。有时悟破一指禅,指头乱点生云烟。我行我法本无法,得鱼亦可忘其筌。眼前万物供游戏,岂必浪博浮名传。画能补窗诗补壁,外人道此不值一文钱。

三

吴子健中丞元炳方任苏抚,闻先生名,浼李文正公鸿藻、毛文达公昶熙聘致幕府,先生乃赴江宁。卜居乔司空巷潘氏西园,德清俞曲园先生时居马医科巷春在堂,曲园于先生为父执,先生执礼晋谒,时光绪六年庚辰,先生二十五岁也。乃出兰坡先生所作口袋和尚画求题,曲园题云:自夷门一别,至今二十余年,余既衰老,而中丞久归道山矣。光绪庚辰岁,哲嗣小坡孝廉访我于吴下春在堂。见故人之子,如见故人。又得从故人之子,读故人之画,何其幸也。是岁因曲园介谒彭刚直公玉麟于退省庵,为书"诗窝"横额以赠。又访吴廷康康甫于杭,晤谈甚娱。《大鹤山人诗集》卷上有《龙眠老人歌》,自人注云:老人姓吴,名廷康,字康甫,皖桐也。

光绪七年辛巳,先生服阕。是春幼兰以知府分发河南,少兰亦以知县分发山西,惟先生性好山水,吴中名胜游踪殆遍。日本本愿寺驻苏僧小雨蒙相识,在此时也。其秋梦游石芝崦,有诗记其事。诗、序并见《大鹤山人诗集》卷上。序中有云"光绪辛巳秋七月十三日癸酉,梦游一山洞,西向榜曰石芝崦。(中略)时见白鹤,横涧东来,迹其所至,有石屋数间,题曰瘦碧。摄衣而入,简帙彪列,多不可识。徘徊久之,壁间题'我欲骑云捉明月,谁能跨海挟神山'十四字,是予去年在西湖梦中所得旧句也。"遂以《瘦碧》名集,名画家顾若波,为绘《石芝崦诗梦图》。俞曲园、王壬秋闿运、沈秉成仲复、彭翰孙南屏、黄子寿彭年、钱中仙葆青、费屺怀念慈、吴昌硕俊卿等均为题词。曩时太平盛世,士大夫之闲情逸致盖可想见。先生高蹈吴下,寄兴烟霞,怡情泉石,名篇清梦,时杂仙心,其托怀之高,会意之远,盖非常人所可知也。

鄂人李复天廷璧精于琴律,得浦城祝凤喈秘传,先生时从之讨论古音古乐,颇有所悟。先生工词,又深于律,实自此始。苏州圆妙观弥罗宝阁,毁于洪杨之乱,浙人胡雪岩光墉为其母祈福,捐赀重建,曾请先生为撰碑记,腾以俞曲园篆额,时光绪八年壬午,先生二十七岁也。次岁癸未春,先生晋京会试,荐复不售,仍南归。

　　光绪十年甲申,先生游虎丘,访得梁醁醁尊者所凿醁泉,乃倡议醵金建灵澜精舍于泉上,先生为撰记,陆云孙戮宗书而勒之于碑。是冬洪文卿、陈嵩佺寿昌集先生寓,作东坡生日。次日彭翰孙复有茧园之招,并写诗以纪之。诗见《大鹤山人诗集》卷下次岁二月,移居庙堂巷汪氏壶园。三月下浣,邀吴昌硕俊卿、金心兰彭、潘瘦羊钟瑞在寓饯春,酒半各赋一诗,以张兹会。先生诗见《大鹤山人诗集》卷下,有句云"芜青梦饱蹋破缶",注云:苦铁藏破缶,甚古,醉则叩之以歌,自号曰缶庐道人,其乡有芜青山。冬大雪中,又于壶园作东坡生日,会者七人,皆有诗。见《大鹤山人诗集》卷下。

　　乙酉冬壶园大雪中作东坡生日,会者七人,饮席赋此,示龚易图姚觐元两司使。

　　虚庭曲宴鸣神弦,丹荔紫芝祠洞仙。仙乎八百五十年,胡然堕我壶中天。蓬园耦园旧香火,清兴一逋追不还。天与诗人洗愁魄,散作琼花春火迫。眼前群雅白战才,抵以聚星堂上客。聚散行作鸿爪泥,酒星炯炯悬虚廓。就中潦倒两醉翁,坐据骚席哦风松。不愁客俎食无肉,苦思元鼎丹还功。蛮荒今古天所穷,春梦况被蝇蚊丛。世间阳羡几耕耦,得此已足傲坡叟。万事茫如雪打灯,我来但醉寿苏酒。海山呼吸灵风长,瘦句无功苦雕朽。

四

　　光绪十二年丙戌,先生晋京,应会试,荐卷不第。南归,纳方氏字素南,为篷室。时同年易仲实顺鼎昆季,随其父笏山在苏,同立吴社,屡极文醵之盛。是秋壶园蓄豢华亭鹤,忽化去,瘗之丽娃祠右。彭翰孙乞题其先世仁简《志矩斋图》,诗成,以白鹤见报。冬十一月与易仲实至京江,送沈仲复赴粤抚任,集金山留云亭饮饯。有《摸鱼儿》作。见《瘦碧词》卷二次岁冬刻行《瘦碧词》二卷。又著《南献遗征》一卷。是春二月得虞愿墓砖于吴肆,因据史以题。

　　光绪十五年己丑,先生三十四岁。先生晋京,应会试,荐卷不第,与张子苾、廖季平僦居东城亮果厂李氏宅。归途至沽,闻王壬秋至,造访之,相见即置酒论文,意气相得,欢甚。壬秋乃出示其《圆明园词》并《叙》,相与诵之,一声泪并下。辍尊而叹,以为非深于文章,达于政事,通于性情,不能为之,声之或不能感人,不独先朝轶闻往事有足征也。朋樽款洽,不忍话别。先生凡三登轮船,临河而返,乃相约及秋再会,始渡海而南。迄中秋后七日,壬秋果至苏,寓湖南宾馆,与先生壶园只隔一桥耳。数共晨夕,风雨亦相过从,文宴高会,殆无虚日。十月杪,以天寒岁暮,壬秋决然还湘,先生送至无锡,怅怅言别。次岁庚寅先生复晋京,应恩科会试,仍荐卷不第。南归。刊行《词源斠律》二卷。此岁有诏开秘馆,广延通儒,当道将举先生以正乐纪,不就。

　　光绪十八年壬辰,晋京,应会试,荐卷不第,南归。次岁。新纳吴趋歌儿张小红,为赋折红梅词。见《冷红词》卷四光绪二十年及同二十一年甲午、乙未复晋京,应会试,荐卷不第。乙未秋七月,四秩正寿,有壶园自寿词,虽在仕年颇有感伤时事,终隐吴门之志。

　　光绪二十四年戊戌,晋京,应会试。时王佑遐鹏运举咫村词社,先生亦入社,朱古微祖谋、宋芸子育仁皆当时社友也。是科仍荐卷不第,南归。冬壶园不戒于火,迁居幽兰巷。是岁幼兰卒于开封任所。光绪庚子之岁,拳匪肇乱,京师陷落,两宫西狩。先生怅望觚棱,赋《杨柳枝》词二十六首,《比竹余音》卷四载二十六首,《樵风乐府》卷五删存十五首。读者以为有黍离之悲。又赋《谒金门》三解,每阕以"行不得""留不得""归不得"三字发端,沉郁苍凉,诵者泣下。冬,由幽兰巷迁居马医科巷沤园。

　　光绪二十八年壬寅,先生四十七岁。是岁补行辛丑会试,先生以七试都堂,荐而不售,遂绝意进取,自镌一私印,文曰"江南退士",以示无意作进士也。虽亲交敦促,卒不赴。次岁癸卯三月,老友张子苾卒于陕西大荔任所,先生伤心之极,赋《兰陵王》词,以志悲痛。词见《樵风乐府》次岁甲辰夏,王佑遐来会,乃为西崦卜邻之约。至秋,佑遐逝去,心情郁郁,颇极人情之感。是时吴中清信士重修北寺塔,土中发见铜龟一,形制奇古,纵横不及三寸,厚七分许。先生因检郡志,忽得坡公舍铜龟之文,乃悟为长安古物。

　　光绪三十一年乙巳,先生五十矣,乃于孝义坊购地五亩,筑一新居,秋初落成,即迁居其中,张筵庆五秩焉。又购嘉木名卉,杂莳屋之四周,颇擅园林之美。次岁丙午,俞曲园卒,先生甚伤之,为联以挽云:"五百卷书藏流芬,风行寰中域外,溯鹿苹再赋,颂藻重赓,更儒林列传褒荣,人皆望若群仙,漫数词人今第二。自注云:公自刻小印曰:海内第二词林三十年礼堂问难,义兼执友师资,记渤海同舟,湖楼撰杖,又吴巷德邻洽比,天不慭遗一老,咸悲国髦世无双。"

　　寒山寺苏之名刹也,自洪杨兵燹,荡为灰烬,至今四十余年,未及兴复。程雪楼德全来抚吴,始商之江督张安圃人骏共出名募金重建,请先生为募修启。寺落成后,选录寒山寺诗三十六首,宣统二年庚戌也。是夏罗掞东自京来苏,访先生及朱古微。古微丁未卜居吴城小市桥东听枫园。且言渠之京寓,即半塘翁四印斋故居,古微追念庚子七月相依而居,旧事怆焉有感,于此有《西河》之作。见《彊村集》

　　辛亥八月初旬,卓峰六秩正寿,先生赴宁介寿。先生妹贞仪夫人、少兰亦自皖省来,手足团聚,大慰兄弟天涯之感。未几,武昌革命军兴,天下风靡。卓峰全眷及先生妹贞仪夫人、少兰,皆集先生寓所避难。已而共和局定,让政诏颁,先生怆怀世变,自比于渊明五十六岁所遭旧国之感。异代同辈,满腔孤愤,一托于词。《茗雅集》中《水龙吟》《庆宫春》《临江仙引》《早梅芳近》《念奴娇》诸作,哀痛时事如东坡所谓渊明《读史述九章》《夷齐》《箕子》有感而云也。《诗·茗之华》三章,悯时而作,有小雅怨悱之音,先生因取斯义以名词之终篇曰《茗雅集》,其志可哀也已。<small>戴亮集云:尝见先生手写词笺,是咏逊帝事者。今兹揭是词于下。</small>

行不得,塞上燕支无色。汉月高高秋气白,青芜非故国。莫念王孙路泣,谁置铜驼荆棘。日落邺城尘幂幂,探丸迷赤黑。

留不得,梦转车尘宫陌。秋老衰兰催送客,金仙无泪滴。一炬仓皇半壁,四听楚歌风急。龙气夜沉鳌柱坼,三山惊海立。

归不得,楚些谁招离魂。东有龙蛇蟠大泽,九阍愁更北。水浩浩兮犹黑,山郁郁兮空白。辽雁书沉云海隔,梦回天地窄。

<small>自题云:庚子秋仲,余曾赋《谒金门》三解,意极恻怆,读者为泫然,今仍用旧制发端三字,同黍离之悲。而今昔异世,此心相与终古已,哀哉。按此词《茗雅》及《茗雅余集》,均未载也。</small>

嗟乎!先生落南三十余年,"落南"二字先生常用之语。先后巡抚十九人,均慕其才名,延赞幕府,丰其廪给,资其讽议,蔚成一代词宗。国变后,儒生不为世重,适馆之雅既尽,安车之礼无闻,生计因之大窘,乃出其余技,鬻画行医,聊以赡家。时往还淞苏间,劳劳于渊明所谓倾身营一饱也。先生精赏鉴,平生收藏金石书画名迹极富,至是渐渐鬻去。壬子秋,南海康长素有为忽偕其三夫人过苏访问,曩均闻风相慕,至是始得面,从兹往来日密,遂成晚年莫逆之交。是岁卓峰、妹贞仪夫人、少兰均先后北归。

民国六年丁巳冬,张宜人卒。先生年来既伤世变,后丁家难,海内知交,多矜其衰年舛运,存恤颇厚。时蔡子民<small>元培</small>长北京大学校,浼罗掞东聘先生为金石学科主任兼校医一席,先生以往年清史馆之聘,亦忍饿不就,义不再辱,卒却之。

戊午正月先生复罗掞东书

别来数更丧乱,感怀雅旧,恍若隔生,音讯阒然,寤思曷极。去腊展诵惠书,猥以悼亡,矜垂甚备,高义仁笃,荷遽相并,重承任公老友厚赙颁逮三百金,周急救凶,幽明均感,抚臆论报,衔戢深铭。只以衰病之余,少稽陈谢。伏惟吾弟之宥,代剖赤情,幸甚幸甚。兹值亡妻营奠有日,敢以赴告,敬求饬寄沽上为感,下走集蓼余年,遭家多难,比来知死知生,弥增鲜民之痛。昨承寄示子民先生函,订大学主任金石学教科兼校医一席,月廪约百番钱,礼遇诚优且渥。第念故国野遗,落南垂四十年,倦旅北还,既苦应接,且闻京师仆赁新米之费,什倍于南,居大不易。蒿目世变,何意皋比,颓放久甘,敢忝为国学大教授耶?业医卖画,老而食贫,固其素也。辱附契末,聊贡区区,未尽愿言,但有荒哽。

先生值张宜人卒世,哀悼过情,精神易于常度。民国七年戊午二月二十二日,早起,忽痰涌舌蹇,汗流不止,医治无效,竟于二十六日捐馆,时年六十三。

五

先生一子,曰复培,字君来,娶徐氏,生二孙,曰汝铭、汝鉴。又一女,曰茂韶,适戴亮集正诚。先生殁后,南海康长素为作《墓表》。按康氏《清词人郑大鹤先生墓表》一文,予曾借读于戴先生亮集,其于发明先生大雅之处,未有所神,故不引用也。戴亮集又有大鹤年谱若干卷之撰,稿成待刊,叙先生经历学藻甚详。孙师郑雄为跋。

先生殁后逾五月,其故人叶玉虎恭绰、朱古微祖谋、梁任公启超、沈砚夷瑞麟等浼内务总长钱能训,函致江苏省长转行吴县知事,对于先生住宅坟茔,分别立案保护,此盛德事亦佳话也。

先生博通淹雅,硕学高蹈,诗词并长,经义、六书训诂、医经、乐律、金石、书画,无不精诣。著述等身,高风亮节,薄海同钦,景仰之深,盖莫可言喻已。若夫拟以祖述先生学术文艺,介绍海内学者为己任,兹事体大,非吾曹后生薄才所敢及也,今则惟列叙诸公论议数则,阅者或因之得窥其一斑片羽乎?

俞曲园曰:"郑子以所著《医诂》内外篇见示,属为之叙。余笑曰:吾故著废医论者,又何言。受而读之,叹曰:得君此书,吾废医论可不作矣。"《医故》俞氏《叙》

俞曲园曰:"高密郑小坡孝廉,精于词律,得明管弦声数之异同。上以考古燕乐之旧谱,姜白石自制曲其字旁所记音拍,皆能以意通之。余尝戏谓君真得不传之秘于遗文者也。"《冷红词序》

清道人李梅庵曰:"自王半塘侍御没后,世称海内大词家仅余二人,即朱古微侍郎及郑大鹤山人而已。中略山人惟精绘事,顾颇自矜重,非时和气润,神怡务闲,未尝辄画,画又不即予。老且懒病,或经年不报,有持重币乞画者,山人乃久忘之。有时作画,会每值困乏,又往往为市贾以薄酬售去,故时人相语曰:'郑先生画不卖,穷乃卖也'。山人之困实以此。山人于学无所不窥,训诂、词章以及音律、金石、形家、占验诸书,靡不备究。生平无撰著,皆散在诸简册端,又无人为搜辑之。"《郑叔问先生尺牍跋》

朱古微曰:"嗟嗟,君以独行之志,胥疏江湖,固墨墨以词自晦者,至是而仅仅以词显欤?惟其名益高,其志益苦,其诣益进,而其遇益穷,岂词果不祥之音,而于穷者尤验邪?"《苕雅余集序》

参考文献

一、郑文焯著述

《大鹤山房全书》(内收《说文引群说故》《扬雄说故》《高丽国永乐好大王碑释文纂考》《医故》《词源斠律》《冷红词》《樵风乐府》《比竹余音》《苕雅余集》《绝妙好词校录》《瘦碧词》),苏州交通图书馆民国九年(1920)汇刻本。

《补梅书屋存稿》(内收《癸丙集》《并游集》《春芜集》《松楸集》《梦余集》《扁舟集》)《瘦碧庵诗草》,《清代诗文集汇编》据重庆图书馆藏稿本影印本,上海古籍出版社2010年版。

《补梅书屋诗稿》《大鹤山人诗集》,抄本,上海图书馆藏。

《大鹤山人诗集》,民国十二年(1923)苏州振新书社刻本。

《大鹤山人手写诗稿小册》,民国六年(1917)上海震亚书局石印本。

《瘦碧诗词稿》,稿本,国家图书馆藏。

《瘦碧词》,民国六年(1917)苏州振兴书社刻本。

《吴波鸥语》,《词学季刊》第三卷第一号(1936年)。

《冷红词》,稿本,南京图书馆藏。

《冷红词》,光绪二十二年(1896)耦园刻本。

《比竹余音》,光绪二十八年(1902)吴兴沈氏刻本。

《苕雅余集》《苕雅余集补遗》,稿本,国家图书馆藏。

《大鹤山人词稿》,稿本(吴昌硕辑),私藏本。

《大鹤山人词翰》,稿本(吴昌绥辑),上海图书馆藏。

《郑大鹤写词》,稿本,私藏本。

《大鹤山人词钞》,赵熙抄本,私藏本。

《樵风乐府》,稿本,南京图书馆藏。

《苕华诗余》,稿本,国家图书馆藏。

《苕雅》,稿本,国家图书馆藏。

《樵风乐府》,民国二年(1913)双照楼刻本。

《苕雅余集》,民国四年(1915)无著庵刻本。

《苕雅剩稿》,民国九年(1920)方尔谦过录本,天津图书馆藏。

《樵风词钞》,民国二十五年(1936)正中书局《清十一家词钞》本。

《大鹤山房未刊词》,龙榆生辑,《同声月刊》第一卷第五、六、七号(1941 年)。

《花间集》,四印斋刻本,郑文焯批校,上海图书馆藏。

《郑文焯手批〈唐五代词选〉》,桥川时雄编《文字同盟》第二十二号(1929 年)。

《绝妙好词旁证》《绝妙好词校录》,稿本,国家图书馆藏。

《郑文焯校评乐章集》,台北广文书局 1973 年影印本。

《东坡乐府》,《彊村丛书》本,郑文焯批校,南京图书馆藏。

《石芝西堪校订清真词》,稿本,国家图书馆藏。

《大鹤山人校本清真集》,清宣统年间刻本。

《清真集》,郑文焯批校,括庵过录本,河北大学图书馆藏。

《白石道人歌曲》四卷《别集》一卷,《白石道人诗集》二卷,清乾隆八年(1743)陆
　　钟辉刻本,郑文焯批校,嘉兴图书馆藏。

《白石公诗词合集》,清乾隆九年(1744)姜虬绿抄本,郑文焯批校,上海图书
　　馆藏。

《白石道人歌曲》六卷《别集》一卷,清宣统二年(1910)沈曾植影印本,郑文焯批
　　校,上海图书馆藏。

《郑文焯手批梦窗词》,台湾"中央研究院"文哲研究所 1996 年影印本。

《梦窗甲乙丙丁稿》,清咸丰十一年(1861)曼陀罗华阁刻本,郑文焯批校,上海图
　　书馆藏。

《梦窗词校议》,民国二十一年(1932)张寿镛辑刻《四明丛书》第一集本。

《郑文焯批校汲古阁初刻梦窗词》,人民文学出版社 2014 年影印本。

《日湖渔唱》《西麓继周集》,清抄本,郑文焯、吴昌绶批校,上海图书馆藏。

《瘦碧庵丛载》,抄本,上海图书馆藏。

《半雨楼杂钞》,稿本,南京图书馆藏。

《石芝西堪札记》,抄本,上海图书馆藏。

《双铁堪杂记》,稿本,南京图书馆藏。

《鹤翁异撰》,稿本,上海图书馆藏。

《樵风杂纂》,稿本,上海图书馆藏。

《谢康乐先生集》,清同治六年(1867)谢文靖公祠堂刻本,郑文焯批校,上海图书
　　馆藏。

《陶集郑批录》,桥川时雄整理,《文字同盟》第七、八号附刊(1927 年)。

《陶渊明全集》,白鹿斋本,郑文焯批校,上海图书馆藏。

《古玉图考补正》,《丛书集成续编》本。

《金史·补艺文志》,稿本,上海图书馆藏。

《论语古训》,清光绪九年(1883)浙江书局刻本,郑文焯批校,上海图书馆藏。

《燕翼诒谋录》,清刻《唐宋丛书》本,郑文焯批校,上海图书馆藏。

《大鹤山人印集》,上海古籍书店辑拓本,上海古籍书店 1989 年版。

《郑叔问先生尺牍》,民国十年(1921)上海震亚图书局石印本。

《郑文焯书风》,郭伟编,重庆出版社 1999 年版。

《鹤语——大鹤山人郑文焯手札》,程淯辑,《文字同盟》第四年(1930)第一号、第二号、第三号。

《郑大鹤手札》,略庵(桥川时雄)抄,《文字同盟》第五年(1931)第四、五、六号合刊。

《湖州博物馆藏郑叔问尺牍》,刘荣华《吴中风流　翰墨情韵——湖州博物馆藏郑叔问尺牍》,《收藏家》2007 年第 2、3 期。

《国朝著述未刊书目》,清光绪十四年(1888)苏州书局刻本。

二、其他参考文献

《先考小坡府君行述》,郑复培著,国家图书馆藏。

《郑叔问先生年谱》,戴正诚著,《青鹤》杂志第 1 卷第 5 至 19 期(1933 年 1—8 月)。

《郑叔问先生年谱》,戴正诚著,《同声月刊》第一卷第十一号至第二卷第四号(1941 年 10 月—1942 年 4 月)

《郑叔问先生年谱》,戴正诚著,民国三十年(1941)铅印本。

《清真集》,吴则虞校点,中华书局 1981 年版。

《白石道人词笺平》,陈柱著,上海商务印书馆 1930 年版。

《姜白石词编年笺校》,姜夔著,夏承焘笺校,上海古籍出版社 1998 年版。

《梦窗词汇校笺释集评》,吴文英著,吴蓓笺校,浙江古籍出版社 2007 年版。

《梦窗词集校笺》,吴文英撰,孙虹、谭学纯校笺,中华书局 2014 年版。

《校梦龛集初定稿本》,王鹏运著,上海图书馆藏。

《半塘丁稿》,苏州大学图书馆藏。

《庚子秋词》《春蛰吟》,王鹏运等著,清光绪刻本。

《半塘定稿》《半塘剩稿》,王鹏运著,《续修四库全书》本,上海古籍出版社 2002 年版。

《王鹏运词集校笺》,王鹏运著,沈家庄、朱存红校笺,上海古籍出版社 2017

年版。

《檗坞词存》，王以敏著，光绪九年（1883）刻本。

《摩围阁词》，易顺鼎著，光绪八年（1882）刻本。

《楚颂亭词》《琴台梦语》，易顺鼎著，光绪十年（1884）刻本。

《函楼词钞》，易佩绅著，《清代诗文集汇编》本，上海古籍出版社 2010 年版。

《眉绿楼词》，顾文彬著，光绪十年（1884）刻本。

《鲽砚庐联吟集》，严永华、沈仲复著，清光绪十七年（1891）刻本。

《留云借月庵词》，刘炳照著，光绪十九年（1893）刻本。

《无长物斋诗存》，刘炳照著，光绪三十四年（1908）刊本。

《无长物斋词存》，刘炳照著，民国三年（1914）刻本。

《瞻园词》，张仲炘著，光绪三十一年（1905）刻本。

《彊村语业》《彊村词剩稿》《彊村集外词》，朱孝臧著，《续修四库全书》本，上海古
　　籍出版社 2002 年版。

《彊村语业笺注》，朱孝臧著，白敦仁笺注，浙江古籍出版社 2016 年版。

《石莲庵词》，吴重熹著，《清代诗文集汇编》本，上海古籍出版社 2010 年版。

《半篋秋词》，张祥龄著，仪征严伟民国三年（1914）影印本。

《子苾词钞》，张祥龄著，民国十年（1921）成都存古书局刻《六译馆丛书》本。

《琴思楼词》，易顺豫著，民国三年（1914）石印本。

《吴沤烟语》，张上龢著，民国四年（1915）刻本。

《蕙风词》，况周颐著，《清名家词》本，上海书店 1982 年版。

《况周颐词集校注》，况周颐著，秦玮鸿校注，上海古籍出版社 2013 年版。

《袌碧词》，陈锐著，《清名家词》本，上海书店 1982 年版。

《蜀雅》，周岸登著，民国二十年（1931）活字本。

《悔龛词》，夏孙桐著，《彊村遗书》本，民国二十一年（1932）刊本。

《忍古楼诗》《映庵词》，夏敬观著，中华书局 1939 年版。

《清季四家词》，薛志泽辑，成都薛崇礼堂刻本。

《全清词钞》，叶恭绰辑，中华书局 1982 年排印本。

《广篋中词》，叶恭绰辑，浙江古籍出版社 1998 年影印本。

《清名家词》，陈乃乾编，上海书店 1982 年版。

《近代蜀四家词》，戴安常选编，四川人民出版社 1987 年版。

《近代词钞》，严迪昌编著，江苏古籍出版社 1996 年版。

《历代蜀词全辑》《续编》，李谊辑校，重庆出版社 2007 年版。

《近三百年名家词选》，龙榆生编，上海古籍出版社 1979 年版。

《清词三百首》,钱仲联选注,岳麓书社 1992 年版。

《清词纪事会评》,尤振中、尤以丁编,黄山书社 1995 年版

《近现代词纪事会评》,严迪昌编著,黄山书社 1995 年版。

《词源疏证》,蔡桢著,中国书店 1985 年版。

《词话丛编》,唐圭璋编,中华书局 1986 年版。

《词话丛编续编》,朱崇才编,人民文学出版社 2010 年版。

《蕙风词话·广蕙风词话》,孙克强辑,中州古籍出版社 2003 年版。

《清词史》,严迪昌著,江苏古籍出版社 2001 年版。

《词学考诠》,林玫仪著,台湾联经出版公司 1987 年版。

《清末四大家词学及词作研究》,卓清芬著,台湾大学出版委员会 2003 年版。

《20 世纪中国古代文学研究史·词学卷》,曹辛华著,东方出版中心 2006 年版。

《况周颐研究论集》,郑炜明著,齐鲁书社 2011 年版。

《郑文焯生平心曲发微》,时润民著,华东师范大学 2014 年博士论文。

《苏邻遗诗》,李鸿裔著,《清代诗文集汇编》本,上海古籍出版社 2010 年版。

《师矩斋诗录》,彭翰孙著,《清代诗文集汇编》本,上海古籍出版社 2010 年版。

《湘绮楼诗文集》,王闿运著,岳麓书社 2008 年版。

《癯庵遗稿》,陈启泰著,《清代诗文集汇编》本,上海古籍出版社 2010 年版。

《槃薖文甲乙集》,汤纪尚著,《清代诗文集汇编》本,上海古籍出版社 2010 年版。

《旧京诗存》,孙雄著,民国二十年(1931)铅印本。

《文廷式集》,文廷式著,汪叔子编,中华书局 1993 年版。

《蕙风丛书》,况周颐著,上海中国书店 1926 年刊本。

《蒿庵类稿》,冯煦著,民国二年(1913)刻本。

《高陶堂遗集》,高心夔著,《清代诗文集汇编》本,上海古籍出版社 2010 年版。

《春在堂全书》,俞樾著,凤凰出版社 2010 年影印本。

《清道人遗集》,李瑞清,黄山书社 2011 年版。

《易顺鼎诗文集》,易顺鼎著,湖南人民出版社 2010 年版。

《松邻遗集》,吴昌绶著,《清代诗文集汇编》本,上海古籍出版社 2010 年版。

《成多禄集》,成多禄著,翟立伟、成其昌编注,吉林文史出版社 1988 年版。

《沈曾植集校注》,沈曾植著,钱仲联校注,中华书局 2001 年版。

《散原精舍诗文集》,陈三立著,上海古籍出版社 2003 年版。

《康有为全集》,康有为著,姜义华等编,中国人民大学出版社 2007 年版。

《叶德辉诗文集》,叶德辉著,岳麓书社 2010 年版。

《赵熙集》,赵熙著,巴蜀书社 1996 年版。

《水绘集·冒鹤亭晚年诗稿》,冒怀滨主编,上海文化出版社 2014 年版。

《吴梅全集》,王卫民编,河北教育出版社 2002 年版。

《夏承焘集》,夏承焘著,浙江古籍出版社、浙江教育出版社 1997 年版。

《龙榆生全集》,龙榆生著,上海古籍出版社 2015 年版。

《胡先骕文存》,胡先骕著,江西高校出版社 1995 年版。

《缀英集——中央文史研究馆馆员诗选》,启功、袁行霈主编,线装书局 2008 年版。

《雪桥诗话余集》,杨钟羲撰集,刘承幹参校,北京古籍出版社 1992 年版。

《南亭四话》,李伯元著,江苏古籍出版社 2000 年版。

《庚子国变记》,罗敦曧著,上海书店 1982 年影印本。

《今传是楼诗话》,王揖唐著,辽宁教育出版社 2003 年版。

《庚子事变文学集》,阿英编,中华书局 1959 年版。

《清史满族史讲义稿》,王钟翰著,鹭江出版社 2005 年版。

《清画家诗史》,李浚之编,《海王村古籍丛刊》本,中国书店 1990 年版。

《戊戌变法的另面:"张之洞档案"阅读笔记》,茅海建著,上海古籍出版社 2014
　年版

《潘钟瑞日记》,潘钟瑞著,尧育飞整理,凤凰出版社 2019 年版。

《湘绮楼日记》,王闿运著,马积高主编,吴容甫点校,岳麓书社 1997 年版。

《李超琼日记》,李超琼著,苏州工业园区档案管理中心编,江苏人民出版社
　2012 年版。

《缘督庐日记》,叶昌炽著,江苏古籍出版社 2002 年版。

《艺风老人日记》,《缪荃孙全集》,缪荃孙著,凤凰出版社 2014 年版。

《郑孝胥日记》,郑孝胥著,中国历史博物馆编,劳祖德整理,中华书局 1993
　年版。

《黄侃日记》,黄侃著,黄延祖重辑,中华书局 2007 年版。

《嘉业堂藏书日记抄》,刘承幹著,陈谊整理,凤凰出版社 2016 年版。

《观光纪游》《观光续纪》《观光游草》,(日)冈千仞著,中华书局 2009 版。

《俞樾函札辑证》,俞樾著,张燕婴整理,凤凰出版社 2014 年版。

《艺风堂友朋书札》(上、下),顾廷龙校阅,《中华文史论丛》增刊,上海古籍出版
　社 1980 年版。

《国家图书馆藏王国维往还书信集》,国家图书馆古籍馆编,中华书局 2017
　年版。

《夏剑丞友朋书札》,上海图书馆藏。

《冒广生友朋书札》,上海博物馆图书馆编,上海书画出版社 2009 年版。

《近代词人手札墨迹》,台湾"中央研究院"中国文哲研究所 2005 年编印。

《可居室藏清代民国名人信札》,王贵忱、王大文编,国家图书馆出版社 2012
　年版。

《简素文渊:香书轩秘藏名人书札》(上、下册),北京保利拍卖国际有限公司
　2015 年。

《吴昌硕年谱》,林树中编著,上海人民美术出版社 1994 年版。

《朱彊村年谱》,沈文泉著,浙江古籍出版社 2013 年版。

《况周颐先生年谱》,郑炜明著,上海古籍出版社 2009 年版。

《夏敬观年谱》,陈谊著,黄山书社 2007 年版。

《冒鹤亭先生年谱》,冒怀苏编著,学林出版社 1998 年版。

《彀翁藏书年谱》,李国庆著,黄山书社 2000 年版。

《黄宾虹年谱》,王中秀编著,上海书画出版社 2005 年版。

《龙榆生先生年谱》,张晖著,学林出版社 2001 年版。

《冰铁戡印印》,俞复辑,民国十四年上海文明书局石印本。

《吴昌硕篆刻选集》,上海书画出版社 1978 年版。

《吴昌硕印谱》,上海书画出版社 1985 年版。

《印人传合集》,周亮工等著,于良子点校,浙江人民美术出版社 2014 年版。

《林屋山民送米图卷子》,钟书河编,岳麓书社 2002 年版。

《澄兰室古缘萃录》,邵松年辑,光绪三十年(1904)上海鸿文书局石印本。

《寒松阁谈艺琐录》,张鸣珂著,凤凰出版社 2010 年版。

《花人圣庵摭忆》,黄濬著,上海书店 1983 年版。

《蜷庐随笔·趋庭随笔》,王伯恭、江庸著,山西古籍出版社、山西教育出版社
　1999 年版。

《雪生年录》,李根源著,民国十八年(1929)铅印本。

《春游琐谈》,张伯驹著,中州古籍出版社 1984 年版。

《艺林散叶》,郑逸梅著,中华书局 1982 年版。

《梅庵谈荟》,郑逸梅著,黑龙江人民出版社 1985 年版。

《掌故小札》,郑逸梅著,巴蜀书社 1988 年版。

《珍闻与雅玩》,郑逸梅著,北京出版社 1998 年版。

《逸梅杂札》,郑逸梅著,齐鲁书社 1985 年版。

《前尘旧梦》,郑逸梅著,北方文艺出版社 2016 年版。

《来燕榭读书记》,黄裳著,辽宁教育出版社 2001 版。

《新编古春风楼琐记》,高拜石著,作家出版社 2003 年版。

《江北县文史资料》第二辑,中国人民政治协商会议江北县委员会文史资料研究
　　委员会 1987 年版。

《金女大校友口述史》,钱焕琦、丁浩编,南京师范大学出版社 2015 年版。

《宅园访幽》,虞掌玖著,古吴轩出版社 2006 年版。

《国粹学报》,邓实、黄节主编,广陵书社 2006 年版。

《词学季刊》,龙榆生主编,国家图书馆出版社 2015 年版。

《同声月刊》,龙榆生主编,国家图书馆出版社 2016 年版。

《词学》第六辑,施蛰存等主编,华东师范大学出版社 1988 年版。

《词学》第七辑,施蛰存等主编,华东师范大学出版社 1989 年版。

《民国旧体文学研究》第一辑,曹辛华主编,国家图书馆出版社 2016 年版。

《中华戏曲》第 51 辑,中国戏曲学会、山西师范大学戏曲文物研究所编,文化艺
　　术出版社 2016 年版。

《无锡文博论丛》第 2 辑,无锡博物院编,陕西人民美术出版社 2017 年版。

《第九届中国韵文学国际学术研讨会会议论文集》,2017 年。

《中国近代文学学会第十九届学术年会论文集》,2018 年。

《清实录》,中华书局 1984 年影印本。

《清史稿》,赵尔巽等撰,中华书局 1976 年版。

《清代职官年表》,钱实甫编,中华书局 1980 年版。

《清代官员履历档案全编》,秦国经主编,华东师范大学出版社 1997 年版。

《清碑传合集》,钱仪吉编,上海书店 1988 年版。

《辛亥人物碑传集》,卞孝萱、唐文权编,团结出版社 1991 年版。

《民国人物碑传集》,卞孝萱、唐文权编,团结出版社 1995 年版。

《清代人物生卒年表》,江庆柏著,人民文学出版社 2005 年版。

《嘉兴历代人物考略》,傅逅勒编著,天马出版有限公司 2005 年版,

《近代词人行年考》,朱德慈著,当代中国出版社 2004 年版。

《近代词人考录》,朱德慈著,中国社会科学出版社 2004 年版。

《中国近现代人物名号大辞典》,陈玉堂著,浙江古籍出版社 2005 年版。

《中国文学家大辞典》(清代卷),钱仲联主编,中华书局 1996 年版。

《中国文学家大辞典》(近代卷),梁淑安主编,中华书局 1997 年版。

《八旗满洲氏族通谱》,辽宁图书馆古籍部整理,辽沈书社 1989 年版。

《八旗通志》,东北师范大学出版社 1985 年版。

《八旗文经》,盛昱、杨钟羲编纂,辽沈书社 1988 年影印本。

《重修天津府志》,清光绪戊戌(1898)刻本。

《光绪山西通志》,王轩纂修,中华书局 1990 年版。

《洛阳县志》,《中国方志丛书》华北地方第四七六号,成文出版社有限公司 1976
　　年据清乾隆十年(1745)刊本影印本。

《三续高邮州志》,《中国地方志集成·江苏府县志辑》(47),江苏古籍出版社
　　1991 版。

《寒山寺志》,叶昌炽著,《江苏地方文献丛书》本,江苏古籍出版社 1999 年版。

《嘉业堂藏书志》,缪荃孙、董康、吴昌绶著,吴格整理点校,复旦大学出版社
　　1997 年版。

《保山市志》,云南省保山市志编纂委员会编,云南民族出版 1993 年版。

三、拍卖会文献资料及图片来源

雅昌艺术网(http://www.artron.net/)

卓克艺术网(http://www.zhuokearts.com/)

西泠印社拍卖(http://www.xlysauc.com/)

博宝艺术网(http://www.artxun.com/)

嘉德在线(http://www.artrade.com/)

后　记

　　历时数年,终于完成了大鹤山人郑文焯的年谱!定稿之际,如释重负,欣慰于自己兑现了当年心中所立之愿望。十数年前,蒙克强师不弃,忝列门墙。入门不久,克强师即命以大鹤词及词学为题准备博士论文。还记得第一次听克强师谈论大鹤,真是一片茫然。此后,对大鹤由完全陌生到渐渐熟悉,在克强师带领下完成了《大鹤山人词话》的重辑,自己也以大鹤词及词学研究为题通过了博士论文答辩。可是,我深知,我的工作只是努力展示了作为词人和词学家的大鹤,而于其诗歌、书法、绘画、金石、印学等方面的认识仍然非常欠缺。因此,在进行词学史料发掘的同时,立下了为大鹤编订一部年谱的愿望,希望能更为全面丰富地呈现其人生履迹。然而晚近文献头绪纷繁,搜辑整理似易实难,特别是诗词稿本、笔记、书札及书画题跋文献的文字辨识梳理,着实劳神费力,但是为大鹤立谱,乃初涉学术研究时心中所愿,因此时常告诫自己不要放弃,此或亦可谓不忘初心。

　　对大鹤史料的搜辑,要衷心感谢师友们的襄助,特别是时润民、薛玉坤、彭国忠三位先生。我与时润民先生同以大鹤为博士毕业论文选题,润民先生探寻大鹤心曲,于稀见文献多有所得,匡我实多!玉坤先生帮扶后进,不吝将所录苏州图书馆藏珍贵大鹤资料赐示;国忠先生将其主编的、最新出版的《潘钟瑞日记》惠寄,让我感动万分!三位先生无私馈我,令人盛佩,铭感不已!感谢中华书局葛洪春、朱兆虎两位先生在大鹤年谱出版过程中给予的帮助,每念及此,倍觉有幸!

　　感谢家人的辛勤付出,感谢南开大学中文系浓郁的学术风气,感谢恩师克强先生一直以来的督促与训导!在克强师身边学习、工作已近一纪,初窥门径以来的点滴成长离不开先生的心血付出,先生的勤奋为学激励着我不断前进,愿先生平安健康,学术之树常青!

　　自接触大鹤以来,十载岁月忽忽而过,真觉光阴荏苒。晚近文献浩博,加之个人能力有限,故而有关大鹤之著述、信札及书画、篆刻资料等,只能尽力搜致,遗漏自然不免。即便已经获得的一些书札文献因为仅署月日,一时也难以断明时间,只能遗憾地付诸阙如。由于较多征引大鹤手稿资料,其间定有取舍之未当、释读之错讹处,惟冀方家宽宥并教正。

杨传庆

己亥仲夏于南开园